Reto Lorenz

Mein Leben – Der amerikanische Traum eines Kriegskindes

Biografie

FRIELING

Bibliografische Information der Deutschen Nationalbibliothek
Die Deutsche Nationalbibliothek verzeichnet diese Publikation in der Deutschen Nationalbibliografie; detaillierte bibliografische Daten sind im Internet über http://dnb.d-nb.de abrufbar.

Rheinstraße 46, 12161 Berlin
Telefon: 0 30 / 76 69 99-0
www.frieling.de

ISBN 978-3-8280-3422-8
1. Auflage 2018
Umschlaggestaltung: Michael Reichmuth

Printed in Germany

INHALT

KAPITEL 1

Die Gurte meines Fallschirms schnitten sich in meiner Leistengegend tief ins Fleisch. Der Schmerz war stechend, aber schnell stellte ich fest, dass ich, an meinen anderen Körperteilen wohlbehalten, ziemlich normal auf eine freie Stelle am Boden zupendelte. Die Landung klappte auch, ich rollte ab und stand neben dem schlaffen Fallschirm mit seinen Leinen.

Was war geschehen? Ich hatte einen sogenannten Flameout, d. h. das Strahltriebwerk an dem einstrahligen Jagdflugzeug, welches ich als Testpilot flog, war mit einem leichten Ruck stehen geblieben. Die Maschine hatte also keinen Vortrieb mehr, verlor umgehend an Höhe und fiel wie ein Stein nach unten. Ein kurzer Blick auf den wie wild rotierenden Höhenmesser – ich flog nur in einer Höhe von ca. 6 000 Fuß (2 000 Meter) – und ein schneller Blick nach unten – der besagte, dass ich mich über einer unbewohnten Gegend mit Freiflächen, zum Teil bewaldet, befand. Rasend schnell kam die karge Landschaft unter mir auf mich zu. Das geht in die Hosen, meldete mein Gehirn. Ich musste aussteigen und das ziemlich schnell. Diese Entscheidung, wie überhaupt alle Entscheidungen während eines Testflugs, musste in Sekundenschnelle getroffen werden. Dieses Manöver war schon oft am Boden in allen Einzelheiten geübt worden und sollte eigentlich Routine sein. Aber manchmal verlaufen Abläufe dieser Art einfach völlig anders als geplant. Gut, dass ich wegen der geringen Höhe, in der ich den Testflug durchführen musste, keine Sauerstoffmaske trug. Noch ein letzter Blick auf die Instrumente und Flugrichtung, dann meldete ich per Funk meine Position, positionierte meine Füße unter den Sitz und zog an den beiden Griffen (Schlaufen), die über meinen Schultern angebracht waren und den Schleudersitz betätigten. Der reagierte sofort und ich nahm noch kurz aus den Augenwinkeln wahr, dass das Canopy (Kabinendach) sich sehr spät löste und wegflog. Wenigstens bist du außerhalb der sich schnell dem Boden nähernden Maschine, dachte ich, dann kam noch ein kleiner Ruck und der Sitz trennte sich von mir und dann ein großer Stoß mit einem Ziehen in meiner Leistengegend und ich hing in den Gurten meines Fallschirms. Wie bereits erwähnt spürte ich einen plötzlichen Schmerz zwischen meinen Schenkeln, die verdammten Gurte des Fallschirms müssen sich verkantet haben, registrierte ich mehr im Unterbewusstsein und dann schwebte ich leicht pendelnd nach unten. Bei der Ejection (Herausschleudern des Sitzes) muss ich wohl noch das Canopy mit meinem Helm berührt haben, denn als ich am Boden war und meinen Helm abschnallte, war dieser leicht verbeult und mit Kratzern übersät. Glück gehabt, dachte ich, denn wenn das Canopy noch später abgesprengt worden wäre, hätte ich im günstigsten Falle sicherlich schwere Kopfverletzungen erlitten.

Die tiefen Fleischwunden rechts und links von meinem Geschlechtsteil bluteten sehr stark. Ich stopfte Stofffetzen, die ich von meinem Hemd abriss, in die Wunden, um das Bluten zu stoppen. Später wurden sie vernäht und heilten schnell, nur die Narben blieben zurück und sind heute noch immer zu sehen. Es waren schon vorher bei anderen Testpiloten, die ihre Maschinen auf ähnlichem Wege verlassen mussten, Unregelmäßigkeiten mit dem Schleudersitz gemeldet worden. Das konnte ich nun mit meinem Ausstieg nur dringend bestätigen.

Aber das Grundübel bei diesem Flugzeugtyp waren häufig vorkommende Flameouts. Wenn genügend Höhe vorhanden war, ca. 10 000 Fuß (3 000 Meter), und man sich über flachem Terrain befand, konnte man die Maschine mit einem bisschen Glück bauchlanden, was mir auch bei einem meiner nächsten Testflüge, als ich wieder einen Flameout hatte, gelang, aber davon will ich etwas später in diesem Buch sprechen.

Wichtig erscheint mir, mich zuallererst meinen Lesern vorzustellen, und somit berichte ich erst einmal ausführlich über mein ziemlich facettenreiches Leben.

Frühe Kindheit und Krieg

Ich wurde an einem kalten Januartag 1934 in Neuss am Rhein, wahrscheinlich in dem dortigen Städtischen Krankenhaus, geboren. Kirchlich getauft wurde ich ca. einen Monat später. Mein Vater war kaufmännischer Angestellter in einer Neusser Spedition, meine Mutter war Hausfrau. Mein Vater wurde im Mai 1893 in Mönchengladbach geboren, meine Mutter im September 1911 in Köln, wo sie mit ihrer Familie bis ca. 1925 lebte. Danach wurde dem Stiefvater meiner Mutter, ihr leiblicher Vater war schon früh verstorben, eine Arbeitsstelle bei einer Textilfabrik in Mönchengladbach angeboten, die er auch annahm. Sie zogen also in eine Stadt, die zu dieser Zeit noch München-Gladbach genannt und erst ab Mitte der 40er-Jahre in Mönchengladbach umbenannt wurde.

In Mönchengladbach oder Neuss müssen sich also meine Eltern kennengelernt haben. Ihre standesamtliche Trauung fand in Neuss im Oktober 1933 statt. Die kirchliche Trauung folgte unmittelbar. Ich war zu diesem Zeitpunkt, wie man zu sagen pflegt, schon unterwegs. Meine Eltern müssen wohl eine kurze Zeit in Neuss gewohnt haben. Mein Vater war 18 Jahre älter als meine Mutter und musste wohl seine Anstellung, die er in Neuss hatte, gewechselt oder verloren haben, denn wir wohnten kurz nach meiner Geburt in Düsseldorf, in einer billigen und winzigen Zweizimmer-Dachgeschosswohnung, die im fünften Stock eines alten Mietshauses, in unmittelbarer Nähe des Düsseldorfer Hauptbahnhofs, lag. Ich war ein ziemlich dickes, kahlköpfiges Baby, trotzdem waren meine Eltern beeindruckt von ihrem geglückten Versuch, die Menschheit zu vermehren. Sie hatten ja auch keine andere Wahl zu diesem Zeitpunkt, denn ich war nun vorhanden. Schade, dass mir zu dieser Zeit noch kein Mitspracherecht gegeben war, denn hätten sie mich gefragt, ich hätte mein Veto gegen meine Geburt eingelegt. Mich hat das Leben gebeutelt und zwar mit allen Höhen und Tiefen, mit Enttäuschungen, Hoffnungen, kurzen Glücksmomenten, was sich schließlich in einer schillernden und aufregenden Lebenszeit niederschlug und, wie ich schlussendlich im hohen Alter feststellen muss, mit der Sinnlosigkeit meines Lebens enden wird.

Ich wurde also, wie im Allgemeinen auch von anderen Eltern üblich, geliebt, gehegt, umsorgt und gepflegt. Babys verbringen ihre ersten Jahre immer in unmittelbarer Nähe ihrer Mütter. Ich kann mich erstaunlicherweise noch gut an den Duft und die Wärme, die meine Mutter ausstrahlte, erinnern. Auf ihrem Arm oder Schoß fühlte ich mich sicher und geborgen, wie in einer Festung. Manchmal, wenn sie mich fest an sich drückte, fielen ihre dunkelbraunen gelockten Haare über mein Gesicht und ich konnte hinter diesem Haarschleier wie aus einem geschützten Versteck heraus alle Dinge, die sich in meiner näheren Umgebung befanden, in aller Bequemlichkeit wahrnehmen und betrachten. Sehr weit sehen konnte ich, wie alle Babys in den ersten Monaten, noch nicht, aber das war ja gemessen an der Winzigkeit unserer Wohnung auch gar nicht notwendig.

Voller kindlicher Verwunderung, glücklich und zufrieden prägten sich also nach und nach einzelne Zimmergegenstände in mein Gedächtnis ein, heute kann ich mich jedoch nicht mehr so genau daran erinnern. Ich hätte damals mit Sicherheit unser ärmliches Heim nicht für ein Königreich hergegeben.

Zwei Jahre später, im Mai 1936, kam meine Schwester Roswitha und wieder ein Jahr später, im Oktober 1937, meine Schwester Hiltrud zur Welt. Die beiden sahen schon wesentlich besser als ich aus. Das liegt wohl in der Natur der Dinge, denn bei kleinen Mädchen wachsen Haare möglicherweise schneller als bei Jungen. Darüber hinaus sehen kleine Mädchen sowieso immer sehr niedlich aus und haben zusätzlich noch einige Eigenschaften, die bei kleinen Jungen eher selten anzutreffen sind.

Wie wir alle fünf in der winzigen Dachwohnung im fünften Stock in der Nähe des Bahnhofs Platz fanden, ist für mich heute sehr schwer nachzuvollziehen. Auch mit einer gehörigen Portion Fantasie kann ich mir heute nicht mehr vorstellen, wie es meiner Mutter gelang, mit ihren drei Babys z. B. nur den täglichen Einkauf von Lebensmitteln zu meistern, denn früher wurde täglich eingekauft, da Eis- oder Kühlschränke in der Regel gar nicht vorhanden waren, und wenn doch, dann nur bei wohlhabenden Familien, zu denen wir ganz bestimmt nicht zählten. Ganz zu schweigen davon, wenn sie mit der ganzen Truppe spazieren gehen wollte, denn Kleinkinder müssen ja auch manchmal an die frische Luft. Einen Aufzug gab es in diesem Haus nicht. Sie musste ja immerhin die ganze Mannschaft und sich selbst von der fünften Etage bis zum Parterre und dann auf die Straße bringen und anschließend nach erfolgtem Einkauf oder Spaziergang wieder die gleiche Strecke hoch bis in den fünften Stock bewältigen. Diese logistische Glanzleistung konnte sie eigentlich nur immer stückweise von Etage zu Etage vollbringen, denn aus den Augen lassen kann man Kinder in dem Alter nicht. Dann war da noch das Problem mit dem Kinderwagen.

Es war ein breiter Wagen, der die zwei Mädchen zusammen aufnehmen konnte, denn die beiden konnten noch nicht laufen und wenn doch, nur kurze Strecken. Wo stand der noch mal? Im Keller oder im Hausflur? Oder musste der auch von oben bis unten und wieder zurück transportiert werden? Dann mussten ja auch die eingekauften Dinge in den fünften Stock gebracht werden. Kohlen, Holz und Kartoffeln etc. lagerte man zu der Zeit in Kellern. Alles musste also inklusive anfallendem Müll über eine riesige Distanz transportiert werden und das vielleicht mehrmals täglich. All das zu bewerkstelligen war schon eine Glanzleistung an sich und nahm bestimmt einen großen Teil des Tages in Anspruch.

Wahrscheinlich standen meine Eltern kurz vor einem Nervenzusammenbruch, denn nach der Geburt meiner jüngsten Schwester Hiltrud, vielleicht auch schon kurz davor, zogen wir um und wohnten nun in einer Zweizimmer-Parterrewohnung in der Nähe des Düsseldorfer Güterbahnhofs, in einem ziemlich heruntergekommenen Industrie- und Arbeiterviertel. Es war eine trostlose Gegend, die gleichzeitig den akuten Zustand in den Geldbörsen meiner Eltern und der anderen Bewohner in diesem Viertel widerspiegelte. Trotzdem war unser neues, zu ebener Erde gelegenes Wohnquartier eine Verbesserung gegenüber der alten Dachwohnung im fünften Stock.

Die Wohnung hatte auch nur zwei Zimmer, die Küche lag an der

Straßenseite und unser gemeinsames Schlafzimmer war zum Innenhof gelegen. Die Wohnung war aber geräumiger als unsere alte, hatte keine schrägen Wände und die Dinge für unseren täglichen Bedarf, besonders die Kohlen, mit denen unser Küchenherd – im Winter die einzige Wärmequelle der gesamten Wohnung – gefüttert werden musste, waren leichter zu transportieren und mussten nicht mehr über fünf Etagentreppen geschleppt werden. Die Küche, auch Wohnküche genannt, war der Hauptaufenthaltsraum unserer Familie. Dieser Raum war mit zwei Fenstern bestückt. Wir blickten von dort auf eine hohe Fabrikmauer auf der anderen Straßenseite, die zum größten Teil mit Plakaten bekleistert war. Richtete man den Blick nach rechts, sah man ein Stück des verwilderten Bahndamms. Die Aussicht nach links oder bereits halblinks wurde durch einen Mauervorsprung blockiert.

Wir konnten zwar noch den Hauseingang von unserem Haus einsehen und so zumindest, wenn wir wollten, feststellen, wer ein- und ausging, aber das weitere Geschehen auf dem linken Straßenbereich war für uns nicht sichtbar. Unsere Aussicht war also auf einen Winkel von ca. 120 Grad begrenzt. Zu jener Zeit war eine freie Sicht auf die Straße von äußerster Bedeutung, da man sich ja hauptsächlich geistig von den Geschehnissen auf der Straße ernährte. Es war also üblich, sich schon morgens, zumindest in den wärmeren Monaten des Jahres, durch das geöffnete Fenster mit Leuten, die man entweder aus der Nachbarschaft kannte und die ihre Besorgungen machten, oder auch mit redewilligen Fremden, die gerade vorbeikamen, zu unterhalten. Manchmal wurden nur ein paar Grüße ausgetauscht, aber wenn mehr Zeit vorhanden war, ging man einem ausgedehnten Schwatz nicht aus dem Wege. Man hatte ja so viel Zeit, die irgendwie nutzbringend vertan werden musste.

So erfuhr man mit hoher Wahrscheinlichkeit alles, was sich in der Nachbarschaft abspielte (natürlich dichtete man sich so manches dazu). Andere Zerstreuungen wie Radiohören hatten wir nicht, da wir keinen Radioapparat besaßen. Die anderen Leute in unserer direkten Umgebung hatten auch keinen. Bücher zu besitzen war zu dieser Zeit ein Luxus, den sich nur die Wohlhabenden erlauben konnten. An den Spätnachmittagen und abends, besonders im Sommer, lehnten oder lagen alle Bewohner der Häuser in den geöffneten Fenstern. Manche Leute hatten sich ein Kissen auf die Fensterbank gelegt, um sich ein weiches Polster für ihre Arme zu schaffen, denn auf Dauer kann so eine harte Fensterbank den Unterarmen schwer zusetzen.

Auf der Straße spielten die Kinder, kleine Gruppen von Erwachsenen standen umher, ab und zu fuhr ein Handkarren, Pferdekarren oder sogar, was sehr, sehr selten war, ein Auto oder Motorrad vorbei. Alles, was sich auf der Straße tat, war von größtem Unterhaltungswert. Alles wurde ausführlich diskutiert und von allen Seiten beleuchtet. Zwischen den Leuten auf der Straße und den nachbarlichen „Fensterliegern" wurden die neusten Nachrichten, meistens lokaler Art, ausgetauscht. Krankheitsinformationen, Familienzwistigkeiten – Letztere waren übrigens äußerst dankbare, fast nie enden wollende Diskussionsthemen –, Kochrezepte und andere Haushaltsinformationen flogen hin und her, zwischendurch wurden Ermunterungen oder, je nach Umstand, Mahnungen oder Rügen an die draußen in der Nähe spielenden Kinder ausgerufen. So war jeder, der an der Straße wohnte, immer ausführlich über jeden anderen informiert. Geheimnisse, auch wenn man sich die größte Mühe gab, diese zu vertuschen, waren nicht möglich.

Vielleicht bekamen wir etwas weniger mit als andere, denn uns fehlte ja aus unserem Fenster der besagte 60-Grad-Sichtbereich nach links. Womöglich wurde auch durch diesen fehlenden Blickwinkel die Wohnqualität unserer Behausung eingeschränkt und wir zahlten deshalb weniger Miete. Auszuschließen vermag ich diese These heute nicht mehr. Die Mauer auf der anderen Straßenseite wurde mit tristen Plakaten bekleistert, welche schon am Tag nach ihrer Anbringung in Fetzen herunterhingen. Wenn ein neues hinzukam, sorgte es eine Weile für Gesprächsstoff in der Nachbarschaft, bis es sich schließlich nach ein paar Tagen mit den anderen zusammen in die „Galerie der Fetzen" einreihte und keiner mehr darüber sprach. Fand aber ab und zu ein grellbuntes Zirkusplakat seinen Platz an der Mauer, wurde es von den umliegenden Bewohnern gehegt und gepflegt. Sobald sich

Teile dieses Schmuckstücks zu verselbstständigen drohten, wurden sie durch eilig herbeieilende Nachbarn liebevoll mit selbst gemachtem Mehlkleister wieder an die Mauer geklebt. Schließlich wollte man den einzigen leuchtenden Farbklecks weit und breit so lange wie nur möglich erhalten, um sich wenigstens daran zu erfreuen, denn eine richtige Zirkusvorstellung zu besuchen war unvorstellbar.

Durch das Fenster des Schlafzimmers nach hinten heraus konnten wir in den dunklen, öden Hinterhof sehen. Immerhin hatte unsere Wohnung (mindestens) zwei Möglichkeiten zu prüfen, ob draußen die Sonne schien oder ob wieder einmal ein trüber Tag unser Dasein verschönerte. Meistens waren die Tage, so wie das Umfeld, in dem wir wohnten, trostlos und deprimierend. Es muss eine schwere Zeit für unsere Eltern gewesen sein, denn sie selbst, so nehme ich heute jedenfalls an, waren möglicherweise unter etwas besseren äußeren Umständen aufgewachsen. Dies trifft in jedem Falle für meine Mutter zu. Bei meinem Vater bin ich mir jedoch nicht so sicher, da mir sehr wenig von seinem Leben vor seiner Heirat mit meiner Mutter bekannt ist. Sicher ist nur, dass er in Mönchengladbach aufwuchs, dort zur Schule ging und in einem dortigen Fußballverein spielte. Seine Eltern waren früh verstorben, nur sein älterer Bruder, dessen Frau und einige weitläufige Verwandte lebten noch dort.

Ein Leben wie damals kann man sich heute wohl kaum mehr vorstellen, aber zu jener Zeit war das nichts Ungewöhnliches, wenn man zur unteren bis mittleren Arbeiterschicht gehörte. In jeder Stadt wohnten, lebten und arbeiteten Zigtausend unter ähnlichen oder sogar noch schlechteren Zuständen.

Helligkeit für unsere Wohnung durch das hintere, zum Hof gelegene Fenster zu erwarten, war nur ein frommer Wunsch. Auch wenn die Sonne sich alle nur erdenkliche Mühe gab, einen Extrastrahl nur für uns, in unsere Richtung, sogar direkt auf das hintere Fenster gerichtet zu schicken, kam der nicht an und wurde schon vor seiner Ankunft durch die schwärzlichen hohen Mauern der Nebenhäuser und eine hohe Mauerwand am hinteren Ende des Hofs gänzlich aufgesogen. Das Hinterhoffenster war also ein wahrer Schuss ins Dunkle. Anstatt als freundliche Lichtquelle für das Zimmer zu dienen, verursachte es zusätzliche Dunkelheit, die den Raum permanent in ein graues trübes Licht tauchte. Der Hof war wie ein dunkler Schlauch, sehr schmal, aber dafür rächte er sich durch seine enorme Länge. Der hintere Teil des Hofs war der Abladeplatz für ausrangierten Hausrat aller Art, den alle Mieter des Hauses, falls sie welchen erübrigen konnten, dort deponierten. Meistens hatten sie aber nicht sehr viel, was sie dem Hof anvertrauen konnten. Im Laufe der Zeit jedoch, über einen Zeitraum von mehreren Jahren, war der Schrotthaufen stetig gewachsen und hatte sich zu einer beachtlichen Größe entwickelt. Jedenfalls war, hierarchisch gesehen, der Mieter der wohlhabendste und bestimmt auch wichtigste in unserem Haus, der den meisten Hausratsmüll entbehren konnte und somit zur Ausschmückung des stinkigen Hofes am meisten beitrug.

Wenn jemand zu dieser Zeit ein Radio, Telefon oder ein Fahrrad besaß, hatte er sich gesellschaftlich schon von der Menge der „Anderen" abgehoben – er war sozusagen etwas „Besseres". Es ist erstaunlich und bedrückend zugleich, mit welchen Mitteln sich die Menschen damals untereinander profilierten. Irgendwie suchte sich jeder von jedem abzuheben, sich vom Nächsten schon in kleinsten Stufen unterscheiden zu wollen, um dann für sich einen besseren Status zu reklamieren. Dieses Standesdünkelsystem findet bis zum heutigen Tage immer noch in allen Schichten unserer Gesellschaft statt. Wahrscheinlich hat es schon in der Steinzeit oder noch früher angefangen.

Der Mensch in seiner Unvollkommenheit und Raffgier bleibt einfach, wie er ist, und freut sich diebisch, wenn es anderen Menschen seines Standes schlechter geht und er dann aus den nichtigsten Gründen auf den nächsten armen Teufel in irgendeiner Form hinabsehen kann. Mehr scheinen als sein ist die Gesinnung, die heute, damals und auch in Zukunft das Leben und Gehabe der meisten Menschen bestimmt.

Das größte und schönste Gebäude in unserer Straße war eine jüdische Synagoge. Das weiß ich jetzt, konnte es aber als Kleinkind nicht wissen. Schön war das Gebäude schon deshalb, weil es abends immer hell erleuchtet war und am Tage die Außenwand zur Straße hin eigenartige Stuckverzierungen aufwies. Vielleicht war es auch eher selten als schön, jedenfalls hob es sich in erfrischender Weise von den umliegenden grauen rußigen, im Einheitsstil erbauten Mietshäusern ab. Es gingen meistens nur Männer, die schwarze Hüte auf ihren Köpfen trugen, in dieses Gebäude.

Einige hatten lange Locken, die ihnen links und rechts neben ihren Ohren aus den Hüten herunterhingen. Viele von ihnen hatten zusätzlich noch lange Bärte und trugen dunkelgraue oder schwarze überlange Gehröcke. Sie sahen vornehm und festlich angezogen aus. Ihre Gesichter und ihr Mienenspiel waren ernst, gemessen, etwas verkniffen und verzerrt, etwa so, als hätten sie kurz vorher in einen sauren Apfel gebissen oder als würden sie einen noch nicht stattgefundenen, aber dringenden, längst überfälligen Stuhlgang herbeisehnen.

Sie sahen fast so aus wie die Männer, die ähnlich gekleidet, aber ohne Haarlocken und Bärte, dafür aber mit steifen schwarzen Zylinderhüten auf den Köpfen hinter Leichenwagen hergingen, die von verhangenen Pferden gezogen wurden. Nach langem Raten, was diese Wagen wohl beinhalteten konnten, fanden wir heraus, dass im Innern dieser Wagen tote Menschen in Särgen lagen. Die Leichenwagen waren aus schwarz lackiertem Holz und von allen Seiten mit milchigen Glasscheiben bestückt, durch die man manchmal, wenn man nahe genug an den Wagen herankam, einen Teil des Sarges sehen konnte. Wenn das der Fall war, konnte man sicher sein, dass es sich um ärmere Hinterbliebene handelte. Wenn aber der Innenraum des Leichenwagens mit Kränzen und Blumensträußen völlig zugestopft war und der Sarg nicht mehr zu sehen war, handelte es sich um eine wohlhabendere Trauergemeinde. Es war also sehr schnell feststellbar, wie wichtig oder unwichtig der oder die Tote einmal zu Lebzeiten gewesen war. Das „Dünkeldenken“ oder „Wichtigtun“ hört also auch nicht mit dem Tode der Menschen auf. Die Rücken der Pferde waren mit schwarzen Decken belegt und von den Rändern der Decken baumelten schwarz-silbrige Quasten. Zusätzlich hatte man den Tieren noch schwarze Kapuzen mit schwarzen und silbernen Bommeln über die Köpfe gestülpt. Die Kapuzen hatten kleine Sehschlitze für die Augen der Pferde, aber weil diese oft verrutschten, nahmen sie den Tieren ganz bestimmt die Sicht.

Vielleicht mussten die Pferde ihre Augen auch gar nicht benutzen, denn schließlich wusste ja der Kutscher, wo sie hinmussten. Dieser trug zwar keine Kapuze, dafür aber einen schwarzen, sehr hohen Zylinderhut, um den ein ebenso schwarzer Trauerflor gebunden war. Er saß, in einen dunklen Allwetterumhang gehüllt, auch Pelerine genannt, mit ernstem Gesichtsausdruck auf dem Bock und konnte die Pferde mithilfe der Zügel und irgendwelcher Schnalzlaute oder Kommandos in die gewünschte Richtung dirigieren. Solche Leichenzüge, d. h. die Männer und Frauen, die hinter den Leichenwagen hergingen, bewegten sich in einer komisch anmutenden, von links nach rechts und wieder zurückrollenden, dabei gleichmäßig schwankenden, langsamen, fast kriechenden Gangart. Sogar die Zugpferde hatten diesen seemännischen Rhythmus übernommen und schwankten im Takt mit den Trauergästen.

Wir Kinder spielten diese Trauerzüge nach. Ein sehr kleines, leichtes Kind musste sich auf ein Stück Brett legen, es wurde mit einem Stück schwarzem Tuch oder einer dunklen Decke zugedeckt und zwei größere Kinder, eins vorne und eins hinten, hoben dann das Brett an und trugen es mit dem darauf liegenden, fröhlich lachenden und kichernden Kind die Straße rauf und runter. Die anderen Kinder stellten sich in einer Reihe hintereinander auf und marschierten, dabei übertrieben nach links und rechts schwankend, so wie wir das von den Beerdigungszügen gesehen hatten, hinter dem Brett her.

Währenddessen stimmten alle ein lautes Wehgeschrei und Wehklagen an, welches dann regelmäßig am Ende der Wegstrecke durch ein lautes Gelächter und Gejuchze ersetzt wurde.

Neben dem Bahndamm, den wir ja von unserem Fenster aus gut sehen konnten, wurde eines Tages ein hoher Turm errichtet, auf den ein Flakgeschütz, in Teile zerlegt, gehievt und anschließend zusammenmontiert wurde. Plötzlich kam etwas Leben in unsere triste Wohngegend. Anfänglich kamen Lastwagen und luden Material ab, dann kamen Bauarbeiter, die den Turm errichteten, und später eine Menge Soldaten. Für die umliegenden Bewohner war das eine willkommene Abwechslung. Alle Fenster der Wohnungen, von denen das geschäftige Treiben am Bahndamm am besten beobachtet werden konnte, wurden Mangelware, wollte doch jeder genau verfolgen, was da vor sich ging. Als der Turm fertig war, war auch das Flakgeschütz betriebsbereit und nun war das Ganze ein Flakturm. Er wurde von Soldaten besetzt, die Stahlhelme auf ihren Köpfen trugen. Um oben auf den Flakturm zu gelangen und wieder nach unten, mussten sie eine spiralförmige Leiter benutzen. Unten vor dem Turm war eine Baracke, in der die Soldaten saßen, die gerade nicht auf dem Turm waren. Die trugen natürlich keine Stahlhelme, hatten dafür aber kleine Stoffschiffchen, die vorne mit runden, knopfartigen Kokarden verziert waren, bedenklich schräg auf ihre Köpfe gestülpt. Als mögliche Gefahrenzulage besaßen die Soldaten auch ein Radio, welches in der Baracke installiert war und in der warmen Jahreszeit mit voller Lautstärke, bei offenen Fenstern und Türen, die beliebtesten Schlager der Zeit ertönen ließ. Davon profitierten auch die diensthabenden Soldaten auf dem Flakturm, die immer kräftig mitsangen. Vielleicht hat das Musikgeplärre ihnen auch ein Stück Angst vor der Ungewissheit genommen – der Zweite Weltkrieg hatte ja nun auch für sie angefangen.

Für eine Weile erfreuten sich alle Anwohner an der Musik, denn Radios gab es ja in dieser Nachbarschaft nur sehr selten. Jedenfalls sorgte die Flakstation wieder einmal für zusätzlichen, dringend benötigten Gesprächsstoff und für etwas Abwechslung im täglichen Leben.

Rechts ab von unserer Straße, in der Straße, die am Bahndamm entlangführte, ging es immer sehr geschäftig zu, denn etwa in der Mitte dieser Straße war das Hurenviertel von Düsseldorf beheimatet. Zwischen den Hurenhäusern hatten viele Kneipen ihren Standort. Aus ihnen erscholl zu jeder Tages- und Nachtzeit Gelächter, Musik und schrilles Gekreische in allen Tonarten. Ab und zu konnten wir Kinder uns aus sicherer Entfernung an den torkelnden, laut singenden oder sich prügelnden, betrunkenen Männern und Frauen erfreuen. So erbärmlich, heruntergekommen und trübselig unser Viertel auch war, eins bekam jeder Anwohner kostenlos, nämlich viel Krach, Geschrei und vor allen Dingen, seit der Erbauung der Flakstation, kostenlose laute Musik.

Ziemlich am Anfang dieser, ich nenne sie einmal Hurenstraße, befand sich ein Kolonialwarenladen. Wir mussten nur von unserem Haus Richtung Bahndamm gehen und dann rechts um die Ecke in die Straße biegen und gleich da, etwa fünf bis sechs Häuser weiter, war das Kolonialwarengeschäft. Wenn meine Mutter mich und meine kleinen Schwestern zum Einkaufen mitnahm und wir in diesen Laden kamen, roch es immer so angenehm darin. Ich glaube, dieser ansprechende, fremdartig anmutende Ladengeruch befleißigte uns, unsere Mutter freiwillig und ohne jegliches Zureden in den Kaufladen zu begleiten. Vielleicht war aber auch der tiefere Grund der, manchmal bei diesen Ladenbesuchen mit einer kleinen Süßigkeit vom Ladenbesitzer beschenkt zu werden.

Noch heute kann ich mich an bestimmte Gerüche, die ich irgendwann einmal in meinem Leben irgendwo wahrgenommen habe, erinnern. Bestimmte Orte, Länder oder Gegenden besitzen ihren eigenen Geruch. Später habe ich bemerkt, dass ich tatsächlich am Geruch in etwa bestimmen kann, wo ich mich befinde.

Im Sommer standen vor dem Laden, auf dem Bürgersteig, lange Holztische, üppig beladen mit allen Arten von Obst und Gemüse. Ich glaube, wir waren sehr arm, denn zu Hause bei uns gab es so gut wie nie Obst. Deshalb ging ich auch manchmal alleine zu dem Kolonialwarenladen, drückte mich in seiner Nähe verstohlen herum und versteckte mich schließlich hinter oder unter den Obstkisten. Wenn ich mich unbeobachtet fühlte, griff ich schnell in eine der Obstkisten und rannte mit meiner Beute weg. Ich war noch sehr klein und konnte noch nicht von oben in die Obstkisten hineinsehen, deshalb griff ich schnell das, was immer ich auch mit meinen kleinen Händen zu fassen bekam, und sauste wie der Blitz um die Ecke. Oft hatte ich Glück und erwischte eine Handvoll knackiger Süßkirschen. Die aß ich besonders gern. Doch auch Äpfel und Birnen waren hin und wieder Teil meiner Ausbeute.

Andere Kinder machten das auch. Von den größeren hatte ich mir dieses Manöver bis zur Perfektion abgeschaut. Ich hatte immer riesige Angst, bei dieser Aktion erwischt zu werden. War ich aber erst einmal in Sicherheit, genoss ich meine Beute mit einem wohligen Gefühl der Zufriedenheit.

An die Möbel in unserer Wohnung kann ich mich nicht mehr genau erinnern, aber sie waren spärlich und ärmlich, das weiß ich noch. Wir schliefen alle in dem nicht sehr großen Schlafzimmer, welches, wie schon beschrieben, das Fenster mit dem „Panorama-Ausblick“ auf den Hinterhof hatte und deshalb auch an sonnigen Tagen immer dunkel war. Meine jüngste Schwester Hiltrud schlief, solange sie noch hineinpasste, im Kinderwagen. Später in dem kleinen Kinderbett, in dem ich zuerst und nach mir meine Schwester Roswitha geschlafen hatte.

Meine Schwester Roswitha hatte eine längere Zeit ihren Schlafplatz in der Mitte des Ehebetts meiner Eltern, bis sie viel später ihr eigenes Bett bekam. Ich schlief in einem Stahlrohrbett, welches elfenbeinfarben gestrichen und aus Platzgründen gleich neben dem Kinderbett aufgestellt war. Im Schlafzimmer gab es keine Heizmöglichkeit und besonders im Winter froren wir alle erbärmlich. Die Toilette war, wie zu jener Zeit üblich, auf dem Hausflur und wurde auch von den Bewohnern des Anbaus benutzt. Sie war ein äußerst beliebter Treffpunkt, denn jeder war ja gezwungen, sich dort mehrmals am Tage einzufinden. Das Abwischpapier bestand aus alten zerschnittenen Zeitungen, die jeder Besucher verschämt, mit einer Hand die Zeitungsstücke hinter seinem Rücken verbergend, zu diesem Ort der körperlichen Entlastung mitzunehmen pflegte. Praktisch waren ja diese Zeitungsabschnitte, konnten die Erwachsenen sie doch während der Toilettenbenutzung in Ruhe lesen, sich womöglich sogar weiterbilden oder sich gewisse Informationen aneignen. Eine besondere Vorsicht bei der Benutzung dieser bedruckten Blätter war trotz allem geboten, denn die Druckerschwärze auf diesen Papierfetzen hatte die Eigenschaft abzufärben. Es war also nicht auszuschließen, dass nach einer Toilettenbenutzung unter Anwendung dieses Abwischpapiers sich die jeweiligen Hintern in einem leicht schwärzlich marmorierten Zustand befanden.

Ausgerechnet immer wenn man dringend musste, war die Toilette prompt besetzt und dann passierte es schon einmal, dass wenigstens ein „kleines Geschäft“ in die Hosen ging.

Nachts benutzten wir alle Nachttöpfe, die strategisch unter unseren Betten deponiert waren. Man musste sich schon gut merken, wo sie sich befanden, denn wenn man nachts, im Dunkeln, schlaftrunken und von der großen Not beseelt, sich möglichst schnell zu erleichtern, nach den Töpfen tastete und sie nicht schnell genug fand, dann ging das Geschäft oftmals, zumindest bei uns Kindern, daneben.

Der andere Raum unserer Wohnung, die Wohnküche mit den beiden Fenstern, durch die man ein Stück Straße und die mit Plakaten bekleisterte Fabrikmauer gegenüber und, wenn man sich weit hinauslehnte, auch bis zum Bahndamm sehen konnte, war, wie schon gesagt, unser hauptsächlicher Aufenthaltsraum. Das war also die Wohnzentrale unserer Familie. Wichtigstes Möbelstück war der Kochherd. Er konnte mit Kohlen oder Holz befeuert werden.

Meistens hatten wir Kohlen und der Herd wurde im Winter zum Zentralpunkt für uns alle. Er tat sein Bestes, um uns zu wärmen, und die Herdplatte glühte manchmal bedenklich rot, gab dabei eigentümlich knackende Geräusche von sich. Im Winter wurde der Küchentisch mit den Stühlen sehr nahe an diesen Herd geschoben.

Kurz vor dem Zubettgehen wärmten wir Kinder uns gründlich an dem Herd auf, zogen danach rasch unsere Kleider aus, hängten sie über die Rückenlehnen der Küchenstühle, zogen unsere am Herd vorgewärmten Schlafanzüge oder Nachthemden an und sausten dann durch die Tür ins klirrend kalte Schlafzimmer. Das war immer ein Schock, wenn wir unter die Bettdecken krochen, denn die Betten waren ja eiskalt und erwärmten sich erst nach und nach durch unsere Körperwärme, die wir aus der Küche, dank unserem tapferen Herd, mitgebracht hatten. Probate Mittel, um die Betten wenigstens etwas warm zu machen, waren Backsteine oder Bügeleisen, die unser Vater auf dem Herd anwärmte, in Handtücher einschlug und etwa eine halbe Stunde vor unserem Zubettgehen an die Fußenden unserer Betten unter den Bettdecken deponierte. Die von den Backsteinen oder Bügeleisen ausgestrahlte Wärme kroch dann an unseren Beinen hoch und schnell waren unsere Körper von einer wohligen Wärme umgeben. Zum Einschlafen reichte das, aber morgens wachten wir trotzdem wieder in eiskalter Umgebung auf und flüchteten schnell in die Wohnküche, denn dort gab der Herd wenigstens noch eine Restwärme vom Vorabend ab. Schnell wurde die Restglut im Herd wiederbelebt und wenn es wieder wärmer wurde, wuschen wir uns mit kaltem Wasser und zogen dann schnell unsere angewärmten Kleider wieder an. Stark gelitten haben wir bestimmt nicht an diesen Umständen im Winter. So etwas kann sehr abhärtend wirken und übrigens lebten die meisten Menschen, die in ähnlichen Behausungen wie der unsrigen wohnten, unter ähnlichen Bedingungen.

Sehr lustig waren Winterabende, wenn unsere Mutter Esskastanien besorgt hatte, die wir Kinder dann auf die glühende Herdplatte legten, bis sie anfingen zu schmoren und schließlich knisterten und knackten und wild auf der Herdplatte herumtanzten. Ihre Schale platzte auf und ein süßer, angenehmer, aromatischer Duft entströmte ihnen. Sie hopsten und hüpften wie ein Schwarm aufgeschreckter Heuschrecken auf dem Herd herum und wenn sie so übereinanderpurzelten und in alle Richtungen sprangen, war das Ende ihrer Zeit gekommen. Sie wurden von unserem Vater eingefangen und uns Kindern auf einer Untertasse der Vernichtung preisgegeben. Wir brachen die angeschmorten Schalen auf und aßen das angenehm schmeckende Kastanieninnere.

Manchmal, wenn Vater am Samstag von der Arbeit nach Hause kam, sang er ein Lied auf seinem Heimweg. Wenn er schon nahe genug an unserer Wohnung war, wusste ich immer, dass es mein Vater war, denn ich erkannte ihn an seiner schönen, dunklen Stimme.

Er musste wohl, nachdem er seinen Wochenlohn empfangen hatte, auf dem Nachhauseweg in einer Kneipe eingekehrt sein, einige Biere getrunken haben, und kam nicht viel, aber immer ein bisschen beschwipst nach Hause. Meiner Mutter war das sehr peinlich und sie schimpfte ihn regelmäßig aus. Der Haussegen hing dann einige Zeit schief, renkte sich aber bald wieder ein. Dies hielt allerdings nur bis zu dem Zeitpunkt an, an dem es mein Vater mal wieder für nötig hielt, die Öffentlichkeit mit seinem wohlklingenden Gesang zu beglücken.

Sehr oft kam unsere Oma aus Mönchengladbach angereist und besuchte uns. Zu allen Reisen legte sie immer ihre Reisekleidung an. Sie sah dann sehr schick und elegant aus. Sie fuhr mit dem Autobus oder Zug frühmorgens von ihrem Wohnort Mönchengladbach ab und kam nach ca. einer Stunde in Düsseldorf am Hauptbahnhof an. Den Rest der Wegstrecke vom Hauptbahnhof zu unserer Wohnung erledigte sie in 15 Minuten zu Fuß.

Die Oma war die Mutter meiner Mutter und brachte uns Kindern immer kleine Geschenke mit. Am Abend des gleichen Tages musste sie wieder mit dem Autobus oder Zug zurückfahren, denn eine Schlafmöglichkeit für einen Gast war ja in unserer Wohnung nicht vorhanden. Ab und zu nahm sie mich, schon als krabbelndes Kleinkind, mit zu sich nach Hause und ich verbrachte dann einige Zeit, als ich schon etwas älter war, sogar Monate bei ihr. Ich muss wohl ihr Liebling gewesen sein, denn meine Geschwister durften nie bei ihr wohnen oder auch nur eine kurze Zeit bei ihr verbringen – was ich bis heute nicht verstanden habe. Oma verhätschelte mich nach Strich und Faden.

Ich wuchs in der ersten Zeit überwiegend bei meiner Oma auf. Bei ihr lernte ich auch laufen. Wie bei allen Kleinkindern fand meine Fortbewegung im ersten Stadium auf allen Vieren auf dem Fußboden statt. Das war zwar äußerst unbefriedigend und sehr umständlich, musste aber zu diesem Zeitpunkt meinem Erkundungsdrang genügen. Meine ersten Gehversuche, bei denen ich von meiner Oma an der Hand geführt wurde, waren praktisch und führten letztlich auch zum Ziel. Nachdem ich an Omas Hand einige Male, unterbrochen von kleinen Stürzen und ungeplanten Sitzpausen, quer durch die Küche gewackelt war, muss ich wohl Spaß an der Sache bekommen haben, zumal ich aus der neuen Höhe und den damit verbundenen Perspektiven viele Dinge, die ich im Krabbelprozess nicht hatte wahrnehmen können, plötzlich als sehr wesentlich und wichtig einstufte. Somit beschloss ich für mein weiteres Leben diese Art von Fortbewegung zu wählen. Störend und belastend war jetzt nur noch, von Oma geführt und gehalten zu werden, denn das schränkte meinen individuellen Aktionsradius erheblich ein, musste ich doch immer dahin, wo Oma hinwollte.

Eins der wichtigsten Utensilien in Omas Küche war das Spül- oder Topftuch. Mit diesem Lappen, der immer in der Nähe der Abwäsche seinen Platz hatte, hantierte Oma täglich viele Male herum. Sie lief mit dem Lappen von hier nach da, legte ihn in die Spüle, wusch ihn mehrmals am Tag aus, legte ihn dann auf das Ablaufblech, hatte ihn wieder in der Hand, wenn sie die Töpfe auf dem Küchentisch ausputzte. Folglich prägte sich die übergeordnete Wichtigkeit des Lappens sehr stark bei mir ein. Als nämlich dieser Lappen einmal in meiner Nähe auf den Boden fiel, griff ich danach, hielt ihn mit beiden Händen fest, hob ihn hoch und folgte ihm dann mit meinem Körper, bis ich mich in eine aufrechte Position gebracht hatte. Da stand ich nun, den Lappen in beiden Händen haltend, auf meinen zuerst noch bedenklich wackeligen und schwankenden Beinen. Nun hatte ich keine Wahl mehr, denn ich hielt den Lappen mit ausgestreckten Armen vor mich hin, musste ihm also folgen, ihn womöglich sogar einholen, und so torkelte ich hinter dem Lappen her, Schritt für Schritt, quer durch die ganze Küche bis zum Küchenschrank, der meine Exkursion abrupt, mit einem Bums gekrönt, beendete. Erschöpft von dieser enormen Leistung sank ich, dabei den Lappen nicht preisgebend, vor dem Schrank wieder auf meinen Hosenboden. Schnell rappelte ich mich von dort mithilfe des Lappens wieder in die Höhe, folgte der gerade zurückgelegten Wegstrecke in umgekehrter Richtung und parkte dann meinen von der großen Reise erschöpften Körper auf dem Fußboden. Das Ganze hatte meine Oma natürlich mitbekommen, die vor Schreck und Erstaunen nicht wusste, ob sie lachen oder weinen sollte. Jedenfalls konnte ich nun alleine laufen, zuerst noch ein paar Tage mit dem Lappen und dann völlig freihändig ohne ein weiteres Hilfsmittel.

Ich war froh und glücklich, meine Großeltern und Eltern auch, aber nun mussten sie natürlich Vorkehrungen treffen, die den Schutz der Schränke, Schubladen und sonstigen Gegenstände betrafen, die ich nun mit meiner neuen Höhe erreichen und ausräumen konnte. Wahrscheinlich habe ich auch in dieser frühen Fortbewegungsphase die ersten etwas verständlicheren Wortlaute von mir gegeben und mich nach und nach bequemt, etwas zur allgemeinen Unterhaltung beizusteuern.

Abends, wenn ich nicht zur angeordneten Zeit ins Bett wollte, schwindelte mir meine Oma immer vor, die „Abendmutter" würde sich sehr erzürnen und mich bestrafen. Wenn ich sehr ungezogen war, drohte sie sogar damit, die Abendmutter würde mich abholen und mit sich durch die Luft, auf ihrem Reisigbesen reitend, in ihr dunkles Reich bringen. Um der Sache Nachdruck zu verleihen, ging meine Oma dann auf den Balkon und rief von dort, dass sie gerade die Abendmutter habe vorbeifliegen sehen. Mehr musste sie nie sagen, denn wie ein Blitz verschwand ich ins Bett, zog die Decke über meinen Kopf und hoffte inbrünstig, dass mich die Abendmutter nun nicht mehr finden konnte.

Meine Schwestern waren niedliche, hübsche kleine Mädchen. Meine jüngste Schwester hatte blondes Kraushaar und meine ältere Schwester braunes, leicht gewelltes Haar. Als sie etwas älter wurden, drehte ihnen meine Mutter immer Haartollen, die waren damals sehr in Mode, oder band ihnen kleine Schleifchen ins Haar.

Manchmal im Sommer, an Sonntagen, fuhren wir alle mit der Straßenbahn in den Düsseldorfer Stadtwald und gingen spazieren. Im Winter, wenn Schnee lag, konnte man im Stadtwald von einem kleinen Hügel aus ein Stück Abhang hinunterrodeln. Wir tobten uns im Schnee aus, bauten Schneemänner, veranstalteten Schneeballschlachten, bei denen unsere Eltern immer die gutmütigsten Verlierer zu sein schienen. Wenn wir Kinder am Spätnachmittag müde wurden, setzte uns Vater alle zusammen auf den Schlitten und zog uns durch den verschneiten Wald bis zur Straßenbahnhaltestelle. Das Besteigen der Straßenbahn war meistens mit einiger Aufregung verbunden, denn sehr lange hielt die Bahn ja nicht an der Haltestelle. Vater musste meine kleinen Schwestern zuerst in den Straßenbahnwagen heben, dann stieg Mutter auf, danach kletterte ich hinein und zum Schluss musste er ja auch noch den Schlitten einladen. Endlich hüpfte er selbst, meistens im letzten Augenblick, auf das Trittbrett der schon anfahrenden Straßenbahn und schwang sich zu uns auf die Wagenplattform.

Mein Vater war, wie bereits erwähnt, 18 Jahre älter als meine Mutter. Er war sehr lieb und lustig, hatte immer gute Laune und las uns Kindern oft abends aus Märchenbüchern vor. Dabei rauchte er seine Pfeife, bis das Zimmer voller blauer Rauchschwaden war. Meine Mutter hatte die höhere Töchterschule in Mönchengladbach besucht und war in vielen geistigen Dingen unserem Vater sehr überlegen, denn dieser hatte nur eine Volksschulbildung. Meine Großeltern, besonders meine Oma, haben die Ehe meiner Eltern nie völlig akzeptiert. Meine Oma bemerkte an jeder passenden und auch unpassenden Stelle, dass ihre Tochter sich unter ihrem Wert mit meinem Vater verheiratet habe. Das konnte aus der Sicht meiner Oma wohl möglich sein, aber schließlich war meine Mutter 22 Jahre alt und volljährig, als die Ehe geschlossen wurde. Es herrschte zwischen meiner Mutter und meiner Oma immer ein sehr gespanntes Verhältnis, das sich bis zum Tode meiner Mutter nicht ändern sollte. Mein Vater wurde von Oma, soweit ich mir das heute noch in Erinnerung bringen kann, meistens entweder nicht wahrgenommen oder absichtlich übersehen. Er passte nicht in ihre Vorstellung als Ehemann ihrer Tochter und das war's, basta. Sie selbst war denen gegenüber, die sie leiden mochte, gütig und liebevoll, aber sie hatte stets ihre eigenen Vorstellungen darüber, wie jemand zu sein hatte. Sie war bestimmt eine gute Frau und Mutter ihrem Mann, dem Stiefvater unserer Mutter, und ihrem Sohn Hans gegenüber – das war der Stiefbruder meiner Mutter, der etwa drei Jahre jünger als unsere Mutter war.

Omas geistiger Horizont ließ viel zu wünschen übrig, denn auch sie kam aus einer sehr einfachen Familie und hatte nur eine normale Volksschulbildung genossen. Wie ich viel später aus Briefen, die ich von ihr erhielt, entnehmen konnte, kämpfte sie stets mit der Rechtschreibung. Die Eltern meines Vaters, also unsere anderen Großeltern, haben wir nie kennengelernt, denn sie starben bereits vor der Hochzeit unserer Eltern.

Wir Kinder wurden von unseren Eltern sehr geliebt. Mit ihren sehr begrenzten finanziellen Mitteln haben sie es zu jeder Zeit immer verstanden, uns eine schöne und sorgenfreie Jugendzeit zu ermöglichen.

Meine Mutter war sehr musikalisch, sie hatte in ihrer Jugend Klavierspielen gelernt und sang auch sehr gerne und gut. Eigentlich waren unsere Eltern beide sehr musikalisch, denn Vater hatte eine schöne, vollklingende Baritonstimme. Sie lehrten uns die schönsten Kinderlieder. Wir alle in unserer Familie sangen sehr oft und gerne zusammen.

Als uns unsere Oma wieder mal in Düsseldorf besuchte, spazierte sie mit mir zum Schwanenspiegel. Das war ein kleiner Teich, umgeben von einer Grünanlage, mitten in der Stadt. Auf dem Teich schwammen immer eine Menge Schwäne und Enten, die mich magisch anzogen. Ich wollte sie immer anfassen und streicheln, aber natürlich ließen sie das nicht zu und flogen oder schwammen immer davon. In einem unbeobachteten Moment – Oma muss mich wohl kurz aus den Augen verloren haben – war ich im Wasser des Teichs. Später sagte sie, nur mein Kopf mit meinem weißen Hütchen ragte noch aus dem Wasser. Ich war eifrig bemüht, entweder einen Schwan oder eine Ente in meinen Besitz zu bringen. Bevor Oma fast in Ohnmacht fiel, hatte sie noch die Geistesgegenwart, in den Teich zu waten und mich wieder ans Ufer zu bringen. Viel Glück hatte ich bei dieser Exkursion, denn das Wasser am Teichufer war relativ flach und fiel nicht sofort steil ab. Schwimmen konnte ich ja noch nicht, Oma konnte es ganz bestimmt auch nicht. Wir waren beide pitschnass geworden und ich heulte wie ein Schlosshund, weil meine Mühe, eins dieser gefiederten Objekte zu erhaschen, nicht von Erfolg gekrönt war.

An einem Herbsttag gegen Abend brannte das schöne Gebäude, von dem ich schon berichtete und das sich später als die jüdische Synagoge in unserer Straße herausstellte. Das Feuer war plötzlich ausgebrochen, als die Juden – das waren die Leute mit den schwarzen Hüten mit den seitlichen Locken und den schwarzen Anzügen – in ihre Synagoge gehen wollten. Vorher hatte ich noch mit Nachbarskindern vor der Synagoge gespielt und von den Besuchern Bonbons erhalten. Vor der Synagoge standen viele junge Männer in braunen Uniformen und prügelten mit langen Stöcken auf die Juden ein. Die Juden hatten eine lange Kette gebildet und versuchten, mit Wassereimern, deren Inhalte sie durch die unteren, geborstenen Fenster der Synagoge gossen, das Feuer zu löschen. Die Uniformierten auf der Straße warfen Steine in die oberen Fenster der Synagoge und sangen dazu Lieder. So oder so ähnlich muss es sich damals zugetragen haben, denn obwohl ich zu dieser Zeit noch sehr jung war, hat sich diese Episode sehr fest in meiner Erinnerung verankert. Viele Leute aus der Nachbarschaft versuchten zusammen mit den Juden den Brand zu löschen, aber sie wurden auch von den Uniformierten geschlagen, getreten und verjagt. Ich hatte noch nie ein so großes Feuer gesehen und schaute mit meinen Spielkameraden dem Treiben zu. Dann kam meine Mutter und holte mich nach Hause, denn es war schon sehr dunkel geworden. Am nächsten Morgen war von der schönen Synagoge nur noch ein schwarzer dampfender und stinkender Trümmerhaufen übrig geblieben. Lediglich die Mauern des Gebäudes standen noch.

Einige Zeit später sprachen meine Eltern von der „Reichskristallnacht“. Ich konnte mit diesem Ausdruck als kleiner Junge natürlich nichts anfangen. Später hörte ich jedoch diese Bezeichnung noch öfter.

Ein paar Monate später, mein Vater hatte eine gute Arbeitsstelle bei der Bahnspedition im Güterbahnhof in Mönchengladbach erhalten, zogen wir nach Mönchengladbach und mieteten eine größere Parterrewohnung. Diese Wohnung lag wieder einmal in der Nähe des Hauptbahnhofs, aber diesmal hatte es wohl einen anderen Grund: Gleich neben dem Bahnhof wurde damals ein großer, geräumiger Luftschutzbunker für die umliegenden Einwohner fertiggestellt. In diesem Bunker bekamen meine Mutter und wir Kinder Plätze zugewiesen.

Der Krieg hatte nun für jeden sicht- und fühlbar begonnen und alle wichtigen Städte in Deutschland wurden von den Alliierten bombardiert. Ich bezweifele heute noch, dass Mönchengladbach auch zu den wichtigen Städten in Deutschland gehört haben könnte, denn eine Schwer- oder Rüstungsindustrie war in dieser Stadt nicht vorhanden. Nächtliche Bombenangriffe der alliierten Luftstreitkräfte wurden nun immer häufiger geflogen und wir verbrachten oft fast jede zweite Nacht in diesem Bunker. Nachts wurde die Straßenbeleuchtung abgeschaltet und die Menschen mussten, wenn sie draußen unterwegs waren, mit Taschenlampen, die nur einen kleinen Lichtspalt hatten, ihren Weg finden. Auch mussten Häuser, Wohnungen und öffentliche Gebäude verdunkelt werden. Die Fensterblenden oder Rollläden mussten, sobald es dunkelte, heruntergelassen werden, damit kein Lichtschein nach außen drang. Man wollte damit versuchen, angreifenden Bombergruppen das Auffinden von Zielen und die generelle Orientierung über bewohnten Gebieten zu erschweren.

Mein Vater wurde als Luftschutzwart für das Haus, in dem wir wohnten, verpflichtet und musste bei Fliegerangriffen im Haus bleiben. Es war seine Aufgabe, jede der vier Etagen und auch den Dachboden während der Luftangriffe zu bewachen und Brände durch Brandbomben, falls sie durch das Dach einschlugen, zu bekämpfen. Überall im Haus verteilt standen Eimer mit Sand und Wasser. Er musste auch einen Helm tragen, der ihm nicht so recht zu passen schien und uns Kinder sehr zum Lachen reizte. Eine Armbinde musste er auch anlegen, damit jeder direkt bemerkte, dass er auch ein richtiger Luftschutzwart war. Später teilte er sich diese Aufgabe mit einem Herrn von der ersten Etage. Sie wechselten sich ab, sodass jeder einmal eine Nacht mit diesen Aufgaben betraut war.

Unsere Wohnung hatte ein großes Zimmer mit zwei Fenstern zur Straße, das war das Schlafzimmer meiner Eltern. Durch eine Doppeltür gelangte man in ein anderes großes Zimmer, das war die Wohnküche. Die Wohnküche hatte nur ein Fenster, durch das man wieder einmal in einen düsteren, schmalen, aber langen Hof sehen konnte. Begrenzt wurde er durch die Außenmauer des Anbaus rechts und einer Mauer links, die das Nachbargrundstück abteilte. Am Ende des Hofs befand sich eine fensterlose, hohe Mauer eines anderen Gebäudes. Dort am Hofende war eine Teppichstange befestigt, die wir zum Turnen benutzten, denn Teppiche zum Ausklopfen hatte sowieso keiner der Hausbewohner.

Durch die Haustür von der Straße gelangte man in einen Flur, von dem auf der linken Seite eine Treppe zu den oberen Stockwerken führte. Vor dieser Treppe war eine Tür, durch die man in unsere Wohnung gelangte, und geradeaus am Ende des Flurs kam man durch eine Tür in den Anbau, in dem wir Kinder unsere Schafzimmer hatten. In dem einen schliefen meine beiden Geschwister, das andere war mein Schlafzimmer. Vor meinem Schlafzimmer, aber nur vom Flur aus zu betreten, war noch ein winziges Zimmer, in dem unsere Spielsachen aufbewahrt waren. Manchmal, wenn schlechtes Wetter war, spielten wir auch in diesem kleinen Zimmer.

Durch alle Fenster dieser Zimmer im Anbau konnte man nur auf den schmalen Hof blicken. An diesem Flurende war auch die Toilette und daneben eine Tür, die auf den schlauchartigen Hof führte. In diesem Bereich führte auch eine Treppe nach unten in den Keller. Jeder Mieter hatte einen mit einer Holzlattenwand und Lattentür abgetrennten Kellerraum, in dem Kohlen, Kartoffeln usw. aufbewahrt wurden.

In unserer Wohnküche hatte unser bewährter Herd wieder seinen Ehrenplatz erhalten. Der Küchentisch mit fünf Stühlen stand in der Mitte des Zimmers und an den beiden Längswänden fanden zwei Küchenschränke Platz. Irgendwie hatte sich unser Mobiliar nach dem Umzug vermehrt, denn wir waren nun stolze Besitzer einer rostfarbenen Couch und einer pflanzenbestückten Blumenbank mit zwei oder drei Etagen, die in einer Ecke ihren Platz fand. Für das Schlafzimmer meiner Schwestern im Anbau waren zwei elfenbeinfarbige Stahlrohrbetten angeschafft worden und nun hatte jede meiner Schwestern ihr eigenes Bett. In meinem Schlafzimmer stand das Bett, in dem ich schon in der Düsseldorfer Wohnung geschlafen hatte. Jetzt hatte also jedes Familienmitglied eine eigene Schlafstatt. Einen Ofen oder eine Heizung gab es in den Schlafzimmern nicht, die einzige Heizquelle in der ganzen Wohnung war unser guter alter Herd in der Küche. Ganz hinten rechts, vom Hof abgehend im Bereich der Teppichstange, war die Waschküche mit einem riesigen Kessel, der mit Kohlen oder Holz von unten geheizt werden musste. In diesem Kessel konnten die Hausbewohner ihre Wäsche kochen und waschen. Dann war da noch ein Holzbottich auf hohen Stelzenbeinen, an dem ein Wringer – das ist ein Gerät mit zwei Gummiwalzen, die mit einer Kurbel angetrieben werden mussten – angebracht war. Man nahm die gewaschenen und in sauberem Wasser ausgespülten Wäschestücke, steckte ein Ende zwischen die beiden Walzen und drehte dann das Wäschestück mit der Kurbel durch die beiden Gummiwalzen. Dieser Vorgang presste das Wasser aus den Wäschestücken. Danach wurden sie auf Leinen, die zwischen der Hofmauer und der Hauswand gespannt waren, mit Wäscheklammern befestigt und so zum Trocknen aufgehängt.

In der Waschküche standen noch einige Zinkwannen. Jeder Familie im Haus gehörte eine. Samstags war Hochbetrieb, dann badeten alle Familien im Haus nacheinander. Es gab eine Einteilung, die es jedem Einzelnen von ihnen am Nachmittag dieses Tages erlaubte, eine gewisse Zeit in der Waschküche zu verbringen. Das Feuer unter dem großen Kessel durfte nicht erlöschen, denn jede Familie benötigte heißes Badewasser. Wir Kinder wurden alle nacheinander mit einer Wasserfüllung in unserer Zinkbadewanne gebadet. Danach badeten meine Eltern, aber ich glaube, sie benutzten eine frische Wasserfüllung. Der ganze Samstagnachmittag wurde folglich genutzt, um den Mitgliedern aller Familien im Mietshaus den Genuss eines reinigenden Bades zu ermöglichen. Samstags nach dem

Bad gab es auch immer frische Unterwäsche. Die musste dann während der folgenden Woche bis zum nächsten Samstag getragen werden. Im Sommer war ja diese Massenbaderei noch sehr lustig, zumindest für uns Kinder. Im Winter mussten wir nach dem Bad, notdürftig in Badetücher gehüllt, durch den kalten Hof bis in die Wohnung laufen. Das war nicht so lustig, denn man fror erbärmlich. Badezimmer in einzelnen Wohnungen müssen zu dieser Zeit absoluter Luxus gewesen sein. Auch in den Häusern in unserer unmittelbaren Wohngegend gab es keine Wohnung mit einem Badezimmer. Körpergeruch war wohl in dieser Zeit normal bei den Menschen und weil alle ziemlich gleich rochen, fiel dieser Zustand nicht sonderlich auf.

Auf der ersten Etage in dem Haus wohnte ein Elektromeister mit seiner Frau und einem Jungen, der etwa so alt war wie ich. Der Elektromeister war riesig groß und seine Frau sehr, sehr klein und dünn. Ihr Sohn Helmut hatte schwache, schlaksige Beine und die mussten mit Schienen gestützt werden. Wenn er ging oder lief, klapperten und quietschten die Eisenschienen. Lief er zu schnell, verhakten sich die Schienen ineinander und er fiel hin und heulte. Trotz der Behinderung, die seine Fortbewegung sehr beeinträchtigte, war er ein tapferer und mutiger kleiner Kerl und nahm an allen Spielen mit den anderen Kindern auf der Straße teil.

Auch auf der ersten Etage, aber im Anbau wohnte ein Schneidermeister mit seiner Frau und zwei Söhnen. Dieser Schneidermeister hatte pechschwarze gelockte Haare und konnte eine Menge Lieder auf seiner Geige spielen. Er war Mitglied in einer Kapelle und spielte an den Wochenenden in Kneipen und auf Hochzeiten. Er sah sehr gut aus, hatte, wie man munkelte, eine Menge Freundinnen und kam öfter sehr stark angetrunken nach Hause. Dann gab es regelmäßig mächtigen Streit mit seiner Frau. Sie waren sehr laut, wenn sie sich stritten, alle anderen Hausbewohner konnten mühelos zuhören und wurden so immer über die jeweilige Streitursache informiert. In diesen Zeiten war man schon sehr dankbar für etwas Abwechslung. Wir Kinder hatten keinen Kontakt zu den Mitbewohnern auf der zweiten und dritten Etage. Wahrscheinlich wohnten auf diesen Etagen auch keine Kinder. Auf der vierten Etage, das war gleich unter dem Dach, wohnte in einer sehr kleinen Wohnung neben dem Speicher eine Witwe mit ihrem Sohn Hansi, der etwa zwei Jahre älter war als ich.

Hansis Mutter hatte ihren Mann schon früh am Anfang des Krieges verloren und musste für ihren Lebensunterhalt als Näherin in einer Fabrik arbeiten. Sie hatte ein Fahrrad, mit dem sie zu ihrer Arbeitsstelle fuhr. Sie war sehr nett zu Kindern und manchmal durften wir auch auf ihrem Fahrrad fahren, wobei sie uns hinten auf dem Gepäckträger des Fahrrads festhielt, damit wir nicht runterfielen. Ich glaube, auf ihrem Fahrrad habe ich das Radfahren erlernt.

Der Elektromeister hatte auch ein Fahrrad, mit dem er in seine Werkstatt ein paar Straßen von uns entfernt fuhr. Das waren die einzigen Transportmittel in dem Mietshaus. Er besaß das einzige Telefon im Haus und darauf war er sehr stolz. Er war sehr fleißig, arbeitete von früh bis spät und hatte eine Menge Kunden. Sein großes Hobby war das Kopfrechnen. Er konnte in Windeseile Zahlenkombinationen des kleinen und des großen Einmaleins multiplizieren, dividieren sowie subtrahieren und addieren. Er übte sonntags immer mit seinem Sohn und der war auch bald in der Lage, sehr schnell, fast wie ein Jongleur mit den Zahlen des Einmaleins umzugehen. Wir Kinder konnten nur immer über die beiden staunen. Oft wenn er seinen Sohn mit uns und anderen Kindern auf der Straße sah, gab er uns einige Rechenaufgaben zur Lösung auf. Wenn wir nicht schnell genug zum richtigen Resultat kamen, fragte er seinen Sohn. Der konnte das natürlich und dann zog sein Vater mit von stolz geschwellter Brust ab, uns anderen mitleidvolle Blicke zuwerfend. Helmut, so hieß er, hat später erwartungsgemäß studiert und ist Mathematikprofessor geworden. Hoffentlich hat sein Vater das noch erlebt, denn sein Sohn Helmut bedeutete ihm alles.

Eines Tages kamen Bauarbeiter und bauten den Kellerflur in einen Luftschutzkeller um. Sie verstärkten die Decke mit Balken und Stahlträgern und brachen eine Öffnung in die Hauswand zum Nachbarhaus. Dann mauerten sie die Öffnung, die gerade groß genug war, um einem Menschen kriechend Durchlass zu gewähren, wieder mit einer sehr dünnen Backsteinschicht zu. Daneben stellten sie eine große Axt, mit der man diese dünne Mauer zum Nebenhauskeller einschlagen konnte. Das Ganze sollte ein Notausstieg zum Nachbarkeller sein, falls eine Bombe unser Haus treffen würde und alle Personen im Luftschutzkeller verschüttet wären. Der Luftschutzkeller wurde noch mit einer dicken, schweren Tür aus Eisen und einigen Bänken für die Hausbewohner ausgerüstet. Es musste auch immer genügend frisches Wasser und Brot und eine Taschenlampe im Luftschutzkeller sein. Wenn Fliegeralarm war, liefen meine Mutter und wir Kinder mit einigem Notgepäck – in zwei kleinen Koffern waren die wichtigsten Familienpapiere, einige wenige Wertgegenstände und Kleidungstücke – in den großen Bunker am Bahnhof. Manchmal reichte die Zeit aber nicht aus, denn wenn schon Bomben fielen, verkrochen wir uns mit anderen Hausbewohnern in unseren Luftschutzkeller und zitterten dort um unser Leben. Der Fliegeralarm kam nun immer öfter, meistens abends oder mitten in der Nacht, selten am Tage. Im Bunker hatten wir unsere Sitzplätze in einer der untersten Etagen und da war die Luft dermaßen sauerstoffarm, dass alle, besonders aber ältere Leute große Atembeschwerden hatten.

Viele von ihnen hechelten mit offenen Mündern wie Fische auf dem Trockenen nach Luft, einige verfielen in ohnmachtsähnliche Zustände. Vor Angst erbrachen sie sich, erledigten ihre Notdurft in ihren Kleidern – die wenigen Toiletten waren meistens durch Dauerbenutzer besetzt und deshalb für die überwiegende Anzahl der im Bunker Schutzsuchenden unzugänglich und somit praktisch nicht vorhanden.

Immer wenn Bomben in der Nähe des Bunkers einschlugen und detonierten, zitterte und bebte der ganze Bunker. Es bildeten sich Staubwolken, die das Atmen noch schwieriger gestalteten. Es stank bestialisch nach Körperschweiß und Exkrementen. Oft fiel die spärliche Beleuchtung komplett aus und alle saßen im Dunklen. Alle klammerten sich aneinander, die Mütter rissen ihre Kinder an sich und beugten sich schützend über sie. Ältere Leute, wahrscheinlich einem inneren, für Jüngere nicht nachvollziehbaren Gefühl des Selbstschutzes folgend, hielten ihre

Handtaschen über ihre Köpfe. Ein sehr altes Ehepaar, eng umschlungen, suchte sich sogar mit einem schwarzen Regenschirm zu schützen, den der Mann immer bei diesem Donnergetöse reflexartig aufspannte.

Wir Kinder zuckten zwar auch immer unter diesen gewaltigen Explosionen zusammen, rückten aneinander und hielten uns die Ohren zu, aber da wir die Gefährlichkeit, Tragweite und Ausmaße dieser Bombardements nur unzureichend begreifen konnten, überstanden wir diese Bunkernächte weit besser als Erwachsene.

Wenn schließlich die Sirenen Entwarnung heulten, drängten alle Bunkerinsassen nach draußen, um erst einmal ihre Lungen mit Frischluft zu versorgen. Alle strebten dann auf dem schnellsten Wege ihren Häusern und Wohnungen zu. Für einige war das ein Gang ins Nichts, denn wenn sie zu Hause ankamen, standen sie vor einem Haufen brennender und rauchender Trümmer. In kürzester Zeit hatten sie alles, was sie besaßen, restlos verloren und waren obdachlos. Fassungslos standen sie vor den Resten ihrer Heime. Was nun, wohin, was tun, waren dann die nächsten Probleme, die sie bewältigen mussten. Sie hatten zwar ihr Leben gerettet, aber wie würden sie nun einigermaßen menschenwürdig weiterleben können? Alles individuelle Situationen, mit denen einige eher, andere aber überhaupt nicht fertig wurden. Viele dieser Bombenopfer krochen tage- und wochenlang in den Trümmern herum, räumten mit bloßen Händen den Schutt beiseite und suchten darin nach noch verwertbarem Hausrat oder persönlichen Gegenständen. War der Keller eines Hauses noch vorhanden, wurde er notdürftig als Wohnquartier hergerichtet. Ganze Familien mit Kindern wohnten auf den Trümmergrundstücken in erbärmlichen Kellerräumen ohne Wasser und Strom.

Ich erinnere mich noch an ein völlig zerbombtes Haus, das nur noch aus den beiden Giebelwänden und einem Stück Fußboden, der noch in der zweiten Etage an einer der Giebelwände hing, bestand. Die Vorder- und Rückwand des Hauses fehlte komplett. Auf dem leicht schiefen und nach unten abfallenden Stück Fußboden – der andere Teil war in die Tiefe gestürzt – stand noch ein Teil des Esszimmermobiliars, an der Giebelwand mit unversehrter Tapete hingen noch zwei Bilder und ein großer Spiegel mit Goldrahmen. Unter dem Spiegel stand eine kleine, gepolsterte Sitzbank, auf der ein aufgeschlagenes Buch lag.

Auf dem wahrscheinlich für das Abendessen gedeckten, nun etwas aus dem Lot geratenen, schiefen Tisch, den die Bewohner der Wohnung fluchtartig verlassen hatten, um sich vor dem Bombenangriff in Sicherheit zu bringen, standen noch in friedvoller Eintracht miteinander alle Gegenstände für das Abendessen. So waren auf dem Tisch Teller, Tassen, Gläser, Bestecke, eine Teekanne, einige Schüsseln, ein angeschnittener Brotlaib, eine Butterdose und, bedenklich nahe an die Tischkante gerutscht, sogar noch ein Blumenstrauß in einer Vase auszumachen. Das Ganze sah normal und natürlich aus, nämlich so, als ob die Bewohner jeden Moment wiedererscheinen würden, um mit ihrem Abendessen fortzufahren und dann der auf der Straße harrenden Ansammlung von Menschen, die ungläubig mit weit aufgerissenen Augen und Mündern in die Höhe zu ihnen hinaufstarrten, zuzuwinken. Der Anblick war bizarr und hatte auf den ersten Blick den Anschein, als ob es sich um ein von zwei Seiten einsehbares Puppenhaus für Kinder handelte, welches spielende Kinder für einen Augenblick verlassen hatten, die also in jedem Moment wiedererscheinen würden, um ihr Spiel fortzusetzen. Wenn man sich vorstellt, dass alle Gebäude rings um dieses eine Haus dem Erdboden gleich waren – einfach nicht mehr existierten –, war dieses halbe, in der Luft hängende Zimmer so etwas wie ein Wunder. Ob die Besitzer noch lebten oder in dem Bombenangriff, der ihr Heim zerstörte, umkamen, weiß ich nicht. Falls sie aber vielleicht doch den Tod in ihrem eigenen, total verschütteten Luftschutzkeller fanden, wäre es möglicherweise ihre Rettung gewesen, hätten sie ihr Abendessen in ihrer Wohnung zu Ende geführt.

Kinder vergessen Unliebsames schnell oder verdrängen es, sagt man. Ob tatsächlich Kinder und Jugendliche diese Zeit der Gefahr und Not in die hinterste Stube ihrer Erinnerungen eingelagert haben, ist mehr als fraglich. Ich kann mich jedenfalls ohne viel Mühe an die Zeit und an viele Einzelheiten des Krieges erinnern.

Wir Kinder spielten wie immer schon am nächsten Tag wieder draußen auf der Straße oder auf dem Schillerplatz. Der Schillerplatz war nur ca.

hundert Meter von unserem Haus entfernt und an einer Seite war ein Kriegerdenkmal errichtet, auf dem wir immer herumkletterten.

Im Sommer war dieser Platz der einzige grüne Flecken in unserer näheren Umgebung. Hinter und in den Büschen, die den Platz dicht umsäumten, konnte man gut Verstecken spielen. Wenn nachts wieder einmal viele Bomben gefallen waren, sammelten wir am nächsten Morgen Bomben- oder Granatensplitter ein, die überall auf den Straßen und Plätzen herumlagen. Besonders in der Nähe der Stellen, wo die Bomben große Löcher in den Boden gerissen hatten, waren diese Splitter in großen Mengen zu finden. Die gesammelten Splitter wurden begehrte Sammelobjekte für uns. Je größer und gezackter sie waren, desto wertvoller erschienen sie uns. Eine Handvoll kleinerer Splitter konnte man gegen einen großen eintauschen. Mein größter Schatz war zu dieser Zeit eine Zigarrenkiste gefüllt mit allen Arten von Granaten- und Bombensplittern.

Neben unserem Haus im Parterre wohnte ein älteres jüdisches Ehepaar. Sie waren immer sehr nett zu allen Kindern und sehr beliebt bei allen Nachbarn. Auch meine Eltern hatten ein sehr gutes, freundschaftliches Verhältnis zu ihnen. Eines Tages bemerkte ich, dass auf dem Mantel der Frau ein gelber Stern aufgenäht war. Ich fragte sie arglos, ob sie eine Auszeichnung oder einen Orden erhalten habe. Sie sagte nur mit einer traurigen Stimme, dass ab jetzt alle Juden diesen Stern tragen müssten. Später sah ich diesen gelben Stern auch auf der Kleidung von anderen Leuten in der Stadt. Meine Eltern waren sehr entrüstet über diese erniedrigende und verletzende Art und Weise, wie die Juden nun mithilfe einer derart plakativen Markierung kenntlich gemacht wurden. Meine Eltern besuchten die Familie oft in ihrer Wohnung und jedes Mal, wenn sie wieder nach Hause kamen, hatte meine Mutter verheulte Augen. Meine Mutter konnte sehr wütend werden und schimpfte wie ein Rohrspatz auf die Nazis. Ich hatte keine Idee, was ein Nazi war und von wem sie sprach. Mein Vater war dann sehr besorgt um meine Mutter, denn der Elektromeister im ersten Stock war ein begeisterter Anhänger der Nazis.

Er muss wohl öfters gehört haben, was meine Mutter über die Nazis sagte, aber er hat Mutter nie bei den Behörden angezeigt. Mein Vater war generell nicht an Politik interessiert, deshalb hielt er sich mit seinen Äußerungen sehr zurück. Er war als junger Mann im Ersten Weltkrieg schon Soldat gewesen und hatte als Melder gedient. Er wusste, wie grausam Kriege waren und wie rücksichtslos Politiker diese anzettelten, nur um ihren Größenwahn und ihre Selbstherrlichkeit zu fördern.

Wir sahen unsere jüdischen Nachbarn nun immer seltener auf der Straße. Oft besorgte meine Mutter auch die Einkäufe für sie, denn sie empfanden es als demütigend, von anderen Leuten angestarrt und oft auch übel beschimpft zu werden. An einem Spätnachmittag hielt ein großes Lastauto vor ihrer Wohnung. Wir sahen, wie sie von Männern in braunen Uniformen aus dem Haus geführt wurden. Sie hatten nur jeder einen kleinen Koffer in der Hand und wurden von den Uniformierten, weil sie ja alt waren und nicht mehr gut gehen konnten, auf den Lastwagen gehoben. Auf dem Lastwagen waren schon eine Menge Juden mit gelben Sternen auf ihren Kleidungsstücken. Unsere Nachbarn müssen wohl vorher von diesem Abtransport gewusst haben, denn einige Tage zuvor besuchten sie uns, stellten einige Koffer und Kartons mit Wertsachen bei uns ab, mit der Maßgabe an meine Eltern, gut auf diese Dinge zu achten, sie würden sie benötigen, wenn sie wieder nach Hause kämen. Sie kamen aber nie wieder. Wir haben auch später, nach Kriegsende, nie wieder etwas von ihnen gehört.

Einige Zeit später mietete ein Dentist diese nun leerstehende Parterrewohnung und praktizierte dort. Die Möbel und alle anderen Gegenstände des jüdischen Ehepaares wurden von einer HJ-Truppe entfernt und sichergestellt, wie man meiner Mutter auf ihre Anfrage hin mitteilte. Zufällig wurde ein paar Monate danach eine große Wohnung in der ersten Etage, genau über der Praxis, frei, in die dann die gesamte Familie des Dentisten einzog.

Das Haus, in dem sie vorher gelebt hatten, war durch eine Bombe völlig zerstört worden. Sie hatten einen Sohn in meinem Alter und eine Tochter, die schon fast eine junge Dame war. Ich spielte oft mit ihm in dem Garten hinter dem Haus, in dem er nun wohnte. Der schnellste Weg, um von unserem schlauchartigen Hof in den schönen, großen Garten nebenan zu kommen, war an der Teppichstange am Ende des Hofes hochzuklettern, dann über die Mauer zu rutschen und drüben an einem Lattengerüst für Rosen wieder runterzusteigen. Der Garten war für die Verhältnisse auf unserer Straße sehr groß. Ein hoher Kastanienbaum stand im hinteren Teil des Gartens und an dem kletterten wir hoch bis in den Wipfel und konnten von dort in alle Höfe und Gärten der näheren Nachbarschaft sehen. In dem Garten stand auch ein sehr früh im Jahr blühender Magnolienbaum, der einen herrlichen Duft ausströmte. Wenn man diesen Duft in unserem erbärmlichen Hof wahrnahm, wusste man, dass der Frühling eingezogen war.

Zwei oder drei Häuser neben unserem Haus hatte ein praktischer Arzt seine Praxis. Er hieß Dr. Issels, war sehr höflich und zuvorkommend zu allen Patienten und wahrscheinlich war auch sein Fachwissen sehr gut, denn etwa 15 Jahre nach Kriegsende besaß er eine der modernsten Krebskliniken in Süddeutschland, die von einem reichen Holländer finanziert worden war. Dr. Issels war auch unser Hausarzt. Er behandelte meine Mutter, die schon seit ihrer Geburt einen Herzklappenfehler hatte. Meine Mutter war generell nicht sehr gesund.

An der Ecke, etwa in Höhe des Schillerplatzes, war ein Damen- und Herrenfriseursalon. Das Friseurmeister-Ehepaar hatte einen Sohn, der vier oder fünf Jahre älter war als ich, und eine Tochter, die etwa so alt wie meine jüngste Schwester war. Der Sohn, Willi hieß er, war sehr dick und wurde deswegen immer von allen Kindern gehänselt. Er schwitzte enorm, besonders beim Spielen. Sein Körper verbreitete dann einen säuerlichen Schweißgeruch, der sehr unangenehm sein konnte. Er war jedoch ein echter Kerl, nahm an allen Spiel- und Sportarten, hauptsächlich Fußballspielen auf der Straße, trotz seines Körpergewichtes teil. Ich hatte ihn sehr gern und ich glaube, er mich auch. Trotz unseres Altersunterschieds waren wir oft zusammen.

Einige Zeit nach Ende des Krieges machten wir und einige Freunde von ihm eine Radtour, die uns bis nach Hennef an der Sieg führte. Wir blieben etwa eine Woche von zu Hause weg und übernachteten in einem selbst gefertigten Zelt aus alten Wehrmachts-Dreiecksplanen. Kampiert wurde auf Wiesen am Fluss Sieg. Wir hatten wenig Geld, schwammen in der Sieg oder lagen in der Sonne am Ufer und aßen einfache Gerichte, die wir in unseren Kochgeschirren zubereiteten. Abends saßen wir um ein Lagerfeuer, spielten auf Gitarren, sangen und erzählten uns Geschichten. Manchmal sprachen wir auch darüber, welchen Berufen wir später nachgehen wollten.

Willi war begeisterter Anhänger von Jazzmusik. Später, als er schon Jura studierte, lernte er Schlagzeug spielen. Irgendwie hatte er von dem panamaischen Schlagzeuger Big Fletchit gehört, der neben seinen ausgezeichneten Künsten am Schlagzeug auch über eine beachtliche Körperfülle verfügte, ziemlich ähnlich der, die Willi besaß. Der US-Jazzpromoter Norman Granz gab mit seiner Jazzkapelle nach dem Krieg einige Konzerte in Deutschland. Er besuchte auch Mönchengladbach. Das Konzert fand im Union-Theater statt. Wir Jugendlichen konnten so zum ersten Male in unseren Leben eine richtige US-Jazzkapelle sehen und hören.

Willi wurde später in unserer Jazzkapelle, in der ich Kontrabass spielte, Schlagzeuger. Willi hatte schon sehr früh eine Freundin. Sie war sehr intelligent, auch etwas dicklich und passte ganz gut zu ihm. Später, so wurde mir berichtet, heirateten die beiden. Willi war immer ein ausgezeichneter Schüler und Student. Nach Abschluss seines Studiums wurde er Rechtsanwalt und dann Richter am Landgericht in Mönchengladbach. Er starb schon sehr früh, woran, weiß ich nicht. Ich glaube, er wurde nur etwas über 50 Jahre alt.

Gegenüber von unserem Haus auf der anderen Straßenseite wohnte eine sehr große Familie in der ersten Etage. Es war eine richtige Großfamilie mit sehr vielen Kindern. Wie viele es waren, weiß ich nicht mehr, jedenfalls waren die ältesten in meinem Alter. Mit ihnen spielte ich oft zusammen. Zwei ihrer jüngeren Geschwister starben plötzlich im Alter von vielleicht drei und vier Jahren kurz nacheinander an Tuberkulose. Dann starb auch noch die Mutter an der gleichen Krankheit. Der Vater, ein Monteur, der oft wegen seines Berufs ein paar Tage außer Haus verbringen musste, stellte eine junge Frau an, die den Haushalt führen und die restlichen Kinder beaufsichtigen sollte. Kurze Zeit später heiratete er sie, und so kamen alle Kinder wieder zu einer Mutter. Mit seiner neuen Frau hatte er später auch noch einige Kinder.

Auf der Ecke gegenüber dem Friseursalon war ein Feinkostgeschäft, welches zwei ältere Schwestern betrieben. Da kaufte meine Mutter meistens ein. Manchmal schickte sie auch mich in das Geschäft, um eine Kleinigkeit, die sie vergessen hatte, einzukaufen. Es roch immer so angenehm nach allen möglichen guten Dingen in dem kleinen Laden. Beim Fußballspielen auf der Straße habe ich mindestens zweimal die Schaufensterscheibe des Ladens zerstört, einige Male ging sie aber auch bei Luftangriffen kaputt. Die Scheiben wurden aber immer wieder schnell eingesetzt, die Kosten dafür, wenn ich der Schuldige war, durfte mein Vater bezahlen. Es gab noch ein zweites Feinkostgeschäft in der Nähe. Dort kauften wir Kinder, falls jemand etwas Geld hatte, Brause in Flaschen, die wir dann gemeinsam austranken. In diesem Laden konnte man auch Brause in Pulverform, in kleinen Tütchen verpackt, kaufen. Ein wenig Pulver wurde in die Hand geschüttet, einmal daraufgespuckt und schon fing es an zu zischen. Dann wurde das Brausegemisch genüsslich aufgeleckt.

In der obersten Etage des Hauses mit dem Friseursalon wohnte ein Maler, Glaser und Anstreicher mit Frau und Sohn Paul. Alle nannten Paul Paulchen. Vater und Sohn waren immer überall sehr schnell zur Stelle, wenn Fenster in Häusern der Umgebung zerbrachen. Paulchen war sehr klein, er hatte einfach schon in jungen Jahren zu wachsen aufgehört. Er war höchstens 1,35 Meter groß und zu der Zeit schon mindestens 26 Jahre alt. Er trank und rauchte sehr viel und kam oft bedenklich schwankend nach Hause. Er war ein lieber und sehr fleißiger Mensch, tat keinem etwas zuleide, war immer hilfsbereit und äußerst beliebt bei allen.

Paulchen legte großen Wert auf schicke Kleidung und sah immer geschniegelt und gebügelt aus. Seine Mutter konnte sehr gut nähen und alles, was Paulchen trug, hatte sie geschneidert. Paulchen hatte, wie man sich vorstellen kann, sehr kleine Füße und trug, obwohl er schon ein richtiger Mann war, Schuhe, die eher für 12- oder 14-jährige Jungen hergestellt wurden. Seine Beine waren natürlich sehr, sehr kurz, aber das war für Paulchen kein Problem, denn er erhöhte einfach die Frequenz seiner Schritte und konnte so ohne Mühe mit den Schritten normal gewachsener Menschen mithalten. Wenn er neben größeren Leuten herging, musste Paulchen für jeden Schritt, den aus seiner Sicht „die Großen“ zurücklegten, zwei oder drei kleine Schritte für die gleiche Wegstrecke machen. Was immer er auch tat, Paulchen war stets in Eile, sozusagen in einer Dauer-Rennbewegung, und bewegte sich propellerartig mit seinen kleinen Beinchen vorwärts, er lief und lief und lief … Dabei paffte er immer eine Zigarette, winkte und grüßte nach allen Seiten Freunde und Bekannte, hatte stets ein freundliches Wort für jeden, den er traf. Frauen und Mädchen mochte Paulchen besonders gern. Mit vollendeter Grazie verteilte er an was immer auch nur im Entferntesten weiblich aussah Handküsse.

Bei größer geratenen Frauen nahm er, um die Handküsse vollendet ausführen zu können, seine sportlichen Qualitäten in Anspruch. Er ergriff die dargebotene Hand, zog sie ein wenig zu sich herunter, streckte sich kerzengerade in die Höhe, sprang dabei ein wenig vom Boden ab und erreichte so mühelos sein Ziel. Er grinste dann wie ein Honigkuchenpferd nach vollbrachter Leistung. Paulchens Leben war sehr kurz, er starb, wie ich später erfuhr, im Alter von 48 Jahren.

In dem Haus neben dem Feinkostgeschäft, das meine Mutter zum Einkaufen bevorzugte, wohnte in der Parterrewohnung zur Straße hin ein Fuhrunternehmer mit seiner Frau. Er war Chef und gleichzeitig einziger Angestellter seines Unternehmens. Vor seinem Haus parkte er seinen Lastwagen. Platz war ja genügend vorhanden, denn wer in unserem Viertel hatte schon ein Auto, ganz zu schweigen von einem richtigen großen

Lastwagen. Er nahm uns Kinder oft hinten auf der Ladefläche seines Lasters zu Ausflügen rund um die Stadt mit. Einmal, der Lastwagen war wie immer vor seinem Haus geparkt, hatte er wohl die Bremse nicht fest genug angezogen und der geparkte Lastwagen setzte sich in Bewegung. Wir Kinder hatten das sofort gesehen und ihn mit einem Riesengeschrei alarmiert. Er kam auch gleich aus dem Hause gestürzt, sprang in das Führerhaus des Lasters und brachte ihn wieder zum Stehen. Das war gerade noch einmal gut gegangen, denn der Lastwagen hätte unweigerlich Bekanntschaft mit der Straßenlaterne gemacht. Als Dank für unsere gute Tat und Aufmerksamkeit bedankte er sich bei allen Kindern und verteilte eine große Tüte Süßigkeiten unter uns. Er muss auch Jäger gewesen sein, denn an manchen Tagen konnte man ihn in einer grünen Uniform, einen grünen Hut mit Gamsbart auf dem Kopf, ein Jagdhorn an einem Lederriemen um seine Schulter geschlungen und mit einem Gewehr in der Hand, in seinen Lastwagen einsteigen und wegfahren sehen.

Etwas weiter unten auf unserer Straße, zum Bahnhof hin, befand sich ein Leihhaus. Das Geschäft war unten im Haus untergebracht, und darüber in der ersten Etage wohnte der Eigentümer mit seiner Familie. Sie hatten einen Sohn, vielleicht ein bis zwei Jahre jünger als ich, und zwei Töchter, von denen die eine, sie hieß Marlies, schon fast erwachsen war und einen ständigen Freund hatte, die andere aber war genauso alt wie ich und hieß Inge. Inge erzählte jedem, dass sie meine Freundin sei. Alle anderen Kinder wussten es, nur ich, ihr angeblicher Freund, hatte keine Ahnung davon. Schließlich klärten mich meine Spielkameraden über mein Liebesverhältnis mit Inge auf. Von dem Zeitpunkt an lief ich immer weg, wenn ich sie schon von Weitem sah. Mir war das alles sehr peinlich, denn ich war in einem Alter, in dem man mit Mädchen überhaupt nichts anfangen kann.

Ewald hieß der Freund ihrer Schwester Marlies. Er wohnte eine Straße weiter und holte Marlies abends zu Spaziergängen vor ihrer Haustür ab. Sie gingen dann Arm in Arm eingehakt die Straße hinauf. Marlies hatte die schönsten O-Beine, die wir je gesehen hatten. Marlies achtete auch mit größter weiblicher Sorgfalt darauf, dass ihre Hüften mit dem integralen Bestandteil, der im Allgemeinen Po genannt wird, bei diesen Spaziergängen kräftig nach links und rechts ausschlugen. Wahrscheinlich muss sie diese Art der Fortbewegung, die den unteren Teil ihres Körpers betraf, bei weiblichen Darstellerinnen in Filmen gesehen haben und fand Gefallen daran. Nur hatte sie wohl übersehen und nicht mitberechnet, dass diese Filmschönheiten geradere Beine und viel weniger Hüftausladung hatten als sie selbst. Mit ihren sehr stark ausgeprägten O-Beinen verursachten diese Schaukel- oder Schwenkbewegungen, die sie mit ihrer Hüfte veranstaltete, zwar keinen zusätzlichen Kraftaufwand, aber dafür waren die Resultate äußerst beachtlich. Wir nannten sie fortan Schwenk-Marlies. Der arme Ewald musste, weil sie darauf bestand, sich nur eingehakt in seinen Arm mit ihm fortzubewegen, höllisch aufpassen, dass sie nicht bei jedem ihrer Schritte (Hüftschwenke) ihren Po in seine Seite rammte. Er entwickelte deshalb, der Not gehorchend, eine versetzte Gangart und ging etwa einen viertel oder halben Schritt vor oder hinter ihr her, jedenfalls so, dass Schwenk-Marlies ihn mit ihren Pendelbewegungen nicht treffen konnte. Sie hätte mit Leichtigkeit, wenn sie das gewollt hätte, ein entgegenkommendes Paar mit einem einzigen raumgreifenden Hüft-Rammstoß vom Bürgersteig in die Gosse befördern können. Ewald muss irgendwann einmal festgestellt haben, dass sein späteres Leben grau und leer, vor allem aber ohne die gemeinsamen, mit hohen Schwierigkeitsgraden bestückten und deshalb außergewöhnlichen Spaziergänge mit Marlies eintönig verlaufen könnte. Also heiratete er sie später.

Schulzeit

Als wir 1940 in die Volksschule eingeschult wurden, saß Inge am ersten Schultag prompt neben mir in derselben Schulbank. Das war noch peinlicher für mich, denn wie sollte ich mich jetzt noch vor meinen Spielkameraden rechtfertigen?

Da half kein Ducken, Verstecken oder Sichkleinmachen, sie saß neben mir und hatte nicht die geringste Absicht, ihren Platz aufzugeben. Die erste Zeit saß ich also in meiner Bank, den Oberkörper fest an die Pultplatte gepresst, fast liegend, meinen Kopf hinter dem Rücken des Schülers direkt vor mir versteckend, und nahm an, keiner würde mich bemerken. Fräulein Mischa, unsere Lehrerin, bemerkte dieses Manöver jedoch und befahl mir, eine aufrechte Sitzposition einzunehmen. Ob ich nun wollte oder nicht, diesen Befehl musste ich mit brennenden und hochroten Ohren befolgen. Meine Spielkameraden hatten meine Verlegenheit längst durchschaut und bedachten mich mit einem schadenfrohen Gelächter.

An meinen ersten Schultag erinnere ich mich noch sehr gut. Meine Eltern begleiteten mich und ich bekam von ihnen eine große bunte, nach unten spitz zulaufende Tüte aus weicher Pappe, bis zum Rand gefüllt mit Süßigkeiten. Aber die Fülle trog, denn die Tüte war unten bis zu dreiviertel ihrer Länge mit Papier ausgestopft und darüber lagen die Süßigkeiten. Es sah also auf den ersten Blick aus, als ob die ganze Tüte voller Bonbons, Schokolade und dergleichen war. Alle Kinder bekamen solche Tüten von ihren Eltern. Die meisten dieser Tüten waren fast so groß wie die Kinder selbst. Ich hatte auch einen neuen Ranzen aus Kunstleder, eine Schiefertafel und eine Schachtel Griffel bekommen. An der Schiefertafel waren mit Schnüren ein Schwämmchen und ein kleiner Lappen befestigt. Mit dem Schwämmchen, in Wasser getaucht, konnte man Gemaltes oder Geschriebenes wieder wegwischen und mit dem weichen Lappen die Tafel wieder trockenreiben.

Unsere Lehrerin war klein und pummelig, mit einem großen, wabbelnden Busen gesegnet und hatte stämmige, seltsam geformte O-Beine. Wenn sie sich mit ihren kleinen Trommelschritten vorwärtsbewegte oder auch stand, zeigten ihre Fußspitzen immer nach innen. Wenn sie also eilig leicht vornübergebeugt einherstürmte, hatte man den Eindruck, sie würde jederzeit mit dem einen Fuß über ihren anderen stolpern und stürzen. Was sie aber zu unserer Verwunderung – wir betrachteten ihre Fortbewegung immer wie hypnotisiert – nie in unserer Gegenwart tat. Sie hatte ein rundes Gesicht, das gutmütige und strenge Züge zugleich aufwies. Sie bevorzugte altmodische Kleidung und sah überhaupt aus wie ein spätes Mädchen. Ich glaube, eine Heirat hatte sie schon sehr früh in ihrem Leben ausgeschlossen. Sie wohnte ein paar Häuser neben der Schule und schleppte immer eine große, gewichtige und prall gefüllte Aktentasche mit sich herum. Sie hatte es gern, wenn Schüler ihr diese Tasche von ihrer Haustüre in das Klassenzimmer trugen, und teilte an diese Schüler sogenannte Fleißkärtchen für diesen Schlepperdienst aus. Es waren meistens immer dieselben Schüler, die diesen Frondienst freiwillig und mit stolzgeschwellter Brust übernahmen. Anschließend saßen sie dann in ihren Schulbänken und guckten um sich, ob die anderen Kinder ihnen auch die gebührende Anerkennung und Beachtung für diese plumpen Anbiederungsdienste zuteilwerden ließen. In der Regel wurde ihnen aber diese Aufmerksamkeit nicht gewährt – sie wurden eigentlich nur mit Verachtung bedacht und von den Spielen, die wir in den Pausen auf dem Schulhof praktizierten, ausgeschlossen.

Viel später in meinem Leben wunderte ich mich immer, wenn über „Speichellecker“ oder „Radfahrer“, allgemein aber auch „buckelnde Jasager“ geredet wurde. Ich fragte mich dann immer, ob diese Personen gezwungen wurden, sich wie unterwürfige Lakaien zu benehmen, oder ob es sich um eine angeborene Eigenschaft handelte.

Wenn ich heute auf mein ziemlich aufregendes Leben zurückblicke, stelle ich fest, dass der Charakter von Menschen mit diesen Eigenschaften sich nicht plötzlich entwickelt, sondern von klein auf gezüchtet wird und somit ein ganzes Leben lang anhält.

Am zweiten oder dritten Schultag muss Fräulein Mischa schon sehr früh aufgestanden und in die Schule gegangen sein. Als wir nämlich den Klassenraum betraten, hatte sie schon an die großen Tafel vorne und an eine lange, schmale Tafel an der Seite des Klassenzimmers mit bunter Kreide Tiere gemalt. Auf den Tafeln waren ein prächtiger Hahn mit einem bunten Federschwanz, eine Ente, viele kleine, hübsche Vögel und das ganze Alphabet in Sütterlinschrift gemalt. Der erste Buchstabe, den wir lernten, war das „i" und es zu schreiben hieß: „rauf, runter, rauf, Pünktchen drauf".

Fräulein Mischa war eine begeisterte Lehrerin und war schon lange Zeit an der Schule. Wahrscheinlich hatte sie auch schon einem Teil unserer Eltern Lesen und Schreiben beigebracht.

Bei ihr lernten wir strammzusitzen und das wurde sehr oft geübt. Fräulein Mischa nannte es Disziplin. Man musste also kerzengerade sitzen, den Rücken fest an die Banklehne pressen und die Arme gerade ausgestreckt und die Hände ineinandergelegt vor sich auf dem Pult platzieren. Eine schwierige Prozedur für Sechsjährige. Wenn man mal raus auf die Toilette wollte, die in einem separaten kleinen Häuschen außerhalb des Schulgebäudes in etwa zwanzig Metern Entfernung auf dem Schulhof untergebracht war, musste der Arm gehoben werden und man musste sagen: „Ich muss mal klein" oder „Ich muss mal groß". Nach diesen entscheidenden Angaben berechnete Fräulein Mischa wahrscheinlich die erlaubte Zeit für unsere Geschäftchen bis zur Rückkehr in das Klassenzimmer. Wenn Fräulein Mischa bei einigen der zaghafteren Kinder die gehobene Hand nicht rechtzeitig bemerkte oder sie durch den Vordermann verdeckt war, ging das ein oder andere Geschäftchen auch mal in die Hose. War das Malheur sehr groß, durften diejenigen, denen es passiert war, sofort nach Hause gehen. Ein ganz kleiner Junge hatte in der ersten Zeit fast an jedem Schultag seine Hose gestrichen voll und kam somit in den Genuss, immer sehr früh nach Hause zu dürfen. Ob er das absichtlich machte oder ob es an einer Reihe von anderen Umständen lag, war schwer zu ermitteln. Nach einiger Zeit musste er sich auch nicht mehr entsprechend bei Fräulein Mischa melden, denn der Geruch, mit dem er seine Umgebung beehrte, sprach Bände. Dann sah ihn Fräulein Mischa nur an, deutete mit der Hand zur Tür und er zog in dieser Situation, mit einer Hand seine Hose an seinen Po pressend, mit einem listigen und gleichzeitig verschmitzten Lächeln von dannen.

Fräulein Mischa war sehr erfahren und tüchtig, und sie brachte es in kurzer Zeit fertig, uns allen das Alphabet beizubringen. Danach konnten wir schon bald einige Wörter schreiben. Mir machte die Schule viel Spaß und hier schloss ich auch Freundschaft mit Jürgen, der in dem Haus neben dem Friseursalon genau gegenüber vom Schillerplatz wohnte. Jürgen hatte noch einen Bruder Hanjo, der aber fünf oder sechs Jahre älter war und schon aufs Gymnasium ging. Der Vater von Jürgen war Zahnarzt und hatte seine Praxis und das Wartezimmer im Parterre, darüber in der ersten und zweiten Etage des gleichen Hauses waren die Wohnräume der Familie.

An Wochenenden, wenn das Wartezimmer nicht benötigt wurde, räumten wir alle Stühle an eine Wand und spielten an dem großen Ausziehtisch, der mitten im Wartezimmer stand, Pingpong, also Tischtennis im weitesten Sinne. Jürgen besaß als einziges Kind in der Nachbarschaft einen stabilen Bollerwagen, den man entweder an der Deichsel hinter sich herziehen konnte oder, wenn man sich vorne reinsetzte und jemanden fand, der von hinten schob, auch mit der Deichsel zwischen Beinen und Füßen lenken konnte. Vollgeladen mit schreienden und juchzenden Kindern sausten wir mit diesem Gefährt einen kleinen Abhang auf dem Schillerplatz hinunter. Jürgen hatte auch einen Hund mit dem Namen Hexe, der saß auch meistens mit uns in dem Bollerwagen und schien diese Art der Fortbewegung sehr zu genießen. Sein Vater hatte für alles, was uns Kinder betraf, viel Verständnis und stets ein offenes Ohr für unsere kleinen Probleme. Seine Frau war warmherzig und sehr kinderlieb. Ich habe als Kind viele schöne Stunden bei ihnen verbracht und war dort auch später, als junger Mann, immer willkommen und nahm an fast allen Familienfestlichkeiten teil. Nach dem Tod meiner Eltern waren sie praktisch meine Ersatzfamilie. Die meisten persönlichen Dinge in dieser schweren Zeit konnte ich mit ihnen besprechen und immer wurde mir ein guter Rat erteilt. Jürgen wurde mein engster und liebster Freund und wir unternahmen viele Dinge zusammen. Jürgen wurde 78 Jahre alt. Er starb 2012 an Leukämie im Kreise seiner Familie.

Meine Tante Gertrud und Onkel Peter mit Sohn Achim, mein Vetter also, der elf Monate älter war als ich, wohnten auch in unserer Nähe. Sie wohnten in einem sehr schmalen Haus schräg gegenüber vom evangelischen Kindergarten, hinter dem auch eine kleine Kirche stand. Mein Onkel war Graveur und arbeitete bei einer Firma in Viersen. Er fuhr bei Wind und Wetter immer mit seinem Fahrrad zu seiner Arbeitsstelle. Er wurde schon sehr früh als Soldat für den Krieg verpflichtet. Wenn er ab und zu Urlaub hatte, erzählte er uns Kindern immer, was er im Krieg erlebt hatte. Als der Krieg vorbei war, kam er wohlbehalten nach Hause, arbeitete wieder bei seiner Firma, verstarb aber dann plötzlich. Offensichtlich hatte er doch versteckte körperliche Schäden im Krieg erlitten, an denen er viel zu früh, ich glaube, er wurde höchstens 45 Jahre alt, verstarb. Meine Tante, die etwas älter als meine Mutter war, alle Krankheiten der Welt entweder schon gehabt hatte oder gerade wieder einmal dabei war, sie zu haben, oder sie mit Sicherheit bald auf sich zukommen sah, wurde Witwe und mein Vetter Achim hatte keinen Vater mehr.

Weil meine Tante sich sehr mit ihren meist hergesuchten und für Gesprächsthemen sorgenden Pseudokrankheiten beschäftigte, hatte sie auch stets eigene Hausmittel zur Bekämpfung derselben parat. Eine längere Zeit laborierte sie an einem rötlichen juckenden Ausschlag ihrer Hände und Unterarme herum. Jedem erzählte sie von ihrem Ungemach und fragte um Rat, wie man das Übel beseitigen könne. Keiner konnte ihr helfen und keines der bis daher bekannten Hausmittelchen, keine Salbe konnte dem Ausschlag den Garaus machen. Da zog sie sich eines Tages auf ihre Toilette zurück, urinierte auf ihre Hände und Unterarme und ließ den so verteilten Urin über einen längeren Zeitraum eintrocknen. Am nächsten Tag, so berichtete sie stolz allen, die es hören oder nicht hören wollten, war der Ausschlag verschwunden.

Sie lebte später über 35 oder 40 Jahre alleine in einer winzigen Wohnung in der Nähe des Wasserturms und starb Anfang 2007 mit 93

Jahren. Ihr Sohn Achim, mein Vetter, starb schon vor ihr, Anfang Februar 2002, mit 69 Jahren nach langem Leiden an einer heimtückischen Krebskrankheit.

Über dem evangelischen Kindergarten, in einer Art Pfarrhauswohnung, lebte die Familie Pongs. Herr Pongs war Schriftsetzer bei einer Zeitung und in seiner übrigen Zeit Küster der evangelischen Kirche, die sich hinter dem Haus befand. Die Familie Pongs hatte einen Sohn, Ernst, der auch zusammen mit mir eingeschult wurde. Wir spielten oft in dem großen Garten, der sich an die Kirche anschloss. Der Garten war ziemlich verwildert und eignete sich deshalb besonders gut zu Spielen wie Räuber und Gendarm, Versteckspielen und Bäumeerklettern etc. Ernst war ein sehr guter Schüler und er las mit Vorliebe Karl-May-Bücher, von denen er mir ab und zu eins lieh.

Frau Pongs backte am Sankt-Martins-Abend immer für alle Kinder herrlich schmeckende Muzen, das sind in Öl gebackene, süße, runde oder auch länglich geformte Teigstücke mit Puderzucker bestreut. Wir freuten uns schon im Voraus jedes Jahr auf die Muzen von ihr. In den Vorweihnachtszeiten schmückten Herr Pongs und seine Frau die Kirche festlich aus. Ernst und ich durften ihnen manchmal dabei helfen. Es roch dann in der Kirche immer herrlich nach Tannengrün und Kerzenwachs.

Zwei oder drei Häuser neben uns, in Richtung Bahnhof, wohnte auf der ersten Etage ein Schneidermeister mit seiner Familie. Er hatte einen Sohn, der Egon hieß.

Egon war etwa zwei oder drei Jahre älter als ich und sehr groß und stark. Sein Vater hat mir später meinen ersten Anzug mit einer langen Hose geschneidert. Den Stoff dazu hatte mein Vater irgendwie organisiert. Egon war auch der Erste, der in unserer Straße bald eine richtige Jungvolkuniform besaß und an den wöchentlichen Treffen, auch „Things“ (Pimpfe) genannt, regelmäßig teilnahm. Er trug ein Käppi, ein braunes Hemd mit schwarzem Halstuch, das mit einem bräunlichen geflochtenen Knoten aus dünnen Lederstreifen zusammengehalten wurde, und eine schwarze kurze Hose aus Cordstoff. Alle Kleidungsstücke hatte ihm sein Vater genäht. Auch ein richtiges Koppel und ein Schulterriemen aus Leder gehörten zu seiner Uniform. Der Schulterriemen wurde quer über der Brust getragen. Egon hatte ein Fahrtenmesser, einen kleinen zusammenklappbaren Spaten und auch sonst alle Insignien, die eben zu einer richtigen Pimpf-Ausrüstung gehörten.

Diese „Things“ waren Versammlungen, bei denen Heimat- und Marschlieder eingeübt und gesungen und die Aufgaben des Jungvolks besprochen wurden. Egon besaß auch als einziger Junge in unserer Nachbarschaft ein schwarz lackiertes Fahrrad, um das er von allen Kindern beneidet wurde. Das Fähnlein, dem Egon zugeteilt war, so hießen die kleinen Gruppen des Jungvolks, machte an Wochenenden Fahrten in die Umgebung von Mönchengladbach. Manchmal übernachteten sie in Jugendherbergen oder zelteten in den umliegenden Wäldern und saßen abends an lodernden Lagerfeuern und sangen Lieder. Davon erzählte uns Egon dann auch immer stolz und wir anderen wollten vor Neid fast vergehen.

Ich bekam, nach langem Betteln, später auch eine Uniform. Sie war zwar nicht so stilecht wie die von Egon, aber von Weitem sah man das ja auch nicht so genau. Einen Schulterriemen hatte ich nicht, besaß aber ein originales Koppel (Ledergürtel) mit Koppelschloss, auf dem „Gott mit uns“ stand, ein braunes Hemd mit Halstuch und dem dazugehörenden Lederknoten sowie ein Käppi. Meine bis an die Knie reichende, also etwas zu lang geratene, schlabbernde Hose aus dunkelblauem Bleylestoff, die eigentlich zu meinem Matrosenanzug gehörte, musste herhalten, denn eine richtige schwarze Hose aus geripptem schwarzen Cordstoff war einfach nicht zu beschaffen. Nun konnte ich auch an den wöchentlich einmal stattfindenden Treffen der Pimpfe auf dem kleinen Marktplatz am Bahndamm teilnehmen. Bei diesen Zusammenkünften wurde Strammstehen und Marschieren geübt. Beim Strammstehen mussten sich alle Pimpfe in einer Reihe wie Orgelpfeifen, der Größte außen an einem Ende und die anderen je nach Größe bis hin zum Kleinsten, der am anderen Ende stand, nebeneinander aufstellen. Wenn endlich alle ihren Platz gefunden hatten, wurde abgezählt. Der Größte rief laut „eins“, der Nächstgrößte „zwei“ usw. bis hin zum Kleinsten. Wenn schließlich keiner mehr antwortete, waren wir alle vorhanden. Meistens bestand unser Fähnlein nur aus sieben bis acht Pimpfen, eine Gruppe also, die sehr übersichtlich war. Warum dieser kleine Haufen sich dauernd selbst abzählen musste, war eigentlich sehr schwer für uns nachzuvollziehen. Aber wie alles andere auch stand dieses Abzählen wohl im Regelbuch und musste durchgeführt werden. Derjenige, der dieses kleine Fähnlein führte und alle Kommandos gab, war ein älterer Junge, deshalb wurde er auch Fähnleinführer genannt. Seine Uniform war natürlich vorschriftsmäßig und vollständig, und er kannte alle wichtigen Befehle und Marschlieder. Von übergeordneter Wichtigkeit beim Marschieren war neben dem Gleichschritt und den verschiedenen Kommandos wie „linksum“, „rechtsum“, „stillgestanden“, „rührt euch“, „wegtreten“ usw. auch das Geräusch, das beim Marschieren verursacht werden musste. Der einfachste Weg, viel Krach zu machen, war der, sich die Schuhsohlen mit Kopfnägeln und die Absätze mit u-förmigen Absatzeisen zu beschlagen, die dann bei jedem zurückgelegten Marschschritt einen höllischen „Bums“ verursachten. Je größer der Krach, desto stilechter wurde der Marsch eingestuft. Wir übten einige Marschlieder ein, die dann immer während des Marschierens gesungen wurden.

Zuerst wurde das Marschieren auf dem Marktplatz geübt und die Lieder dabei im Marschtakt gesungen. Als wir das einigermaßen konnten, zogen wir mit von Stolz geschwellten Brüsten los und marschierten singend über die angrenzenden Straßen. Überquerten wir bei diesen Märschen eine Straße, mussten Autos, Motorräder, also alle Teilnehmer am Straßenverkehr, so lange anhalten, bis wir auf der anderen Straßenseite angelangt waren. Wir kamen uns in diesen Situationen enorm wichtig vor, konnten wir doch mit unserem kleinen Häufchen den Verkehr mühelos lahmlegen. Nach einigen Monaten begann mein Interesse an dieser Sache sehr schnell zu erlahmen, denn unsere Gruppe machte aus unerfindlichen Gründen keine Ausflüge oder Fahrten mit abendlichen Lagerfeuern usw. Wahrscheinlich waren alle in unserem Fähnlein noch zu jung. Nach einiger Zeit blieben einige meiner Spielkameraden und ich dem Fähnlein fern. Es hatten sich, wie bei Jugendlichen üblich, wieder einige andere interessante Freizeitaktivitäten entwickelt, denen wir dann nachgingen.

Am Schillerplatz war ein großes Geschäft, das Klaviere und Flügel verkaufte. Es hatte einen ausgezeichneten Ruf und gehörte einer Familie, die holländischen Ursprungs war. Wir Kinder konnten uns nicht sattsehen an den vielen schönen Klavieren und Flügeln, die wir durch die riesig großen Fensterscheiben betrachten konnten. Hineinzugehen, um die schönen Stücke aus der Nähe zu betrachten oder vielleicht sogar auf ihnen herumzuklimpern, traute sich keiner von uns. Was wir von außen bestaunten, waren teure Luxusartikel, die zu kaufen und zu besitzen unsere Familien wohl nie in der Lage gewesen wären. An einem Morgen nach einem schweren Luftangriff waren alle Scheiben in den Fenstern des Geschäfts zerbrochen und lagen z. T. auf den schönen Musikinstrumenten und auf dem Bürgersteig.

Viele dieser edlen Musikinstrumente waren schwer beschädigt worden. Der Verlust für die Geschäftsinhaber muss riesig gewesen sein. Einige Tage nach diesem Luftangriff wurden Holzwände mit sehr kleinen Fensterscheiben in die großen Rahmen der großen Fenster eingebaut. Das geschah auch mit allen anderen Geschäften in der Stadt, die große Fensterscheiben hatten.

In der obersten Etage des Pianohauses wohnte Marlies mit ihrer Familie. Sie war zwei oder drei Jahre älter als ich und sehr hübsch, das war wenigstens die Meinung aller, die sie kannten. Von ihr erfuhr ich, nachdem sie zuerst einmal ihr Gesicht und somit ihr Mienenspiel in einen ernsten Zustand versetzt hatte, dass sie sich zukünftig als meine Freundin betrachtete. Das sagten ja Inge und einige andere Mädchen auch.

Wie immer in diesen Situationen war ich sprach- und ratlos und wollte am liebsten in einem Erdloch verschwinden. Ich muss wohl zu der Zeit ein hübscher kleiner Junge gewesen sein, mit blonden dichten Locken auf dem Kopf, die in alle Richtungen wuchsen. Mein Erscheinungsbild muss offensichtlich bei den Mädchen – zu der Zeit wusste ich ja noch nicht, dass Mädchen sich anders verhalten und den Jungen in vielen Dingen weit voraus sind – eine gewisse Wirkung hervorgerufen haben.

An Marlies kann ich mich jedenfalls noch gut erinnern, denn als nach Kriegsende die englischen Besatzungssoldaten in unserer Stadt von den Amerikanern abgelöst wurden, war es ihr irgendwie gelungen, an Kaugummi der Marke Spearmint zu kommen. Sie war in dieser Zeit nur noch kauend mit einer großen Menge Kaugummi im Mund anzutreffen. Dieser Zustand hinderte sie sehr stark daran, deutliche Worte und Sätze auszusprechen, und wann immer sie sich jemandem ausführlicher mitteilen wollte, nahm sie den Ballen Kaugummi aus ihrem Mund, klebte ihn an irgendeinem Gegenstand, der sich in ihrer Nähe befand, fest, sprudelte schnell heraus, was sie zu sagen hatte, und stopfte dann nach vollbrachter Übermittlung der Dinge, die sie von sich geben wollte, den Kaugummiballen wieder in ihren Mund und kaute fröhlich weiter. Möglich ist auch, dass sie denselben Kaugummiballen wochenlang kaute, denn an frische Kaugummis heranzukommen war zu dieser Zeit fast unmöglich. Einen Vorteil hatte diese Kauerei, denn ihre Zähne waren immer blendend weiß. Darüber hinaus besaß sie noch gewisse Vorzüge, die mich beeindruckten. Sie konnte sehr schnell laufen, konnte Bäume erklettern und machte überhaupt alles mit, was Jungen eben tun. Immer war sie äußerst hübsch gekleidet und duftete wie frische Blumen. Sie war groß und schlank und hatte eine angenehme, dunkle Stimme.

In der Schule hatte ich mich mit Horst, der zwei Bänke hinter mir saß, angefreundet. Horst war ein „Hansdampf“ und ein richtiger Lausebengel, der sich und auch andere mit Leichtigkeit immer in die größten Schwierigkeiten bringen konnte.

Wir hatten in der Wochenschau im Kino Fallschirmspringer gesehen, die aus Flugzeugen purzelten und an ihren Fallschirmen zur Erde schwebten. Das muss für uns beide so dermaßen beeindruckend gewesen sein, dass wir beschlossen, auch Fallschirmspringer zu werden. Horsts Vater war Dachdeckermeister und Horst kletterte öfters mit seinem Vater auf Dächern herum. Er war also an Höhen gewöhnt und Fallschirmspringen war immer noch der schnellste und bequemste Weg von oben nach unten.

Er erklärte mir ausführlich, wie vorteilhaft es wäre, wenn man direkt vom Dach auf die Erde schweben könnte, um sich somit das zeitaufwendige Treppenabsteigen zu ersparen, und dass man noch zusätzlich bei dieser Flugtätigkeit viel Spaß haben würde. Außerdem, so sagte er, würde das Fallschirmspringen für den Berufsstand seines Vaters eine völlig neue und fortschrittliche Art der Beförderung von Personen darstellen. Wenn wir erst einmal gründlich geübt hätten, wäre es gut möglich, dass wir durch dieses von uns erfundene, völlig neuartige Beförderungssystem die Bewunderung aller auf uns ziehen und wie Helden von der ganzen Stadt verehrt würden. Das machte auf mich natürlich auch einen großen Eindruck, denn wer will nicht schon in jungen Jahren ein richtiger Held sein. Horst wohnte in einem vier- bis fünfstöckigen Mietshaus, das sich ein paar Straßen weiter von unserer Straße entfernt befand. An einem Sonntagmorgen, seine Eltern und Geschwister waren ausgegangen, holte er mich ab und erzählte mir, während wir uns auf den Weg zu seiner Wohnung machten, er habe schon mehrmals das Fallschirmspringen geprobt. Gefragt, wo er denn einen Fallschirm aufgetrieben habe, meinte er, ein richtiger Fallschirm sei für die geringen Höhen, aus denen wir springen wollten, nicht unbedingt notwendig.

Große Regenschirme würden den gleichen Zweck erfüllen. Die Familie wohnte im zweiten Stock, und als wir in die Wohnung kamen, zeigte mir Horst zwei schwarze Herren-Regenschirme, die er vorsorglich schon in sein Zimmer geschmuggelt hatte. Wir öffneten die zwei Fenster seines Zimmers, die zum Innenhof lagen. Er sagte, er sei schon einige Male von dort nach unten gesprungen und immer gut unten angekommen. Es komme bei diesen Sprüngen natürlich auch ein wenig auf den rechten Wind an und diesen, so meinte er, hätten wir an diesem Tage in ausreichender Menge. Es sei ein herrliches Gefühl, so nach unten zu schweben, erklärte er mir. Das war natürlich alles geflunkert, denn er wollte sich und mir Mut machen, gab er später zu. Alleine vom offenen Fenster nach unten zu schauen bereitete mir schon ein unangenehmes

Gefühl in der Magengegend. Ich wollte jedoch kein Angsthase sein und so kletterten wir auf die Fensterbänke, spannten die Regenschirme auf und auf ein Kommando von Horst sprangen wir zusammen ab in die Tiefe. Sofort klappten unsere Regenschirme nach oben und wir sausten wie zwei Steine nach unten. Ich landete in einem Blumenbeet und verstauchte mir nur leicht meine Füße, Horst kam etwas schräg unten an und krachte mit seinem linken Unterarm auf eine Harke, die neben einem Strauch lag.

Er brach sich den linken Arm. Das muss ihm sehr wehgetan haben, aber außer ein paar Tränen, die er wohl eher aus Überraschung und Schock vergoss, war er wie immer der Alte und meinte, beim nächsten Male würde er zuerst Ausschau nach umherliegenden Gartengeräten halten. Gut, dass seine Eltern kurz nach unserer „Erstürmung des Hofes" kamen. Sein Vater brachte ihn ins Krankenhaus und sein Arm wurde in Gips gelegt. Stolz zeigte er allen Kindern danach wochenlang seinen Gipsarm und erklärte jedem, dass es sich um eine „Kriegsverletzung" handele. Alle Kinder durften ihren Namen auf den Gips schreiben. Er durfte sogar einige Tage dem Schulunterricht fernbleiben, was ihn sehr freute, bedauerte aber gleichzeitig, dass es nicht den rechten, seinen Schreibarm, getroffen hatte, denn dann hätte er ja möglicherweise wochenlang vom Unterricht befreit werden können. So wurde er für lange Zeit der unumstrittene Held der ganzen Nachbarschaft. Ich hatte vorsichtshalber mein Erlebnis als zukünftiger Fallschirmspringer zu Hause verschwiegen, mir war ja auch nichts passiert, was auf diese heroische Tat hindeuten konnte.

Wir Kinder spielten immer alle Spiele zu ganz gewissen Zeiten des Jahres zusammen. Absprachen, welches Spiel gespielt wurde, gab es nicht. Einer fing etwas an und alle anderen folgten. Die Straße war unser Spielplatz, sie gehörte ganz den Kindern. Autoverkehr war zu dieser Zeit so gut wie nicht vorhanden. Ab und zu sah man einmal ein Motorrad oder einen dreirädrigen Lieferwagen der Marke Tempo. Diese Tempo-Fahrzeuge hatten einen Kettenantrieb, der das Vorderrad mit dem darüber liegenden Motor und Getriebe verband. Gelenkt wurde das Vorderrad mit einem Steuerrad im Führerhaus, in dem zwei Personen Platz hatten. Wenn jedoch das Fahrzeug etwas zu schnell in eine Kurve fuhr, kippte es sehr leicht auf die Seite. Wenn das geschah, konnten zwei oder drei Erwachsene das Auto leicht wieder auf die Räder stellen. Äußerst selten jedoch waren Personenautos und Lastwagen, denn die konnten sich nur einige wichtige Personen in hohen Ämtern und große Firmen leisten.

Wir kannten alle Automarken, denn viele unterschiedliche Hersteller gab es damals noch nicht. Da waren dann Autos der Marken Opel, DKW, Ford, Wanderer und Lastwagen von Hannomag, Henschel etc. Ab und zu sah man ein Auto der Luxusklasse, z. B. einen Horch oder Mercedes Benz oder gar eins der sehr seltenen ausländischen Fabrikate. Statt der Blinker, die es heute gibt, hatten die Autos früher noch Winker. Diese Richtungsanzeiger schnappten bei Bedarf raus – sie waren links und rechts vor den vorderen Türen an der Karosserie angebracht – und zeigten die Richtung an, in der das Auto abbiegen wollte. Nachts leuchteten diese Winker rot oder gelb. Manchmal, meistens bei Lastwagen, bewegten sie sich auch auf und ab. Eher seltener konnte man Taxis sehen. Die Taxis oder Taxen waren durch eine schwarz-weiß karierte Farbbanderole, die rund um das Fahrzeug verlief, gekennzeichnet. Die Fahrgäste saßen sich meistens im Fond der Taxen gegenüber und zwischen dem Fahrgastraum und dem Fahrer war ein Schiebefenster angebracht, das beim Bezahlen zur Seite geschoben wurde. Am Bahnhof sah man immer einige Taxen stehen. Sie standen und standen und rührten sich, unserer Meinung nach, stundenlang nicht vom Fleck. Ob das zu jener Zeit ein einträgliches Geschäft war, muss stark angezweifelt werden.

Gleich neben dem Haus, in dem meine Tante Gertrud mit meinem Vetter Achim wohnte, war solch ein Taxiunternehmen. Es bestand aus zwei Fahrzeugen, die meistens untätig auf dem Hof standen. Plötzlich waren sie beide verschwunden. Die Wehrmacht hatte die Fahrzeuge als kriegswichtige Güter deklariert und prompt eingezogen. Das war wohl das Ende dieses Taxiunternehmens. Vielen anderen Fuhrunternehmungen ging es ebenso, denn nur eine kurze Zeit danach waren fast alle Motorfahrzeuge, auch Lastwagen, aus dem Stadtgebiet verschwunden.

Tankstellen gab es nur wenige in einigen Stadtteilen. Meistens fand man sie bei größeren Garagen, denn dort stellten sowieso fast alle Autobesitzer ihr Fahrzeug unter. Privatgaragen waren, abgesehen von Einzelfällen, nicht vorhanden. Die Tankstellen waren mit Handpumpen ausgerüstet. Zuerst wurde das Benzin in einen Glaszylinder, der ca. zehn Liter fasste, gepumpt. Dann floss es, noch schäumend von dem Pumpvorgang, mittels Schwerkraft in den Tank des Fahrzeugs. Dieser Vorgang wurde so oft wiederholt, bis der Tank des Fahrzeugs gefüllt war. Wir Buben waren ausnahmslos an allen Autos interessiert. Der Vater von einem meiner Spielkameraden, ich glaube, er hieß Hans, besaß eine Autowerkstatt. Manchmal, mit dem Einverständnis seines Vaters, durften wir in den dort abgestellten Autos herumkrabbeln. Alleine der Benzin- und Ölgeruch in der Werkstatt machte uns alle süchtig. Wir fummelten an den Lenkrädern und Schalthebeln herum, simulierten Motorgeräusche und kreischende Bremsvorgänge und waren wunschlos glücklich.

Der Hauptbahnhof war zu dieser Zeit der Verkehrsmittelpunkt unserer Stadt. Das war nicht nur wegen der Züge so, die dort ankamen und abgingen, sondern auch alle Straßenbahn- und Omnibusverbindungen hatten vor dem Bahnhof ihren Knotenpunkt. Früher, das muss man wissen, hieß der Bus nicht Bus, wie er heute genannt wird, sondern Omnibus. Die Straßenbahnen, früher auch Elektrische genannt, führten bis in die Außenbezirke und nahen ländlichen Gegenden der Stadt. Mit einer Linie konnte man sogar bis nach Krefeld oder Viersen gelangen. Alle weiter gelegenen Städtchen und Dörfer konnten nur mit dem Omnibus erreicht werden. Auch nach Düsseldorf und Köln fuhr der Omnibus, man konnte aber auch die Eisenbahn benutzen. Mit den Geräuschen der Straßenbahnen und Omnibusse bin ich groß geworden. Schaffner, Straßenbahnführer oder gar Omnibusfahrer zu werden, war damals der Traum vieler Kinder. Überallhin, wo wir hinmussten, wenn ein Fußweg zu lang oder beschwerlich war, fuhren wir mit dem Omnibus oder der Straßenbahn. Die Straßenbahnschaffner hatten vor sich auf der Brust einen verchromten Geldwechsler. In diesem Gerät wurde das eingenommene Geld der Fahrpreise gesammelt und aufbewahrt. Das war ein Gerät mit einigen aneinandergereihten Röhrchen, die oben und unten einen Schlitz hatten. Der Schaffner steckte die verschiedenen vereinnahmten Münzen durch einen dieser Schlitze oben in das entsprechende Röhrchen, in dem sie dann ordentlich übereinandergestapelt ihren Platz hatten. Musste er Wechselgeld herausgeben, betätigte er einen kleinen Hebel mit einem Federmechanismus, der an jedem Röhrchen angebracht war, und dann kamen die Münzen unten Stück für Stück wieder heraus. Die Fahrscheine wurden mit dem Daumen, über den ein aufgerauter Gummi gezogen war, von einem Block abgerissen. Mit einer Knipszange wurde dann der jeweilige Fahrschein gelocht und entwertet. Papiergeld und Fahrscheine waren in einer separaten schwarzen Ledertasche, mit einem Messingbügel verziert, die der Schaffner mit einem Schulterriemen an seiner Seite trug, untergebracht. Der Fahrer der Straßenbahn fuhr nur auf das entsprechende Signal des Schaffners ab. Der zog, nachdem er sich vergewissert hatte, dass niemand mehr ein- oder ausstieg, an der ledernen Klingelleine, die in Reichweite eines Erwachsenen oben unterhalb der Decke entlang des gesamten Fahrgastraumes auf beiden Seiten verlief, und nach dem Signal setzte sich die Straßenbahn in Bewegung. Der Fahrer hatte seinen Platz auf dem Perron, das war die Fahrerplattform. Mit einer Kurbel, die auf verschiedene Fahrgeschwindigkeiten eingestellt werden konnte, brachte er das Fahrzeug in Bewegung. Musste er klingeln, um den anderen Verkehr auf sich aufmerksam zu machen, betätigte er mit einem Fuß einen metallenen Pilz unten am Boden, der mit einer lauten Klingel verbunden war, und schon ertönte es „Bimmbimm, bimmbimm". Das Bremsen war etwas umständlicher, denn um einen Bremsvorgang einzuleiten, musste er an einem großen Rad drehen, bis sich die Fahrt verringerte oder, wenn er weiterdrehte, der Wagen ganz zum Stillstand kam. Um eine Notbremsung durchzuführen, musste er nicht nur schnell an diesem großen Rad drehen, sondern noch zusätzlich einen Hebel betätigen, der Sand vor den Rädern auf die Schienen streute, und die Kurbel auf null stellen. Dieser Sand erhöhte die Reibung zwischen Schiene und Rädern und die Straßenbahn konnte somit sehr schnell zum Stillstand kommen.

Kohlen und Briketts, in Säcken abgepackt, wurden mit Pferdefuhrwerken bei den Bewohnern angeliefert. Die Männer mussten dann die schweren Säcke auf ihren Rücken in die Keller der Mehrfamilienwohnhäuser schleppen – eine mühselige, schwere und dreckige Arbeit. Einige Häuser hatten auch eine Kellerklappe, die vor einem der Kellerfenster in den Bürgersteig eingelassen war. Durch diese Klappe konnte der Brennstoff auch in den Keller befördert werden. Die Kohlenmänner, so wurden sie genannt, waren von Kopf bis Fuß schwarz durch den Kohlenstaub, der durch die porösen Säcke rieselte. Ob sie jemals diese schwarze Schicht wieder von ihren Körpern entfernen konnten, fragte ich mich damals. Sehr oft, beinahe täglich fuhren zweirädrige Handkarren, von Gemüseverkäufern und Händlern aller Art gezogen, durch die Straßen. Lumpen- oder Altwarenhändler riefen mit durchdringender Stimme – wahrscheinlich hatten sie diese penetrante Stimmlage lange geübt – ihren gesungenen Text: „Lumpen, Eisen, Papier“. Dabei schwangen sie eine Handglocke und zwangen somit auch noch die hartnäckigsten Anwohner, ihnen zuzuhören.

Ab und zu kam ein Leierkastenmann und kurbelte Volksweisen, gängige Schlager oder was sonst noch gerne von der Allgemeinheit gehört wurde aus seiner Orgel heraus. Wenn er genug gekurbelt hatte, stellte er sich mit seinem Hut in der Hand vor die Häuser und fing gekonnt Kleingeld auf. Das warfen die Bewohner ihm aus den Fenstern zu. Diejenigen, die in den höheren Stockwerken wohnten, wickelten ihre Pfennige oder Groschen in ein Stück Papier, damit alles heile unten ankam.

Die Straßen waren für uns Kinder ein sehr sicherer und geräumiger Spielplatz. Autos, Lastwagen oder Motorräder waren ja nur vereinzelt anzutreffen. Fahrradfahrer waren meistens morgens oder spätabends unterwegs. Damit ist auch schon das gesamte Verkehrsaufkommen von damals beschrieben. Abends, wenn es dunkel wurde, zündeten Arbeiter von der Stadt die Gaslaternen an, die sich vereinzelt auf den Gehsteigen befanden. Morgens mussten die Laternen wieder durch die Arbeiter gelöscht werden. Als die Bombenangriffe zunahmen, wurden nun diese Straßenlaternen überhaupt nicht mehr angezündet und die Menschen mussten sich ihren Weg in der Dunkelheit mit abgeblendeten Taschenlampen suchen. Überhaupt waren die Städte zu dieser Zeit sehr dunkel, noch dunkler müssen ländliche Wohngegenden gewesen sein.

Wir Kinder spielten zu bestimmten Zeiten alle die gleichen Spiele. Jemand fing ein bestimmtes Spiel an und prompt spielten alle Kinder der Umgebung in kurzer Zeit genau dieses Spiel. Da war die Hinkelzeit. Das war ein Spiel, bei dem man ein kleines rechteckiges Holzklötzchen innerhalb mit Kreide auf die Straße gemalten Quadraten mit dem Fuß von dem einen in ein anderes Quadrat schubsen musste. Aber man durfte nur einen Fuß benutzen, um das Klötzchen in ein anderes Quadrat zu befördern. Das andere Bein war angewinkelt und hochgezogen und durfte nicht den Boden berühren. Die Quadrate waren hinter- und auch nebeneinander auf die Straße gemalt und hatten je nach Schwierigkeitsgrad Nummern, und wenn man das Klötzchen durch alle nummerierten Quadrate nacheinander geschubst hatte, ohne mit dem Fuß oder dem Klötzchen auf einem Strich zu landen, hatte man das Spiel gewonnen.

Dann kam die Kreiselzeit oder in unserem Dialekt die Doppzeit. Bei dem Spiel wurde ein bunter Holzkreisel, der unten an seinem dünnen Ende mit einer Eisenspitze versehen war, mit einer Peitsche angetrieben, die aus einem dünnen Holzstock und einer Schnur bestand. Die Kunst war, erst einmal den Kreisel mit der Hand in eine Drehbewegung zu versetzen und auf den Boden zu bringen. Danach musste er mit kräftigen Peitschenschlägen immer in Drehbewegung gehalten werden. So wurde der Kreisel die Straße rauf und wieder runter getrieben. Oft flog der Kreisel, wenn man ihm einen kräftigen Schlag versetzt hatte, meterweit durch die Luft, kam wieder auf den Boden zurück und wenn man Glück hatte, drehte er sich sogar noch.

Solche Luftsprünge wurden natürlich von allen sehr bewundert. Schwierig wurde das Spiel immer dann, wenn alle Kinder zur gleichen Zeit ihre Kreisel betrieben und es oft zu Kollisionen zwischen den vielen Kreiseln kam. Wer seinen Kreisel am längsten in Drehbewegung halten konnte, war der Sieger.

Wieder eine andere Zeit war die Rollschuhzeit. Jeder, der Rollschuhe hatte – und das waren nicht viele –, nahm an diesem Spiel teil. Wir, meine beiden Schwestern und ich, hatten welche, die uns unsere Großmutter geschenkt hatte. Manchmal teilten sich auch zwei Kinder ein Paar Rollschuhe und dann fuhr ein Kind mit dem linken und das andere mit dem rechten Rollschuh los. Das nannte man dann einbeiniges Rollschuhlaufen. Verletzungen durch Stürze gab es häufig und unsere Beine und Arme wurden sehr in Mitleidenschaft gezogen. Die Mädchen übten sich im Figurenlauf und wir Jungen spielten Hockey mit einem alten Tennisball oder, wenn wir den nicht auftreiben konnten, mit einem Ball aus zusammengenähten Lumpen. Als Hockeystöcke dienten umgedrehte Spazierstöcke, die wir uns von unseren Vätern ausliehen. Oft spielten wir auch Fangen auf Rollschuhen, was nicht immer einfach war, denn die Dinger wollten überallhin, nur nicht dahin, wo man selbst hinwollte, um den anderen zu fangen. Die Rollschuhe hatten schmale Eisenräder, die viel Krach machten. Manche hatten starre und wieder andere bewegliche Achsen, an denen die Rollen befestigt waren.

Am besten war es, wenn man die Rollschuhe mit ihren vorderen Halteklammern unter Schuhe mit dicken Ledersohlen festdrehen konnte. Hinten wurden sie mit einer Kappe, an der sich ein Riemen befand, festgezurrt.

Zu dieser Zeit war stabiles Schuhwerk schon zu einem Luxusartikel geworden und wir Kinder trugen im Sommer Holzsandalen, die mit Riemchen an den Füßen befestigt waren. Mit diesem Schuhwerk war das Rollschuhlaufen enorm schwierig, weil die Rollschuhe nur unzureichend befestigt werden konnten und sich immer selbstständig machten.

Eigentlich war zu dieser Zeit alles Mangelware, egal was man benötigte, es war einfach nicht vorhanden. Kinderschuhe, wenn sie nicht an jüngere Kinder in einer Familie weitergegeben werden konnten, wurden, wenn sie zu klein geworden waren, vorne aufgeschnitten, d. h., das Oberleder der Schuhspitzen wurde weggeschnitten, damit die Zehen Platz hatten und nicht mehr vorne am Schuh anstießen. Neben Holzsandalen, die mit Riemchen an den Füßen gehalten wurden, gab es auch Schuhe ganz aus Holz. Diese Holzschuhe (Klumpen) waren aus Holzblöcken geschnitzt und wurden primär in Holland hergestellt. In Holland trugen viele Menschen diese Holzklumpen, so nannte man sie. Sie waren dort sehr beliebt bei der Landbevölkerung. Man kaufte sie immer eine Nummer zu groß ein und dann musste man dicke gestrickte Wollsocken über die Füße streifen, damit die Holzschuhe nicht zu sehr schlappten. Diese Holzschuhe hatten den großen Vorteil, dass sie im Winter die Füße sehr warm hielten. Der Nachteil war, dass man mit diesen Holzschuhen nur gehen, aber nicht schnell laufen konnte. Ab und zu knickten auch die Füße um oder man verlor einen der Schuhe. Wenn wir Kinder Laufspiele wie „Räuber und Gendarm“, Verstecken oder Fangen spielten, also Spiele, bei denen schnelles Laufen von größter Wichtigkeit war, wurden die Holzklumpen einfach abgestreift und wir liefen auf unseren Socken.

Die Zeiten waren überhaupt sehr schwierig. Es gab zwar Bezugsscheine, mit denen man ein- oder zweimal im Jahr Kleidung einkaufen konnte, aber diese reichten besonders bei Kindern nicht aus, denn Kinder wachsen ja schnell und benötigen sehr oft neues Schuhwerk oder Kleidung. Dazu kommt, dass Kinder sehr sorglos mit ihren Anziehsachen umgehen. In jeder Familie wurden also aus alten Kleidungsstücken neue für die Kinder und Erwachsenen geschneidert. Wenn man Wolle hatte – auch Mangelware –, wurde emsig gestrickt und gehäkelt. Man fertigte daraus Handschuhe, Strümpfe, Socken, Mützen, Ohrenschützer, Pullover, für große und kleine Mädchen sogar Strickröckchen – eigentlich alles, was die Menschen an Kleidung benötigten, wurde selbst hergestellt.

Es gab noch richtige Schuster, die ihr Handwerk perfekt beherrschten. Bei Kinderschuhen wurden die Sohlen mit Kopfnägeln, die Sohlenspitzen vorne mit kleinen Eisenplättchen und die Absätze mit Hufeisen beschlagen, um somit die Lebensdauer des Schuhwerks zu verlängern. Zu jener Zeit gab es noch eine Vielfalt von Handwerkern und Dienstleistungen jeder Art, die heute mit Sicherheit nicht mehr vorhanden sind.

Der Kesselflicker war z. B. jemand, der mit seinem Karren durch die Straßen zog und mit lauter Stimme seine Dienste anbot. Dann kamen die Hausfrauen und brachten ihm ihre metallenen Kochtöpfe, Eimer, Wannen, eigentlich alles, was Löcher hatte und leckte. Der Kesselflicker dengelte dann mit einem Hammer so lange auf dem Bereich um die Löcher der Behältnisse herum, die er zu diesem Zweck auf einem Amboss platzierte, bis das Metall rund um die Schadstellen immer dünner wurde, sich also ausdehnte, und somit die Löcher verschloss. Bei großen Löchern, die sich nicht so einfach zudengeln ließen, nahm er die Behälter mit und lieferte sie am nächsten Tag repariert wieder an die Hausfrauen aus. Wahrscheinlich wurden große Löcher in seiner Werkstatt erst einmal zugelötet und danach plattgedengelt.

Auch Messer- und Scherenschleifer boten laut schreiend ambulant ihre Dienste an.

Regelmäßig kamen Hausierer oder Händler, wie sie sich selbst nannten, in die Häuser unseres Viertels. Das waren meistens Männer, die an zwei Riemen über ihren Schultern einen Kasten, man sagte dazu Bauchladen, vor sich hertrugen. Diese Bauchläden waren angefüllt mit vielen Dingen, die Hausfrauen fast täglich benötigten. In der Hand hatten sie noch eine Tasche oder einen Koffer, die den Nachschub ihres Warensortiments enthielten. Sie verkauften Kurzwaren, das waren z. B. Knöpfe aller Art, Nähseiden und Nähgarn in vielen Farben, Nähnadeln, Fingerhüte, Gummibänder, Haarschleifen, kurz alles, was Hausfrauen benötigten. Wenn sie einmal in einem Mietshaus waren, klopften sie an die Türen aller Mieter. Die Hausfrauen hatten dann ihre liebe Not, sie wieder loszuwerden, wenn sie nichts benötigten, also nichts kaufen wollten. Meistens verkauften diese fliegenden Händler eine Kleinigkeit und zogen dann wieder ab. Ein paar Tage später waren sie aber wieder da und priesen ihre Waren aufs Neue an. Im Grunde genommen waren diese Händler eine Erleichterung für die Hausfrauen, sparten sie ihnen doch Zeit, um wegen jeder Kleinigkeit ein Kurzwarengeschäft aufsuchen zu müssen. Qualitativ waren die Waren bestimmt auch über jeden Zweifel erhaben, denn die Händler hatten ja einen festen Kundenkreis, den es zu erhalten galt.

In den besseren Wohngegenden waren an den Häusern Schilder angebracht mit dem Text: „Betteln und Hausieren verboten“. Um diese Gegenden machten die Hausierer einen großen Bogen, denn dort konnten die Bewohner, weil sie nicht belästigt werden wollten, die Polizei verständigen, die dann auch prompt kam, die Händler vertrieb oder sie sogar mit Geldstrafen belegte.

Ein großer Teil des täglichen Lebens fand also auf den Straßen statt. Die Nachbarschaft war immer gut informiert, weil eben jeder zusah und mitbekam, was der andere machte.

Kleinere Einkäufe wurden durch die Kinder erledigt. Alle wichtigen Lebensmittel konnten nur mit Bezugsmarken eingekauft werden. Milch wurde liter- oder auch halbliterweise mit eigenen kleinen Milchkannen im Milchgeschäft um die Ecke eingeholt. Im Milchgeschäft roch es immer etwas säuerlich, nicht unangenehm, aber doch eigentümlich. Meistens konnte man aber nur Magermilch bekommen.

Die Magermilch hatte einen bläulichen Schimmer, denn man hatte ihr die wichtigsten Bestandteile, z. B. Fett, entzogen. Deshalb hieß die gute Milch auch Vollmilch und eben die Magermilch Magermilch. Die Besitzerin des Milchgeschäftes war korpulent und ihre Gesichtsfarbe war rosig bis rot. Sie war wohl mit Abstand die am gesündesten aussehende Frau in unserem Viertel. Die Milch schöpfte sie aus riesigen Behältern mit verschieden großen zylinderartigen Schöpfkellen und goss sie in die mitgebrachten Kannen. Da kam es auch vor, dass im gleichen Geschäft noch ein Viertelpfund Butter, ein Viertelpfund Schnittkäse oder ein halbes Pfund Magerquark einzukaufen waren. Butter nannte man bei uns immer „gute Butter". Ob es auch „schlechte Butter" gab, entzieht sich meiner Kenntnis. Vielleicht meinte man damit auch Margarine.

Alles stand auf den Einkaufszetteln, die die fürsorglichen Mütter ihren Kindern für derartige Einkäufe mitgaben. Fast alle schnell verderblichen Lebensmittel wurden täglich in geringen Mengen in den umliegenden kleinen Geschäften eingekauft. Eine für heutige Verhältnisse mühselige Arbeit. Es ging aber nicht anders, denn wer hatte schon in dieser Zeit einen Kühlschrank. Erschwerend kam hinzu, dass die Behältnisse für alle einzukaufenden Lebensmittel immer von den Käufern mitgebracht werden mussten.

Dann kam plötzlich irgendein Kind auf Holzstelzen angewackelt. Jetzt wollten alle auf Holzstelzen herumlaufen. Wer seine Stelzen noch vom Vorjahr hatte, kramte sie heraus, wer keine hatte, lag dem Vater oder irgendeiner Person mit handwerklichen Fähigkeiten in den Ohren, welche herzustellen. Benötigt wurden zwei stabile Vierkant-Holzlatten, an denen dann je ein Holzblock etwa fünfzig oder manchmal auch hundert Zentimeter vom Boden entfernt angenagelt wurde. Auf diese Holzblöcke stellte man seine Füße, nahm die beiden Holzlatten unter beide Arme und dann stelzte man, die Welt aus einer luftigen Perspektive betrachtend, los. Schwierig war immer der Aufstieg. Um diesen einfacher zu gestalten, suchte man sich am besten irgendeine Erhöhung wie z. B. eine kleine Rampe oder einen Treppenabsatz zum Aufsteigen aus und schon ging's los. Wer viel Übung hatte, konnte mit diesen Stelzen sogar schnell laufen. Immer war jedoch die Verletzungsgefahr groß, denn oft stolperten wir und fielen aus luftiger Höhe auf den harten Boden. Einige von uns spielten sogar Fußball mit diesen Stelzen.

Ostern war die „Titschzeit", so nannten wir das Gegeneinanderschlagen von hartgekochten Ostereiern, falls wir welche hatten. Man nahm sein Ei in die Hand und zwar so, dass nur die Spitze vorne herausragte. Der

Gegner machte mit seinem Ei genau dasselbe. Nun stieß man die Spitzen der beiden Eier mit etwas Schwung gegeneinander und wessen Ei an der Spitze eingedrückt war, hatte sein Ei und damit das Spiel verloren. Wer einigermaßen geschickt war, konnte mit diesem Spiel eine Menge Eier gewinnen, denn der Verlierer musste immer sein Ei abgeben. Es gab einige wenige Kinder, die dieses Spiel sehr erfolgreich beherrschten. Später fand ich heraus, dass diese Gewinner, kurz bevor die beiden Eier aufeinandertrafen, immer, nur für einen kleinen Augenblick, ihren Daumennagel vor die Spitze ihres eigenen Eis schoben. Somit wurde die Spitze des eigenen Eis geschützt und die Eispitze des Gegners ging zu Bruch. Einige Kinder beherrschten diesen Trick so gut, dass man nie sah, wie und wann sie ihre Daumennägel vor die eigene Eispitze schoben.

Ein anderes Geschicklichkeitsspiel und sehr beliebt bei allen war das Murmelspiel – bei uns hieß das Knickern. Jeder hatte einen kleinen Beutel mit Murmeln. Murmeln oder Knicker sind runde Kugeln in verschiedenen Größen und in allen Farben. Benötigt wird eine ziemlich glatte Fläche von ca. zwei Metern im Quadrat. Eine besonders schöne Murmel von einem Mitspieler wird in die Mitte dieser Fläche gelegt und nun muss ein anderer Spieler mit seiner Murmel diese Zielmurmel treffen. Dazu setzt man sich auf den Boden, spreizt die Beine und lässt aus der Hand eine Murmel mit etwas Schwung in Richtung dieser Zielmurmel rollen. Trifft man mit der eigenen Murmel die Zielmurmel, die einem anderen Mitspieler gehört, hat man gewonnen und man gewinnt ebendiese Zielmurmel. Die eigene Murmel kann man natürlich auch behalten. Trifft man die Zielmurmel nicht, kann man natürlich auch keine Murmeln, die anderen Mitspielern gehören, gewinnen. Der nächste Spieler hat dann die Chance, die Zielmurmel zu treffen, und bekommt dann auch noch als Bonus alle Murmeln, die an der Zielmurmel vorbeigerollt sind. Die Zielmurmeln sind meistens besonders schön und wertvoll. Neben den einfachen Murmeln aus Ton, die meistens in verschiedenen eintönigen Grundfarben zu haben waren, gab es Glasmurmeln mit verschiedenen Farben, die spiralförmig angebracht waren.

Auch einfarbige Glasmurmeln, die aussahen wie Rubine oder Saphire, waren sehr beliebt. Andere wieder waren bunt und wenn man sie gegen das Licht hielt, meinte man in Katzenaugen zu blicken, wieder andere wurden aus Stahl hergestellt und glänzten wie pures Silber. Ich glaube, ich war sehr gut in diesem Spiel, denn ich erinnere mich, viele Marmeladengläser randvoll mit Murmeln besessen zu haben.

Gesammelt, hochgehandelt und schließlich getauscht wurde eigentlich alles. Da waren Anstecknadeln mit den verschiedensten Blütenknospen, Baumblättern oder anderen Motiven aus Kunststoff, die an die Bevölkerung für ein paar Groschen verkauft wurden. Fast jeden Monat wurde vom Staat eine solche Kampagne durchgeführt. Es hieß dann, dass die gesammelten Gelder den im Krieg verwundeten Soldaten oder bestimmten Hilfsorganisationen, wie z. B. Rotes Kreuz etc., zugeführt würden. Jeder kaufte sich solche Abzeichen. Sie wurden für jeden sichtbar auf allen Kleidungsstücken getragen, damit alle sehen konnten, dass man gespendet hatte. Diese Spendenaktionen wurden immer von der HJ (Hitlerjugend) oder jungen SA-Mitgliedern durchgeführt, die mit Sammeldosen durch die Straßen gingen oder in Gaststätten bei öffentlichen Veranstaltungen etc. die Menschen aufforderten, ihren Obolus zu entrichten. Innerhalb dieser Gruppen gab es regelrechte Wettkämpfe, wer nun am meisten gesammelt hatte. Möglicherweise wurden sogar die Dienstgrade dieser braun gekleideten Sammler den Höhen der gesammelten Summen entsprechend bestimmt.

Hoch im Kurs standen Bilder in Postkartengröße von verdienten oder besonders mutigen Kriegsteilnehmern. Meistens waren dies Postkarten, auf denen Piloten in ihren Flugzeugen abgebildet waren. Besonders begehrt und deshalb auch sehr rar waren die Bilder des Obersts Mölders, Generaloberst Udet oder Generalleutnants Gallant. Manchmal konnte man auch Panzerbilder bekommen, bei denen die Kommandeure ihren Kopf, bestückt mit Kopfhauben und Funkhörern, oben aus den Panzerluken steckten. Alles war sehr martialisch und betont kämpferisch dargestellt. Auch diese Bilder sammelten und tauschten wir untereinander.

Ein typisches Spiel – es wurde aber nur von kleinen Mädchen betrieben – war das Ballspiel mit anschließendem Fangen. Die Mädchen warfen Gummibälle gegen eine Wand und mussten sie dann wieder auffangen, wenn sie wieder runterkamen. Dabei klatschten sie in die Hände oder drehten sich um sich selbst. Einige von ihnen, mit sehr viel Geschick, konnten sich sogar zweimal um sich selbst drehen, bevor sie den Ball wieder auffingen.

Ein anderes Mädchenspiel war das Springseilhüpfen. Dabei standen sich zwei Mädchen gegenüber, jedes hatte ein Seilende in der Hand, und nun wurde das Seil in eine Kreisbewegung versetzt. Ein drittes Mädchen hüpfte nun in das sich drehende Seil und der Trick war, immer über das Seil zu springen, es also nicht mit den Füßen zu berühren. Mit dem Kopf oder anderen Körperteilen durfte man es natürlich auch nicht berühren. Wer es hüpfenderweise am längsten aushielt, war der Sieger, denn die Sprünge wurden gezählt. Es konnten auch mehrere Mädchen zugleich, wenn das Seil lang genug war, in dem sich drehenden Seil hüpfen.

Verfeinert wurde dieses Spiel, wenn man es mit zwei Seilen spielte. Das war besonders schwierig, denn dabei wurden zwei Seile in entgegengesetzte Kreisbewegungen versetzt und das hüpfende Mädchen, manchmal waren es sogar mehrere, musste sehr artistisch mit einem Fuß über das eine und mit dem anderen Fuß über das andere Seil springen, ohne mit einem Körperteil mit den beiden Seilen in Berührung zu kommen. Wir Jungen spielten diese Mädchen-Seil- oder Ballspiele natürlich nicht mit, denn das waren reine Mädchenspiele und wurden von uns mit einer großen Portion Überheblichkeit missachtet.

Oft spielten die Mädchen auch Theater. Dazu musste eine Hinterhofecke oder eine wenig benutzte Toreinfahrt herhalten. Aus Bettlaken oder Decken, die an Wäscheleinen befestigt waren, wurde eine kleine Bühne hergestellt, auch eine Umkleidekabine wurde so geschaffen und los ging das Spiel. Richtige Spielthemen gab es nicht, aber sehr wichtig war die Verkleidung. Dauernd kleidete man sich um, mal wurde ein Hut aufgesetzt, der wurde dann ersetzt durch ein Kopftuch oder eine Schleife oder ein Papierkrönchen. Es wurde gesungen und getanzt. Getanzt wurde nur der Spitzentanz und das konnten nur die Mädchen, die Holzsandalen an den Füßen trugen. Diese mussten aber aus einem Stück gefertigt sein, denn diese Art von Sandaletten konnten sich nicht durchbiegen. Deshalb war es nach etwas Übung sehr leicht für die Mädchen, auf den Sandalenspitzen herumzuhampeln. Dazu ruderten sie unaufhörlich mit ihren Armen auf und ab und krönten ihre Darbietungen mit viel Gekichere.

Fußballzeit war immer und wurde von uns Jungen mit allem, was rund war, gespielt. Fußbälle aus Leder gab es nicht, und so mussten Gummibälle aller Art und auch selbst genähte Stoffbälle herhalten. Meistens wurde mit ein paar Kreidestrichen ein kleines Spielfeld auf der Straße hergerichtet. Die beiden gegenüberliegenden Tore wurden seitlich mit Schultaschen oder sonstigen Markierungen begrenzt. Ungefähr in der Mitte des Spielfelds wurde ein Strich quer über die Straße gezogen, das war die Mittellinie, und fertig war das Spielfeld. Alle, die mitspielen wollten, wurden auf zwei Mannschaften verteilt, wobei es keine Rolle spielte, ob die eine Seite einen Spieler mehr hatte als die andere. Wenn wir Fußball spielten, sahen und hörten wir nicht mehr, was außerhalb unseres Spielfelds vor sich ging.

Kam wider Erwarten ein Auto, das durch unser Spielfeld fahren musste, hielt es an, der Fahrer stieg aus und verschaffte sich laut brüllend die Aufmerksamkeit aller Spieler, zeigte dabei auf sein geparktes Auto und dann in die andere Richtung, in die er sein Auto steuern wollte, und erst dann hatten wir begriffen, dass wir das Spielfeld kurzfristig zu räumen hatten, was wir dann auch eher widerwillig taten. Sofort nach einer solchen unliebsamen Unterbrechung wurde das Spiel wieder aufgenommen. Unseren Eltern war das Fußballspielen überhaupt nicht recht, denn sie hatten ja schon ohne diese schuhwerkmordende Sportart die größten Schwierigkeiten, geeignetes Schuhwerk für uns Kinder zu beschaffen. Die Kinder, denen das Fußballspiel aus diesen Gründen von ihren Eltern streng verboten war, spielten dann aber trotzdem mit. Sie spielten dann mit Holzpantinen an den Füßen. Das waren diese Holzschuhe (Klumpen), wie schon vorher beschrieben. Vorne verjüngten sich diese Holzschuhe in eine nach oben gebogene Spitze. Damit überhaupt den Ball zu treffen, war schon eine meisterliche Leistung. Oft nach einem halbwegs geglückten Schuss flogen die Holzpantinen vom Fuß des Schützen gleich hinter dem Ball her. Bei einem Schuss aufs Tor hatte der Torwart dann die Wahl, entweder den Ball oder den fliegenden Holzschuh abzuwehren.

„Schlagball" wurde auf dem Bürgersteig gespielt und als seitliche Begrenzung mussten die jeweilige Hauswand und der Bordstein herhalten. Die zwei Spieler standen sich dann etwa 15 Meter voneinander entfernt gegenüber und schlugen mit der Hand einen Lappenball in Richtung des gegenüberstehenden Spielers. Konnte der Gegenspieler den Ball irgendwie stoppen, fangen oder sogar sofort wieder zurückschlagen, hatte er seinen Torraum verteidigt; ließ er ihn aber passieren, hatte er ein Tor bekommen. Genauso musste sein Gegenüber seinen Torraum verteidigen. Verloren hatte immer derjenige, der zu viele der geschlagenen Bälle an sich vorbeiließ.

Sehr beliebt war auch Völkerball. Das Spielfeld bestand aus einem mit zwei Kreidestrichen abgetrennten Stück Straße, etwa zehn bis zwölf Meter lang, seitlich begrenzt durch die Bürgersteige links und rechts. Alle, die mitspielen wollten, hielten sich in diesem Spielfeld auf. Außerhalb des Spielfelds war die Position des Werfers. Das war jemand, der mit einem schweren Medizinball oder mit einem anderen ballähnlichen Gegenstand auf die Spieler, die sich in dem abgetrennten Straßenstück befanden, werfen und jemanden mit dem Ball am Körper treffen musste. Traf er jemanden zum Beispiel am Bein, Rücken oder einem anderen Körperteil, musste dieser das Spielfeld verlassen. Fing jedoch derjenige, auf den der Werfer gezielt hatte, den Ball, ohne ihn fallen zu lassen, durfte er im Spielfeld bleiben.

Ließ er aber den gefangenen Ball fallen, musste er ausscheiden. Die Feldspieler standen aber nicht still, sondern liefen im Spielfeld wild herum, denn sie wollten ja einen Treffer des Werfers vermeiden. Gewonnen hatte immer der, der als letzter noch ungetroffen im Spielfeld war.

Im Herbst gingen wir alle auf die abgeernteten Felder und ließen unsere Papierdrachen steigen. Wir nannten sie Windvögel. Mein Vater verstand sich gut darauf, Windvögel zu basteln, und wusste auch ziemlich genau, wie der Schwanz am unteren Ende des Windvogels mit kleinen Gewichten aus zusammengerollten Papierstücken, die an einem Stück Schnur befestigt wurden, beschwert sein musste. Manchmal ging mein Vater an einem Wochenendtag sogar mit. Er wusste immer Rat, wenn etwas nicht funktionierte, und unser Windvogel stieg immer sehr hoch. Wenn starker Wind war, schickten wir unserem Windvogel kleine Briefe hinauf. Dazu nahmen wir runde Papierstücke, kritzelten einen Gruß darauf, machten ein Loch in deren Mitte und steckten das Ende unserer Schnur durch dieses Loch. Dann tat der Wind seine Pflicht und unsere kleinen Grüße stiegen an der Schnur bis hinauf zum Windvogel. Wenn wir dann später unseren Windvogel wieder heruntergeholt hatten, befanden sich an ihm oft zehn oder mehr kleine Grußbriefchen.

Im Winter, wenn Schnee gefallen war, kam unsere Rodelzeit. Wir freuten uns immer morgens, wenn wir aufwachten, über den Schnee, der nachts gefallen war. Seltsam, bei uns fiel der Schnee immer während der Nacht oder am frühen Morgen. Schon morgens bewunderten wir die vielen Eisblumen an unseren Fenstern. Die Zimmer wurden ja bei uns nachts nicht geheizt, weil Kohlen und Brennmaterial aller Art rationiert und generell auch nicht zu beschaffen waren, und so konnten sich die schönsten und kunstvollsten Eisornamente an den Fensterscheiben bilden. Wenn man mit seinem Atem gegen die Eisblumen blies, schmolzen sie an der Stelle und es bildete sich ein Guckloch, durch das man die einzelnen Schneeflocken, wenn sie draußen auf der Fensterbank landeten, beobachten konnte. Sie waren alle verschieden, keine glich der anderen. Sie hatten zarte, zerbrechliche Strukturen, die nach außen hin in immer feiner werdende, filigrane Verästelungen mündeten. Kam eine neue Schneeflocke angeflogen, setzte sie sich vorsichtig auf oder neben die schon vorher gelandeten. Ganz zärtlich, wie Liebende, vereinigten sich dann die dünnen Kristallärmchen der neu angekommenen mit denen der anderen und sie hielten sich behutsam aneinander fest, als hätten sie schon ewig auf dieses glückliche Beisammensein gewartet.

Wenn ausreichend Schnee gefallen war, gingen wir auf den Schillerplatz und trampelten an einer etwas abschüssigen Stelle den Schnee fest und gossen aus Eimern Wasser darüber, bis es gefror. Dann schlitterten wir auf der gefrorenen Eisbahn entlang. Das ging besonders gut, wenn man Schuhe mit Nägeln in den Sohlen und Absätze mit Eisenstücken beschlagen besaß. Wenn der Schnee sehr hoch lag, zogen wir mit unseren Schlitten zum Bökelberg. Das war eine abschüssige Straße, die dann offiziell von den Rodlern in Beschlag genommen und völlig verkehrsfrei zu einer Rodelbahn umfunktioniert wurde. Erwachsene und Kinder, alle gingen dorthin und rodelten den Bökelberg hinunter.

Auch meine Mutter und meine Geschwister waren begeisterte Rodler. Wir rodelten den ganzen Nachmittag dort, bis es anfing zu dunkeln. Besonders aufregend waren die Schlittenzüge. Wir banden drei, manchmal bis zu fünf Schlitten mit den Schlittenseilen aneinander und rodelten mit diesem Schlittenverbund in Schlangenlinien und unter lautem Geschrei und Gejohle den Berg hinunter. Derjenige, der auf dem zweiten Schlitten in solch einem Schlittenverbund vorne saß, musste mit seinen Händen und Füßen den ersten Schlitten, auf dem nur eine leichte Person sitzen konnte, in die gewünschte Richtung steuern. Oft kollidierten einige dieser Schlittenzüge auf der Abfahrt miteinander und die Besatzungen kugelten den vereisten Berg hinunter. Abends kamen wir durchnässt, hungrig und durchgefroren nach Hause und versammelten uns um unseren Küchenherd, der eine angenehme und wohltuende Wärme ausstrahlte.

In der Vorweihnachtszeit saßen wir alle am Küchentisch und bastelten. Meine beiden Schwestern übten sich im Häkeln und Stricken, unsere Mutter strickte, schneiderte und nähte. Sogar ich erlernte das Stricken, zweimal rechts, zweimal links, und bin mir sicher, einige Topflappen auf diese Art hergestellt zu haben. Aber am liebsten sägte ich mit der Laubsäge Märchenfiguren aus Resten von dünnen Sperrholzplatten aus und bemalte sie mit bunten Farben. Dabei las uns Vater, mächtig an seiner Tabakpfeife paffend, Märchengeschichten vor. Einige Weihnachtsfeste, die wir zusammen mit unseren Eltern erleben durften, habe ich noch sehr gut in Erinnerung. Für uns Kinder waren sie einzigartig.

Die Bescherung fand immer am ersten Weihnachtstag frühmorgens statt. In der Vorweihnachtswoche besorgte unser Vater einen Weihnachtsbaum, der dann zuerst einmal auf dem Hof abgestellt wurde. Einen Tag vor Heiligabend wurde er unten mit dem Messer zurechtgeschnitten, damit er in den Ständer passte, und dann kam er in unsere Wohnküche. Dann schmückten wir ihn alle zusammen. Zuerst wurde ein wunderschönes pyramidenförmiges Glasgebilde mit kleinen Glöckchen auf die Spitze des Baums gesetzt. Diese Hauptverzierung brachte mein Vater auf einem Stuhl stehend an. Dann wurden die Kerzenhalter mit den Kerzen auf den Baumzweigen verteilt. Wenn die Kugeln und kleinen Figuren, aus buntem Glas oder aus Holz gefertigt, ihren Platz gefunden hatten, durften wir Kinder unsere Lieblingsstücke an den Baum hängen. Zum Schluss wurde der ganze Baum noch mit vielen kaskadenförmig übereinanderfallenden Lamettastreifen versehen. Unser Weihnachtsbaum sah immer prächtig und wunderschön aus. Schon Wochen vorher backte meine Mutter Weihnachtgebäck mit den spärlichen Lebensmitteln, die nur mit der kärglichen Zuteilung von Lebensmittelmarken zu bekommen waren. Sie hatte schon Wochen vorher die entsprechenden Bezugsmarken gehamstert, Vorräte von Rohmaterialien angelegt, um Backwaren für die Festtage herstellen zu können.

Sie verstand es z. B., Marzipanbällchen mit einem Kakaoüberzug herzustellen, in denen nicht ein einziges Gramm Marzipan enthalten war. Sie schmeckten aber intensiv nach Marzipan. Sie besorgte auch andere

Süßigkeiten, manchmal sogar Datteln, Feigen, Orangen usw., wie und woher, war uns immer ein Rätsel, denn in den einschlägigen Geschäften waren diese Kostbarkeiten nicht zu bekommen.

Wir Kinder mussten am Heiligen Abend immer früh ins Bett und fieberten dem Morgen der Bescherung entgegen. Natürlich waren wir dann am Weihnachtmorgen schon sehr früh wach und drängten darauf, in die Wohnküche zu kommen, um zu sehen, was uns das Christkind gebracht hatte. Zu der Zeit glaubten wir Kinder, wenigstens meine Schwestern, noch an das Christkind, den Nikolaus mit seinem Gehilfen Knecht Ruprecht, den Osterhasen etc. Meine Eltern hatten spät am Heiligen Abend, wenn wir schon in unseren Betten waren, die Geschenke aus ihren Verstecken hervorgeholt und auf Tische und Stühle aufgebaut. Vater stand am ersten Weihnachtstag morgens schon sehr früh auf, machte zuerst einmal Feuer im Küchenherd, denn es war immer erbärmlich kalt. Zwischendurch – die Nacht vor dem Weihnachtstag durften wir immer im Schlafzimmer unserer Eltern verbringen – hörten wir ihn dann voller Verwunderung und Entzückung rufen, dass ja diesmal das Christkind besonders viele Geschenke bei uns abgeladen habe, denn er müsse schon Stützen unter die Tische setzen, sonst würden sie unter der Last der vielen schönen Dinge zusammenbrechen. Das machte uns natürlich nur noch erwartungsvoller, aufgeregter und nervöser im Zimmer nebenan. Meine beiden Schwestern waren immer dermaßen aufgeregt, dass sie die letzten Minuten, bevor mein Vater mit einem Glöckchen klingelte und wir dann durch die Zwischentür in die festlich geschmückte Wohnküche durften, auf ihren Nachttöpfen zubrachten. Wir mussten erst zusammen ein Weihnachtslied singen, dann trug jeder von uns ein Gedicht vor und erst danach durften wir uns unsere Geschenke ansehen.

Das schöne Frühstück, mit dessen Zubereitung sich dann unsere Mutter befasste, war für uns Kinder völlig nebensächlich. Wir stürzten uns auf unsere neuen Spielsachen und waren für niemanden mehr zu sprechen. Später wuschen wir uns, zogen unsere Sonntagskleidung an und gingen um 10:30 Uhr in die Kirche zur Weihnachtsmesse. Jeder von uns durfte ein nicht zu großes Spielzeug in die Kirche mitnehmen. Auf dem Nachhauseweg trafen wir dann immer einige unserer Spielkameraden und dann wurde erst einmal genau aufgezählt, wer was und wie viel vom Christkind bekommen hatte.

Nachmittags gingen wir dann zu unseren Großeltern. Dort wartete noch eine Bescherung auf uns. Oma und Opa hatten ihr Wohnzimmer festlich hergerichtet. Das Wohnzimmer mit dem sich anschließenden kleinen Herrenzimmer, so benannte es meine Oma, wurde nur zwei- bis dreimal jährlich und dann nur zu besonderen Anlässen benutzt. Während der restlichen Zeit des Jahres blieben die Zimmer unbenutzt. Nur meine Oma hatte Zutritt, denn sie musste ja ihre Kakteen, die auf einer Blumenbank in der Nähe der Fenster standen, ab und zu begießen.

Bevor ich aber nun mit meiner Beschreibung der Weihnachtsbescherung bei den Großeltern weiter fortfahre, muss ich noch kurz die geheiligten Räume meiner Oma und generell das häusliche Leben der Großeltern beschreiben.

Das Stichwort ist: „Wohn- beziehungsweise Herren- oder Rauchzimmer“. Alles sah in diesen beiden Zimmern neu aus. Kein Wunder, denn nichts darin hatte je die Möglichkeit gehabt, benutzt zu werden. Das Wohnzimmer war, wie zu der Zeit üblich, mit schweren, klobigen und dunklen Möbeln eingerichtet. In der Mitte ein großer Tisch mit vier oder sechs Stühlen. Ein Schrank mit geschliffenen Glasscheiben an einer Wand und eine Anrichte daneben, beide vollgestopft mit Geschirr, Kristallglas usw. Der Stolz meiner Oma war eine Reihe von Weingläsern, sehr exponiert zur Schau gestellt, die sie „Römer“ nannte. Das waren geschliffene, hochstielige Weingläser aus buntem Kristall. In einer Ecke des Raumes stand ein dunkelbrauner Ofen, der nur zu festlichen Zwecken wie eben Weihnachten beheizt wurde. Gegenüber der Schrankwand stand ein schwarzes Klavier, auf dem ihr Sohn Hans manchmal spielte und auf dem ich später, als ich Klavierstunden bekam, üben durfte. Auf dem Boden lag ein großer, fast die ganze Bodenfläche bedeckender Teppich. Das Herren- oder Rauchzimmer, etwa halb so groß wie das Wohnzimmer, schloss sich, nur durch einen Vorhang abgetrennt, direkt an das Wohnzimmer an. Das muss wohl das Lieblingszimmer meiner Großmutter gewesen sein, denn es wurde noch seltener benutzt als das Wohnzimmer.

Ich glaube nicht, dass es meinem Großvater oder seinem Sohn Hans jemals gestattet war, sich außerhalb von Festtagen auch nur für eine kurze Zeit in dem kleinen Herrenzimmer aufzuhalten. Dieses Herrenzimmer, so nannte es meine Großmutter, war sehr gemütlich eingerichtet. Zwei bequeme Polstersessel standen um einen niedrigen, runden Tisch mit einer gehämmerten Messingplatte. Auf dem Tisch standen Raucherutensilien wie Aschenbecher, Feuerzeug, messingbeschlagene Tabak- und Zigarrenkästen etc. Unter dem Fenster stand eine Chaiselongue, die zur Schonung mit einer bestickten Tagesdecke abgedeckt war, auf der in strenger geometrischer Anordnung eine Reihe von bunten Kissen ihren ständigen Platz hatten. Auf der Lehne der Chaiselongue thronte eine Dominopuppe – so hieß sie laut Oma – in einem Anzug aus schwarzweißem Karostoff mit präzise übereinandergeschlagenen, dünnen Steckenbeinen. An den Füßen steckten lange, vorn spitz zulaufende Schuhe aus schwarzem Samtstoff und auf dem Kopf trug sie eine Schlägermütze. Auf dem Zimmerboden lag ein Teppich mit einem orientalischen Muster. An den Wänden hingen einige Bilder.

Eigentlich war dieses Zimmer das schönste und gemütlichste in der ganzen Wohnung. Es schrie förmlich danach, benutzt zu werden. Ich hätte so gerne gesehen, dass wenigstens mein Opa dort abends oder sonntags einmal seine geliebte Zigarre geraucht hätte. Den Namen Herren- und Rauchzimmer hatte es ja schon und nun fehlte praktisch nur noch jemand, der tatsächlich darin einmal rauchte.

Meine Großeltern verbrachten ihre gesamte Zeit immer in ihrer Küche und saßen auf unbequemen Küchenstühlen aus Holz um den Küchentisch herum. Oben auf dem Küchenschrank, ziemlich hoch, sodass man viel Mühe hatte, es zu bedienen, stand ein großes, für die damalige Zeit sehr modernes Radio der Marke Blaupunkt. Abends wurde es zeremoniell, immer von meiner Großmutter, die dann auf einen Küchenstuhl kletterte, um die Schaltknöpfe bedienen zu können, eingeschaltet. Während sie sich dann am Radio zu schaffen machte, fragte sie meinen Opa zum Beispiel: „Franz“, das war sein Vorname, „kannst du gut hören?“, oder: „Gefällt dir der Sender?“, oder: „Soll ich lauter/leiser stellen?“ Was immer Franz dann sagte, wurde von ihr kommentiert, schließlich auch noch debattiert und erst dann abgehandelt, meistens mit dem Resultat, dass sie genau den Sender in der Lautstärke einstellte, der ihr gefiel. Sie fummelte immer so lange an dem Gerät herum, bis sie einen Sender mit Musik von Lehár, Strauss oder Komponisten ähnlicher Musikrichtungen fand. Das war dann das Ende der Auswahlmöglichkeiten, die Franz hatte. Ihre Lieblingssänger waren Rudolf Schock und Beniamino Gigli. Wenn einer von den beiden sang, verklärte sich ihr Gesicht und nahm eigentümliche und ehrfürchtige Züge an, ähnlich denen, die ihr Gesicht trug, wenn sie sonntags den Predigten von ihrem verehrten Pastor Lambert in der Frühmesse der Kirche lauschte. Mit Vorliebe hörte sie sich samstags, oder war es sonntags, den Landfunk an, der mit Musik von Dichter und Bauer untermalt war. Warum es gerade der Landfunk sein musste, war nicht zu ergründen.

Oft lasen die beiden auch gemeinsam in Büchern. Die Bücher, die sie gerade lasen, stellten sie auf den Küchentisch in schräg angeordnete kleine Holzpulte. Das waren Vorsichtsmaßnahmen, die die Bücher vor Flecken etc. schonen sollten. Die Lieblingsbücher meiner Großmutter hatten alle Ganghofer und Hedwig Courths-Mahler geschrieben. Sie kannte ihre Inhalte genau, hatte sie womöglich schon mehrere Male vorher gelesen und schaute auf Landkarten nach, wo sich was abgespielt hatte, kurz: sie war völlig vernarrt in was immer diese Schriftsteller geschrieben hatten. Eine andere Art von Literatur, die vielleicht geistig fordernder gewesen wäre, habe ich nie bei meinen Großeltern gesehen.

Das häusliche Leben meiner Großeltern fand ausschließlich in ihrer Küche statt. Bei meinen Großeltern hatte meine Oma die Hosen an und bestimmte genau, was gemacht werden durfte und was nicht. Mein Opa fügte sich meistens in allen Dingen, wahrscheinlich scheute er Auseinandersetzungen mit seiner Frau, was verständlich für jeden war, der meine Oma einigermaßen kannte. Sie war eine herzensgute, gottesfürchtige Frau, die ihre Familie liebevoll umsorgte, aber sie musste immer ihren Willen und Eigensinn durchbringen.

An dieser Stelle fahre ich also fort mit der großelterlichen weihnachtlichen Bescherung. Bevor wir bei unseren Großeltern die Geschenke betrachten durften, mussten wir einige Gedichte aufsagen. Dann musste meine Mutter – ihr Stiefbruder Hans, dem diese Aufgabe früher oblag, war Soldat im Krieg – auf dem Klavier einige Weihnachtslieder spielen. Meine Großmutter führte den weihnachtlichen Gesang mit ihrer kräftigen und sehr lauten Stimme an. Dabei kam es manchmal vor, dass sie ein Lied in einer Tonart sang, die mit den Noten des Stücks nicht unbedingt übereinstimmte. Das brachte den Klavierspieler in arge Bedrängnis, der sich nun verzweifelt bemühen musste, sich der Tonart von Oma anzupassen. Die beängstigende Frage war dann auch immer: „Wann schwenkt sie auf die Tonart um, die vorgeschrieben ist?“ Meistens tat sie das nach einigen Takten und bequemte sich, ihre Stimme der Tonart des Klaviers anzugleichen.

Das ganze Vorspiel der Bescherung im Hause meiner Großeltern, singen und Gedichte aufsagen, dauerte oftmals eine Stunde. Das erhöhte die Spannung natürlich sehr, unter der wir Kinder litten. Endlich durften wir an unsere Geschenke und – was auch sehr wichtig war – untersuchen, was auf den großen Weihnachtstellern aus bunter Pappe an Süßigkeiten angehäuft war. Jeder, auch meine Eltern und unser Opa, bekamen solche Weihnachtsteller mit Süßigkeiten. Von übergeordneter Wichtigkeit für unseren Opa bei dieser Weihnachtsbescherung waren nur Cognacbohnen und, wenn eben möglich, eine große Menge davon. Das sind Pralinen aus Bitterschokolade mit Cognac gefüllt, die er für sein Leben gern aß und dazu eine Zigarre rauchte. Wie meine Oma diese Cognacbohnen zu diesen Kriegszeiten beschafft hatte, war nicht zu ergründen.

Die Erwachsenen bekamen nach der Kinderbescherung ein oder zwei

Gläschen Weinbrand eingeschenkt. Wenn meine Oma ihr Glas ausgetrunken hatte, bekam ihr Gesicht sofort eine hochrote Farbe und nach einer kleinen Weile wurde sie für ihre Verhältnisse sehr lustig und munter. Wenn wir dann wieder, bepackt mit unseren Geschenken, von unseren Großeltern nach Hause kamen, spielten wir bis spätabends mit unseren neuen Spielsachen und fielen dann erschöpft in unsere Betten.

Am zweiten Weihnachtstag trafen wir uns mit unseren Spielkameraden. Unter kritischem Blick begutachteten wir gegenseitig unsere neuen Spielzeuge. Wir hatten an den Weihnachtstagen immer das Glück, dass die Luftangriffe ausblieben und es relativ ruhig war, vielleicht lag der Grund darin, dass auch die gegnerischen Nationen in Ruhe ihr Weihnachtfest genießen wollten.

An manchen Sonntagen durften wir Kinder die Frühvorstellung in einem Kinotheater besuchen. Unser Vater begleitete uns immer. Viele Väter oder Mütter von anderen Kindern taten es ihm gleich. Wir sahen Klamaukfilme von Dick und Doof, Pat und Patachon usw. Wie die Schauspieler in Wirklichkeit hießen, wussten wir nicht. Die Hauptsache war, dass in den Filmen immer etwas Unvorhergesehenes, Komisches passierte. Die Clownerien in diesen Filmen lösten wahre Lachsalven bei uns Kindern aus. Der Einlass für die Kinder war immer schon ungefähr eine Stunde vor Anfang des Filmes und im Filmtheater herrschte ein ohrenbetäubender Lärm.

Jedes Kind wollte seine Freunde und Spielkameraden begrüßen, auch wenn der ein oder andere viele Reihen weiter weg seinen Sitzplatz hatte. Erst wenn der Film schon angefangen hatte, ebbte der Lärm etwas ab. Jede komische Aktion im Film wurde von uns allen begeistert bejubelt und beklatscht. Alle waren fasziniert, wenn sich für die Akteure brenzlige Situationen anzeigten, denn man war begierig zu sehen, wie sich die Darsteller aus den jeweiligen Affären herausmogelten. Die folgende Woche hatte dann auch prompt immer nur ein Thema, nämlich den zuletzt gesehenen Film. Da wurden gesamte Szenen eines Films von uns

Kindern immer wieder nachgestellt. Wir hatten den gesamten Ablauf des Filmes, die Wortwahl und Redewendungen der Schauspieler noch in unseren Köpfen. Bemerkenswert waren damals auch die riesigen Plakatbilder, die meistens über den Eingängen der Kinos angebracht waren. Sie zeigten die Hauptdarsteller und den Titel des Films.

Diese Plakate wurden von speziellen Plakatmalern für jeden Film in mühevoller Arbeit handgemalt. Als Vorlage diente ihnen nur eine kleine Fotografie der Hauptdarsteller in Schwarz-Weiß und daraus mussten diese Maler ein riesiges buntes Plakat mit den vergrößerten Hauptdarstellern herstellen. Diese Plakatmalerei muss ein eigenständiger künstlerischer Berufszweig gewesen sein, denn für jeden neuen Film musste ja wieder ein entsprechendes Plakat angefertigt werden.

Evakuierungen

Es muss das Jahr 1942 gewesen sein, die Luftangriffe wurden nun immer zahlreicher und wir mussten fast jede Nacht in den Bunker. Oft heulten die Sirenen und dann kamen die Luftangriffe so schnell, dass keiner mehr in den Bunker konnte und sich alle Menschen in die Luftschutzkeller ihrer Häuser verkriechen mussten. Einige Häuser in der Nähe des Bahnhofs hatten schon Bombentreffer erhalten und waren schwer beschädigt worden. Andere wurden vollständig zerstört und es gab viele Tote, die von Rettungsmannschaften aus den zusammengestürzten, oft noch brennenden Haustrümmern geholt wurden. Sie legten die toten Menschen – es waren auch Kinder darunter – auf die Bürgersteige vor den Hausruinen. Ich habe da zum ersten Male in meinem noch sehr jungen Leben tote Menschen gesehen. Meistens waren sie in ihren Luftschutzkellern erstickt oder in ihren Häusern bis zur Unkenntlichkeit verbrannt. Erwachsene Menschen, wenn sie total verbrannt waren, hatten die Größe eines zehn- oder zwölfjährigen Kindes. Es war schrecklich anzusehen und die Luft roch nach verbranntem Fleisch. Überall lagen Trümmer, Möbelteile, Hausratgegenstände, Kleider und Spielsachen, mit denen Kinder vielleicht noch bis kurz vor ihrem Tod gespielt hatten, herum. Diesen Anblick und die ätherische Stille, die plötzlich über dem ganzen Geschehen lag, werde ich nie mehr in meinem Leben vergessen können.

Oft heulten die Warnsirenen am Tag mehrmals auf und alle Menschen flüchteten vor den herannahenden Bombern in die Bunker oder Luftschutzkeller.

Es muss zu diesem Zeitpunkt gewesen sein, dass wir, meine Mutter und wir Kinder, evakuiert wurden. Vater blieb zu Hause, denn er musste arbeiten und in seiner Eigenschaft als Luftschutzwart während der Nächte zusammen mit dem Elektromeister auf das Haus und die Mietwohnungen darin aufpassen.

Viele Familien aus unserer unmittelbaren Nachbarschaft versammelten sich auf dem Bahnhof und wurden auf Sonderzüge, die unterschiedliche Ziele hatten, verteilt. Wir fuhren mit einem Sonderzug, der sehr oft in anderen Städten haltmachte und immer mehr Personen aufnahm, bis nach Aschaffenburg. Von dort stiegen wir in einen anderen Zug, der uns nach Miltenberg am Main brachte. Ein Autobus brachte uns von Miltenberg nach Riedern, und das war unsere Endstation. Die ganze Reise muss wohl, mit vielen Unterbrechungen, etwa zwei Tage gedauert haben.

Riedern war ein sehr kleines, verschlafenes Bauerndörfchen und lag umgeben von bewaldeten Hügeln in einem Tal, durch das die Erf, ein kleines, munteres Flüsschen, floss. Man hatte uns ein Zimmer im oberen Stock des Gasthauses „Zum Hirschen" angewiesen. Gegessen haben wir in der Gaststube. Ich glaube, die Wirtsleute waren nicht sehr nett zu uns, oder irgendetwas anderes störte uns, denn nur kurze Zeit später siedelten wir um. Wir wurden auf drei Häuser, die sehr nahe beieinanderstanden, verteilt.

Ich glaube, das ganze Dorf bestand zu dieser Zeit nur aus ca. 30 Häusern. Meine Mutter und meine jüngste Schwester Hiltrud wohnten bei einer Familie, deren Name mir entfallen ist, meine Schwester Roswitha bei einer anderen Familie gegenüber mit dem Namen Ühlein und ich bei den Nachbarn der Ühleins, der Familie Ott. Die Ühleins hatten eine schon erwachsene Tochter, sie hieß Elvira. Elvira kümmerte sich liebevoll um meine Schwester Roswitha, fast so, als wäre sie ihre eigene Tochter. In unserer neuen Umgebung fühlten wir uns alle wohl. Unsere neuen Gastgeber waren einfache und freundliche Kleinbauern. Sie bauten und pflanzten selbst an, was sie zum Leben benötigten. Den meist geringen Überschuss an Getreide oder Kartoffeln verkauften sie. Hier sahen wir Kinder zum ersten Mal in unserem Leben Tiere wie Kühe, Pferde, Schweine, frei herumlaufende Hühner, Gänse und Enten. Die Karnickel wurden in kleinen Ställen gehalten, die mit Draht voneinander abgetrennt waren.

Der Mittelpunkt eines jeden Bauernhofs war der Misthaufen, vor den Tierställen gelegen. Im Sommer, sobald es hell wurde, krähten die Hähne und weckten alle auf. Die Bauersleute waren in der Regel morgens um fünf Uhr bereit, ihre Arbeiten auf den Feldern und Wiesen aufzunehmen. Spätestens abends um zehn Uhr gingen alle zu Bett. Wir passten uns diesem Tages- und Nachtrhythmus ohne Probleme an. Wir waren am Anfang des Sommers angekommen und wurden nun Teil des Landlebens.

Für uns alle gewöhnungsbedürftig waren die Toiletten, sogenannte Plumpsklos, die alle außerhalb der Wohnhäuser in der Nähe der Misthaufen standen. Das waren kleine Bretterverschläge mit Türen, an denen man oben eine kleine Öffnung in Herzform ausgesägt hatte. Diese Klos standen über der Jauchegrube und darin sammelte sich alles, was Menschen eben so von sich geben. Alle Ausscheidungen der Tiere in den Ställen wurden auch in diese Jauchegruben geleitet. Der Gestank war bestialisch, besonders im Sommer. Im Winter war er erträglicher, aber man musste sich schon überwinden, nachts aus einem warmen Bett zu kriechen, um diese eiskalten Stinkklos aufzusuchen.

Anfang des Winters wurden diese Jauchegruben mit Handpumpen geleert und der Inhalt in große Tanks, die auf Leiterwagen montiert waren, gefüllt. Dann fuhr man damit auf die Felder und verteilte auf ihnen diesen Dung – so nannte man die Brühe – möglichst gleichmäßig. Dazu kamen noch viele Ladungen vom Misthaufen, die gleichmäßig mit einer dreizackigen Gabel über die Felder gestreut wurden. Das war eine anstrengende Arbeit, denn guter, durchgesuppter Mist wiegt schwer und kann nur sehr mühevoll gleichmäßig auf den Feldern verteilt werden. All das sinkt während der Winterzeit, verdünnt durch Regen oder wenn der Schnee schmilzt, in die Ackerböden ein. Ich glaube, Kunstdünger, so wie er heute angewendet wird, kannte man zu dieser Zeit noch nicht. Übrigens schliefen wir alle, auch die Bauersleute, in Betten, die mit frischem Heu ausgestopft waren. Matratzen, Kopfkissen und Zudecken waren mit Heu angefüllt und dieses wurde mehrmals im Jahr gewechselt. Die Betten waren zwar nicht so weich wie unsere Betten zu Hause, aber dafür strömten sie einen würzigen Duft aus, der heimelig und erfrischend war.

Wir Kinder gingen in die Dorfschule, sie bestand aus einem Klassenraum, in dem alle Jahrgänge untergebracht waren. Die jüngsten Schüler saßen ganz vorne in den Bänken und die ältesten hinten, gestaffelt wie die Orgelpfeifen. Eine junge Lehrerin unterrichtete die Schüler aller Altersgruppen. Von den umliegenden, noch viel kleineren Dörfern wie Guggenberg und Pfohlbach, die weder eine Kirche noch ein Schulhaus, ja noch nicht einmal einen kleinen Dorfladen oder eine Kneipe hatten, kamen die Kinder zu Fuß zur Schule. Manche mussten sehr früh aufstehen und fast eine Stunde gehen, um zeitig zum Unterrichtsanfang zu erscheinen. Um zehn Uhr war Pause und die Kinder, die in unmittelbarer Nähe zur Schule wohnten, liefen nach Hause und holten sich ein Pausenbrot. Ich kann mich heute noch an diese leckeren Brotscheiben erinnern. Wenn man Hunger hat, gibt es nichts Besseres als eine knusprige Scheibe von einem frischen selbst gebackenen Landbrot, dick mit selbst gemachter Butter bestrichen.

Im Sommer liefen alle Kinder barfuß umher. Mittags war der Unterricht zu Ende und die Schüler machten sich schnell auf nach Hause, denn alle mussten auf den Feldern und Wiesen mitarbeiten. Schulaufgaben wurden den Schülern im Sommer selten auferlegt, denn die Lehrerin wusste ja, dass die Kinder ihren Eltern auf den Feldern helfen mussten. Wenn Schulaufgaben trotzdem anfielen, wurden sie spätabends und eher flüchtig gemacht. Viel gelernt haben wir in dieser Schule bestimmt nicht.

Der Bauer, bei dem ich wohnte, hieß Hugo mit Vornamen, und er bestand darauf, dass ich ihn Onkel Hugo nannte. Er war ein knorriger, mittelgroßer, sehr starker Mann, der Zentnersäcke gefüllt mit Korn, Weizen oder Kartoffeln wie Spielzeuge handhabte.

Onkel Hugo war in der Lage, das Wetter der nächsten Tage vorauszusagen. Wenn er das tat, sog er mit einem zirpenden Geräusch die Luft in seine Nase und schnüffelte sie ausgiebig. Machte er danach ein bedenkliches Gesicht, dann kündete das z. B. Regen für den nächsten Tag an. Grinste er aber bei diesem Vorgang und klatschte dabei noch in seine schwieligen Hände, sagte er sonniges Wetter voraus. Seine Wettervorhersagen stimmten immer genau.

Die Schulsommerferien hatten begonnen und ich stand nun auch mit Onkel Hugo schon vor fünf Uhr morgens auf. Wir frühstückten schnell und gingen auf die Felder und Wiesen, die hinter dem Haus lagen. Unser Frühstück bestand immer aus einem Schüsselchen frischer Milch mit eingebrocktem Brot. Onkel Hugo hatte auch einige Äcker und Wiesen, die ein wenig weiter weg lagen, angepachtet. So früh am Morgen in der Sommerzeit war es draußen in der Natur immer am schönsten. Ein leichter Bodennebel lag über Wiesen, Feldern und den sanft ansteigenden Hügeln, fast so wie ein luftiger, leichter, durchsichtiger Schleier aus Seide. Es duftete kräftig nach wilden Kräutern, Blüten und Gras. Der Bach, der mitten durch das Tal und Dorf führte, schimmerte silbrig und plätscherte lustig dahin. Vielleicht wollte auch er uns einen schönen Tag wünschen. Man hörte die Vögel zwitschern, die Bienen summen, Hähne krähten, Enten und Gänse schnatterten, Kühe muhten und Schweine grunzten. Alles lebte, waberte und schwebte, rief und antwortete gleichzeitig und erfreute sich an dem neuen Tag. Alle Tiere, so war der Eindruck, veranstalteten zusammen ein großes Konzert. Auch Onkel Hugos furchiges, wettergegerbtes Gesicht verwandelte sich dann und strahlte Zufriedenheit und Dankbarkeit aus. Oft, er war sehr religiös, kniete er sogar nieder, faltete seine Hände und es sah so aus, als ob er leise beten würde. Vielleicht dankte er seinem Herrn für die Reichhaltigkeit und Vielfalt der Natur, mit der er sich beschenkt fühlte. Onkel Hugo, mit einem Körper, der aussah wie ein verwitterter Fels, der ab und zu auch gewaltig fluchen konnte, verwandelte sich in solchen Momenten in einen demütigen Menschen. Mittags kam seine Frau oder seine Tochter und brachte uns ein einfaches, aber wohlschmeckendes Essen.

Er hatte mich sehr gern und nahm mich überall mit hin. Er zeigte mir, wie man mit einer Sense Gras mähte, am nächsten Tag mit einem Holzrechen das gemähte Gras wendete, sodass es gut trocknen konnte und zu Heu wurde. Wie man die zwei Zugkühe aus dem Stall holte, sie im Rückwärtsgang vor den großen Leiterwagen bugsierte, ihnen das Kopfgeschirr anlegte und die Zugseile an Deichsel und Leiterwagen befestigte, wie man die Peitsche knallen ließ und die Kühe zur Eile antrieb. Die Kühe schienen aber immer ihre eigene Meinung zu haben und ließen sich nur ungern von ihrer gewohnten, langsamen Gangart in eine etwas schnellere bewegen.

Aber Zeit spielte eine untergeordnete Rolle und wenn man irgendwann da war, wo man hinwollte, war es auch gut. Ab und zu durfte ich dann auch einmal selbst kutschieren. Ich war sehr glücklich und kam mir vor wie der Kapitän auf einem Schiff, wenn ich auf dem quer liegenden Brett vorne auf dem Leiterwagen saß und mit der Peitsche knallen konnte.

Wenn das Heu trocken war, wurde es auf kleinere Haufen zusammengeharkt und mit einer dreizinkigen Eisengabel auf den Leiterwagen gehoben. Beim Heumachen halfen immer alle Familienmitglieder. Die Frauen harkten das Heu in großen Haufen zusammen und die Männer hoben es auf den Wagen. Oben auf dem Wagen war immer jemand, der das Heu verteilte, damit möglichst viel Heu auf den Wagen geladen werden konnte. Wenn der Leiterwagen mit Heu vollgepackt war, warf Onkel Hugo ein langes Seil über die Heuladung und zurrte das Seil unten an beiden Wagenenden fest. Dann ging es zurück nach Hause. Manchmal waren auf den Feldwegen ausgefahrene, tiefe Stellen und wenn der beladene Heuwagen da hineingeriet, schwankte die Heuladung bedenklich.

Einmal ist uns sogar der ganze Wagen umgestürzt. Ich habe selten jemanden so fluchen hören wie Onkel Hugo, als er vor dem Malheur stand. Wir mussten den schweren Wagen entladen, wieder auf die Räder stellen, dann die Kühe aus den verdrehten Zugseilen befreien und wieder neu anschirren, den Wagen neu beladen und konnten dann erst den Heimweg antreten.

Wenn wir mit dem Heuwagen auf dem Hof ankamen, wurde das Heu mit der langen Heugabel durch eine Luke auf den Heuboden gehoben. Der Heuboden war ein Teil des obersten Stocks im Kuhstall. Im Winter konnte man dann sehr leicht das Heu vom Heuboden holen und die Kühe damit füttern. Heu mit Stroh vermischt und auf einer Schneidemaschine ganz kleingehäckselt war auch das Futter für die Pferde.

Wenn das Korn, der Weizen, oder der Hafer reif waren, mussten wieder alle Familienmitglieder zur Ernte mit auf die Felder. Onkel Hugo mähte das Getreide mit seiner Sense ab und ich versuchte es ihm gleichzutun, was mir aber meistens nicht so gut gelang. Getreide musste nämlich dicht über dem Boden abgemäht werden, damit nicht zu viel wertvolles Stroh auf den Feldern blieb. Das stetige Schwingen der Sense ermüdete sehr, besonders wenn man noch nicht ausgewachsen war oder über Körperkräfte verfügte wie die Bauern, die an diese Art von Arbeit gewöhnt waren. Die Frauen sammelten die gemähten Getreidehalme auf und banden sie zu dicken Garben zusammen, die sie dann, immer zu sechs Stück gegeneinanderlehnend, wie kleine, spitze Häuschen auf den schon freigemähten Feldflächen aufstellten. Ein paar Tage später holten wir dann die Garben mit dem Leiterwagen ab und brachten sie auf den Hof. Dort breiteten wir die Garben vor der Scheune auf einem freien, sauberen Platz aus und schlugen mit Dreschflegeln die Körner aus den Ähren. Das war auch eine sehr anstrengende Arbeit, die erst einmal gelernt werden musste. Bei dieser Arbeit halfen die Frauen auch mit. Wenn die Körner aus den Ähren gedroschen waren, mussten sie von der Spreu getrennt werden. Am einfachsten konnte man die Spreu vom Korn, Weizen oder Hafer trennen, indem man mit einer Schaufel das frisch gedroschene Getreide hochwarf. Da die Spreu viel leichter als die Körner war, flog die Spreu, besonders wenn noch ein wenig Wind mithalf, ein paar Meter weit weg, und das Getreide, die Körner, blieben auf einem Haufen liegen. Dann wurde das Getreide in Säcke gefüllt und von einem Getreidegroßhändler abgeholt. Getreide für den Eigenbedarf wurde zum Müller nach Pfohlbach gefahren, der daraus Mehl machte.

Onkel Hugos ganzer Stolz war ein leichter, wunderschöner offener Kutschwagen mit einem Kutschbock, auf dem zwei Personen sitzen konnten und der zwei oder drei weiteren Personen auf den Sitzen in der Kutsche Platz bot. Sonntags nach der Frühmesse in der Kirche, an der alle Dorfbewohner ohne Ausnahme teilnahmen, spannte Onkel Hugo seine zwei Lieblinge – das waren zwei braunrote Pferde mit langen seidigen Mähnen – an den Kutschwagen und fuhr mit seiner Frau und seiner erwachsenen Tochter, die den kleinen Dorfladen in einem Teil seines Hauses betrieb, auf der Landstraße in ein weiter entfernt liegendes Dorf oder einfach nur ins Grüne. Einige Male nahm er auch meine Mutter und meine beiden Schwestern mit. Ich durfte neben Onkel Hugo auf dem Kutschbock sitzen und auch mal für eine Weile die Zügel halten und kutschieren. Das war natürlich für mich die Krönung einer ganzen Woche. Denn es ist ein gewaltiger Unterschied, ob man mit einer leichten Kutsche von zwei schnellen Pferden gezogen fährt oder in einem Leiterwagen mit den langsamen, gemächlich sich fortbewegenden Kühen.

Onkel Hugo hatte überall in der Umgebung Verwandte, Freunde und Bekannte und alle freuten sich, wenn er sie besuchte. Das geschah immer ohne Anmeldung, denn Telefone gab es im ganzen Dorf nicht. Hätte man welche gehabt, wären sie auch gar nicht notwendig gewesen, denn die Leute waren ja sowieso immer zu Hause oder wenn nicht, fand man sie in unmittelbarer Nähe auf ihren Feldern und Äckern oder Gärten. Man lud uns dann zum Mittagessen ein und nachmittags gab es riesige Kuchenbleche mit selbst gebackenen Streusel-, Käse- oder Obstkuchen.

Onkel Hugo hatte zwei Söhne und beide waren Soldaten im Krieg. Wenn sie Urlaub hatten, kamen sie nach Hause und erzählten uns von ihren Erlebnissen. Sie brachten immer ihre Uniformen, Ausrüstungen und Gewehre mit. Ich glaube, das mussten sie zu dieser Zeit auch, denn sie konnten jederzeit wieder kurzfristig abberufen werden und mussten dann möglicherweise sofort an einem anderen Ort einsatzbereit erscheinen.

Sein ältester Sohn war Schreinergeselle und hieß Bernhard. Er zimmerte mir in seiner kurzen Urlaubszeit aus zwei Brettern ein paar Ski für den Winter. Ungefähr in der Mitte der Ski hatte er Lederriemen angebracht und mir gezeigt, wie man diese um die Schuhe binden konnte. Ob ich diese Ski auch benutzt habe, weiß ich nicht mehr.

Der jüngste Sohn, Karl, angelte sehr gerne. Er wusste genau, wo sich die meisten Forellen in der Erf zu verschiedenen Tageszeiten aufhielten.

An einer Stelle der Erf, nicht weit von einer Brücke, die zur Landstraße führte, war ein tiefes Loch im Fluss. Da badeten wir Kinder immer an den heißen Tagen im Sommer und dort habe ich auch schwimmen gelernt.

Karl bastelte mir eine Angel aus einem frisch geschnittenen, daumendicken, elastischen Haselnusszweig. Aus seinem Angelzeugvorrat nahm er ein Stück Angelschnur und einen Angelhaken, befestige ein Ende der Schnur an der Spitze der Haselnussrute und die Angel war fertig. Wir gruben im Misthaufen herum und fanden dicke, fette Regenwürmer, die wir mit ein wenig Erde in einer Blechdose sammelten. Dann suchten wir Karls Lieblingsstelle an der Erf auf, denn dort hatte er schon früher als kleiner Junge immer die schönsten Forellen gefangen. Wir setzten uns auf einen umgestürzten Baumstamm, der halb über dem Fluss lag, und befestigten die Regenwürmer an den Angelhaken, ließen unsere Angelschnüre aufs Wasser hinunter und hofften darauf, dass die Forellen Gefallen an unseren Leckerbissen haben würden. Einmal war es schon spät am Nachmittag und die Forellen sprangen aus dem Wasser und fingen Insekten, die sich zu nahe an die Wasseroberfläche gewagt hatten. Wir waren sehr gespannt, ob sie auch Appetit auf unsere Regenwürmer haben würden. Auf einmal spürte Karl einen Ruck an der Rute; er hatte tatsächlich eine Forelle am Haken. Vorsichtig bugsierte er den Fisch bis ans Ufer und mit einem kleinen Schwung zog er ihn aus dem Wasser auf die Wiese dahinter. Wir brachen beide in ein Freudengeheul aus, hatten wir doch eine wunderschöne Regenbogenforelle gefangen. Nach einer Weile verspürte ich ein Zucken an meiner Angel und zog sie schnell hoch. Ja, auch ich hatte einen Fisch am Haken, war aber so aufgeregt und erschrocken, dass ich von dem Baumstamm in den Fluss fiel. Ich hielt aber die Angelrute mit beiden Händen fest und kam wieder an die Wasseroberfläche, denn an der Stelle war der Fluss nicht sehr tief. Karl watete in den Fluss und half mir wieder auf die Beine, denn selbst bei diesem Unglück hatte ich doch noch Glück, da die Forelle immer noch am Haken war. Karl half mir, den Fisch ans Ufer zu bringen, und wieder tanzten wir wie verrückt vor Freude herum.

Karl fing noch weitere Forellen und dann mussten wir nach Hause, denn es wurde langsam dunkel. Stolz präsentierten wir dort unsere Fische und es wurde beschlossen, sie für den nächsten Abend herzurichten und zu essen. Karl zeigte mir, wie man die Innereien aus den Fischen entfernt. Am nächsten Abend fehlte aber eine Forelle aus der Schüssel auf dem Schrank, in der sie aufbewahrt waren. Nach einiger Überlegung konnte es nur die Hauskatze gewesen sein, die sich einen Fisch in einem unbeobachteten Moment geschnappt und aufgefressen hatte. Wir waren nicht sehr lange betrübt und ließen uns trotzdem die übrigen Forellen schmecken. So kam es, dass ich zum ersten Mal in meinem Leben gebratene Forelle essen konnte.

Als Karls Urlaub vorbei war und er wieder zurück in den Krieg musste, bin ich sehr oft alleine an Karls Angelstelle gegangen und habe dort noch viele Forellen gefangen.

Freitagabends gingen meine Mutter und wir Kinder immer zur zentral gelegenen Poststelle im Dorf. Dort kam dann der Postbus aus Miltenberg an und lieferte die Post für das ganze Dorf ab. Die Poststelle war nur ein freier Platz, auf dem der Postbus parkte.

Der Fahrer öffnete die große Tür hinten an dem Postbus und rief laut die Namen derer aus, für die er Briefe, Päckchen und Pakete auszuliefern hatte. Das war immer ein spannender Moment für uns Kinder, denn fast jede Woche schickte Vater einen Brief an meine Mutter, aber manchmal schickte er uns Kindern auch ein Paket mit Spielsachen, die er irgendwie organisiert hatte.

Es gab auch einen amtlichen Ausrufer, der an einer zentralen Stelle im Dorf die Tagesneuigkeiten ausrief. Das tat er, ich glaube, am Spätnachmittag oder abends. Er bimmelte mit einer Handglocke so lange, bis sich die meisten Dorfbewohner um ihn herum versammelt hatten. Dann verkündete er mit einem amtlichen, vor Wichtigkeit strotzenden Gesichtsausdruck, den er bestimmt lange einstudiert hatte, die neusten Nachrichten. Alles las er von einem Zettel ab, den er in seiner Hand hielt. Es war ein Gemisch von Neuigkeiten, die er ausrief. Wenn er glaubte, er müsse etwas sehr, sehr Wichtiges von sich geben, bimmelte er vorsichtshalber noch einmal, um sich so zu vergewissern, dass ihm auch alle zuhörten. Neben politischen und Kriegs-Ereignissen verkündete er auch, was sich in der näheren Umgebung des Dorfes zugetragen hatte. Wer ein Kind geboren hatte, wer gestorben war, eine Kuh, ein Kalb, Pferd oder Schwein gekauft oder verkauft hatte, sich bei der Arbeit verletzt oder etwas gebrochen hatte und wer von den Dorfsöhnen Kriegsurlaub hatte. Er verkündete Verlobungen, Eheschließungen – eigentlich alles, was er als wichtig betrachtete und was der Dorfgemeinschaft kundgetan werden musste. Er wusste einfach alles und die Dorfbewohner waren immer begierig zu hören, was er zu sagen hatte, denn er war ja ihre einzige Informationsquelle. Eine Zeitung habe ich während meiner Zeit dort nie gesehen.

Wir fühlten uns in Riedern alle wohl, besonders meiner Mutter taten die Ruhe, die regelmäßigen Mahlzeiten und die Landluft gut. Für uns alle war es am Anfang unverständlich, dass wir nachts durchschlafen konnten und nicht in den Bunker oder Luftschutzkeller rennen mussten. Die Gesundheit meiner Mutter war sehr angegriffen und es war höchste Zeit, dass sie sich in dieser weit abgelegenen Gegend von den Strapazen des Krieges ein wenig erholen konnte. Sie schloss bald Freundschaft mit einer Dame aus Düsseldorf, die auch nach Riedern evakuiert worden war.

Die Einwohner des Dorfes und überhaupt alle Menschen in der Umgebung sprachen einen Dialekt, der für Erwachsene etwas schwer zu verstehen war. Wir Kinder gewöhnten uns schnell daran und nach kurzer Zeit konnten wir sprachlich von den Einheimischen nicht mehr unterschieden werden. Für uns war alles neu und interessant. Langeweile hatten wir nicht, denn es gab immer wieder Neues zu sehen und zu erfahren.

Alle Bauern im Dorf backten ein- oder zweimal im Monat Brot in Backöfen, die frei in den Innenhöfen standen. Sie wurden mit trockenem Reisig und kleineren Holzstücken befeuert und auf die notwendige Temperatur gebracht, dann wurde die Glut aus den Backöfen geharkt. Danach schoben die Bauersfrauen mit einer flachen Holzschaufel die fertig gekneteten, noch rohen, rund oder länglich geformten Teigstücke in den Ofen und nach einiger Zeit holten sie das gebackene Brot mit den Holzschaufeln wieder heraus. Das Brot, besonders wenn frisch gebacken, duftete köstlich und schmeckte hervorragend. Wir Kinder aßen gerne frische Brotscheiben mit Butteraufstrich und darüber selbst gemachte Marmelade.

Im Winter war Schlachtzeit und jeder Bauer schlachtete ein bis zwei Schweine. Alle Nachbarn kamen dann zusammen und halfen dem Bauern, der gerade schlachtete. Das Fleisch wurde zerteilt und kam in die Räucherkammer oder wurde gepökelt. Aus einem Gemisch von Fleisch und Fett und Gewürzen wurden einige Sorten Würste nach alten, schon seit Generationen überlieferten Rezepten hergestellt und in einem riesigen Kessel gekocht. Ein großer Teil wurde, um die Haltbarkeit zu verlängern, geräuchert.

Am wohlschmeckendsten war die Wurstbrühe im Kessel, denn ab und zu platzte eine Wurst und das Innere verteilte sich in dem Sud. Jeder Dorfbewohner hatte das Recht, sich einen Topf von dieser Wurstbrühe mit nach Hause zu nehmen. Da fast jede Woche im Winter ein anderer Bauer schlachtete, war Wurstbrühe keine Mangelware.

Die Winter waren in dieser Gegend kalt und Schnee fiel im Übermaß. Die Bauern hatten aber auch im Winter nie Langeweile, denn in dieser Zeit mussten alle Arbeitsgeräte, die für das folgende Jahr benötigt wurden, repariert und wieder in einen gebrauchsfähigen Zustand gebracht werden.

Es muss am Ende des Winters gewesen sein, als meine Mutter mit uns Kindern in das nächste, viel kleinere Dorf Pfohlbach, ca. 2,5 Kilometer von Riedern entfernt, umzog. Dort konnten wir alle zusammen in einem Anbau am Hause des Müllers, der die Getreidemühle für die Umgebung betrieb, wohnen. Es war wohl meiner Mutter auf Dauer nicht recht gewesen, dass wir, wie in Riedern, auf drei Familien verteilt waren. Pfohlbach bestand im Wesentlichen aus einem Sägewerk, betrieben von den Brüdern Eugen und Paul, der Mühle, die von der Familie Kempf betrieben wurde und in der wir wohnten, und einigen Kleinbauern. Der Ort selbst bestand zu dieser Zeit vielleicht aus neun oder zehn Häusern. Rund um die Mühle und das Haupthaus mit Anbau und einer sehr geräumigen Scheune lagen Felder und Wiesen, die der Familie Kempf gehörten. Die Erf floss dicht an der Mühle vorbei und die Mühle selbst wurde von dem Fluss mit einem großen Wasserrad angetrieben. Der Mühlenbesitzer war verstorben und so wurde der Hof mit der Landwirtschaft, die Mühle, kurz das ganze Anwesen mit den vielen Haus- und Nutztieren von seiner Frau Babette geführt. Ihr zur Seite standen ihre erwachsene Tochter und ein Knecht, den sie beide „Kutscher“ nannten. Ihren Sohn hatten die Kempfs verloren, er war im Krieg gefallen. Dann war da noch ein polnischer Kriegsgefangener mit dem Namen Woitschek, der dem Anwesen zugeteilt worden war und zusammen mit dem Kutscher die schwersten Arbeiten verrichten musste.

Der Kutscher hatte ausgeprägte handwerkliche Fähigkeiten, die dem Hof und der Mühle noch zusätzlich zu seinen fundierten landwirtschaftlichen Kenntnissen sehr zustatten kamen. Er konnte einfach alles und war ein Hansdampf auf allen Gebieten. Der Kutscher tischlerte in seiner wenigen Freizeit die schönsten Spielzeuge aus Holz für uns Kinder.

Wie üblich beherrschte ein riesiger Misthaufen den großen Innenhof. Im Winter wurde auch hier der Mist auf einen großen Wagen geladen und auf den umliegenden Feldern und Wiesen als Dünger verteilt. Das war eine stinkige Arbeit, bei der man sich oft die Nase zuhalten musste. Eine große Hühnerschar wurde von Babette, der alten Müllerin, und deren Tochter betreut. Viele Gänse und Enten hatten ihr Zuhause am Ufer der Erf. Hühner-, Gänse- und Entenküken waren auch zu hegen und pflegen. Meine Geschwister durften den Müllersleuten bei der Suche nach frisch gelegten Eiern helfen.

Wir aßen zusammen mit den Müllersleuten, dem Kutscher und Woitschek an einem großen Tisch in der Küche des Haupthauses. Es gab einfache, gut schmeckende Topfgerichte, die die alte Müllerin vorzüglich zuzubereiten verstand. Der große Topf oder die Pfanne mit dem jeweiligen Gericht wurde mitten auf den Tisch gestellt und jeder konnte sich daraus mit einem Löffel bedienen.

Der Weg zur Schule in Riedern war natürlich jetzt für uns Kinder länger und wir benötigten, je nach Wetterlage, manchmal eine halbe Stunde bis dorthin und die gleiche Zeit, um wieder nach Hause zu kommen. Im Winter kamen wir dann völlig durchfroren an unseren Zielen an.

Endlich wurde es wieder Frühling und ich arbeitete mit dem Kutscher zusammen in der Scheune, den Ställen und bald auch auf den Feldern und Wiesen. Ich war ja auch kein Neuling mehr, denn Onkel Hugo war mir ein guter Lehrmeister gewesen. Die Felder, die bearbeitet und bepflanzt werden mussten, waren viel größer als die von Onkel Hugo. Onkel Hugo hatte immer zwei Kühe vor seinen Pflug oder Leiterwagen gespannt. Der Kutscher aber pflügte mit zwei Pferden, die vor einen doppelseitigen Pflug gespannt waren. Alles ging schneller und bequemer.

Interessant für mich war auch, wie der Kutscher in der Mühle Roggen- oder Weizenkörner zu Mehl mahlte. Im Sommer angelte ich im Wehr oberhalb des Mühlrads und fing dort eine Menge Forellen.

Das Sägewerk im Dorf wurde, wie bereits berichtet, von zwei Brüdern betrieben. Sie freundeten sich mit uns an und nach dem Krieg besuchten sie uns auch einmal in Mönchengladbach. Das Herz des Sägewerks war eine riesige Säge, die in kurzer Zeit einen dicken Baumstamm in einen Stapel Bretter zersägen konnte. Im Sägewerk roch es immer sehr angenehm nach frischem Holz. Der jüngere Bruder Paul besaß ein Motorrad, mit dem er öfters losknatterte. Manchmal nahm er mich hinten auf dem Soziussitz mit und wir brausten dann auf der Landstraße in Windeseile bis ins acht Kilometer entfernte nächste Dorf Eichenbühl. Der ältere Bruder angelte gern und hatte einen großen Teil der Erf gepachtet. Er erlaubte mir überall dort zu angeln, wo es mir Spaß machte.

Im Sommer besuchte uns unser Onkel Hans mit seiner Verlobten Ine. Er war Soldat und die beiden verbrachten einen kurzen Urlaub bei uns. Onkel Hans war der Stiefbruder meiner Mutter, er war fünf bis sechs Jahre jünger als sie und die beiden hatten schon immer ein sehr gutes und enges Verhältnis zueinander gehabt. Mutter lernte so auch gleichzeitig seine Verlobte kennen.

Onkel Hans eignete sich nicht sehr gut zu den generellen Aufgaben, die Soldaten zu bewältigen hatten. Er war eher schmächtig, trug eine Brille mit starken Gläsern und war nicht sehr sportlich. Vor seiner Rekrutierung als Soldat hatte Onkel Hans sein Abitur mit sehr guten Noten am Humanistischen Gymnasium in Mönchengladbach bestanden und danach eine Bankkaufmannslehre absolviert. Seine ganze Liebe galt der lateinischen Sprache, die er, wie selten jemand, nahezu perfekt beherrschte. Wie auch meine Mutter spielte Onkel Hans sehr gut Klavier. Er tat seinen Dienst bei der Wehrmacht in Russland, in der Eigenschaft als Funker.

Seine Verlobte war Arzthelferin in Mönchengladbach und wohnte bei ihrer Tante. Sie hatte schon sehr früh ihre Eltern verloren und muss zum Zeitpunkt ihrer Verlobung mit meinem Onkel etwa 22 Jahre alt gewesen sein. Sie war wie er eine stille und unauffällige Person.

Sie blieben eine Woche bei uns und meine Mutter tat ihr Möglichstes, Essen in ihren Bruder hineinzustopfen, denn er beklagte sich bitterlich über den Fraß bei der Wehrmacht. Während der kurzen Zeit seines Urlaubs bei uns besuchten wir den Pastor in der Dorfkirche in Riedern. Nicht weil wir, Onkel Hans oder seine Verlobte besonders fromm waren, sondern weil Onkel Hans das Bedürfnis hatte, sich mit dem Pastor in der lateinischen Sprache zu unterhalten. Dann fuhren sie wieder ab und ich sah Onkel Hans, der schon vor Ende des Krieges in russische Gefangenschaft geriet, erst 1947, also fast sechs Jahre später, wieder.

Alle Einwohner der Dörfer Riedern, Pfohlbach und der übrigen Umgebung waren katholisch. Wir laut Stammbuch und Taufscheinen auch. Alle waren sehr fromm und nahmen sonntags in Riedern an dem Gottesdienst teil. Deshalb entschied meine Mutter, dass auch wir, um nicht als völlig Ungläubige zu gelten, an diesen Gottesdiensten teilnehmen sollten. Der Pastor hatte sowieso schon herausbekommen, dass wir katholischen Glaubens waren, und erwartete deshalb unser Erscheinen.

Sofort musste ich von diesem Zeitpunkt an wöchentlich zweimal am Religionsunterricht teilnehmen und die lateinische Messe auswendig lernen, denn der Pastor war der Meinung, dass ich mich auch als Messdiener nützlich machen sollte. Ich wurde also, ob ich nun wollte oder nicht, Messdiener. Die lateinische Messe auswendig zu lernen fiel mir nicht sehr schwer, aber die Pflichten und Handreichungen, die ein Messdiener in einer Messe abzuleisten hatte, brachte ich öfters durcheinander. Die Kirchenglocke musste z. B. bei verschiedenen Handlungen, die der Pastor vornahm, geläutet werden. Das Läuten gehörte zu den Aufgaben eines Messdieners, der dann an einem langen Seil im hinteren Teil der Kirche ziehen musste, um der Kirchenglocke die entsprechenden Töne für eine genau vorgeschriebene Zeitdauer zu entlocken.

Wenn mir das Läuten mit der Kirchenglocke übertragen wurde, hatte ich in der Regel die größten Schwierigkeiten, den genau vorgeschriebenen Zeitpunkt des Läutens zu erwischen, auch läutete ich dann manchmal länger als erwünscht, zu kurz oder manchmal überhaupt nicht. Eigentlich läutete ich immer völlig falsch und wenn ich dann auf meinen Platz vor dem Altar zurückkehrte, musste ich die vorwurfsvollen Blicke der Gläubigen und des Pastors ertragen.

Der Pastor hatte eine sehr leise und hohe Stimme. Ich glaube, mit seinem Hals oder Rachen war etwas nicht in Ordnung. Immer wenn er predigte, konnten jedenfalls nur die Personen in den ersten Bankreihen vorne verstehen, was er sagte. Die anderen versammelten sich nach der Messe draußen vor der Kirchentür und ließen sich von den wenigen, die die Predigt hören konnten, berichten, über was der Pastor eigentlich gepredigt hatte. Auch bei der Beichte, die der Pastor von Zeit zu Zeit abhielt, hatte man große Schwierigkeiten, seine Bußauflagen zu verstehen, weil er zu leise sprach und man ihn aus Respekt nicht gern bat, sich zu wiederholen. Viele seiner Schäflein gingen dann kein Risiko ein und absolvierten sicherheitshalber eine selbst auferlegte, zeitraubende Buße, die daraus bestand, den Kreuzgang mit allen Leidensstationen Christi zu wählen und vor jedem Leidensbildnis längere Zeit betend zu verbringen. Diese Seelen- und Gewissensreinigung dauerte mindestens eine Stunde. Danach fühlten sich die meisten der Sünder dann auch mächtig erleichtert und traten beschwingt und von allen Übeln der hinter ihnen liegenden Woche befreit ihren Heimweg an. Die frömmsten der Dorfbewohner beichteten jede Woche und diesen Vorgang teilten sie auch stolz ihren Nachbarn und allen, die sich in ihrer unmittelbaren Nähe befanden, mit. Der Pastor hatte Hochkonjunktur und war eine gefragte Person. Offensichtlich gab es nur ehrbare Menschen im Dorf, denn die Beichte reinigte das Gewissen aller. Jetzt, nachdem sie sich geistig reingewaschen fühlten, konnten sie wieder klatschen, tratschen, sich gegenseitig verfluchen oder betrügen, denn nun mussten sie ja wieder einen gewissen Vorrat an Sünden anhäufen, damit sie bei der nächsten Beichte dem Pastor etwas zu berichten hatten.

In der Dorfschule lernten wir nicht sehr viel, denn es war für die Lehrerin sehr schwer, gleichzeitig allen Altersstufen das vorgeschriebene Lernprogramm beizubringen. Von Regierungsseite wurde es gern gesehen, wenn die Schulkinder im Sommer bestimmte Pflanzen und Kräuter suchten, die dann getrocknet und für Tee verwendet werden konnten. Wir brachten die getrockneten Pflanzen, Kräuter und Blätter in kleinen Säckchen in die Schule. Dort wurden sie in große Säcke gefüllt und mit einem Lastauto der Wehrmacht zu einer Großsammelstelle nach Miltenberg gefahren.

Die schönste Zeit für mich war die Erntezeit der Kartoffeln. Wenn sie reif zur Ernte waren, wurden die Kartoffeln mit dem Pflug oder mit Hacken aus den langen angehäuften Kartoffelreihen an die Oberfläche gebracht. Dann wurde das Kartoffelkraut kräftig geschüttelt, bis alle Kartoffeln abfielen.

Mit einem Rechen wurden kleine Haufen von Kartoffelkraut gebildet, die dann eine Zeit lang trocknen konnten. Die Kartoffeln wurden in Säcke gefüllt und in die Scheune gefahren. Einen Teil der Kartoffeln behielt man und der Rest wurde verkauft. Wenn das Kartoffelkraut trocken war, suchten wir Kinder im Feld nach liegen gebliebenen Kartoffeln. Wir zündeten dann einen trockenen Kartoffelkrauthaufen an und brieten die Kartoffeln in der zurückbleibenden Glut. Dann angelten wir die fast kohlrabenschwarzen Kartoffeln mit einem langen Stecken aus der Glut, pellten die schwarze Schale ab, wobei wir uns regelmäßig die Finger ansengten, und aßen sie. Selten habe ich wohlschmeckendere Kartoffeln gegessen.

Wir blieben in Pfohlbach noch fast ein ganzes Jahr und fuhren danach aus Gründen, die ich nicht mehr weiß, zurück nach Mönchengladbach. Dort hatte sich viel verändert, denn die Luftangriffe hatten größere Teile der Stadt in Schutt und Asche gelegt.

Meine Schwester Rosi und ich – ich glaube, Hiltrud war noch zu jung – besuchten wieder unsere Schule in der Regentenstraße und wir merkten sofort, dass wir gegenüber anderen Schülern in unserem Wissen zurückgefallen waren. Vielleicht war das der Grund unserer Rückkehr von Pfohlbach und der Dorfschule in Riedern? Ich weiß es nicht mehr. Jedenfalls war diese verfrühte Rückkehr ein großer Fehler gewesen, denn die Bombenangriffe wurden immer häufiger und wir verbrachten die meisten Nächte im Bunker oder in unserem Luftschutzkeller. Wir waren vielleicht vier oder sechs Wochen zurück zu Hause, als meine Eltern erneut eine Evakuierung beantragten.

Dieses Mal wurden wir nach Heubisch verlegt, einen hässlichen kleinen Ort in Thüringen, in der Nähe der Spielzeug- und Puppenstadt Sonneberg. Wir bekamen ein Quartier in einem Haus fast in der Mitte des Ortskerns. Eigentlich bestand der ganze Ort nur aus einem Stück Straße, an der rechts und links Häuser standen.

Die Schule dort bestand auch nur aus einem Klassenzimmer, in dem alle Jahrgänge unterrichtet wurden. Diesmal war der Lehrer ein großer, älterer Mann, der mit Vorliebe auf die Schüler und Schülerinnen mit einem dünnen, biegsamen Stock einschlug. Er verteilte Hiebe schon für die geringsten Kleinig- oder Unachtsamkeiten. Es schien ihm besonderen Spaß zu bereiten, auf die Fingerspitzen der Hände von Schülern zu schlagen.

Um sein unmäßiges, vielleicht krankhaft bedingtes Verlangen dieser Art von Züchtigung zu steigern, mussten wir ihm unsere ausgestreckten Hände mit den Handflächen nach oben zeigend darbieten. Dann stellte er sich seitlich von uns hin und hieb auf die oberen Fingerteile der Hände, die dann anschwollen. Waren seiner Ansicht nach bei Jungen noch strengere Strafen notwendig, mussten sie ihre Hosen herabziehen und er schlug mit dem Stock auf die nackten Hintern. Er war überzeugter Nationalsozialist und erschien oft zum Unterricht in einer Uniform, die Ähnlichkeit mit den SS- oder SA-Uniformen hatte. Er war sehr streng und alle Schüler hatten immer Angst vor ihm.

Auch hier in dieser Schule konnten wir nicht sehr viel lernen, denn wie soll eine Person alle Jahrgänge gleichzeitig unterrichten können. Wir fühlten uns überhaupt nicht wohl hier.

Ein- oder zweimal fuhren wir mit unserer Mutter mit einer kleinen Eisenbahn, die nur zwei oder drei Wagen hinter sich herzog, in die Stadt Sonneberg und sahen uns dort die Geschäfte an. Sonneberg war, wie vorhin erwähnt, sehr bekannt für die Herstellung von Puppen, mit denen Mädchen so gerne spielten. Möglich ist, dass unsere Mutter dort Puppen für Rosi und Hiltrud erstand.

Durch Heubisch floss ein kleiner Fluss, in dem man etwas weiter abwärts vom Dorf an einer tieferen Stelle baden konnte. Dann war da noch, auch etwas weiter weg vom Dorf, ein Stück Wald mit einem kleinen Teich. In dem Teich konnte man auch baden und schwimmen.

Wir bewohnten bei unseren Gastleuten in der ersten Etage zwei Zimmer. Unsere Gastleute waren freundlich und kochten auch für uns. Ich lernte dort Thüringer Klöße kennen und schätzen.

Samstags wurden im ganzen Dorf flache, sehr gut schmeckende Quarkkuchen auf großen Blechen in einem dorfeigenen Backofen gebacken. Wir Jungen suchten im Bach immer nach runden Steinkugeln, die für uns einigen Wert hatten. Man konnte sie nämlich in Schleudern, die wir uns aus einer Astgabel, etwas Gummiband und einem Stück Leder bastelten, sehr weit befördern. Es wurden richtige Gefechte zwischen uns Jungen mit diesen gefährlichen Geschossen ausgetragen, aber es wurde niemand verletzt.

Eine bleibende Erinnerung für mich wurde bei dieser Evakuierung ein Wettpinkeln in einer Scheune, an dem fast alle Dorfkinder teilnahmen und an das ich mich noch heute gut erinnern kann. Derjenige hatte gewonnen, der am weitesten mit seinem Strahl kam. Es nahmen auch Mädchen an diesem Wettbewerb teil, die sich sehr wunderten, immer unter den Verlierern zu sein.

Ich glaube, wir blieben nur sechs Monate in Heubisch und fuhren dann wieder zurück nach Mönchengladbach. Dort angekommen mussten wir die schwersten Bombenangriffe miterleben. Jetzt wurden Bombenangriffe von den Alliierten mehrmals am Tage geflogen und wir saßen dann auch tagsüber oft stundenlang im Bunker. Der Schulunterricht wurde sehr oft unterbrochen oder fand erst gar nicht statt. Wir waren in dem Bunker am Bahnhof, als der größte und verheerendste Bombenangriff mitten in der Nacht stattfand. Der ganze Bunker zitterte und bebte und wir alle dachten, unsere letzte Stunde hätte geschlagen. Als der Angriff vorbei war und wir aus dem Bunker nach Hause gehen wollten, war unsere Straße nicht mehr begehbar.

Eine Luftmine war mitten auf unserer Straße explodiert und hatte einen riesigen Krater hinterlassen, der schon mit Wasser gefüllt war, denn die Mine hatte auch die Hauptwasserleitung getroffen und zerstört. Vier oder fünf große Mietshäuser auf dem unteren Teil unserer Straße in Richtung Bahnhof waren vollständig zerstört und dem Erdboden gleichgemacht. Einige andere brannten noch und die Feuerwehr löschte, so gut sie konnte. Bewohner, die sich noch aus diesen Häusern retten konnten, und andere Helfer waren dabei, ihre Habseligkeiten in Sicherheit zu bringen.

Wir mussten, um wieder nach Hause zu kommen, einen Umweg über andere Straßen machen. Als wir unsere Wohnung betraten, bot sich uns ein Bild des Schreckens. Wir suchten zuerst unseren Vater, den wir auch bald in unserem Luftschutzkeller fanden. Er war ganz verstört, hatte er doch im Haus den gewaltigen Luftangriff in unserem lächerlichen Luftschutzkeller miterleben und aushalten müssen.

In unserer Wohnung stand nichts mehr an seiner alten Stelle. Schränke waren umgefallen, alle Fensterscheiben waren zerbrochen, die großen, schweren Holzblenden an den Fenstern, die von innen geschlossen und geöffnet werden konnten, waren quer durch die Zimmer geflogen und hatten sich in die Wände gebohrt. Porzellan, Geschirr, Kleider, eigentlich alles, was in den Schränken war, lag zerbrochen, zersplittert oder zerrissen auf dem Boden. Eigentlich war das meiste von unserem kärglichen Besitz entweder unbrauchbar oder völlig zerstört. Den anderen Hausbewohnern und Nachbarn ist es ähnlich ergangen.

Am nächsten Tag konnte man das ganze Ausmaß der Zerstörung sehen. Die Bomber hatten den Haupt- und Güterbahnhof mit ihren Bomben treffen wollen, aber ihr Ziel gewaltig verfehlt. Rings um den Bahnhof waren alle Gebäude verschwunden, der Bahnhof selbst war bis auf einige kleine Schäden unversehrt geblieben. Es gab viele Tote und Verwundete. Auch einige Bekannte aus unserer Straße starben in diesem Inferno. Über dem ganzen Stadtteil stand eine schwarze Rauchwolke, denn viele Gebäude brannten noch tagelang nach dem Angriff.

Da wir sehr gut bekannt mit Paulchen und seinem Vater, dem Glaser, Maler und Anstreicher, waren, kamen die beiden schnell zu uns und ersetzten alle Glasscheiben in unseren Fenstern. Dann räumten wir notdürftig erst einmal unsere Wohnung auf. Meine Mutter weinte tagelang.

Mitten auf dem Schillerplatz hatte eine Bombe einen tiefen Trichter hinterlassen. Alle Straßen waren übersät mit scharfkantigen Bombensplittern, die wir Kinder natürlich wieder als Souvenirs aufsammelten. Viele Bomben waren nicht explodiert und hatten sich als Blindgänger in die Erde oder Gebäude gebohrt. Viele Räumkommandos wurden bei der Entschärfung dieser Blindgänger getötet.

Ich wurde plötzlich krank und musste mit einer schweren Stirnhöhlenvereiterung in das Krankenhaus Maria Hilf eingeliefert werden und bekam ein Bett in einem Zimmer der Kinderabteilung im Bunker unterhalb des Krankenhauses. In meinem Zimmer lagen sechs Kinder, zwei davon waren Geschwister, ein Junge, etwas jünger als ich, und seine Schwester, die vielleicht erst fünf Jahre alt war. Sie hatten Bomben, die nicht gezündet hatten, aus Unwissenheit angefasst. Dabei waren diese Bomben explodiert und hatten dem kleinen Mädchen beide Beine ab- und dem Jungen den ganzen Unterleib aufgerissen.

Sie lebten nur noch zwei Tage nach ihrer Einlieferung ins Krankenhaus. Zuerst starb das kleine Mädchen. Alle Kinder in unserem Zimmer, die gehen konnten, darunter auch ich, saßen um das kleine Bettchen des Mädchens. Wir hielten abwechselnd ihre Händchen. Es war ganz still und hatte bestimmt große Schmerzen, aber es lächelte uns tapfer an. Es wollte von uns wissen, ob es, wenn es sterben müsse, in den Himmel kommen würde und die schönen Engel sehen und mit ihnen spielen könne. Als wir ihm versicherten, das würde ganz bestimmt geschehen, schloss es seine Augen, tat einen tiefen Atemzug, sagte uns noch ganz leise, dass es die Engel mit schneeweißen Flügeln schon sehe, und starb.

Ihr Bruder, der eine Reihe hinter ihr in einem Bett lag, war schon eine geraume Zeit besinnungslos, denn die Ärzte hatten ihm starke Schmerzmittel verabreicht, weil er dauernd vor Schmerzen schrie. Er hatte ja fast keinen Unterleib mehr. Er starb vielleicht zwei oder drei Stunden später als seine Schwester. Wir anderen waren uns sehr sicher, dass sie nun beide vereint im Himmel waren. Das alles geschah mitten in der Nacht, bei einer dürftigen und trüben Notbeleuchtung, die immer in dem Zimmer angeschaltet war. Kein Arzt und keine Krankenschwester war zugegen, als die beiden starben.

Wir Kinder saßen völlig verstört und geschockt noch bis zum Morgengrauen bei den zwei toten Geschwistern. Dann kam eine Krankenschwester und veranlasste, dass die beiden aus unserem Zimmer geholt wurden. Wir haben alle noch lange um die beiden geweint.

Als ich nach etwa zwei Wochen aus dem Krankenhaus entlassen wurde und wieder zu Hause war, wurde mein Vater als Soldat zur Verteidigung der Heimatfront verpflichtet. Eigentlich wurden alle noch vorhandenen Männer, auch solche, die für einen Kriegsdienst zu alt oder zu gebrechlich, also völlig ungeeignet waren, eingezogen und mussten irgendwelche Kriegsdienste verrichten. Auch Jünglinge im Alter von 16 Jahren aufwärts wurden verpflichtet und zu Heimatschutzaufgaben herangezogen.

Wir beantragten sofort wieder eine Evakuierung und wurden, zusammen mit meinem Freund Jürgen, seinem Bruder Hanjo und ihrer Mutter, nach Sachsen geschickt. Da blieben wir, bis der Krieg zu Ende ging. Uns wurde ein katenähnliches, kleines Häuschen in dem Dorf Rogätz, wo die Ore in die Elbe mündete, als Behausung zugewiesen. Das Häuschen hatte nur zwei Zimmer. In dem etwas größeren Zimmer wohnten und schliefen die Besitzer, ein Ehepaar, und in dem anderen, kleineren Zimmer wohnten wir. Natürlich mehr schlecht als recht. Mein Freund Jürgen und seine Familie wurden in einem kleinen Haus in dem noch kleineren Dorf Angern, etwa drei Kilometer von Rogätz entfernt und landeinwärts gelegen, untergebracht. Ab und zu konnten wir uns gegenseitig besuchen.

Die beiden Dörfer gehörten zu einem großen Landgut mit Sitz in Rogätz. Die meisten kleinen Häuser in beiden Dörfern waren für Landarbeiter, die für das Landgut arbeiteten, errichtet worden oder gehörten z. T. sogar dem Landgut.

In unserem Zimmer war keine Kochstelle, so musste unsere Mutter die Grude unserer Wirtsleute benutzen. Eine Grude ist ein eiserner Kasten, an dem hinten ein Rauchabzug angebracht ist, der mit dem Hauskamin verbunden ist. An der Vorderseite befindet sich eine Klappe, durch deren Öffnung man einen mittelgroßen Topf schieben kann. Der Boden dieses Kastens wird mit sehr kleinen Kohlenstückchen oder auch angefeuchtetem Kohlenstaub angefüllt und dann angezündet. Nachdem sich eine Glut gebildet hat, stellt man einen Topf mit dem, was man gerade kochen will, hinein, macht die vordere Eisenklappe zu und lässt das Ganze garen. Es entwickelt sich sehr schnell eine große Hitze in dem Eisenkasten und in kürzester Zeit ist z. B. ein Eintopf fertig gekocht. Solche Gruden waren uns bisher völlig unbekannt, aber wir lernten sehr schnell ihren praktischen Wert kennen.

Unser Gastgeber war Landarbeiter auf dem Landgut und arbeitete auf den umliegenden Feldern. Das Landgut versorgte alle seine Landarbeiter mit den Produkten, die auf den Feldern angebaut wurden. Es war auch ein großer Viehbestand in den Landgut-Stallungen vorhanden, sodass öfters auch Fleisch oder Wurst von Schlachtungen an die Landarbeiter verteilt wurde. Milch, Butter usw. gab es auch. Unsere Gastgeber teilten manchmal mit uns ihre Zuteilungen, Deputate nannten sie diese. Das war auch unsere Rettung vor dem Verhungern, denn mittlerweile gab es fast nichts mehr in dem kleinen Dorfladen zu kaufen. Ab und zu halfen wir Kinder auf den Gutsäckern und Feldern aus. Wenn der Gutsherr, manchmal auf einem Pferd, manchmal in einer offenen Kutsche sitzend, seinen Besitz beaufsichtigte und uns bemerkte, freute er sich und hatte immer ein paar aufmunternde Worte für uns. Er war sehr beliebt bei all seinen Arbeitern und Angestellten, die er als seine große Familie betrachtete.

Mehr als zufällig trafen wir eines Tages noch eine Mutter mit ihren zwei Söhnen aus Mönchengladbach, die schon vor uns nach Rogätz evakuiert worden waren. Sie wohnten in Rogätz nur ein paar Straßen von unserer Kate entfernt. Diese Bekanntschaft tat unserer Mutter sehr gut, konnte sie sich doch jetzt ab und zu mit jemandem aus der Heimat unterhalten.

Wir gingen in die Dorfschule, in der zwei sehr gute Lehrer unterrichteten. Der eine unterrichtete die jüngeren Jahrgänge in einem und der andere die älteren Jahrgänge in dem anderen Klassenraum. Wir lernten gut und dort wurde auch meine jüngste Schwester Hiltrud eingeschult.

Ich freundete mich mit einem gleichaltrigen Jungen an, der aus der stark gefährdeten Industriestadt Magdeburg mit seiner Mutter nach Rogätz evakuiert worden war. Magdeburg war etwa dreißig Kilometer von unserem Dorf entfernt und öfters schwer bombardiert worden. Diesem Jungen fiel das Lernen sehr leicht in der Schule, besonders rechnen konnte er sehr gut und das war wiederum auch ein gewisser Vorteil für mich. Da sie gegenüber von uns in ähnlichen ärmlichen Verhältnissen wohnten, erledigten wir von nun an unsere Schularbeiten gemeinsam.

Zum Glück hatte ich mein Angelzeug von zu Hause mitgenommen. Ich fand eine ziemlich elastische Bohnenstange, die als Angelrute dienen musste. Unsere Kate befand sich fast am Ufer der Elbe. Genau bei Rogätz floss der kleine Fluss Ore in die Elbe und da, wo sich die beiden Flüsse vereinten, war ein hervorragendes Angelgebiet. Ich ging also in meiner Freizeit oft angeln und fing eine Menge Rotaugen und Barsche, über die sich meine Mutter und auch unsere Wirtsleute sehr freuten, denn sie waren eine willkommene Abwechslung in unserem eintönigen Speiseplan.

Es gab keine Brücke in unserem Dorf, die über die Elbe ans andere Ufer führte, aber dafür eine prachtvolle Fähre, die die Elbe pausenlos hin und zurück überquerte. Ich freundete mich sehr schnell mit dem Fährmann an und durfte oft, ohne Fahrgeld entrichten zu müssen, mitfahren. Manchmal, mitten im Fluss, durfte ich auch unter seiner Aufsicht am Steuerrad stehen.

Als wir, meine Frau und ich, ich glaube, es war 1999, Rogätz noch einmal besuchten, gab es tatsächlich das alte, offene Motorboot noch, welches seitlich an der Fähre vertäut war und diese über den Fluss hin- und zurückschob. Auch die alte Kate, in der wir gewohnt hatten, stand noch und das Landgut war auch noch vorhanden.

Die Elbe war ein stark befahrener Fluss und es machte mir viel Spaß, die vielen Lastkähne zu beobachten, die von Dampf- oder Motorschleppern gezogen die Elbe hoch- und runterfuhren. Ab und zu legte auch das ein oder andere Motorlastschiff bei einer Buhne in unserem Dorf an und ich konnte das ganze Schiff besichtigen. Motorlastschiffe müssen nicht geschleppt werden, denn sie haben ihre eigene Antriebsmaschine.

Ab sofort wollte ich, wenn ich erwachsen war, nur noch Schiffer werden, denn das Leben auf einem Fluss fand ich sehr interessant und abenteuerlich. Besonders die Fahrkabinen mit den großen Steuerrädern und den Instrumenten aus blank geputztem Messing hatten es mir angetan. Auch die schönen holzgetäfelten Kajüten der Schiffskapitäne und die etwas einfacher eingerichteten der Mannschaft waren beeindruckend. Ich fand es einfach toll, so frei und ungebunden die Flüsse zu befahren, links und rechts Städte, Dörfer und schöne Landschaften betrachten zu können. Ich hatte ja in dem Alter noch wenig Ahnung davon, wie hart und mühsam Schiffer arbeiten mussten.

Ab und zu bekam ich von den Schiffern Konservendosen mit Gemüse oder Schweinefleisch mit viel Schmalz. Ich trug immer alles brav nach Hause und war sehr stolz, wenn sich meine Mutter über die Leckerbissen freute.

Im Sommer schwammen wir sehr oft in der Elbe und die mutigeren Jungen überquerten sie sogar. Ich war auch immer dabei und wir mussten, weil die Elbe ein schnell fließender Fluss ist, immer damit rechnen, bei einer Überquerung sehr weit den Fluss hinuntergetrieben zu werden. Das machte uns aber wenig aus, denn wir konnten, wenn wir am anderen Ufer ankamen, die abgetriebene Strecke wieder zurücklaufen.

Rogätz hatte kein Jungvolk, es wurde also nicht marschiert und es wurden auch keine „Things“ – diese abendlichen Zusammenkünfte, mit Liedern und Gitarrenspiel – abgehalten. Dafür gab es aber etwas Ähnliches, nämlich eine Gruppe junger Männer, die sich mit Marineaufgaben befassten. Leider musste man, um dort Mitglied zu sein, mindestens 16 oder 17 Jahre alt sein. Die Gruppe hatte ein schickes, großes weißes Ruderboot, in das bestimmt zehn Jungen passten. Alle waren mit blauen Marineuniformen bekleidet und hatten blaue Käppis auf den Köpfen, von denen hinten zwei lange Bänder herabhingen. Im Stern des Boots saß der Steuermann, meistens ein älterer Junge, der schon viel Erfahrung hatte, und rief die Kommandos aus. Die anderen mussten sich im Takt in die Ruder legen. Am Spätnachmittag fuhren sie immer die Elbe rauf und runter und ich hätte wer weiß was dafür gegeben, auch einmal in diesem schnittigen Boot mitfahren zu dürfen.

Abends, wenn sie wieder am Ufer angelegt und ihr Boot ordentlich vertäut hatten, sangen sie an einem Lagerfeuer am Elbestrand oder, wenn das Wetter es nicht erlaubte, in dem kleinen Vereinshaus Seemannslieder. Ich lauschte dem Gesang und bekam regelmäßig eine Gänsehaut vor lauter Fernweh. Ein Lied, welches sie sehr oft und mit einer gewissen Inbrunst sangen, lautete: „Heimat deine Sterne, der Himmel ist wie ein Diamant, tausend Sterne stehen in weiter Runde …“ usw., oder ein anderes, das mir auch sehr gut gefiel: „Blaue Jungs, blaue Jungs von der Waterkant, ahoi, ahoi, ahoi …“

Es war schon sehr aufregend für mich, so nahe an einem richtigen großen Fluss zu leben, ich glaube, dort und in Riedern-Pfohlbach verbrachte ich den schönsten und abwechslungsreichsten Teil meiner gesamten Kindheit.

Aber auch in Rogätz waren wir vor dem Krieg nicht sicher. Schon vor Ende des Kriegs kamen deutsche Soldaten und sprengten einige am Ufer und an den Buhnen der Elbe vertäute Lastkähne und eine größere Anzahl von Schiffen, die in der Oremündung in der Nähe der Ufer vor Anker lagen. Warum sie diese Sprengungen durchführten, war schwer zu begreifen. Wahrscheinlich bereiteten sie sich schon auf den Rückzug vor und wollten dem Feind nur Zerstörung hinterlassen. Die Kähne und Schiffe liefen dann voll Wasser und sanken auf den Flussgrund. Die meisten von ihnen versanken aber nicht vollständig, sondern legten sich ein wenig auf die Seite und man konnte noch die Aufbauten sehen. Wahrscheinlich war das Wasser an diesen Stellen nicht tief genug. Unter anderem sprengten sie auch einen Lastkahn, der in der Mündung der Ore am Ufer vertäut war. Dieser Lastkahn war als Lazarettschiff umgebaut worden und als das Schiff sich auf den Grund legte, guckte der ganze Aufbau aus dem Wasser. Nur die untere Hälfte vom Schiff war versunken.

Wir Kinder konnten sehr gut auf diesem Schiff spielen. Besonders auf dem Dach, welches sich über die gesamte Länge des Schiffes erstreckte, konnte man bequem sitzen und von dort aus angeln. Manchmal tauchten wir auch im Innern des Schiffes herum und konnten eine Menge gut verschlossener Dosen mit allen möglichen Salben und Verbandszeug herausholen. Was immer ich auch fand, brachte ich nach Hause, denn wir konnten alles gut gebrauchen.

An einem Morgen standen eine Menge aufgeregter Dorfbewohner am Ufer der Elbe und deuteten auf einen Lastkahn, der scheinbar führer- und richtungslos mitten auf dem Fluss trieb. In Höhe unseres Dorfes blieb er quer zur Flussrichtung stecken und legte sich etwas auf die Seite. Wahrscheinlich hatte sich der Lastkahn weiter oben im Fluss von seiner Verankerung gerissen und war den Fluss heruntergetrieben, bis er bei uns stecken blieb. Einige Dorfbewohner, die kleine Ruderboote hatten, ruderten auf den Fluss hinaus zu dem Lastkahn. Vom Ufer aus konnte man sehen, wie die Leute in den Frachtraum des Lastkahns stiegen und ihre Boote, die sie am Lastkahn befestigt hatten, beluden. Sie kamen mit großen Mengen Dosen in ihren Booten wieder ans Ufer zurück. Jemand öffnete einige dieser Dosen und, oh Wunder, sie waren mit gekochtem Rind- und Schweinefleisch gefüllt. Wahrscheinlich waren das Lebensmittelbestände für die Soldaten. Jetzt setzte bei allen Dorfbewohnern, die nur irgendetwas auftreiben konnten, das schwamm, ein regelrechtes Wettrennen zu dem Lastkahn ein.

Ich hatte einige Tage zuvor auf der Elbe eine Schwimmmatratze heruntertreiben sehen, war hinausgeschwommen, hatte sie an Land geholt und in einem Gebüsch am Ufer versteckt. Mit dieser Schwimmmatratze und einem Holzbrett zum Rudern paddelte ich nun zu dem Lastkahn hinaus, machte meinen bedenklichen Schwimmuntersatz mit einem Stück Schnur am Kahn fest und kletterte in den Frachtraum.

Der ganze Frachtraum war mit Dosen angefüllt, es müssen Zigtausende gewesen sein. Schnell griff ich einige der Dosen und lud sie auf mein Schwimmfahrzeug. Ich kletterte noch mehrmals in den Frachtraum und muss wohl 10 bis 15 Dosen heraufgeholt und auf meine Schwimmmatratze geladen haben. Dann paddelte ich wieder ans Ufer, verlor aber fast die Hälfte meiner Dosen bis dorthin, weil sie beim Paddeln und den Wellen, die die Strömung des Flusses verursachte, ins Wasser fielen und versanken.

Ich brachte zuerst die Dosen zu Hause in Sicherheit, suchte dann meine beiden Schwestern und wir paddelten alle drei auf der Schwimmmatratze wieder zu dem Lastkahn hinaus. Das war sehr gefährlich, denn unser Schwimmfahrzeug lag mit dem Extragewicht meiner Schwestern schon tief im Wasser. Wieder dort angekommen, hielten meine Schwestern die Schwimmmatratze mit ihren Händen am Kahn fest und ich holte noch eine Menge Dosen aus dem Frachtraum herauf. Diesmal waren es fast dreißig Dosen und mit diesem großen Gewicht und meinen zwei Schwestern, die alle Dosen krampfhaft festhielten, damit sie nicht ins Wasser fielen, paddelte ich wieder an Land. Die Schwimmmatratze hatte sich schon dermaßen mit Wasser vollgesogen, dass sie drauf und dran war unterzugehen. Dass wir mit unserer schweren Last gerade noch das Ufer erreichten, war pures Glück, denn wir hätten sehr leicht versinken können. Übrigens konnten meine Schwestern zu diesem Zeitpunkt noch nicht schwimmen. Diese Operation war sehr leichtsinnig von mir und ich machte mir später große Vorwürfe, meine Geschwister in eine so große Gefahr gebracht zu haben.

Unserer Mutter haben wir nichts von dieser Expedition erzählt. Wichtig allein war, dass wir nun einen großen Fleischvorrat hatten, der uns allen guttat. Meine Mutter kochte sehr gut schmeckende Suppen mit dem Dosenfleisch.

Es war Ende 1944 und wir hörten nun öfters Geschützdonner, der immer näher kam.

In einem Garten, nicht weit von unserer Kate entfernt, hatte man schon vor längerer Zeit einen kleinen unterirdischen Bunker errichtet. Als die Schießereien immer näher kamen und man auf der anderen Seite der Elbe schon Granateneinschläge sehen konnte, verlegten wir und die Nachbarn unsere Wohnsitze in diesen Bunker. Ich glaube, wir brachten zwei Tage und Nächte in diesem Bunker zu und plötzlich hörten wir Stimmen von draußen. Meine Mutter meinte englische Wortlaute vernommen zu haben. Einige Männer öffneten die Bunkertür und draußen vor dem Bunker stand ein Jeep mit amerikanischen Soldaten. Meine Mutter muss sich mit ihnen unterhalten und sich ihnen gegenüber verständlich gemacht haben, denn sie kam zurück und bedeutete allen, den Bunker zu verlassen. Das ganze Dorf wimmelte von Amerikanern mit ihren Fahrzeugen. Die amerikanischen Truppen waren sehr freundlich zu uns und schenkten den Kindern kleine Hershey-Schokoladenriegel. Die amerikanischen Soldaten machten den Gutshof zu ihrem Hauptquartier.

Auf dem großen Innenhof parkten sie ihre Fahrzeuge, meistens viersitzige, offene Jeeps, mit denen sie in unserem Dorf und der näheren Umgebung umherfuhren. Alle Jeeps hatten an der Fahrerseite außen kleine Metallkästen. Die Dorfjungend bekam schnell heraus, dass in diesen Kästen kleine Päckchen mit Schokolade, Keksen, Kaugummi, Zigaretten usw. aufbewahrt wurden. Spätabends oder nachts schlichen sich immer einige von ihnen auf den Parkplatz und stahlen die Inhalte aus diesen Kästen. Ich habe mich nie an solchen Aktionen beteiligt, da ich bereits damals das Stehlen als eine fürchterliche Schandtat empfand.

Wir Kinder bemerkten, dass unsere Mutter jetzt öfters aus dem Haus ging und erst spät in der Nacht wieder in unserem gemeinsamen Zimmer erschien. Wir wussten nicht genau, was sie machte, dachten aber, sie hätte eine Arbeitsstelle bei den Amerikanern gefunden. An einem Morgen sagte sie mir, ich solle die Fensterbank von außen genau untersuchen, denn dort liege für mich eine Armbanduhr. Ich konnte aber keine Uhr dort entdecken. Sie war äußerst erstaunt und überrascht, dass keine Uhr dort abgelegt worden war. Sie sagte, ein Amerikaner habe ihr versprochen, eine Armbanduhr für mich während der Nacht auf unsere Fensterbank zu legen.

Plötzlich, nach ein paar Monaten, waren alle Amerikaner verschwunden. An ihrer Stelle kamen russische Soldaten, die mit Panjewagen, die von kleinen, schnellen Pferden gezogen wurden, das Dorf besetzten. Sie sahen alle sehr ärmlich gekleidet und abgerissen aus. Von ihnen bekamen die Kinder keine Schokolade, denn die meisten dieser Soldaten hatten selbst fast nichts zu essen.

Es war nun schon fast Frühling geworden. Die russischen Soldaten kochten ihr Essen in riesig großen Kesseln über einem offenen Feuer mitten im Innenhof des Gutshofs. Sie blieben immer untereinander und sprachen sehr selten mit den Dorfbewohnern. Fisch müssen sie besonders gerne gegessen haben, möglicherweise hatten sie auch nichts anderes, denn einige von ihnen gingen an den Fluss und warfen Handgranaten ins Wasser, die dann unter dem Wasserspiegel explodierten. Daraufhin kamen eimerweise tote Fische an die Oberfläche, die sie von einem Boot aus einsammeln konnten. Ab und zu gaben sie uns welche ab, denn wir hatten ja auch immer mächtigen Hunger. Seit Wochen schon konnte man nichts Essbares mehr im Dorf auftreiben.

Mehrmals wöchentlich trieben jetzt tote Menschen die Elbe hinunter. Brachte man sie ans Ufer, wurde einem ein schrecklicher Anblick zuteil. Die Toten sahen schrecklich aus. Sie waren aufgedunsen und verfärbt. Die meisten dieser Wasserleichen waren russische Soldaten, die wohl versucht hatten, weit oberhalb von unserem Dorf noch während der Kriegsaktivitäten schwimmend die Elbe zu überqueren, und dabei ertrunken waren. Ab und zu waren auch deutsche Soldaten darunter. Alle diese Toten wurden auf dem Dorffriedhof, der in einem kleinen Waldstück hinter dem Dorf lag, beerdigt.

Eines Tages tauchte bei uns eine Frau mit ihrer Tochter auf. Meine Mutter muss sie wohl von früher flüchtig gekannt haben. Sie waren auch aus Mönchengladbach, aber woher sie nun kamen, als sie bei uns auftauchten, weiß ich nicht mehr. Jedenfalls hatten sie keine Bleibe und schliefen in unserem Zimmer auf dem Fußboden. Dann eines Morgens war unsere Mutter wie vom Erdboden verschluckt und nicht mehr aufzufinden. Die Frau, die bei uns Unterschlupf bekam und deren Namen ich nicht mehr weiß, erzählte uns Kindern, dass meine Mutter plötzlich verreisen musste. Seltsam nur, dass sie uns nichts vorher sagte und sich nicht von uns verabschiedete.

Der Krieg war schon Wochen vorher zu Ende gegangen und eines Abends kam unser Vater zur Tür herein. Er war ja, wie schon berichtet, wie so viele andere ältere Männer noch am Ende des Krieges eingezogen worden. Wie er uns fand, woher er kam, weiß ich nicht mehr. Er schien aber zu wissen, wo unsere Mutter war.

Wir packten unsere Rucksäcke mit unseren wenigen Habseligkeiten und am nächsten Morgen gingen wir zu Fuß zum Ortsausgang. Von dort nahm uns ein Landarbeiter mit seinem Pferdefuhrwerk ein paar Kilometer Richtung Westen mit. Danach hatten wir Glück und ein Lastwagen hielt an und wieder konnten wir eine Wegstrecke mitfahren.

Öfters gingen wir auch zu Fuß. Wir kamen aber nur sehr langsam voran, denn die Stricke von unseren vollgestopften, schweren Rucksäcken schnitten schmerzhaft in unsere Schultern. Besonders meine kleinen Schwestern litten sehr unter den Lasten, die sie schleppen mussten. Eigentlich waren es ja auch keine richtigen Rucksäcke, sondern nur Beutel aus derbem Stoff, bis an den Rand gefüllt mit unseren Sachen. Oben waren sie mit einer Schnur zugebunden und mit zwei Stricken versehen, damit man sie auf dem Rücken tragen konnte.

Wir wollten nach Westen in den Bereich der Stadt Halberstadt, wo wir die Grenze zwischen der russischen und amerikanischen Besatzungsmacht vermuteten. Unser Vater schien das Grenzgebiet zu kennen, denn er hatte es ja geschafft, zu uns in den Osten über diese Grenze zu kommen.

Tagsüber marschierten wir und nachts schliefen wir ein paar Stunden in Wäldern oder Gebüschen. Jedenfalls kamen wir nach zwei bis drei Tagen in das Grenzgebiet und versteckten uns in einem Waldstück, durch das die Grenze verlief. Es war Nacht und unser Vater erkundete eine Stelle, von der aus wir auf die andere Grenzseite, also zum amerikanisch besetzten Gebiet, gelangen konnten.

Die Grenze verlief entlang eines kleinen Flüsschens. Um zu dem tiefer gelegenen Flüsschen zu kommen, mussten wir einen steilen Abhang hinuntersteigen. Als wir den schützenden Wald, in dem wir uns versteckt hielten, verließen und an den Abhang kamen, fanden wir uns plötzlich von russischen Soldaten, die ihre Gewehre auf uns richteten, umstellt.

Vater bedeutete den Soldaten mit Gesten, dass wir vom Westen gekommen waren und in den Osten wollten. Der Trick half und schließlich bedeuteten uns die Soldaten, das Flüsschen zu überqueren, denn sie hatten bestimmt die Anweisung erhalten, alle Grenzgänger wieder dahin zurückzuschicken, woher sie kamen. Innerlich jubelten wir und begannen den Abhang hinunterzuklettern, dabei verlor Hiltrud mit ihrem schweren Rucksack ihre Balance und stürzte.

Ich sehe sie noch heute mit ihrem Rucksack auf dem Rücken wie ein Ball den ganzen Abhang hinunterpurzeln, bis sie schließlich unten in dem kleinen, seichten Flüsschen liegen blieb.

Als wir anderen sie erreichten, war sie zwar nass, weinte bitterlich vor Schreck, war aber sonst wohlauf und nicht verletzt. Wir liefen und stolperten alle sofort weiter und als ich mich einmal umblickte, sah ich noch, dass ein russischer Soldat sein Gewehr auf uns gerichtet hatte. Er schoss aber nicht und wir rannten weiter, wie um unser Leben.

Unser nächstes Ziel nach dieser sehr aufregenden Grenzüberquerung war die kleine Kurstadt Bad Harzburg. Dort vermutete unser Vater unsere Mutter. Meist zu Fuß, mit einigen Ausnahmen – wenn uns zum Beispiel ein Bauernfahrzeug ein Stück des Wegs mitnahm –, kamen wir schließlich nach vielen Stunden im amerikanisch besetzten Bad Harzburg an.

Später hörten wir, dass die Amerikaner nach einigen Monaten Bad Harzburg wieder verlassen und sich weiter südlich zurückgezogen hatten. Diese Gegend wurde dann von englischen Besatzungstruppen besetzt.

Irgendeine Hilfsorganisation in Bad Harzburg besorgte uns eine Notunterkunft und wir bekamen nach vielen Tagen wieder eine warme Mahlzeit. Ich weiß noch heute, dass es sich um eine dicke, fette Nudelsuppe mit Fleisch handelte, von der wir so viel essen durften, wie wir wollten. Ich glaube, in meinem ganzen restlichen Leben werde ich an diese Suppe denken, denn wir hatten einen fürchterlichen Hunger und wenn man den hat, schmeckt alles gut. Noch heute, wenn ich eine ähnliche Nudelsuppe mit einer Fleischeinlage esse, denke ich fast automatisch an diesen Zeitpunkt zurück.

Unser Vater machte sich sofort auf, um unsere Mutter zu suchen. Er fand sie auch und kam mit ihr zu uns zurück. Wir fragten nicht viel, denn wir waren froh, unsere Mutter wieder bei uns zu haben.

Unsere Mutter war zu dem Zeitpunkt 34 Jahre alt. Sie war überhaupt sehr lebens- und unternehmungslustig. Wahrscheinlich hatte sie das eintönige Leben in Rogätz satt und wusste sich nicht anders zu helfen, als schnell in eine andere Umgebung weiterzuziehen. Warum sie aber uns, ihre Kinder, alleine dort zurückließ, habe ich nie erfahren können. Wahrscheinlich hatte sie damit gerechnet, dass unser Vater uns von dort abholen würde.

Nach ein paar Tagen in Bad Harzburg – es verkehrten wieder ab und zu Eisenbahnzüge – fuhren wir nicht nach Hause, sondern wieder nach Riedern und wohnten dort eine Weile alle zusammen bei einer Bauernfamilie. Den Grund, warum wir nach Riedern fuhren, habe ich auch nie erfahren können. Wir blieben auch nicht sehr lange dort, höchstens vier oder sechs Wochen, danach fuhren wir zurück nach Mönchengladbach.

Zu Hause angekommen, konnten wir wieder in unsere Wohnung zurück. Die sah aber aus, als hätten Schweine dort gehaust. Ein Teil unserer Möbel war noch vorhanden, befand sich aber in einem jämmerlichen Zustand. Monatelang hatten englische Soldaten in unserer Wohnung gelebt und sich nicht besonders ordentlich benommen. Alles, was irgendeinen Wert hatte, war aus unserer Wohnung verschwunden.

Die Koffer und Kartons, die wir für unsere jüdischen Nachbarn in Aufbewahrung hatten und die wir sicher und gut in einem Schrank versteckt hatten, all unsere Spielzeuge, die bescheidene Briefmarkensammlung meines Vaters (oder war es meine?), Kleider, Wäsche, Hausrat, einfach alles war weg. Gestohlen.

Ich war sehr enttäuscht und besonders traurig darüber, dass mein bunter Indianeranzug mit Fransen an Ärmeln und Hosen und dem schönen Federkopfschmuck und allen Utensilien, die dazugehörten, verschwunden war.

Auch meine schöne Burg mit der Zugbrücke, meine Zinnsoldaten, das rot-weiße Modell-Segelflugzeug, der Laubsägekasten, ja sogar mein Lieblingsbuch „Der kleine Indianer“ und meine wenigen Karl-May-Bücher, alles war verschwunden. Den Verlust meines Indianerbuchs habe ich nie ganz verschmerzt. Ich machte mir Vorwürfe, das Buch nicht bei unserer Evakuierung mitgenommen zu haben.

Bis heute kann ich mich noch genau an die Zeichnungen erinnern, die den kleinen Indianer in den verschiedenen Situationen darstellten. Er war ein tapferer kleiner Kerl und genauso wie er wollte ich auch einmal werden. Schon damals – ich las das Buch mindestens einmal jede Woche durch – war ich fasziniert von der Landschaft, der Heimat des kleinen Indianers. Ich war beeindruckt von den großen Seen, den riesigen Wäldern und der Weite des Landes, in dem sie lebten. Außerdem bewunderte ich ihren einfachen, praktischen Lebensstil und wie sie jede Situation zu meistern schienen.

In solch einem Land mit seinen unendlichen Weiten wollte ich auch später leben, nahm ich mir damals vor. Dieser Wunsch ließ nicht nach; oft rätselte ich, ob ich mein Leben jemals in einer solchen Gegend verbringen würde. Wahrscheinlich war das Buch vom kleinen Indianer der Auslöser dafür, dass ich tatsächlich Anfang meiner Zwanzigerjahre immer stärker darüber nachdachte, wie ich es wohl anstellen konnte, nach Nordamerika zu gelangen. Jedenfalls ist es mir schlussendlich gelungen, den Wunsch, den ich bereits als Kind hatte, mit 22 Jahren in die Tat umzusetzen.

Später glaubten wir nicht mehr so sehr daran, dass die Besatzungstruppen die alleinigen Übeltäter dieser Stehlereien waren, sondern dass auch Deutsche, die in Wohnungen eingebrochen waren, an dieser Schurkerei beteiligt waren.

Wir waren schon wieder eine ganze Weile in unserer Wohnung, da kamen plötzlich auch amerikanische Soldaten nach Mönchengladbach. Ob die nun zusammen mit den Engländern die Ordnungsaufgaben der Stadt übernahmen und sie aufteilten oder nur bestimmte Stadteile verwalteten, ist heute nach einer so langen Zeit nicht mehr nachvollziehbar.

Die Amerikaner waren sehr freigebig und verteilten Kaugummi, Schokoladenriegel, auch ab und zu ein ganzes Weißbrot an uns Kinder. Besonders begehrt und geschätzt bei Frauen waren Seifenstücke der Marke Palmolive. Wenn ich manchmal solch ein Stück ergatterte, freute sich meine Mutter sehr.

Wir lungerten in unserer Freizeit immer in der Nähe ihrer Wohnquartiere herum. Wenn sie Zigaretten rauchten, warfen sie diese immer halb geraucht weg und wir Kinder stürzten uns auf diese Glimmstängel, streiften die Glut schnell ab und nahmen diese Zigarettenreste mit nach Hause. Mein Vater freute sich sehr über diese Kippen, löste den Tabak aus dem Zigarettenpapier und rauchte ihn mit Genuss in seiner Pfeife.

Unsere zwei Kinderschlafzimmer im Anbau wurden fortan von einer Frau Schüpgens mit ihrem Sohn bewohnt. Ihr Haus war zerbombt worden, sie hatten alles verloren. Frau Schüpgens war früher eine flüchtige Bekannte meiner Mutter gewesen, ihr Sohn hatte unter epileptischen Anfällen zu leiden.

In dieser Zeit half einfach jeder jedem. Dann quartierten wir auch noch den älteren Bruder meines Vaters mit seiner Frau bei uns ein. Sie hatten ihre Wohnung räumen müssen, da sie durch die Besatzungssoldaten beschlagnahmt worden war. Sie zogen also in unser kleines Spielzimmer ein. Sie schliefen in einem notdürftig zusammengezimmerten, schmalen, zweistöckigen Bett und hatten nur einen kleinen Tisch mit zwei Holzstühlen, das war die ganze Zimmereinrichtung. Mehr Möbel hätten in das kleine Zimmer auch nicht hineingepasst.

Vaters Bruder war, wie mein Vater, ein starker Raucher. Da Tabak nicht zu bekommen war, sammelte er im Frühling und Sommer Kirschblätter, trocknete sie und schnitt sie mithilfe einer kleinen Schneidemaschine in feine Streifen. Dann stopfte er diesen Kirschblättertabak in seine Pfeife und rauchte sie mit offensichtlichem Genuss. Das Zeug stank fürchterlich und verqualmte in Sekunden den kleinen Raum, in dem sie lebten. Nur seiner Frau schien die verpestete Luft nichts auszumachen. Wenn wir Kinder die beiden ab und zu besuchten, konnten wir uns nur einige Minuten in dem Raum aufhalten und mussten dann fluchtartig das Weite suchen.

Lebensmittel waren nun fast nirgends mehr zu bekommen und unser größtes Problem war die Beschaffung von irgendetwas Essbarem. Alle Menschen litten sehr unter dieser Lebensmittelknappheit. Ich fuhr mit der Straßenbahn bis weit über den Stadtrand hinaus und suchte auf den abgeernteten Feldern nach allem, was essbar war. Manchmal fand ich ein paar Kartoffeln oder einige Roggen-, Weizen- oder Gerstenähren, auch liegen gelassene Futterrüben sammelte ich in einen Sack ein. Wenn ich Brennnesseln fand, streifte ich die jungen Blätter von den Stängeln, denn junge Brennnesselblätter schmecken wie Spinat.

Brennstoff war auch Mangelware und nicht auf regulärem Wege zu bekommen. Ab und zu konnten wir von unserem Kohlenhändler eine kleine Menge Kohlenschlamm, manchmal, wenn auch sehr, sehr selten, einige Briketts bekommen. Der Kohlenschlamm war Kohlenstaub mit Wasser vermischt. Eine breiige Masse, die man nur für den Unterhalt schon brennender Flammen gebrauchen konnte. Wenn man also ein richtiges Kohlen- oder Holzfeuer in Ofen oder Herd hatte, legte man oben auf dieses Brennmaterial noch diesen Kohlenschlamm, der dann, wenn er einmal brannte, die Brenn- und Heizdauer des normalen Heizmaterials verlängerte.

Wir Jungen kletterten in den abgebrannten, halb eingestürzten Häusern herum und sägten alle Holzteile, Holzbalken, Fußbodenbretter, eigentlich alles, was aus Holz war, ab und brachten es nach Hause.

Wir kletterten manchmal bis in die obersten Stockwerke und sägten Holzbalken ab. Das war sehr gefährlich, denn die brüchigen Wände konnten jederzeit einstürzen und uns unter sich begraben. Einmal bin ich auf so einem Trümmergrundstück zusammen mit einem dicken Holzbalken, den ich fast schon durchgesägt hatte, plötzlich von der ersten Etage bis hinunter in den Keller gestürzt. Ich hatte viel Glück, denn ich landete auf einem weichen Schuttberg und der Holzbalken etwa einen Meter neben mir, ohne mich zu verletzen.

Wir gingen auf den Güterbahnhof und beobachteten die Kohlezüge. Sie wurden streng bewacht und wir wurden von Wachleuten immer verjagt. Wenn aber die Züge in Bewegung gesetzt wurden und langsam aus dem Güterbahnhof rollten, kletterten wir auf sie drauf und warfen von den hochbeladenen Kohlewaggons große Kohlestücke hinab, die wir dann, wenn wir wieder abgesprungen waren, in mitgebrachte Säcke einsammelten und nach Hause schleppten. Das war sehr gefährlich, denn man konnte beim Auf- oder Abspringen leicht unter die fahrenden Züge geraten. Diese Steinkohlen waren purer Luxus und auf regulärer Basis nicht zu erwerben. Sie gaben ein sehr heißes Feuer ab, welches dann meistens nur zu Kochzwecken benutzt wurde.

Ich glaube, die Winter in dieser Zeit waren besonders kalt, jedenfalls war es die gefühlte Kälte, die den Menschen so zusetzte, weil ja niemals ein Raum so richtig durchgeheizt werden konnte. Nachts wurde ja nicht geheizt und morgens fror jeder erbärmlich, bis eine normale Durchblutung die Körper auf natürlichem Wege erwärmte.

Am Bahnhof wurde durch das Rote Kreuz eine Wärmstube eingerichtet, in der sich viele Menschen aufwärmen konnten. So auch wir. Man konnte Thermosanpackungen kaufen, das waren Papierbeutel, die mit einem Pulver gefüllt waren und in die man ein wenig Wasser goss, danach wurden die Beutel verschlossen und sie heizten sich auf. Wenn man sie in die Hosen- oder Manteltaschen steckte, konnte man seine Hände an ihnen aufwärmen.

Das Rote Kreuz verteilte auch Heißgetränke. Das waren Brühwürfel in kochendem Wasser aufgelöst. Diese Flüssigkeit schmeckte zwar nicht besonders gut, wärmte aber die Mägen auf, sodass sich, wenn auch nur kurzzeitig, ein Wohligkeitsgefühl entwickelte.

Die weiblichen Familienmitglieder – manchmal auch die männlichen – strickten warm haltende Kleidungsstücke aus allem, was sich zum Stricken eignete, praktisch im Akkord. Vorzugweise wurde Wolle verarbeitet, falls man welche hatte. Ein sehr gesuchter Artikel waren ungebrauchte Zuckersäcke. Das Gewebe dieser Säcke bestand aus rohen und deshalb sehr kratzigen Baumwollfäden, verstärkt mit irgendeiner anderen Faser. Man dröselte dieses Gewebe auf und gewann so den Baumwollfaden, der sich sehr gut zu Strickwaren aller Art verarbeiten ließ. In der Regel wurde in jeder Wohnung nur ein einziger Raum, meistens war es die Küche, einigermaßen eingeheizt.

Alle froren. Besonders dann, wenn das schützende Haus verlassen werden musste. Wir Kinder waren natürlich draußen immer in Aktion und wenn wir spielten, wurden wir schon durch unser Herumlaufen warm. Eingemummelt wurden wir von unseren Eltern aber trotzdem. Wir trugen Mützen und Ohrenschützer, Pulswärmer an den Unterarmen, Fäustlinge an den Händen, dicke Strümpfe oder Socken, manchmal zwei Pullover übereinander. All das war natürlich selbst gestrickt und kratzte oft fürchterlich, besonders an Hals und Nacken.

Wer Wertgegenstände hatte, fuhr aufs Land zu den Bauern und tauschte diese gegen Lebensmittel ein. Leider hatten wir keine Wertsachen, denn alles von irgendeinem Wert war ja aus unserer Wohnung gestohlen worden. Der Schwarzmarkt erblühte und man konnte eigentlich vieles bekommen, wenn man Tauschwaren hatte. Das Geld, die Reichsmark, hatte seinen Wert völlig verloren und stattdessen wurden Waren nur noch getauscht. Als Maßstab (Einheitswert) für Tauschgeschäfte jeder Art dienten amerikanische Zigaretten.

Es gab zwar immer Brot zu kaufen, aber das war Brot aus gelbem Maismehl gebacken, sehr feucht und schmeckte nicht sehr gut. Wir aßen es mit einem Aufstrich aus dunkelbraunem, süßem Rübenkraut. Ab und zu bekamen wir von Bekannten etwas Weizenmehl. Meine Mutter machte daraus einen Brotteig und wir gingen damit zu unserer Bäckerei, die dann in ihrem großen Backofen, je nach Menge des gelieferten Teigs, ein oder zwei Weißbrote für uns backte. Wir sparten uns dieses Weißbrot als Leckerbissen immer für unser Frühstück am Sonntag auf.

Die Versorgungslage war dermaßen schlecht, dass jeder nur noch die Hoffnung hatte: „Es muss besser werden".

KAPITEL 2

Gymnasialzeit

Ich hatte die Aufnahmeprüfung am mathematisch-naturwissenschaftlichen Gymnasium bestanden und ging dort jetzt in die Sexta. Mein Freund Jürgen Oden hatte auch bestanden und kam in die Parallelklasse.

Der Unterricht war für uns Sextaner vorerst nur vormittags und dann später auch nachmittags und samstagmorgens. Mittags bekamen alle Schüler Schulspeisung. Diese Schulspeisung und auch andere Unterstützungen, wie z. B. Carepakete etc., wurden durch die Großzügigkeit der USA und der amerikanischen Steuerzahler ermöglicht. Dafür sollten wir auch heute noch dankbar sein.

Die Gerichte waren einfach und nahrhaft, meistens Erbsen-, Gemüse- und fette Nudelsuppen mit Fleischbrocken oder süße Nudelsuppen mit Milch. Wir nahmen immer unsere eigenen Essgeschirre mit ins Gymnasium. Manchmal konnten wir, wenn zu viele Suppenbehälter geliefert worden waren oder auch wenn einige Schüler fehlten, einen Nachschlag bekommen. Wenn das so war, nahm ich immer mein Essgeschirr gefüllt mit Suppe mit nach Hause, denn meine Mutter, mein Vater und manchmal auch meine Geschwister freuten sich sehr über diese zusätzlichen Mahlzeiten. Besonders meine Mutter musste, weil sie kränkelte, auf ärztlichen Rat hin genügend Speisefette zu sich nehmen, aber es war ja nichts dergleichen aufzutreiben.

Einmal brachte mein Vater eine lebendige Gans mit nach Hause. Sie lief eine ganze Zeit lang auf unserem schmalen Hinterhof herum. Meine Schwestern spielten mit ihr und gaben ihr Grünzeug und Küchenabfall zu fressen. Die Gans war, wie wir alle, überhaupt nicht verwöhnt und auch nicht wählerisch, soweit es Nahrung betraf, ein echtes Kriegstier also. Sie fraß alles, was ihr vorgesetzt wurde, und wurde zusehends dicker und fetter. Nun musste aber alles, was sie sich vorne hineinstopfte, wieder hinten heraus und so war der Boden des Hofs bald völlig mit Gänsekot bedeckt. Das störte die Mitbewohner des Hauses gewaltig, denn sie mussten ja öfters in den hinteren Teil des Hofs in die Waschküche, um zu baden oder ihre Wäsche zu waschen. Dorthin zu gelangen, ohne in Gänsekot zu treten, war ein schier aussichtsloses Unterfangen und der Ärger war folglich vorprogrammiert.

Als der Sturm der Entrüstung der Hausbewohner seinen Höhepunkt erreicht hatte, fasste sich mein Vater ein Herz und schlachtete unter großem Beifall der Mitbewohner das Tier. Alles von der Gans wurde verwertet, somit konnten wir zumindest einige Tage gut essen. Nur meine Schwestern, so erinnere ich mich, haben nichts von der Gans angerührt.

Mein Vater fuhr nun öfters mit dem Zug in weiter entfernte Gebiete und besuchte Personen, die er früher irgendwann einmal kennengelernt hatte. Nach ein paar Tagen kam er zurück und brachte einen Rucksack voll mit Lebensmitteln nach Hause. Wie er das machte und wie er es anstellte, an diese Raritäten zu gelangen, weiß ich nicht mehr.

Einmal brachte er von einer dieser Reisen ein Dutzend Flaschen Wein mit. Diesen Wein tauschte er dann gegen andere zum Tauschen geeignete Dinge ein, einige Flaschen wieder gegen Lebensmittel. Sein Ziel war es, stetig den Bestand an Tauschwaren zu vergrößern.

Nach einiger Zeit hatte er sich so ein größeres Tauschwarenlager angeschafft und uns ging es sichtlich besser. Ab und zu hatten wir dann auch Butter, Schmalz, fetten Schinken, Würste etc., alles Produkte, die lebenswichtig für unsere Mutter waren. Irgendwie kam er in den Besitz eines ganzen Ballen Anzugstoffs. Den zerteilte er in Stücke von jeweils 2,20 Meter, genügend Material also, um aus jedem Stück einen Herrenanzug zu schneidern. Diese Anzugstoffstücke tauschte er äußerst erfolgreich wieder gegen andere Waren ein. Ich glaube, das war eines seiner größten Geschäfte im Tauschhandel.

Trotzdem musste man sehr vorsichtig mit diesem Schwarzhandel sein, wie diese Tauschgeschäfte im Volksmund genannt wurden, denn die Alliierten hatten jede Art von diesen Tauschgeschäften, d. h. den gesamten Schwarzhandel, verboten. Oft tauchten Militärpolizisten unvermutet und plötzlich da auf, wo sich die meisten Schwarzhändler versammelt hatten. Dies war bei uns die Bahnhofsgegend. Sie nahmen dann allen, die erwischt wurden, ihre Waren ab.

Auch wir hatten einen unliebsamen Besuch der Militärpolizei in unserer Wohnung zu verzeichnen. Sie kamen eines Abends plötzlich in unsere Wohnung und fanden einige Butterpakete. Die beschlagnahmten sie mit der Begründung, es seien kürzlich erworbene Tauschwaren. Das stimmte, denn mein Vater hatte diese Lebensmittel ein paar Stunden vorher gegen andere Tauschobjekte erworben. Er muss wohl bei diesem Geschäft beobachtet worden sein und wurde angezeigt. Das war ein schwerer Schlag, besonders für meine Mutter, denn sie benötigte dringend gerade dieses Lebensmittel. Alles Bitten, Flehen und Erklären meiner Mutter der Militärpolizei gegenüber half nichts. Sie nahmen uns einfach die Butterpakete ab und verschwanden damit.

Was waren das für Zeiten, alle waren arm und viele in unserer Straße waren nicht in der Lage, wenigstens den gröbsten Hunger zu stillen. Man lebte von der Hand in den Mund, von Tag zu Tag, immer in der Hoffnung, dass sich am nächsten oder übernächsten Tag etwas Positives ereignen könnte. Für viele jüngere Menschen heute ist es einfach unvorstellbar, wie wir damals lebten. Ich selbst habe heute manchmal Schwierigkeiten, mich an die ärmlichen Verhältnisse von damals zu erinnern.

Pastor Lambertz, ein knorriger, asketisch aussehender und sehr dünner, aber groß gewachsener Mann mit einer Stentorstimme, der die leitende und damit oberste Position unter den Priestern in unserer Kirche innehatte, musste irgendwie erfahren haben, dass ich während unserer Evakuierung in Riedern eine Zeit lang dort Messdiener war. Sehr wahrscheinlich ist aber auch, dass meine Großmutter, die dauernd in diese Kirche ging, um ihren Glauben zu pflegen, sich aber auch generell gerne von ihrem verehrten Pastor Lambertz erbauen ließ, diesem von meinem abgeleisteten Kirchendienst in Riedern erzählt hatte.

Ich wurde also fortan auch prompt wieder als Messdiener dienstverpflichtet und musste in dieser Eigenschaft die lateinische Messe in dem typisch katholischen Frage-und-Antwort-System zwischen dem jeweiligen Priester, der die Messe las, und den Messdienern herunterleiern.

Das ging so lange gut, bis ich in einer Messe das Weihrauchfass zu bedienen hatte. Das Weihrauchfass hing an vier dünnen Ketten und musste von einem Messdiener mit dem Arm in kräftige pendelnde Bewegungen gebracht werden, damit diesem Weihrauchkocher große Schwaden Weihrauchdampf entlockt werden konnten. Weihrauch riecht – abstrakt betrachtet und gerochen – feierlich und sakral. Die katholische Kirche muss das Ambiente von weihrauchgeschwängerter Luft geradezu adoptiert haben. Katholiken hätten zu jener Zeit höchstwahrscheinlich eine Messe ohne Weihrauchgestank boykottiert. Schon deshalb ist das Weihrauch-Luft-Gemisch ein sehr wichtiger und somit wesentlicher Bestandteil bei der Zelebrierung einer katholischen Messe.

Ganz andere Dienste, wie ich später auf meinen Reisen erfahren habe, leistet Weihrauch übrigens bei den Völkern des Nahen und Mittleren Ostens. Dort wird Weihrauchdampf bei wichtigen Versammlungen (Palavern) von Männern – Frauen sind nicht zugelassen – als Parfum oder Desinfektionsmittel unter die Kleider gewedelt. Ein Bediensteter schwenkt einen Weihrauchbehälter vor jedem Gast oder Versammlungsteilnehmer hin und her und der lüftet kurz einen Zipfel seiner Kleidung und fächelt sich den Weihrauchdampf darunter. Dabei lächelt der Gast den Weihrauchschwenker an und bedankt sich höflich bei seinem Gastgeber für diese Wohltat.

Nun aber schnell zurück zu meiner Aufgabe als weihrauchfassschwenkender Messdiener. Ich hatte gerade am Anfang einer Messe aus einem kleinen Vorratsbehälter das Weihrauchfass mit einer großen Portion Weihrauchkörnern nachgefüllt und war dabei, die ganze Kirche mit den anwesenden andächtigen Gläubigen mit Weihrauch einzudampfen. Da plötzlich rissen die dünnen Ketten, an denen das Weihrauchfass gehalten und in seine so typische Pendelbewegung gebracht wurde. Mit einem laut vernehmlichen Zischen hatte sich das Weihrauchfass im Rückwärtsschwung selbstständig gemacht und entschwand meinen verwunderten Blicken. Dann hörte ich einen großen Krach und es schepperte gewaltig.

Wie ein Meteor war das Weihrauchfass, bläuliche Dampfschwaden hinter sich herziehend, durch das Kirchenschiff gesegelt und im Mittelgang auf dem Steinfußboden aufgeprallt. Es hatte sich in alle seine Teile zerlegt, die verbliebenen, kümmerlichen Reste dampften noch ein wenig, dann war nur noch lähmende Stille in der gut gefüllten Kirche. Sogar der Priester blieb mitten in seinem Gebet stecken, räusperte sich, hustete mehrmals laut und rang sichtlich nach Fassung. Wahrscheinlich hatte er sein Konzept verloren.

Irgendwie brachte er die Messe dann doch zu Ende und als wir Messdiener vom Altar wieder in die Sakristei kamen – das ist die Umkleidekabine für Messdiener, Priester und wer sonst noch berechtigt ist, in der Kirche Dienst zu tun –, gab es für mich erst einmal ein gewaltiges Donnerwetter. Der Priester beruhigte sich erst wieder, nachdem der Küster anhand der noch vorhandenen Teile des offensichtlich nur bedingt schwingtauglichen Weihrauchfasses dem Priester begreiflich machen konnte, dass ich völlig schuldlos an dem Vorfall war.

Trotzdem wurde ich für eine Weile von allen Messdieneraufgaben suspendiert, was mich gelinde gesagt nicht sehr unglücklich machte. Einige Zeit später wurde ich wieder in das Heer der Messdiener integriert. Ich hatte mich wohl zu früh gefreut, permanent von diesen Diensten ausgeschlossen zu sein. Für diejenigen, die den Ablauf einer katholischen Messe nicht genau kennen, sei hier gesagt, dass ein sehr wichtiger Teil in einer Messe die Predigt ist. Ein erfahrener Priester oder Pastor nimmt eine Predigt immer gerne zum Anlass, seinen Schäfchen einmal kräftig „ins Gewissen zu reden“, was auch im Volksmund heißt: „Er liest ihnen die Leviten“. Damit der Prediger bei wichtigen Stellen in seiner Predigt, die er meistens frei und aus dem Stegreif bestreitet, zusätzlich aus dem Messbuch bestimmte Verse zur Untermalung des jeweiligen Themas zitieren kann, muss er das „gute Buch, das Messbuch“ vor sich haben. Das Messbuch hat aber eigentlich seinen angestammten Platz auf dem Altar, denn dort benötigt der Priester es auch oft während der Messe. Um predigen zu können, muss der Priester seinen Platz vor dem Altar verlassen und sich zur Predigerkanzel bemühen. Diese Kanzel ist in der Regel etwa zwei bis drei Meter über den Kirchenbänken der Gläubigen angebracht. Das hat seinen Grund. Erstens hat er einen besseren Blickkontakt mit all seinen Schäfchen und zweitens wird er von allen, die die Predigt über sich ergehen lassen müssen, gesehen. Eine Anzahl Stufen führen zur Kanzel hinauf, die der Priester erklimmen muss. Die Aufgabe eines Messdieners ist es nun, dem Priester das schwere Messbuch vom Altar bis auf die Kanzel zu tragen. Man muss es auf ausgestreckten Armen vor sich hertragen. Dabei hat man sehr schlechte Sicht nach vorne, weil das Buch nicht nur schwer, sondern auch sehr groß ist. Der Messdiener muss vor dem Priester hergehen, die Kanzelstufen hochsteigen, das Messbuch auf dem Kanzelrand positionieren, sich wieder an dem nun eingetroffenen Priester in der engen Kanzel vorbeischlängeln und dann schleunigst wieder von dort die Kanzelstufen heruntersteigen und zum Altar zurückkehren.

Warum der Priester sein Messbuch nicht selbst tragen kann, habe ich nie verstanden, denn er ist doch größer und stärker als die kleinen, viel schwächeren Messdiener. Aber er ist nun einmal der Chef und lässt arbeiten und der Messdiener, für jeden einleuchtend, ist der Diener und muss arbeiten.

In einer Messe, gerade vor der Predigt, wurde ich beauftragt, das Messbuch vom Altar zu wuchten und vor dem Priester hergehend auf die Kanzel zu tragen. Vom Altar musste man sieben, acht Stufen, die mit Teppich belegt waren, hinuntersteigen, kam dann auf dem gefliesten Boden des Mittelgangs der Kirche an und von dort wären es noch zwanzig Meter bis zur Treppe, die zur Kanzel hochführte, gewesen. So weit kam ich aber an diesem Tage und an allen weiteren auch nicht mehr. Es war entweder mein langer, schlabbernder Messdienerkittel oder ein Teil meiner Schuhsohle oder beides, das sich in dem Teppichanfang oben verhakte und so meinem würdevollen Herabschreiten mit dem Messbuch zu einem jähen Ende verhalf. Ich verlor völlig meine Bodenhaftung und stürzte, nein, ich hob ab.

Der Priester war dicht hinter mir und ich muss wohl bei meinem Abflug mit meinen Füßen seine Knie getroffen haben, denn er fiel sofort um. Ich stürzte und der Priester kugelte die Treppe hinunter. Irgendwie muss mich der Priester, vielleicht weil er schwerer war als ich, bei dieser Talfahrt überholt haben, denn das Messbuch, es hatte sich ja auch selbstständig gemacht, traf ihn seitlich in den Rücken. Dann flog ihm noch vor lauter Schreck sein kleines Gebetbuch, worin er seine Spickzettel für die Predigt verborgen hatte, aus der Hand. Dieses Gebetbuch traf eine ältere Dame in der ersten Bankreihe. Mein Raumflug wurde abrupt unterbrochen, denn ich landete auf der ersten Bankreihe, in der die besonders frommen und gottesfürchtigen alten Damen saßen.

Noch auf dem Boden liegend, verwies mich der Priester sofort in die Sakristei. Dort sollte ich bis zum Ende der Messe auf ihn warten, während er geschockt und körperlich etwas lädiert den Rest seiner Messepflichten erledigte. Da ich ja wusste, was auf mich zukam, zog ich es vor, mich meines Messdienerkittelchens zu entledigen und schleunigst das Weite zu suchen. Es gab erstaunlicherweise kein Nachspiel unserer kirchlichen Flugkünste, die natürlich nur im Dienste des Herrn durchgeführt wurden, aber ich wurde für immer von der Ehre entbunden, Messdiener zu sein.

Was für ein Abgang, schöner und eindrucksvoller hätte ich ihn mir in meinen kühnsten Träumen niemals vorstellen können. So oder so ähnlich muss mein letzter Kirchendienst abgelaufen sein.

Meine Großmutter, die natürlich von ihrem Seelentröster Pastor Lambertz von diesem Spektakel erfuhr, würdigte mich wochenlang keines Blickes. Als sie sich wieder beruhigt hatte, war sie damit einverstanden, dass ich auf ihrem Klavier üben und spielen durfte. Ich sollte auf allgemeinen Wunsch meiner Eltern Klavierspielen lernen. Wir hatten keines zu Hause, wir hatten noch nicht einmal ein Radio.

Ich nahm nun einmal pro Woche Klavierunterricht bei einer ältlichen Klavierlehrerin, Fräulein Tönges, die schon meiner Mutter und ihrem Stiefbruder, meinem Onkel Hans, Klavierstunden gegeben hatte. Fräulein Tönges war ein ältliches Fräulein, aber eigentlich war sie auch kein Fräulein mehr, denn sie hatte, kurz bevor ich anfing, bei ihr Unterricht zu nehmen, geheiratet. Sie war sehr dünn und hatte knochige Hände mit langen Fingern. Sie konnte mit den langen Fingern einer Hand fast die Tasten von anderthalb Oktaven erreichen. Wie sie es fertigbrachte, überhaupt einen Mann zu finden und an sich zu binden, ist mir heute noch schleierhaft. Sie bestand eigentümlicherweise weiter darauf, dass man sie mit ihrem Mädchennamen „Fräulein Tönges“ anzureden hatte. Möglich ist, dass sie sich bei dieser Anrede jünger fühlte, als sie eigentlich war. Ihr Mann, den ich ab und zu sah und mit dem man sich gut unterhalten konnte, war sehr nett und freundlich. Er arbeitete als Setzer bei einer Zeitung.

Fräulein Tönges hatte bestimmt schon vielen Hundert Jugendlichen in ihrem Stadtviertel das Klavierspielen beigebracht. Sie war eine fordernde Person und duldete keine Schlampereien. Sie saß am Klavier immer dicht rechts neben dem Schüler und achtete dabei sehr auf Fingerhaltung, Sitzposition und natürlich darauf, dass die Noten sauber und exakt abgespielt wurden. Sie hatte sehr starken, knoblauchgeschwängerten Mundgeruch, mit dem sie ihre Eleven sehr freizügig bedachte. Sie war darüber hinaus in der Lage, ihre Schüler, je nach Tagesform, zusätzlich noch mit den unterschiedlichsten Körperausdünstungsnuancen zu beschenken. Sie muss ein erstaunlich vielseitig funktionierendes Verdauungssystem besessen haben.

Wenn sie aufgeregt war – und das war sie sofort, wenn man falsch spielte oder auch sonst irgendetwas ihrer Ansicht nach schieflief –, schimpfte sie sehr laut mit dem Schüler und dabei verspritzte sie ihren Speichel über alles, was sich in ihrer Nähe befand. Machte jemand viele Fehler und sie musste sich überproportional ärgern, dann wurden die Unterarme, Hände und zuweilen auch die ihr zugewandte Gesichtshälfte des armen Schülers großzügig mit ihrem Speichel bedacht.

Fräulein Tönges und ihr Mann wohnten auf dem oberen Teil und meine Oma etwas weiter unten auf der gleichen Straße. Das war sehr praktisch. Ich musste oft viele Stunden pro Woche auf dem Klavier bei meiner Oma üben. Es machte anscheinend meiner Oma wenig aus, wenn ich stundenlang alle Tonleitern, viele Sonaten und Sonatinen übte. Meine Oma kannte natürlich die Stücke, die ich spielte, noch genau von ihrem Sohn und kam, immer wenn ich beim Spielen einen Fehler machte, sofort aus ihrer Küche in das Wohnzimmer nebenan gestürmt und machte mich auf den Fehler, den ich sowieso schon selbst erkannt hatte, aufmerksam. Wenn sie aus dem Haus zum Einkaufen ging, spielte ich, sobald sie außer Hörweite war, amerikanische Schlager und Jazzstücke.

Von nun an musste auch ich zur Weihnachtszeit alle Weihnachtslieder spielen und Oma, wie meine Großmutter gerne genannt wurde, sang mit ihrer kräftigen und sehr lauten Stimme, alle anderen übertönend, mit.

Sehr gefragt und gut besucht bei der Bevölkerung waren Läden, in denen man Waren tauschen konnte. In den Schaufenstern wurden die Artikel ausgestellt und mit kleinen Zetteln versehen, auf welchen stand, gegen was dieses Stück eingetauscht werden konnte. Man konnte dann z. B. Damenschuhe gegen eine Strickjacke oder einen Herrenanzug für einen Mantel usw. usw. eintauschen. Der Ladenbesitzer brachte die Tauschwilligen zusammen und wenn sich diese einig waren, wurde das Tauschgeschäft abgeschlossen. Der Ladenbesitzer bekam dann als Entgelt eine Vermittlungsprovision von den Tauschwilligen.

Durch solch einen Tausch kam ich in den Genuss von richtigen Skischuhen. Was wir dagegen eingetauscht hatten, habe ich vergessen. Es waren die herrlichsten und elegantesten Skistiefel, die ich jemals gesehen hatte. Sie waren tief rotbraun aus feinstem Vorkriegsleder mit je zwei Messingbeschlägen links und rechts an den Sohlen für die Skibindung und die Absätze hatten eine Rille für die Stahlschlaufe der Skibindung. Oh, wie liebte ich diese Stiefel, war ich doch nun einer der wenigen, die Skistiefel oder überhaupt ein ungewöhnliches Kleidungsstück besaßen. Ich trug sie nur sonntags auf Spaziergängen.

Der Nachteil dieser Stiefel war, dass sie zu klein für meine Füße waren, denn ich berührte mit meinen großen Zehen die vorderen quadratischen

Spitzen. Das passierte aber nur beim Gehen, nicht wenn ich stand. Trotzdem hatte ich, wenn ich wieder zu Hause war und die Stiefel auszog, blutige Zehen. Ich wollte einfach nicht einsehen, dass dieses Schuhwerk für mich zu klein war, und brachte die Stiefel mehrmals zu unserem Schuster, der versuchte, die Stiefelspitzen etwas zu längen oder nach außen auszubeulen, was ihm aber nicht gelang. Schließlich, da das Gehen in diesen herrlichen Stiefeln für mich immer schmerzhafter wurde, musste ich sie schweren Herzens gegen ein Paar englische Armeestiefel, deren Sohlen mit Nägeln beschlagen waren, eintauschen. Die waren aber nicht außergewöhnlich und keiner bewunderte sie so wie meine Skistiefel.

Im Frühjahr 1947, etwa zwei Jahre nach Ende des Krieges, wurde die Währungsreform durchgeführt. Pro Person wurden 40 DM ausgezahlt. Das war der Grundstock für ein neues Wirtschaftsleben.

Am Tag nach der Währungsreform waren urplötzlich, wie aus dem Nichts, alle Geschäfte mit Waren angefüllt. Das Angebot war riesig und viele Markenartikel, die jetzt zum Kauf angeboten wurden, hatten die meisten Menschen schon jahrelang nicht mehr gesehen. Die Geschäftsinhaber müssen also schon weit vor dem Zeitpunkt der Währungsreform alle möglichen Luxuswaren gehortet haben. Es wurde ein Erlebnis für jeden, sich nur die Schaufensterauslagen anzusehen. Gleichzeitig war das auch das Ende der Tauschläden, die fast über Nacht verschwanden.

Die Wirtschaft kam nun langsam, aber mit stetig ansteigender Tendenz wieder in Gang. Mein Vater arbeitete wieder als Speditionskaufmann. So langsam ging also alles wieder bergauf. Der Bruder meines Vaters war Bierkutscher bei der Hensen-Brauerei. Er war schon sehr lange Bierkutscher bei dieser Brauerei und verstand es, den schweren Bierwagen mit den beiden kräftigen und großen Zugpferden souverän durch die Stadt zu lenken.

Er belieferte eine Menge Gaststätten überall in der Stadt. Manchmal hielt er um die Mittagszeit vor unserem Haus an und dann durften wir

Kinder mit ihm ein Stück in diesem herrlichen Fahrzeug fahren. Vaters Bruder war ein kräftiger Mann und hatte riesige Hände. Die schweren Bierfässer, mit denen er beim Ab- oder Aufladen herumhantierte, bewegte er wie Spielzeuge. Er und seine Frau konnten bald auch wieder zurück in ihre eigene Wohnung ziehen und nun konnten wir auch unser Spielzimmer wieder benutzen.

Ich spielte schon ein oder zwei Jahre Fußball bei Borussia Mönchengladbach. Zuerst in der D- und später in der C-Jugendmannschaft. Ich spielte in der Position des Mittelstürmers, manchmal wurde ich aber auch als Torwart eingesetzt. Richtige Fußballschuhe mit Stollen hatten die wenigsten in unserer Mannschaft. Wer keine hatte, spielte mit Straßenschuhen. Bälle waren Mangelware und manchmal spielten wir mit Bällen, die eher einem großen Ei ähnelten. Trikots wurden vom Verein gestellt, die kurzen Hosen waren Privateigentum und hatten oft verschiedene Farben. Unser Betreuer, so wurde unser Trainer damals genannt, muss wohl eine sportbegeisterte Frau gehabt haben, denn sie wusch und bügelte nach den Spielen immer die verdreckten und verschwitzen Trikots unserer Mannschaft.

Zugleich spielte ich Rollhockey beim GRSC im Stadion hinter dem Landgericht. Die Rollschuhe hatten breite Holzräder, die innen mit Kugellagern ausgerüstet waren. Sie waren auf beweglichen Achsen angebracht und man konnte mit ihnen sehr große Geschwindigkeiten erzielen. Ich spielte als linker Außenstürmer und schoss in einer Saison so viele Tore, dass unsere Mannschaft in die Oberliga kam. Eine Mannschaft bestand aus Torwart, Verteidiger, Verbinder und zwei Stürmern. Im Winter spielten wir Eishockey in Krefeld. Meistens trainierten wir mit der Jugendmannschaft des KEV.

Ich war nun Quintaner und das Lernen fiel mir nicht sehr schwer. Eigentlich war ich eher faul, denn meine Schulaufgaben zu Hause zu machen und dafür wertvolle Spielzeit zu opfern, war mir ein Gräuel. Deshalb erledigte ich zu Hause höchstens die Hausaufgaben für die erste Stunde am nächsten Tag und machte dann in der ersten Unterrichtsstunde die Hausaufgaben für die zweite und in der zweiten die Aufgaben für die dritte Stunde usw.

Unser Ordinarius war auch gleichzeitig unser Lateinlehrer. Weil er eben unser Ordinarius war, wusste er auch von seinen Kollegen, wie und ob wir uns in den anderen Fächern bewährten. Er war klein gewachsen, hatte ein glattes, völlig rundes Gesicht und trug eine Nickelbrille mit extradicken Gläsern. Seine Züchtigungsspezialität war es, den Schülern, wenn sie etwas ausgefressen hatten, die Ohrläppchen zu verdrehen, bis ihnen die Tränen in den Augen standen. Er verstand überhaupt keinen Spaß und nahm alles mit ernstem Gesichtsausdruck zur Kenntnis. Deshalb hatte er auch keinen Spitznamen von uns erhalten.

Schon sehr früh lasen wir Cäsar und Ovid und mussten ganze Passagen aus dem Lateinischen ins Deutsche übersetzen. Das ging ja noch ganz gut, aber wenn man dann umgekehrt Texte von der deutschen Sprache ins Lateinische übersetzen musste, kam manch einer, ich selbst auch, sehr ins Schwitzen. Die Ursache dafür lag aber für die meisten von uns im ungenügenden Lernen und Verstehen der lateinischen Grammatik, wie ich sehr viel später selbst feststellte.

Mathematik lehrte ein Winzling mit Spitznamen „Knubbel“. Er war sehr klein und dick und hatte kurze Beine. Er hatte einen Trippelgang, deshalb sah es immer so aus, als ob er alle Verrichtungen im Laufschritt erledigen würde, was aber nur auf die viel zu kurzen Beine zurückzuführen war. Er war ein gemütlicher Mensch und absolut nicht aus seiner innerlich wohlausbalancierten Ruhe zu bringen. Die schwierigsten Berechnungen konnte er im Kopf durchführen. Er nahm nie ein Textbuch zur Hand, denn er wusste sowieso alles, was darin stand, auswendig. Er war sehr beliebt bei allen Schülern und er war mit großem Abstand der Einzige, dem die Schüler keine gelegentlichen Streiche spielten. Irgendwie strahlte er Respekt aus, ohne sich überhaupt anzustrengen, und das wurde auch von allen akzeptiert.

Englisch und Deutsch und manchmal Sport lehrte ein Hüne mit Spitznamen „John Bull“. Der hatte Hände wie Bratpfannen und wenn man von ihm eine Ohrfeige bekam, fühlte es sich an, als ob Blitz und Donner gleichzeitig eingeschlagen hätten. Da ich ein sehr lebhafter Schüler war, schlug bei mir dieser Blitz und Donner recht häufig ein. Damit er nicht zu weit laufen musste, um mich auf seine Art zu belohnen, durfte ich in seinen Unterrichtsstunden in der ersten Reihe sitzen. Immer wenn er in die Klasse kam, stellte er zuerst sicher, dass ich auch tatsächlich auf dem von ihm angewiesenen, prominenten und für ihn sehr handlichen Platz saß.

Einmal bekam ich von ihm eine Ohrfeige, die mich von der ersten Bank bis fast in die zweite beförderte. Als er hörte, dass ich Fußball spielte und auch sonst in allen anderen Sportarten, besonders auch im Schwimmen, erstklassige Resultate vorweisen konnte, wurde er mir gegenüber etwas milder gestimmt. Das kam wohl daher, dass er selbst sehr sportlich war und lange Jahre Torwart in einer der ersten Fußballmannschaften eines Vereins in Mönchengladbach gewesen war. Er hatte sogar ein- oder zweimal die Position des Torwarts in der deutschen Fußballmannschaft innegehabt. Darauf war er besonders stolz und es kam häufig vor, dass er uns während einer Unterrichtsstunde ganze Spielabläufe erklärte und mit den entsprechenden Körperbewegungen demonstrierte.

Englisch war sein Paradefach und wir lernten sehr gut bei ihm, denn er war vor dem Krieg einige Male in England gewesen und konnte die meisten Dinge, die uns interessierten, vorbildlich nahebringen. Wir alle hatten sehr großen Respekt vor ihm.

Fippel war der Spitzname unseres Musiklehrers. Zuerst brachte er uns mühevoll das Notenlesen bei. Diejenigen unter uns, die ein Instrument spielen konnten, waren natürlich den anderen gegenüber im Vorteil, weil sie ja schon Noten lesen und Musikstücke nach Noten abspielen konnten. Unter den Letzteren war auch ich, und so beschäftigte ich mich in der Musikstunde damit, meine Hausaufgaben für die nächstfolgende Unterrichtsstunde zu machen.

Fippel hieß Fippel, weil er sehr klein, schmächtig und zappelig war. Er hatte lange Haare und sah wie ein arrivierter Künstler aus. Er hatte immer einen grünen Filzhut auf seinem Kopf, den er öfters vergaß im Klassenraum abzulegen. Er war sehr fahrig, vergaß regelmäßig den Lehrstoff und kam von einem Thema, ohne es zu beendigen, in ein anderes. Er spielte Geige und wenn er uns etwas vorspielte, war er so besessen von dem Musikstück, dass er, während er spielte, mit seinen dünnen Beinen anfing herumzutanzen. Manchmal stand er dann bedenklich schwankend auf einem Bein und erinnerte uns so an die Märchenfigur Rumpelstilzchen.

Alle, die ein Musikinstrument spielen konnten, bekamen von ihm jedes Jahr die Bestnote „sehr gut". So auch ich. Er war ein äußerst gutmütiger Mensch, der niemandem etwas Böses antun konnte. Ich glaube, dass er keinem Einzigen von uns jemals eine schlechtere Benotung als „ausreichend" gegeben hat. Darunter fielen auch einige Schüler, die absolut musikuntauglich und noch nicht einmal dazu in der Lage waren, ein Lied unter Zuhilfenahme aller verfügbaren Tonarten, derer sie sich in einer einzigen Strophe abwechselnd bedienten, zu Ende zu bringen. Bevor die Musikstunde zu Ende war, hatte bestimmt irgendeiner dem guten Fippel ein Stück Karnickelschwanz oder etwas Ähnliches hinten an seine Jacke oder seinen Mantel geheftet.

Erklang dann die Klingel, die das Ende der Unterrichtsstunde anzeigte, sauste er mit wehenden Gewändern durch die Tür, seinen Geigenkasten unter den Arm geklemmt, fröhlich neuen Taten und Aufgaben, die ihn erwarteten, entgegensehend. Mit den Verzierungen hinten am Rock oder Mantel lief er den ganzen Tag im Gymnasium herum. Sogar der Schuldirektor konnte sich dann ein Grinsen nicht verkneifen, wenn er Fippel in der typisch fippelschen Aufmachung die Gänge entlangstürmen sah. Ich konnte nie umhin, ihn mit Wilhelm Buschs „Schneider Wibbel" zu vergleichen.

Ich kann mich noch sehr gut an unseren Zeichenlehrer erinnern. Das war natürlich ein Künstler und er kleidete sich dementsprechend. Auf dem Kopfe trug er eine Baskenmütze und um seinen Hals hatte er, egal ob Winter oder Sommer, kunstvoll einen bunten langen Schal gewickelt, den er auch während des Unterrichts nicht ablegte. Er war lang und dünn mit vielen langen Haaren auf dem Kopf und im Nacken und konnte mit wenigen Strichen die tollsten Charakterköpfe an die Tafel oder auf einen Zeichenblock malen.

Er hätte bestimmt auch als Karikaturist in den einschlägigen Industrien enormen Erfolg gehabt. Auch er war sehr beliebt bei allen Schülern und nahm sich für jeden einzelnen von ihnen Zeit. An seinen Spitznamen kann ich mich nicht mehr erinnern. Streiche spielten wir ihm jedenfalls nicht. Er zeichnete gerne mit bunten Farbstiften und produzierte die herrlichsten tropischen Landschaften, die uns zu Träumen anregten. An die anderen Lehrer, die für unsere restlichen Unterrichtsfächer zuständig waren, kann ich mich kaum noch erinnern.

Im Sommer gingen wir manchmal nach dem Schulunterricht ins Freibad in den Volksgarten. Mitten im Wald lag das Volksbad mit zwei Schwimmbecken und einigen Liegewiesen. Ein Becken war für Kinder und Nichtschwimmer, das andere nur für Schwimmer.

Das Schwimmbecken für Schwimmer besaß auch einen Sprungturm, der drei Etagen hatte. Man konnte von Höhen aus drei, fünf und sieben Metern ins Becken springen. Die Mutigsten von uns sprangen natürlich aus der Höhe von sieben Metern mit Kopfsprüngen oder manchmal auch mit einem Salto ins Wasser. Ich auch, nachdem ich erst einmal von den verschiedenen Höhen einige Fuß- und dann Hocksprünge gemacht hatte, wenn ich mir absolut sicher war, dass keiner meiner Freunde mir dabei zusah.

Irgendwann nahm ich also mein Herz in beide Hände und machte meinen ersten Kopfsprung von der Drei-Meter-Plattform, dann zwang ich mich eine Etage höher und sprang aus einer Höhe von fünf Metern und landete prompt mit einem Bauchplatscher auf der Wasseroberfläche. Das tat weh! Einige Tage später, mit etwas schlotternden Knien, kletterte ich auf die Sieben-Meter-Plattform. Wenn schon, denn schon, war wohl mein Gedanke dabei, denn wenn der missglückte Kopfsprung vor ein paar

Tagen aus fünf Metern Höhe schon sehr wehgetan hatte, konnte ein ähnlicher Sprung aus sieben Metern höchstens noch ein klein wenig weher tun.

Ich sprang also und wie durch ein Wunder tauchte ich ohne Schmerzen in das Wasser ein. Von da ab übte ich nur noch Sieben-Meter-Sprünge in allen Variationen. Ich wurde immer besser und bald sahen mir die anderen Badegäste, besonders die Mädchen, bei meinen Sprungkünsten zu und applaudierten sogar. Mit von Stolz geschwellter Brust stolzierte ich dann nach einer Serie von Sprüngen durch die ganze Schwimmbadanlage und ließ mich von allen bewundern. Ich muss wohl gedacht haben, schier Unmögliches geleistet und gleichzeitig dabei das Wagenrad erfunden zu haben.

Es gab auch einen Restaurantbetrieb zwischen den beiden Schwimmbädern gelegen. Da wir eigentlich nie über Geld verfügten, nahmen wir uns immer ein Butterbrot und etwas zu trinken von zu Hause mit.

Wir verbrachten herrliche Zeiten in diesem Freibad. Wir erledigten dort in Gruppen zusammenhockend unsere Schulaufgaben. Das war sehr praktisch, denn so konnte man sich gegenseitig in Fächern, die für den ein oder anderen gewisse Schwierigkeiten aufwiesen, helfen. Unter uns Schülern gab es auch einige Spezialisten, die für zehn oder zwanzig Pfennig Entlohnung sozusagen am Fließband die Aufgaben für eine Reihe von Schülern in bestimmten Fächern erledigten. Ich selbst habe für meine Klassenkameraden einmal fünf oder sechs sich völlig voneinander unterscheidende Deutschaufsätze über ein bestimmtes Thema geschrieben und dafür nicht nur Geld verdient, sondern auch Lob, denn alle meine individuellen Aufsätze, die ich für meine Mitschüler anfertigte, wurden vom Deutschlehrer sehr hoch benotet.

Der hohe Zaun, der das Schwimmbadgelände weiträumig umschloss, hatte einige undichte Stellen. Besonders Zaunlöcher, die sich im dichten Buschwerk befanden, erregten sehr stark unsere Aufmerksamkeit, denn durch diese konnten wir uns unbemerkt, und ohne Geld für die Eintrittskarte auszugeben, auf das Schwimmbadgelände schmuggeln.

Der Trick, um nicht sofort erwischt zu werden, war, sich in Badekleidung durch den Zaun zu zwängen, denn dann wurde den Wärtern und

Aufpassern der Argwohn genommen und sie konnten die Eindringlinge nicht von den Besuchern unterscheiden, die brav bezahlt und in den Umkleidekabinen ihre Badekleidung angezogen hatten. Natürlich musste man bei diesem Manöver seine Kleider verstecken und zwar da, wo man sie später, wenn man nach Hause ging, auch wieder vorfand.

Ich war einmal zufällig im Volksbad, als die Stadtmeisterschaften in verschiedenen Schwimmdisziplinen ausgetragen wurden. Jeder konnte mitmachen und ich meldete mich für die Disziplin Fünfzig-Meter-Brustschwimmen. Es kann aber auch sein, dass noch ein Schwimmer für dieses Rennen fehlte und jemand einfach auf mich zeigte. Jedenfalls war ich unter den acht Schwimmern, die man benötigte, um alle acht Startblöcke zu besetzen.

Ich nahm also nach dem Startkommando mein Herz in die Hand, sprang vom Startblock mit einem total verunglückten Kopfsprung ins Wasser, kam fast mit meiner Nase mit dem Beckenboden in Berührung und schwamm, als ich prustend und spuckend wieder auftauchte, wie um mein Leben auf den gegenüberliegenden Beckenrand zu. Während ich auf das Ziel zusteuerte, schluckte ich vor Aufregung, anstatt Luft einzuatmen, Wasser, tauchte dabei unbeabsichtigt unter, kam dann aber wieder hoch an die Oberfläche und schwamm stetig weiter, ohne einen klaren Gedanken fassen zu können. Als ich am anderen Ende anschlug, waren die anderen Schwimmer noch nicht am Ziel angekommen und ich war der Sieger. So wurde ich eher unabsichtlich Stadtmeister von Mönchengladbach im Fünfzig-Meter-Brustschwimmen. Diese Ehre hat mich sehr beeindruckt und ich beschloss danach Rettungsschwimmer zu werden. Ich nahm an entsprechenden Kursen im Kaiserbad, einem Hallenbad, teil und erwarb dort den Grundschein und den Leistungsschein im Rettungsschwimmen. Diese Ausbildung sollte mir viel später in meinem Leben einmal sehr nützlich sein.

Meine Mutter war immer schon kränklich und ihre Gesundheit nie besonders stabil gewesen. Schon als junges Mädchen hatte man bei ihr einen Herzklappenfehler festgestellt. Der Krieg, die Bombenangriffe, die vielen langen Nächte in feuchtkalten Bunkern, die Lebensmittelknappheit, die Evakuierungen etc. hatten ihr sehr zugesetzt. Im März 1948 wurde sie eines Morgens wach und hatte über Nacht einen Gehirnschlag erlitten, der sie halbseitig lähmte. Sie war urplötzlich ein Pflegefall geworden und konnte selbst die kleinsten Dinge nicht mehr verrichten. Sie wurde sofort ins Krankenhaus gebracht und dort behandelt und gepflegt.

Wir alle besuchten sie oft dort, aber eine Besserung wollte sich bei ihr einfach nicht einstellen. Meine älteste Schwester Roswitha, zu dem Zeitpunkt zwölf Jahre alt, ging fast jeden Tag ins Krankenhaus und saß oft stundenlang am Bett unserer Mutter. Eine noch sehr junge Freundin meiner Mutter, sie hieß Greta, kam manchmal zu uns und sah nach uns Kindern. Auch Frau Schüpgens, die mit ihrem Sohn – er hatte noch sporadisch auftauchende epileptische Anfälle – immer noch in unseren Kinderschlafzimmern im Anbau des Hauses wohnte, kümmerte sich um uns.

Für uns Kinder brach unsere kleine Familienwelt zusammen.

Unser Vater kümmerte sich neben seiner Arbeit um uns und wir Kinder übernahmen auch alle einige Pflichten in unserem Haushalt. Meine Schwester Roswitha, selbst noch ein Kind, wuchs über sich hinaus und erledigte viele Dinge, die in einem Haushalt anfallen. Dabei fand sie immer wieder Zeit, beinahe täglich Mutter im Krankenhaus zu besuchen. Hiltrud, meine jüngste Schwester, war gerade zehn Jahre alt und verstand eigentlich noch nicht so recht, was sich zugetragen hatte. Vielleicht war das auch gut so.

Meine Oma bestand darauf, dass ich bei ihr wohnen sollte, und so siedelte ich um. Mein Opa, der bei dieser und vielen anderen Sachen wieder einmal ohne Mitspracherecht war, hatte sich den Entscheidungen, die Oma traf, unterzuordnen. Ich bekam bei ihnen, oh Wunder, das kleine Herrenzimmer zugewiesen, als Bett diente mir die Chaiselongue, die nun allabendlich, um dem Bettzeug Platz zu machen, von den Prunk-Kissenbergen und dem sonstigen Zierrat befreit werden musste. Es muss für meine Oma eine riesige Überwindung gewesen sein, mir ihr Herrenzimmer, welches man nur über das wohlgehütete Wohnzimmer betreten konnte, zu überlassen. Alles Leben spielte sich ja bei ihnen nur und ausschließlich in der Wohnküche ab.

Mein Onkel Hans war kurz vorher aus der Gefangenschaft wieder nach Hause zurückgekehrt und bewohnte wieder sein Mansardenzimmer. Sein Zimmer war ohne jegliche Heizungsmöglichkeit und muss im Winter, da es gleich unter dem Dach lag, sehr kalt gewesen sein. Das schien ihm aber nicht das Geringste auszumachen.

Nun hatte meine Oma drei Männer zu versorgen. Ihr Sohn Hans bekam wieder seine alte Stellung bei der Bank und war mir ab und zu bei kniffligen Lateinaufgaben behilflich. Morgens verließen wir alle drei das Haus und gingen zusammen bis zum Güterbahnhof, wo sich unsere Wege trennten. Hans bog rechts zur Bank ab, Opa links, um in die Firma zu gelangen, in der er das Amt eines Bürochefs innehatte, und ich ging geradeaus zum Gymnasium.

Mittags trafen wir uns meistens dort wieder, wo wir uns am Morgen getrennt hatten, und gingen zusammen nach Hause zum Mittagessen. Kurz nach dem Mittagessen mussten wir wieder an die Stätten unserer Pflichten. Ich war nachmittags meistens zuerst wieder zu Hause und erledigte manchmal meine Schulaufgaben.

Meine Oma war natürlich nicht mit meiner eingefahrenen Routine einverstanden, dass ich meine Hausaufgaben gewohnheitsmäßig während des folgenden Unterrichtstages in der Schule erledigte. Ihr Sohn war ein besonders guter Schüler gewesen und hatte immer viele Stunden der Nachmittage damit verbracht, seine Hausaufgaben zu machen, deshalb war sie sehr erstaunt, wie wenig Zeit ich benötigte, um, wenn überhaupt, nur das Nötigste an Hausaufgaben zu verrichten.

Etwa um 18:30 Uhr kamen dann mein Onkel Hans und Opa nach Hause. Samstags mussten die beiden bis mittags arbeiten und auch ich hatte vier Stunden Unterricht im Gymnasium. Wir waren in der Regel mittags um 13:00 Uhr alle wieder in der Wohnung. Ich ging dann nach dem Essen ins Hallenbad, nahm dort ein Reinigungsbad und anschließend schwamm ich in dem großen Schwimmbecken. Dort traf ich in der Regel eine Menge Mitschüler oder Bekannte, die ich vom Sport kannte.

Samstagabends, falls Geld vorhanden war, ging ich ins Kino. Meistens hatte ich aber kein Geld.

Sonntags frühstückten nur Oma, Opa und ich. Hans blieb im Bett und schlief bis etwa 11:00 Uhr. Dann stand er auf und aß eine große Schüssel mit Heringssalat restlos leer, die meine Oma ihm schon vorsorglich auf den Küchentisch gestellt hatte, und dann war er für den Rest des Tages verschwunden.

Kurz vor 9:30 Uhr gingen wir in die Messe in der Eickener Kirche. Ich musste mit, ob ich nun wollte oder nicht. Nach Messeende verschwand Opa in seiner Stammkneipe in der Nähe der Kirche und kam erst kurz vor dem Mittagessen von seinem Frühschoppen, manchmal etwas angeheitert und lustig, wieder nach Hause.

Oma eilte gleich nach dem Kirchenbesuch nach Hause und beschäftigte sich mit dem sonntäglichen Mittagessen. Es gab dann immer eine Rindfleischsuppe, gefolgt von einem Fleischgericht mit Kartoffeln und Gemüse. Den Abschluss des Mittagessens bildete ein Nachtisch, der meistens aus Pudding oder eingemachten Früchten bestand. Dann zündete sich Opa eine Zigarre an und das war denn auch der Augenblick, den ich benutzte, um ihn um Sonntagsgeld zu bitten. War er guter Laune, bekam ich eine Mark. Im schlechtesten Falle waren es aber immerhin noch fünfzig Pfennige.

Ihr Sohn Hans ging nie in die Kirche. Er musste sich schon sehr früh gegen den kirchlichen Firlefanz bei seinen Eltern durchgesetzt haben. Dieses Thema wurde von meinen Großeltern als erledigt betrachtet und nie mehr diskutiert. Er verschwand ja, nachdem er seinen Heringssalat gegessen hatte, und ging zu seinem Freund, dessen Eltern ein kleines Milchproduktegeschäft in der Nähe führten. Wie die beiden ihre Sonntagnachmittage bis spät in den Abend hinein verbrachten, erfuhr meine Oma nur manchmal, nämlich nur dann, wenn sie ihre Einkäufe am Anfang der nächsten Woche in diesem Milchgeschäft machte.

Hans und sein Freund waren schon seit ihrer Schulzeit befreundet. Sie waren immer in einer Klasse gewesen und hatten auch ihr Abitur zusammen mit Auszeichnung bestanden. Beide hatten auch gemeinsam ihre berufliche Zukunft im Bankwesen gesehen. Hans als Bankkaufmann bei einer Bank und sein Freund bei einer anderen.

Ich hatte mir einen kleinen Traum verwirklicht und von meinem Taschengeld eine sehr teure Badehose gekauft. Sie war aus weißem Latex – ich glaube, so ähnlich hieß der Stoff. Sie hatte vorne ein kleines Täschchen mit einem goldfarbenen Reißverschluss, an dem noch ein kleiner goldener Metallbommel hing. Ziemlich praktisch war das, denn nun konnte ich Kleingeld mit mir herumtragen. Einen alten gestreiften und schon sehr stark abgetragenen und abgeschabten Bademantel hatte mir die Mutter von meinem Freund Jürgen geschenkt.

Nun, fand ich, war ich rundum gerüstet für meine Besuche im Volksbad, denn wer hatte zu dieser Zeit schon so eine schöne Badehose und wer hatte überhaupt einen Bademantel. Nicht auszudrücken, wie stolz ich auf diese Errungenschaften war.

Da ich nun während der Woche arbeitete, konnte ich nur samstags oder sonntags ins Freibad gehen. Ich war dann so beschäftigt, im Schwimmbadgelände auf- und abzugehen, damit auch jeder sah, was ich da trug, dass ich fast keine Zeit mehr zum Turmspringen und Schwimmen hatte. Dazu kam noch meine Befürchtung, dass das Wasser meiner neuen weißen Badehose nicht guttun würde.

Auf dem Nachhauseweg zu meinen Großeltern verbrachte ich oft Zeit in unserer Wohnung, um den Kontakt mit dem Rest meiner Familie aufrechtzuerhalten. Da schien auch alles in Ordnung zu sein, nur bereitete mir Greta, die jetzt immer öfter in unserer Wohnung aufzufinden war, ein gewisses Unbehagen.

An einem Sonntagmorgen, als ich wieder dort auftauchte, sah es so aus, als hätte sie auch die Nacht in unserer Wohnung verbracht. Wieder ein paar Wochen später sah ich Greta und meinen Vater Händchen haltend auf der Couch sitzen. Diese Observation steigerte wiederum mein Unbehagen, denn ich konnte mir beim besten Willen nicht vorstellen, was da vor sich ging. Meinen Vater zu fragen war mir unangenehm und so wunderte ich mich weiter. Ich war 14 Jahre alt und hatte nicht die leiseste Ahnung, was die beiden wohl anstellen mochten.

Der Zustand meiner Mutter im Krankenhaus blieb zuerst unverändert und dann verschlechterte er sich mit jedem weiteren Monat. Es muss Ende August im gleichen Jahr gewesen sein, als meine Mutter nach Krefeld in eine Spezialklinik überführt wurde.

Um nach Krefeld zu gelangen, musste man etwa eine Stunde lang mit der Straßenbahn fahren. Jetzt konnten wir unsere Mutter nicht mehr so oft besuchen. Besonders Rosi hatte darunter sehr zu leiden.

Am 17. November, schon sehr früh am Morgen, kam die Frau des Elektromeisters, der ja ein Telefon besaß, zu uns und berichtete meinen Großeltern und mir, dass meine Mutter am Tag zuvor abends um 19:10 Uhr gestorben war. Sie hatte nur 37 Jahre und 67 Tage leben dürfen.

Meine Großeltern nahmen diese Schreckensnachricht gefasst entgegen. Ich muss wohl einen Schock bekommen haben und konnte die Tatsache, dass unsere Mutter nicht mehr lebte, nicht verstehen. Ich hatte, wie auch meine Geschwister, ständig damit gerechnet, dass Mutter bald wieder zu uns nach Hause kommen würde. Wir waren doch alle der Meinung, dass unsere Mutter durch die Verlegung in diese Spezialklinik wieder gesund werden würde. Nun aber ihr plötzlicher Tod, der uns Kinder völlig unvorbereitet traf. Vielleicht hatten unser Vater und die Großeltern gewusst, dass unsere Mutter unheilbar krank und eine Heilung aussichtslos gewesen war.

Für uns Kinder brach eine Welt zusammen. Wir konnten uns einfach nicht vorstellen, keine Mutter mehr zu haben. Ich fragte mich immer wieder, warum meine Mutter so weit weg von uns sterben musste. Denn wenn sie unheilbar krank gewesen war, hätte man sie doch im Krankenhaus in Mönchengladbach oder auch zu Hause sterben lassen können und wir Kinder wären dann in ihrer Nähe gewesen.

Ich hatte zwar schon die beiden Geschwister während meiner Krankheit im Krankenhaus sterben sehen, aber die hatten ja auch sichtbare Verletzungen gehabt. Wie konnte es aber geschehen, dass unsere Mutter sterben musste, sie hatte ja außer einem etwas schiefen Gesicht, ein Überbleibsel des erlittenen Gehirnschlags (Embolie), und der linksseitigen Lähmung, die sich schon etwas gebessert hatte, nichts gehabt, was darauf hindeuten konnte, dass sie überhaupt krank war, so dachte ich jedenfalls.

Ich fuhr mit meinem Opa nach Krefeld und wir wurden in die trüb beleuchtete Leichenhalle geführt. Dort lag meine Mutter und sah aus, als ob sie schlafen würde. Ganz friedlich lag sie da und wie zu ihren Lebzeiten war ihr Gesicht umrahmt von ihrem schwarzen lockigen Haar. Nur die Farbe ihrer Hände war wächsern in dem schwachen Licht der dunklen Halle.

Ich stand wie versteinert vor meiner toten Mutter und wagte nicht, sie anzufassen, denn ich befürchtete, ich würde sie aufwecken. Ich konnte kaum atmen, um meine Brust legten sich Eisenringe, die mich schier erdrücken wollten. Ich stand vor meiner friedlich ruhenden Mutter und wollte einfach nicht glauben und begreifen, dass sie nun nie wieder mit uns sprechen, lachen, singen, uns schelten, loben, nie wieder unsere Wangen und Haare streicheln, uns nie wieder in ihre Arme nehmen würde. Ich konnte es einfach nicht fassen, dass meine Mutter tot war. Mein Opa legte seine Hand auf die gefalteten Hände meiner Mutter, strich ihr übers Haar und dann sagte er zu mir, ich solle mich immer an das schöne und in sich ruhende Gesicht meiner Mutter erinnern. Dann gingen wir hinaus und fuhren wieder nach Hause.

Ich muss meinem Opa dann wie im Traum gefolgt sein, denn an das Verlassen der Leichenhalle, meinen letzten Gruß an meine Mutter und an die Heimfahrt kann ich mich nicht mehr erinnern. Als wir wieder zu Hause waren, berichtete mein Opa mir, wie ihm die Krankenschwester, die zufällig im Zimmer meiner Mutter war, als sie starb, den Tod meiner Mutter geschildert hatte. Meine Mutter habe wie immer in ihrem Bett gelegen und plötzlich habe sie sich mit weit aufgerissenen Augen aufgerichtet, habe noch etwas wie „Hoffentlich kümmert sich jemand um die Kinder“ gesagt und sei dann zurückgesunken und tot gewesen.

Sie muss vorher geahnt haben, dass sie bald sterben würde. Sie hatte einen Abschiedsbrief für uns hinterlassen, in dem sie klar ausdrückte, dass sie unheilbar krank war, sich sogar noch bei uns entschuldigte, dass wir die Last ihrer Krankheit erleiden mussten.

Als ich mich am Abend in mein Zimmer zurückziehen und alleine sein konnte, kam mir erst zu Bewusstsein, dass Mutter nie mehr zu uns zurückkehren würde. Dass wir nie mehr ihre Stimme hören würden. Ich machte mir Vorwürfe, sie ganz allein in der kalten, unfreundlichen, feindlich anmutenden Leichenhalle zurückgelassen zu haben. Immer wieder kam mir ihr Bild vor Augen, wie sie da in ein weißes Laken gehüllt wie ein in Weiß gekleideter Engel gelegen hatte und nun die Nacht ohne Schutz ganz alleine in dem dunklen, kalten Raum zubringen musste. Ich habe die ganze Nacht und viele Nächte danach geweint.

Ich war in der Folgezeit neidisch und wütend zugleich, wenn ich andere Kinder sah, die noch ihre Eltern hatten. Immer wieder warf ich mir vor, ich hätte aufmerksamer, freundlicher und lieber zu ihr sein müssen, als sie noch lebte. Aber nun war alles zu spät und jetzt musste ich mit meinem Gewissen und den Dingen, die mich bedrückten, alleine fertigwerden.

Eigentlich habe ich es bis zum heutigen Tage nie verwunden, meine Mutter so früh verloren zu haben.

An das Begräbnis meiner Mutter kann ich mich nicht mehr gut erinnern. Ich weiß nur noch, dass meinem Vater die Einzelgrabstätte meiner Mutter in einem entlegenen Teil des Mönchengladbacher Hauptfriedhofs nicht gefiel. Er ließ schon nach ein oder zwei Wochen die Leiche meiner Mutter in eine Doppelgrabstätte im vorderen Teil des Friedhofs umbetten. Er war bei der Umbettung zugegen und ließ von den Totengräbern noch einmal den Sarg meiner toten Mutter öffnen. Er erzählte mir dann, dass sie noch völlig unverändert, wie wenn sie gerade erst gestorben wäre, ausgesehen habe.

Etwa Juni oder Juli des nächsten Jahres wurde mein Vater ins Krankenhaus gebracht. Welche Krankheit er hatte, wussten wir Kinder nicht. Wir besuchten ihn sehr oft dort und wir bemerkten, dass er immer dünner wurde.

Zu dieser Zeit baute ich mir gerade ein Fahrrad aus alten und neuen Teilen zusammen. Ich hatte einen alten Fahrradrahmen mit Tretwerk erstanden, den ich hellblau lackieren ließ. Danach ergatterte ich so nach und nach zwei Felgen, die Speichen, Radachsen, eine Antriebskette, einen Lenker und einiges mehr. Ab und zu gab mir mein Vater etwas Geld, wenn ich ihm im Krankenhaus von meinen Nöten in der Beschaffung von Fahrradteilen berichtete. Schließlich war mein Fahrrad bis auf Schläuche und Reifen fahrbereit. Ich wollte aber unbedingt darauf fahren und fand einen alten Gartenschlauch, den ich dann in zwei passende Stücke schnitt und diese dann auf den Felgen befestigte. Tatsächlich konnte man jetzt, wenn auch sehr stark holpernd, mit dieser Bereifung eine kleine Distanz zurücklegen. Meistens flogen aber die Gartenschlauchstücke wieder von den Felgen und mussten mühsam wieder neu befestigt werden. Ich war sehr stolz auf meine fahrbare Konstruktion.

Bei einem meiner letzten Besuche bei meinem Vater im Krankenhaus berichtete ich ihm von meinen Fahrradsorgen. Er hörte sich alles gut an und als ich mich von ihm verabschiedete, drückte er mich an sich und gab mir genügend Geld, um richtige Schläuche und Reifen für das Fahrrad zu kaufen.

Ich war überglücklich und besorgte mir sofort die noch fehlenden Teile. Jetzt hatte ich ein richtiges funktionierendes Fahrrad. Ich liebte mein blaues Fahrrad sehr und hätte es abends am liebsten mit in mein Bett genommen.

Vielleicht wusste Vater, als ich ihn das letzte Mal besuchte, in seinem Unterbewusstsein, dass er sterben würde. Solange ich ihn kannte, war er immer ein sehr starker Raucher gewesen. Wenn er keinen Tabak hatte, rauchte er irgendwelche getrockneten Blätter in seiner Pfeife. Nie hat er mir oder uns gegenüber ein Wort über seine Krankheit verloren. Wenn wir bei ihm waren, sprach er immer nur davon, dass er bald wieder nach Hause komme. Sehr gut möglich ist, dass die Ärzte absichtlich weder ihn noch uns über die Schwere seiner Krankheit informierten. Da bekamen wir plötzlich die Nachricht, dass unser Vater im Krankenhaus gestorben war.

Er starb am 8. September 1949 um 4:30 Uhr morgens im Alter von 56 Jahren an Lungenkrebs. Da brach für uns alle eine ganze Welt zusammen, denn nun waren wir Vollwaisen. Welch ein Schock, denn einen oder zwei Tage vorher hatte ich ihn ja noch im Krankenhaus besucht. Mir war nichts Besonderes an ihm aufgefallen, er war nur sehr, sehr dünn geworden, aber er war, solange ich ihn kannte, immer schon hager gewesen. Keiner von uns hatte mit seinem Tod gerechnet.

Als ich seine persönlichen Sachen im Krankenhaus abholte, wurden mir unter anderem seine Armbanduhr und seine Brieftasche ausgehändigt. Die Armbanduhr, die ich sehr liebte und verehrte, wurde mir leider 15 Jahre später gestohlen. Seine Brieftasche besitze ich heute noch. Von seinen Anziehsachen gefielen mir eine braune Sakko-Sportjacke und eine hellgraue Hose. Es wurden nur einige kleinere Änderungen an den Kleidern gemacht und dann konnte ich sie tragen. Man sah aber trotzdem, dass sie mir nicht gut passten und etwas zu groß für mich waren, aber das war mir egal. Bestimmt hätte sich Vater gefreut, dass ich nun der Besitzer eines Teils seiner Garderobe war. Ich habe noch ein Foto, zusammen mit Jürgen, auf dem man mich als Träger von Vaters Sportjacke und Hose sehen kann.

Wir beerdigten unseren Vater im Grab an der Seite unserer Mutter.

Ein paar Monate später fertigte uns ein Steinmetz, dem ich unsere Finanzsituation schilderte, aus einer alten, dünnen weißgrauen Marmor-Waschtischplatte einen Grabstein für die Ruhestätte unserer Eltern an. Das billige, einfache Holzkreuz, das bisher auf dem Grab unserer Eltern gestanden hatte, hatte nun ausgedient.

Mit meinem Fahrrad fuhr ich ein paarmal in den Kahlkopf, so nannten wir einen alten Steinbruch hinter dem Friedhof, und fand dort einige flache graue Steinstücke aus Granit, die ich als Tretsteine und zur Verzierung auf das Grab legte.

Sehr viel später kaufte ich einen schönen Grabstein von guter Qualität und der befand sich bis Mitte 2004 zusammen mit den alten Steinstücken auf dem Grab unserer Eltern. Nach diesem Zeitpunkt haben wir das Grab aufgegeben. Wir hatten es über fünfzig Jahre lang erhalten.

Meine Schwestern wurden in ein von Nonnen geführtes Waisenhaus in der Nähe der holländischen Grenze gebracht. In diesem Waisenhaus gab es auch eine Schule, in die sie beide gingen. Ich wohnte ja seit dem Tode meiner Mutter schon bei meinen Großeltern.

Das Waisenhaus mit angrenzender Schule lag einsam in einem Wald und die Gegend darum herum war sehr schön. Nur war es sehr weit weg von Mönchengladbach und wenn ich die beiden besuchen wollte, benötigte ich fast zwei Stunden mit dem Fahrrad, um dorthin zu kommen. Nun zahlte es sich aus, dass ich ein Fahrrad besaß. Fast alle zwei Wochen fuhr ich sonntags zu ihnen, manchmal begleitete mich mein Freund Jürgen. Die beiden müssen dort zuerst sehr einsam und traurig gewesen sein, aber sie haben niemals geklagt. Sie hatte das Schicksal besonders gestraft, denn sie waren ja noch kleine Mädchen.

Wenn ich kam und sie besuchte, freuten sie sich sehr. Wir machten dann lange Spaziergänge in der Umgebung und wenn ich wieder zurückfahren musste, ist mir fast das Herz gebrochen. Ich habe immer weinend den langen Heimweg zurückgelegt.

Was konnte ich denn für sie tun, so ging es mir immer durch den Kopf. Ich selbst war ja erst 15 Jahre alt. Sie waren beide sehr tapfere kleine Mädchen und immer sehr traurig, wenn ich sie verlassen musste. Roswitha ließ nie den Kopf hängen und war immer für ihre jüngere Schwester Hiltrud in allen Belangen zur Stelle. Oh, wie habe ich mir zu dieser Zeit gewünscht, erwachsen zu sein, um für meine Schwestern sorgen und ein Heim schaffen zu können.

Warum mussten meine Schwestern ins Waisenhaus? Konnten Tante Gertrud oder andere Verwandte, Bekannte aus der Familie meiner Oma oder aus dem Familienkreis vom Bruder meines Vaters meine Schwestern nicht bei sich aufnehmen? Was war eigentlich los mit dem Bruder meines Vaters und seiner Frau? Gut genug für sie waren wir, sie in ihrer Not bei uns aufzunehmen, aber als meine Eltern starben, haben wir nie wieder etwas von ihnen gehört. Ich kann mich auch nicht erinnern, dass sie bei den Beerdigungen meiner Eltern zugegen waren. Oder was war mit meiner Oma los, sie hätte ja nur von ihrem geliebten Parade-Wohnzimmer Abschied nehmen müssen und es wäre ein Zimmer für die beiden vorhanden gewesen. Was war mit unserem Onkel Hans? Konnte oder wollte er seinen Nichten nicht helfen? All das und vieles andere ging mir dauernd durch den Kopf.

Ich weiß bis zum heutigen Tage nicht, was in den Köpfen unserer Verwandten vorging. Was war das überhaupt für eine Welt, in der unmündige Kinder so leiden mussten.

Aber es kam ja noch schlimmer. Ich habe ja bereits erwähnt, dass ich das Gymnasium verlassen musste. Das Schuljahr ging bald zu Ende, ich ging in die Untertertia und sollte in die Obertertia versetzt werden, als mir die Leitung des Gymnasiums eröffnete, dass das Schulgeld – es handelte sich um 20 DM im Monat – seit längerer Zeit nicht mehr bezahlt worden sei. Das war bestimmt richtig, denn mein Vater lag ja im Krankenhaus und verdiente nichts. Meinem Vater habe ich nichts davon gesagt, denn ich wollte ihn nicht beunruhigen. Warum konnte denn keiner vom Rest meiner Familie einspringen und diesen eigentlich kleinen Betrag zahlen?

Von meiner Oma hörte ich nichts Vernünftiges in dieser Sache. Nur manchmal kam das Thema auf, dass ich ja jetzt alt genug sei und einen Beitrag zu den Haushaltskosten leisten könne. Ob das der Grund war oder vielleicht ganz andere Gründe vorherrschten, kann ich heute nicht mehr nachvollziehen.

Da mein Opa in der Textilindustrie beschäftigt war, wurde er beauftragt, in diesem Industriezweig eine geeignete Lehr- oder Praktikantenstelle für mich zu finden. Das tat er denn auch und wurde fündig.

Zu bemerken wäre hier, dass in Mönchengladbach, Rheydt, Viersen, Krefeld und in vielen der umliegenden Städtchen und Dörfer bis einschließlich Aachen schon seit langen Zeiten vornehmlich die Textilindustrie angesiedelt war. Fast jeder zweite Arbeitnehmer in diesen Gegenden arbeitete in einem Textilunternehmen. Es gab auch einige Maschinenfabriken, von denen die meisten Maschinen für die Textilindustrie produzierten.

Ich trat also meinen Dienst als Lehrling in einer großen Textilfabrik an. Diese Firma stellte Wollstoffe für die Bekleidungsindustrie her. Es gab dort eine Spinnerei, die das Garn herstellte, und eine Weberei, die daraus Stoffe webte. Dann waren noch andere Abteilungen für die Stoffveredelung vorhanden wie Färberei, Walkerei etc., in denen es immer entsetzlich stank. Eine Kunststopfabteilung war vorhanden, in der nur Frauen und Mädchen arbeiteten, die Webfehler ausbesserten.

Ich musste als Lehrling in all diesen Abteilungen mehrere Monate zubringen und die jeweiligen Fertigkeiten erlernen. Ich habe mich aber zu keiner Zeit für diesen Industriezweig interessiert und mich auch nicht mit diesen Arbeiten, die ich zu verrichten hatte, identifizieren können und im Grunde genommen alles, was mir aufgetragen wurde, widerwillig erledigt.

Der Meister der Weberei hatte frühzeitig meine schon sehr brauchbaren mathematischen Kenntnisse erkannt und so holte er mich immer ein paar Tage vor jedem Monatsende in sein Meisterbüro, um die Lohnabrechnungen für die fast 100 Weber vorzunehmen. Der Meister der Spinnerei bediente sich meiner nun auch des Öfteren und so brachte ich eine größere Zeit in den beiden Betriebsbüros zu, sehr zum Nachteil der eigentlichen Fertigkeiten, die ich zu erlernen hatte.

In der Spinnerei arbeitete eine Hilfsarbeiterin, etwa 20 Jahre alt. Sie hatte es sich wohl zum Ziel gesetzt, mich in die Geheimnisse der Sexualwissenschaft einzuführen. Immer wenn ich ihr als Anzulernender zur Hand gehen musste, konnte sie es einrichten, dass das, was sie mir beizubringen hatte, in einer dunklen Ecke oder in einem separaten Raum geschah. Dabei öffnete sie regelmäßig ihren Arbeitskittel, unter dem sie eigentlich sehr wenig oder auch manchmal überhaupt nichts trug.

Ihre Bemühungen waren aber nicht von Erfolg gekrönt, denn ich war noch in einem Alter, in dem ich mich zwar für viele andere Dinge interessierte, aber Sex war nicht darunter. Zudem hatte sie einen unangenehmen Körpergeruch. Ich bin immer regelrecht vor ihr geflohen. Ihr sexuelles Verlangen muss aber doch von irgendjemandem gestillt worden sein, denn nach einigen Monaten wurde ihr Bauch immer dicker und es war offensichtlich, dass sie sich und möglicherweise später auch die Spinnerei mit Nachwuchs versorgte. Ich wurde kurz nach dieser Observation in eine andere Abteilung versetzt und verlor sie aus meinen Augen.

Es gab eine Menge Lehrlinge in dem Werk und mit einem, der zwei Jahre älter war als ich und der auch etwa fünf Jahre an einem Gymnasium zugebracht hatte, freundete ich mich an. Er war auch durch seine Familie in diesen Dienst gepresst worden und hasste jeden Augenblick, den er in dieser Firma zubringen musste. Wir schmiedeten zusammen Fluchtpläne, aus denen aber nie etwas wurde. Ich weiß noch, dass wir oft über Kanada oder Amerika sprachen und unser geringes Wissen über diese Länder austauschten.

Ich bekam monatlich ein kleines Entgelt und das musste ich an meine Oma abliefern. Sie zog von der Summe das Kostgeld, wie sie es nannte, ab und ich bekam einen kleinen Teil als Taschengeld zugewiesen. Das war in Ordnung, schließlich wohnte ich bei ihr, sie verpflegte mich, hielt meine Kleider in Ordnung und tat auch sonst alles Notwendige für mich. Sie war ja eine liebe und sich sorgende Oma und ich hatte nie Grund, mich über ihre Fürsorge zu beklagen. Nur ihr Kleinbürgertum, ihre Engstirnigkeit und diktatorischen Feststellungen in vielen Dingen waren oftmals zum In-die-Luft-Gehen. Ihre Welt war die unmittelbare Umgebung, in der sie lebte, mehr verlangte und wollte sie wahrscheinlich auch nicht. Berücksichtigen muss man aber, dass sehr viele Menschen so lebten wie meine Großeltern.

Einmal pro Woche mussten wir Lehrlinge an einem Fachunterricht in der Berufsschule teilnehmen. Für diesen theoretischen Unterricht im Textilwesen wurden wir von der Arbeit in der Firma freigestellt. Der Unterricht dort machte zwar nicht so viel Spaß, riss auch niemanden so richtig vom Hocker, trotzdem war es eine Abwechslung von der doch recht eintönigen Arbeit in der Textilfabrik.

Ich hätte mich viel wohler in der Maschinenbauindustrie oder ähnlichen Industriezweigen gefühlt. Dieses Thema kam zu Hause bei meiner Oma nie zur Sprache und wenn doch, hätte sie bestimmt gesagt: „Schuster, bleib bei deinem Leisten, will heißen, wir kommen alle aus der Textilindustrie und was für uns gut war, ist auch für dich gut." Mit diesem Ausspruch und dieser Feststellung wurden die meisten der ihr suspekt vorkommenden Themen, die sich außerhalb ihres stark begrenzten Wissensbereiches befanden, erledigt. Da fragt man sich, wie kam ihr eigener Sohn dazu, Bankkaufmann zu werden oder die Heilige Messe am Sonntag nicht zu besuchen usw. Immer mehr verstand ich später meinen Onkel Hans. Der hatte nämlich frühzeitig den engmaschigen Käfig zu Hause erkannt und sich schleunigst konträr zu der allgemeinen Standardrichtung seiner Eltern verhalten und entwickelt.

Vielleicht wäre auch alles anders gewesen oder gekommen, wenn mein Opa nicht solch ein Pantoffelheld gewesen wäre. Der hatte nämlich manchmal ganz vernünftige Ansichten. Wenn Oma außer Sichtweite war, steckte Opa mir schon einmal ab und zu heimlich und dabei fröhlich grinsend die eine oder andere Mark zu. Opa war ein Gemütsmensch und bequem, er ging möglichst allen Unannehmlichkeiten aus dem Weg, unter diesen befand sich auch seine Frau.

Er lud mich öfters zu einer Filmvorstellung ein. Es gab in unserer nächsten Nachbarschaft ein Kino, eigentlich war es ein Tanzsaal, zum Kino umgebaut. In diesem Kino liefen vorwiegend amerikanische Revuefilme, die wir beide sehr gerne sahen, denn sie zeigten uns eine andere Welt, eigentlich eine Traumwelt, in der man gerne für ein paar Stunden versank. Wir sahen mit Begeisterung alle Filme mit Esther Williams, die mehr im Wasser als auf festem Boden zu sehen war. Auch die Tarzanfilme mit Johnny Weissmüller waren Renner, denn die Leute waren begierig, nach dem Krieg endlich wieder schöne Landschaften, besonders Urwälder, die sie ja noch nicht kannten, sehen zu können. Die Filmvorführungen waren immer brechend voll und wenn man nicht schon frühzeitig in der Schlange vor der Kasse stand, war es unmöglich, noch eine Karte für die Vorstellung zu bekommen.

In der Stadt gab es eine Menge von Filmtheatern und alle Vorstellungen waren immer ausverkauft, vorausgesetzt, man zeigte amerikanische Filme. Das muss die Blütezeit der Kinos gewesen sein. Deutsche Filme wurden fast nie gezeigt, vielleicht gab es auch keine, jedenfalls waren sie nicht beliebt. Ich kann mich bis heute nicht an einen deutschen Film erinnern, der eine überragende internationale Bedeutung hatte.

Einmal im Jahr machte Opa mit den Angestellten seiner Firma einen mehrtägigen Betriebsausflug. Nur die Betriebsangehörigen im Angestelltenverhältnis konnten an diesen Ausflügen teilnehmen. Diese Ausflüge führten dann möglichst weit aus dem Hoheitsgebiet meiner Oma heraus, meistens an einen Weinort, am Rhein oder der Mosel gelegen. Er kam immer sehr aufgeräumt und froh gestimmt von diesen Exkursionen zurück und erzählte mir dann mit verschmitzter Miene, welchen Spaß sie gehabt hatten.

Seinen sonntäglichen Frühschoppen oder den wöchentlichen Kegelabend in seiner Stammkneipe ließ er sich nicht nehmen. Diese Freiheiten auf einer permanenten Basis bei seiner Frau durchzusetzen, muss wohl ein gewisser Kraftaufwand für ihn gewesen sein. Seinen wöchentlichen Kegelabend genoss er besonders, denn Frauen konnten nicht Mitglied im Kegelklub werden, also war seitens Oma nichts zu befürchten.

Mit unserer Rollhockeymannschaft fuhren wir nun öfters zu unseren Gegnern in andere Städte. Wir fuhren mit dem Zug oder manchmal auch mit einem kleinen Lastwagen, der einem Klubmitglied gehörte und den er der Mannschaft zur Verfügung stellte, zu den Auswärtsspielen. Die Spieler mussten dann auf der offenen Ladefläche sitzen und wenn es regnete, wurden wir bis auf die Haut nass. Uns machte das aber nichts aus, denn endlich hatten wir einmal die Gelegenheit, auch andere Städte zu sehen.

Schon zu der Zeit muss sich ein ausgeprägtes Fernweh in mir entwickelt haben, das sich jährlich steigerte. Wann immer ich Zeit hatte, ging ich zur Familie meines Freundes Jürgen. Dort lernte ich auch einen Verwandten von ihnen kennen, der kurz nach Ende des Krieges nach Kanada ausgewandert war und nun in Deutschland Freunde und Verwandte besuchte. Er berichtete sehr ausführlich von seinem Leben in seiner neuen Heimat, den beruflichen Möglichkeiten und der Größe und Weite des Landes. Dieses Gespräch muss mich sehr beeindruckt haben, denn von dem Zeitpunkt an wusste ich, dass auch ich irgendwann nach Nordamerika auswandern würde.

Die Familie von Jürgen hatten mich in ihr Herz geschlossen und ich wurde praktisch ein Teil davon. Auf ihren Wunsch hin nannte ich Jürgens Vater Onkel Hans und seine Mutter Tante Thea.

Sonntagmorgens holten entweder Jürgen oder ich eine große Kanne Bier in der Gaststätte an der Ecke. Wir beide durften fleißig mittrinken mit dem Resultat, dass wir, Jürgen und ich, dieses Getränk sehr zu schätzen lernten. Diese Besuche waren für mich sehr wichtig, denn Jürgens Familie war allen Dingen gegenüber sehr aufgeschlossen und hatte eine moderne Lebenseinstellung.

Jürgen war aus eigenem Willen beim Gymnasium, etwa zur gleichen Zeit, als ich es verlassen musste, ausgeschieden. Er wurde wie ich auch Lehrling in einem Textilunternehmen, fand aber im Gegensatz zu mir Gefallen an dieser Tätigkeit. Später war er ein erfolgreicher Dessinateur bei verschiedenen großen Firmen, auch bei einer Firma in der Schweiz, bei der er viele Jahre zubrachte.

Sein Bruder Hanjo studierte zu dieser Zeit schon Medizin an der Uni in Bonn, er wollte wie sein Vater Zahnarzt werden und die Praxis übernehmen, was er auch später tat. Durch Jürgen kam ich auch in den Genuss, ab und zu ins Theater zu gelangen. Seine Familie hatte ein Abonnement und wenn sie nicht alle zusammen eine Vorstellung besuchten, durfte ich einen der freien Plätze besetzen.

Jürgen hatte einen Motorroller, eine Lambretta. Mit diesem Gefährt fuhren wir sonntags manchmal in entferntere Städte wie Köln oder Düsseldorf. Ich erinnere mich noch gut an eine Varieté-Aufführung im Palladium in Düsseldorf. In dieser Vorstellung tanzten eine Reihe gut gewachsener junger Damen, flankiert von den Kessler-Zwillingen. Das war der erste öffentliche Auftritt der Zwillinge, mit dem sie direkt berühmt wurden und folglich in vielen Ländern der Welt, immer in den besten Häusern, gastierten. Auch waren sie später in Filmen und Fernsehsendungen zu bewundern. Über Jahrzehnte tanzten und sangen sie zusammen. Sie schienen nie älter zu werden.

Das Theater interessierte mich sehr und so kam es mir auch zugute, dass ich eher zufällig über meine Oma eine ihrer entfernten Verwandten kennenlernte, eine Frau mit ihrem Sohn Hans, der ein paar Jahre älter als ich war. Seine Mutter war geschieden, was zu dieser Zeit in unserem kleinbürgerlichen Umfeld untragbar war. Sie war darüber hinaus noch Sängerin im Chor am Stadttheater, was die ganze Sache, besonders aus der Sicht meiner Oma, noch anrüchiger machte. Von ihnen bekam ich Freikarten fürs Theater. Manche berechtigten mich zwar nur zu einem Sitz auf der Halunkenloge, das war die Sitzreihe, die am weitesten entfernt von der Bühne oben auf dem Balkon angeordnet war, aber das machte mir wenig aus. Ich nahm jede Gelegenheit wahr, mich aus dem kleinbürgerlichen Dunstkreis, in dem ich bisher gelebt hatte, zu befreien.

Die Mutter von Hans war sehr natürlich, herzlich und modern eingestellt. Eine wahrlich hervorragende Frau, die mit beiden Beinen fest im Leben stand. Auch ihren Sohn Hans mochte ich gern. Er besaß einen Plattenspieler und eine Reihe Jazzschallplatten.

Eine war darunter, die ich besonders gerne hörte. Sie war von Les Paul und seiner Frau Mary Ford, einem amerikanischen Duo. Es war schon eine Seltenheit, damals überhaupt Schallplatten zu haben und zu hören, denn wer hatte zu dieser Zeit schon einen Plattenspieler.

Mein Onkel Hans heiratete etwa ein Jahr nach seiner Rückkehr aus der Kriegsgefangenschaft seine Verlobte Ine. Sie bezogen zuerst eine kleine Wohnung in Mönchengladbach und als Nachwuchs unterwegs war, zogen sie in eine geräumige Wohnung nach Rheydt.

Rheydt ist heute nur noch ein Ortsteil von Mönchengladbach. Sie bekamen kurz hintereinander drei Kinder, zuerst zwei Mädchen und dann einen Jungen. Meine Oma, nun erneut Großmutter geworden, besuchte sie einmal pro Woche. Wenn sie dort war, badete sie auch gleich in deren neuem Badezimmer. Einmal, so berichtete sie später, mussten ihr Sohn und seine Frau sie mit vereinten Kräften aus der Wanne ziehen. Aus eigener Kraft wäre sie nicht herausgekommen, meinte sie. Man muss bedenken, meine Oma war sehr korpulent, um nicht zu sagen sehr dick, mit einem Körper, der überall sehr gut ausgepolstert war.

Warum badete sie wohl bei ihrem Sohn, wenn sie doch selbst ein großes, schön eingerichtetes Badezimmer zu Hause hatte? Sparsam wie meine Oma eben war, hatte sie nie ihre Badewanne an die Wasserleitung anschließen lassen, den Abfluss natürlich auch nicht. Ich weiß nicht, ob überhaupt ein Boiler im Bad war. Wichtig für sie war nur, sie hatte ein Badezimmer. Ob alles darin funktionierte oder nicht, spielte eine untergeordnete Rolle. Oma und Opa wuschen sich einmal pro Woche – und zwar samstags – gründlich an dem großen Spülstein in ihrer Wohnküche. Für dieses wöchentlich stattfindende Unternehmen bereitete Oma zwei große Kessel mit heißem Wasser vor.

Ich ging immer ins Kaiserbad, in ein Reinigungsbad und anschließend schwimmen. Dort lernte ich auch Gerd kennen, für den Schwimmen eine Art Lebensinhalt oder die Flucht vor seiner, wie ich später selbst feststellen konnte, lärmenden, chaotischen Familie war. Er wurde später ein begeisterter und erfolgreicher Wettkampfschwimmer. In seiner Freizeit war er, jede Minute nutzend, immer eifrig trainierend, in der Badeanstalt anzutreffen. Ich hatte ihn vorher nur flüchtig gekannt. Er wohnte nicht weit von meinen Großeltern entfernt. Er erzählte mir von seiner Familie, seinen vielen Schwestern und Brüdern, die alle jünger waren als er und alle in einer Wohnung zusammenlebten. Das war wahrscheinlich einer der Gründe, warum er so oft schwimmen ging oder möglichst viel Zeit außerhalb seines Zuhauses verbrachte.

Einmal lud er mich ein, ihn bei sich und seiner Familie zu besuchen. Die Wohnung war an sich groß oder mindestens normal für eine Familie mit Kindern. Sie hatte vier geräumige Zimmer. Als ich vom Hausflur in die Wohnung trat, schallte mir ein ohrenbetäubender Krach entgegen. Eine Menge Kleinkinder wuselten überall herum und mittendrin stand wie ein Fels in der Brandung seine Mutter, die mich freundlich und herzlich begrüßte. Sie war offensichtlich sehr nervenstark.

So viele Kinder in einer Familie auf einem so begrenzten Raum hatte ich noch nie gesehen. Gerds älteste Schwester war vielleicht 15 Jahre alt und musste ihrer Mutter helfen, die Kinderschar einigermaßen zu bändigen. Da waren, wie die Orgelpfeifen aufgereiht, mindestens noch fünf oder sechs Kinder im Alter zwischen einem und acht Jahren.

Alle schienen immer alles gemeinsam und doch wieder unabhängig voneinander zu machen: Sie redeten, sangen, schrien, heulten, quäkten, bewarfen sich mit irgendwelchen Dingen, einige Kleinere aßen oder tranken, und was immer sie in sich hineinstopften, tropfte oder floss auch wieder hinaus, auf ihre Kleider und den Boden.

Eine unbeschreibliche Unordnung muss das Markenzeichen dieser Familie gewesen sein. Überall lagen Kleidungsstücke, Spielzeuge, Essensreste, Schulsachen und sonstige undefinierbare Artikel herum. Zwei der ganz Kleinen saßen nur mit einem Hemdchen bekleidet auf ihren Nachttöpfen und beförderten sich mit ihren Untersätzen, die auf wundersame Weise an ihren kleinen Hintern zu kleben schienen, oftmals miteinander kollidierend, quietschend und krähend quer durch den Raum und dann von einem Raum in den nächsten. Was ich da sah, war ein regelrechter Hexenkessel.

Der Vater war Schneider. Er saß, als wäre das die natürlichste Sache auf der Welt, mitten in dem Getümmel auf einem großen Tisch. Seine Beine hatte er unter seinem Körper im Schneidersitz zusammengefaltet und nähte eifrig. Manchmal guckte er in die schreiende, quiekende und quakende Runde, grinste fröhlich, lachte laut, trällerte ein Liedchen, um dann gleich wieder fleißig mit Nadel und Faden die Stoffteile zu bearbeiten. Er war selbstständiger Herrenschneider, wie sich herausstellte.

Ab und zu hob die Mutter eines der Kleinkinder vom Nachttopf, guckte hinein und wenn was drin war, freute sie sich und rannte, das Kind unter einen Arm geklemmt, mit der anderen Hand den Topf jonglierend, auf die Toilette. Schwups war sie samt Kind wieder da, setzte das Kind wieder auf den gesäuberten Topf und es rutschte glücklich juchzend wieder mit seinem Gefährt durch die Wohnung. Wahrscheinlich verbrachten die Kleinen den ganzen Tag auf ihren Töpfen. Wie und wo sie alle schliefen, ob sie zusammen essen konnten oder wie sie überhaupt einmal alle miteinander ihre Wohnung verlassen konnten, um einen gemeinsamen Spaziergang oder Tagesausflug zu unternehmen, entzieht sich meiner Kenntnis. Alle schienen jedoch glücklich und zufrieden zu sein.

Unser einziger Zeitvertreib und ein Vergnügen zugleich war damals, an späten Samstagnachmittagen oder den Samstagabenden, wenn wir gebadet und mit frischen Kleidern versehen uns stadtfein gemacht hatten, in die Innenstadt zu gehen. Wir gingen dann in Gruppen vom Bahnhof aus auf dem Bürgersteig die eine Seite der Hauptgeschäftsstraße hoch bis zum Alten Markt und dann auf der anderen Seite derselben Straße wieder hinunter bis zum Bahnhof. Das Ganze nannte man flanieren, sehen und gesehen werden und vor allen Dingen Neuigkeiten untereinander austauschen. Die Mädchen führten bei diesen Spaziergängen ihre neuen Kleider oder Mäntel oder was sie sonst noch an Neuheiten an die Öffentlichkeit zu bringen hatten, vor.

Es herrschte immer ein riesiges Gedränge auf diesem kurzen Straßenabschnitt, man hatte fast den Eindruck, alle Einwohner der Stadt hätten sich wie in geheimer Absprache plötzlich dort verabredet. Wenn man den einen oder anderen längere Zeit nicht gesehen hatte – hier war es, wo man sich wiedersah. Die meisten teuren Einzelhandelsgeschäfte, wie an einer Perlenschnur hintereinander aufgereiht, befanden sich auf dieser Straße, einige befanden sich auch auf der Querstraße in der Nähe des Bahnhofs. Vor jedem Schaufenster wurde haltgemacht, die Auslagen bewundert und anschließend wurden alle ausgestellten Waren und Artikel gründlich diskutiert. Etwas kaufen konnten sich die meisten von uns nicht, denn dazu fehlte das Geld. Die paar Mark, die uns für unsere Wochenenden zur Verfügung standen, reichten höchstens für einen anschließenden Kinobesuch in einem der umliegenden Lichtspielhäuser oder für einen kleinen Eisbecher in einem Café schräg gegenüber vom Hauptbahnhof.

An den Sonntagen, meistens morgens, gingen wir, wenn das Wetter es erlaubte, spazieren. Jürgen und ich gingen fast immer zusammen aus.

Wir beide unternahmen überhaupt viele andere Dinge gemeinsam. Bevorzugt wurde dann der zu jeder Jahreszeit passend mit herrlichen Blumen bepflanzte Bunte Garten. Dort begegnete man meistens wieder den gleichen Personen, die man tags zuvor auf der Hauptgeschäftstraße gesehen hatte. Ab und zu wurde im Pavillon, der gleich hinter der Kaiser-Friedrich-Halle errichtet war, Musik gespielt. Meistens bestanden die Musikgruppen aus Musikern der städtischen Bühnen und gespielt wurden leichte und für das Volk verständliche Stücke, die einen allgemeinen Bekanntheitsgrad besaßen.

Manchmal verabredeten wir uns für einen Besuch im Volksgarten. Den konnte man bequem mit der Straßenbahnlinie 5 vom Hauptbahnhof aus in ca. zwanzig Minuten erreichen. Im Volksgarten war ein Teich, auf dem man mit gemieteten Ruderbooten herumrudern und sich dabei gegenseitig nassspritzen konnte.

Gleich am Anfang des Volksgartens lag seitlich rechts das Radstadion. Hier wurden auch Steher-Radrennen abgehalten. Dabei fuhr ein Rennradler immer hinter einem Motorrad her und musste sein Vorderrad immer in Verbindung mit einer Rolle halten, die hinten am Motorrad angebracht war. Die Motorradfahrer standen meistens aufrecht auf ihren Motorrädern, um den hinter ihnen herfahrenden Rennradlern den Wind abzuhalten, damit sie in diesem erzeugten Sog den Kontakt mit der Rolle halten konnten. Wer von der Rolle abkam, wurde disqualifiziert. Nur diejenigen, die an der Rolle hängend durchs Ziel kamen, wurden gewertet. Mein Vater liebte diesen Sport sehr und ab und zu nahm er mich, als ich noch kleiner war, zu einer solchen Veranstaltung mit. Ich glaube aber nicht, dass ich sehr angetan von dieser Sportart war.

Das war also unser Wochenendvergnügen, denn an den Sonntagabenden gingen wir alle früh ins Bett, da wir ja an den folgenden Montagen wieder früh aufstehen und ausgeschlafen unseren Pflichten nachgehen mussten.

Irgendwann 1951 legte ich die Prüfung als Textilfachmann mit dem Prädikat befriedigend oder ich glaube nur ausreichend ab. Das Prädikat war äußerst gnädig ausgefallen. Ich hatte eher mit einer noch schlechteren Note gerechnet. Mir war das aber egal, es hat mich nicht sonderlich belastet, denn ich fühlte mich in der Textilindustrie eh nicht wohl. Schon damals schwor ich mir, alles daranzusetzen, eine andere Berufslaufbahn einzuschlagen. Ich wollte oder konnte nicht in der Firma bleiben, also nahm ich eine Stelle bei einer anderen Textilfirma an. Der Verdienst war bescheiden, aber immerhin viel höher als mein bisheriges Lehrlingsgehalt.

Nach kurzer Zeit wechselte ich wieder die Firma und arbeitete ungefähr ein Jahr bei einer Lohnweberei, die in sehr beengten Räumen der Textil-Fachhochschule untergebracht war. Bei dieser Firma arbeitete ich abwechselnd in der Frühschicht von 6 Uhr morgens bis 15 Uhr nachmittags oder in der Spätschicht von 15 Uhr bis 24 Uhr nachts. Mit dem Fahrrad fuhr ich jeden Tag bei Wind und Wetter zur Arbeit. Das kostete mich manchmal viel Überwindung, besonders im Winter bei Eis und Schnee.

Ich fand das gesamte Textilindustriewesen zum Kotzen. Ich war nun über 18 Jahre alt und mit dem Einverständnis meiner Oma mietete ich ein möbliertes Zimmer bei einer Witwe. Jetzt fühlte ich mich frei und ungebunden, konnte kommen und gehen, wie es mir passte, und dachte, ich wäre schon erwachsen. Natürlich war ich das nicht, auch nicht für viele Jahre, die noch folgen würden. Einerseits ist es zwar gut, frühzeitig auf eigenen Füßen zu stehen und Entscheidungen zu treffen, andererseits benötigt jeder junge Mensch noch für eine geraume Zeit den Rat und die Erfahrung älterer Menschen, die er ab und zu befragen und denen er absolutes Vertrauen schenken kann.

Einmal in der Woche brachte ich Oma meine getragene Wäsche zum Waschen und Bügeln und verlor auch sonst den Kontakt nicht zu meinen Großeltern.

Durch den Roll- und Schlittschuhclub (GRSC), in dem ich Rollhockey spielte, hatte ich eine Familie mit zwei Töchtern und einem kleinen

Jungen kennengelernt. Die älteste Tochter war eine begnadete und sehr talentierte Rollkunstläuferin. Ich glaube, sie war auch einmal oder sogar mehrmals Deutsche Meisterin im Rollkunstlauf.

Ihre Mutter war eine liebenswerte, großherzige Frau und mir sehr zugetan. Oft wurde ich zum Abendessen in ihr Haus eingeladen. Der Vater war Maschinenbauingenieur und arbeitete als Verkaufsingenieur in einem Unternehmen, das Textilmaschinen herstellte. Er hatte oft beruflich in Italien zu tun. Ab und zu erzählte er dann, was er während seiner Besuche dort erlebt hatte, von der Art und Weise, wie man in Italien zu leben verstand, und je mehr ich von ihm hörte, desto stärker wuchs mein Fernweh. Irgendwann, das wusste ich ganz bestimmt, musste ich raus aus meiner Umgebung, am besten wäre es, so dachte ich damals, Deutschland ganz zu verlassen.

Mein Opa kränkelte seit einiger Zeit und musste sich schließlich in permanente ärztliche Behandlung begeben. Er bekam Bestrahlungen am Hals. Sein Hals wurde immer dicker und bunter und er bekam Sprech- und Schluckschwierigkeiten. Er wurde nach Düsseldorf in eine Spezialklinik gebracht und verbrachte dort einige Monate. Nach vielen Untersuchungen und Beobachtungen wurde bei ihm Speiseröhrenkrebs diagnostiziert. Man teilte Oma mit, dass diese Krankheit nicht heilbar sei, und so nahm sie ihn wieder mit nach Hause, wo er dann einige Wochen später elend und unter großen Schmerzen starb.

Oma trug, wie alle anderen Todesfälle in der Familie, auch den Tod ihres Mannes mit Fassung. Opa wurde beerdigt und Oma ging fast jeden Tag zum Friedhof. Sie war jetzt ganz alleine und besuchte die Familie ihres Sohns öfter und öfter, um sich abzulenken.

Sie bezog jetzt eine kleine Rente. Ein größeres Sparvermögen bei einer Bank war nicht vorhanden. Um den kleinen Rentenbetrag aufzubessern, vermietete sie das jetzt leer stehende Herrenzimmer mit „Badbenutzung" an Studenten der Textil-Fachhochschule. Die Badewanne war immer noch nicht angeschlossen und verblieb auch in dem Zustand, solange Oma lebte. Meine Schwestern konnten jetzt ein- oder zweimal jährlich zu besonderen Feiertagen nach Mönchengladbach kommen. Ich fuhr aber immer noch, wenn ich es einrichten konnte, nach Dilborn, um sie zu besuchen.

Ich spielte jetzt Kontrabass in einer Dixieland-Band, die Jürgens Bruder Hanjo, der sein Medizinstudium beendet hatte und nun als Zahnarzt in der Praxis seines Vaters arbeitete, gegründet hatte. Die Fertigkeit, auf diesem Instrument zu spielen, hatte ich mir anhand einer Anleitung und sehr vieler Übungsstunden selbst beigebracht. Gekauft hatte ich mir das Instrument in dem Musikgeschäft, bei dem schon einige der Mitglieder unserer Band ihre Instrumente erworben hatten, unter anderen auch Hanjo. Der Ladeninhaber kannte uns also alle sehr gut und so konnte ich mit ihm eine Ratenzahlung für den Kaufpreis von meinem Kontrabass vereinbaren. Geprobt wurde immer im Wartezimmer der Zahnarztpraxis oder im großen Wohnzimmer auf der ersten Etage.

Im Sommer waren alle Fenster zur Straße hin geöffnet und es versammelten sich draußen manchmal Hunderte begeisterter Zuhörer. Der Bürgersteig, die Straße, ja fast der ganze dahinterliegende Schillerplatz war voll mit tanzenden jungen Leuten. Der Verkehr war praktisch zum Erliegen gekommen. Sie drehten alle fast durch, wenn wir sie mit Ragtime- oder Bebop-Stücken, die sie kannten, beschallten. Wahrscheinlich waren wir die erste Band, die in dieser ungewollten Art ein Freiluftkonzert veranstaltete.

Wir waren gut und wurden immer besser und immer gefragter. Als wir ein großes Repertoire von Stücken zusammenhatten, spielten wir auf Betriebsfesten, bei großen anderen Festlichkeiten und an vielen Tagen in der Karnevalszeit. Den zusätzlichen Verdienst konnte jeder von uns gut gebrauchen, vor allem ich, denn damit konnte ich meine Raten für den Bass leicht und prompt bezahlen.

An einige der Mitglieder unserer Band kann ich mich noch gut erinnern. Willi alias Big Fletchit war unser Schlagzeuger, Hanjo spielte Saxofon, Es-Alt- und B-Klarinette, Harro Tenor-Saxofon, Juki Trompete, Hans Posaune, Hans-Paul Klavier, Herbert Gitarre und oft, wenn wir in einer kleineren Combogruppe spielten, kam noch Alexander hinzu. Alexander spielte Jazz-Geige und sein Spiel und die Mimik, die er dabei ablieferte, erinnerten stark an den populären Jazz-Geiger Helmut Zacharias. Alexander war schon zu dieser Zeit sehr ungewöhnlich gewesen, er hatte eine besondere Art, auf sich aufmerksam zu machen. Er zog Zuhörer und Tanzende mit der Art, wie er spielte und sich präsentierte, in seinen Bann. Erst ca. dreißig Jahre später habe ich wieder von ihm gehört, d. h., ich wurde auf ihn durch das Fernsehen aufmerksam. Er war über zwanzig Jahre lang der Regisseur der Unterhaltungssendung von Thomas Gottschalk „Wetten, dass …“ und hatte sich den Namen Sascha zugelegt.

Er starb sehr schnell im Oktober 2004 an Krebs, etwa ein Jahr, nachdem ich wieder Kontakt mit ihm hatte. Jedenfalls hatten wir uns wiedergefunden, einige Male miteinander telefoniert und alte Erinnerungen aufgefrischt.

In Düsseldorf gab es eine Dixieland-Band, die Feet Warmers, denen wir nacheiferten. Oft fuhren wir auch nach Köln ins Tabu und hörten uns dort verschiedene Musikgruppen mit internationaler Besetzung an. Ab und zu nahmen wir auch an einem lokalen Jazz-Konzert teil. Bei solchen Anlässen kamen immer einige Bands, die die unterschiedlichsten Musikrichtungen verkörperten, zusammen. Manchmal kam auch eine Band aus dem benachbarten Holland, in der dann schon hervorragende Musiker zu bewundern waren.

Ich hatte mir die Geldsumme zusammengespart, die schließlich ausreichte, um Fahrstunden zu nehmen und die Prüfungskosten für den Führerschein Klasse 3 zu bestreiten. Als ich den Kraftfahrer-Führerschein besaß, wollte ich nur noch Auto fahren.

Ich nahm eine Stelle als Fahrer bei einem Pelzwarengeschäft an. Die Inhaberin führte das Geschäft und ihr Mann war Vertreter für eine große Pelzwarenfabrik. Er verkaufte konfektionierte Pelzmäntel an Pelzwarengeschäfte im gesamten Ruhrgebiet. Seine Musterpelzmäntel und

-jacken führte er mit sich in einem dunkelgrünen Mercedes mit einem gleichfarbigen Anhänger.

Ich fuhr nun dieses Gefährt überallhin, wo er seine Kunden besuchen musste. Während ich fuhr, konnte er sich ausruhen, schlafen oder sich auf die nächsten Kundengespräche vorbereiten. Wir übernachteten in kleinen Hotels und aßen in guten Restaurants. Mein Chef war ein sehr umgänglicher und freundlicher Mensch und hatte sehr großen Erfolg mit seinen Produkten. In der Regel waren wir die ganze Woche unterwegs. Für mich bedeutete diese Arbeit einen Schritt weiter in eine größere und interessantere Welt.

Wenn er einmal nicht in sein Vertretungsgebiet fuhr, beschäftigte er mich in der dem Einzelhandelsgeschäft angeschlossenen Kürschnerei. Die Kunden bevorzugten zu dieser Zeit Persianer-Pelzmäntel. Mäntel und Jacken aus vornehmlich dieser Art von Fellen fertigte das Pelzhaus nach Maß für die einzelnen Kunden in seiner eigenen Kürschnerei an. Der Meister in diesem Betrieb zeigte mir, wie die einzelnen kurzhaarigen Lammfelle auf einem großen Tisch aufgespannt, gedehnt und getrocknet wurden. Waren sie entsprechend präpariert, wurden sie in der Näherei zu größeren Stücken aneinandergenäht, um dann daraus die Pelzmäntel zu schneidern. Aus Resten von Leopardenfellen schneiderte ich mir nach der Geschäftszeit mithilfe einer Schneiderin eine wunderschöne, knapp sitzende, ärmellose Weste, die ich noch Jahre später immer gerne trug. Zum ersten Male in meinem Leben besaß ich ein einmaliges Kleidungsstück, ein sogenanntes „Unikat“, und war sehr stolz darauf.

So gern ich auch in dem Pelzgeschäft arbeitete, der Verdienst reichte nur, um meine allernotwendigsten Bedürfnisse in meinem sehr einfachen Leben zu befriedigen.

Einige Monate brachte ich auch in einer Sackweberei in einem Außenbezirk von Mönchengladbach als Qualitätsfachmann zu. Das war eine ziemlich stupide Arbeit und erforderte praktisch keine größere Vorbildung. Es war langweilig und geisttötend.

Nichts wie weg, dachte ich damals, raus aus dem ganzen Umfeld meiner Stadt.

Ich bewarb mich also laufend um besser dotierte Arbeitspositionen in anderen Städten und bekam schließlich ein Angebot von einer Kleiderfabrik in Essen, die Damen- und Kinderoberbekleidung herstellte. Der Personalchef war mit meiner bisherigen Ausbildung und Tätigkeit zufrieden und ich wurde als Substitut für ein noch nicht feststehendes späteres Aufgabengebiet eingestellt. Die Firma war mir behilflich, ein einfaches möbliertes Zimmer in der Nähe zu finden. Meine Wirtin war eine Witwe mit zwei oder drei Kindern, die sich durch die Vermietung eines Zimmers ein Zubrot verdiente. Im Mietpreis inbegriffen waren ein einfaches Frühstück, zwei Scheiben Brot mit Schmalz bestrichen und Tee. Mittags konnte ich in der Firmenkantine essen und abends kaufte ich mir, was ich benötigte, in einem Lebensmittelladen in der Nähe meiner Wohnung.

Ich wurde Mitglied des Essener Roll- und Schlittschuhclubs, der im Grugapark seine Sportanlage hatte, und konnte so meinen geliebten Sport, Rollhockey und Eishockey, weiter ausüben. Gegen die Essener Rollhockeymannschaft hatte ich schon öfters gespielt, als ich noch in Mönchengladbach gespielt hatte. Wir hatten fast immer unsere Spiele gegen die Essener gewonnen. Man kannte mich also dort sehr gut, besonders deshalb, weil ich der wertvollste Spieler in Mönchengladbach gewesen war. Ich hatte ja fast im Alleingang als Stürmer meine Mönchengladbacher Mannschaft in die Oberliga geschossen.

Mein Vater, als er noch lebte, war mein größter Fan, ob ich nun Fußball oder Rollhockey spielte. Nie versäumte er ein Heimspiel. Mit Freunden und Bekannten diskutierte er tagelang jedes Spiel und jeden Spielzug. Dabei erklärte er jedem, natürlich völlig subjektiv, die hervorragenden sportlichen Fähigkeiten seines Sohnes. Für ihn gab es nur einen, der diesen Sport in allen Belangen beherrschte, und das war sein Sohn.

Eigentlich war mein Vater Anhänger der ersten Fußballmannschaft Borussia Mönchengladbach, die ihr Stadion auf dem Bökelberg hatte. Bei jedem Heimspiel der Borussia war er auf den Rängen zu finden. Eine Zeit lang hatte ich ja in der C-Jugendmannschaft der Borussia gespielt und dies schließlich zugunsten des Rollhockeysports aufgegeben. Ob die Borussia schon zu dieser Zeit von einem Platz in der heutigen Bundesliga geträumt hat, wäre eine Überlegung mit weitreichenden Träumen wert. Dass ich das Fußballspiel zugunsten von Rollhockey oder Eishockey aufgeben würde, muss ihm zuerst wohl gar nicht recht gewesen sein, denn tief in seinem Herzen hätte er mich lieber als erfolgreichen Fußballer gesehen.

Manchmal waren die Rollhockeyspiele und die Spiele der ersten Mannschaft von Borussia sonntags zur gleichen Zeit angesetzt – Sportveranstaltungen fanden zu dieser Zeit ausschließlich an Sonntagen statt. Wenn das passierte, war die Entscheidung für Vater, welchem Spiel er nun zuschauen sollte, schwer. Fast immer entschied er sich jedoch für das Rollhockeyspiel, weil er seinen Sohn in Aktion sehen wollte. Wenn ich auf dem Spielfeld war und ihn manchmal für einen kurzen Augenblick auf der Tribüne sehen konnte, sah er wie der glücklichste Mensch der Welt aus. Er versäumte dann nicht, so wurde mir berichtet, Leute, die vor, hinter und seitwärts von ihm saßen, darauf aufmerksam zu machen, dass da unten sein Sohn spielte. Wenn ich ein Tor schoss, applaudierte er noch lange danach, bis sich die Leute nach ihm umsahen. Das war ihm gerade recht so, mir jedoch sehr peinlich.

Wenn ich von Gegnern gefoult wurde, konnte er sich nur sehr schwer wieder beruhigen. Schiedsrichterentscheidungen, soweit sie die Ahndung eines Fouls an seinem Sohn betrafen, waren ihm immer suspekt. Nie waren sie ihm drastisch genug. Er war also ein typischer unumstößlicher Fan seines Sohnes.

In Essen lernte ich in kurzer Zeit viele Leute kennen und fühlte mich im Großen und Ganzen recht wohl. Ich freundete mich mit Manfred an, einem etwa gleichaltrigen jungen Mann, der aus Dresden nach Essen gekommen war und in einem Energieunternehmen eine ihn nicht befriedigende Arbeitsstelle hatte.

Manfred spielte in seiner Freizeit Schlagzeug und war Mitglied in einer Musikgruppe, die noch einen Bassisten benötigte, und der wurde ich dann. Auch hier spielten wir auf kleinen Festlichkeiten, Hochzeiten und bei verschiedenen Klubfesten und besserten so unsere Einkünfte auf.

Als Gast spielte ich auch oft bei anderen Bands. Eine davon war besonders beliebt und bestand z. T. aus jungen Profimusikern. Ich kann mich zwar nicht mehr genau an alle Namen der Gruppe erinnern, aber einer hieß Kurt und spielte Schlagzeug und ein anderer, Achim, war ein Virtuose am Piano. Die beiden und auch noch einige andere, deren Namen ich leider vergessen habe, waren sehr gut und im Ruhrgebiet beliebt und bekannt. Von ihnen habe ich sehr viel gelernt.

Das Leben war zu ertragen, nur Geld war immer Mangelware. In meinem Beruf verdiente ich gerade so viel, dass die Lebenskosten damit bestritten werden konnten. Ich glaube, mein Gehalt betrug damals etwa 180 DM im Monat. Andere junge Leute in vergleichbaren Positionen verdienten auch nicht mehr. Es wurde einfach zu jener Zeit nicht mehr bezahlt.

Schon deshalb war die Musikmacherei für uns alle sehr wichtig, denn in der Regel wurden 25 DM pro Abend gezahlt, das waren am Wochenende, samstags und sonntags zusammen, 50 DM, also mehr als ein Viertel meines regulären Monatslohns, und das verdient in einer Woche. Es kam aber auch vor, dass bei besonderen Anlässen wie z. B. einer Geburtstagsfeier, Verlobung oder Heirat, die oft von vermögenden Leuten in exklusiven Räumlichkeiten ausgerichtet wurden, am Ende des Abends der Gastgeber jedem 50 DM in die Hand drückte. Das war natürlich toll und diese Engagements waren deshalb sehr gesucht. Dazu kam, dass diese Leute einen gehobeneren Musikgeschmack hatten, was uns sehr freute, denn wir konnten dann auf die herkömmlichen Schnulzen, die wir meistens bei anderen Anlässen spielen mussten, verzichten.

Ab und zu fuhr ich hinaus zum Baldeneysee und eine Zeit lang ruderte ich im Verein „Etuf“, der sein Klubhaus direkt am Seeufer hatte. Ich hatte viel Spaß am Rudern und hätte es wohl gerne auch zu einer Regelmäßigkeit werden lassen, wenn ich nicht so viele andere Verpflichtungen gehabt hätte.

Egal wo man hinmusste, alle Wege wurden innerhalb der Stadtgrenzen mit der Straßenbahn erledigt. Für mich mit meinem Bass war das sehr umständlich, denn nicht nur musste ich das schwere Gerät überall hinschleppen, sondern auch mit diesem Ungetüm in der Straßenbahn fahren, was immer mit größten Schwierigkeiten verbunden war. Die Straßenbahnen waren damals für alle Menschen das einige bezahlbare Transportmittel. Oft waren sie total überfüllt und wenn ich dann mit meinem Bass auftauchte und auch noch mitfahren wollte, war für mich und mein Instrument kein Platz mehr vorhanden. Dann musste ich die nächste Bahn abwarten und hoffen, dort ein Plätzchen zu ergattern.

Auch die Schlagzeuger hatten ihre liebe Not und oft mussten sie zwei Fahrten machen, ehe alle Zubehörteile des Schlagzeugs an Ort und Stelle waren. Auf dem Heimweg halfen dann diejenigen, die wenige oder wie der Pianist überhaupt keine Instrumente mitzubringen hatten. Fahrten in die umliegenden Städte wie Gelsenkirchen, Duisburg, Bochum, Wattenscheid usw. wurden mit dem Zug erledigt. Auch der war meistens überfüllt und ich schlug immer drei Kreuze, wenn ich einen Platz für mich und meinen Bass ergattern konnte.

Ich durchlief in Intervallen von jeweils drei Monaten alle Abteilungen in meiner neuen Firma, der Kleiderfabrik. Ziemlich am Ende meines Trainings für eine höhere Firmenlaufbahn kam ich in eine Abteilung, die von einer herrschsüchtigen, völlig verdrehten älteren Dame geführt wurde. Diese Abteilungsleiterin war ein wahrer Drache. Mit ihr verstand ich mich überhaupt nicht und folglich war mein Schicksal in dieser Firma besiegelt, wie sich kurz danach herausstellte.

Es war Weihnachtszeit und am Heiligen Abend morgens fuhr ich mit dem Zug nach Mönchengladbach, um den Rest meiner Familie zu besuchen. Meine Oma liebte Gummibaumpflanzen und so schenkte ich ihr zwei noch ganz junge Pflanzen zu Weihnachten, worüber sie sich sehr freute. Während der Festtage – ich hatte noch ein paar Tage Urlaub bis

Neujahr – konnte ich meine Bekannten und vor allen Dingen meinen Freund Jürgen und seine Familie besuchen. Ob ich während dieser Zeit auch meine Schwestern sehen konnte, weiß ich nicht mehr.

Am Tage nach Neujahr war ich wieder in Essen und das war auch gleichzeitig der letzte Tag in meiner Firma, denn als ich mich wieder in meiner Abteilung zur Stelle meldete, eröffnete mir die Leiterin, dass man sich entschlossen hatte, auf meine Dienste zu verzichten. Den hämischen Gesichtsausdruck, den sie bei dieser Mitteilung aufsetzte, habe ich heute noch vor Augen.

Als ich mich von den anderen Abteilungsleitern, deren Bereiche ich schon vorher zu deren Zufriedenheit durchlaufen hatte, verabschiedete, eröffneten die mir, dass das Weib schon vielen jungen, vielversprechenden Personen eine Zukunft in der Firma vermasselt hatte. Warum der Chef des Unternehmens nichts von den Aktivitäten dieser Xanthippe mitbekam, war unverständlich.

Nun war ich von einem Tag auf den anderen arbeitslos und musste wieder eine neue Anstellung finden. Das Erste, das ich danach machte, war, mein Zimmer zu kündigen und mir ein anderes in der Nähe meines Freundes Manfred zu suchen. Er wohnte etwas außerhalb von Essen in einem Vorort Richtung Baldeneysee. Ich wurde ganz in seiner Nähe fündig, und zwar wieder bei einer schon sehr alten Witwe, die sehr nett zu mir war. Das Zimmer war sehr hübsch und hatte Ausblick auf einen sehr schön angelegten Garten. Übrigens war im Mietpreis auch die Badbenutzung mit einer funktionierenden Badewanne enthalten. Ich konnte also, wann immer ich wollte, nach Herzenslust baden.

Ich schickte Bewerbungen an Firmen und zwischenzeitlich arbeitete ich als Verkaufsfahrer bei einer Limonadenvertriebsfirma. Ich fuhr mit einem VW-Pritschenwagen beladen mit vollen Limonadenkisten los. Einige Kunden waren existent und wurden immer regelmäßig beliefert, aber meistens mussten wir uns neue Kunden suchen und das war sehr mühsam. Es wurde geliefert und gleich kassiert.

Auch das war manchmal sehr schwierig, denn viele der Kleinkunden waren winzige Lebensmittelläden, die das Geld für eine neue Lieferung von Limonaden immer erst zusammenkratzen mussten. Etwa sechs oder sieben Verkaufsfahrer waren bei diesem Unternehmen angestellt. Wir bekamen nur eine Provision von den verkauften Waren und wenn wir nichts verkauft hatten, bekamen wir auch kein Geld. Die Devise war also, abends mit einer Ladung leerer Kisten wieder zurück in die Firma zu kommen. Dann wurde abgerechnet und von dem eingenommenen Geld wurde uns unsere Provision ausgezahlt. Im Höchstfalle waren das aber nur ca. 20 DM, in der Regel eher 15 DM. Jedenfalls konnte ich mich mit dieser Arbeit gerade so über Wasser halten.

Ab und zu kam Jürgen aus Mönchengladbach und besuchte mich. Er hatte ja seinen Lambrettaroller, war also ausreichend motorisiert. Ein oder zwei Jahre vorher hatte Jürgen mit einem anderen Fahrzeug, auch einem Roller, einen schweren Unfall gehabt, bei dem er fast ein Bein verloren hätte. Mit Müh und Not flickten die Ärzte sein ziemlich zerquetschtes Bein wieder zusammen, aber es wurde steif und er konnte das Kniegelenk nie mehr bewegen. Das machte ihm aber wenig aus, denn er nahm an allen Dingen des Lebens, wenn auch ein klein wenig eingeschränkt, teil.

In Essen ging ich öfters ins Amerikahaus, um wenigstens zeitweise mein Fernweh zu stillen oder um mich einfach für ein paar Stunden in eine andere Welt zu versetzen. Dort wurden Vorträge gehalten, begleitet von Lichtbildern, oft auch kleinen Filmen mit Landschaften, die ich noch nie vorher gesehen hatte. Nachts träumte ich davon. Das Land hat mich, wie auch viele andere Menschen, sehr fasziniert. Die Räume des Amerikahauses waren mit bequemen Möbeln ausgestattet.

Die neuesten Zeitschriften und überhaupt alle Informationen, die man über das Land erhalten wollte, waren einfach zu bekommen, denn wenn man etwas brauchte, musste man sich nur an einen der Mitarbeiter wenden und der scheute keine Mühe, die Antworten entweder selbst zu geben oder, wenn er etwas nicht wusste, andere Kollegen zurate zu ziehen. Ein junger Amerikaner war dermaßen begeistert von seinem Land, dass er es nie versäumte, wenigstens die wichtigsten Dinge detailliert zu beschreiben. Er sprach zwar nicht besonders gut Deutsch, aber mit dem Kombinationssinn, der jedem Menschen beschieden ist, konnte man sich genau vorstellen, was er meinte.

Um direkt von Deutschland nach Amerika auswandern zu können, musste man bestimmte gesuchte berufliche Fähigkeiten besitzen. Ich wusste nicht, ob mein bisheriges Berufsbild ausreichend sein würde. Ich hatte aber von qualifizierten Stellen gehört, dass Einwanderern mit abgeschlossenen Berufsausbildungen die Immigration nach Kanada sehr leicht gewährt werde und nur wenige Hürden zu überwinden seien. Wenn man dann einmal in Kanada sei, würde von dort eine Immigration in die USA sehr viel leichter sein.

Ich fuhr also nach Hannover in das dort ansässige Kanadische Konsulat, welches für alle Einwanderungen zuständig war, füllte eine Menge Formulare aus und ließ mich von den zuständigen Beamten generell über Kanada informieren. Man sagte mir, dass ich sehr wohl die Möglichkeit habe, ein Einreisevisum zu bekommen, aber die Ausstellung eines solchen Visums könne bis zu sechs Monate dauern.

Als ich wieder in Essen war, fand ich in meiner Wohnung ein Stellenangebot von einer Bekleidungsfirma, die Damenoberbekleidung in Gelsenkirchen herstellte, vor. Von Essen kann man mit dem Zug in dreißig Minuten in Gelsenkirchen sein. Ich nahm die Stelle an, denn es wurde höchste Zeit, dass ich wieder Geld verdiente.

Ich wurde beauftragt, im Lager dieser Firma alle angelieferten Stoffwaren auf Fehler hin zu überprüfen, ehe sie in die Näherei zu den Zuschneidern gelangten. In dem Lager war noch ein junger Mann, der die Ausgabe von Kleinkram, also Zubehörteilen für die Kleidungsstücke wie Reißverschlüsse, Knöpfe, Litzen, Schnallen usw., an die Näherei im ersten Stock unter sich hatte. Er war sehr freundlich und nett und nicht besonders klug. Seine Mutter gab ihm jeden Tag Unmengen von schmackhaft belegten Wurstbroten mit, die er mittags niemals alleine essen konnte. Als ich noch nicht da gewesen war, hatte er die schönen

Brote, die er nicht essen konnte, immer in die Mülltonne geworfen, denn er wollte sie unter keinen Umständen abends wieder mit nach Hause bringen, wohl aus Angst vor seinen Eltern. Diese Unart gewöhnte ich ihm sehr schnell ab und von da an hatte ich an jedem Arbeitstag genügend zu essen; morgens, mittags und manchmal sogar nachmittags verspeiste ich die liebevoll zurechtgemachten Brote seiner Mutter. Ich konnte zu dieser Zeit Unmengen an Lebensmitteln vertilgen.

Bei der Firma arbeiteten auch zwei Mannequins, die den Kunden Kleider und Mäntel im Verkaufsraum vorführten. Eine dieser Damen war viel älter als ich und die andere etwa in meinem Alter. Sie wurden von der Verkaufsleitung äußerst schlecht behandelt und weinten sich dann immer in meinem Lager aus. Oft konnte man die von ihnen vorgeführten, noch neuen Kleider und Mäntel am Ende einer Verkaufssaison sehr billig von der Firma erwerben. Die beiden hatten aber nie Geld, um die Stücke zu kaufen.

Ich hatte auch keins, aber mein Kollege von der Lager-Kleinkram-Ausgabe hatte immer welches. Ich lieh mir von ihm die Beträge, die benötigt wurden, und gab das Geld den beiden Mädchen. Die wiederum kauften die Kleider, Mäntel, Blusen oder was es sonst noch gab von der Geschäftsleitung und ich verkaufte den ganzen Kram mit einem kräftigen Aufschlag an Freunde und Bekannte.

Der Gewinn wurde dann zwischen uns aufgeteilt. Der Geldgeber bekam sein Geld mit Zinsen zurück und machte ein Geschäft, ohne sich anzustrengen. Manchmal, wenn wir ein gutes Geschäft gemacht hatten, gingen die Mädchen und ich zusammen in ein gutes Restaurant, bestellten teure Gerichte und Getränke und ließen es uns gut gehen.

Die Geschäftsleitung dieser Firma bestand aus drei Personen, einer hässlichen, vertrockneten alten Ziege, die den Verkauf unter sich hatte, einem knickerigen, mickerigen, viel zu kurz geratenen Kaufmann mit einer dünnen, langen Nase im Gesicht, der die Löhne und Gehälter bearbeitete, und einem netten älteren Herren, der die technische Leitung und den Einkauf innehatte, sich aber sehr den anderen zweien gegenüber zurückhielt.

Eines Tages erschien der Langnasenbesitzer in meinem Lager und eröffnete mir, ich habe bei meiner Anstellung die Unwahrheit über die Gehaltshöhe meiner vorhergehenden Firma gemacht, das habe die Überprüfung meiner Lohnsteuerkarte ergeben. Er hatte mich bei der Einstellung nur nach meinen Gehaltswünschen in seiner Firma gefragt und nie, was ich vorher verdient hatte. Meine Gehaltsforderung hatte ich natürlich etwas höher angesetzt als die Summe, die ich bei meiner letzten Firma verdient hatte, und das fand das Scheusal unverschämt, denn seine Bezüge verbessern zu wollen war wohl in seinen Augen ein krimineller Akt. Als ich mich bei der Firma vorstellte, ging er, ohne zu zögern, auf die Summe ein, die ich in seiner Firma verdienen wollte. Ich hätte mich somit, was in der Regel völlig normal gewesen wäre, gegenüber meiner alten Firma verbessert. Ich hätte ihn belogen, behauptete der mickerige Zwerg, und aus diesem Grunde müsse mein Arbeitsverhältnis aufgekündigt werden. So geschah es denn auch und wieder stand ich ohne Arbeit auf der Straße.

Dieses System muss wohl ein Leitfaden bei vielen Firmen gewesen sein. Nur keine weiteren Personen nach oben lassen. Lasst die, die unten sind, auch da bleiben.

Wunder geschehen aber immer wieder, denn als ich nach Hause kam, fand ich einen Brief vom Kanadischen Konsulat vor. Darin wurde mir mitgeteilt, dass ich nach Kanada emigrieren könne, falls ich eine Überfahrt nach Kanada bezahlen könne. Als Beweis müsse lediglich die bezahlte Rechnung für eine Schiffskarte für die Überfahrt nach Kanada vorgelegt werden. Ich schaute mir Nordamerika auf der Landkarte an und wählte die Stadt Montreal, Kanada als Zielort aus. Das ist der kürzeste Weg von Deutschland nach Kanada per Schiff und müsste am billigsten sein.

Dann ging ich in ein Reisebüro und fragte nach der billigsten Über fahrt nach Montreal. Die war, so bekam ich die Auskunft, eine Reise mit einem Frachtschiff, welches auch einige Passagiere aufnehmen konnte. Ich glaube, der Preis für diese Schiffsreise mit der billigsten Unterkunft auf einem Frachtschiff war um die 350 DM, viel Geld für mich damals. Ich konnte höchstens einen Bruchteil von diesem Betrag aufbringen.

Ich war jetzt 22 Jahre alt, hatte schon lange vorher entschieden, unbedingt auswandern und mein Glück in einem anderen Land suchen zu wollen. Mein bisheriges Ausbildungs- und Arbeitsleben, der viel zu frühe Tod meiner Eltern, die darauffolgenden schweren Zeiten für uns Kinder, besonders für meine Schwestern, eigentlich mein gesamtes bisher gelebtes Leben in Deutschland waren in keiner Weise zufriedenstellend. Auch die Prognosen für meine weitere Zukunft in Deutschland waren mehr als dürftig und fragwürdig. Hinzu kam noch, dass mein Fernweh fast nicht mehr zu bändigen war. All das gegeneinander abwägend fiel mir letztlich die Entscheidung nicht schwer, nach Kanada auszuwandern.

Als ich meine Auswanderungspläne und die damit verbundenen Geldsorgen für die Schiffspassage bei meinem letzten Besuch in Mönchengladbach meinen Geschwistern und meiner Oma mitteilte, gab mir Roswitha von ihrem Sparbuch einen Betrag in Höhe von 180 DM, meine Oma ging ich um weitere 100 DM an. Beiden gab ich das Versprechen, die Summen schnellstens zurückzuzahlen. Den Restbetrag für meine Schiffskarte und weitere Kosten hatte ich selbst, denn ich hatte meinen geliebten Kontrabass und meine Bongotrommeln verkauft.

Roswitha war aus dem Waisenhaus in Dilburg schon vor vier Jahren entlassen worden und hatte eine Arbeitsstelle in der Textilindustrie angenommen, verdiente also Geld und war sehr sparsam. Einige Zeit später konnte ihr meine Schwester Hiltrud auch in die Freiheit folgen.

Wie sich Hiltrud entwickelte, ob sie eine Lehre absolvierte oder irgendwo arbeitete, weiß ich heute nicht mehr. Irgendwie muss sie sich aber durchgemogelt und ihren eigenen Weg beschritten haben.

Ich verabschiedete mich von meinen Familienangehörigen und von der mir so lieb gewordenen Familie von Jürgen. Bei ihm im Keller hatte ich schon vor einiger Zeit mein blaues Fahrrad abgestellt. Jürgen versprach, gut darauf zu achten und auch auf einige Bücher, die ich ihm zur Verwahrung übergeben hatte. Das war aber Wunschdenken, denn als ich ihn viel später wieder traf, berichtete er mir, dass er nicht mehr genau wisse, wo mein Fahrrad und meine Bücher abgeblieben seien.

Dann besuchte noch einmal das Grab meiner Eltern und erzählte ihnen, was ich vorhatte.

Danach fuhr ich zurück nach Essen, kündigte mein Zimmer auf und war, da ich ja nicht viel besaß, für die anstehende Reise gerüstet. Einen Reisepass hatte ich schon in weiser Voraussicht Wochen vorher beantragt und ausgestellt bekommen. Ich bezahlte also meine Schiffskarte in dem Reisebüro, fuhr mit der bezahlten Rechnung nach Hannover und bekam dort sofort, noch am selben Tag, ein Einreisevisum für Kanada in meinen Reisepass gestempelt. Der Name des Frachtschiffs von der Hugo Stinnes Schifffahrtsgesellschaft war „Birthe".

Ich verabschiedete mich von all meinen Freunden und Bekannten in Essen und Umgebung, kaufte mir einen stabilen Koffer, in den ich meine wenige Habe packte, und war reisefertig. Das Schiff sollte Anfang Juli aus dem Hafen in Emden auslaufen.

Schon einen Tag vor der Abfahrt des Schiffes fuhr ich mit dem Zug nach Emden, um ja pünktlich zur Stelle zu sein. Da angekommen ging ich sofort vom Bahnhof zu Fuß, bepackt mit meinem Koffer, zum Überseehafen. Ich hatte natürlich vorher noch nie einen Überseehafen gesehen und war enorm beeindruckt von den vielen riesigen Ladekränen und Schiffen, die an den verschiedenen Kais lagen und beladen wurden oder ihre Ladungen löschten.

Vom Wasser her wehte eine leichte, frische Brise, die, so erinnere ich mich, nach Tang und Meer roch. Da stand ich nun mit meinem Koffer etwas verloren inmitten von geschäftig hin- und herlaufenden Hafenarbeitern, Matrosen, Beamten vom Zoll, die mit Papieren gestikulierten, Lastwagen, die Güter brachten oder abholten.

Irgendwie, nach längerem Fragen und Suchen, fand ich mein Schiff, die „Birthe". Als ich so am Kai stand und zu dem Schiff hochsah, kam es mir riesig vor. So ein großes Schiff hatte ich noch nie gesehen.

Mit meinem Koffer in der Hand ging ich am Schiff entlang vom Bug bis zum Heck. Es sah gewaltig, gleichzeitig friedlich und beruhigend aus, wie es so still am Kai vertäut dalag. Ich muss wohl mit großen Augen und etwas hilflos da unten herumgestanden sein, als mich jemand in einer weißen Jacke von der Brücke des Schiffs anrief und fragte, ob ich ein Passagier für sein Schiff sei. Als ich das bejahte, bedeutete er mir an Bord zu kommen.

Auf dem Schiff über die schräge Gangway vom Kai angekommen, stellte er sich mir als Obersteward für seine Mannschaft und die Passagiere vor. Er war sehr zuvorkommend und nach einer kurzen Unterhaltung erlaubte er mir, schon einen Tag früher an Bord zu kommen und die Nacht auf dem Schiff zu verbringen. Ich bekam eine winzige Kabine vorne im Bug des Schiffs zugewiesen, die ich mir mit noch einem jungen Mann zu teilen hatte. Die Kabine war eigentlich keine richtige Passagierunterkunft, sondern eher ein auf das Vorderdeck des Schiffs montiertes Gerätehäuschen mit zwei übereinanderstehenden, schmalen Betten. Schon bei geringstem Wellengang werde man da vorne kräftig durchgeschaukelt, meinte der Steward. Er hatte recht, denn wie sich später bei größerem Wellengang herausstellte, landete ich öfters – ich hatte mir das obere Bett ausgesucht – mit dem Kopf an der Stahldecke über mir.

Am nächsten Morgen kamen die restlichen Passagiere, ich glaube, es waren zehn oder zwölf. Das Schiff hatte schon am Tage vorher seine Frachtladung verstaut und legte, kurz nachdem alle Passagiere an Bord waren, von seinem Liegeplatz im Hafen Emden ab. Schlepper zogen das Schiff vom Kai und bugsierten es ins offene Wasser. Ob ich bewusst Abschied von meiner bisherigen Heimat nahm? Ich weiß es nicht mehr. Von meinen Geschwistern, dem Grab meiner Eltern und dem Rest meiner sonstigen Familienangehörigen und engen Freunde ganz bestimmt.

Was ließ ich sonst noch zurück? Bekannte, einige wenige Städte und Gegenden, die ich mehr oder minder gut kannte. Meine Jugendjahre, einen Teil des Erwachsenwerdens, alle Erlebnisse und Erfahrungen, die ich bisher gemacht hatte, ob nun gewollt oder ungewollt. All das verbannte ich in eine Ecke meines Gehirns, denn ich musste in meinem Kopf Platz schaffen für die Dinge, die vor mir lagen. Musste und wollte der Zukunft, was immer sie mir auch bringen würde, aufnahmebereit entgegensehen. Die Erinnerungen an mein bisheriges Leben würden mir ja erhalten bleiben, ich konnte sie ja nach Bedarf wieder aus meinem Gedächtnis abrufen.

So oder so ähnlich muss ich wohl Abschied von Deutschland genommen haben. Jedenfalls kam ich mir, nachdem wir in den Ärmelkanal kamen und das Festland immer weiter aus meinem Blickfeld verschwand, wie ein Abenteurer auf einer riesigen Weltreise vor. Ich war ja auch einer und ein neues, vielleicht aufregendes Leben lag nun vor mir. Es lag nun an mir, mich in einem neuen Land zu beweisen und mein Leben völlig neu zu gestalten.

Meine oftmals bedrückende Vergangenheit verdrängte ich, je mehr das Land am Horizont kleiner, immer kleiner und schließlich nicht mehr wahrzunehmen war. Angst oder Unsicherheit vor dem, was mich in meiner neuen Wahlheimat, dieser mir unbekannten Welt, erwarten würde, hatte ich nicht. Ich war vielmehr begierig, es bald zu erfahren. Ja, was würde mich wohl erwarten in diesem großen Land voller Menschen, die eine ungewohnte Sprache sprachen und die vielleicht sogar vollkommen anders waren als die Menschen, die ich bisher kennengelernt hatte? Das, nur das ging mir wieder und wieder durch den Kopf.

Ähnliche Gefühle müssen auch andere Aus- und Einwanderer gehabt haben. Was hatten sie und was hatte ich schon zu verlieren. Nichts, oder zumindest nicht viel, denn alles konnte, nein alles musste, soweit es mich betraf, besser werden.

KAPITEL 3

Aufbruch in ein neues Leben

Für mich und die meisten anderen Passagiere war natürlich alles auf dem Schiff fremd und neu. Nie zuvor war ich jemals auf so einem großen Schiff gewesen. Es war meine erste Reise auf Wasser, sieht man von gelegentlichen Bootsfahrten auf kleinen Seen und einem Ausflug mit einem geborgten Faltboot auf dem Rhein ab.

Der Schiffssteward und seine beiden Gehilfen zeigten uns die Räumlichkeiten, die die Passagiere benutzen durften. Der Kapitän stellte sich, seinen Ersten Offizier und den Schiffsarzt vor und zeigte uns die Brücke mit allen Einrichtungen. Ich fand das alles sehr aufregend und genoss jede Minute dieser Exkursion.

Die Mahlzeiten waren hervorragend und man konnte, wie das auf Schiffen üblich ist – nur wusste ich es am Anfang noch nicht –, so viel und so oft essen, wie man wollte. Das war etwas für mich, war ich doch in der Regel dauernd hungrig.

Mit dem Schiffsarzt spielte ich öfter Schach und schon am zweiten Tag kannten sich alle Passagiere. Ein älteres Ehepaar aus Amerika war an Bord. Sie hatten Deutschland besucht und befanden sich nun wieder auf der Rückreise. Der Mann sprach nur noch gebrochen Deutsch, er war vor langer Zeit aus Deutschland nach Amerika ausgewandert. Ich unterhielt mich oft mit ihm, denn ich wollte so viel wie möglich über Nordamerika erfahren. Die restlichen Passagiere waren junge Männer aus unterschiedlichen Gegenden in Deutschland, deren Endziel in verschiedenen Provinzen Kanadas lag.

Ich besorgte mir englischen Lesestoff aus der Schiffsbücherei und fing sofort an, meine noch dürftigen Englischkenntnisse zu erweitern.

Je näher wir unserem Ziel kamen, desto kälter wurde die Luft. Wir befuhren eine der nördlichsten Schifffahrtsrouten. An einem Morgen wurden alle Passagiere an Deck gerufen und wir konnten uns nicht sattsehen an den riesigen Eisbergen, die auf der Steuerbordseite – das ist die rechte Schiffsseite in Fahrtrichtung gesehen – auftauchten.

Die ganze Schiffsreise dauerte etwa sechs bis sieben Tage, wobei wir fast einen Tag von der kanadischen Küste aus den St.-Lawrence-Strom hinauf bis Montreal benötigten. Die Mündung des St.-Lawrence-Stroms, da, wo er in den Atlantik mündet, ist so breit, dass man die Ufer links und rechts nur mit dem Fernglas sehen kann. Der St. Lawrence ist sehr tief, sodass auch die größten Ozeanschiffe den Fluss hinauf bis nach Montreal fahren können. Die engste Stelle des St. Lawrence befindet sich genau in Höhe von Quebec City. Vom Schiff aus rechts gelegen konnte man die alte Wehrbefestigung dieser Stadt mit dem Hotel Château Frontenac fast bis in alle Einzelheiten betrachten. Quebec City ist die älteste Stadt in Kanada, sie wurde von den ersten französischen Siedlern gegründet.

Am Ankunftstag, kurz vor Montreal, machte ich einen Kassensturz und stellte fest, dass ich genau acht Kanadische Dollar besaß. Auch für die Verhältnisse damals war das fast nichts. Wenn man aber jung ist, habe ich viel später im Alter festgestellt, hat man keine Ängste. Sorgen erst recht nicht. Was kann schon passieren, so dachte ich damals.

Ich weiß auch heute, warum ich so unbekümmert und eigentlich völlig sorgenfrei war. Ich war jung, gesund, unerfahren und, was damals für mich sehr wichtig war, völlig unbefangen. Meine Stärke war, und das wusste ich genau, dass ich hart arbeiten konnte und auch wollte. Das ist überhaupt die wichtigste Voraussetzung, die junge Leute haben müssen, denn dann regelt sich alles andere von selbst.

Genauso dachte ich auch zu dem Zeitpunkt, als ich die Umrisse der Stadt Montreal langsam auftauchen sah, als das Schiff aus der letzten Biegung des St.-Lawrence-Stroms auf die Stadt und in den Hafen steuerte.

Am 12. Juli 1956 um die Mittagszeit legte das Schiff am Kai im Hafen von Montreal an. Mein Reisepass wurde mit dem Immigrantenstempel und dem Ankunftsdatum versehen. Ich war nun am Ziel.

Was mich sofort sehr positiv beeindruckte, war die Art und Weise, die Freund- und Herzlichkeit, mit der die Zoll- und Einreisebeamten jeden einzelnen Passagier behandelten. Man hatte das Gefühl, persönlich von den Repräsentanten der kanadischen Regierung begrüßt und willkommen geheißen zu werden, und zwar so, als hätten sie tagelang nur auf diese Begrüßungszeremonie gewartet. Diese Freundlichkeit der Zollbeamten ist mir immer wieder wohltuend aufgefallen. Auch bei späteren Einreisen, wenn ich einmal außerhalb des Landes war, fiel mir auf, dass jeder Ankommende, von dem die Zollbeamten annehmen konnten, dass sein Wohnsitz in Kanada war, mit den Worten „Welcome home" begrüßt wurde. Eine Begrüßung, die übrigens auch von den Zollbeamten der USA jedem Heimkommenden damals zuteilwurde.

Diese Begrüßung war also schon ein guter Start. Danach mochte ich mich noch kurz gefragt haben, was wohl die Zukunft bringen würde, aber dann musste ich wichtigeren Dingen den Vortritt lassen. Ich verabschiedete mich von der Schiffsbesatzung, meinen Reisegenossen, von denen ein junger Mann noch eine lange, zwei oder drei Tage dauernde Eisenbahnfahrt quer durch ganz Kanada bis nach Vancouver zu bewältigen hatte, und ging von Bord.

Als ich unten auf dem Kai stand, warf ich noch einen langen Blick auf das Schiff, das mich so sicher über den Atlantik gebracht hatte. Ich konnte immer noch nicht glauben, dass ich es war, der auf diesem Schiff diese lange Reise hinter sich gebracht hatte. Wehmut kroch wohl auch in mir hoch, war doch das Schiff das letzte Stückchen Heimat gewesen. Aber wenn man jung ist, hat man einfach mehr Mut. Nichts, aber auch gar nichts hat dann eine abschreckende Wirkung, weil man eben völlig unbedarft und unvoreingenommen allen fremden Dingen gegenübersteht. In diesem Alter, so war es jedenfalls bei mir, überwiegt die Abenteuerlust, man will Neues erleben und ausprobieren. Dieses Alter eignet sich besonders, um große, lebensverändernde Einschnitte zu verwirklichen, stellte ich sehr viel später in meinem Leben fest.

Im östlichen Teil der Provinz Quebec spricht jeder Französisch, weiter westlich, zum Beispiel in Montreal, sind die Menschen überwiegend zweisprachig. Man spricht dort sowohl Französisch als auch Englisch. Beide Sprachen sind auch die Amtssprachen der Provinz.

Irgendjemand auf dem Schiff muss mir den Tipp gegeben haben, in der Stadt nach Schildern vor Häusern Ausschau zu halten mit der Aufschrift „rooms for rent" oder in der französischen Sprache „chambres à louer", was so viel heißt wie „Zimmer zu vermieten".

Ich ging also zu Fuß mit meinem Koffer vom Hafen hoch in die Stadt und erreichte in etwa einer halben Stunde die St. Catherine Street, die Hauptgeschäftsstraße der Stadt Montreal. Von dort aus ging ich, wie ich später nachträglich feststellte, die University Street hinauf bis zur Sherbrooke Street West.

Genau an der Ecke dieser beiden Straßen sah ich eins dieser Zimmervermietungsschilder. Die Haustür war nicht verschlossen und ich ging in das Haus hinein und traf auf eine ältere Dame, die, wie sich später herausstellte, die Hausbesitzerin war. Sie sprach nur Französisch und kannte nur wenige Brocken Englisch. Irgendwie müssen wir uns aber doch verstanden haben, denn sie führte mich in das Souterrain und zeigte mir ein sehr kleines, fast winziges Zimmer, in dem gerade ein Bett und ein Stuhl Platz fanden. Das Zimmer hatte kein Fenster und keine Tür. In der Türöffnung hing ein Vorhang, den man auf- oder zuschieben konnte. Ich konnte ein Badezimmer neben dem Treppenaufgang benutzen und hatte nun eigentlich alles, was zu einer, wenn auch etwas dürftigen, Unterkunft gehörte.

Die Dame selbst wohnte auch da unten und vermietete alle anderen Zimmer des Hauses an Tages- oder auch manchmal, was ihr besonders gefiel und auch mehr einbrachte, an Wochengäste. Ihr Name war Madame Giroux. Meine Zimmermiete betrug pro Woche sieben Dollar. Da ich nur acht Dollar hatte, einigten wir uns auf eine Vorauszahlung von fünf Dollar. Nun hatte ich, schon kurz nach meiner Ankunft, eine Bleibe. Es blieben mir also noch drei Dollar von meiner gesamten Barschaft übrig.

Es war Spätnachmittag geworden und ich wollte mir noch ein wenig die nähere Nachbarschaft ansehen. Ich sah auf der gegenüberliegenden

Straßenseite der Sherbrooke Street West einen herrlichen Park mit altem Baumbestand und ging hinein. Am Anfang des Parks stand ein wunderschönes, prunkvolles Gebäude mit einer Säulenfront. Das war eins der vielen Gebäude der McGill University. Später erfuhr ich, dass diese Universität zu den besten in ganz Nordamerika zählte. Als ich wieder in mein Zimmer zurückkehrte, kam Madame Giroux mit einer Zeitung in der Hand auf mich zu und deutete auf eine Anzeige. Nach langem Hin und Her und unter Hinzuziehung meines Taschen-Wörterbuchs fand ich schließlich heraus, dass es sich um eine Arbeitsstelle handelte, die in einem Baustoffbetrieb zu besetzen war.

Auf einer Stadtkarte zeigte mir Madame Giroux, wo die Firma war. Am nächsten Morgen, schon um ca. 5 Uhr, machte ich mich auf den Weg dorthin. Um Geld zu sparen, fuhr ich nicht mit der Straßenbahn oder dem Bus zu der Firma, sondern ging zu Fuß. Mein Fußmarsch dauerte über eine Stunde. Madame Giroux hatte mir ein großes Paket mit belegten Broten, offensichtlich als Geschenk, mit auf den Weg gegeben, mit der Erklärung, das sei mein Lunch.

Als ich schließlich die Firma fand, fragte ich mich durch und gelangte an einen Vorarbeiter, der mich nach einem längeren Palaver, welches in einer Mixtur von Englisch, Französisch und das alles noch zusätzlich mit polnischen Brocken durchsetzt stattfand, einstellte. Nach der Höhe der Entlohnung fragte ich sicherheitshalber nicht, denn nun war es erst einmal wichtig, überhaupt Geld zu verdienen.

Meine Aufgabe war es, lange, flache, aber schwere Zementblöcke auf einer riesigen Motorsäge in abgemessene kleinere Stücke zu zersägen. Das war eine saumäßig dreckige Arbeit und am Abend, als ich die Säge abstellte, war ich für eine Weile taub wegen der kreischenden Töne, die die Säge von sich gab. Ohrenschützer oder Schutzbrillen gab es damals noch nicht. Der feine Zementstaub setzte sich in Nase und Ohren fest und wahrscheinlich schluckte ich auch eine Menge davon.

Der Vorarbeiter war ein Pole, sprach sehr wenig Englisch und Französisch und war wohl kurz nach dem Krieg nach Kanada ausgewandert. Anscheinend mochte er Deutsche nicht. Vielleicht verständlich, denn wer weiß, ob er nicht in Deutschland eine längere Zeit als Kriegsgefangener in einem Lager zubringen musste. Was auch immer seinen Hass auf Deutsche ausgelöst haben könnte, er suchte für mich die dreckigsten und gefährlichsten Arbeiten aus. Da ich dringend Geld benötigte, führte ich sie ohne Widerstand aus.

Ich kam abends nach Hause und Madam Giroux schlug die Hände über dem Kopf zusammen, denn ich sah aus wie ein Bäcker, der den ganzen Tag in seiner Backstube verbracht hatte. Ich war über und über mit Zementmehlstaub bedeckt. Kleider, Haut, Haare, alles an meinem Körper war mit dieser hellgrauen Staubschicht bedeckt, die erst ein Vollbad wieder entfernen konnte. Ich verdiente, so glaube ich mich zu erinnern, achtzig Cents pro Stunde und arbeitete, mit einer halbstündigen Pause mittags, von morgens 6 Uhr bis abends um 7 Uhr. Das waren 12,5 Stunden schwere Arbeit und ein Tagesverdienst von zehn Dollar. Immerhin konnte ich mit solch einem Verdienst mein Zimmer bezahlen und mir Essen kaufen.

Ich arbeitete bei dieser Firma etwa zwei Wochen und hatte nun ein wenig Kapital angespart. Ich beschloss meine Arbeitsstelle zu wechseln, denn ich befürchtete, ein längeres Verweilen in dem Baustoffbetrieb würde zwangsläufig in schwere gesundheitliche Schäden für mich ausufern. Ich kündigte also und ließ mir den Rest meines Verdienstes auszahlen.

Wieder ging ich auf Arbeitssuche und fand auch sofort eine Beschäftigung in einem vornehmen Hotel auf der Sherbrooke Street West, nicht weit von meiner Wohnung. Die Bezahlung war mäßig und meine Aufgabe dort war die frühmorgendliche Säuberung der Eingangshalle, des Restaurants, der Bar und aller anderen öffentlichen Räumlichkeiten, inklusive der Toiletten, die von Gästen benutzt wurden. Wenn ich damit fertig war, arbeitete ich mich mit dem Staubsauger die Treppen hoch auf die einzelnen Zimmeretagen und saugte die Gänge. Alles, was mit Läufern oder Auslegware belegt war, wurde gesaugt.

Ich hatte eine Chefin, die dem Reinemachpersonal und den Zimmermädchen vorstand. Sie war ein wahrer Drache. Dick und unförmig von Gestalt, mit einer lauten, schrillen Stimme, die man auch noch durch dicke Wände hindurch hören konnte. Kurz, ein widerliches Weibsstück. Ihr gefiel mein Vorname nicht, vielleicht hatte sie auch Schwierigkeiten, ihn zu behalten – schwer festzustellen im Nachhinein. Jedenfalls taufte sie mich kurzerhand in „Jim“ um, ein Name, der mir wiederum nicht gefiel.

Wenn ich also von ihr gerufen wurde, und das passierte recht oft, reagierte ich nur selten und das verdross sie. Was mich aber am meisten bei dieser Arbeit störte, war die tägliche Säuberung der, so fand ich, arg verdreckten Toiletten. Ich stellte fest, dass meine Begabung für Arbeiten dieser Art nicht ausreichte, und kündigte kurzerhand. Ich glaube, diese Arbeitsstelle hatte ich nur für einen Zeitraum von zwei Wochen. Aber immerhin hatte ich mir nun eine kleine Barschaft ansparen können und war nicht mehr mittellos.

Ich hatte irgendwie erfahren, dass es in Montreal einen deutschen Klub gab. Am folgenden Sonntag ging ich in diesen Klub und traf dort einen Deutschen, der in einer Stoffdruckerei arbeitete. Der meinte, ich solle mich in der Firma, in der er arbeitete, vorstellen. Ebenfalls im Klub und noch am selben Tag machte ich auch die Bekanntschaft von Karl, einem Schreiner, der, aus dem Stuttgarter Raum kommend, nur wenige Tage vor mir in Montreal eingetroffen war.

Ich suchte gleich am folgenden Montag die Stoffdruckerei auf. Ich stellte mich mit meinen Qualifikationen im Textilbereich den beiden Eigentümern der Firma vor. Sie kamen aus einem osteuropäischen Land, sprachen ein wenig Deutsch und hatten einige Jahre vorher in Montreal eine neue Heimat gefunden und diese Firma gegründet. Sie stellten mich noch am gleichen Tage an und ich arbeitete eine kurze Zeit in der Siebdruckabteilung und danach war ich als Wareneingangsprüfer für die angelieferte Qualität der Rohware verantwortlich. Das war eine saubere Arbeit, ich verdiente viel mehr als in dem Baustoffbetrieb und bei meiner kurzen Exkursion ins Hotelwesen. Meine täglichen Arbeitsstunden verringerten sich auch.

Das war auch dringend notwendig, denn ich musste einen Schnellkursus an einer Sprachschule in Englisch belegen, um meine Sprachkenntnisse zu erweitern. Karl ging auch mit. Wir lernten sehr schnell Englisch und zwar so schnell, dass wir uns schon nach einigen Wochen in jeder Lage gut verständlich machen konnten und keine sprachlichen Schwierigkeiten mehr hatten. Ein paar Brocken der französischen Sprache nahmen wir sozusagen im Vorbeigehen mit.

Karl arbeitete in einem Holzverarbeitungsbetrieb. Er wurde für seine Fertigkeiten aber ungenügend entlohnt. Wir waren sehr oft zusammen, lernten die Stadt, die Umgebung und die Menschen kennen. Manchmal fuhren wir sonntags auch mit einem Bus in die nördlich von Montreal gelegenen Laurentian Mountains. Das ist ein wunderschönes Naturparadies und wird sowohl im Sommer als auch im Winter von Besuchern sehr geschätzt. Es gibt dort Wälder und Seen, die im Sommer zu Badefreuden, und Berge, die im Winter zum Skilaufen einladen. Gegenden, die mich, als ich zum ersten Male dort war, sofort an die Landschaften, die in meinem Kinderbuch „Der kleine Indianer" beschrieben wurden, erinnerten.

An Samstagabenden besuchten wir hin und wieder ein Tanzlokal auf der St. Catherine Street, in dem eine große Jazzband spielte. Wir tanzten mit einheimischen, hübschen Mädchen und hörten uns die neusten Jazzstücke und Schlager an. Einige auch international große Erfolge hatte zu dieser Zeit Vic Damone z. B. mit seinen Liedern „On the Street Where You Live" oder „An Affair to Remember" zu verzeichnen.

Wir waren zufrieden und glücklich in unserer neuen Heimat. Es gab so viel Neues zu sehen, schmecken, riechen und erfahren und am liebsten wollten wir alles immer im Eiltempo sofort in uns aufnehmen.

Von einem Teil meiner ersten Ersparnisse kaufte ich mir bei Eatons – oder war es Simpsons? Jedenfalls befand sich das schicke Einkaufshaus auf der St. Catherine Street – einige weiße Oberhemden, einen tragbaren Plattenspieler mit eingebautem Radio und ein paar Schallplatten. Abends konnte ich nun Musik hören und war zufrieden und glücklich mit dem Anfang in meiner neuen Heimat.

Ich war sehr stolz auf meine neuen, weichen Hemden aus „Sea Island“-Baumwolle nach amerikanischem Schnitt, denn aus Deutschland hatte ich nur ein paar Nyltest-Kunststoffhemden mitgebracht. Diese konnte man zwar selbst waschen und zum Trocknen auf einem Bügel aufhängen, der Nachteil war jedoch, dass man in ihnen mächtig schwitzte.

Mit wöchentlichen Überweisungen zahlte ich meine Schulden bei meiner Schwester Roswitha und bei meiner Oma schnell zurück und war bald völlig schuldenfrei.

Nachts, wenn ich meine Gedanken nicht bändigen konnte und alles kunterbunt sich in meinem Kopf drehte, dachte ich oft an meine zu früh verstorbenen Eltern, dachte an meine Geschwister, Verwandten und Freunde, die ich in Deutschland zurückgelassen hatte.

Ein richtiges Heimweh hatte ich zwar nicht, doch manchmal kam eine für mich undefinierbare Sehnsucht nach der alten Heimat in mir hoch. Es war nicht so, dass ich irgendetwas Bestimmtes aus Deutschland vermisste, sicherlich nicht meine verhassten früheren Arbeitsstellen, aber vielleicht doch den ein oder anderen, mit dem ich vorher freundschaftlich verbunden war.

Mit dem Schicksal in unserer Familie haderte ich und war oft sehr zornig diesbezüglich. Warum wurden wir bestraft und warum mussten ausgerechnet wir unsere Eltern so früh verlieren? Immer und immer wieder dachte ich darüber nach, warum das Leben gerade uns so übel mitspielte. Was hatten wir getan, wofür mussten wir eigentlich büßen? Wenn es einen Gott geben würde, warum bestraft er dann immer die, die sich nicht helfen können?

Ich fing an, diese verdammten frommen und dummen Sprüche zu hassen: Gott ist allmächtig, in Gottes Namen, es war Gottes Wille, wen Gott liebt, den holt er zu sich in sein Himmelreich, Gott lenkt und denkt, Gott hier, Gott da usw. Was fiel diesem Gott eigentlich ein, so zu lenken und zu denken, wie er das offensichtlich für uns getan hatte. Was hatte er sich wohl dabei gedacht, dass meine Geschwister in so jungen Jahren in ein Waisenhaus gesteckt wurden? Mit was hatten diese völlig unschuldigen kleinen Mädchen das verdient? Antworte mir, Gott.

Andere Religionsformen wie z. B. den Protestantismus kannte ich zu dieser Zeit noch nicht, und wenn, doch nur ungenügend. Aber alles im Bereich der katholischen Religion war mit bestens bekannt. Ich beschloss also, mich für den Rest meines Lebens von allen religiösen Einrichtungen, egal welche Glaubensrichtung sie verfolgten, fernzuhalten. Eine Entscheidung, der ich bis zum heutigen Tage treu geblieben bin.

Immer und immer wieder wünschte ich mir, dass meine Eltern mich in meiner neuen Umgebung sehen könnten. Oft hatte ich das Bedürfnis, sie bei den vielen Entscheidungen, die ich zu treffen hatte, um Rat zu fragen. Wie sehr wünschte ich mir, dass es meinen Eltern auch nur ein einziges Mal gestattet worden wäre, die Luft, die ich zum Leben benötigte und die mich umgab, zu atmen, die fremden und exotischen Geräusche der Stadt, in der ich wohnte, mit mir zusammen wahrzunehmen. Meine Freuden, Ängste, Erwartungen und die vielen zukünftigen Erfahrungen, die ich in diesem und später anderen Ländern machen würde, einfach alles, was von jetzt an passieren würde, mitzufühlen und mitzuerleben. Doch den allerwichtigsten Schwur tätigte ich auch in dieser Zeit: „Ich möchte nie mehr arm sein."

Mit dem Bus fuhren Karl und ich an einem verlängerten Wochenende nach Quebec City. Wir waren sehr erstaunt, eine Stadt mit ausgeprägten europäischen Merkmalen vorzufinden. Alle Einwohner sprachen Französisch-Kanadisch, eine Sprache, die auch von Franzosen aus Frankreich nur mit Mühe zu verstehen ist. Viele sprechen auch Englisch oder sind zweisprachig. Die französisch-kanadische Sprache ist mit amerikanischen Wörtern durchsetzt und diese werden wiederum in dem eigentümlichen Französisch-Kanadisch ausgesprochen und bekommen dadurch eine Eigendynamik und Betonung, an die man sich erst einmal gewöhnen muss.

Dort lernte ich auch den Schweizer Gaston kennen, der kurz nach seiner Ankunft eine Zeit bei einer Schiffsbaufirma in Lévis, auf der anderen Seite des St.-Lawrence-Flusses, als technischer Zeichner gearbeitet hatte und nun auf der Rue St. Anne, mitten im alten Stadtkern von Quebec City und gegenüber dem weltbekannten Hotel Château Frontenac, ein Restaurant nach Schweizer Muster eröffnet hatte. In Quebec City wohnten und arbeiteten sehr viele Schweizer, die aus dem französischen Teil der Schweiz kamen, dazu kam noch eine große Anzahl Franzosen aus Frankreich. Auch eine Menge Luxemburger hatten die Stadt zu ihrer neuen Heimat auserkoren. Eigentlich waren Menschen vieler europäischer Nationen anzutreffen.

Das Restaurant hieß Aquarium, war sehr gemütlich eingerichtet und sprach besonders die Europäer an. Jahre später entwickelte sich dieses Restaurant zu einem der schönsten und besten in der Stadt und Gaston verdiente sehr viel Geld, wurde reich und heiratete Pauline, eine Kanadierin. Sie bekamen zwei hübsche Töchter.

Etwa 1984, ca. dreißig Jahre nach seiner Immigration und harter, aber erfolgreicher Arbeit in Quebec City, verlegte er mit seiner Familie seinen Wohnsitz wieder zurück in den französischen Teil der Schweiz, in die Nähe von Lausanne. Er eröffnete dort wieder ein Restaurant, welches seine Frau und seine erwachsenen Töchter erfolgreich führten. Ich habe ihn dort mit meiner Familie im Winter 1986 einmal besucht und wir hatten uns natürlich sehr viel zu erzählen. Danach haben wir uns aus den Augen verloren.

Viele Einwohner der Provinz Quebec, ein großer Teil derer, die in der Stadt Montreal, und besonders diejenigen, die direkt in Quebec City wohnen, führen einen europäisch geprägten Lebensstil. Sie sind charmant, originell und besitzen das typisch französische Gehabe. Frauen und Mädchen kleiden sich sehr gern nach der jeweilig vorherrschenden französischen Mode, wobei Männer eher den ungezwungeneren nordamerikanischen Kleidungsstil bevorzugen.

Kulturell ist die Provinz Quebec sehr an Frankreich ausgerichtet. Oft gastieren dort französische Künstler aus Theater, Film und Fernsehen und auch Chansonsänger und Sinfonieorchester besuchen bei ihren Welttourneen die Städte Montreal und Quebec City. Auch die Gastronomie steht für den französischen Gaumen bereit und es ist nicht ungewöhnlich, dass erstklassige Köche, aus Frankreich importiert, die Küchen der besten Restaurants beherrschen.

Die „Quebecois", so nennen sie sich, unterscheiden sich sehr von den Einwohnern der übrigen kanadischen Provinzen und selbstverständlich sehr von der gesamten Lebenskultur der Menschen in Nordamerika. Genau das ist auch von den Quebecois beabsichtigt. Im Sommer, zur Haupturlaubszeit, werden die beiden Städte Montreal und besonders Quebec City buchstäblich von amerikanischen Urlaubern überrollt.

Auffällig, besonders in Quebec City, sind die zahlreichen Kirchen und eine Vielzahl von pompösen sakralen Bauten. Überall trifft man auf kirchliche Würdenträger, die fast ausschließlich der katholischen Religion zuzuordnen sind. Alle diejenigen, die in schwarze Soutanen gekleidet sind, werden von der Bevölkerung meistens mit dem Titel Monsignore angeredet. Dieser Titel ist eigentlich nur für hohe Würdenträger in der katholischen Kirche bestimmt, aber sicherheitshalber und unterwürfig, wie eben gute Katholiken sind, reden sie jeden Kirchenmann, der einen schwarzen Rock trägt, mit diesem Supertitel an.

Es gibt eine Vielzahl von kirchlichen Einrichtungen wie Klöster, Klosterschulen für junge Mädchen und Jungen, Seminarschulen für junge Männer, die Priester werden wollen oder von ihren Eltern dazu getrieben werden, Krankenhäuser, Kindergärten etc. Einrichtungen, die vom Klerus großzügig finanziert, geleitet und geführt werden. Diese Institutionen erleichtern natürlich den Gefolgschaftszulauf der Kirche, ob nämlich die Menschen wollen oder nicht, sie begeben sich, sobald sie sich in dem wohlausgelegten Netz dieser Institutionen verfangen haben, direkt oder zumindest indirekt in ein Abhängigkeitsverhältnis mit der Kirche.

Scharen von Seminaristen (Jungpriester) sind zu beobachten. Oft sind es zwanzig bis dreißig an der Zahl, die gesittet, würdevoll, ihr Brevierbuch in ihren Händen haltend, mit vor Ehrfurcht, Gottesfurcht oder der generell schweren Last des kirchlichen Dienens leicht nach unten gesenkten Köpfen irgendeinem Ziel entgegensteuern. Man sieht sie in Zweierreihen hintereinander, wie an einer Schnur aufgereiht, einherwandeln. Wahrscheinlich suchen sie dabei den Boden nach irgendwelchen plötzlich auftauchenden Hindernissen ab oder ihre Chefs haben ihnen nachhaltig eingebläut, dass man sich nur so fortbewegen kann. So schreiten sie, in schwarze lange Röcke gekleidet, breitrandige schwarze Hüte tragend, die sehr gerade ausgerichtet auf ihren Häuptern thronen, mit wohlsynchronisierten, abgemessenen Schritten hintereinander her.

Priester, Monsignores und, wenn auch weniger häufig anzutreffen, Kardinäle sind in Quebec City keine Mangelware. Man findet sie in größeren Gruppen oder auch einzeln in Restaurants, Cafés, Hotels, ja sogar in Bars und vereinzelt auch in Nightclubs – wahrscheinlich zu Studienzwecken.

Die Monsignori können sehr leicht von den anderen, unteren Würdenträgern unterschieden werden, tragen sie doch mit Vorliebe schwarze Röcke, verziert mit breiten lila Bauchbändern aus Seidenkrepp. Auf den Köpfen tragen sie runde Hüte, die innen mit lilafarbenem Futter ausgeschlagen oder sogar gänzlich aus lilafarbenem Stoff angefertigt sind. Gut und viel essen scheint für die oberen Chargen dieser Kirchenfürsten äußerstes Gebot zu sein. Die meisten von ihnen sind sehr beleibt und tragen oft ihre Bäuche schwitzend und dabei asthmatische Geräusche von sich gebend vor sich her. Alle diese Kirchenfürsten nehmen aktiv an allen Annehmlichkeiten des außerkirchlichen Lebens teil. Sie sind praktisch überall anzutreffen.

In Quebec City, genauer gesagt im Restaurant Aquarium, hatte ich eher zufällig einen Schweizer kennengelernt, der bei einer großen kanadischen Holzverwertungs- und Vertriebsfirma als Buchhalter arbeitete. Die Firma, für die er arbeitete, besaß große Flächen Wald im Norden und Osten der Provinz Quebec. Er berichtete, dass man als Holzfäller sehr viel Geld verdienen könne. Wohnquartiere und Verpflegung seien frei und würden von der Firma bereitgestellt, wenn man in diesen Holzabbaugebieten arbeite. Da man als Holzfäller fast völlig von der Zivilisation abgeschieden war und in Camps mit Blockhütten lebte, konnte man dort, auch wenn man wollte, kein Geld ausgeben und folglich in einer Saison (ca. sechs Monate) einige Tausend Dollar verdienen und sparen. Saison für Holzfäller ist eigentlich immer, mit Ausnahme von einigen Wochen im Winter, wenn zu viel Schnee liegt.

Ich ließ mir von ihm die Adresse und den Namen einer Kontaktperson seiner Firma geben. Die Waldvorräte dieser Firma lagen nördlich zwischen Alma, am See St. Jean, und Chicoutimi. Beide Orte liegen am Fluss Saguenay. Die Holzstämme werden im Sommer in große Flöße vertäut auf diesem Fluss bis dort, wo er in den St.-Lawrence-Strom mündet, geschwommen und dann mit Lastwagen weiter in umliegende Sägewerke transportiert. Im Winter, wenn der Fluss nicht schiffbar ist und manchmal ganz zufriert, können diese Transporte nur mühsam und unter erschwerten Bedingungen mit Lastwagen erfolgen.

Unser Ausflug nach Quebec City war für Karl und mich sehr lehrreich. Wir lernten eine Menge Leute kennen und erweiterten gleichzeitig das geografische Verständnis unserer neuen Heimat.

Wieder zurück in Montreal beschlossen wir, uns räumlich zu verändern. Wir waren nun sechs Monate in Kanada und wollten mehr von diesem Land sehen. Wir kündigten beide unsere Arbeitsstellen und fuhren mit dem Zug nach Hamilton, Ontario. Warum wir ausgerechnet nach Hamilton fuhren, weiß ich heute nicht mehr. Sofort fanden wir beide dort eine Arbeitsstelle bei Canadian Cotton, einer Firma, die Baumwollgarne herstellte. Karl arbeitete im Lager und fertigte unter anderem Holzkisten an und ich wurde im Qualitätsprüflabor beschäftigt.

Ich hatte ein Wohnquartier bei einer holländischen Familie gefunden, die schon einige Jahre in Hamilton wohnte. Ihre Kinder studierten an einer Universität in Ottawa und so wurden die nicht mehr benötigten Zimmer vermietet. Sogar den Dachboden von ihrem Haus hatten sie ausbauen lassen und in ein riesiges Schlafzimmer verwandelt, in dem sechs Betten Platz fanden. Alle Schlafplätze hatten sie vermietet und so versammelten sich abends oft bis zu zehn zahlende Gäste in ihrem Wohnzimmer.

Ich hatte einen Schlafplatz auf dem Dachboden erhalten. Die Kosten für jeden Schlafplatz beinhalteten Frühstück und Abendessen. Es ging abends vor dem gemeinsamen Abendessen immer sehr lustig zu, wenn sich alle Hausgäste im Wohnzimmer versammelt hatten und miteinander diskutierten. Die Hausfrau versorgte dann jeden mit einer vorzüglich zubereiteten Tasse Kaffee nach holländischer Art (Kaffee mit viel Milch und Zucker).

Ihr Mann war sehr viel älter als sie, sprach schlechtes Englisch, konnte aber alles lesen. Er kannte viele Werke der wichtigsten Schriftsteller und diskutierte leidenschaftlich gern mit jedem von uns über Inhalt, Stil und Wertigkeit der Bücher. Im Wohnzimmer stand auch ein Klavier, auf dem ich öfters, sehr zur Freude der Hausfrau, spielen konnte.

Der Kreis der Hausgäste war international, denn nicht nur einige Holländer, sondern auch drei Iren, ein Kanadier, zwei Engländer und ein

Schwede zählten zu den Hausgästen. Der Kanadier war Rechtsanwalt und hatte eine Anstellung in einer größeren Kanzlei. Er war immer gut gekleidet, sah gut aus, hatte ein schickes Auto und war immer fröhlich und guter Dinge. Auf ihn hatte die Hausfrau es abgesehen. Öfters besuchte sie ihn in seinem Einzelzimmer. Sie trat dann frühmorgens oder am späten Abend, ohne anzuklopfen, bei ihm ein und wollte mit ihm anbandeln. Er aber wollte nichts von ihr wissen und beklagte sich darüber bei uns. Wir rieten ihm auszuziehen, was er auch der Not gehorchend bald tat. Schade, denn wir vermissten ihn bald, er war nämlich sehr witzig und immer zu einem Scherz aufgelegt.

Wo Karl in Hamilton wohnte, ist mir entfallen, er war auch nur kurze Zeit da, dann zog es ihn nach Toronto, weil er dort bessere Berufschancen witterte. Er bekam in Toronto eine Anstellung in einem großen Baustoffhandel, die sehr gut bezahlt wurde. Sein Verantwortungsbereich war die Sparte Holzprodukte, die er ja als gelernter Schreiner bestens kannte. Er kaufte sich ein gebrauchtes Auto und besuchte mich damit oft in seiner Freizeit in Hamilton. Die Fahrzeit mit dem Auto zwischen Hamilton und Toronto beträgt in der Regel dreißig bis vierzig Minuten.

Im Juli, ich arbeitete gerade vier Wochen bei meiner Fima, nahm ich mir 14 Tage unbezahlten Urlaub. Mein Vorgesetzter, Leiter der Qualitätskontrolle, ein Pole, der schon einige Jahre in Kanada lebte, war einverstanden mit meinem doch recht kurzfristig anberaumten Extraurlaub. Ich hatte etwas Geld gespart und konnte leicht ein Hin- und Rückflugticket nach Deutschland damit bezahlen. Warum ich schon so früh Deutschland wieder besuchen wollte, weiß ich nicht mehr. Heimweh kann es mit Sicherheit nicht gewesen sein, also muss es wohl andere Gründe gehabt haben.

Auch ich hatte mir ein gebrauchtes Auto gekauft. Es war mein erstes eigenes Auto. Innen roch es etwas muffig, aber alles am Auto funktionierte noch prächtig. Ich denke, es muss ein alter Chrysler oder Pontiac gewesen sein. Dieses Prachtstück war dunkelgrün lackiert und oft gab es bei einer gewissen Geschwindigkeit undefinierbare Geräusche von sich, die mich aber weiter nicht störten. Ich liebte mein Auto heiß und innig, putzte und polierte es nach jeder Fahrt. Es sah außen sehr schnittig aus und innen war es enorm geräumig und elegant, fast so wie ein italienischer Schlafwagen, fand ich, obwohl ich natürlich noch nie einen solchen gesehen hatte. Wie ich zu dem Vergleich mit dem Schlafwagen gekommen bin, weiß ich auch heute nicht mehr. Es hatte zwar schon einige Kratzer und kleinere Beulen, als ich es kaufte, aber die störten mich wenig. Sie gehörten einfach zum zeitlichen Originalzustand meiner Erwerbung. Am besten funktionierte das Radio, deshalb fuhr ich auch immer mit einem laut eingeschalteten Musiksender, der mich mit den neusten Schlagern und Hits berieselte. Zusätzlich übertönte die Musik aber auch die merkwürdigen Geräusche des Motors, oder war es das Getriebe?

Am zweitbesten funktionierte der Wagenheber, denn dieser wurde öfters benötigt, um die Reifen zu wechseln. Zu der Zeit hielten Reifen einfach nicht sehr lange und da ich mir nie neue Reifen erlauben konnte und immer nur gebrauchte kaufte, war der Umsatz an Reifenmaterial doch sehr beachtlich.

Mein erster größerer Ausflug mit diesem Auto führte an die Niagarafälle. Ich nahm noch ein paar meiner Hausgenossen mit und wir verbrachten einen schönen Tag zusammen. Ich kam aus dem Staunen nicht heraus, denn solche gewaltigen Wassermassen und das ohrenbetäubende Geräusch, das sie verursachten, hatte ich noch nie vorher in irgendeiner Form erlebt. Ein einmaliges Erlebnis, an das ich auch heute noch gerne denke.

Meine Reise nach Deutschland begann an einem Wochenende, Karl holte mich mit seinem Auto ab und fuhr mich zum Flughafen Toronto. Ich bestieg ein Flugzeug vom Typ Viscount von der Air Canada nach New York und von dort mit der Lufthansa in einer viermotorigen Super-G Constellation mit einem Zwischenstopp in Gander, Neufundland nach Frankfurt, dann weiter mit einer DC-4 nach Düsseldorf.

Auf dem Flug von Toronto nach New York flogen wir – offensichtlich durfte man das noch zu jener Zeit – ganz tief über Manhattan. Ich hatte einen Fensterplatz und sah zum ersten Mal unter mir die vielen riesigen Wolkenkratzer. Das war ein so gewaltiger Anblick, dass ich ihn nie mehr vergessen werde. Ich kam mir so erhaben und auserwählt vor. Wenn mich jetzt doch nur alle meine Freunde und Bekannten sehen könnten, sie würden vor Neid erblassen, dachte ich und war mächtig stolz auf mich. In so jungen Jahren schon in einem Flugzeug zu fliegen, war zu jener Zeit doch nur wenigen vergönnt.

Von Karl hatte ich mir einen Fotoapparat ausgeliehen und mit dem knipste ich wie wild aus dem Flugzeugfenster. Noch heute, wenn ich mir diese Bilder ansehe, kann ich mich im Geist sofort wieder in meine damalige Zeit zurückversetzen.

Ich hatte damals Schwierigkeiten, mir vorzustellen, dass tatsächlich ich es war, der nun zum ersten Male in einem Flugzeug saß und flog. Ich fand, dass ich schon ein richtiger Weltreisender war. Eine Schiffsreise über den Atlantik hatte ich schon hinter mir und nun lag auch noch eine Flugreise zurück in die alte Heimat vor mir. Einfach unvorstellbar.

Der Anschlussflug von New York nach Frankfurt und dann von Frankfurt mit einem anderen Flug weiter nach Düsseldorf ging erst am nächsten Tag vom Flughafen Idlewild ab. Ich hatte also fast einen Tag Aufenthalt in New York.

Mit dem Bus fuhr ich vom Flughafen Idlewild bis zur Mitte in Manhattan und stieg an der Ecke 42nd Street und Broadway aus. Da stand ich nun mitten in dem Getümmel und Gewühle von Manhattan. Ich mietete mir ein Zimmer in einem kleinen rooming house in der 43rd Street, verstaute mein Gepäck und wanderte in der Stadt herum.

Ich muss wohl kilometerweit gelaufen sein, denn ich wollte in der kurzen Zeit so viel wie nur möglich sehen. Immerzu musste ich nach oben gucken und mir die Wolkenkratzer ansehen. Mein Nacken schmerzte vom Hochgucken, meine Füße taten weh, es half aber nichts, denn jetzt war ich in New York und nun hieß es, so viel erleben und sehen, wie die Zeit es erlaubt.

Auf der 42nd Street zählte ich mindestens zwei Dutzend Kinos, manche wie die Perlen aneinandergereiht. Unzählige Restaurants und Bars gab es dort und man konnte alles, was drinnen geschah, durch große Schaufenster von draußen sehen. Es gab einfach alles auf engstem Raum. Und dann das Sprachengewirr um mich herum! Ich hatte den Eindruck, hier würden alle Sprachen der Welt gleichzeitig gesprochen. Die Menschen eilten aneinander vorbei, als würden sie um ihr Leben laufen. Menschentrauben hier und dort, es brodelte und kochte überall. Hier war was los!

Irgendwie gefiel mir das sehr. Ich war völlig überdreht und enorm aufgeregt, wollte hierhin, dann dorthin und dann wieder irgendwo anders hin. Sobald es anfing zu dunkeln, leuchteten riesige Reklameschilder in allen Farben auf. Ich starrte staunend auf dieses Lichtermeer mit beweglichen Bildern. Nie hätte ich für möglich gehalten, dass es so etwas überhaupt gab. Ich fragte mich, wie man so etwas beschreiben und anderen Menschen erklären konnte. Man kann es nicht, stellte ich fest, oder wenn überhaupt, dann nur unzureichend. New York hat eine einmalige, nicht übertragbare Atmosphäre. New York ist eine Stadt für junge Menschen und genau das Gefühl hat sich in mir sofort verankert.

Ich glaube, diese Eindrücke, die ich in diesen paar Stunden sammelte, waren für mich richtungsweisend für mein weiteres Leben. Schon zu dieser Zeit muss in mir der Entschluss gereift sein, in dieser Stadt einmal wohnen und leben zu wollen.

So kam es dann auch später. Egal wo ich mich in späteren Jahren befand, die vielen anderen Metropolen überall auf der Welt, die ich besuchte und kennenlernte, nichts war oder ist auch nur annähernd vergleichbar mit New York. Immer zog es mich mit magischen Kräften nach New York zurück. So ähnlich ging es auch anderen Menschen, die sich, wenn sie einmal in den Sog dieser Stadt gezogen worden waren, nicht mehr davon befreien konnten.

Am nächsten Tag ging es also los. Mein erster Flug über den Atlantik. Alles war für mich beeindruckend, etwa der große Flughafen Idlewild, der nach dem ermordeten Präsidenten John Fitzgerald Kennedy in JFK-Flughafen umgetauft wurde. Das Gewimmel von Menschen vieler Nationen in den verschiedenen Flughafengebäuden hatte eine anziehende und zugleich verwirrende Wirkung auf mich.

Als ich dann aber die Pass- und Zollformalitäten hinter mir hatte und auf das Flugfeld geleitet wurde, erblickte ich die große Lufthansa-Maschine, mit der ich nach Frankfurt fliegen sollte. Nur kurze Zeit nachdem ich meinen Sitzplatz am Fenster gefunden hatte, startete die Maschine mit dem ohrenbetäubenden Gebrüll ihrer vier Motoren, hob ab und stieg höher, immer höher. Dann sah ich nur noch Wasser, ab und zu unterbrochen von Wolken. Ich konnte mich nicht sattsehen an den vielen neuen Dingen, die immer wieder plötzlich auf mich einstürzten.

Nach einigen Stunden in der Luft kam der Kapitän und schüttelte jedem Fluggast die Hand. Die Stewardessen verteilten Postkarten, auf denen das Flugzeug, mit dem ich gerade flog, abgebildet war. Ich schrieb an alle Freunde und Bekannten und sogar an Leute, die ich fast überhaupt nicht kannte, denn die Lufthansa kam für alle anfallenden Postgebühren auf. Es müssen wohl zwanzig oder mehr Karten gewesen sein, die ich eng beschrieben mit meinen bisherigen Reiseerlebnissen in den bordeigenen Postkasten warf.

Das Essen war reichhaltig und lecker und der Service war zuvorkommend und freundlich – es war alles so neu für mich. Man fühlte sich wie ein kleiner König. Das waren noch Zeiten, an die ich mich gerne zurückerinnere, denn in den Jahren, die folgten, verkümmerte das Fliegen immer mehr zu einer kommerzialisierten Fortbewegungsroutine, bei der der einstige Glamour, das Neue und Einzigartige auf der Strecke blieb und völlig verschwand.

Problemlos und pünktlich kamen wir in Frankfurt an und ich nahm den Anschlussflug nach Düsseldorf. Meiner Familie hatte ich vorher geschrieben und meine jüngste Schwester Hiltrud und ihr Mann Dieter – sie hatten kurz vorher geheiratet und wohnten in Düsseldorf – holten mich am Düsseldorfer Flughafen ab. Dieter war ein fleißiger und umtriebiger Mann, er arbeitete bei einer staatlichen Firma und hatte sich eine BMW-Isetta kaufen können. Mit dem winzigen Ding – irgendwie passten wir alle hinein – fuhren wir nach Mönchengladbach.

Ich besuchte meine Oma, sah alle Verwandten, Bekannten und Freunde. Ich traf auch Onkel Hans, der bei seiner Mutter vorbeischaute. Alle wunderten sich, dass ich schon nach fast einem Jahr seit meiner Auswanderung diesen teuren Besuch machen konnte. Der sehr einfache Grund hierfür war aber, dass man in Kanada sehr gut verdiente und dann noch der Umrechnungskurs für Dollars in DM äußerst günstig war.

Die Mutter von Karl war mit ihrem kleinen Auto, einem Fiat Topolino, extra aus Süddeutschland angereist und ich musste ihr genau berichten, wie es ihrem Sohn Karl ging und welche Zukunftspläne er hatte.

Mit dem Zug machte ich auch eine zweitägige Rundreise durchs Ruhrgebiet und suchte dort eine Reihe von meinen alten Bekannten und Freunden auf. Mit den meisten stand ich ja brieflich von Kanada aus in Kontakt und alle wunderten sich sehr, mich plötzlich nach einer so kurzen Zeit wiederzusehen. Nichts hatte sich bei ihnen verändert, alles verlief noch im alten Trott. Vereinzelt fragte man mich, ob ich Kanada verlassen hätte und mich wieder in Deutschland ansiedeln wolle. Nicht um alles in der Welt, war meine Antwort, denn die Großzügigkeiten, Freiheiten und Entfaltungsmöglichkeiten, die ich in dem riesigen Land Kanada erfahren hatte, waren mit nichts in der alten Heimat aufzuwiegen.

Dabei sollte an dieser Stelle berücksichtigt werden, dass ich ja nur eine ungefähre Vorstellung von Kanada hatte, denn bisher hatte ich ja nur einen sehr geringen Teil der zwei Provinzen Quebec und Ontario kennengelernt.

Für die meisten, die ich traf, waren meine Berichte und Erfahrungen, die ich ihnen von Kanada mitteilte, äußerst dubios, wenn nicht unglaubwürdig. Wie sollten sie denn auch aus der Enge ihrer Umgebung, der kleinen, überschaubaren, geordneten Welt, in der sie groß geworden waren und in der sie lebten, nachvollziehen können, wie das Leben in Nordamerika sein könnte. Was immer ich ihnen von Kanada berichtete, stieß erst einmal auf Verwunderung und schlug dann um in Skepsis und Argwohn. Dabei blieb es denn auch in der Regel.

Um nichts in der Welt wäre ich zu diesem Zeitpunkt bereit gewesen, wieder in Deutschland zu leben. Ob in Mönchengladbach oder in den paar Städten des Ruhrgebiets, in denen ich gelebt und gearbeitet hatte, immer wieder musste ich mich plötzlich wieder an bestimmte Situationen, Gegebenheiten, frühere Wohnsitze, Arbeitsstellen usw. von damals erinnern. Immer wieder kam mir mein damals dürftiges und erbärmliches Leben in Deutschland ins Bewusstsein.

Ich schüttelte mich und bekam eine Gänsehaut, wenn ich nur an mein früheres, kümmerliches Leben dachte. Dabei war ja nicht alles schlecht gewesen, sondern ich hatte, das wusste ich mit Sicherheit, bestimmt auch schöne Momente und Zeiten in meinem früheren Lebensraum erlebt. Nein, nie mehr zurück, nie mehr in meine alten Fußstapfen treten und nie mehr die alten Wegstrecken betreten oder vielleicht auf den vorher angefangenen weitergehen. Im Stillen sehnte ich mich danach, möglichst bald wieder in Kanada zu sein. Ich verlebte trotzdem eine sehr schöne Zeit mit meiner Familie und bald kam der Tag meines Rückflugs.

Bevor ich Mönchengladbach verließ, besuchte ich aber noch das Grab meiner Eltern. Ich suchte nach äußerlichen Veränderungen am Grab, aber alles war noch so, wie ich es von meinem letzten Besuch in Erinnerung hatte. Ich unterhielt mich wie immer mit meinen Eltern und bat sie, ihre Hände schützend über uns alle zu halten. Dann machte ich mich für die Rückreise nach Kanada bereit.

Bei diesem Besuch hatte ich, ohne es natürlich zu ahnen, meinen Onkel Hans und meine Oma zum letzten Mal lebend gesehen. Wenn man jung ist, denkt man nicht daran, dass Menschen auch sterben können. Man denkt in jungen Jahren, alles bliebe beim Alten, nichts würde sich verändern, und wenn doch, dann nur unmerklich. Das ist ein gewaltiger Trugschluss, den man nur in gereifterem Alter verstehen und begreifen kann. Heute tut es mir sehr leid, alte Bekannt- und Freundschaften nicht besser gepflegt zu haben. Das Ganze ist aber auch ein Zeitproblem, denn wenn man jung ist, muss man sich zwangsläufig sehr viel mit seinem eigenen Leben und Fortkommen beschäftigen und alle anderen Dinge müssen in den Hintergrund treten.

Ich flog also von Düsseldorf wieder nach Frankfurt und von dort mit der Super-G Constellation der Lufthansa nach New York und dann weiter nach Kanada mit dem Endziel Toronto. Wir hatten gerade Irland überflogen und befanden uns schon ein Stück über dem Atlantik, als einer der Motoren der Super-G Constallation in Brand geriet.

Der Pilot wendete und wir machten eine Notlandung in Shannon, Irland. Dort musste das gesamte Triebwerk ausgewechselt werden. Dieser Vorgang dauerte zwei Tage, denn der neue Motor musste erst von der Lufthansawerft in Hamburg eingeflogen, dann eingebaut und getestet werden. Alle Passagiere wurden kostenfrei in einem schönen Hotel an der Küste untergebracht, und so verlängerte sich mein Urlaub gezwungenermaßen.

Jetzt konnte ich sogar sagen, ich sei auch einmal in Irland gewesen. Mein Status als „Weltreisender“ hatte sich also schon wieder etwas erweitert – so oder ähnlich muss ich wohl damals gedacht haben. Nach erfolgter Reparatur flogen wir ohne einen weiteren Zwischenfall zurück nach New York. Dort außerplanmäßig angekommen, hatte ich meine gebuchte Flugverbindung nach Toronto verpasst und wieder verbrachte ich eine kostenfreie Nacht in einem Hotel in der Nähe vom Flughafen Idlewild.

Von meinem Hotel aus hatte ich Karl telefonisch über meine Verspätung verständigt und als ich am nächsten Tag in Toronto ankam, war Karl mit seinem Auto am Flughafen und brachte mich zurück nach Hamilton. Karl freute sich, mich wiederzusehen, und ich händigte ihm die Geschenke aus, die seine Mutter mir für ihn mitgegeben hatte. Ich hatte mir von Karl vor meiner Abreise eine braune sehr schicke Blousonjacke, man nannte sie damals auch Lumberjacke, geliehen, die ich aber meinem Schwager Dieter in Deutschland geschenkt hatte, weil meine Schwester Hiltrud mich so lange darum angebettelt hatte, bis ich sie schließlich hergab. Die konnte ich also Karl nicht zurückgeben und er war entsprechend wütend darüber. Ich kaufte ihm aber eine neue und danach glätteten sich die Wogen wieder.

Bei meinem Arbeitgeber Canadian Cotton war man zuerst nicht sehr erbaut von meiner Urlaubsüberziehung von drei Tagen, aber als ich den Motorschaden am Flugzeug erklärte und nachweisen konnte, dass ich an meiner zu späten Rückkehr völlig unschuldig war, konnte ich meinen Chef wieder zufriedenstellen und unser sehr freundschaftliches Arbeitsverhältnis war gänzlich wiederhergestellt.

In Hamilton hatte ich mir zwischenzeitlich wieder einen in Deutschland hergestellten Kontrabass gekauft. Ich machte die Bekanntschaft von Paul, einem Schweizer, der etwa drei bis vier Jahre älter war als ich und der eine Weile in Quebec City gelebt hatte. Er kannte Gaston und einige andere Leute, die ich bei meinem Kurzbesuch dort kennengelernt hatte. Paul lebte mit seiner Freundin Lilli, einer Österreicherin, in Streetsville, einem Vorort von Toronto, zusammen. Paul war Lilli entwischt und befand sich auf Arbeitssuche in Hamilton. Ich habe zu einem späteren Zeitpunkt Lilli einmal kennengelernt und konnte Pauls Flucht sofort gut verstehen.

Er fand auch eine temporäre Arbeitsstelle, die ihn aber nicht sonderlich befriedigte und die nicht viel einbrachte. Paul war Ingenieur, spielte ausgezeichnet Klavier und hatte, bevor er nach Ontario kam, eine Weile in einem Stahlbauunternehmen in Quebec City gearbeitet. Wir entschieden uns, noch einige Musiker zu suchen und dann eine Kapelle zu gründen, um nebenher bei Veranstaltungen etwas zu verdienen. Es gelang uns, eine Anzahl von gut dotierten Musik-Engagements zu erhalten.

Irgendwann erzählte ich Paul von meinem Bekannten, dem Buchhalter bei der Holzfällerfirma, den ich bei meinem Besuch in Quebec City getroffen hatte. Wir sprachen auch sehr oft darüber, dass es mein größter Wunsch war, an einer Universität Flugzeug- und/oder Maschinenbau zu studieren. Wie sollte ich das anstellen mit meinen vier Jahren Volksschule und vier Jahren Gymnasium, denn das war bis zu dem Zeitpunkt meine gesamte schulische Ausbildung. Woher einen Abiturabschluss nehmen, wenn man keinen besitzt? Denn ein Abiturabschluss bzw. ein Highschooldiplom ist auch in Nordamerika die Voraussetzung für ein Studium an einem College oder einer Universität. Die Möglichkeit, mir einen Highschoolabschluss zu beschaffen, wäre ja vorhanden gewesen, denn ich hätte zu einer Highschool gehen können und mir in einem jahrelangen Abendstudium das Abschlussdiplom erarbeiten können. Ich war aber immerhin schon fast 24 Jahre alt und die Zeit war einfach gegen mich. Ich wollte zwar erreichen, was ich mir vorgenommen hatte, aber in einem kürzeren Zeitrahmen.

Paul war körperlich fit und ich auch. Wir entschieden uns also, zunächst einmal sehr viel Geld zu verdienen, und danach wollte ich meine endgültigen Pläne, die dann auch für meine Zukunft richtungsweisend sein sollten, in Angriff zu nehmen. Wir beschlossen also, uns als Holzfäller zu verdingen und uns auf den Weg in das Holzfällercamp nördlich von Quebec City zu machen.

Paul wollte sowieso wieder irgendwann zurück in die Provinz Quebec, wenn möglich nach Quebec City, weil er sich unter den vielen Europäern, den Freunden und Bekannten, die er dort schon hatte, viel wohler fühlte. Ich aber wollte unbedingt ein Technikstudium absolvieren, was dort nicht möglich war.

Ich hatte ja mein altes Auto, das zwar innen und außen in unseren Augen noch wunderschön war, aber der Motor und das Getriebe mussten dringend überholt werden. Wir fanden einen deutschstämmigen Automechaniker in Toronto. Den überredeten wir, für eine bestimmte Summe das Auto in einen zuverlässigen Zustand zu bringen. Dann machten wir uns, ich glaube, es war Ende August oder Anfang September, auf in Richtung Montreal, dann Quebec City und von dort genau nach Norden in Richtung Chicoutimi. Das Holzfällercamp lag irgendwo zwischen Chicoutimi und Alma.

Vor unserer Abreise hatten wir Karl gefragt, ob er mit uns fahren wolle, aber Karl war sehr zufrieden mit seiner Position in seiner Firma, wollte auch kein berufliches Wagnis eingehen, also blieb er. Danach habe ich Karl für immer aus den Augen verloren.

Von Hamilton aus bewältigten wir in 14 Stunden die Strecke nach Quebec City, wo wir bei Gaston, der einige Zimmer über seinem Restaurant vermietete, übernachteten. Am nächsten Tag fuhren wir genau nach Norden und kamen am Spätnachmittag in Chicoutimi an, dann fuhren wir noch eine Stunde in Richtung Alma und waren am Ziel. Das Terrain wurde immer wilder, rechts und links von der Straße waren nur Waldflächen. Was uns sofort auffiel, waren die riesigen Bäume. Wir hatten natürlich beide schon vorher Wälder und Bäume gesehen, aber diese Bäume waren gewaltig.

Ab und zu kamen uns große Lastwagen mit Baumstämmen beladen entgegen. Schließlich waren wir am Zielort, der aus einem großen freien Platz bestand, auf dem fertig abgelängte Baumstämme zum

Abtransport lagerten. Am Rande dieses Lagerplatzes standen einige Blockhäuser.

Wir meldeten uns im Büro bei dem Leiter des Camps und hatten Glück, denn er suchte dringend Leute, die kräftig zulangen und alle anfallenden Arbeiten verrichten konnten. Unsere Unterredung dauerte vielleicht eine halbe Stunde, denn er wollte nur in Stichworten unseren bisherigen Lebensweg beschrieben haben. Was wir zu berichten hatten, schien ihm zu genügen, denn kurz danach trug er einem seiner Assistenten auf, uns unser Quartier zu zeigen.

Alle Holzfäller waren in einem langen Blockhaus untergebracht. Als Betten dienten einfache Brettergestelle mit einer Matratze belegt. Ein kleines Kopfkissen und ein paar Decken vervollständigten die Liegestätten. Zwischen den Betten standen Blechschränke, in denen die persönliche Habe untergebracht werden konnte. In der Mitte des Raums stand ein riesiger Tisch, an dem alle Mahlzeiten eingenommen wurden. Ein großer eiserner Ofen, der mit Holzscheiten befeuert wurde, war die Heizung. Er stand am Ende des Raums gegenüber der Eingangstür.

Das Camp hatte eine eigene Kraftstromstation, bestehend aus zwei Generatoren, die mit Dieselöl betrieben wurden. Die erzeugte Energie reichte aus, um die Innenbeleuchtung der Gebäude, die Geräte in der Reparaturwerkstatt, die Brauchwasserversorgung mittels Boiler in Dusche und Küche und einige Leuchtstrahler, die außen an den Gebäuden angebracht waren, zu versorgen.

Die Küche war in einem separaten, kleinen Blockhaus untergebracht, und hinter der Küche, in einem angebauten Teil, befand sich ein Duschraum, der von bis zu zehn Personen gleichzeitig benutzt werden konnte.

In einem kleinen, nur aus Brettern errichteten Häuschen, etwa zehn Meter von unserer Schlafunterkunft entfernt, befanden sich die Toiletten. Diese Entsorgungsanlage bestand nur aus einem langen Brett, in das man einige runde Löcher gesägt hatte. Man setzte sich über eins dieser Löcher und ließ einfach alles, was man loswerden wollte, nach unten fallen. Anlagen dieser Art waren mir ja schon bekannt, als ich als Kind in Riedern und Rogätz war. Für Paul aber war dies völlig neu, denn aus der Schweiz kannte er so etwas nicht. Er gewöhnte sich aber trotzdem an die Benutzung dieser Plumpsklos, denn was sollte man auch anderes machen.

Der Leiter des Camps wohnte in einem separaten Blockhaus, das auch nur aus einem Zimmer bestand. Dann gab es noch ein kleines Blockhaus, auch wieder aus einem Raum bestehend, in dem drei Assistenten des Campleiters untergebracht waren.

Wir waren gerade rechtzeitig zum Abendessen eingetroffen. Schnell verstauten wir unser Gepäck in den Schränken neben den uns zugewiesenen Schlafstellen und dann kam auch schon der Koch mit einer riesigen Schüssel, die bis an den Rand mit großen, einen köstlichen Duft verströmenden, glühend heißen Steaks angefüllt war. In seinem Gefolge waren sein Küchenhelfer und zwei Holzfäller, die Töpfe mit Gemüse und Kartoffeln und einen Berg von frisch gebackenen Brotlaiben schleppten. Flaschen mit Obstsäften aller Art, Mineralwasser und Coca-Cola sowie fünf große Kannen Kaffee standen schon auf dem Tisch und jetzt musste keiner mehr daran gehindert werden, tüchtig zuzulangen.

Wie oft habe ich mich später noch an dieses und folgende Abendessen in diesem Camp erinnert. Paul und ich hatten einen Bärenhunger und wir aßen bestimmt jeder zwei dieser riesigen Steaks mit Beilagen und noch eine Menge von dem frischen Brot.

Das Essen im Camp war immer ausgezeichnet, denn auf gutes Essen legten die Holzfäller großen Wert und das war natürlich der Firma bekannt. Der Koch war ein echter Franzose aus der Gegend von Lyon und hatte seine Kochkünste natürlich in Frankreich gelernt. Sonntags strengte sich unser Koch besonders an. An diesen Tagen schuf er wahre Gaumenfreuden und verwöhnte uns mit je einer umfangreichen Mahlzeit mittags und abends. Es war nicht ungewöhnlich, dass dann jede Mahlzeit aus vier bis fünf Gängen bestand, Menüs also, die mit jedem Luxusrestaurant konkurrieren konnten. Er war schon lange bei der Firma und wollte so lange dort bleiben, bis er sich das Geld zum Kauf eines eigenen Restaurants in Frankreich zusammengespart hatte. Ich glaube, das ist ihm auch bestimmt gelungen.

Am Tag nach unserer Ankunft wurden wir in unsere Arbeitsaufgaben eingewiesen. Wir gingen zu einer Stelle, an der am Vortag eine Reihe von Bäumen gefällt worden waren, und es war unsere Aufgabe, mit der Axt oder der Motorkettensäge die Baumstämme von den Ästen zu befreien. Entasten nennt man so etwas. Der Leiter selbst zeigte uns, wie es gemacht wurde. Die Bedienung einer langen, schweren Kettensäge ist am Anfang nicht einfach und bedarf schon einiger Übung. Das gilt auch für die Handhabung der schweren Äxte.

In den Holzabbaugebieten, die unserer Firma gehörten, wuchsen primär Douglasfichten und kanadische Kiefern, die Durchmesser von ca. achtzig bis hundert Zentimeter und Höhen bis zu 25 Meter und mehr erreichten. Je nach Höhe des Baums wird er mit der Kettensäge in zwei bis drei möglichst gleiche Teile zersägt. Man klettert mit Steigeisen am Stamm hoch und sägt zuerst den oberen Teil des Stamms ca. acht bis zehn Meter unterhalb der Spitze ab.

Beim Hochklettern muss man sich durch das Gewirr von Ästen bis an die Stelle hocharbeiten, an der der Stamm abgesägt werden soll. An einem breiten Ledergürtel führt man die Kettensäge in einer Schlaufe hängend mit. Die bleibt, wenn man da oben herumturnt und nicht genau aufpasst, überall im Geäst hängen. Hat man die Stelle erreicht, an der der Stamm abgesägt werden soll, sichert man sich zuerst mit dem Sicherungsseil, das um den Stamm geschlungen und mit zwei Karabinerhaken am Ledergürtel befestigt wird, ab, um einen Absturz zu verhindern. Dann muss man genau festlegen, von welcher Seite die schwere Kettensäge am Stamm angesetzt wird, damit der obere Stammteil immer in die vom Holzfäller abgewandte Richtung fällt.

Von größter Wichtigkeit ist, dass der Stamm mindestens fünfzig bis sechzig Zentimeter oberhalb der Seilsicherung abgesägt wird. Wird dies nicht peinlich genau beachtet, stürzt man mit dem abgesägten Stammteil in die Tiefe. Aus diesen Höhen abzustürzen ist in der Regel tödlich.

Paul und ich waren zuerst einige Wochen damit beschäftigt, die abgesägten Stämme zu entasten und für den Abtransport bereit zu machen. Mit großen Traktorraupen, die vorne Greifzangen hatten, wurden dann die Stämme auf freie Plätze neben Wege gestapelt, die von den großen Holztransportern befahren werden konnten. Wieder andere Traktorraupen luden mit ihren Greifzangen die Stämme von dort auf die bereitstehenden Ladeflächen der Holztransporter.

Die Ladeflächen der Holztransporter waren links und rechts mit senkrecht verankerten Viereck-Stahlrohren bestückt, die verhinderten sollten, dass die geladenen Stämme beim Transport seitlich von der Ladefläche abrutschten. Auch die Beladung der Ladeflächen musste gelernt sein, denn man konnte nur von einer Seite aus die Stämme über die Stahlrohre hinweg auf die Ladefläche bringen. Große, schwere Stämme bilden die untersten Lagen und auf die werden dann die leichteren geschichtet. Die ganze Ladung wird dann zusätzlich noch mit umlaufenden, schweren Ketten festgezurrt und gesichert.

Paul war nicht schwindelfrei und so kam er für das Bäumefällen nicht infrage. Er interessierte sich aber sehr für die Führung der Traktorraupen und lernte nach und nach, solch ein Ungetüm zu bedienen.

Nach einiger Zeit wurden wir von den Arbeiten der Baumentastung befreit. Paul fuhr eine schwere Traktorraupe und belud die Transportfahrzeuge und ich kletterte auf meinen ersten Baum. An meinem ersten Tag schaffte ich es, vier Bäume zu fällen. Das war zwar noch keine große Leistung, aber immerhin ein Anfang. Nach einigen Tagen fällte ich wie die anderen, erfahrenen Holzfäller zwischen acht und zehn Bäume täglich.

Wir arbeiteten täglich, inklusive samstags, vom ersten Tageslicht an bis zur einbrechenden Dunkelheit pausenlos durch. Sonntags war Wasch- und Flicktag. Dann wuschen wir unsere Wäsche und brachten unsere Arbeitskleidung wieder in Ordnung. Besonders die Risse und Löcher in unseren Arbeitshemden und Jeans mussten geflickt werden.

An jedem Morgen gab es ein kräftiges Frühstück mit Steaks, Speck und Eiern. Wenn man genug in sich hineinstopfte, konnte man es an den Arbeitstagen bis zum Abend, ohne hungrig zu werden, aushalten. Abends duschten wir und aßen wieder eine riesige Mahlzeit. Der Koch ließ sich immer wieder etwas Neues einfallen. Unsere Menüs waren nie eintönig. Nach dem Essen schrieben wir Briefe, hörten Radio oder unterhielten uns noch eine Weile. Dann überkam jeden der Schlaf. Auch die Stärksten unter uns fielen auf ihre Pritschenbetten. Sobald wir in unseren Betten lagen, schliefen wir vor Erschöpfung sofort ein und wachten erst wieder auf, wenn der Koch kurz vor dem Morgengrauen am nächsten Morgen auf seiner Triangel zum Frühstück läutete.

Holzfäller sind eine besondere Art von Menschen. Sie reden sehr wenig, eigentlich geben sie nur das Allernotwendigste von sich. Sie sind sehr hilfsbereit untereinander, denn sie wissen, dass die Arbeit, die sie verrichten, gefährlich ist und persönliches Wohlergehen, Gesundheit und das Leben eines jeden von jedem Einzelnen abhängt. Kurz bevor ein Baum fällt, werden alle unten am Boden durch den Ruf „Timber“ gewarnt und bringen sich außerhalb der Falllinie des Baumes in Sicherheit.

Ein junger Mann, etwa zwanzig Jahre alt, der kurz nach uns ins Baumfällercamp kam, musste diesen Ruf „Timber“ zu spät gehört haben, er rannte zwar weg aus dem Bereich des fallenden Baums, stolperte allerdings. Der Baum traf ihn. Zum Glück, wie wir später feststellten, wurde er nicht vom Baum selbst, sondern nur von einigen kleinen Ästen getroffen und war wie durch ein Wunder überhaupt nicht verletzt. In dem Moment aber, als alle sahen, dass er getroffen worden war, waren sie wie der Blitz sofort zur Stelle, schoben ihre Axtstiele und armdicke Äste unter den Stamm und hoben mit ihren Bärenkräften den Baum so weit an, dass der Junge unter dem Baum herausgezogen werden konnte. Diese körperlichen Kräfte in solchen Fällen zu mobilisieren, ist eine wahre mannschaftliche Glanzleistung, denn große Bäume können sonst nur mit Raupentraktoren bewegt werden.

Dieser junge Mann war von seinem Vater mit einer ganz bestimmten Absicht und Aufgabe in unser Camp geschickt worden. Sein Vater besaß eine Maschinenfabrik in Montreal. Er wollte, dass sein Sohn John sich körperlich stählte und ein Teamleben kennenlernte. Sein Vater hatte auch, als er jung war, viele Monate in einem Holzfällercamp zugebracht, was ihm später in seinem Leben sehr zugutekam. Er hatte danach an einer der renommiertesten technischen Universitäten in Boston, USA studiert und ein Diplom als Ingenieur erworben. Mit diesem technischen Wissen gründete er danach sein sehr erfolgreiches Maschinen- und Apparatebauunternehmen. Jetzt wollte er versuchen, seinem Sohn John eine ähnliche Ausgangsposition zu schaffen, damit er später das Unternehmen weiterführen konnte.

John schloss sich uns, Paul und mir, an und wir diskutierten oft in unserer Freizeit, wie wir unsere Zukunft gestalten wollten. Ich erzählte John von meinem Wunsch, auch ein Ingenieurstudium zu absolvieren, aber mein Problem war ja bekanntlich meine ungenügende Grundausbildung – kein Abitur. John muss seinem Vater brieflich einiges über meine Zukunftsabsichten, meine finanzielle Situation und meinen schulischen Ist-Zustand mitgeteilt haben. Es kam ein Brief von seinem Vater direkt an mich gerichtet, worin er mir mitteilte, dass er mich am Ende unserer Arbeitssaison gerne persönlich kennenlernen wolle. Es war nun Winter und wir hatten einen riesigen Vorrat an Bäumen gefällt, die alle noch entastet und für den Abtransport vorbereitet werden mussten. Wenn kein Schnee fiel, fällten wir weitere Bäume, und wenn es schneite, befreiten wir Bäume von ihren Ästen. Wir hatten also immer genügend Arbeit.

Einen Tag vor Weihnachten nahmen wir Urlaub bis zum 2. Januar. Paul und ich fuhren nach Quebec City und John nach Montreal. Wir hatten in der kurzen Zeit eine Menge Geld verdient. Ganz sicher hätten wir in anderen Berufen für diese gesparten Summen ein Jahr oder noch länger arbeiten müssen. Alles, was wir verdienten, sparten wir. Man konnte ja dort, wo wir uns befanden, sowieso kein Geld ausgeben.

In Quebec City angekommen besuchten wir unseren gemeinsamen Freund Gaston Perrin. Er bot uns ein billiges Quartier für ein paar Dollar in einem Raum auf seinem Dachboden an. Dort standen zwei

Betten, der Raum war nicht geheizt, aber wir waren ja einiges gewohnt, also störte uns das einfache Quartier nicht. Unsere Devise war: Nur kein Geld ausgeben, und wenn doch, möglichst wenig. Gaston selbst wohnte mit seiner Freundin auch unter dem Dach. Wir konnten seinen kleinen Verschlag mitbenutzen, in dem eine Dusche angebracht war.

Paul kannte Quebec City gut und zeigte mir die Sehenswürdigkeiten der Stadt. Ich kaufte zwei hübsche Kleider für meine beiden Geschwister und schickte sie ihnen nach Deutschland. Natürlich kamen diese Geschenke nicht zeitig zum Weihnachtsfest bei meinen Geschwistern an, aber darauf kam es ja auch nicht an, denn ich wollte ihnen ja nur anzeigen, dass ich an sie dachte.

Paul lernte während unseres Besuchs ein hübsches französisch-kanadisches Mädchen kennen. Sie sprach nur Französisch, für Paul aber kein Problem, denn auch er sprach sehr gut Französisch. Jahre später erfuhr ich, dass sie geheiratet haben.

Gaston besaß etwas weiter außerhalb von Quebec City eine kleine Farm, die direkt am St.-Lawrence-Strom gelegen war. Dort verbrachten wir mit ihm und seiner Freundin Pauline ein paar Tage. Silvester feierten wir mit all seinen Freunden und Bekannten in seinem Restaurant.

Am Neujahrstag fuhren Paul und ich zurück in unser Holzfällercamp. Wir arbeiteten noch bis Ende Februar und besserten unsere Finanzen weiter auf. Die restliche Zeit bis zum Ende unserer Holzfällerzeit verging wie im Fluge.

Ich hatte nur einmal ein paar Schrecksekunden auszustehen. Ich war damit beschäftigt, den obersten Teil eines Baumes abzusägen, als ich in einer Höhe von 15 Metern mit meinem Sicherungsseil am Baumstamm abrutschte und ca. fünf Meter am Stamm nach unten rutschte. Die Baumspitze fiel und ich hatte gerade noch Zeit, „Timber“ zu rufen und meine laufende Kettensäge abzuwerfen, denn die hätte mich ernstlich verletzen können. Außer einem gewaltigen Schreck und einigen Hautabschürfungen hatte die Rutschpartie keine weiteren Folgen.

Es war nach Neujahr sehr viel Schnee gefallen und die Arbeiten gingen nur sehr mühsam voran. Wir verbrachten deshalb einen Teil unserer Zeit damit, ein neues, großes Blockhaus für die Mannschaft zu bauen. John war schon Mitte oder Ende Januar wieder nach Montreal gefahren.

Zurück in Quebec City

Paul und ich verließen auch das Camp und fuhren in der ersten Februarwoche wieder nach Quebec City. Paul blieb dort und ich fuhr weiter nach Montreal. Ich suchte John auf und lernte seinen Vater kennen. Mit ihm besprach ich meine Zukunftspläne. Auch die Studienaussichten für John an der Universität in Boston wurden ausführlich besprochen. John hatte bei der Ablegung von Prüfungen aller Art immer Schwierigkeiten gehabt. Sein Highschool-Abschlusszeugnis war entsprechend dürftig ausgefallen. Diese Benotung reichte bei ihm nicht aus, um ohne eine Aufnahmeprüfung an der Universität als Student eingeschrieben zu werden.

John hatte panische Angst vor Prüfungen. Auch wenn er sich bestens auf eine Prüfung vorbereitete und eigentlich alle Fragen beantworten und die Aufgaben lösen konnte, versagten seine Nerven. Egal wie und was er lernte, alles Wissen war bei ihm wie blockiert und versteinert in einer Prüfung. Später habe ich noch öfters Menschen kennengelernt, die im Prinzip intelligent und begabt waren, aber in Prüfungen total versagten.

Wir kamen deshalb überein, dass John sich für die Aufnahmeprüfung anmelden sollte und ich an seiner statt und unter seinem Namen die Aufnahmeprüfung absolvieren sollte. Dann entschieden wir auch, dass ich bei Johns Aufnahme zum Studium auch alle Zwischenprüfungen und die Abschlussprüfung in Johns Namen machen würde.

Die Prüfungsanforderungen für die Aufnahmeprüfung lagen uns in etwa vor und ich beschäftigte mich einige Wochen mit der Materie, bis ich in der Lage war, jede nur mögliche Variante der Prüfungsfragen zufriedenstellend zu lösen. Ich hatte wahrscheinlich schon immer, ich wusste es nur nicht, bestimmt aber zu dieser Zeit und noch viele Jahre danach ein sogenanntes fotografisches Gedächtnis. Das heißt, ich konnte mir einmal gelesene Texte von Buchseiten, ja im Prinzip ganze Büchertexte geistig vor Augen halten und wortgetreu alles wiedergeben.

Mir war völlig klar, auf was ich mich da einließ. Auf der anderen Seite wollte ich mir unbedingt, wenn auch nicht den Titel, so doch wenigstens das Wissen eines Ingenieurs aneignen. Johns Vater versprach mir, für alle Kosten aufzukommen, die ich in Boston haben würde, ein Versprechen, das er auch sehr großzügig später einhielt.

Wir fuhren beide nach Boston, um Johns Aufnahmeprüfung abzulegen. Ich hatte schon einige Zeit vorher ohne weitere Schwierigkeiten ein Visum vom Amerikanischen Konsulat in Kanada zur Einreise in die USA erhalten.

John und ich waren uns körperlich sehr, sehr ähnlich, auch unsere Haarfarbe, Stimme, eigentlich alles an uns stimmte überein. Wir veränderten unser beider Aussehen, Kleidung etc. in einem Maße, dass Personen, die uns nicht schon von früher her kannten, Schwierigkeiten hatten, uns voneinander zu unterscheiden, vorausgesetzt wir traten nicht zusammen auf. Auch unsere sonstigen Gewohnheiten stellten wir aufeinander ab. Wie richtige Schauspieler probten wir für die Zeit, die vor uns lag.

Ich legte also für John die Aufnahmeprüfung ab, die ich auch ohne Weiteres bestand. Unser erstes Studienjahr begann aber erst mit dem Herbst-Winter-Semester. Bis dahin waren es noch einige Monate, die wir beide noch nutzbringend verwenden wollten.

Wir fuhren zurück nach Montreal, John arbeitete bei seinem Vater und lernte weiter fleißig Physik und Mathematik, seine Schwachpunkte. Ich fuhr nach Quebec City, um mir für die verbleibende Zeit Arbeit zu suchen.

Gaston besorgte mir eine Arbeitsstelle für einige Monate als Anlernling und Aushilfe im technischen Büro der Schiffswerft in Lévis, auf der gegenüberliegenden Seite von Quebec City. Lévis war ein sehr kleiner Ort auf der anderen Seite des St.-Lawrence-Stroms.

Gaston selbst war technischer Zeichner und hatte einige Jahre, bevor er sein Restaurant eröffnete, bei dieser Werft in der Konstruktionsabteilung gearbeitet. Er kannte den Leiter der Konstruktionsabteilung sehr gut, denn der war nach Gastons Ausscheiden bei der Firma häufiger Gast in seinem Restaurant. Wohnen konnte ich auf dem Dachboden bei Gaston und abends konnte ich im Restaurant zu einem Vorzugspreis essen. Ich erinnere mich daran, einen festen, für mich günstigen Pauschalpreis für Kost und Logis mit Gaston ausgemacht zu haben.

Das Restaurant lag gegenüber dem weltbekannten Hotel Château Frontenac auf der Rue Sainte-Anne, also mitten in dem alten, geschichtsträchtigen Stadtbereich von Quebec City. Etwas weiter weg, auch auf der Rue Sainte-Anne, stand das alte und sehr gediegene Hotel Clarendon. Nie hätte ich zu der Zeit daran gedacht, auch nur einmal eine Nacht in einem der beiden Hotels verbringen zu können. Undenkbar, unerschwinglich, viel zu luxuriös, so dachte ich damals. Und doch hatte ich Jahrzehnte später, als mich Geschäftsinteressen aus Deutschland nach Kanada führten und ich einen privaten Abstecher nach Quebec City machte, die Gelegenheit, in beiden Hotels einige Nächte zu verbringen. Unbeschreiblich, welches Vergnügen mir der Aufenthalt in diesen Luxusherbergen machte.

Als ich zum ersten Mal nach dieser langen Zeit wieder in Quebec City war, bin ich tagelang umhergewandert, habe alte vertraute Plätze besucht, nach Veränderungen Ausschau gehalten und versucht, mich gedanklich an die Zeit, die ich als junger Mann dort verbrachte, zu erinnern. Nur zu einem kleinen Teil ist mir dies gelungen.

Wie überall auf der Welt verändern sich die Dinge stetig. Wenn man Veränderungen miterlebt, nimmt man sie kaum wahr, denn sie sind ein Teil der eigenen Veränderung. Kommt man aber nach einer langen Zeit wieder an einen Ort, an dem man vor längerer Zeit einmal gelebt hat, können Veränderungen erstaunliche Einwirkungen haben. Bei mir war dies ganz bestimmt der Fall, denn in meiner Erinnerung war alles noch so, wie ich es seinerzeit verlassen hatte. Die ganze Vergangenheit, der, wenn auch sehr kleine, Lebensabschnitt, den ich in Quebec City verbrachte, war noch sehr lebendig in mir. Alles hatte seinen bestimmten Platz, nichts sollte sich geändert haben, so dachte ich. Würde ich alles wiederfinden? Ich wollte die Stadt in ihrem früheren Zustand wiedererleben, aber es hatte sich doch sehr viel verändert. Einiges aus meiner Sicht zum Vorteil, das meiste jedoch zum Nachteil.

In der Unterstadt, da, wo früher reihenweise alte und sehr schöne zwei- oder höchstens dreistöckige Privat- oder Geschäftshäuser im kanadisch-französischen Baustil gestanden hatten, waren Bürohäuser mit bis zu dreißig Stockwerken errichtet worden. Ganz sicher waren sie zweckmäßig und der Zeit angepasst, aber ihnen fehlte natürlich die bauliche Verspieltheit, der Individualismus und die Gemütlichkeit, die die alten Gebäude ausstrahlten.

Ich versuchte, alte Bekannte wiederzufinden, was mir nur zu einem sehr geringen Teil gelang. Wenn ich doch einige fand, hatten sie sich natürlich genauso verändert wie ich, sie waren einfach anders, als sie mir noch in meiner Erinnerung vorschwebten und verblieben waren.

Man wünscht sich einfach keine Veränderungen, wenigstens geht das mir so. Die vielen Länder, Städte, Plätze der Erde, besonders diejenigen, in denen ich eine längere Zeit zugebracht und gewohnt habe, sollten sich nicht verändern. So würde ich es mir wünschen, denn nur so, wie ich sie zu den jeweiligen Zeiten gekannt habe, will ich sie wiedersehen. Nach Möglichkeit die Menschen, die ich dort kannte, auch. Ich hasse Veränderungen, denn in der Regel hat sich, wie ich immer wieder feststellen kann, vieles zum Nachteil verändert. Ich weiß, dies ist unrealistisch und der unaufhaltsame Prozess der Veränderung nimmt einfach keine Rücksicht auf meine persönlichen Wünsche. Schade!

Paul, der wieder bei seiner alten Firma als Ingenieur für den Bereich Hochspannungsmasten für Überlandleitungen arbeitete, und einige andere Schweizer wohnten auch in den möblierten Räumen über dem Restaurant. Eine Reihe Schweizer, Luxemburger und Franzosen bewohnten Zimmer in Häusern, die sich im Stadtkern, dem Vieux-Quebec (der Altstadt), also in der Nähe des Restaurants befanden. Viele von ihnen arbeiteten in unterschiedlichen Positionen im Hotel Château Frontenac.

Ich schätze, dass sich ca. 20 bis 25 Schweizer regelmäßig im Restaurant trafen. Es war immer lustig, mit ihnen zusammen zu sein, zu diskutieren und gemeinsam Dinge zu unternehmen. Schweizer im Ausland bilden sofort eine Gemeinschaft und helfen sich untereinander.

Abends und an den Wochenenden hatte ich also immer gute Gesellschaft. Wir unternahmen sehr viel zusammen und ich lernte viele Leute und vor allen Dingen eine Menge Einheimische kennen. Ungefähr zehn bis zwanzig Deutsche kannte ich zu diesem Zeitpunkt auch in Quebec City. Sie wohnten weiter verstreut, kamen aber auch ab und zu in das Restaurant von Gaston.

Dieser Aufenthalt in Quebec City trug auch dazu bei, dass ich meine Französischkenntnisse aufbessern konnte. Nach einiger Zeit sprach ich auch schon ein sehr gebrauchsfähiges Französisch.

Ich verließ werktags sehr früh morgens mein Quartier, fuhr mit dem Ascenseur, das ist der Aufzug, der von der Oberstadt Quebec City in die Unterstadt und somit an die Anlegestelle der Fähre über den St.-Lawrence-Strom führt, bestieg die Fähre, setzte über und nahm auf der anderen Seite einen Bus, der mich genau vor der Schiffswerft absetzte.

Meine Arbeit, technisches Zeichnen, machte mir sehr viel Spaß und in kurzer Zeit bekam ich vom Konstruktionsleiter kleinere Projekte zugeteilt, an denen ich mich in selbstverantwortlicher Weise versuchen konnte. All das bestärkte mein Gefühl, für einen technischen Beruf geeignet zu sein.

Nach einigen Wochen bekam ich sogar die Aufgabe, eine komplette hydraulisch aktivierte Steuerung für eine kleinere Fähre zu konstruieren und zu zeichnen. Nach einigen Entwürfen und Skizzen, die ich für dieses Projekt machte und mit der Konstruktionsleitung besprach, ging es auch schon darum, diese in die Tat umzusetzen. Die Steuerungskonstruktion wurde bei Fertigstellung tatsächlich von der Abteilungsleitung genehmigt, sodann hergestellt und in die Fähre eingebaut. Sie funktionierte einwandfrei und ich war sehr stolz auf mich.

Zufällig traf ich zu diesem Zeitpunkt einen Schweizer, der in Montreal für eine größere Grundstückmaklerfirma arbeitete. Ich erfuhr, dass die

Firma zwei jüdischen Emigranten gehörte, die schon lange im Maklergeschäft tätig waren und sich primär mit dem Verkauf von Grundstücken, aber auch Häusern befassten.

Er war in Quebec City und suchte eine Vertriebsperson für Quebec City und Umgebung für die Grundstücke, die seine Firma auf der anderen Seite des St.-Lawrence-Flusses, der Stadt Montreal gegenüber, zu verkaufen hatte. Seine Firma hatte ein großes Areal in Ufernähe des St.-Lawrence-Flusses erworben und in Einzelparzellen von je ca. 4 000 bis 5 000 Quadratmeter aufgeteilt. Diese Einzelparzellen (Grundstücke) sollten nun an Investoren verkauft werden.

Das gesamte Projekt bestand aus etwa 300 bis 400 Grundstücken, von denen erst ein geringer Teil verkauft war. Jeder Grundstücksverkauf sollte auf Provisionsbasis vergütet werden. Die Grundstücke kosteten je nach Größe und Lage zwischen ca. 600 und 3 000 Kanadische Dollar. Die Provision für den Vertreiber war auf 15 % vom jeweiligen Grundstückspreis festgelegt. Vom Käufer (Investor) wurde eine Anzahlung in Höhe von 15 % vom Gesamtpreis eines Grundstücks verlangt und diese Summe konnte direkt vom Vertriebsmann als Provisionszahlung einbehalten werden.

Der Restkaufpreis musste vom Käufer über 24 Monate in gleichen Beträgen mit vordatierten Schecks abbezahlt werden. Diese Schecks waren an die Maklerfirma in Montreal zu schicken, die sie bei entsprechender Fälligkeit einlöste. Sofort nach Begleichung der Anzahlung und der Ausstellung der unterschriebenen Schecks für die monatlichen Raten bekam der Käufer oder Investor direkt vom Notar der Maklerfirma die amtliche Grundstücksurkunde über seinen Grundstückserwerb zugestellt. Die ganze Sache war sehr seriös aufgezogen, die Maklerfirma in Montreal war alteingesessen und hatte einen hervorragenden Ruf.

Ich sah hier eine Möglichkeit, in Teilzeitarbeit abends und an Wochenenden schnell zusätzliches Geld zu verdienen, und kam mit dem Vertreter der Grundstücksfirma überein, mein Glück als Grundstücksverkäufer für das Gebiet Quebec City und Umgebung zu versuchen. Ich bekam von ihm einen Generalplan, auf dem alle zu verkaufenden Grundstücke eingezeichnet waren, einige Tausend Prospekte und einen Stapel Verkaufsformulare, die, wenn ein Grundstücksverkauf stattfand, mit den Daten der jeweiligen Käufer/Investoren ausgefüllt werden mussten, ausgehändigt. Schon war ich für eine zusätzliche Tätigkeit startbereit.

An den Werktagen konnte ich ab abends um 6 Uhr meinen neuen Zusatzberuf ausüben und an den Wochenenden hatte ich eine Menge Zeit, neue Kunden zu werben und von meinen Investitionsmöglichkeiten zu überzeugen. Zuerst fing ich im engeren Kreis meiner Bekannten an und tatsächlich verkaufte ich schon bald einige Grundstücke. Der Anfang war also gemacht.

Ich traf über Gaston jemanden, der gute Verbindungen zum Quebec-City-Radiosender hatte, und bekam, vom Sender in französischer Sprache ausgestrahlt, kostenlose Reklame für meinen Grundstücksverkauf. Ab und zu konnte ich auch eine Anzeige in der lokalen Zeitung schalten. An einem Wochenende fand eine Messe statt, auf der ich einen kleinen Stand hatte, Prospekte verteilte und eine Menge Grundstücksinteressenten kennenlernte.

Ich hatte zu diesem Zeitpunkt vielleicht vier bis fünf Grundstücke verkauft und ca. 1 000 Dollar Provision kassiert. Eine Menge Geld also, denn der Durchschnittsverdienst für einen mittleren Angestellten oder Arbeiter betrug damals etwa 250 Dollar pro Monat.

Mein Bestreben war, so viel Geld zu verdienen, dass ich mir damit ein neues oder wenigstens ein neuwertigeres Auto kaufen konnte. Mein altes Auto fuhr zwar noch, aber ich hatte große Bedenken, ob es noch einmal eine größere Reise durchstehen würde. Ich hatte mir, rein prophylaktisch, auch schon mein zukünftiges Auto beim lokalen VW-Händler ausgesucht. Mein Herz hing an einem Karmann-Ghia, der dort im Schaufenster stand. Farbe: zweifarbig weiß-gelb mit einer, so erinnere mich noch schwach, dunkelbraunen Innenausstattung.

Möglicherweise besuchte ich auch einige Male den VW-Händler, denn ein Deutscher war dort als Meister in der Werkstatt angestellt und den hatte ich wahrscheinlich wegen meiner Grundstücksangelegenheiten aufgesucht. Der wiederum muss dem Eigentümer der Firma, in diesem

Falle war es ein Schwiegersohn einer alteingesessenen, in vielen Branchen tätigen jüdischen Familie, von mir oder meinen Grundstücken berichtet haben und gleichzeitig auch mein persönliches Interesse an dem Karmann-Ghia, der im Schaufenster ausgestellt war, preisgegeben haben. Wie immer und in welcher Reihenfolge es war, weiß ich nicht mehr so genau.

Jedenfalls waren viele Mitglieder dieser Industriellenfamilie in einer Reihe von Geschäftsbereichen in und um Quebec City anzutreffen und dieser Clan wurde durch zwei ältere Brüder, denen unter anderem ein großes Bekleidungsgeschäft gehörte, geleitet und angeführt. Irgendwie kam ich in Kontakt mit diesen zwei Brüdern und hatte die Gelegenheit, ihnen von meinen Grundstückgeschäften zu berichten.

Ich glaube, es war an einem Samstagmorgen, als ich telefonisch gebeten wurde, die beiden Brüder in deren Bekleidungsgeschäft aufzusuchen. Völlig ahnungslos erschien ich und wir redeten eine Weile über dies und das, bis sich schließlich unser Gespräch auf generelle Investitionen im Grundstücksbereich einpendelte. Sie erzählten mir von den vielen Grundstücken, die sie schon überall verstreut besaßen. Ihr Ziel war, das erwähnten sie ausdrücklich, ihren Grundstücksbestand immer weiter auszubauen. Alle Gewinne und Verdienste, die sie erwirtschafteten, steckten sie in den Kauf von weiteren Grundstücken. Sie ließen sich den Generalplan von meinen Grundstücken zeigen, unterhielten sich miteinander in Französisch-Kanadisch, der Sprache, die ich leider noch nicht sehr gut beherrschte, und zeigten mit ihren Fingern auf eine große Anzahl von Grundstücken. Es waren überwiegend teure Eckgrundstücke, die ihr Interesse fanden. Dann verlangten sie, ich solle alle Grundstücke, die sie sich ausgesucht hatten, für sie reservieren.

Zu dem Zeitpunkt glaubte ich noch an einen Scherz, denn schließlich handelte es sich um fast zwanzig der besten Grundstücke, die ich für sie reservieren sollte. Wer will oder kann, so dachte ich damals, solch eine große Menge Grundstücke kaufen? Die beiden, so stellte ich später fest, wollten und konnten.

Wir verabredeten uns für den darauffolgenden Montagabend und ich informierte sofort in der Zwischenzeit meine Firma in Montreal, damit auch von deren Seite diese Grundstücke bis zum folgenden Montag reserviert würden, denn dort ging ja der Verkauf unabhängig von meinen Aktivitäten weiter.

Die Reservation wurde mir von Montreal bestätigt und am Montagabend, gleich nach Geschäftsschluss bei der Schiffswerft, fand ich mich wieder bei ihnen ein. Die hatten sich zwischenzeitlich bestimmt auch über die Bonität der Maklerfirma in Montreal informiert, denn in jüdischen Kreisen werden Informationen sehr schnell und leicht untereinander ausgetauscht, man vertraut sich eben sehr in geschäftlichen Dingen. Wir wurden handelseinig und ich hatte auf einen Schlag zwanzig Grundstücke an die beiden Brüder verkauft.

An Provision hatte ich bei diesem Geschäft so um die 7 500 Dollar verdient. Ich wollte mein Glück kaum glauben, denn alles spielte sich in so einer kurzen Zeit ab und bis zuletzt hatte ich nicht an solch einen Superverkauf geglaubt. Als ich aber den Anzahlungsscheck, die unterschriebenen und vordatierten Schecks für die Restkaufsumme und die von den Käufern gezeichneten Kaufverträge für alle von ihnen erworbenen Grundstücke in Händen hatte, zitterte ich am ganzen Körper und wurde möglicherweise sogar sehr bleich in meinem Gesicht. So viel Geld sollte mir gehören – für mich damals unfassbar.

Irgendwie schaffte ich es, mich bei den beiden für das getätigte Geschäft noch zu bedanken, verabschiedete mich und muss wohl in Trance nach Hause gefunden haben. Keinem meiner Bekannten, von denen immer einige in unserem Wohnquartier bei Gaston waren, erzählte ich von meinem Coup.

Die ganze Nacht konnte ich kein Auge zumachen und rollte mich vor Aufregung schwitzend in meinem Bett herum, den nächsten Morgen herbeisehnend. Immer wieder befühlte ich den Anzahlungsscheck, der mir gehören sollte, und begutachtete die anderen 24 vordatierten, unterschriebenen Schecks und die einzelnen Verkaufsverträge, ob ich nicht doch einen Fehler gemacht hatte. Mindestens alle halbe Stunde sah ich in dieser Nacht alle Unterlagen wieder und wieder durch. Sollte alles ein Traum gewesen sein? Konnte es möglich sein, dass ich mich irrte? Nein, es stimmte alles, nichts fehlte, alles entsprach den Geschäftsvorschriften.

Endlich, endlich wurde es hell und der nächste Tag begann sich zögernd zu zeigen. Ich verließ sehr früh mein Zuhause, fuhr zu meiner Arbeitsstelle und wartete vor dem Bürogebäude, denn ich wollte meinen Vorgesetzten noch vor Arbeitsbeginn abfangen. Endlich sah ich ihn und fragte, ob ich den Morgen für einen dringenden privaten Besuch nutzen könne. Er erlaubte es und ich sauste flugs wieder ab in die Stadt.

Ich suchte die Bank auf, in der der Anzahlungsscheck ausgestellt worden war, und ließ mir ihn offiziell von der Bank bestätigen. Jetzt konnte er nicht mehr zurückgezogen oder annulliert werden und das Geld stand tatsächlich zu meiner Verfügung. Danach ging ich zum Postamt und schickte per Express und per Einschreiben die 24 vordatierten Schecks für die Restkaufsumme und die Kaufverträge an die Maklerfirma in Montreal. Dann ging ich zu meiner Bank, die sich unten im Gebäude des Hotels Château Frontenac befand, und reichte den schon bankbestätigten Anzahlungsscheck auf mein eigenes Konto ein. Der wurde prompt meinem Konto sofort gutgeschrieben.

Erst jetzt wagte ich wieder, normal zu atmen. Zwischenzeitlich war es fast Mittag geworden und ich eilte zurück zu meiner Arbeitsstelle. Ein unbeschreibliches Glücksgefühl tat sich in mir auf. Ich hatte ja als Holzfäller sehr gut verdient und fast den gesamten Verdienst gespart, aber das war bei Weitem nicht auch nur annähernd die Summe gewesen, die ich jetzt besaß. Ich war ja jetzt richtig reich, dachte ich so bei mir. Nun ja, reich sein ist immer relativ und für mich, der ich noch nie vorher in meinem Leben über mehr Mittel verfügt hatte, die nicht unbedingt zum Bestreiten der allernotwendigsten Lebensausgaben benötigt wurden, war ich nun einfach reich. Damals dachte ich, mit der großen Summe, die ich besaß, würde mir die Welt zu Füßen liegen.

Man muss bedenken, dass zu der Zeit für den Durchschnittsverdiener ein guter Wochenlohn fünfzig bis sechzig Dollar betrug. Natürlich waren auch die Lebenskosten entsprechend niedrig. So konnte man damals ein möbliertes Zimmer für fünf bis sieben Dollar pro Woche mieten, eine Kinovorstellung für 25 Cents besuchen, ein guter Anzug war schon für zwischen 20 und 25 Dollar zu haben, ein paar gute Lederschuhe für vier bis fünf Dollar, ein reichhaltiges und gutes Abendessen kostete 1,25 oder höchstens 1,70 Dollar und ein Bier fünf oder zehn Cents. Ein großes, geräumiges Haus in einer guten Wohngegend konnte man schon für 8 000 bis 10 000 Dollar erwerben, darauf eine Anzahlung in Höhe von ca. 800 Dollar leisten und den Rest über eine zwanzigjährige oder noch längere Hypothek finanzieren und abzahlen.

Lange überlegte ich nun, was ich mit meinem plötzlichen Reichtum, den ich ja in kürzester Zeit erworben hatte, anstellen wollte. Eins stand fest, ich benötigte dringend, um mobil zu sein und zu bleiben, ein verlässliches Auto. Mein altes hatte einfach ausgedient und war mehr oder minder schrottreif.

Am nächsten Samstag, schon sehr früh, ging ich also zum VW-Händler. Lange stand ich draußen am Fenster und betrachtete von dort aus den Karmann-Ghia. Schließlich fasste ich mir ein Herz und ging in den Schauraum, in dem mein gelber Traum, still vor sich hin glänzend, stand. Vorsichtig näherte ich mich meinem Wunschtraum, betrachtete und befühlte den Wagen von allen Seiten und als ich zunehmend mutiger wurde, setzte ich mich schließlich sogar zum ersten Mal in meinem Leben in ein neues Auto, ebendiesen Karmann-Ghia. Ich konnte mich gar nicht sattsehen an der Innenausstattung des Wagens und fummelte erst einmal an allen Knöpfen und Schaltern herum. Kurz darauf erschien ein Verkäufer und fragte, ob er mir helfen könne. Ich erkundigte mich vorsichtig nach dem Preis des Prachtstücks und erfuhr, dass das Auto, so wie es da stand, ca. 3 500 Dollar kosten würde.

Das war natürlich eine Menge Geld und mir wurde fast ein wenig übel, wenn ich an diese große Summe dachte. Eigentlich habe ich mich in meinem Leben immer sehr schnell für oder gegen etwas entschließen können, aber hier stockte mir doch etwas der Atem. Ich muss wohl drei- oder viermal den Schauraum völlig unschlüssig wieder verlassen und dann wieder betreten haben. Vielleicht war es auch so, dass mich der Wagen leise, nur für mich hörbar rief und mich dabei aufforderte: „Kaufe mich, kaufe mich, ich passe doch so gut zu dir, ich will immer gut funktionieren und dir problemlos dienen“, oder so etwas Ähnliches …

Möglich ist, dass das Auto mich in seiner eigenen Sprache mit magischen Kräften und seiner Ausstrahlungen überredete, bis ich letztendlich den Mut aufbrachte, dem Verkäufer mitzuteilen, dass ich den Karmann-Ghia, und zwar genau den, der im Schauraum stand, kaufen würde. Ich schrieb also einen Scheck über die gesamte Kaufsumme aus und der Verkäufer bekam runde, verwunderte Augen, denn in der Regel wurde auch schon zu der Zeit immer alles mit Ratenabzahlung gekauft. Wir wurden uns einig über die Auslieferung und die sollte am folgenden Dienstag stattfinden, denn die Firma wollte sichergehen, dass mein Scheck auch gedeckt war.

Bevor ich den Händler verließ, bestand ich aber darauf, dass ein Schild an dem Wagen – nun war es ja mein Auto – angebracht wurde mit dem Hinweis „verkauft“.

Am Sonntagnachmittag und am Montagabend ging ich wieder zum VW-Händler, um sicherzustellen, dass mein Auto noch so, wie ich es verlassen hatte, im Schaufenster stand. Das war äußerst beruhigend für mich, denn es wollte und wollte nicht Dienstag werden.

Der Dienstag kam dennoch irgendwie und direkt nach Arbeitsschluss holte ich mein neues Auto ab. Der Händler hatte das Nummernschild besorgt und ich hatte montags meine Autoversicherung, d. h. die Police meines alten Wagens, auf den neuen Wagen übertragen lassen. Das sollte sich jedoch später noch zu einem großen Nachteil für mich auswirken.

Der Wagen stand draußen abfahrbereit auf dem Hof des Händlers. Ich holte noch die Schlüssel vom Verkäufer ab, startete den Motor und fuhr los. Das Gefühl, in einem neuen Auto zu fahren, welches dazu auch noch mir gehörte, war unbeschreiblich. Alles roch so neu und frisch, jeder Schalter, jeder Knopf funktionierte – es war einfach fabelhaft, in einem fabrikneuen Auto zu fahren.

Ich fuhr zu den beiden Brüdern ins Bekleidungsgeschäft und zeigte ihnen stolz mein neues Auto. Die wussten aber schon Bescheid, denn ihr Schwiegersohn, der VW-Händler, hatte sie schon längst über meinen Erwerb informiert. Die beiden freuten sich mit mir und luden mich zu einem Kaffee in ihr Geschäft ein. Schließlich war ein Teil ihrer Investition für den Grundstückkauf wieder bei einem Mitglied der Großfamilie gelandet.

Ich befand mich immer noch in einem wahren Glückstaumel und wahrscheinlich aus Dankbarkeit den beiden gegenüber kaufte ich mir bei ihnen zwei schicke Anzüge, die mir sogar ohne Änderungen passten. So kam wieder ein wenig von ihrem Geld zurück, dachten sie bestimmt. Aber ich hatte wirklich Bedarf an neuer Kleidung und wenn das schon so war, warum sollte ich diesen nicht bei ihnen decken.

Es war eine glückliche Zeit, die ich damals in Quebec City verbrachte. Mein altes Auto verkaufte ich für 150 Dollar an einen Mann aus Bayern, der Kraftfahrzeugmeister war, eine kleine Reparaturwerkstatt mit einer angeschlossenen Tankstelle sein Eigen nannte und noch mit Gebrauchtwagen handelte. An seinen Namen kann ich mich nicht mehr genau erinnern, ich glaube aber, er hieß Valentin.

Ich weiß noch, dass er Tag und Nacht, sieben Tage in der Woche, von frühmorgens bis spätabends schwer arbeitete. Er hatte einen riesengroßen Körper, Hände wie Bratpfannen, war immer überaus freundlich und hilfsbereit zu allen. Seine Frau war zierlich und klein. Oft traf man die beiden bei Gaston im Restaurant Aquarium, wie eigentlich die meisten der anderen Europäer, die in Quebec City lebten.

Ungefähr 25 Jahre später, als ich mich auf einer meiner letzten Geschäftsreisen in Kanada und den USA befand und wieder einen privaten Abstecher nach Quebec City machte, erfuhr ich, dass Valentin etwa drei oder vier Jahre, nachdem ich die Stadt verlassen hatte, etwas außerhalb von Quebec City eine BMW-Verkaufsniederlassung gründete und diese sehr erfolgreich bis ins hohe Alter hinein betrieb, dann alles verkaufte und sich mit seiner Familie irgendwo in Florida zur Ruhe setzte.

Eine Reihe von jüngeren, erfolgreichen Leuten, Europäer und Einheimische, hatten sich in Quebec City zu einem Sportwagenklub zusammengeschlossen. Sie besaßen europäische Sportwagen wie Jaguar, MG, Austin-Healey, Triumph, Porsche, Mercedes etc. Zu denen gesellte ich mich mit meinem Karmann-Ghia für die kurze Zeit, die mir bis zu meiner Abreise nach Boston noch verblieb.

Zusammen erkundeten wir an den Wochenenden die Umgebung weit über Quebec City hinaus. Mein Karmann war zwar kein ausgewiesener Sportwagen, aber immerhin sah er sportlich aus. An den Wochenenden, meistens sonntagmittags, versammelten wir uns. Als Versammlungsort diente uns ein großer Parkplatz von einem Supermarkt. Wir verabredeten vor Abfahrt ein Ziel und fuhren dann in einer Kolonne hintereinander her auf das jeweilige Ziel zu.

Zwischendurch hielten wir an, wo immer es schön war. Manchmal wurde ein Picknick veranstaltet oder wir machten eine Kaffeepause in irgendeinem Restaurant. Wo immer wir auch hinkamen, staunten die Leute, denn so viele Sportwagen in allen Farben und in solch einer großen Menge, oft waren es mehr als dreißig Stück, hatten sie noch nie gesehen. Alle hegten und pflegten ihre Autos. Es waren auch einige Oldtimer darunter, die schon zu dieser Zeit einen sehr hohen Wert hatten.

Quebec City hatte damals auch einen Jazzklub, dessen Mitglieder sich ein- bis zweimal im Monat in einem Jungendklub, dem die katholische Kirche als Schirmherrin vorstand, trafen. Auch ich besuchte diesen Klub manchmal und hatte damit die Gelegenheit, bei diesen Zusammenkünften die neusten Jazzschallplatten zu hören. Hier machte ich auch die Bekanntschaft von einigen Musikern, die sich der modernen Jazzmusik verschrieben hatten. Wir trafen uns oft, übten eine Reihe von Stücken und schließlich ein ganzes Repertoire ein. Ich hatte ja meinen Kontrabass und dieses Instrument war immer Mangelware, also hatte ich keine Schwierigkeiten, mich ihnen anzuschließen.

Wir bekamen sogar Engagements in einigen Klubs in und um Quebec City herum und wurden für unsere Darbietungen gut bezahlt. Der Kontrabass war natürlich viel zu groß, um im Wageninneren meines Karmann-Ghia untergebracht zu werden, deshalb hatte ich mir einen stabilen Dachgepäckhalter gekauft, der vorzügliche Dienste beim Transport meines Instrumentes leistete.

Einige der Musiker in der Band waren richtige Clowns und manchmal lieferten sie mitten in einem Stück wahre Komödien ab. Was mag wohl aus ihnen geworden sein? Wir haben uns nie mehr gesehen.

Nach meinem Großverkauf an die beiden Brüder hatte ich vielleicht noch zwei oder drei Grundstücke verkauft. Irgendwie schien es auch immer schwieriger zu werden, Kunden für dieses Projekt zu finden. Vielleicht lag es auch an mir, möglicherweise hatte ich das Interesse an der Sache verloren.

Ich kündigte also meine Mitarbeit bei dem Makler aus Montreal auf. Dann kündigte ich meine Stelle bei der Schiffswerft, verabschiedete mich von allen Freunden und Bekannten und machte mich zur Abreise bereit.

Alles muss einmal zu Ende gehen. So kam auch schon bald der Tag meiner Abreise. Ich belud mein Auto, der Kontrabass wurde mit seiner wetterfesten Hülle wie immer aufs Dach geschnallt und sehr früh morgens ging es ab nach Montreal. John hatte ich vor meiner Abreise aus Quebec City telefonisch informiert. Ich blieb noch eine Nacht bei John und seinem Vater, der uns mit Ratschlägen für unsere kommende Zeit in Boston versorgte.

Am nächsten Morgen verstauten wir noch Johns Gepäck in meinem Auto und schon waren wir auf dem Weg nach Boston. John hatte zwar auch einen sogar sehr schönen Sportwagen der Marke MG, den ihm sein Vater gekauft hatte, aber der war viel zu klein für unser Gepäck, vor allem für meinen Kontrabass. John hat ihn später bei einem seiner Besuche zu Hause nach Boston überführt.

Am frühen Nachmittag kamen wir in Boston an und suchten uns zuerst ein Wohnquartier. Wir fanden eine zweckmäßige, möblierte Wohnung weiter entfernt von der Universität und richteten uns erst einmal ein.

Die Studienausweise der Studenten waren zu dieser Zeit noch nicht mit einem Foto des Studierenden bestückt, was unserem gemeinsamen, vielleicht im Nachhinein sogar einzigartigen „Studiensystem“ sehr entgegenkam.

Wir besuchten beide, uns dabei aber immer abwechselnd, die Vorlesungen, wobei ich aber immer den größeren Teil der Anwesenheit in den einzelnen Studienfächern übernahm. Den Studienausweis, der auf Johns Namen lief und den wir immer austauschten, habe ich meines Wissens nicht ein einziges Mal vorweisen müssen.

Ich belegte, d. h., John musste sich einschreiben, alles natürlich mit dem Einverständnis seines Vaters, noch zusätzliche Studienkurse in Flugzeugbau, insbesondere Aerodynamik. Diese Kurse fanden rein zufällig zu Zeiten statt, die nicht mit denen unserer regulären Studien kollidierten.

Ich wollte so viel wie nur möglich über den Flugzeugbau, das Flugwesen im Generellen und die Flugzeugkonstruktion lernen, weil ich später vorhatte, in diesem Bereich einmal zu arbeiten. Die Extrakosten dafür übernahm Johns Vater.

Abends und an den Wochenenden tauschten wir immer gegenseitig unser neu erworbenes Wissen aus. Jede freie Minute verbrachten wir damit zu lernen, um möglichst alle Informationen und alles Wissen aus den Vorlesungen zu verarbeiten. Das war eine regelrechte Teamarbeit. Wir wechselten nach jedem Semester unseren Wohnsitz. Unser Bestreben war, möglichst keine Bekanntschaften mit Nachbarn und anderen Studierenden zu machen und möglichst unauffällig zu leben.

Wir achteten sehr darauf, wie Zwillinge auszusehen, und kleideten uns entsprechend. Sehr zu Hilfe kamen uns dabei unsere körperlichen Attribute. Wir waren beide blond und trugen den gleichen Haarschnitt. Unsere Körper hatten ungefähr gleiche Proportionen und wir waren fast gleich groß und schwer. Wir beobachteten genau, wie wir uns beide fortbewegten. Wir analysierten, wie wir gingen und liefen, und konzipierten nach diesen Erkenntnissen eine „Einheitsfortbewegung", an die wir uns beide peinlich genau hielten. Wir studierten voneinander jede Art von außergewöhnlichen und situationsbedingten Bewegungsabläufen und Regungen und fanden einen Mittelweg, den wir genau einübten und befolgten. Mit anderen Worten, unsere Körpersprache sollte jederzeit, wenigstens für das ungeübtere Auge, völlig gleich sein. Wir versuchten in der gleichen Tonart und Tonhöhe zu sprechen, versuchten zum Verwechseln ähnlich zu lächeln, zu lachen oder auch ernst zu sein, benutzten annähernd den gleichen Wortschatz und die gleichen Ausdrücke in bestimmten Satzformationen. Kurz, wir versuchten völlig austauschbar zu sein, was uns bis auf einige unwichtige Kleinigkeiten auch ganz gut gelang. Wir waren so gut, dass wir auch ohne Weiteres eine Schauspielerkarriere hätten anstreben können. Sehr oft, wenn wir uns unbeobachtet fühlten, wollten wir uns geradezu ausschütten vor Lachen über diese Theaterspielerei.

Einige Abende in der Woche, manchmal bis frühmorgens, arbeitete ich als Bartender in verschiedenen Bars, um mein Taschengeld aufzubessern. Diese Tätigkeit konnte ich immer dann ausüben, wenn am nächsten Tag die Vorlesungen am späten Vormittag stattfanden. Das war eine Tätigkeit, die man mit ein wenig Talent sehr schnell erlernen konnte und die darüber hinaus auch noch viel Spaß machte.

Viele Studenten verdienten sich ein Zubrot in der Gastronomie. Sie arbeiteten in Bars oder Restaurants als Bartender, Kellner, Busboys oder Küchengehilfen etc. Ich besaß ja noch den größten Teil der Summe aus dem Grundstücksgeschäft in Quebec City, aber die wollte ich nicht angreifen und betrachtete sie als Sicherheit für spätere Notfälle.

Eishockey, eigentlich überwiegend Rollhockey hatte ich schon in Deutschland sehr erfolgreich gespielt, also trat ich einem renommierten professionellen Eishockeyteam in Boston bei. Ich spielte und trainierte in einem der sogenannten Farmteams, aus dem die Spieler für die erfolgreichen nordamerikanischen Profimannschaften rekrutiert wurden.

Eishockey ist in Nordamerika ein Volkssport und Profi-Eishockeyspieler, auch die in den sogenannten Farmteams, werden sehr gut bezahlt. Diese Sportart machte mir nicht nur riesigen Spaß, sondern der Verdienst, den ich dabei erzielte, bereicherte mein Bankkonto. Ein Nachteil war jedoch die Verletzungsgefahr, der jeder ausgesetzt war. In Nordamerika wird Eishockey sehr rücksichtslos gespielt, es fliegen buchstäblich die Fetzen. Immer wieder muss ein Spielvorgang unterbrochen werden, denn Meinungsverschiedenheiten zwischen den Teams und oft auch den Schiedsrichtern werden oft per Faust geregelt. Aus der Sicht der Zuschauer ist ein Spiel ohne größere Raufereien keine gute Unterhaltung.

Jede der Profimannschaften, die in der nordamerikanischen Liga um die Meisterschaft, damals wie noch heute der Stanley Cup, spielen, hat eine Reihe von Farmteams. In diesen Farmteams spielen junge, talentierte Nachwuchsspieler, die entweder aus Highschool-, Universitäts- oder Collegeteams kommen. Das Durchschnittsalter der Spieler liegt zwischen 17 und 25 Jahren. Die Farmteams spielen in einer eigenen

Liga, um möglichst viel Wettkampferfahrung zu sammeln. Oft werden auch Spieler in den verschiedenen Teams untereinander ausgetauscht. Ich gehörte mit meinem Farmteam dem Bostoner Spitzenverein an, wurde aber ab und zu an ein anderes Farmteam, welches dem New Yorker Spitzenteam angehörte und in der gleichen Liga spielte, verliehen.

Manchmal kommen Farmteamspieler auch in den weniger wichtigen Spielen der ersten Mannschaft zum Einsatz, um möglichst viel an Erfahrung zu sammeln. Ich hatte öfters die Gelegenheit, bei Heimspielen als Ersatzspieler in der ersten Mannschaft aufgestellt zu werden, und kam auch, besonders wenn sich ein Stammspieler stark verletzt hatte, zum Einsatz.

Meine Position war die eines Mittelstürmers (Center Forward). Diese Position verlangt neben einem guten Körpergewicht von etwa 110 Kilogramm vor allen Dingen Schnelligkeit. Man muss also in der Lage sein, äußerst schnell zu laufen, dabei sehr stocksicher und ausdauernd sein. Center Forwards müssen gewaltig aufpassen, dass sie bei ihrem Ansturm auf das gegnerische Tor nicht von den beiden gegnerischen Verteidigern (Defence) in die Zange genommen werden. Verteidiger sind in der Regel etwa 1,95 bis 2,00 Meter groß und wiegen durchschnittlich 120 bis 130 Kilogramm. Sie haben nur ein Ziel, nämlich die gegnerische Mannschaft in ihrer eigenen blauen Zone nicht zu nahe an das Tor und somit zum Schuss kommen zu lassen. Eingespielte Verteidiger blocken also jeden, der in diese Zone eindringt, mit einem sogenannten Bodycheck. Das ist erlaubt und völlig regelkonform.

Ein Team hat 22 Feldspieler und zwei Torhüter. Es dürfen aber nur sechs Spieler zu jeder Zeit auf dem Spielfeld sein. Das sind in der Regel drei Stürmer, zwei Verteidiger und ein Torhüter. Es kann fliegend gewechselt werden, d. h., jeder Spieler kann innerhalb des Spielablaufs ausgetauscht werden.

Die beiden Außenstürmer eines Teams sind relativ leicht, dafür aber sehr wendig. Sie kommen daher seltener in Kontakt mit den Verteidigern. Wenn aber ein Mittelstürmer mit großer Schnelligkeit auf das gegnerische Tor zuläuft, ist größte Vorsicht geboten, denn Mittelstürmer werden von den Außenstürmern mit Pässen versorgt und so in günstige Schusspositionen gebracht. Die beiden Verteidiger rücken dann eng zusammen und nehmen so den Mittelstürmer in die Zange und versuchen so, ihn zu stoppen. Dabei wird der Mittelstürmer abrupt gebremst und fliegt, weil er eben mit größerer Schnelligkeit auf die Verteidiger trifft, zwischen den beiden Verteidigern durch die Luft. Wenn er dabei Glück hat, passiert außer einer harten Landung nichts. Fliegt er aber aufs Tor, gegen die Bande oder prallt auf einen anderen Gegenspieler, sind Prellungen und sogar Brüche vorprogrammiert. Schnittwunden kommen auch öfters vor, nämlich dann, wenn man bei Stürzen mit den scharfen Schlittschuhkufen der Spieler in Berührung kommt.

Ich musste wohl mindestens drei bis vier Male den Bruch meines Nasenbeins hinnehmen. Wenn meine Nase also wieder einmal schief stand, wurde sie vom Mannschaftsarzt mit Heftpflastern in ihre ungefähre Mittelposition gebracht und der Knochen bzw. Knorpel hatte dann Gelegenheit, wieder zusammenzuwachsen, was auch meistens innerhalb einer Woche geschah, bis er dann bei der nächsten tätlichen Auseinandersetzung wieder zu Bruch ging.

Viele Jahre später, kurz vor meiner Heirat – meine Nase sah wie eine Baumwurzel aus –, habe ich meinen Zinken mittels einer Operation in Frankfurt wieder herrichten lassen. Sie wurde tatsächlich wieder einigermaßen gerade, aber die Schleimhäute blieben auf der Strecke. Mit dem Resultat, dass die Nase innen immer trocken blieb, wenn ich nicht gerade erkältet war. Möglich ist, dass der hochgelobte Chirurg, der die Operation durchführte, bei mir einen glücklosen Tag erwischt hatte. Nun ja, an diesen Zustand habe ich mich schlussendlich auch gewöhnt.

In einem besonders ruppigen Spiel brach ich mir zwei Rippen. Auch das war weiter kein großes Ereignis. Irgendwie quetschte man die Bruchstücke wieder aneinander und wickelte dann einen festen Verband um meinen Brustkasten, in der Hoffnung, dass nach einiger Zeit die gebrochenen Enden wieder zusammenwachsen würden, was sie auch in meinem Falle taten. Ich hatte während der Zeit des Heilungsprozesses einige Atemprobleme, meine Brust war zusammengeschnürt wie ein

Schraubstock. Besonders nachts war dieses Korsett ziemlich unangenehm und an Schlaf war kaum zu denken. Aber auch das ging vorüber.

Neben all den körperlichen Unannehmlichkeiten, die diese Sportart mit sich brachte, muss berücksichtigt werden, dass mir das Eishockeyspielen sehr viel Spaß bereitete und ich dafür auch noch bezahlt wurde. Ich habe mir oft überlegt, ob ich nicht Profispieler werden sollte. Die Anlagen und die Möglichkeiten dazu hatte ich, aber eigentlich war ich schon zu alt zu diesem Wagnis. Zu berücksichtigen war hier, dass die Blütezeit, sprich große Geldverdienerei, eines Profi-Eishockeyspielers höchstens zehn Jahre andauern kann, weil man danach körperlich ziemlich schnell ausgebrannt ist. Dieser Zeitraum kann dazu noch durch schwere Verletzungen abgekürzt werden. Wir spielten damals noch ohne Helm und ohne Gebissschutz. In der Regel sind Eishockeyspieler auf dem Zenit ihrer Leistungen in einem Alter zwischen zwanzig und dreißig Jahren. In dieser Zeit muss man dann so viel Geld verdient haben, dass man damit das Ende seines Lebens bequem erreichen kann.

Einige wenige Ausnahmen, an die ich mich erinnern kann, gibt es. Eine war Gordie Howe, der für die Chicago Blackhawks bis ins Alter von über fünfzig Jahren spielte. Er war in allen Belangen die totale Ausnahme in dieser Sportart. Ein anderer, Henri Richard von den Montreal Canadiens, brachte es fast auch so weit. Es mögen noch einige mehr gewesen sein, aber in der Regel sind Spieler über 35 Jahren eher selten im Profi-Eishockey anzutreffen. Ich war also für diesen Broterwerb zu alt und überdies war mir das Risiko, einmal schwer verletzt zu werden, zu groß.

Ab und zu verbrachten John und ich ein Wochenende in Montreal. Mit dem Auto ist man ja in fünf bis sechs Stunden dort. Manchmal fuhr ich auch nach Quebec City.

Alle Zwischenprüfungen legte ich natürlich für und im Namen von John ab. Eigentlich kamen wir uns nicht wie Betrüger vor, denn Johns Vater bedachte die Universität jedes Jahr mit großen Spenden, die weit über die Studienkosten eines einzelnen Studenten hinausgingen. Die anfallenden Studienkosten für John wurden natürlich auch bezahlt. Die

Universität selbst hatte also überhaupt keinen finanziellen Schaden, sondern das Gegenteil war der Fall.

Nebenjobs

Einige Semesterferien verbrachten wir in Montreal. John machte Urlaub mit seiner Familie oder arbeitete im Werk seines Vaters. Ich konnte dank meines schon in früher Jugend in Mönchengladbach absolvierten Lebensrettungstrainings (Grundschein und Leistungsschein) überall als Lifeguard arbeiten. Beide Scheine wurden in den USA und in Kanada vom Roten Kreuz anerkannt und man stellte mir daraufhin eine in Nordamerika gültige Lebensretterbescheinigung aus.

In einem Sommer arbeitete ich als Lifeguard in einem Strandbad an einem See bei Saint-Eustache, nordwestlich von Montreal gelegen. Der Verdienst war nicht sehr groß, aber ich hatte Kost und Logis frei und konnte so den gesamten Betrag sparen.

Einige Winterferien verbrachte ich in Miami Beach. Ich hatte dort eine Anstellung als zweiter Lifeguard in einem kleineren Hotel. Das Hotel hieß Bel Air und lag an der Collins Ave. Der hintere Teil des Hotels lag direkt am Meer, sodass die Gäste im Schwimmbad des Hotels sowie im Meer baden konnten. Ab und zu arbeitete ich auch für das neben dem Bel Air gelegene Hotel Brazil. Das war eine schöne Zeit, an die ich oft und gerne zurückdenke.

Mit Christiane, meiner Frau, und Alexander, meinem Sohn, er muss wohl zu dieser Zeit neun Jahre alt gewesen sein, besuchte ich zwanzig Jahre später Miami Beach. Wir machten Urlaub in Fort Lauderdale, wohnten dort in einem Hotel und waren mit einem Mietwagen nach Miami Beach gefahren. Das Hotel Bel Air war noch vorhanden, daneben das Hotel Brazil ebenfalls. Auf den ersten Blick hatte sich fast nichts an den Häusern verändert, sie befanden sich bloß in einem verwahrlosten Zustand. Im Bel Air, draußen neben dem Schwimmbad, war sogar meine alte Umkleidekabine, in der ich früher auch geschlafen hatte, noch vorhanden. Alles war fast noch so, wie ich es von früher her kannte.

An einem Tag in diesem Urlaub mieteten Alexander und ich uns ein Hochseefischerboot mit Kapitän. Wir fuhren weit auf das Meer hinaus und angelten. Das Glück war mit uns, denn schon nach kurzer Zeit hatte ich einen großen Marlin (Schwert- oder Segelfisch) an meiner Angel. Das war ein Gejohle und Geschrei. Alexander wollte unbedingt auch einmal die Angel halten, an der der Fisch mit Macht zog. Er hatte die Angelrute nur eine kurze Zeit in seinen kleinen Händen, da zog plötzlich der Fisch mit einer solchen Gewalt, dass Alexander, hätte ich ihn nicht schnell ergriffen und festgehalten, kopfüber zusammen mit der Angelrute über Bord gegangen wäre. Er hielt aber tapfer an der Angelrute fest und der Fisch hatte somit keine Chance, sich vom Haken zu befreien. Das war ein aufregender und gleichzeitig gefährlicher Moment, an den ich mich immer wieder erinnere. Nach einer guten Stunde brachten wir den Fisch längsseits und schließlich ins Boot. Der Fisch war riesig, über 1,50 Meter lang und 80 Kilo schwer.

Wir beschlossen, ihn präparieren und ausstopfen zu lassen. In einer großen Kiste kam er schließlich, ein wenig zu farbig geraten, in meiner Firma hier in Deutschland an und ich gab ihm einen Ehrenplatz an der Wand in meinem Büro. Da hing er jahrelang und wurde immer, wenn ich Besucher empfing, gebührend bestaunt und sorgte für Gesprächsstoff, denn jeder wollte die Geschichte von diesem Fisch hören. Jetzt ist er in den Besitz von Alexander, der in den USA lebt, übergegangen.

Immer wenn ich ein paar Wochen Zeit hatte, fuhr ich nach Miami Beach. Mit dem Greyhoundbus konnte man in etwas mehr als 28 Stunden von Boston nach Miami fahren, denn die Fahrer dieser Busse wurden nach acht bis zehn Stunden abgelöst, fuhren also auch nachts weiter. Die Busse hatten bequeme Sitze und man konnte während der Nachtfahrt schlafen, kam somit gut ausgeruht in Miami an. Mit dem Privatauto benötigte man für die gleiche Strecke über zwei Tage, musste dazu einmal übernachten, und das machte die Reise hin und zurück natürlich teurer.

Ich arbeitete sehr gerne als Lifeguard. Man war immer an der frischen

Luft, konnte die Sonne genießen und verdiente mit dieser Arbeit Geld. Als Lifeguard lernte ich eine Menge Leute kennen. In Saint-Eustache, Kanada verhinderte ich den Ertrinkungstod eines jungen Mannes, der über die Begrenzung des Freibads hinaus in den See geschwommen war und vor Erschöpfung zu ertrinken drohte. In Miami Beach rettete ich einen siebzigjährigen Mann aus New York vor dem Ertrinken im Meer. Nachdem ich ihn mühevoll wieder ans Ufer gebracht hatte und meine Wiederbelebungsversuche Wirkung zeigten, wurde er ins Krankenhaus zur weiteren Behandlung und Observation gebracht. Zwei Tage später sah ich ihn wieder fröhlich im Hotel herumspazieren. Am letzten Tage vor seiner Abreise traf ich ihn zufällig in der Hotelhalle. Er erkannte mich und bedankte sich überschwänglich bei mir.

Dabei griff er in seine Hosentasche, zog eine Fünfdollarnote hervor und wollte mir mit diesem Geldschein für seine Rettung danken. Natürlich bedeuteten fünf Dollar zu dieser Zeit viel, viel mehr als heute, aber ich wies diese Aufmerksamkeit zornig mit der Bemerkung zurück, dass wenn ich gewusst hätte, dass sein Leben nur einen Wert von fünf Dollar hatte, ich ihn doch beruhigt hätte ersaufen lassen können.

Meine Unterkunft in dem Hotel Bel Air war ein ziemlich heruntergekommener kleiner Umkleideraum draußen gleich neben dem Schwimmbad, in dem sogar die Dusche noch funktionierte. Darin schlief ich nachts auf einem alten Liegestuhl. Als Matratze diente mir eine von Motten zerfressene Liegestuhlunterlage. Es ist erstaunlich, was junge Leute generell ertragen und erdulden können, welchen Risiken sie sich aussetzen, ohne einen einzigen Gedanken an Gefahr oder Gesundheit zu verschwenden.

Das Bel Air besaß einen Speiseraum und eine sehr schicke Bar, in der ein Piano stand. Ab und zu spielte ich abends auf dem Piano Schlager, die gerade in Mode waren. Den Gästen schien das zu gefallen. Sie scharten sich um den Flügel und sangen kräftig mit. Zu dieser Zeit hatte ich ein großes Repertoire an Songs vorrätig und konnte den meisten Wünschen der Gäste gerecht werden, was sie mit großzügigen Trinkgeldern, besonders wenn sie etwas angetrunken waren, honorierten.

Einige kleinere amerikanische Fluglinien brachten ihre Piloten und Flugbegleiter im Bel Air unter. Das waren überwiegend Leute, die immer sehr lustig und vergnügt waren. Besonders die Stewardessen waren hübsch und attraktiv und sorgten dafür, dass die Bar ein regelrechter Treffpunkt für junge Männer wurde, deren Ziel es war, mit den Stewardessen anzubandeln.

Als ich während meiner Studienzeit das letzte Mal Miami Beach besuchte, war ich in meinem Karmann-Ghia angereist. Etwa eine Woche nach meiner Ankunft wurde ich schuldlos in einen schweren Unfall verwickelt und mein schönes Auto sah aus wie eine Ziehharmonika. Mir war nichts passiert, aber mein Auto war ein Schrotthaufen. Jetzt rächte sich plötzlich die Übertragung meiner Versicherungspolice von meinem alten auf das neue Auto in Quebec City. Erstens hätte ich, sofort nachdem ich meinen Wohnsitz von Kanada in die USA verlegte, diesen Tatbestand meiner Versicherung binnen eines Monats anzeigen müssen, was ich aber vergessen hatte. Zweitens war mein altes Auto, eben weil es sehr alt und fast wertlos war, in der Police nur mit einem minimalen Wiederbeschaffungswert versichert. Ich hatte also auch versäumt, den Neuwert meines Karmann-Ghia in der Police verankern zu lassen. Das hätte sich zwar in einer Prämienerhöhung niedergeschlagen, aber bei einem Unfall ausgezahlt. Drittens war der Unfallverursacher überhaupt nicht versichert. Kurz, meine Versicherung stellte sich taub und zahlte überhaupt nichts. Das war das Ende meines ersten neuen Autos. Ich war fassungslos über diesen Verlust, denn ich hing sehr an diesem Auto. Es ging einfach nicht in meinen Kopf hinein, dass ich vor ein paar Stunden noch ein eigenes, fast neues Auto besessen hatte und es nun nur noch ein unförmiger Blechhaufen war. Ich konnte mir einfach nicht vorstellen, nicht mehr in meinem geliebten Karmann-Ghia zu fahren, ganz zu schweigen von der finanziellen Einbuße, die ich zu tragen hatte. Von einer Garage, die Unfallwagen aufkaufte, bekam ich noch 300 Dollar für meine platte Flunder und das war's.

Kurz bevor ich wieder nach Boston abreisen musste, sah ich in Miami bei einem Autohändler, der Gebrauchtwagen verkaufte, einen weißen Jaguar XK 120 Sportwagen. Das Auto war recht günstig im Preis und ein Auto musste ich in jedem Falle wieder haben, um mobil zu bleiben. Ich hatte mit meiner Tätigkeit dort gut verdient und fasste den Entschluss, dieses Auto zu kaufen.

Ich habe in meinem Leben schon sehr viele schöne und teure Autos aller Art besessen, aber nie wieder eins mit den edlen Linien dieses Jaguars. Es war allein schon ein Genuss, dem tiefen Grollen des Motors zuzuhören. Außen war es cremeweiß lackiert und die Lederpolsterung innen war bordeauxrot. Das Armaturenbrett und einige andere Teile der Innenausstattung waren aus edlem lackierten Kirschholz. Es war ein Cabrio mit einem schwarzen Verdeck. Natürlich fuhr ich dieses Schmuckstück nur mit zurückgeklapptem Verdeck, wenn es nicht gerade regnete.

Der Tag der Abreise gen Norden war gekommen, Gepäck hatte ich sowieso nur sehr wenig, so konnte ich also alles, was ich besaß, in dem Minikofferraum und auf dem Beifahrersitz meiner neuen „Luxuserwerbung“ unterbringen.

Übrigens fuhr ich dieses Auto noch fast zwei Jahre, bis der Motor streikte und für viel Geld generalüberholt werden musste. Leider hatte ich zu diesem Zeitpunkt nicht die nötige Reparatursumme parat und musste den Jaguar schließlich im Ist-Zustand verkaufen. Gekauft hat ihn ein Deutscher aus New York. Er war Teilhaber einer Sportwagen-Reparaturwerkstatt, die auf der East Side von Manhattan ihren Geschäftsbetrieb hatte. Er hatte bestimmt wenig Mühe, den Motor günstig zu überholen und dann den Jaguar zu einem Spitzenpreis wieder zu verkaufen. Ich hätte zwar meine Ersparnisse opfern können, aber eine gewisse Summe wollte ich ja immer für mögliche Notfälle behalten und dies war einfach kein Notfall. Hätte ich diesen Wagen behalten, wäre er später sehr wertvoll gewesen. Gerade dieses Auto wurde später immer seltener und ist jetzt nur noch im erlesensten Kreis der teuren antiken Autos zu finden. Heute würde dieser XK 120 bestimmt 800 000 Dollar oder noch mehr kosten.

In der Regel hatte ich neben dem Studium und natürlich, wie schon beschrieben, in den Semesterferien immer Jobs der unterschiedlichsten Art und von unterschiedlicher Dauer, die mir ein Extraeinkommen einbrachten. Diese Nebenarbeiten waren auch notwendig, denn ab und zu musste ich einige Stücke aus meiner Garderobe erneuern.

Sehr sparsam ging ich auch mit meinem Budget für Essen und Trinken um. Ich aß manchmal wochenlang abends oder mittags in einem der Kettenrestaurants „White Tower Diner". In diesen Billig-Abfütterungsstätten konnte man z. B. für 25 Cents zwei kleine Flapjacks – so hießen sie – kaufen. Das waren zwei weiche Hamburgerbrötchen, in die ein dünnes Stück kurz gebratenes Hackfleisch geklemmt wurde und die so ähnlich aussahen wie die Hamburger bei McDonald's, aber viel, viel kleiner, und die nach absolut nichts schmeckten. Wenn man dazu noch eine Cola für zehn Cents bestellte, konnte man sich außerdem kostenlos am billigen Salzgebäck bedienen, das in Körbchen auf jedem Tisch stand.

Sehr billig waren auch Hotdogs, die damals zehn Cents pro Stück kosteten. Wenn man eins dieser dünnen, auch nach nichts schmeckenden Würstchen kaufte und es zwischen das dafür vorgesehene längliche, weiche Brötchen steckte, konnte man die Zwischenräume kostenlos mit Zwiebeln, gehackten Gurken und süßlichem Senf ausfüllen. Das Volumen dieses Zehn-Cent-Artikels, vorausgesetzt man hatte einige Übung mit dem Beladevorgang, wurde so um fast hundert Prozent erhöht. Resultat: Es schmeckte, wie eigentlich alle billigen Esswaren, fürchterlich, aber der Magen war voll. Negativ war, dass man nach ein paar Stunden wieder hungrig wurde und die Prozedur wiederholen musste. Wenn man solche „Leckerbissen" wochen- und oftmals monatelang in sich hineinstopft, wird man immun gegen diese Art von Speisen und es ist eigentlich egal, was man isst. Die Hauptsache ist, der Magen hört auf zu knurren. Später, nach Abschluss meines Studiums, als ich eine gut dotierte Arbeitsstelle hatte und entsprechend viel Geld verdiente, konnte ich nicht einmal mehr die Namen von diesem schrecklichen Zeug hören. Ich habe diesen Schund bis zum heutigen Tag nie mehr gegessen.

Alleine der Geruch dieser Billig-Speiseartikel würde bei mir heute lang anhaltende Würgevorgänge auslösen.

Wie schon berichtet, hatte ich eine Vielzahl von Jobs nebenher. Sie alle aufzuzählen, gelingt mir heute nicht mehr. Den überwiegenden Teil dieser Aktivitäten erledigte ich in New York, besonders dann, wenn mir mehr Zeit zur Verfügung stand, wie z. B. in den Semesterferien und an extralangen Wochenenden.

New York war mir einfach ans Herz gewachsen und ich fühlte mich zu Hause in dieser Stadt. So geht es übrigens vielen Menschen, die New York kennen und lieben lernen. Ich hatte dort auch einen viel größeren Bekanntenkreis als in Boston. Logisch, denn dort musste ich ja auch keinen Doppelgänger spielen.

Einige Male, wenn laut Tages- und Wochenplan voraussehbar war, dass ich nicht zu viele von den für mich persönlich wichtigen Lehrstoffen in bestimmten Kursen an der Uni in Boston verpassen würde und keine wichtigen Prüfungen abgehalten wurden, verschwand ich für zwei bis drei Wochen. Manchmal auch für einen Monat. Ich fuhr nach New York, nahm einen lukrativen Job an und versuchte in diesen Zeitabschnitten so viel Geld wie nur möglich zu verdienen. Meine Abwesenheit fiel ja sowieso nicht auf, weil mein Studienpartner John immer fleißig alle belegten Kurse besuchte und durch eine hundertprozentige Anwesenheit glänzte.

New York verkörpert etwas Unbeschreibliches, das jeden, der einmal New Yorker Luft geatmet hat, in seinen Bann zieht. Man kann diesen New Yorker Magnetismus und die Faszination, die diese Stadt ausstrahlt, nicht ausdrücken. Keiner weiß, was es ist, was die Menschen so an New York bindet und ihnen praktisch befiehlt, immer wieder in diese Stadt zurückzukommen, auch dann noch, wenn sie sich eine lange, lange Zeit von diesem bunten brodelnden und multinationalen Dampfkessel der Welt entfernt hatten.

Ich weiß, wovon ich spreche, denn später in meinem Berufsleben, als ich weltweit gereist bin und eine große Anzahl internationaler Metropolen kennengelernt hatte, manchmal Monate oder noch länger nicht in New York gewesen war, kam ich zurück und fühlte mich sofort wieder dort zu Hause.

Es ist pure Glücksache, in dieser Stadt einigermaßen vernünftig zu wohnen. Bezahlbarer Wohnraum für Menschen, die durchschnittlichen Einkommensgruppen angehören, ist so gut wie nicht vorhanden. Wenn z. B. ein Familienvater in New York eine durchschnittlich bezahlte Arbeitsstelle hat, muss er sich, wenn seine Familie in einer wiederum durchschnittlichen Wohnraumqualität leben will, in der Regel weit außerhalb von New York ansiedeln. Er gehört dann zu dem riesigen Heer der Pendler, für die es völlig normal ist, während der Arbeitswoche Pendelzeiten von morgens zwei Stunden und abends wieder zwei Stunden zurück, also täglich vier Stunden, zu haben. Rechnet man eine tägliche Arbeitszeit von acht Stunden hinzu, kommt man auf einen Arbeitstag von zwölf Stunden. Für New Yorker ist das ein normaler Vorgang und es gibt bestimmt viele Menschen, die ihr ganzes Arbeitsleben so zugebracht haben.

Unabhängige Einzelpersonen (Singles) – sie repräsentieren ca. fünfzig bis sechzig Prozent der abhängig Beschäftigten – schließen sich zusammen, bilden Wohngemeinschaften und mieten möblierte Wohnungen, in denen sie dann mehr schlecht als recht mit bis zu vier Personen hausen. Wenn man jung ist, kann diese Art zu wohnen sogar viel Spaß machen, denn man hat immer Gesellschaft, kann sich miteinander austauschen, Partys feiern etc. und ist fast nie allein. Früh im Leben lernt man, soweit man sich mit vernünftigen und ehrlichen Leuten umgibt, sogar aufeinander Rücksicht zu nehmen, sich gegenseitig zu helfen und ein Ohr für die Probleme anderer zu haben. Genau diese Art von Menschen findet man dort in der Überzahl. New York ist generell eine Stadt für junge Menschen, die in ihren Berufen Außergewöhnliches erreichen wollen.

Ich habe in New York in der Zeit, in der ich viele Aushilfsjobs hatte, bestimmt in einem Dutzend Unterkünften gewohnt. Manche waren so, dass man darin nur mit einiger Fantasie leben konnte, andere wiederum waren die reinsten Löcher, die praktisch nur zum Schlafen benutzt werden konnten. Manchmal wohnte ich auch in billigen Hotels, wie z. B. einmal im Knickerbocker Hotel auf der West 43rd Street, in der Nähe des Times Square. Direkt nebenan befand sich die Peppermint Lounge, in der der Twist erfunden und durch seinen Erfinder Chubby Checker täglich bis in die Morgenstunden publik gemacht wurde.

Oft saß ich an der Bar in der Peppermint Lounge und hörte mir diese neue Musik an. Ich kannte den Bartender gut und hatte also immer meinen Platz an der Bar mit der besten Aussicht auf das Geschehen. Auf der relativ kleinen Tanzfläche wurden wahre Kämpfe ausgefochten und oft kam es vor, dass sich die wildesten unter den Tänzern mit ihren Beinen ineinander verhakten und als zappelnde Knäuel mit viel Gejuchze und Geschrei zu Boden stürzten.

Der Laden war immer gerammelt voll. Schon nachmittags bildeten die Fans lange Schlangen vor dem Eingang und warteten geduldig auf Einlass. Für mich war es das erste Mal, dass ich miterlebte, wie ein Tanz, eine Musik, ausgehend von einem vorher praktisch unbekannten Lokal, mitten in Manhattan gelegen, und einem vorher völlig bedeutungslosen Musiker, Chubby Checker, die ganze Welt in kürzester Zeit eroberte. Ich glaube, es hat noch nicht einmal zwei Monate gedauert und die ganze Welt tanzte den Twist.

Das Knickerbocker Hotel hatte zwar billige Zimmer, die aber einen Nachteil hatten, denn immer zwei nebeneinanderliegende Zimmer hatten nur ein gemeinsames Badezimmer. Zugang zum Bad mit Dusche und zum Klo hatten also zwei Parteien. Wenn man im Bad war, musste man die Tür zum Zimmer der anderen Partei verschließen, wollte man nicht unverhofften Besuch erhalten. Verließ man das Bad, schloss man die Tür zum Nachbarn wieder auf, damit der auch wieder Zugang hatte. Eigentlich eine ganz vernünftige Lösung, man musste nur immer darauf achten, dass die Tür, die ins Bad führte, verschlossen war, wenn man sein

Zimmer verließ. Tat man das nicht, konnte der Bewohner des anderen Zimmers durch das Bad in das eigene Zimmer gelangen.

Einmal vergaß ich, diese Tür abzuschließen, und als ich wiederkam, waren alle meine persönlichen Gegenstände gestohlen. Als ich wiederkam und den Diebstahl bemerkte, hatte der Typ von nebenan alle meine Wertsachen mitgehen lassen und das Hotel natürlich schon längst verlassen. Ich besaß ja nicht viel. Aber das wohl Wichtigste war zu jener Zeit mein tragbarer Schallplattenspieler mit eingebautem Radio gewesen. Dieses Gerät und etwa zehn Stück meiner Lieblingsschallplatten hatte der Schweinehund geklaut und darüber war ich natürlich sehr wütend und enttäuscht.

Eine der Schallplatten, ich weiß es noch genau, hatte den Titel „Das is Jazz". Sie war von Jutta Hipp, einer jungen deutschen Jazzpianistin mit enormem Talent und großer Zukunft. Sie spielte zusammen mit einer Reihe von großen Jazzmusikern in den einschlägigen Jazzklubs von New York. Dann hörte sie plötzlich auf, Musik zu machen, zog sich völlig zurück. Ich habe nie wieder von ihr gehört.

An ein anderes Wohnloch auf der Westseite von Manhattan, auf der West 84th Street in der Nähe des Riverside Drive, kann ich mich noch gut erinnern. Ich hatte eine Anzeige in der Zeitung gelesen und in der wurde dieses Zimmer mit Badbenutzung für fünf Dollar Miete pro Woche angeboten. Das war äußerst günstig, also ich rief den Vermieter an und reservierte dieses Zimmer, ohne es vorher gesehen zu haben. Ich war gerade wieder einmal in New York zur Jobsuche angekommen und benötigte sofort eine Bleibe.

Als ich das Zimmer sah, wurde mir ein wenig übel, obwohl ich ja schon einiges in dieser Richtung erlebt hatte. Das war ein richtiges Loch, ca. 2,5 Meter breit und vielleicht drei Meter lang. Es hatte ein Fenster zum Hudson River hinaus, den ich aber nicht sehen konnte, weil ein anderes Gebäude die Sicht versperrte. Das Fenster ließ sich auch nicht öffnen. Mit einigem Zureden und entsprechender Gewaltanwendung geruhte das Fenster, sich endlich ca. drei bis vier Zentimeter nach oben schieben zu lassen, somit hatte ich wenigstens ein wenig Frischluft.

Es war Sommer, deshalb war mir egal, ob das Zimmer auch eine Heizung für die kalten Winter hatte. Wenn man zur Türe hineinkam, stand links ein kleiner Tisch mit einem Stuhl und rechts war ein schmales Bett. Tisch und Bett standen so eng beieinander, dass, wenn man ins Bett oder umgekehrt aus dem Bett herauswollte, akrobatische Leistungen gefordert wurden. Das Bad – eigentlich war es nur eine Dusche ohne Vorhang, die den ganzen Raum nass machte – und das Klo waren auf dem Flur und wurden noch von vier anderen Parteien benutzt.

Es war ein fröhliches Haus mit 24 Stunden Geräuschkulisse. Alle Mieter waren Puertoricaner, die den ganzen Tag bis in die späte Nacht sangen oder sonst wie Musik machten, dabei tranken sie Unmengen Bier aus Dosen. Sie hielten sich vornehmlich auf den Treppenstufen vor dem Hauseingang auf. Wollte man hinein oder hinaus, musste man sich mühselig durch diese Menschenansammlung durchkämpfen. Mir schien es, als sei Arbeit ein Fremdwort für diese Geschöpfe der angewandten Muße. Sie lebten, den Eindruck hatte ich, völlig unbeschwert von Sozialhilfe, Gelegenheitsjobs, Musik und Gesang. Viele von ihnen bekamen Kinder, die dann auf den Straßen vor dem Haus und in den Hausfluren spielten. Sie waren immer alle sehr laut und schrill, aber freundlich und hilfsbereit waren sie zu jeder Zeit.

Auf einen meiner damaligen Jobs bin ich heute noch sehr stolz, denn ich brachte es im Hauruckverfahren zum Oberkellner im New Yorker „Stork Club“, einem der besten Nachtklubs zu der Zeit. Der Stork Club befand sich in der East 51st Street und war mit seinen vielen Räumen in zwei nebeneinander gelegenen Gebäuden untergebracht. Ich hatte den Türsteher des Klubs zufällig irgendwo kennengelernt und der hatte mir versprochen, dass ich jederzeit in „seinem Klub“ arbeiten könne.

Türsteher besitzen, besonders in Amerika, eine schier unvorstellbare Macht. Meistens haben sie einen stattlichen, imposanten Körperbau, der, wenn noch mit einer schicken, betressten Uniform bekleidet, wie ein lebendiges Aushängeschild des Etablissements wirkt. Ein Klub oder Restaurant steht und fällt mit dem Türsteher. Er bestimmt praktisch, wer Zutritt bekommt und wer abgewiesen wird. Befähigt durch eine überdurchschnittliche Menschenkenntnis hat er auch oftmals Einfluss oder ein Mitspracherecht darauf, wer in seinem Klub in welcher Position arbeitet. Ich muss wohl seinen Vorstellungen Genüge geleistet haben und das kam mir offensichtlich zugute.

Die Voraussetzungen für einen erfolgreichen Türsteher sind vor allen Dingen gutes Aussehen, Freundlichkeit, Menschenkenntnis und ein enormes Erinnerungsvermögen. Ein Türsteher muss innerhalb weniger Sekunden Gäste, die seinen Klub besuchen wollen, klassifizieren können. Er muss praktisch die gesamte Prominenz, deren Status und dazu noch einige persönliche Daten dieser bevorzugten Menschen wie im Schlaf kennen. Er muss in der Lage sein, diese Besucher sofort mit ihren derzeit gültigen Namen zu begrüßen – ein an sich schon sehr schwieriges Unterfangen, besonders bei Personen in der Film-, Theater- und Unterhaltungsbranche, die sich in überdurchschnittlichem Maße scheiden lassen, dann wieder neu verheiraten und somit wieder andere Namen bekommen. Er muss einfach alles über die Gäste wissen, täglich die wichtigsten Klatschspalten in den wichtigsten Zeitungen lesen und sich entsprechend verhalten können.

Ist ein Klub, so wie seinerzeit der „Stork Club“, ein sogenannter „In-Klub“, will jeder ihn besuchen, um später Freunden und Bekannten eher beiläufig mitzuteilen, man habe dort diniert, diesen oder jenen (natürlich alles Prominente aus Theater, Film, Fernsehen, Wirtschaft, Politik etc.) getroffen und über dies oder jenes geredet. Das macht natürlich enormen Eindruck, gerade bei denen, die im Normalfall nie das Innere eines solchen Klubs gesehen hätten.

Ein Türsteher mit außergewöhnlichen Fähigkeiten ist also die wichtigste Person in solch einem Unternehmen. Er bekommt, der Form halber, ein sehr, sehr kleines Gehalt, denn seine Haupteinkünfte bestehen nur aus Trinkgeldern und die können riesig ausfallen. Mein Bekannter, der Türsteher, der, wie ich später erfuhr, eine unangefochtene Machtposition im „Stork Club“ ausübte, war schon damals ein sehr reicher Mann. Manchmal, so erzählte er mir einmal, nahm er bis zu 500 Dollar pro Nacht an Trinkgeldern ein.

Er arbeitete sieben Nächte pro Woche, also das gesamte Jahr, nahm nie Urlaub, schon aus Furcht davor, dass sich während seiner Abwesenheit möglicherweise eine Vertretung auf seinem Posten verfestigen könnte. Wenn man bedenkt, dass man damals ein normales Einfamilienhaus in den Vorstädten für ca. 6 000 bis 10 000 Dollar kaufen konnte und das Jahresgehalt eines mittleren Angestellten etwa 5 000 Dollar betrug, verdiente dieser Türsteher unvorstellbare Summen in kürzester Zeit.

Im Stork Club arbeitete ich die gesamte Zeit eines Wintersemesters. Ich wohnte in einem billigen rooming house in der Nähe und begann meine Tätigkeit in dem Club erst als Busboy, dann als Hilfskellner. Das sind Positionen, die nur mit einem Teil der Trinkgelder, die die Kellner bekommen und an diese Hilfspositionen zu einem geringen Teil weitergeben, bezahlt werden.

Schließlich wurde ich sogar Kellner. Plötzlich wurde ein Oberkellner (Captain) krank und ich bekam seine Stelle zugeteilt, bis er wieder arbeiten konnte. Als Oberkellner, der nicht nur vorzüglich servieren muss – das hatte ich mir in Windeseile von einem deutschen gelernten Oberkellner, der dort auch arbeitete, beibringen lassen –, sondern nach Möglichkeit zusätzlich ein paar andere Sprachen sprechen und verstehen sollte, bekam ich von den Gästen großzügige Trinkgelder zugesteckt.

Dieser Oberkellner war übrigens vorher auf einem italienischen Kreuzfahrtschiff, der „Andrea Doria“, beschäftigt gewesen. Dieses Schiff war 1956 auf dem Weg nach New York, als es mit der „Stockholm“, einem anderen Passagierschiff, welches ostwärts, also nach Europa, unterwegs war, in der Nähe der Insel Nantucket kollidiert. Er wurde gerettet und ist dann in New York geblieben.

Er brachte mir auch bei, wie man einen speziellen Caesar Salad am Tisch des Gastes zubereitet und serviert. Auch die sehr beliebten flambierten Desserts des Stork Clubs, wie Cherries Jubilee und Crêpes Suzette, die ich heute noch für meine Gäste zu besonderen Feiertagen am Tisch zelebriere, stammen von ihm.

In diesem Dienstleistungsbereich ist es von übergeordneter Wichtigkeit, dass man die Eitelkeit von Menschen erkennt und gut einschätzen kann. Das ein oder andere Kompliment, strategisch und im geeignetsten Moment eher beiläufig angebracht, wird gerne gehört und dann auch noch überschwänglich dotiert. Das trifft besonders auf die männlichen Gäste zu, wenn sie in Begleitung von schönen Frauen sind, denen sie dann mit ihrer Großzügigkeit imponieren wollen.

Sherman Billingsley war der Eigentümer des Stork Clubs und ein ausgesprochener Frauenheld. Keines der bildhübschen Zigarettenmädchen, die mit ihren Bauchläden voller Zigarren und Zigaretten von Tisch zu Tisch gingen, war vor ihm sicher. Er saß immer an seinem Zweiertisch in einer Ecke und konnte von dieser Position aus die Aktivitäten im Club beobachten. Er war klein von Gestalt, hatte eine Halbglatze, war zu dieser Zeit etwa 55 Jahre alt und noch nicht einmal das, was man sich unter einem Mann mit wenigstens mittlerem Aussehen vorstellen konnte. Ab und zu rief er eins dieser Mädchen zu sich in seine Ecke und tätschelte dann an ihr herum.

Auch die Sängerinnen in der Musikband waren seine Fummelobjekte. Eine Zurückweisung seiner Anwandlungen hatte den sofortigen Verlust der Arbeitsstelle zur Folge. Fast jeden Monat wechselten also prompt einige der Sängerinnen und Zigarettenmädchen. Oft rief er die Mädchen auch in sein Büro neben dem Küchentrakt. Nach einer Weile kamen sie dann in einem etwas zerzausten Zustand wieder in die Klubräume.

Sherman Billingsley hatte eine Parfümmarke gekauft, die er über seine doch irgendwie elitären Besucher vermarkten wollte. Um die Marke bekannt zu machen, verschenkte er kleine Fläschchen dieses Parfüms an jede weibliche Person, die in den Klub kam. Ob das schließlich ein Geschäft wurde, ist unbekannt. Ich habe es einmal gerochen und fand es sehr süßlich und enorm stark, nach was immer es duften sollte.

Man munkelte, dass Billingsley in jüngeren Jahren auch einmal mit dem Gefängnis Bekanntschaft gemacht hatte. Auch sagte man ihm gewisse Verbindungen zur lokalen Mafiaorganisation nach. Es wurde allerdings nie bewiesen. Er war also eine überaus schillernde Person.

Benny Goodman mit seiner Band und viele andere prominente Jazzbands spielten im Stork Club. Alle zwei Wochen wechselten die Bands. Viele Prominente aus der Filmbranche, wie z. B. Elisabeth Taylor, Grace Kelly, Marilyn Monroe, Frank Sinatra mit seinen Freunden, Bing Crosby usw., waren regelmäßige Gäste, wenn sie in New York waren.

Walter Winchell von der Klatschpresse schrieb dort seine manchmal verletzenden Artikel über Personen, die er eigentlich nicht persönlich kannte, aber um den Sensationshunger seiner Leser zu befriedigen, war ihm jeder recht. Besonders abfällig schrieb er über Personen, wenn er wieder einmal dem Alkohol kräftig zugesprochen hatte. Bewundernswert war immerhin, wie er im Alkoholnebel doch noch den Lesestoff zustande brachte, damit dieser einigermaßen für den Leser verständlich gedruckt werden konnte.

Es trafen sich alle, die etwas auf sich hielten, in diesem Klub. Größen aus Wirtschaft, Politik, Film, Radio, Fernsehen etc. wollten möglichst oft im Stork Club gesehen worden sein. Der Stork Club existierte bis 1965 und dann schloss er für immer, weil seine Bedeutung in den späteren Jahren sehr stark nachgelassen hatte und wirtschaftliche Probleme immer größer wurden.

Wenn der Klub frühmorgens schloss, besuchte ich oft noch auf dem Nachhauseweg das Jazzlokal „Birdland“ oder die sehr bekannte Jazzbar auf dem Broadway, das „Metropole“. Dort fanden sich immer einige der bekanntesten Jazzgrößen ein, die nach ihren Auftritten in anderen Klubs in diesen beiden Jazzklubs zusammentrafen und ihre neusten Kompositionen einem sachkundigen Publikum vorspielten. Ab und zu durften auch Musiker ohne großen Bekanntheitsgrad sich bei diesen Jamsessions beteiligen. So war es auch mir vergönnt, bei diesen zusammengewürfelten Gruppen einige Titel, die ich gut kannte, als Bassist mitzuspielen. Einmal spielte ich mit einer Gruppe, in der Dizzy Gillespie als Trompeter auftrat, und ein anderes Mal mit einer, in der Gene Krupa als Schlagzeuger agierte.

Viel später, als meine eigentliche berufliche Karriere schon begonnen hatte, fand ich heraus, dass Gene Krupa seine Wohnung in einem meiner Nachbargebäude hatte. Ich wohnte damals in einem Hochhaus auf der East 74th Street. Ab und zu sahen wir uns zufällig in einer der vielen Bars und lernten uns eher flüchtig kennen.

Dort, wo ich damals meine Wohnung hatte, wohnten im Umkreis von einigen Hundert Metern auch eine Reihe von Filmschauspielern. Henry Fonda und seine Familie waren wohl die prominentesten. Die anderen alle aufzuzählen würde zu weit führen, aber es war zu dieser Zeit nicht ungewöhnlich, ihnen in irgendeinem Restaurant, einer Bar, beim Einkaufen, beim Friseur oder sonst wo auf den Straßen zu begegnen.

Während meiner Zeit als Oberkellner im Stork Club in New York bekam ich Nachricht von meiner inzwischen verheirateten Schwester Rosi, dass meine Oma im Alter von 73 Jahren gestorben war. Sie starb auf einer Bank auf dem Friedhof in Mönchengladbach, nachdem sie wohl vorher das Grab meines Opas besucht hatte. Ein Herzversagen hatte ihrem Leben, genau an dem Ort, wo sie sich mehrmals in der Woche aufhielt, ein Ende bereitet.

Diese Nachricht traf mich völlig unvorbereitet, fast wie ein Blitz aus heiterem Himmel. Junge Leute machen sich fast nie Gedanken darüber, dass ihre Eltern, Großeltern und andere Familienangehörige plötzlich nicht mehr da sein können. Erst wenn solch ein Verlust eintritt, können sie die Bedeutung erfassen. So ging es auch mir.

Meine Oma hatte mich schließlich zum Teil aufgezogen, nahm immer regen Anteil an meinem Leben und meiner beruflichen Weiterentwicklung, obwohl mein bisheriger Werdegang in Nordamerika nicht unbedingt ihren Vorstellungen entsprach, denn er wollte nicht in ihren Leitspruch „Schuster, bleib bei deinen Leisten“ passen. Sie machte sich, ob berechtigt oder nicht, immer Sorgen um meine Zukunft. Während meiner Zeit in Nordamerika schrieb ich ihr öfters, teilte ihr aber immer nur die positiven Dinge mit, die ich gerade machte oder erlebt hatte. Ich wollte nicht, dass sie sich, wenn es mir einmal nicht so gut ging, Sorgen machte. Wenn sie mir einen Brief oder eine Postkarte schickte, beschrieb sie, sparsam, wie sie eben war, jede nur verfügbare freie Stelle auf dem Papier voll, sogar die Ränder auf Briefen oder Postkarten beschrieb sie.

Sie hatte ein hartes Leben hinter sich gebracht, sich nie über die vielen Schicksalsschläge, die über sie einstürzten, beklagt und niemals den Kopf in den Sand gesteckt. Sie war eine einfache, aufrichtige und ehrliche Frau, die geradlinig ihr Leben mit bestimmt nur wenigen Höhen, aber dafür einer großen Anzahl Tiefen tapfer durchgestanden hatte. Sie war tiefreligiös und gottesfürchtig. Vielleicht gab ihr gerade das den Halt und den Mut, ihr schweres Leben ohne Murren und Klagen zu meistern.

Ich war froh, dass sie die Selbstmorde ihres Sohnes Hans und seiner Frau Ine nicht mehr erleben musste. Die beiden starben ein paar Jahre nach ihrem Tod und hinterließen drei Kinder, die dann Waisen wurden. Ich habe von dieser Tragödie erst Jahre später erfahren.

Oma hinterließ nicht viel, aber mir vererbte sie ein schönes Silberbesteck. Es ist heute noch in meinem Besitz. Wir, meine Familie und ich, benutzen es oft. Manchmal muss ich dann an sie denken, dabei kommen mir ihre gut gemeinten Mahnungen und ihre Fürsorge in den Sinn.

Ich nahm, wie schon vorher angeführt, jede Möglichkeit wahr, neben meinen Studien irgendeine gewinnbringende Zusatzbeschäftigung auszuüben. Ich habe große Mühe, all diese Tätigkeiten im Nachhinein aufzuzählen. Hier also nur einige wenige dieser Beschäftigungen:

Ich habe als Fahrstuhlführer in einem Hotel gearbeitet, habe in einem anderen die Position eines männlichen Zimmermädchens mit der Doppelfunktion als männliche Klofrau ausgeübt. Ich war Nachtwächter auf einem Autoparkplatz, Bademeister und Rettungsschwimmer, Barmixer, Busboy, Kellner, Oberkellner, Hilfskraft bei einem Grundstücks- und Häusermakler. Ich wurde in einem Tagebau als Lastwagenfahrer mit dem Transport von Sprengstoffen (TNT) eingesetzt. Die Gefahr dieser Arbeit ist mir erst viel später klar geworden, denn die Ladung konnte durch große Erschütterungen explodieren. Außerdem war ich Hilfskoch und Kellner in einem billigen Spaghettirestaurant, Hilfsmechaniker in einer Autoreparaturwerkstatt. Egal was es war, ich habe immer alle Arbeiten angenommen, die nach Geldverdienen rochen.

Schon sehr früh habe ich die Mentalität der Amerikaner kennengelernt. Das Leben der Amerikaner, ihre Gewohnheiten, ihr Arbeitsstil und vieles mehr können nicht mit europäischen Maßstäben verglichen werden. Amerikaner wollen ankommen, sie wollen immer den Eindruck hinterlassen, erfolgreiche und dabei nette und zuvorkommende Menschen zu sein. Die für Europäer sehr missverständliche, aufgeschlossene und zuvorkommende Art der Amerikaner kann äußerst enttäuschend sein. Von Amerikanern dauernd und eher automatisch angewendete Sprüche oder Begrüßungsformeln wie „How are you?“, „How are you doing?“, „Pleased to see you“ etc. sind Floskeln, die sie immer von sich geben. Besonders der eigentlich immer angewendete Ausspruch „I'm doing great“ (= mir geht es gut oder fantastisch) ist mit Vorsicht zu verdauen, denn der wird auch von demjenigen benutzt, der kein Geld mehr besitzt, um sich am nächsten Tag Essen zu kaufen. Solche Aussprüche laden nicht unbedingt dazu ein, sich privat dem einen oder anderen gegenüber zu offenbaren. Selbst dann nicht, wenn einem die Familienfotos gezeigt werden oder jemand aus seinem privaten Bereich berichtet. Amerikaner bemühen sich nämlich krampfhaft, immer freundlich, zwanglos und offen ihren Mitmenschen zu begegnen. Sie spielen sich und anderen eine sehr kreativ konstruierte Mitteilsamkeit vor, die eigentlich nicht vorhanden ist.

Hier ein kleines Beispiel: Als junger Student stellte mich der Gastgeber bei einer Party einem schon etwas älteren und reiferen Ehepaar vor. Die beiden interessierten sich sehr für die Studienfächer, die ich belegt hatte, und wollten auch sonst möglichst viel über meine europäische Herkunft erfahren. Sie sparten nicht mit guten Ratschlägen für meine weitere berufliche Entwicklung nach Abschluss meines Studiums und ich hatte das Gefühl, wohlwollende, mir zugeneigte Menschen getroffen zu haben. Dieses Gespräch dauerte sehr lange und als ich mich von den beiden verabschieden wollte, steckte mir die Ehefrau die Geschäftskarte ihres Mannes zu, auf der auch die Privatadresse vermerkt war, mit der Maßgabe, mich doch in zwei Tagen morgens bei den beiden zum gemeinsamen Frühstück einzufinden.

Da die beiden nicht sehr weit von meiner Unterkunft wohnten und ich einer kostenlosen Mahlzeit nie aus dem Wege ging, war ich wie verabredet pünktlich zur Stelle und klingelte an der Haustüre. Die Ehefrau öffnete die Türe, bemerkte mich eher nebenbei und fragte: „Who are you?“ (= Wer sind Sie denn?). Sie hatte mich offensichtlich total vergessen und wusste überhaupt nichts mit mir anzufangen. Mir blieben die Worte im Halse stecken. Ich zog mich völlig sprachlos und aufs Tiefste enttäuscht, natürlich ohne Frühstück, zurück. Ich habe die beiden in meinem Leben nie wiedergesehen, habe aber durch dieses Erlebnis die ausgesprochene Flachheit und gekünstelte Freundlichkeit der Amerikaner hautnah erleben können.

Nordamerika ist ein Land voller krasser Gegensätze. Hier sollte nur einmal andeutungsweise auf die verschiedenen Einkommensgruppen der Gesamtbevölkerung eingegangen werden. Es gibt die sogenannten Superreichen, die es irgendwie, oft am Rande der Legalität operierend, geschafft haben, sich ein riesiges Vermögen anzueignen. Der Prozentsatz dieser Menschen liegt bei etwa 0,3 bis 0,5 Prozent, gemessen an der Gesamtbevölkerung. Diese Superreichen besitzen Traumhäuser in den bevorzugten Gegenden der USA und verbringen einen gewissen Teil ihres Lebens in Europa. Sie haben oft einen winzigen und sehr oberflächlichen Teil der europäischen Mentalität angenommen, weil sie das als sehr schick empfinden, und besitzen ein hinkendes und lückenhaftes Verhältnis zum europäischen und sogar zum amerikanischen kulturellen Leben. Sie sind vernarrt in den europäischen Lebensstil, den sie sich kraft ihrer Finanzstärke auch in den USA, natürlich in einer amerikanisierten Form, erlauben können. Sie finden alles Extravagante sehr schick. Es hebt sie ab und unterscheidet sie von den anderen.

Danach schließt sich die Schicht der wirklich Reichen an und wiederum danach kommt die „upper middle class". Das sind Menschen, die in Europa auch schon als reiche oder zumindest äußerst wohlhabende Leute eingestuft werden würden. Ihr erklärtes Ziel ist es, alles nachzuahmen und zu kopieren, was sich die Superreichen erlauben können. Eine solide, breit gestreute Mittelklasse nach europäischen Maßstäben gibt es in den USA nicht. Vereinzelt vielleicht doch, aber in der Regel eher selten.

Dann kommt der riesige der Teil der US-Bevölkerung, der unterhalb dieser Mittelklasse angesiedelt ist. Das sind Bürger, die unter enormen Schuldenlasten ächzend versuchen, von einem Monat in den nächsten zu gelangen, mit nur dem Wunsch, nicht noch tiefer abzusinken.

Das Schlusslicht bildet der größte US-Bevölkerungsteil, nämlich die Menschen, die nach europäischem Standard als total verarmt und völlig mittellos einzustufen sind. Menschen, die den untersten Schichten angehören, arbeiten bis zum Umfallen. In diesen Bevölkerungsschichten ist es völlig normal, dass bis ins hohe Alter von achtzig Jahren oder noch älter einem Broterwerb nachgegangen wird. Sie müssen arbeiten, um ihr Leben bis zum Ende durchstehen zu können.

Ende des Studiums

Im letzten Jahr unseres Studiums wäre unsere Studentendoppelrolle fast aufgeflogen, denn einer unserer Professoren bat mich, eine Vorlesung für ihn zu halten. Er musste einer lukrativen Verpflichtung in einer anderen Stadt nachkommen und hatte mich auserwählt, für ihn einzuspringen und eine Doppelstunde in Physik zu übernehmen.

Der Lehrstoff war für Studenten eines unteren Semesters zugeschnitten und bedeutete für mich keine Anstrengung, denn der Schwierigkeitsgrad war in meinen Augen gering. Mein Problem war nur die Tatsache, dass ich noch nie vorher gelehrt hatte. Ich hatte auch noch nie einem größeren Zuhörerkreis etwas erklären oder erläutern müssen.

Der Professor kannte mich persönlich eher oberflächlich – kannte er nun John oder mich, das ist die Frage. Er hatte lediglich einige meiner (unserer) letzten schriftlich abgelieferten Arbeiten in dem Lehrbereich, für den er zuständig war, gelesen und war offensichtlich von meinen (unseren) Kenntnissen sehr beeindruckt.

John vorzuschicken, um die Vorlesung zu halten, wäre einem kompletten Fiasko gleichgekommen. John kannte zwar den Lehrstoff genauso wie ich, aber ein öffentliches Auftreten, welches mit der Wiedergabe seines Wissens verbunden gewesen wäre – er konnte und wollte nicht vor einer Zuhörerschaft sprechen –, hätte für uns katastrophale Folgen gehabt. Also bereitete ich mich, so gut ich es vermochte, auf die Vertretungsstunde vor und ging in die Vorlesung.

Da es ein interessantes Thema war, war der Hörsaal bis zum Überlaufen besetzt. Keiner der hörenden Studenten wusste vorher, dass der Professor, den sie übrigens alle sehr verehrten, abwesend war und dass ein Student, der immerhin im letzten Semester war und kurz vor dem Abschlussexamen stand, seine Vorlesung übernehmen würde. Ich gab mir die größte Mühe, den vorgesehenen Lehrstoff den zuhörenden Studenten klar und deutlich zu machen, aber ich muss wohl trotzdem ein paar Fragen zu hoch gegriffen oder angesetzt haben, denn am Ende der Doppelstunde standen mit sehr wenigen Ausnahmen alle Studenten auf und erklärten, nichts, aber auch gar nichts von dem, was ich da von mir gegeben hatte, kapiert zu haben.

Das war sehr niederschmetternd für mich, aber auch gleichzeitig eine Lehre und richtungsweisend für meine Zukunft. Nie mehr danach habe ich versucht, anderen Menschen lehrend gegenüberzustehen. Ich habe in dieser Situation festgestellt, dass ich komplexere und schwierigere Dinge, die ich völlig beherrsche, schlecht oder überhaupt nicht anderen Menschen vermitteln kann. Das ist eben die Kunst des Lehrens, die nur wenigen gegeben ist. Man muss in der Lage sein, komplizierte Dinge sehr einfach darzustellen. Genau das bestimmt den Erfolg eines guten Lehrers.

Ausnahmen davon waren später immer nur dann bei mir vorzuweisen, wenn sich Personen, denen ich etwas erklären wollte oder musste, in etwa auf der gleichen Ebene meines Wissensstandes befanden und ich mich ihnen mit wenigen sparsam hingestreuten Worten mitteilen konnte, ohne mich wiederholen zu müssen.

Ende gut, alles gut, denn als der Professor von seinem Vortrag zurückkam und bestimmt von meiner völlig verunglückten Vorlesung hörte, unternahm er nichts. Er hatte der ganzen Angelegenheit offensichtlich wenig Bedeutung zukommen lassen. Ich war heilfroh, mit einem blauen Auge davongekommen zu sein, John übrigens auch, denn der hatte zu Hause gesessen und für mich gezittert.

Ich hatte mit dem Vater von John abgemacht, dass ich noch zusätzliche Vorlesungen in den Bereichen Aerodynamik und Flugzeugbau belegen konnte. Diese Bereiche interessierten mich sehr und wenn möglich wollte ich auch später einmal für eine Firma, die auf diesen Gebieten tätig war, arbeiten.

Unsere Universität war schon seit vielen Jahren im Flugzeugwesen tätig, sie unterhielt sogar eine Flugschule mit einer Reihe von Schulflugzeugen und Fluglehrern. Da ich von Johns Vater finanziell großzügig unterstützt wurde und zusätzlich meinen vielen Nebenverdiensten nachging, hatte ich eine Summe zurücklegen können, die mir den Erwerb des Pilotenscheins ermöglichte. Aber die eiserne Reserve meines Sparguthabens blieb immer außen vor, denn sie war ja für Notfälle gedacht.

Die Flugtheorie, Navigation und allgemeine Flugregeln eignete ich mir in kürzester Zeit an, für das Fliegen selbst hatte ich eine natürliche Begabung und so legte ich innerhalb von zehn Wochen die staatliche Prüfung ab und war Pilot. Meine Flugerfahrung beschränkte sich zwar nach bestandener Prüfung nur auf einmotorige Flugzeuge, aber danach erwarb ich auch die Berechtigung, mehrmotorige Flugzeuge und Jets zu fliegen.

Meinen ersten Alleinflug werde ich nie vergessen. Schon nach einem Dutzend Flügen mit meinem Fluglehrer – wir hatten während dieser Flüge alle nur möglichen Notsituationen in der Luft geprobt und dazu noch sehr viele Starts und Landungen durchgeführt – erklärte er mir an einem Samstagmittag, nachdem wir von einem Überlandflug zurückgekommen waren, dass ich jetzt allein fliegen sollte. Unmittelbar stieg er aus der L3 aus.

Die L3 war eine Piper, an der die Rumpf- und Flächenbekleidung noch aus imprägniertem Stoff bestand. Sie hatte einen gelben Anstrich mit einer roten Schnauze. Man saß hintereinander, d. h., der Lehrer saß vorne und der Schüler hinten. Beim Start musste der Propeller noch von Hand angeworfen werden. Die L3 hatte ein robustes Federbeinfahrwerk vorne und war hinten mit einem Spornrad ausgerüstet. Beim Start mit Vollgas schob man, wenn eine gewisse Geschwindigkeit erreicht war, den Steuerknüppel nach vorne, dann hob sich der Schwanz vom Boden. Hatte man das geschafft, zog man leicht am Steuerknüppel und schon flog die L3 wie von Geisterhand bewegt.

Nur die Landung war etwas schwieriger, denn man sollte möglichst mit allen Rädern vorne und hinten gleichzeitig aufsetzen, also eine Dreipunktlandung machen. Tat man das nicht und setzte also nur mit dem Hauptfahrwerk vorne auf, fing das Flugzeug an zu hüpfen und zu tanzen und man hatte seine liebe Not, es wieder auf den Boden zu bringen.

Es wollte einfach weiterfliegen und sträubte sich vehement gegen eine Landung. Man musste also kurz vor der Landung das Gas völlig wegnehmen, den Steuerknüppel bis an den Bauch ziehen und das Flugzeug ausschweben lassen, dann saß man mit einem leichten Bums und mit allen Rädern gleichzeitig auf der Landebahn.

Ich saß also jetzt alleine im hinteren Sitz der L3, mein Fluglehrer winkte mir noch fröhlich zu und verschwand dann im Flughafengebäude. Die L3 konnte auch auf kurzen Graspisten starten und landen. Auch jetzt war ich auf einer Graspiste, drehte unter Vollgas mit einem kräftigen Tritt ins Seitenruder die L3 um 180 Grad und schlängelte mich zurück zum Anfang der Startbahn.

Bewegungen am Boden mussten mit der L3 immer in Schlangenlinien geschehen, denn man hatte nur Sichtmöglichkeiten seitwärts aus den Fenstern, weil die hochstehende Schnauze des Flugzeuges mit Motor und Propeller dem Piloten den Blick nach vorne völlig blockierte. Das war natürlich besonders der Fall, wenn man die L3 alleine flog und im hinteren Sitz saß, denn da musste man aus Gewichtsgründen sitzen. Ist man jedoch einmal in der Luft, hat man freie Sicht nach allen Seiten.

Ich rollte also an den Anfang der Startbahn, drehte mit einem kräftigen Schwung die Nase der L3 in den Wind, gab Vollgas und nahm schnell Fahrt auf. Ich drückte den Steuerknüppel leicht nach vorne, der Schwanz kam hoch, die Geschwindigkeit erhöhte sich noch mehr und dann zog ich den Steuerknüppel leicht nach hinten. Schon hob die L3 brav ab. Zum ersten Mal flog ich nun als verantwortlicher Pilot das Flugzeug alleine. Ein unbeschreibliches Gefühl des Glücks, der völligen Freiheit und Losgelöstheit durchzog mich. Ich flog etwa zwanzig Minuten und dabei erprobte ich alle bisher gelernten Manöver. Alles lief zu meiner äußersten Zufriedenheit ab.

Nur die Landung selbst war miserabel, ich war noch viel zu hoch, als ich die Landung einleitete, dann wurde ich viel zu schnell, als ich Höhe verlieren wollte. In Bodennähe hatte die Maschine noch viel zu viel Fahrt, denn ich hatte vergessen, den Gashebel ganz zurückzustellen. Die L3 wollte einfach nicht landen und tanzte wie betrunken, mal in der

Luft, mal auf dem Boden, auf dem vorderen Fahrwerk herum. Dabei wurde die Landebahn immer kürzer und ich wusste, dass am Ende der Landebahn ein kleiner Bach quer zur Piste verlief.

Zum Durchstarten reichte die restliche Strecke nicht mehr aus, also musste ich unbedingt das Flugzeug schnellstens abbremsen. Da sah ich, dass der Gashebel nicht völlig zurückgestellt war, riss ihn in die Nullstellung zurück und plötzlich hatte ich auch den gewünschten Bodenkontakt mit dem Spornrad. Jetzt war ich unten, die Fahrt verringerte sich für mein Gefühl viel zu langsam, ich trat mit aller Kraft in die Bremsen und dabei gleichzeitig ins Seitenruder. Dann gab ich ein wenig Gas, die L3 fing an, sich behäbig zu drehen, ich gab noch ein wenig mehr Gas und schließlich drehte sie sich ganz um 180 Grad, kurz vor dem kleinen Bach.

Ich rollte zum Hangar, stellte den Motor ab, stieg aus und erst dann merkte ich, dass ich völlig nassgeschwitzt war. Die Landung, besonders das Ende derselben, hatte es in sich gehabt und hatte mich, nur durch meine eigene Unaufmerksamkeit, sehr mitgenommen. Ich sah meinen Fluglehrer, der meine Wackellandung natürlich genau beobachtet hatte, und wollte vor Scham im Boden versinken. Der grinste aber nur, schlug mir auf die Schulter, schüttelte dann meine Hand und erklärte mir, dass ich meinen ersten Alleinflug bravourös gemeistert hätte und somit der praktischen Schlussprüfung mit einem offiziellen Prüfer vom örtlichen Luftfahrtamt nichts mehr im Wege stehe – was dann auch ein paar Tage später so geschah. Zuerst wollte ich nicht glauben, was er sagte, da ich fand, ich hatte mich recht dämlich benommen, denn die fast verunglückte Landung war nur auf meine Schusseligkeit und Unaufmerksamkeit zurückzuführen. Er war aber völlig anderer Ansicht und meinte, wer aus solch einer verfahrenen Situation, ohne die Maschine zu Bruch zu fliegen, herauskommen könne, habe das Zeug zu einem sehr guten Piloten.

Als ich mich wieder einigermaßen gefasst und beruhigt hatte, ging ich noch einmal bis ans Ende der Landebahn. Dort stellte ich zu meinem Entsetzen fest, dass die Vertiefungen, die ich am Ende meiner Landestrecke bei meinem verzweifelten Wendemanöver mit dem Fahrwerk in das

Gras gefräst hatte, keine drei Meter vom Bach entfernt waren. Noch drei Meter weiter und meine Landung nach meinem ersten Alleinflug hätte kopfüber im Bach geendet. Die Maschine wäre bestimmt stark beschädigt gewesen und mein Fluglehrer hätte ganz bestimmt nicht darüber gelacht und mir zu meinem ersten Alleinflug gratuliert.

Die L3 war ein herrliches Flugzeug und man musste sich schon sehr bemühen, dieses Flugzeug zu einem Unfall zu bewegen – es verzieh in der Luft auch noch die gröbsten Fehler und flog praktisch alleine. Nur bei der Landung musste man sich genau an das Eigenleben der Maschine halten. Ich habe danach viele andere Flugzeugtypen geflogen, die viel größer, sehr viel schneller, bequemer, gleichzeitig aber auch komplizierter zu handhaben waren, aber so ein intensives Fluggefühl, wie man es in einer L3 erleben konnte, hat sich bei allen anderen Maschinentypen, die ich später flog, nie mehr eingestellt.

KAPITEL 4

Der Schritt in die Arbeitswelt / Testpilot

Die Abschlussprüfung bestanden John und ich, d. h., ich legte sie, wie auch alle anderen Prüfungen vorher, unter Johns Namen ab und John bekam bei der offiziellen Verleihungszeremonie sein Ingenieurdiplom ausgehändigt. Wir waren beide sehr zufrieden mit unserem Resultat. Ich hätte zwar liebend gern auch ein solches Diplom auf meinen eigenen Namen ausgestellt erhalten, aber unter den mehr als abenteuerlichen Umständen, mit denen ich mir diese hervorragenden Kenntnisse aneignen konnte, die später meine Berufslaufbahn prägten, war das unmöglich. So dachte ich wenigstens zu diesem Zeitpunkt, jedoch viel später erfuhr ich, dass es auch andere Möglichkeiten gegeben hätte, ein reguläres Studium mit eigenem Abschuss (persönlichem Diplom) zu erwirken. Wie immer es auch ausgegangen war, schließlich hatte ich mir ja kostenlos und in kürzester Zeit ein umfangreiches und erstklassiges Wissen im Ingenieurwesen aneignen können.

John und ich gönnten uns nach Erhalt seiner Diplomurkunde ein kleines Fest. Danach fuhr John zurück nach Montreal und begann seine berufliche Laufbahn im Werk seines Vaters. Johns Vater freute sich verständlicherweise riesig über unsere „Teamleistung". Wir versprachen, das war vorher abgemacht worden, uns in Zukunft zwar nie wiederzusehen, aber dafür öfter an unsere gemeinsame Zeit zu denken. Wir haben dieses unser gegenseitiges Versprechen bis zum heutigen Tag eingehalten.

Ich wäre sehr stolz gewesen, hätte ich mich meinen verstorbenen Eltern mitteilen können, um ihnen nur ein wenig von meinem bisherigen Leben zu berichten. Wie glücklich und froh wäre ich gewesen, wenn sie mir vielleicht ab und zu einmal zugelächelt oder zugewinkt hätten oder mir manchmal beratend bei meinen vielen Entscheidungen zur Seite gestanden hätten. Ob ich dann auf ihre Ratschläge auch eingegangen wäre, ist natürlich fraglich, denn Kinder und Jugendliche können sehr engstirnig und eigensinnig sein und richten sich selten nach den Empfehlungen und Erfahrungen ihrer Eltern. In jedem Falle hätten sie jedoch an meinem bisherigen Werdegang regen Anteil genommen, denn schließlich musste man ja meine Ausgangsposition als ziemlich aussichtslos einstufen. Oft, in stillen Stunden, war ich sehr traurig, fühlte mich verlassen und allein und haderte mit mir und der Welt. Ähnlich sind bestimmt auch die Gedanken und Gefühle meiner Schwestern in ihren wichtigen Lebensabschnitten gewesen.

Viele Jahre später lernte ich auf einer Geschäftsreise im Flugzeug einen Professor kennen, der an der Harvard-Universität in Boston lehrte. Harvard ist in der Nähe der technischen Universität, an der ich studierte, angesiedelt. Einige Gebäude auf dem riesigen Universitätskomplex, auf dem die beiden Lehrinstitute beheimatet sind und der die Ausmaße einer Kleinstadt hat, werden sogar von beiden Universitäten gemeinsam benutzt.

Ich kam mit ihm ins Gespräch und erzählte ihm von meinen Studien. Ich tat dies jedoch, ohne meine persönlichen Erfahrungen und meine ungewöhnliche Studiermethode im geheimen Verbund mit John zu erwähnen. Irgendwie kam unser Gesprächsthema auf Studierende, meistens aus dem Ausland kommend, die kein Abitur vorweisen konnten und nur wenige Jahre auf einer Highschool verbracht hatten, aber trotzdem offiziell an renommierten Universitäten studiert hatten und diplomiert wurden. Das war natürlich eine Information, der ich auf den Grund gehen wollte. Ich fragte ihn, wie so etwas ablaufen konnte, und er erklärte es mir folgendermaßen:

Diejenigen, die nur unzureichende Studienjahre an einer Highschool vorzuweisen haben und somit kein Abitur besitzen, stellen sich dem Universitätsrat der jeweiligen Universität vor, an der sie zu studieren wünschen. Falls der Universitätsrat von dem Bewerber in irgendeiner

Form beeindruckt ist, kann er für ihn eine Studienzulassung auch ohne Abiturreife bescheiden. Eine positive Entscheidung in dieser Sache fällt leichter, wenn der Bewerber eine oder mehrere Fremdsprachen beherrscht und darüber hinaus eine sehr gute Allgemeinbildung besitzt. Sehr hoch bewertet werden auch besondere Begabungen in kulturellen und künstlerischen Bereichen. Kann der Bewerber noch über dem Durchschnitt liegende sportliche Fähigkeiten vorweisen, die, wenn er sie in den Dienst der Universität stellt, dem Institut zu Ruhm und Ehre verhelfen, ist eine Studienaufnahme fast garantiert. Hat der Bewerber finanzielle Probleme, wird unter Umständen ein komplettes Stipendium gewährt mit einem zuzüglichen Taschengeld, das, wenn man sparsam lebt, auch für den Lebensunterhalt ausreicht.

An einer Aufnahmeprüfung ähnlich der, wie sie anderen Studenten auferlegt wird, kommt der Bewerber jedoch nicht vorbei. Bei sehr talentierten Sportlern werden gewisse Zugeständnisse bezüglich der Resultate der Aufnahmeprüfung gemacht oder auch manchmal beide Augen zugedrückt.

Das war natürlich eine riesige Neuigkeit für mich, leider kam sie zu spät. Wenn ich von dieser Möglichkeit vor Beginn meines ungewöhnlichen Studiums gewusst hätte, hätte ich bestimmt diesen Weg beschritten, auch auf die Gefahr hin, abgewiesen zu werden. Aber ich denke, dass ich alle bereits beschriebenen Attribute vorweisen konnte, die mir eine offizielle Immatrikulation ermöglicht hätten. Hätte ich diese Informationen doch nur vor meinem Studienbeginn bekommen, dann könnte ich heute mein eigenes Diplom vorweisen. Hätte, Wenn und Aber ... Das sind Redewendungen, die fast immer bei jeder getroffenen Entscheidung im Leben erst im Nachhinein auftauchen. Ja, so geht das im Leben: Wichtige Informationen, falls man sie überhaupt erhält, kommen immer zu spät.

Ich verblieb noch eine geraume Zeit in Boston, denn ich hatte eine Reihe von Angeboten aus der Industrie erhalten, die ich alle noch prüfen musste. Ich wurde von einem Talentscout, das sind Personen, die zusammen mit höheren Lehrinstituten nach geeigneten Fachkräften für die Industrie Ausschau halten und diese auch rekrutieren, angesprochen, ob ich für eine große Firma, die Kampfflugzeuge für die Luftwaffe herstellte, arbeiten wolle. Diese Firma suchte dringend Ingenieure, die das Luftfahrtwesen studiert hatten und gleichzeitig Piloten waren, die über Flugerfahrungen verfügten. Diese Firma stellt neben kompletten Flugzeugen primär Kampfjets für Luftwaffen her. Neben einer Reihe von Zulieferern wurden auch in verschiedenen separaten Werken Flugzeuginstrumente wie Dopplersysteme, Radio- und Navigationssysteme, Triebwerksüberwachungsgeräte, Kraftstoffsysteme, Radargeräte, Gyroplattformen und komplette Flugzeugzellen, Flügel und Leitwerke usw. hergestellt.

In einem Spezialwerk wurden z. B. Bremssysteme für viele Flugzeugtypen des zivilen, kommerziellen und militärischen Bereichs hergestellt. Die Testverfahren für die komplexen Produkte waren aufwendig und wurden nicht nur in den Testabteilungen der einzelnen Werke durchgeführt, sondern auch, wenn die Geräte in die Flugzeuge eingebaut waren und diese sich in der Luft befanden. Getestet wurden alle diese komplexen Systeme auf den werkeigenen Flugplätzen.

Da ich mittlerweile über einige Flugerfahrung, verteilt auf einige Flugzeugtypen, verfügte, fragte man mich, ob ich als Werks-Testpilot arbeiten wollte, um die installierten Instrumente in den verschiedenen Flugzeugarten im Flugzustand zu testen. Ich war ja ein begeisterter Pilot und eine Tätigkeit wie diese wurde enorm hoch bezahlt, besonders dann, wenn man ein Ingenieurstudium mit den von mir noch zusätzlich belegten Kursen in Flugzeugbau, generellem Flugwesen und Aerodynamik vorweisen konnte. Diese Wissenskombination war sehr selten bei jungen Personen zu finden.

Ich war begeistert und sagte sofort zu. Ich wurde gründlich auf die zu Testzwecken bestimmten Flugzeugtypen umgeschult und erhielt die notwendigen Typenzertifizierungen. Je nach Bedarf konnte ich mit dem Einverständnis meiner Firma auch als Testpilot für diese Art von Testaufgaben an verschiedene andere Flugzeughersteller verliehen werden.

Zu dieser Zeit waren tatsächliche, also praktische Erfahrungen mit dem Flugverhalten von Flugzeugen aller Art, ausgerüstet mit Steuerungen und Instrumenten, die teils schon erprobt, aber stetig weiterentwickelt wurden, in der zivilen und militärischen Luftfahrt äußerst wichtig. Computersimulationen über Flugeigenschaften von neu entwickelten Flugzeugtypen, wie sie heute üblich sind, waren noch nicht erfunden. Man hatte zu meiner Zeit noch nicht die entsprechenden Informationen, wie sich ein neuer Flugzeugtyp in der Luft verhalten würde. Genau diese dringend benötigten Erkenntnisse konnten nur durch Testflüge ermittelt werden.

Ich weiß heute nicht mehr genau, warum ich mich für diese Art der Fliegerei interessierte. Vielleicht war es meine Gier, neue, unerprobte Flugzeuge und Flugzeuginstrumente auf Tauglichkeit zu prüfen, oder meine allgemeine Sucht zu fliegen oder vielleicht die überaus großzügige Dotierung oder, oder. Ich weiß auch nicht, ob ich diese Tätigkeit in einem gereifteren Alter ergriffen hätte. Heute weiß ich aber, dass man in jungen Jahren generell vieles macht, was man später bestimmt nicht mehr ausüben würde, weil man, wenn man jung ist, die Gefahren unterschätzt oder sie überhaupt nicht wahrnimmt.

Heute ist der Beruf Testpilot zur Routine geworden. Es gibt Piloten, die in diesem Beruf sehr alt werden, ihn bis zu einem Alter von fünfzig Jahren oder in wenigen Fällen sogar darüber hinaus ausüben, sich anschließend entweder zur Ruhe setzen oder noch beratende Tätigkeiten für Flugzeugwerke ausüben. Die Voraussetzung ist jedoch, dass ihre Gesundheit und alle anderen körperlichen Attribute, hauptsächlich jedoch ihre Reaktionsfähigkeit während dieser Tätigkeit noch den höchsten Anforderungen entsprechen. Heute sind ältere Testpiloten sogar sehr gesucht, da sie über einen hervorragenden Erfahrungsschatz verfügen.

Meine Aufgabe damals war es, sehr schwierige, z. T. auch gefährliche Flugmanöver durchzuführen, um die Instrumente und Geräte, ihre Anzeigegenauigkeiten und ihre Zuverlässigkeit in kritischen Flugzuständen zu testen. Alle Flugmanöver der einzelnen Flugzeugtypen wurden bis an die theoretisch errechneten technischen Grenzen, manchmal auch, um ein zusätzliches Sicherheitspolster zu erzielen, noch darüber hinaus durchgeführt. Ich wurde zuerst auf einem einsitzigen Kampfjet ausgebildet und für den Flugzeugtyp zertifiziert. Alle nur denkbaren Situationen und die verschiedenen Flugmanöver dieses Kampfjets wurden am Boden simuliert und so lange praktiziert, bis sie fast im Schlaf durchführbar waren.

Vereinzelt passierten Unfälle und das ist in diesem Gewerbe nicht ungewöhnlich. Einige harte Landungen gingen auf mein Konto. Sogar ein Ausstieg, hervorgerufen durch einen Flameout (Triebwerksstillstand), den ich schon am Anfang des Buches beschrieb und der in einer niedrigen Höhe stattfand. Und nun eine zweite, ähnliche Situation, die aber mit viel Glück in einer Bruchlandung endete. Gewünscht wurde von der technischen Leitung, dass man, wenn eben möglich, das Flugzeug auf den Boden bringt, damit die Ursachen der Funktionsuntüchtigkeit untersucht werden konnten. Das war ja nicht der Fall, wenn man ein Flugzeug in der Luft verlassen musste und der Flugkörper dann am Boden zerschellte.

Bei einem weiteren Testflug hatte ich wiederum einen kompletten Flameout des Strahltriebwerks zu verzeichnen. Die Turbine war implodiert, stand schlagartig und lieferte keinen Schub mehr. Ich hatte sehr viel Glück, denn als dieser Triebwerkausfall eintrat, befand sich der Jet in einer Höhe von ca. 16 000 Fuß (= 5 000 Meter). Ich hatte also etwas Zeit, mich auf eine Notlandung vorzubereiten. Der Höhenmesser drehte sich rasend schnell und ich verlor rapide an Höhe, da diese Maschinentypen nur einen geringen Gleitwinkel hatten. Ich steuerte den Jet in eine Richtung, von der ich sicher annehmen konnte, dass sich dort in einem weiten Umkreis keine Menschen und Gebäude befanden, meldete meine Situation, meinen ungefähren Standort und die von mir eingeschlagene

Flugrichtung per Funk der Bodenleitstation, mit der ich kontinuierlich verbunden war. „Ist es möglich, das Flugzeug notzulanden?“, wurde mir durchgegeben und ich versprach, dies zu probieren.

Ich bereitete mich also auf eine Notlandung vor. Der Boden unter mir, so konnte ich feststellen, würde sich dafür eignen, denn ich fand vor mir ein flaches Feld und einen kleinen Wald weiter hinten, der sich an dieses Feld anschloss, vor. Also leitete ich eine Landung ein. Ich fuhr das Fahrgestell nicht aus, sondern wollte auf dem Rumpf landen. Die Maschine kam eigentlich gut auf den Boden, schlitterte aber zu lange auf dem Bauch und verlor viel zu wenig Fahrt. Der angrenzende Wald kam immer näher. Die Geschwindigkeit verringerte sich nur wenig und bald kollidierten beide Tragflächen mit den Bäumen. Zuerst riss ein Stück von der linken Tragfläche ab und dann wurde auch noch die rechte Tragfläche sehr stark beschädigt. Kurz vor einem dickeren Baum in ca. sechs Metern Entfernung kam das Flugzeug endlich zum Stehen.

Ich stieg unverletzt aus, zitterte wahrscheinlich noch eine Weile und als ich mich wieder etwas beruhigt hatte, sah ich, dass außer dem etwas verbeulten Rumpf mit dem Seitenleitwerk und den beschädigten Flügeln relativ viel von meinem Flugzeug übrig geblieben war.

Flameouts bei Kampfjets mit nur einem Triebwerk waren zwar selten, kamen zu dieser Zeit jedoch vor. Die Triebwerke waren zwar in der Regel zuverlässig, aber es kam, wie ich viel später erfuhr, zu spektakulären Abstürzen, bei denen auch zwei junge Piloten, die ich sehr gut kannte, ihr Leben verloren.

Ich hatte nach diesen zwei Flameout-Unfällen noch zwei kleinere, völlig andere Probleme mit den Maschinen zu bewältigen, aber da ich mich in diesen Fällen in unmittelbarer Nähe einer Landebahn befand, konnte ich Notlandungen durchführen und die Maschinen ohne Schäden landen.

Die Triebwerkprobleme dieser Kampfjets wurden natürlich von den Ingenieuren und Entwicklungstechnikern erkannt und gelöst. Später wurden diese Jets als sehr sichere Kampfflugzeuge eingestuft und sogar sehr gerne von den Piloten geflogen.

Die genannten Unfälle waren auch gleichzeitig das freiwillige Ende meiner nur etwa sieben Monate andauernden Testpilotenzeit. Irgendwie war, obwohl ich an den Unfallereignissen überhaupt keine Schuld trug, mein Selbstvertrauen angekratzt. Vielleicht war auch mein Mut oder meine Gelassenheit stark in Mitleidenschaft gezogen worden. Irgendetwas war in meinem Kopf passiert und ich beschloss, mich anderen Dingen, die nichts mit dem Austesten von Flugzeugen zu tun hatten, zuzuwenden.

Ich wurde bei meinem Management vorstellig und teilte ihm meinen Entschluss mit. Man war sehr verständnisvoll, dass ich der Erprobung von Flugzeugen jeder Art den Rücken zukehren wollte.

Mit John und seinem Vater hatte ich immer telefonisch und per Brief Kontakt gehalten. Sie waren also informiert von der Aufgabe meiner Tätigkeit als Testpilot. Johns Vater hatte beste Verbindungen zu Ford Motor Co., denn er war schon seit vielen Jahren einer der Hauptlieferanten für Ford für einige technische Produkte. Er muss wohl für mich Fürsprache bei Ford Motor Co. gehalten haben, zu der Zeit die größte Automobilfirma nach General Motors in den USA. Er kannte durch seinen Beruf eine Reihe von Personen, die hohe Posten in dieser Weltfirma bekleideten. Ich bekam von dieser Firma ein sehr lukratives Angebot als Ingenieur für den Bereich technische Hilfestellung für internationale Vertragshändler und nahm diese Stelle sofort an. Die Firma hatte ihren Hauptsitz in Detroit.

Hier sollte bemerkt werden, dass ich mich auch bei einer anderen weltweit tätigen Firma, die vorwiegend Produkte für die Flugzeugindustrie herstellte, beworben hatte. Die Entscheidung, ob ich nun in diesem Unternehmen eine Arbeitsstelle bekommen könnte, zog sich hinaus und nach dem Sprichwort „Ein Spatz in der Hand ist besser als eine Taube auf dem Dach“ entschied ich mich sicherheitshalber für die Position bei Ford.

Meine Bezüge bei Ford waren für meine Begriffe und gemessen an meinem bisherigen Lebensstandard sehr hoch. Sie glichen fast dem hohen Gehalt, das ich für meine Tätigkeit als Testpilot erhalten hatte. Zum ersten Mal in meinem Leben konnte ich bequem und ohne Sorgen meinen Unterhalt großzügiger gestalten und konnte sogar am Monatsende noch eine große Summe Geld auf die Bank legen.

Ich trat also meine Arbeitsstelle bei der Internationalen Division der Ford Motor Co. an, deren Büros zu der Zeit in New Jersey, Harborside, direkt am Hudson gelegen, waren.

Ich bezog in Manhattan ein sehr schönes Apartment auf der East 74th

Street. Das Gebäude hatte den Namen „Avon House". Die Wohnung war vollkommen möbliert, hatte zwei Schlafzimmer, ein großes Wohnzimmer, eine bepflanzte Terrasse, Küche und Bad. Da die Miete der Wohnung sehr hoch für eine Person war, teilte ich sie mir mit Frank, einem etwa Gleichaltrigen, der auch gerade erst sein Studium abgeschlossen hatte und nun eine Anfangsstelle als Ingenieur bei IBM bekommen hatte. Meine Arbeitsstelle konnte ich bequem mit der Subway in zwanzig Minuten erreichen.

Nach ein paar Monaten bei Ford International in Harborside bekam ich von meinem Chef einen Aus- und Weiterbildungsplan ausgehändigt, der mich kreuz und quer durch die USA führte. Das hieß, ich musste ab und zu New York verlassen. Ich behielt aber meine Wohnung, denn schöne und einigermaßen bezahlbare Wohnungen waren auch zu dieser Zeit schon sehr knapp.

Ich durchlief in verschiedenen Fordwerken in und um Detroit und noch einigen anderen Städten, in denen die Firma große Werke besaß, ein sehr kondensiertes technisches Werkstraining. Zwischenzeitlich wurde die Internationale Division der Ford Motor Co. von Harborside, New Jersey nach Wixom, Michigan, einem Vorort von Detroit, verlegt. Die Hauptverwaltung der Ford Motor Co. befand sich sowieso schon immer in Detroit und das hat sich auch bis heute nicht geändert.

Während der ersten Zeit, die ich in und um Detroit verbrachte, wohnte ich in einem kleinen, sehr schicken Hotel mit dem Namen Botsford Inn. Das Hotel lag an der Grand River Ave., in der Nähe des Stadtteils Farmington Hills. Von dort waren es mit dem Auto 15 Minuten bis zum Fordwerk in Wixom.

Für eine kurze Zeit wohnte ich auch in einer möblierten Wohnung am „Little Crooked Lake". Dieser kleine See, eigentlich sind es zwei Seen nebeneinander, lag nordwestlich von Wixom am Highway 96. Zu dieser Zeit gab es an diesen Seen nur wenige Häuser, die weit voneinander entfernt an den beiden Seeufern lagen. Ich machte dort Bekanntschaft mit einigen Nachbarn, die Boote hatten und gerne angelten. Mit ihnen verbrachte ich viele Wochenenden auf dem fischreichen See. Abends grillten wir unsere Ausbeute vor gemütlichen Holzfeuern, tranken Bier und erzählten uns gegenseitig, wie das bei Anglern so üblich ist, übertriebene Anglergeschichten, in denen immer nur riesige Fänge mit Fischen von enormen Ausmaßen vorkamen.

Das war eine schöne Zeit, an die ich gerne zurückdenke. Ich glaube, damals zu dieser Zeit entwickelte ich den Wunsch, später einmal in einer idyllischen Gegend am Wasser zu wohnen. Leider konnte ich mir diesen Wunsch in meinem Leben nie erfüllen.

Ab und zu besuchte ich auch Ann Arbor, eine wichtige Universitätsstadt, die zwei große und berühmte Universitäten vorweisen kann und etwa eine halbe Autostunde von Detroit entfernt gelegen ist. Von Studenten bevorzugt und fleißig besucht, gab es dort eine Kneipe mit dem Namen Pretzel Bell. Das Bier floss dort in Strömen, es wurde in großen Humpen ausgeschenkt und dazu gab es tatsächlich Brezeln, die so ähnlich wie die bayerischen Laugenbrezeln schmeckten.

Ich nahm auch an vielen Seminaren, die die Firma Ford für ihren Nachwuchs veranstaltete, teil. Diese Veranstaltungen fanden in einer Reihe von Städten und Staaten innerhalb der USA statt und so kam ich in den zusätzlichen Genuss, auch Land und Leute kennenzulernen. Bei diesen Exkursionen wohnte ich immer in den besten Hotels, flog hierhin und dorthin und fühlte mich rundum pudelwohl.

Ford kam für alle Spesen großzügig auf, ich benötigte nie eigenes Geld, deshalb konnte ich mein Gehalt fast vollständig sparen. Es war für mich ein schönes Gefühl, nicht jeden Pfennig, ehe ich ihn ausgab, umdrehen zu müssen. Endlich konnte ich einmal aus dem Vollen schöpfen, ohne bei diesem Tun schlechte Gedanken zu haben. Gute Erfahrungen in einer äußerst sparsamen Lebensweise, die ja mein ganzes vorheriges Leben begleitete, hatte ich zur Genüge.

Ich hing sehr an New York und ab und zu führte mich während meiner Ausbildung immer wieder einmal mein Weg für ein paar Tage dorthin. Dann wohnte ich in schicken Hotels, traf meine alten Freunde und Bekannten, wurde zu Partys eingeladen oder ging abends in eine der umliegenden Bars, in denen ich mich dann wieder wie zu Hause fühlte.

Zwischenzeitlich hatte ich mir bei einem Fordhändler in Detroit auch wieder ein schönes Auto gekauft und zwar einen schwarz lackierten gebrauchten, aber sehr gut erhaltenen Thunderbird. Das war der mit den beiden Bullaugen seitlich hinten. Ein tolles Auto, mit dem ich, wann immer es die Zeit erlaubte, viele schöne Touren machte. Einige Male fuhr ich mit diesem Auto auch quer durchs Land zu einigen Ausbildungsstätten, die ich besuchen musste.

An einen dieser Trips erinnere ich mich noch sehr gut, denn er führte mich nach Minneapolis-Saint Paul, im Staate Minnesota gelegen. Diese beiden Großstädte werden durch den Fluss Mississippi getrennt. Saint Paul liegt auf der nördlichen und Minneapolis auf der südlichen Seite dieses Flusses. Die beiden Städte werden auch Twin Cities genannt. Sie liegen wie Zwillinge nebeneinander.

Ich sollte dort ein weiträumig über diesen Staat verstreutes Händlernetz und dessen Serviceabteilungen besuchen und studieren. Mit Bedacht wurde diese Gegend von der Ford-International-Leitung ausgesucht, denn sie glich in vielen Aspekten Händlernetzen, die Ford in einigen anderen Ländern betrieb.

Auf dem Weg dorthin fuhr ich mitten durch Chicago und dann nordwestlich den Highway 94 hinauf, der durch den Staat Wisconsin führt, um dann kurz vor Saint Paul in den Staat Minnesota zu münden. Als ich noch ungefähr hundert Meilen von Minneapolis-Saint Paul entfernt war, wurde ich durch eine Polizeistreife gestoppt. Viel zu schnell gefahren, hieß es. Man beglückte mich zwar zu meinem forschen Fahrstil, verdonnerte mich aber gleichzeitig zu einer ziemlich empfindlichen Geldstrafe, die ich an Ort und Stelle zu begleichen hatte.

In Minneapolis lernte ich den Ingenieur kennen, der für alle technischen Belange der Firma Ford für den Staat Minnesota verantwortlich war. Er war Pilot, hatte eine Cessna 172 und flog mit diesem Flugzeug periodisch zu den in seinem Gebiet weit auseinanderliegenden Fordhändlern. Er machte seine Besuchstermine per Telefon und wurde dann an den jeweiligen Zielflughäfen von den Fordhändlern erwartet und mit dem Auto in ihre Werkstätten gefahren. Diese Art zu reisen war nicht nur bequem und effizient, sondern machte auch viel Spaß, denn man konnte sich aus der Luft einen sehr guten Überblick von Minnesota machen.

Der Ingenieur war ein begnadeter Techniker, der in kürzester Zeit Probleme, die plötzlich an manchen Fordmodellen in den Bereichen Motor, Getriebe oder Hinterachse auftraten, zu diagnostizieren und abzustellen wusste. Er war generell nur zuständig für die Fälle, die der jeweilige Händler in seinem Reparaturbetrieb nicht mit eigenen Fachkräften beheben konnte. Ich habe sehr viel über das oft vertrackte Eigenleben von Automobilen von ihm gelernt.

Der Staat Minnesota wird oft „Staat mit den tausend Seen" genannt. Unvorstellbar, wie viele Seen es dort gibt, manchmal schließt sich ein See direkt an den anderen an. Minnesota ist ein wahres Paradies für Wassersportler und Angler. Ein oder zwei Wochenenden verbrachten wir an entlegenen Seen und angelten. Eine wunderschöne Zeit war das. Wir schliefen in Cabins, das sind kleine Holzbaracken, grillten abends die gefangenen Fische, saßen an Lagerfeuern und erzählten Geschichten.

Ein großer Teil der Bevölkerung, neben den indianischen Abkömmlingen der Ureinwohner in Minnesota, ist skandinavischer Abstammung. Oft wird dort noch neben Englisch auch Schwedisch, Norwegisch oder Finnisch gesprochen. Viele Gerichte in Restaurants und Hotels sind skandinavisch geprägt. Das stellte ich viele Jahre später fest, als ich beruflich oft in Schweden oder Norwegen war. Die Einwohner Minnesotas sind groß, blauäugig und haben meistens blonde Haare. Alle sind sehr gastfreundlich und zuvorkommend. Sehr oft denke ich an diese wunderschöne Reise zurück.

Die letzten Ausbildungsmonate verbrachte ich fast vollständig in den Ford-Fertigungsstätten in und um Detroit und bei der Lincoln Div. in Wixom, Michigan. Dann bekam ich meinen Einsatzplan. Ich wurde dem Ford-Motor-Co.-International-Div.-Büro mit Sitz in Nairobi, Kenia als technischer Leiter zugeteilt.

Ganz in der Nähe von Wixom befand sich ein schön gelegener Golfplatz, auf dem ich, wenn ich nicht auf Reisen war, abends fast täglich mit einigen golfverrückten Fordkollegen spielte. Ich hatte zwar schon einige Jahre vorher ab und zu einmal Golf gespielt, aber nie so intensiv. Einer meiner Kollegen spielte hervorragend. Mit ihm spielte ich sehr oft zusammen und er brachte mir Schlagtechnik und Körperhaltung sowie einige wichtige Feinheiten dieses Spiels bei. Er meinte, ich hätte die Anlagen, ein guter Golfer zu werden. Ich hatte bis zu diesem Zeitpunkt keine eigenen Golfschläger und hatte mir auf den jeweiligen Golfplätzen, die ich bespielte, Golfschläger immer ausgeliehen. Golfschuhe besaß ich aber.

Als ich von all meinen Kollegen bei der Abschiedsparty im Werk Wixom für meine neue Aufgabe in Afrika verabschiedet wurde, übergaben sie mir als Geschenk einen fabrikneuen kompletten Satz Golfschläger mit einer rot-schwarzen Golftasche und einem zusammenlegbaren Golfwagen. Sie hatten untereinander Geld gesammelt und mir damit einen riesigen Wunsch erfüllt. Ein schöneres Abschiedsgeschenk hätten meine Kollegen mir nicht machen können. Ich war glücklich und stolz wie ein König.

Diese Golftasche, zusammen mit einigen Schlägern, ist heute immer noch vorhanden. Meine Frau Christiane hat mit diesen Utensilien das Golfspielen erlernt und sie danach noch lange Zeit benutzt.

Ein paar Tage vor meiner Abreise musste ich meinen Thunderbird verkaufen. Wie immer bei Dingen, an denen ich sehr hänge, gab es auch diesmal feuchte Augen.

Auf dem Weg zu meinem neuen Aufgabengebiet in Nairobi, Afrika besuchte ich für ein paar Wochen verschiedene Fordwerke in England und Deutschland, um alle dort gebauten Fahrzeuge gründlich kennenzulernen. Auch eine längere Ausbildungszeit sollte bei den Fordwerken in Köln durchgeführt werden.

In England bzw. London und Umgebung war ich vorher noch nie gewesen, alles war neu für mich und ich verbrachte eine tolle Zeit dort. Das Hauptwerk der Ford Motor Co. von England befand sich in Dagenham. Dort wurden Personenwagen, Traktoren und Lastwagen der Marke Thames Trader hergestellt. Besonders fähige und überaus freundliche Ingenieure, die in den verschiedenen Produktionszweigen mit der Herstellung der unterschiedlichen Fahrzeugtypen tätig waren, nahmen mich unter ihre Fittiche und brachten mir in kürzester Zeit die wesentlichen Merkmale und Eigenheiten der gesamten Fahrzeugtypen bei.

In einem separaten Gebäude in der Nähe des Hauptwerkes befand sich die Versuchsabteilung, umgeben von einem riesigen Freigelände, welches zu Testzwecken diente. Dort wurden alle Produkte bis an ihre Leistungsgrenzen getestet und in vielen Fällen verbessert. In dieser Versuchsabteilung arbeiteten Entwicklungsingenieure, einige Spezialkonstrukteure und besonders fähige und erfahrene Monteure, die sich nur mit Änderungen und Verbesserungen der Fahrzeuge beschäftigten. Diese Abteilung war mit einer erstklassig bestückten Werkstatt, großzügigen Wohnräumen für die Belegschaft, einer Kantine und einer gemütlich eingerichteten Bar ausgestattet. Auch ich bekam dort ein sehr schön eingerichtetes Zimmer. Abends versammelten wir uns oft in der Bar und ich lernte im gemütlichen Kreis die Personen besser kennen, die mich tagsüber unterrichteten. Es war eine lustige Gruppe, wir hatten eine Menge Spaß. Immer waren sie sehr hilfsbereit und ich war ein wenig traurig, als ich sie letztlich verlassen musste.

Besonders die riesige Stadt London fand ich aufregend, liebens- und schätzenswert. Ich glaube, ich verbrachte zwei oder drei Wochenenden in London, war während dieser Zeit ein eifriger Besucher von Museen, historischen Plätzen und besuchte viele Theatervorstellungen.

Ich hatte meine Schwester Rosi schon vorab aus den USA von meinem anstehenden Besuch in und um London verständigt, und da sie einige Zeit vor ihrer Heirat in London zugebracht hatte, verschaffte sie mir die Adresse von einem ihrer Bekannten, der in London wohnte. Der hieß Peter und war ein Hansdampf in allen Belangen. Er kannte viele Leute und war sehr beliebt und geschätzt bei allen.

Mit Peter verbrachte ich dort viele Stunden und er zeigte mir das wahre London. Sein einziges Manko war: Er hatte nie oder fast nie Geld und was immer wir auch zusammen unternahmen, ich durfte für den finanziellen Teil aufkommen. Das hielt sich jedoch in Grenzen, denn einen besseren Begleiter und Stadtführer hätte ich wohl schwerlich billiger bekommen.

Viele Jahre später, als ich schon bei einer anderen Firma war, habe ich ihn noch ab und zu, wenn ich in London zu tun hatte, getroffen. Danach haben wir uns aus den Augen verloren. Schade, denn er war ein lustiger, wenn auch ein wenig arbeitsscheuer Geselle – ein richtiger Lebenskünstler.

Im Anschluss an meine Ausbildung bei Ford England flog ich nach Deutschland und absolvierte ein ähnliches Training bei den Fordwerken in Köln. Auch hier traf ich auf Personen, die mir die Eigenheiten aller in ihrem Werk gefertigten Produkte beibringen sollten. Ford Köln stellte nur Personenwagen her, deshalb war mein Aufenthalt dort etwas kürzer als in England.

Während dieses Aufenthalts in Deutschland besuchte ich an einigen Wochenenden meine Geschwister mit ihren Familien, alte Freunde und Bekannte in Mönchengladbach. Alles hatte sich auch dort ein wenig verändert, meistens zum Besseren. Meinen Geschwistern und ihren Ehemännern ging es gut und das war für mich ein sehr beruhigender Zustand.

Der Zeitpunkt meines Abschieds von Europa war gekommen. Ich flog nach Nairobi, Kenia und ein neuer Abschnitt in meinem Leben hatte begonnen. Bei meiner Ankunft am Flughafen Nairobi, so erinnere ich mich heute noch, spürte ich, dass die Luft durchsetzt war mit einem lieblichen Duft, den ich nicht kannte. Erst später konnte ich feststellen, dass dieser Duft den Blüten der Jacarandabäume und einer Reihe von anderen stark, aber sehr angenehm duftenden Sträuchern und Pflanzen entströmte, die überall in Gruppen wuchsen und die Straßen säumten.

Ein Mitarbeiter des Ford-Regionalbüros Ostafrika holte mich nach meiner Ankunft am Flughafen in Nairobi ab und deponierte mich im Stanley Hotel, mitten im Herzen der Stadt.

Am nächsten Morgen ging ich in unser Firmenbüro, welches sich in der Nähe des Hotels befand, und der Büroleiter stellte mich allen Kollegen vor. Ich nahm mein Firmenauto, einen hellgelb lackierten Ford 17M aus der Produktion der Kölner Fordwerke, in Empfang und war somit auch sofort mobil. Die erste Woche verbrachte ich damit, mir die notwendigen Arbeitsdokumente wie Territorialpass, Steuernummer etc. etc. bei den kenianischen Regierungsstellen zu besorgen. Bürokratie gibt es überall auf der Welt. In Kenia, zu diesem Zeitpunkt noch eine Kolonie Großbritanniens, dann später, am 12. Dezember 1963, in die Unabhängigkeit entlassen, herrschte noch englisches Recht und eine etwas aufwendige Staatsadministration. Nach einer Weile gewöhnt man sich aber an dieses System, denn es hatte auch einige gute Seiten, wie z. B. ein einfaches Steuersystem und kein Einwohnermeldeamt usw.

Ich wohnte etwa sechs Wochen im Stanley Hotel, welches neben dem Hotel Norfolk das beste Hotel in Nairobi war. Das Hotel Norfolk war das erste Hotel, welches in Nairobi um 1920 gebaut wurde. Es diente lange Zeit als Treffpunkt für weiße Siedler, meistens englischen Ursprungs, die Farmen und Plantagen in einem weiten Umkreis um die

Hauptstadt besaßen. Zu Großeinkäufen, Partys und Verabredungen fuhren sie in die Stadt und logierten dann entweder im Norfolk oder Stanley Hotel. Das Stanley Hotel wurde von Filmstars bevorzugt, wenn einmal wieder einer der vielen Filme in Ostafrika produziert wurde.

Auf den Plantagen wurde ein in der ganzen Welt geschätzter Kaffee und Tee angebaut. Den Farmern und Plantagenbesitzern ging es zu dieser Zeit noch einigermaßen gut, aber das sollte sich schnell ändern.

Das Stanley Hotel war zentraler gelegen und mit dem gleichen Komfort wie das Hotel Norfolk ausgestattet. Ich konnte bequem in fünf Minuten vom Stanley Hotel aus zu Fuß mein Büro erreichen. Beide Hotels hatten einen hohen Stellenwert bei der weißen Minderheit in Nairobi und Umgebung.

Nairobi war eine relativ junge Stadt und wurde eher aus Zufall gegründet. 1899 wurde aus einem Eisenbahncamp, an der Ugandabahn gelegen, aus kleinsten Anfängen die Stadt Nairobi. Etwas später wurde Nairobi dann um 1905 die Hauptstadt von Britisch-Ostafrika. 1920 wurde Britisch-Ostafrika offiziell zur britischen Kronkolonie Kenia. In Kenia und besonders in Nairobi herrschten also englische Sitten und Gebräuche. Das britische Staatswesen wurde 1920, als Kenia britische Kronkolonie wurde, sofort eingeführt und gesetzlich verankert. Von dem Zeitpunkt an wurde Kenia durch einen Gouverneur, den die englische Krone bestimmte, regiert.

Was mir sofort auffiel und mich zuerst sehr unangenehm berührte, war, dass es im Frühstücksraum des Hotels morgens entsetzlich nach Fisch roch. Das kam daher, weil die Gäste, meist englische Urlauber oder Geschäftsleute, aber auch einzelne arrivierte Afrikaner, morgens gerne „Kippers" aßen. Das sind geräucherte Heringe, die zwar gut schmecken, aber dafür einen bestialischen Gestank verbreiten.

Mein Frühstück war ein typisch englisches, ich hatte es in England lieben und schätzen gelernt. Es bestand in der Regel aus gebratenen Eiern mit knusprig gebratenem Speck, einer geschmorten Tomate und gebratenen Würstchen aus Schweinefleisch, dazu Toast und viel starker Kaffee.

Englisch war in den meisten Teilen von Kenia die Geschäftssprache, aber man tat gut daran, sich einen gewissen Wortschatz der in einigen Gebieten Ostafrikas weitverbreiteten Sprache Suaheli anzueignen.

Eine gewisse Zeit verbrachte ich damit, mir in der ländlicheren Umgebung von Nairobi, etwa 15 bis 20 Minuten vom Stadtkern entfernt, möblierte Wohnungen und Häuser anzusehen. Durch einen Makler fand ich ein sehr schönes, großzügiges, aber nur teilmöbliertes Haus, ich glaube, es hatte sechs oder sieben Zimmer und einen riesigen Garten. Der Besitzer, ein Engländer mit Familie, der in Nairobi eine hohe Position in einer englischen, international tätigen Firma hatte, war plötzlich und für ihn unerwartet schnell zurück in sein Mutterland versetzt worden.

Die Mietgebühren waren, fand ich, sehr moderat, gemessen an den Mietpreisen, die man für so etwas in New York bezahlen musste, vorausgesetzt man bekam dort überhaupt etwas. Es war ein richtiges Anwesen und eigentlich viel zu groß für eine Einzelperson. Am Ende des Gartens standen drei kleine, aber solide gebaute Häuschen, jedes bestand nur aus einem Raum. In diesen Häuschen war das Bedienungspersonal untergebracht, welches ich auch bei der Anmietung des Hauses mit übernommen hatte. Es bestand aus einem Koch, einem Hausboy und einem jungen Mädchen, dem die Pflege des großen Gartens oblag. Alle nannten mich Bwana, denn das war einfach für sie und bald hatte ich mich auch an diese Anrede gewöhnt. Die monatlichen Kosten für das Bedienungspersonal waren so gering, dass mich diese Ausgaben nicht sonderlich belasteten.

Von ihnen lernte ich die ersten Wörter der Suaheli-Sprache, wie z. B. Jambo (= Hallo oder Guten Tag), Kwa heri (= bis bald oder auf Wiedersehen), Memsaab (= Frau oder Fräulein), Ngai (= das war ihr Gott oder die große Mutter, von der man sich Dinge wünschen konnte) usw. Vor jedem dieser Häuschen gab es einen freien Platz mit einer Kochstelle. Ein Eisenrost diente als Herd, der von unten mit Holz befeuert wurde. Auf dieser Feuerstelle kochte sich das Personal abends einfache Mahlzeiten, die sie von Kind auf gewohnt waren.

Meistens aßen sie Hirse- oder Maisbrei, Süßkartoffeln und Bohnen, ab und zu auch billig erstandenes gebratenes Ziegenfleisch. Hinter den Häuschen war ein Verschlag, in dem sich die Toilette befand. Stromzufuhren und Wasserleitungen waren auch vorhanden. Die Energiekosten für das Bedienungspersonal waren unwesentlich und schon im Mietpreis meines Hauses enthalten. Ihre Behausungen mussten sie selbst in Ordnung halten.

Der Koch hatte bei mir wenig zu tun, denn ich kam mittags nicht nach Hause und aß in der Stadt. Auch abends aß ich meistens in einem der umliegenden Restaurants. Morgens machte er mir jedoch mein geliebtes englisches Frühstück, so wie ich es gernhatte. Die Köche im Stanley Hotel hätten es nicht besser machen können.

Der Hausboy musste das Haus sauber halten und das junge Mädchen war für die Außenanlage verantwortlich und durfte mit meiner Genehmigung in einer entfernten Ecke des Gartens für sich und die anderen Gemüse anbauen. Der Hausboy, ich glaube, er war etwa fünfzig Jahre alt, war auch für die Reinigung meines Autos verantwortlich. Das tat er denn auch mit einer wahren Inbrunst. Immer wenn mein Auto in der Hausauffahrt stand, war er, wie aus dem Nichts gekommen, mit Schwamm und einem Eimer Wasser zur Stelle und putzte es, auch dann, wenn er diese Arbeit einige Stunden vorher schon einmal erledigt hatte. Mein Auto sah also immer wie gerade erst neu vom Händler erworben aus. Das war sozusagen der wichtigste Tagesabschnitt meines Hausboys. Ich habe ihn oft gelobt, denn mit Freundlichkeit konnte man hier zu der Zeit Berge versetzen. Ab und zu gab ich allen ein kleines Trinkgeld, über das sie sich riesig freuten.

Wenn ich nicht für eine längere Zeit in andere Länder meines riesigen Arbeitsgebiets verreist war, fuhr ich die drei samstagmorgens in ein vor der Stadt gelegenes, kleines, nur von Einheimischen frequentiertes Geschäftszentrum und dort kauften sie dann ein, was sie für sich selbst benötigten.

Aufpassen musste man auf seinen Kaffee, Tee und Zuckervorrat im Haus. Egal was ich unternahm und wie oft ich ihnen auf ihre Schliche kam, sie fanden immer einen neuen Weg, sich per Selbsthilfe von diesen Vorräten zu bedienen. Sie mischten unter den gemahlenen Kaffee, nachdem sie sich bedient hatten, einfach die gleiche Menge einer gemahlenen braunen und bitteren Nussart und dachten, mir würde das nicht auffallen. Tee wurde mit ähnlichfarbenen getrockneten Blättern von einem bestimmten Baum verlängert. Die geklaute Zuckermenge ersetzten sie mit weißem gröber gemahlenem Mehl, vergaßen aber in ihrem Eifer, dass die Mehlfarbe viel weißer als die des Zuckers war. Sichtbar für mich waren zwar immer nur die unveränderten Mengen in den Behältnissen, aber geschmacklich konnte ich sehr leicht feststellen, dass sie wieder am Werk gewesen waren. Schließlich fand ich mich mit dieser Unart ab, denn es wurde mir von allen meinen Bekannten berichtet, dass diese Manipulierungen überall in den Haushalten der Weißen vorkamen und nie wirklich große Ausmaße annahmen.

Auf ihre Sauberkeit legten die Schwarzen besonderen Wert. Sie standen jeden Tag meistens schon um fünf oder sechs Uhr auf und duschten sich mit kaltem Wasser an der Brause, die neben ihrer Toilette im Freien angebracht war. Dann erschienen sie in makellosen, frisch gestärkten und gebügelten Kleidern im Hause und fragten mich in einem Gemisch von Englisch und Suaheli nach meinen Anweisungen für den Tag. Zumeist hatte ich gewisse Schwierigkeiten, sie zu verstehen, und darüber hinaus hatte ich in der Regel überhaupt nichts anzuweisen.

Das war ihnen immer recht, denn dann konnten sie ausgiebig das tun, was sie am liebsten taten, nämlich den ganzen Tag miteinander palavern. Alle hatten Verwandte oder Bekannte in weiter entfernten Dörfern, die sie manchmal an Wochenenden aufsuchten. Es war dabei immer sichergestellt, dass mindestens einer auf dem Grundstück blieb und auf das Haus aufpasste.

Die Zeit des gefährlichen Mau-Mau-Aufstandes gegen die Weißen, bei dem der Stamm der Kikuyu federführend war, war zwar schon Jahre vorbei, er endete offiziell 1956.

Die Mau-Mau-Organisation hatte vorher ganze Landstriche beherrscht und Hunderte Weiße mit ihren Familien geschändet oder ermordet. Die Aktivitäten dieser Banden waren also verboten und Zuwiderhandlungen konnten mit dem Tode bestraft werden. Man musste sich trotzdem noch schützen, vor allen Dingen vor herumvagabundierenden, jetzt völlig halt- und ziellos gewordenen Horden der übrig gebliebenen Mau-Mau-Mitglieder. Es kam immer wieder einmal vor, dass Farmer auf ihren weit im Land verstreuten Ländereien belästigt wurden. Diese Räuber brachen meistens während der Nacht oder auch manchmal tagsüber, wenn sie annahmen, Haus und Grundstück seien ohne Aufsicht und Schutz, in die Gebäude ein und stahlen alles, was nicht niet- und nagelfest war.

Ich schlief nachts gut und ohne Furcht vor Einbrechern, denn draußen auf dem Grundstück liefen meine zwei Dobermänner frei herum und hielten Wache. Als ich das Haus mietete, hatte ich die zwei Hunde übernommen. Der Makler hatte sie vom Vorbesitzer in Verwahrung genommen. Die Hunde fühlten sich auf dem Grundstück zu Hause und waren so abgerichtet, dass Schwarzafrikaner sofort von ihnen angegriffen wurden. Ausnahmen waren nur jene, die ihnen bekannt waren, nämlich mein Bedienungspersonal. Die beiden Hunde liefen Tag und Nacht auf dem Grundstück frei herum und hielten alle Personen, die ihnen fremd waren, fern.

Eines Abends fuhr ich mit meinem Auto durch die Einfahrt und sah überall auf dem Weg verstreut Gemüse und andere Lebensmittel liegen. Es musste wohl während des Tages eine schwarze Händlerfrau ahnungslos durch das unverschlossene und nur angelehnte Tor gegangen sein, um ihr Gemüse und anderes an den Koch zu verkaufen. Da hatten die beiden Hunde sie bemerkt und vom Grundstück verjagt. Der Koch war, wie sich später herausstellte, an dem Tage überhaupt nicht anwesend gewesen, aber das konnte die gute Frau ja nicht wissen. Die arme Frau muss einen gehörigen Schreck bekommen haben, als die beiden Hunde hinter ihr herjagten. Vor Angst hatte sie bei diesem Schnelllauf den größten Teil ihrer Waren aus ihrem Korb verloren.

Der Koch, als er am nächsten Tag wieder erschien, grinste bis an beide Ohren, als er alles aufsammelte, hatte er doch sehr billig eingekauft und mir, wie er stolz behauptete, viel Geld eingespart. Haha, einsparen, ein großer Witz, denn ich aß fast nie zu Hause. Wahrscheinlich hat er sich als Dank für seine kostenlose Einkaufsleistung eine Extraration Zucker geklaut. Wann immer ich sie beim Stehlen ertappt hatte, erklärten sie mit verlegenem Lächeln und völlig unschuldigen Blicken: „Wir haben uns nur etwas geborgt." Nie gaben sie zu, gestohlen zu haben.

Später habe ich sie und ihre Lebensart besser verstanden. Da sie in der Regel wenig oder überhaupt kein Eigentum besaßen, hatten sie eine völlig andere Werteauffassung und Lebenseinstellung. Untereinander teilten sie meistens alles, was sie hatten oder bekamen. Eigentum, wie es mehrheitlich weiße Menschen besaßen, konnten oder wollten sie nicht begreifen und so war es zumindest im weitesten Sinne verständlich, dass sie sich, wenn ihnen etwas fehlte, einfach bedienten.

Mein Aufgabengebiet als technischer Leiter im Außendienst umfasste alle Produkte, die von dem Weltkonzern Ford Motor Co. hergestellt wurden. Das waren alle Fahrzeugtypen, angefangen mit den verschiedenen Personenwagen, die in den USA, England und Deutschland produziert wurden, sowie schwere Lastwagen bis zu sieben Tonnen und Traktoren, die in England hergestellt und nach Ostafrika eingeführt wurden.

Mein Verantwortungsgebiet umfasste die Länder Mosambik, Kenia, Tansania, Uganda, Sudan, Äthiopien, Eritrea, Somalia und Jemen sowie die Inseln Madagaskar, Réunion, Mauritius und die Insel Sansibar. In jedem dieser Länder und Inselstaaten, meistens in den Hauptstädten, befanden sich die Generalimporteure für unsere Fahrzeuge. Ihre Händlernetze waren weit über das Land verstreut. Viele dieser Länder mussten mehrmals im Jahr besucht werden. Oft war ich wochenlang unterwegs, um nur die wichtigsten technischen Probleme bearbeiten zu können.

Ich lernte Land, Leute und die verschiedenen Klimazonen kennen. Alle Reisen wurden natürlich per Flugzeug absolviert und oft benötigte ich vier oder fünf Stunden Flugzeit, um von einem Land ins nächste zu kommen. Ich nahm jede Gelegenheit wahr, um dort, wo ich mich gerade aufhielt, die Gewohnheiten und den Lebensstil der Bevölkerung zu beobachten. Eine Welt der Vielfalt mit den unterschiedlichsten Kulturen, Rassen und Religionen tat sich vor mir auf.

Wenn meine Reisen ab und zu ein Wochenende einschlossen, fuhr ich aus den Hauptstädten heraus in ländlichere Gegenden. Man kann sich zwar aus Büchern über ein Land informieren, sich sogar die jeweiligen Sprachen aneignen, aber persönliche Eindrücke im Land selbst zu sammeln, an dem Leben der Menschen teilzunehmen, ja sogar freundschaftliche Beziehungen aufzubauen ist der umfassendste und gründlichste Weg, ein Land und seine Bewohner kennenzulernen. Erst wenn man sich eigene Erfahrungen und Eindrücke über Land und Leute verschafft hat, ist es vielleicht und dann auch nur im Ansatz möglich, die Lebensweise anderer Völker zu verstehen.

In Addis Abeba, der Hauptstadt Äthiopiens, lud mich der Manager des dortigen Generalimporteurs zu einem Golfspiel in seinen Klub ein. Mein Erstaunen war sehr groß, denn auf der Golfanlage befand sich kein einziger Grashalm. Die ganze Anlage bestand aus schwarzer fein zermahlener Erde vulkanischen Ursprungs. Wenn der Golfball abgeschlagen wurde und irgendwo landete, fand man ihn in einer selbst gegrabenen Vertiefung wieder. Mit einem Bunkereisen musste er dann weiterbefördert werden. Wenn man schließlich auf dem „Grün“ war, kam die eigentliche Katastrophe. Auf dem „Grün“, eigentlich hätte es den Namen „Schwarz“ verdient, musste der mit den Bodeneigenarten Unvertraute manchmal, auch wenn der Ball nicht weit vom Loch entfernt lag, mehrere kräftige Schläge mit dem Putter machen, um den Ball ins Loch zu befördern.

In Asmara, Eritrea, dieses Land schließt sich Äthiopien an, konnte ich, natürlich immer nur aus westlicher Sicht betrachtet, die schönsten Menschen bewundern. Frauen wie Männer hatten einen fast an Vollkommenheit grenzenden Körperbau, herrlich geformte Gliedmaßen und eine wie matte bräunliche Seide schimmernde Hautfarbe, die an Schweizer Milchkaffee erinnerte. Ihre Köpfe hatten die Form edler Skulpturen, ihre Gesichter waren ausdrucksvoll und anmutig zugleich. Auch ein Michelangelo hätte möglicherweise Mühe gehabt, nur annähernd Ebenbilder dieser wunderschönen Menschen herzustellen. Dazu kam ihr stolzer, aufrechter, fließender und gleichzeitig graziöser Gang, der eigentlich wie ein Dahinschweben ohne Bodenkontakt aussah. Nie mehr in meinem Leben habe ich schönere Menschen gesehen.

An der Küste der Insel Madagaskar, in Tamatave, heute heißt es Toamasina, etwa hundert Kilometer von der Hauptstadt Tananarive entfernt, die heute Antananarivo genannt wird, besuchte ich den Generalimporteur für Ford-Fahrzeuge in Tananarive. Im Land verstreut gab es noch einige kleinere Fordhändler, die von der Hauptstadt aus gesteuert wurden. Auf Madagaskar machten wir sehr gute Geschäfte mit fast allen Produkten, deshalb besuchte ich auch diesen Haupthändler, der schon seit geraumer Zeit einigen Ärger mit einer Reihe von Kunden hatte. Die beschwerten sich nämlich, dass ihre Autos, es war eine Modellreihe aus englischer Produktion, im höchsten Gang keine Geschwindigkeitserhöhung mehr erzielten. Der Haupthändler hatte schon in seiner Serviceabteilung Untersuchungen an diesen Fahrzeugen unternommen, war aber zu keinem brauchbaren Ergebnis gekommen.

Ich war ja schon vorab in Nairobi von diesen Problemen informiert worden und hatte mich schon mit dem Herstellerwerk in England besprochen, wie man dieses Übel abstellen konnte. Die Konstruktion in England kam nach einigen Untersuchungen zu einem brauchbaren Ergebnis, welches sie mir vor meiner Reise nach Madagaskar zugestellt hatte. Es war ein „fix“, so sagt man in Fachkreisen dazu. In diesem Falle musste eine leichte Veränderung im Getriebe vorgenommen werden und schon war das Problem erledigt.

Wir baten einige dieser Kunden, uns mit ihren Fahrzeugen aufzusuchen. Die Veränderungen wurden an den Fahrzeugen vorgenommen und schon war alles eitel Glück und Sonnenschein. Die zufriedenen Kunden bedankten sich für unsere schnelle Arbeit und die Lösung der Probleme.

An einem Wochenende hatte ich die Ehre, einem alle paar Jahre stattfindenden, sehr privaten Ereignis einer angesehenen Familie beizuwohnen. Diese einmalige Gelegenheit wurde durch meine Geschäftsfreunde arrangiert. Es ist auf Madagaskar allgemeiner Brauch, verstorbenen Familienmitgliedern die Ehre eines Wiedersehens mit ihren Verwandten und Bekannten zu ermöglichen. Dieser Anlass entwickelt sich zu einem sehr fröhlichen Fest, immer mit Musik und Tanz begleitet.

Die Verstorbenen, es sind eigentlich nur noch die Gebeine, werden ihren Gräbern entnommen und liebevoll gesäubert. Dann halten die Familienmitglieder Zwiesprache mit ihnen, teilen ihnen ihre Sorgen mit und bitten um Rat oder sie erzählen von freudigen Ereignissen und Erfolgen, die sie selbst hatten. Wenn sich alle mit ihren Verblichenen ausführlich unterhalten haben – das kann oft mehrere Tage dauern –, werden sie in wunderschöne selbst gewebte und mit Familienemblemen versehene neue Totenteppiche gewickelt und wieder unter großem Zeremoniell und viel Musik in ihre Gräber zurückgelegt. Als ich mich von der freundlichen und sehr herzlichen Familie verabschiedete, wurde mir ein solcher Totenteppich, natürlich ein ungebrauchter, als Gast- und Abschiedsgeschenk überreicht. Noch heute liegt dieser Teppich in meiner Wohnung.

Malagasy ist die Landessprache, die von dem überwiegenden Teil der Landbevölkerung gesprochen wird. Der größte Teil der Madagassen lebt noch wie im Mittelalter in ländlichen Gebieten. Es existiert fast keine Infrastruktur, keine Industrie und nur sehr sporadisch etwas Landwirtschaft, meistens nur für den Eigenbedarf. Armut und Elend sind überall zu verzeichnen. In ländlichen Gebieten ist Trinkwasser ein Luxusgut und wird von privaten Unternehmen kanisterweise auf öffentlichen Plätzen an die umliegenden Bewohner verkauft. In größeren Dörfern und Städten gibt es Horden von Bettlern und Scharen von zerlumpten Straßenkindern, die im Müll nach etwas Essbarem suchen.

Madagaskar ist jedoch ein exotisches Naturparadies, in den Regenwäldern sieht man viele Arten von Lemuren (Vorläufer von Menschenaffen) in den Bäumen herumturnen. Auch eine Vielzahl von Orchideen in allen Farben präsentieren sich als wahrer Augenschmaus. Riesige Baobab-Baumwälder (Affenbrotbäume) bedecken große Teile der Landschaft. Sie haben Flaschenformen, können bis zu zwanzig Meter hoch mit Stammdurchmessern von vier bis fünf Metern und über hundert Jahre alt werden.

Die offizielle Landessprache auf den Inseln Madagaskar und Réunion war zu der Zeit, und ist es bestimmt auch heute noch, Französisch. Auf Mauritius mit der Hauptstadt Port Louis sprach man meist Englisch, zum Teil auch Französisch. Auf Madagaskar und Réunion, der nächsten, etwas weiter östlich liegenden Insel, lebt eine große Anzahl eingewanderter Franzosen, die sich im Laufe der Zeit mit den Madagassen, die den Hauptanteil der Bevölkerung stellen, vermischten. Das Resultat kann sich sehen lassen, denn aus diesen Verbindungen entwickelten sich schöne, wohlgeformte Menschen. Auch ein großer indischer Einfluss ist zu verzeichnen, wobei die Inder sich aber nur sehr selten mit anderen Ethnien vermischen. Alle sind jedoch gastfreundlich, zuvorkommend und immer fröhlich. Das Leben nehmen sie leicht. Auch traurige oder unangenehme Situationen, wie sie überall auf der Welt vorkommen, werden von ihnen nicht zu ernst genommen.

Bei meinem ersten Besuch auf der Insel Madagaskar verbrachte ich fast zwei Wochen in Tananarive, der Hauptstadt dieses Landes. Neben den vielen geschäftlichen Problemen, die bei dem Ford-Hauptimporteur anstanden und gelöst werden mussten, konnte ich viele Eindrücke der Stadt und von ihren Bewohnern sammeln. Ich hatte ja während meiner Zeit in Kanada etwas Französisch gelernt und konnte mich also gut mit meinen Geschäftspartnern und den Einwohnern unterhalten.

Besonders hübsch und malerisch waren der alte Stadtkern von Tananarive und der darin gelegene Markt, auf dem alle nur möglichen Waren angeboten wurden. Wo man ging oder stand, war Musik und Gesang. In farbige Trachten gekleidete Folkloregruppen spielten und sangen in den vielfältigen Landesdialekten und wetteiferten um die Gunst des immer dankbaren Publikums. Auf diesem Markt erstand ich zwei wunderschöne auf Naturfaseruntergrund gemalte Bilder. Auch die besitze ich heute noch. Es kann auch sein, dass ich sie schon meinem Sohn Alexander geschenkt habe.

Viel Zeit verbrachte ich mit dem französischen Geschäftsführer des Ford-Importeurs. Durch ihn kam ich zum ersten Mal in meinem Leben in den Genuss von „Artischocken in Vinaigrette“. Eine herrliche Vorspeise, die besonders dann sehr gut schmeckt, wenn die Artischocken feldfrisch und nur leicht gedünstet serviert werden.

Im Anschluss an meinen Aufenthalt in Madagaskar verbrachte ich eine Woche in Port Louis, Mauritius. Der dortige Ford-Importeur war eine englische Firma, die zum größten Teil mit englischem Management geführt wurde. Ich wohnte in einem hübschen Hotel auf der höchsten Erhebung der Insel und konnte von dort aus mit einem Rundumblick die umliegenden Strände der Insel und den Indischen Ozean genießen. Übrigens ist Mauritius die letzte östlich gelagerte Insel von Afrika aus gesehen. Danach, wenn man sich weiter nach Osten begeben will, kommt nur noch der riesige Indische Ozean, bis man die Küste von Australien erreicht. Auch die Menschen auf Mauritius waren freundlich, immer fröhlich und zuvorkommend. Die Haupterwerbsquelle der Bevölkerung auf Mauritius war zu dieser Zeit der Anbau und die Weiterverarbeitung von Zuckerrohr in Speisezucker und Alkohol.

Der Tourismus als solcher war, bis auf wenige eingeweihte Besucher, unbekannt. Es gab nur eine Hotelanlage mit kleinen, hübsch und idyllisch gelegenen Bungalows am Meer, die die wenigen Gäste beherbergten. Mauritius war eben noch nicht vom Tourismus entdeckt worden. Von mir aus hätte das so bleiben können, denn auch viele andere Länder, die ich in dieser Zeit bereiste, kennen, schätzen und lieben lernte, wurden durch den Massentourismus, vor allen Dingen aber durch den Billigtourismus völlig verdorben.

Mein Geschäftspartner in Port Louis war sehr froh über meinen Besuch, denn es hatte sich seit drei oder vier Jahren kein Mitglied der Ford Motor Co. in Mauritius blicken lassen. Der Geschäftsbetrieb war nach englischen Richtlinien ausgelegt und auch ein Boardroom, eine typisch englische Eigenart, war vorhanden. Der Boardroom durfte nur von den Mitgliedern der Führungsspitze der Firma benutzt werden.

In dem Raum wurden nicht nur wichtige Geschäftsgespräche abgehalten, sondern er diente auch als Stelle der Begegnung für das Spitzenpersonal. Es war sozusagen ein elitärer Klub innerhalb der Firma. Wer dort Zutritt hatte, war arriviert. Das gesamte Management speiste im Boardroom und das Wichtigste von allem, eine riesige Bar inklusive Bartender, nahm einen großen Teil dieser Räumlichkeiten in Anspruch. Engländer, das hatte ich bei meinem Besuch in England schon kennengelernt, nehmen vor einer jeden Mahlzeit erst einmal einen oder zwei großzügige Drinks zu sich.

Die Bedienung bestand aus ausgewählten und für diesen Zweck ausgebildeten männlichen Einheimischen. Sie trugen zum Krachen gestärkte und perfekt gebügelte weiße Jacken, schwarze Hosen, schwarze Schuhe und fleckenlose weiße Handschuhe. Sie bewegten sich lautlos, waren überall sofort zur Stelle und dann wieder, wie von einem Nichts verschluckt, verschwunden. Das Bedienungspersonal funktionierte ohne jegliche Anweisung und reagierte sofort schon auf die kleinsten Gesten. Allein diese Mahlzeiten, ausgerichtet nach englischen Gepflogenheiten – ich hatte das Vergnügen, mehrmals dort zu essen –, waren für mich ein Genuss mit bleibenden Erinnerungen.

Ich war an einem Dienstag, von Madagaskar kommend, auf Mauritius eingetroffen, hatte mich während des Rests der Woche meinen beruflichen Aufgaben gewidmet und wurde dann von der Geschäftsleitung der Firma für das folgende Wochenende zu einer Hochseeangeltour eingeladen. Die Firma besaß ein eigenes hochseetüchtiges Boot, welches von einem Mitglied der Geschäftsleitung gesteuert wurde. Hochseeangeln war überhaupt der beliebteste Sport auf Mauritius, vorausgesetzt man hatte die Mittel dazu.

Es waren nur Männer an Bord und wir fuhren weit hinaus auf den Indischen Ozean. Es wurde natürlich viel getrunken, gewitzelt und noch mehr gelacht. Für mich war natürlich alles neu, denn ich war zum ersten Mal in meinem Leben auf einer Hochseejacht. Weit draußen, vom Land war nur noch ein schmaler Strich am Horizont zu erkennen, wurden die Angelleinen ausgeworfen.

Mir wurde, nach einer kurzen Einweisung, wie ich mich zu verhalten hätte, wenn dieses oder jenes passieren würde, eine Hochseeangel in die Hände gedrückt. Es muss wohl eine fischreiche Gegend gewesen sein, die der Bootsführer für uns ausgesucht hatte, denn schon bald hatten einige meiner Mitangler Erfolg und fingen große Thunfische, Königsmakrelen, Bonitos und andere riesige Fische, an deren Namen ich mich nicht mehr erinnere. Jedes dieser Prachtexemplare, wenn es schließlich unter viel Geschrei, Gefuchtel, Gejubel und mit viel Aufregung an Bord gehievt wurde, musste gebührend begossen werden. Der Alkohol floss in Strömen. Selten habe ich Menschen getroffen, die in einer so kurzen Zeit so viel Alkohol konsumieren konnten. So richtig betrunken war aber keiner von meinen Mitanglern. Das lag wahrscheinlich an der Seeluft oder am stetigen Training der Kombattanten, denn an Land wurde ja auch nicht gerade in die Gläser gespuckt. Ein Glück, dass sich der Bootsführer bei dieser Sportart sehr zurückhielt.

Ich fing zwar keinen dieser riesigen Edelfische, hatte aber zweimal einen kleinen Hai am Haken, der jedes Mal kurz vor der Außenbordwand von der Leine losgeschnitten wurde, denn an Bord waren auch kleine Haie mit ihren rasiermesserscharfen Zahnreihen sehr gefährlich.

Bei Anbruch der Dämmerung waren wir wieder an Land und nun ging es erst richtig los. Auf dem herrlich weißen Strand wurde ein riesiges Feuer angezündet, die Frauen/Freundinnen meiner Angelkollegen waren zu uns gestoßen, es wurde Musik gemacht, getanzt und vor allen Dingen weiter getrunken. Als das Feuer etwas niedergebrannt war, wurde ein riesiger Grill über die sehr heiße Glut gestellt und darauf wurden dann die gefangenen und ausgenommenen Fische gegrillt. Mit viel Zitronen- und Limonensaft wurden nun die Fische verzehrt. Gebratener frischer Fisch war im Überfluss vorhanden. Der Fisch, wahrscheinlich in Kombination mit der Art der Zubereitung, schmeckte köstlich. Nie wieder danach habe ich Fisch so genießen können wie an diesem Abend. Dazu gab es feldfrischen Salat mit großen, süßen Zwiebelringen in einer Soße aus einer Mischung von Zitronen-/Limonensaft, etwas Pfeffer und Olivenöl. Das war eine fröhliche, lebensbejahende, extrovertierte, vor allem völlig losgelöste, lustige Gesellschaft.

Die Party endete erst beim Morgengrauen am Sonntag und ich, wieder im Hotel angekommen, fiel ins Bett und schlief und schlief, wahrscheinlich bis in den späten Sonntagnachmittag. Am folgenden Montag musste ich wieder mit der Frühmaschine abfliegen. Ich schwor, einmal wieder dorthin zurückzukehren, aber wie es das Schicksal will, kam ich nie mehr nach Mauritius. Vielleicht ist das auch gut so, denn ich möchte diese Insel, ihre Bevölkerung und meine damals gemachten Erfahrungen so in Erinnerung behalten, wie ich sie kennenlernte.

Immer wenn ich von meinen ausgedehnten Geschäftsreisen zurück nach Nairobi kam, nahm ich, sofort wenn ich das Flugzeug verlassen hatte, den Duft wahr, der den lavendelfarbenen Blüten der Jacarandabäume und den rot-, orange- oder rosafarbenen Bougainvillen entströmte. Diese wunderschönen Bäume und Sträucher wuchsen eigentlich überall, aber eine besonders große Anzahl von ihnen stand in meinem Garten und rings um mein Grundstück. In meinem Garten und Umgebung wuchsen Wacholdersträucher, Akazienbäume, Feigenbäume, wilde Gardenien, Fuchsien und Poinsettiasträucher. Alle diese verschiedenen Blumen und Blüten verströmten einen nicht zu beschreibenden, lieblichen Duft, an dem ich mich später in anderen Ländern niemals wieder erfreuen konnte. Dieser Duft, der mich und, wie mir berichtet wurde, auch andere Menschen regelrecht süchtig machte, nahm gegen Abend, wenn es kühler wurde, immer zu. Er wurde besonders stark nach ausgiebigen Regenfällen. Ich hatte, wenn ich auf der Terrasse vor meinem Haus saß und diesen Duft einatmete, immer das Gefühl, einen sinnverändernden, verzaubernden und gleichzeitig betäubenden, ja, man könnte sogar sagen außerirdischen Cocktail getrunken zu haben.

Nachts hatte ich den Eindruck, besonders weit sehen zu können. Die Sterne erschienen viel klarer und näher als in anderen Teilen der Welt, die ich bisher kennengelernt hatte. Es waren eigentümliche Abende und Nächte. Eigentlich reicht mein Wortschatz nicht aus, sie gebührend zu beschreiben. Bis zum heutigen Tage haben sie einen speziellen Platz tief in meinem Inneren.

Jährlich im Spätherbst gibt es die „kleinen Regen“ und nach einer kurzen Pause kommen danach die „großen Regen“. Dann fällt das Wasser wie aus Eimern vom Himmel. Alles ist tagelang pitschnass, die Makadamstraßen (rote Lehmstraßen) weichen auf und das Autofahren wird zu einem bleibenden Erlebnis.

Das Klima in Nairobi – Nairobi liegt auf einem Hochplateau – ist sehr angenehm, auch im Sommer, wenn es tagsüber sehr heiß wird. Weil aber die relative Luftfeuchtigkeit sehr niedrig ist, spürt man die Hitze nicht übermäßig. In keinem Falle ist sie lästig und unangenehm. Nachts kühlt sich die Temperatur sehr stark ab und die Nachtluft wirkt erfrischend.

Die meisten erfolgreicheren Geschäftsleute wohnten in Häusern auf riesigen Grundstücken außerhalb der Stadt. Sie hatten fast alle ein kleines Heer an Bediensteten, die die Liegenschaften in Ordnung hielten. Das Kulturleben spielte sich vorwiegend in privaten Bereichen ab. Man lud sich gegenseitig zu „Sundowners“ ein. Das sind Cocktailstunden, die bis zum Sonnenuntergang andauern, mit anschließendem Abendessen, oft gefolgt von Vorlesestunden aus der klassischen Literatur oder einer angeregten Unterhaltung. Sehr beliebt waren zwanglose Zusammenkünfte, bei denen Gastgeber und Gäste gemeinsam Kammermusik spielten.

In Nairobi gab es ein kleines Theater, in dem Einheimische oder auch ab und zu eingeladene Künstler aus Europa Vorstellungen gaben. Kunstausstellungen gab es auch, bei denen Einheimische und Gäste ihre Bilder und Skulpturen einem dankbaren Publikum vorstellten.

Alle Veranstaltungen wurden als Foren der Begegnung betrachtet und waren in der Regel gut besucht. Meistens traf man dort natürlich auch immer wieder dieselben Menschen und es fand so fast zwangsläufig und ganz nebenbei ein Austausch von Neuigkeiten, manchmal auch intimerer Art, statt.

Die beiden größten Ford-Hauptimporteure für Kenia waren Rice Motors und Hughes Motors, beide in Nairobi ansässig. Rice Motors war für den Import und Vertrieb aller Autos, die bei Ford Köln produziert wurden, verantwortlich und Hughes Motors importierte und vertrieb alle Personenwagen, Lastwagen und Traktoren, die Ford England herstellte. In einzelnen Fällen importierte Hughes auch die obere Preisklasse von Ford USA, nämlich Lincoln-Limousinen. Sie wurden meistens an kenianische Regierungsstellen veräußert, manchmal sogar auch verliehen oder verschenkt.

Von den Eigentümern dieser beiden Firmen wurde ich oft zu Abendessen in ihren Privathäusern eingeladen. Rice Motors gehörte einem deutschstämmigen Juden, der in Ostafrika mit seiner Frau ein neues Zuhause gefunden hatte. Die beiden waren kinderlos und wohnten auf einem prächtigen Landsitz außerhalb von Nairobi.

Herr Rice spielte Geige und seine Frau war eine gute Pianistin. Bei ihnen fand mindestens einmal im Monat ein Musikabend statt. Wie immer bei allen anderen offiziellen Gegebenheiten trugen die Damen Abendkleider und die Herren Smokings. Zusammen mit einigen ihrer Freunde, die alle ein Instrument gut beherrschten, wurde ansprechende Kammermusik gespielt. Anschließend wurde ein exzellentes Abendessen serviert und danach fand man sich in Gruppen auf der weit ausladenden Terrasse, umsäumt von Jacarandabäumen, den exotischen Pflanzen und Blumen, die ich schon beschrieb, zusammen und diskutierte über Gott und die Welt.

Bei Herrn Hughes senior, dem Eigentümer von Hughes Motors, dessen Familie englischer Abstammung war, ging es nach englischen Sitten und Gebräuchen zu. Die Hughes waren eine große Familie, ich glaube, sie hatten fünf oder sechs Kinder, die aber alle schon erwachsen und verheiratet waren und Scharen von Kleinkindern hatten. Der jüngste Sohn Peter heiratete einige Wochen nachdem ich meine Arbeit in Nairobi aufgenommen hatte. Er hatte ein technisches Studium in England absolviert und trat nun in die Firma seines Vaters ein. Peter war ein begeisterter Autofahrer und nahm mit frisierten Fahrzeugen an vielen lokalen Rennen teil. Auch hat er, wie ich später erfuhr, mehrmals an der internationalen Ostafrika-Rallye teilgenommen und vordere Plätze belegt. Einmal ging er aus einem dieser Rennen als Sieger hervor. Ich hatte ein freundschaftliches Verhältnis mit Peter und er lud mich oft zu sich nach Hause ein.

Das Hughes-Haus, das war die Wohnstätte des Patriarchen, war riesig, es muss wohl 15 Zimmer oder mehr gehabt haben, denn diese Anzahl war ja schon neben den offiziellen Räumen notwendig gewesen, um die Großfamilie, als noch alle zusammen im Haus wohnten, unterzubringen. Das Haus war umgeben von einem weitläufigen parkähnlichen Garten im englischen Stil, durch den eine großzügige Auffahrt bis an das Portal des Hauses führte. Der Diningroom war eher ein Saal, gekrönt von einem gewaltigen Esstisch, an dem dreißig Personen oder mehr bequem Platz fanden.

Alles war englisch ausgerichtet, die Drinks, das Essen, die Kleidung, das gesamte Mobiliar des Hauses und sogar in übergeordneter Form auch die Konversationen, denn man wollte immer am Puls der englischen Zeit sein. Die Hughes beschäftigten eine kleine Armee von schwarzen Bediensteten, meist waren es schwarze Dienstmädchen, die man Ayas nannte. Das war auch notwendig, um den gesamten Komplex in Ordnung und Bewegung zu halten. Alle Hughes-Kinder waren in Nairobi geboren worden und alle sprachen folglich perfekt Suaheli sowie eine Anzahl von anderen, verwandten Dialekten. Es ging immer sehr fröhlich und lustig bei den Hughes zu, Langeweile war ein Fremdwort.

Herr Hughes senior muss zu dieser Zeit schon über 65 Jahre alt gewesen sein. Er war sehr gebildet, weltoffen und das unumstrittene Familienoberhaupt. Er war überall sehr beliebt und äußerst großzügig. Ich mochte ihn sehr gern und ich glaube, er mich auch. Ich habe viele schöne Stunden im Kreise der Hughes-Familie erlebt, an die ich mich heute noch sehr gerne erinnere.

Das Fest des Jahres in Nairobi war ein Pferderennen. Die Pferderennbahn befand sich ein gutes Stück außerhalb von Nairobi in einem parkähnlichen Gelände. Alles, was Rang und Namen hatte, sogar ich, machte sich auf, dieser Veranstaltung beizuwohnen. Die Rennen selbst und die obligatorischen Pferdewetten waren zwar der ursprüngliche Anlass, aber sobald diese Aktivitäten vorbei waren, wurde gefeiert, was das Zeug hielt. Ganz im englischen Stil waren Zelte aufgebaut und darin waren Buffets mit kalten und warmen Speisen und Getränkebars eingerichtet. Die Kleidung für Anlässe dieser Art war, wie konnte man es auch anders erwarten, typisch englisch. Die Herren trugen Fräcke mit farbigen Westen, gestreifte Hosen und Zylinderhut. Die Damen trugen Kleider nach der neusten Mode, Stöckelschuhe und Hüte, die man nur schwer als Hüte bezeichnen konnte, denn es waren eher wandelnde Blumensträuße, riesige Fantasiehüte mit den ungewöhnlichsten Verzierungen, ganze Vogelnester, so wie auch im Mutterland England bei Pferderennen üblich zu sehen. Das alles bei einer Temperatur von über 30 Grad.

Schade, dass sowohl die Firma der Hughes als auch die Firma der Rice, aber auch viele andere von Weißen geführte Unternehmen bald dem Untergang durch die sich anbahnenden Regierungsentwicklungen geweiht waren. Es bestand zwar noch keine offiziell von Schwarzafrikanern geführte Regierung, aber mit dem stetigen Rückzug der englischen Krone und der vorherrschenden Unsicherheit, durch wen oder wie das Land in Zukunft regiert werden würde, wurden immer mehr und mehr Schwarzafrikaner in Regierungsämter und in wichtige Positionen der Industrie eingesetzt. In dieser sogenannten Zwischenperiode verfielen die Werte der Plantagen, Farmen und die der anderen Unternehmen rapide. Die Unternehmen, die weißen Eigentümern gehörten oder durch weiße Geschäftsführer geleitet wurden, verloren immer mehr an Bedeutung unter einer zukünftigen von Schwarzafrikanern gebildeten Regierung. Die

Leitung dieser Betriebe wurde erschwert durch Auflagen und Schikanen, die sich die Schwarzafrikaner ausdachten, um die Weißen stetig unter Druck zu halten, mit dem Zweck, ihnen die Arbeit so zu erschweren, dass viele aufgaben und das Land verließen. Ihre Unternehmen verkauften sie dann meist an Strohmänner, hinter denen schwarzafrikanische Mitglieder der Regierung steckten.

Die eigentliche Unabhängigkeit Kenias fand erst später statt, als Mzee Jomo Kenyatta 1963 der erste schwarzafrikanische Präsident wurde. Nun wurde erst recht Druck, verbunden mit Auflagen und Forderungen aller Art, auf weiße Geschäftsleute ausgeübt. Immer mehr Einheimische, auch wenn sie völlig ungeeignet und inkompetent für Managementaufgaben waren, wurden in führende Stellungen gebracht. Korruption und Vetternwirtschaft waren an der Tagesordnung.

Etwa zwanzig Jahre später, als ich mich auf einer Durchreise nach Südafrika kurz in Nairobi aufhielt und wieder nach langer Zeit im Stanley Hotel wohnte, hörte ich, dass der jüngste Hughes-Sohn Peter, mit dem ich befreundet war, in seiner ehemaligen Firma nur noch eine untergeordnete Rolle als Minoritätsteilhaber innehatte. Sein Vater hat dies, so hoffe ich zumindest, nicht mehr erlebt. Die Familie Rice hatte ihre Firma verkauft, wahrscheinlich sogar verschenken müssen, und ist nach Südafrika ausgewandert.

Mein damals kurzer und gleichzeitig letzter Besuch in Nairobi hat mich sehr erschreckt. Ich werde voraussichtlich nie mehr diese einstmals schöne Stadt und dieses herrliche Land besuchen wollen. Zwar servierte man mir dort noch mein über alles geliebtes englisches Frühstück, aber das einst so multinationale und viel besuchte Thorn Tree Café, wo sich früher die wichtigsten Personen aus der lokalen Industrie und Wirtschaft trafen, war wie ausgestorben und nur an wenigen Tischen saßen Gäste.

Alle Ausländer oder generell alle Weißen, die früher das Café so oft besucht hatten, waren verschwunden. Das Stadtbild hatte sich sehr stark verändert. Es war trister und grauer geworden. Viele schicke Geschäfte, Restaurants und Bars, die ich von früher kannte, gab es nicht mehr.

Man sagt, Armut und Verfall kann man riechen. Wenn das so ist, roch Nairobi nicht – es stank.

Zu der Zeit, als ich in Nairobi meinem Beruf nachging, fand ich, dass die Stadt kosmopolitisch und sehr heterogen bevölkert war. Es war eine Stadt, in der Multinationalität an der Tagesordnung war. Es wurde hart gearbeitet, aber man fand immer Zeit, eine Party zu besuchen oder selbst eine zu geben. Alle diese Festlichkeiten wurden stilvoll und mit einem hohen Maß an Etikette, gepaart mit der jeweils vorgeschriebenen Garderobe durchgeführt.

Bemerken sollte man hier, dass der Bildungsstand der weißen Bevölkerung in Nairobi sehr hoch war. Es wurde viel Geld verdient und die meisten Geschäftsleute konnten es sich leisten, ihre Kinder zu einer höheren Ausbildung, die in der Regel mit einem Universitätsabschluss endete, nach Europa zu schicken. Dabei wurde England natürlich sehr bevorzugt.

Das Handwerk, kleinere Läden und Betriebe usw. lagen fast vollkommen in den Händen von Indern und Pakistanern. Sie hatten ihre Lebensgewohnheiten, besonders ihre Religion beibehalten und schotteten sich gegenüber der weißen und schwarzen Bevölkerung ab. Es kam zwar vor, dass sich Inder mit Afrikanern vermischten, aber der Prozentsatz war sehr gering. Schwarzafrikaner der unteren Schichten waren überwiegend in niedrigeren, dienenden Positionen beschäftigt und damit ohne jegliche Verantwortung. Ihr Leben spielte sich meistens innerhalb ihrer Stammesgruppen ab. Sie wohnten in primitiven Hütten, aus Abfallholz errichtet und mit Blechresten beschlagen, oder, wenn sie es sich leisten konnten, in kleinen, selbst erbauten Häusern aus unverputzten Zementsteinen und Wellblechdächern außerhalb der Stadt. Eine primitive Hütte war sehr schnell herzustellen. Sie bestand manchmal nur aus vier Eckpfosten mit einem Blätterdach. Die Wände waren aus einem Gemisch aus Lehm und Gras. Zu anderen ethnischen Gruppen hielten die Schwarzafrikaner Distanz.

Jomo Kenyatta, der seine Wurzeln im Stamme der Kikuyu hatte, wurde tatsächlich Premierminister. Er hatte in England studiert und dort auch in verschiedenen Funktionen gearbeitet. Er war klug, gebildet und wohl eine sehr geeignete Person, die Regierung zu führen. Aber auch er war dem größer werdenden Druck, das Land zurück zu seinen Wurzeln zu führen, ausgesetzt. Immer mehr Schwarzafrikaner bekleideten hohe Regierungsstellen und schließlich auch hohe Positionen in der freien Wirtschaft. Kenyatta war der Führer der KAU-Partei, der Kenya African Union. Er war die treibende Kraft, die das Land immer unabhängiger gestalten wollte. Auf zahlreichen Kundgebungen, die er in der Suaheli-Sprache abhielt, fielen immer wieder die Ausdrücke „Uhuru na Kazi" (= „Freiheit und Arbeit") oder „Harambee" (= „mit vereinten Kräften").

Er war ein Demagoge, der die Kikuyu, den größten und wichtigsten Stamm in der Bevölkerung Kenias, für sich vereinnahmte, beeinflusste und beherrschte. Er war, wie sich später herausstellte, noch nicht einmal der schlimmste Regierungsfürst, denn nach ihm wurde dieses Amt mit immer korrupteren und raffgierigeren Einheimischen besetzt. Diese, zusammen mit ihren Armeen von unfähigen Helfern, die in allen Regierungsstellen zu finden waren, hatten sich, weil Selbstbereicherung ihre oberste Aufgabe war, zur Pflicht gemacht, das einst so blühende Land systematisch wirtschaftlich und finanziell auszubluten und somit Jahr für Jahr weiter in Richtung Abgrund zu treiben.

Heute ist Kenia, im Verbund mit vielen anderen einst prosperierenden afrikanischen Ländern, in denen jetzt Einheimische die Regierung bilden, ein weltweit immer um Unterstützung bittendes Armenhaus. Glänzen kann Nairobi höchstens noch mit einer immer mehr ansteigenden Verbrechensrate und völlig ausgeuferten, immer größer werdenden Slumsiedlungen, die sich um Nairobi angesiedelt haben. In denen prosperieren und gedeihen dann Prostitution, Syphilis, Aids, bandenmäßiges Verbrechertum und weitere wundersame Errungenschaften, an denen die unfähige Regierung stetig weiterzuarbeiten scheint.

Jomo Kenyatta war früher ein führendes Mitglied in der mörderischen Mau-Mau-Bewegung gewesen, einer sogenannte Befreiungsbewegung für Kenia, die weiße Bürger meistens nachts in ihren Häusern überfiel und kaltblütig ermordete. Er wurde schließlich gefangen, verurteilt und saß in der englischen Kolonialzeit fast sieben Jahre im Gefängnis. Auch eine größere Anzahl Schwarzafrikaner wurden, weil sie sich nicht der Mau-Mau-Bewegung angeschlossen hatten, ermordet. Viele Weiße, ob Männer, Frauen oder Kinder, wurden auf ihren ländlich gelegenen Farmen und Plantagen von ihrem eigenen Dienstpersonal ermordet. Das Dienstpersonal wurde von der Mau-Mau-Organisation unter Druck gesetzt und gezwungen, möglichst viele Weiße zu töten.

Die Mau-Mau-Bewegung rekrutierte die meisten ihrer Mitglieder aus dem großen Stamm der Kikuyu. Kikuyu waren und sind eigentlich hauptsächlich mit dem Ackerbau beschäftigt. Man sagte ihnen aber eine gewisse Portion Verschlagenheit und Hinterhältigkeit nach. Ob das stimmt, wage ich zu bezweifeln, denn ich kannte viele Kikuyus, denen man absolut vertrauen konnte.

Die Massai – das ist ein anderer Stamm und völlig anders geartet als die Kikuyu – sind oder waren zumindest mutige afrikanische Krieger, die nur mit Speeren bewaffnet z. B. Löwen, wilde Büffel etc. aufspürten und sie mit diesen einfachen Waffen zur Strecke brachten. Ihnen sowie einigen anderen Stämmen wurde wenig Beachtung von der Mau-Mau-Bewegung geschenkt. Wahrscheinlich konnten sie, weil sie eine völlig andere Lebensweise bevorzugten und möglicherweise andere moralische Grundsätze hatten, nie von der Mau-Mau-Bewegung beeinflusst werden. Die Massai sind auch vorwiegend Viehzüchter und leben von dem, was ihre Kühe, Ziegen etc. produzieren. Es sind sehr große, dürre, aber trotzdem wohlproportionierte Menschen, die aus dem Stand senkrecht hohe Sprünge vollziehen können. Sie sind sehr stolz und verachten die Kikuyu.

Sie leben mit ihren Familien in Manyatta. Das sind Krale, umringt mit hohen Wällen aus Dornenzäunen, in denen eine Anzahl einfacher Hütten aus Zweigen und Gras mit Lehm vermischt stehen. Die Hütten haben ähnliche Ausmaße wie die Hütten der Kikuyu. Umgeben sind die Krale immer mit hohen Dornenzäunen, deren Aufgabe es ist, besonders nachts wilde Tiere fernzuhalten. Jeden Abend treiben sie ihre Herden in diese Manyatta und verschließen die Eingänge mit Dornengeäst. Ihre Wohnstätten, Manyatta, haben die Massai vornehmlich weit weg von jeder Zivilisation.

Massai sind sehr zurückhaltend, aber freundlich und hilfsbereit jedem gegenüber. Problematisch ist nur die Verständigung mit ihnen, wenn man nicht wenigstens einige Brocken Suaheli spricht oder versteht. Wenn man durch das Buschland fährt, sieht man die Massai, wie sie ihre Herden hüten. Sie umwickeln ihre Körper mit orangefarbenen Shukas (= Tüchern), die sie über einer Schulter verknoten. Untendrunter sind sie nackt. Meistens stehen sie kerzengerade auf einem Bein und stützen sich mit einer Hand auf einen Speer, der ihre einzige Waffe ist. Sie halten sich immer fern und beobachten nur. Kikuyu hingegen tragen nie Speere, ihre Waffe ist die Panga, das ist ein ziemlich großes, scharfes Buschmesser von etwa fünfzig Zentimeter Länge.

Einen gewissen Anteil an der Bevölkerung, besonders in den größeren Städten Kenias, so auch in Nairobi, bildeten die Inder, auch vereinzelt Pakistani. Sie sind fast ausschließlich im Dienstleistungsgewerbe anzutreffen. Inder sind z. B. ausgezeichnete Maßschneider. Kurz nachdem ich in Nairobi angekommen war, ließ ich mir von einem indischen Schneidergeschäft zwei Smokings machen. Einen für sehr offizielle Angelegenheiten in einer nachtschattenblauen Farbe und einen anderen mit einer cremeweißen aus reiner Seide hergestellten Dinnerjacke und dunkelblauen Hosen für zwanglosere Gelegenheiten. Die letztere Abendgarderobe hatte ich öfters in Filmen gesehen und immer bewundert, jetzt hatte ich also endlich die Gelegenheit, meinen Wunsch zu erfüllen. Diese Art Garderobenausstattung wurde mir gleich zu Anfang meiner Arbeitsaufnahme von der Leitung meiner Firma ans Herz gelegt. Die Firma legte sehr großen Wert auf die Kleidung ihres Personals, besonders bei offiziellen Empfängen. Ich war sehr stolz auf die Erweiterung meiner Garderobe, waren es doch die ersten formellen Kleidungsstücke, die ich nun besaß.

Weiße Geschäftsleute europäischer Herkunft, aber auch die, die in Ostafrika geboren waren und schon seit Generationen dort gelebt hatten und deren eigentliche Heimat Ostafrika war, wurden nun immer mehr von der Regierung, die fast ausschließlich mit Schwarzafrikanern besetzt war, eingeengt, bedroht und genötigt.

Zum Teil habe ich dies ja schon vorher kurz beschrieben, will es aber nun, etwas mehr ins Detail gehend, erweitern, denn dieser Zustand war besonders schmerzlich für die vielen Weißen, die um 1960 vor dem Bürgerkrieg in Belgisch-Kongo nach Kenia geflüchtet waren, in der Hoffnung, hier eine neue Heimat zu finden und sich erneut eine gesicherte Existenz aufbauen zu können. Sie wurden doppelt bestraft und viele verloren nun auch noch den Rest ihres Vermögens.

Europäische Geschäftsleute, auch weiße Ostafrikaner, die in Kenia geboren waren, brachten oder versuchten nun ihr Vermögen peu à peu außer Landes zu bringen. Häuser und Grundstücke, auch ihre früher gut florierenden Unternehmen kamen auf den Markt und der war schlagartig von Notverkäufen übersättigt, sodass die Preise enorm fielen. Den von der Regierung protegierten Schwarzafrikanern wurden großzügige Bankkredite eingeräumt, mit denen sie dann diese Immobilien und Geschäfte kauften. Ob sie ihre Kredite jemals zurückzahlten, entzieht sich meiner Kenntnis. Wenn sich jemand sträubte, sein über Generationen aufgebautes Geschäft direkt an einen Schwarzafrikaner zu verkaufen, musste er zumindest einen schwarzen Majoritätsteilhaber aufnehmen. Das heißt, zuerst wurde er gebeten, und wenn das nicht fruchtete, zwang man ihn.

Die Mittel dazu hatte die Regierung, denn wenn die Unternehmen sich nicht wie von ihnen gewünscht verhielten, verweigerten sie z. B. den Auto-Hauptimporteuren und damit auch der gesamten über das Land verstreuten Kette der Subhändler einfach die Importlizenz, Autos oder Lkws aus dem Ausland einzuführen. Von diesen Einfuhren waren jedoch nicht nur die Autoimporteure und somit das gesamte Land und seine übrige Wirtschaft abhängig, denn langlebige Wirtschaftsgüter mussten ja importiert werden, da Eigenfertigungen im Lande nicht vorhanden waren.

Jahre später, ich hatte Nairobi schon seit vielen Jahren verlassen, hörte ich zufällig, dass man mit einem Kraftakt einige wenige Industriezweige durch Zusammenschlüsse erhalten und stabiler gestalten wollte. Darunter war auch ein Zusammengehen von verschiedenen Autoimporteuren geplant. Ob dies funktionierte und erfolgreich war, entzieht sich meiner Kenntnis.

Das einzige wirklich erfolgreiche Exportgut Kenias waren Kaffeebohnen, die auf riesigen Kaffeeplantagen angebaut wurden. Diese Plantagen gehörten entweder Weißen oder wurden von Weißen seit Dekaden bewirtschaftet und geleitet. Die Schwarzafrikaner waren auf diesen Plantagen nur Hilfskräfte, denen es lediglich zustand, simple Arbeitsaufträge zu erledigen.

Die Weißen unterstellten den Schwarzafrikanern Unzuverlässigkeit und mangelnden Arbeitswillen. Schwarzafrikaner verlangten nach und nach ein gewisses Mitspracherecht, auch in der Führung dieser Plantagen. Und die alten Eigentümer dieser Wirtschaftsbereiche wurden mehr und mehr gezwungen, Teilhaber aufzunehmen oder ihre Firmen zu Spottpreisen an Einheimische zu verkaufen. Natürlich fehlte dem überwiegenden Teil von ihnen die notwendige Vorbildung und Erfahrung, denn sie wurden ja praktisch im Schnellverfahren in Regierungsämter oder andere wichtige Positionen der Wirtschaft katapultiert. Der Niedergang eines einstmals blühenden Landes mit einer relativ stabilen Wirtschaft war also vorprogrammiert.

Auch meine Firma dachte schon über einen geordneten Rückzug nach. Es verließen also immer mehr Geschäftsleute Kenia, dies war übrigens auch in einigen anderen Ländern Ostafrikas zu beobachten, in denen Regierungen ihr Unwesen trieben. Menschen, denen Ostafrika schon seit Generationen Geburts- und Heimatland war, setzten sich entweder nach Südafrika ab oder gingen nach Europa. Ein unaufhaltsamer Prozess, die Führungen in Unternehmen aller Art mit Schwarzafrikanern zu besetzen, hatte massiv begonnen. Schon zehn Jahre später war das einst so prosperierende Land durch Vetternwirtschaft, Misswirtschaft und Wirtschaftsbetrügereien im großen Stil dermaßen heruntergewirtschaftet, dass Welthilfsorganisationen gezwungen waren, unterstützend einzugreifen. In vielen anderen Ländern Afrikas konnten ähnliche Entwicklungen beobachtet werden.

Heute scheint mir der gesamte afrikanische Kontinent, vielleicht mit Ausnahme von Südafrika, in vielen Bereichen nur noch ein Überbleibsel einstigen Glanzes. Das oberste Gebot in vielen afrikanischen Ländern und deren durch Militärputsche an die Macht gekommenen schwarzafrikanischen Regierungen und ihrer selbsternannten, raffgierigen Führer scheint nun seit einiger Zeit das gegenseitige Abschlachten, Niedermetzeln, Morden, kurz die Dezimierung der Menschheit zu sein.

Ich glaube, wenn man lange genug wartet, werden diese arroganten und inkompetenten Leithammel mit ihren plündernden und irrealen Machtansprüchen dafür sorgen, dass sie der verbleibenden Menschheit wieder jungfräuliche Länder hinterlassen. Hilfsorganisationen und viele Länder der westlichen Welt, die aus mir unerklärlichen Gründen diesen ausgeplünderten Schurkenstaaten immer noch enorme Beihilfen leisten, werden einsehen müssen, dass es sich in keiner Weise lohnt, diese chaotischen Regierungen finanziell zu unterstützen, denn finanzielle Hilfen versickern prompt bei einigen wenigen, die sich in den oberen Regierungsspitzen befinden, und dienen nur zu deren persönlicher Bereicherung. Das gemeine Volk bleibt außen vor, hungert, wird ärmer und ärmer, während die Elite dieser verschlagenen, sich selbst verherrlichenden Regierungsmitglieder diese Gelder gänzlich unterschlägt oder zumindest davon riesige Summen abzweigt und in Devisenkonten im Ausland anlegt, goldene Betten kauft, riesige Fuhrparks mit Luxusautos unterhält und schon vorher enteignete oder gestohlene Landbesitze weiter ausdehnt.

Hier nur ein Beispiel unter vielen: Rhodesien, das heutige Simbabwe, wurde 1964 unter starkem Protest seitens England aus dem Verbund britischer Kronkolonien entfernt. Es wurde in Simbabwe umbenannt, von Robert Mugabe regiert und in den absoluten Ruin gewirtschaftet. Einst war Rhodesien, wie ich finde, ein blühendes Land, wirtschaftlich stabil und erfolgreich. Farmer und Plantagenbesitzer hatten seit Generationen für den relativen Wohlstand aller gesorgt, aber dann kam Mugabe. Und seine erste Aufgabe sah er darin, alle Weißen des Landes zu verweisen. Das Land sollte nur Schwarzafrikanern gehören. Wenn Weiße ihren Besitz nicht freiwillig zu einem Spottpreis an den Staat veräußern wollten, wurden sie schikaniert, in vielen Fällen wurde ihr Leben bedroht, sie mussten schließlich, ob sie nun wollten oder nicht, das Land verlassen. Dann wurden ihre Häuser und Ländereien an Schwarzafrikaner verteilt. Im Blitzverfahren eilte das Land dem Abgrund entgegen. Heute ist Simbabwe eines der ärmsten Länder der Welt. Es hat eine Geldinflation erlitten, die mit keinem anderen Land der Erde zu vergleichen ist. Aber Mugabe war bis 2017 im Amt, bis er von seinen eigenen Leuten abgesetzt wurde.

Irgendwann wird sich aus den vorgenannten Gründen die gesamte einheimische Bevölkerung selbst ausrotten. Darunter leider auch die mehrheitlich freundliche und unschuldige Masse des einfachen Volkes.

So, wie ich dieses herrliche Land auch in der kurzen Zeit, die ich dort verbringen konnte, einschätzen kann, war wohl für die Mehrheit die beste Zeit zwischen 1915 und 1945. Danach ging es in zuerst kleinen und dann in immer größer werdenden Schritten bergab. Dankbar bin ich, denn ich habe wenigstens noch etwas von der Aura und der eigentlichen Schönheit dieses Landes sehen und erfahren können. Heute, auch wenn man mich dafür belohnen und bezahlen sollte, würde ich nie mehr dieses Land besuchen. Es wäre zu schmerzlich für mich, das von Mugabe heruntergewirtschaftete und in den Bankrott getriebene Land wiederzusehen, denn es würde bestimmt meine herrlichen Erinnerungen zerstören.

Mein Aufenthalt in Afrika, besonders in Nairobi und Umgebung, und die vielen Reisen in die anderen Länder dieses Kontinents zählen zu den schönsten Zeiten meines Lebens. Ich habe danach viele Kontinente und Länder der Erde bereist, in einigen habe ich auch eine Zeit lang gewohnt, aber nie wieder ist mir ein Land und seine Menschen so ans Herz gewachsen wie Ostafrika.

Immer wenn ich eine längere Zeit verreist war, suchte ich nach meiner Rückkehr das Thorn Tree Café auf. Das Café war Teil des Stanley Hotels und man durchquerte es, um in den Haupteingang des Hotels zu gelangen. Mitten in der Caféanlage, die sich unter freiem Himmel befand, stand ein alter Dornenbaum. Deshalb wurde auch das Café Thorn Tree genannt. Das Café war, wie auch das Stanley Hotel, weltberühmt. Es war der Treffpunkt der Einwohner europäischen Ursprungs und vieler international hochgestellter Persönlichkeiten. Wollte man die neusten Ereignisse im Land selbst oder auf der Welt erfahren, diente dieses Café als verlässliche Informationsquelle.

Jeder kannte und besuchte es und wenn man sich mit jemandem treffen wollte, war dies der geeignetste Ort. Personen aus Politik, Wirtschaft, Kultur, Sport, Film oder anderen Gebieten trafen sich dort und fanden ihre Gesprächspartner. Wurde ein Film über Afrika gedreht, waren dort mit Sicherheit auch die mitwirkenden Schauspieler anzutreffen. Im Café Thorn Tree habe ich auch Robert Mitchum eifrig diskutierend gesehen, nur war er mir damals nicht bekannt und ich erinnerte mich erst viele Jahre später an ihn, als ich den Film sah, den er dort gedreht hatte.

Viele Safariführer, weiße Jäger oder im Fachjargon auch White Hunter genannt, kamen mit ihren Kunden vor oder nach den Safari-Exkursionen ins Thorn Tree Café. Zu dieser Zeit war die Großwildjagd noch fast ohne Beschränkungen erlaubt und es war der Traum vieler Jäger und einer großen Anzahl reicher Sonntags- oder Hobbyjäger, die aus allen Teilen der Welt anreisten, einmal an einer solchen Safari teilzunehmen.

Manche dieser stinkreichen Sonntagsjäger verlangten von den White Hunters eine Sonderbehandlung. Sie wollten auch in der Wildnis auf keinen Komfort, den sie ja von zu Hause gewohnt waren, verzichten. Der angeheuerte White Hunter musste diese Wünsche erfüllen, was er auch gerne tat, gegen horrende Aufpreise.

Auch die professionellen Berufsjäger wussten den Wert des Geldes zu schätzen und erzielten exorbitante Gewinne, die sie zu reichen Personen machten. Sie fuhren mit einem ganzen Tross Bediensteter, oft mit bis zu zehn oder mehr Fahrzeugen, beladen mit allem, was gut und teuer war, hinaus in die Jagdgebiete. Sogar faltbare Badewannen und Duschen waren Teil der Ladungen.

Die Hobbyjäger knallten alles, was sich bewegte, in den Wildgebieten ab und die lokalen Tierpräparatoren hatten Hochkonjunktur, die vielen Trophäen zu konservieren. Ein „White Hunter" zu sein, war ein Statussymbol und viele dieser Berufsjäger wurden reich und verehrt wie Filmstars. Sie benahmen und produzierten sich auch entsprechend.

Ein paar Straßen vom Stanley Hotel entfernt befand sich der Equator Club, der in jedem Film über Ostafrika als ein Stück Hintergrundkulisse herhalten musste. In diesem Klub waren Filmleute, Jäger und wer sonst noch gesehen werden wollte in Massen anzutreffen. Die Wände des Klubs waren mit Zebrafellen verziert, als Tische dienten riesige, mit Tierfellen überzogene Buschtrommeln. Man saß auf Hockern, die aus präparierten Elefantenfüßen hergestellt waren. Der Alkohol floss in Strömen und die Jagdgeschichten wurden folglich immer unglaublicher.

Ich lernte im Equator Club Frank, einen ca. 35-jährigen, in Kenia geborenen, sehr muskulösen, bestimmt 1,90 Meter großen Mann, kennen, dessen Eltern schon in ihrer frühen Jugend von England kommend in Kenia sesshaft geworden waren. Frank war auch ein White Hunter, er liebte und respektierte die wilden Tiere, die Weite des Landes und die Freiheit, die die Tierwelt für sich beanspruchen konnte und seiner Auffassung nach auch behalten sollte. Ich freundete mich mit Frank an und er lud mich manchmal zu einer Kurz-Safari ein, die er privat nur für seine Freunde arrangierte. Wir waren dann zwei oder drei Tage an einem verlängerten Wochenende unterwegs im Rift Valley.

Das Rift Valley kann man in etwa zwei Stunden von Nairobi aus auf einer befestigten Straße erreichen. Nairobi mit seinen Außenbezirken liegt ja auf einem Hochplateau. Fast ohne Ankündigung tut sich plötzlich, wenn man Nairobi Richtung Limuru verlässt, das Rift Valley, eine gewaltige tiefgelegene Landfläche, vor den Augen des Ankommenden auf. Allein der Anblick dieses riesigen Tals flößt jedem, der es zum ersten Male erblickt, Respekt, Ehrfurcht und Reverenz vor der Natur ein.

Die Sicht ist fast unendlich, denn Kenia ist bekannt für klare Luft und strahlendes Licht. Es ist ein fruchtbares Tal, in dem alle Arten der afrikanischen Wildtiere anzutreffen sind.

Wir fuhren dann meistens mit dem Land Rover in Richtung Naivasha, am Naivashasee gelegen, und oft noch weiter nördlich nach Nakuru oder einfach nach Westen Richtung Victoriasee. Egal welche Richtung wir einschlugen, an klaren Tagen, und die gab es fast immer, konnten wir manchmal sogar den Mount Kenia und den Ngorongoro Krater sehen.

Wir fuhren mit dem Land Rover kreuz und quer durch die flache Buschlandschaft und sahen uns die Vielfalt der grasenden Tiere an. Ab und zu kamen wir an versteckt liegenden Manyattas der Massai vorbei oder an Kuh- oder Ziegenherden, die von jungen Massai bewacht wurden. Spätnachmittags schoss Frank eine junge Gazelle oder einige Perlhühner, die wir dann abends am Lagerfeuer brieten. Wir schliefen in Zelten oder auch manchmal unter freiem Himmel und lauschten dem nächtlichen Konzert der Tierstimmen. Wichtig war immer, ein Feuer während der ganzen Nacht in Gang zu halten, denn die Gefahr, dass sich Löwen für uns interessierten, war immer gegeben. Frank erzählte abends am Lagerfeuer die tollsten Abenteuergeschichten. Ob sie alle der Wahrheit entsprachen, wusste ich nicht. Das war auch völlig unwichtig, sie klangen romantisch und hatten den Zauber, der sich nur dann entwickeln kann, wenn jemand von einem Land erzählt, das er wirklich liebt und verehrt.

Frank und seine junge Frau wohnten in einem gemütlich eingerichteten Haus etwas außerhalb von Nairobi. Herzstück seines Heims war das Wohnzimmer mit einem mannshohen Kamin, in dem abends immer ein Feuer brannte, denn auch im Sommer können die Nächte auf der Hochebene, auf der Nairobi liegt, empfindlich kalt werden.

Ich habe die beiden so oft es ging besucht und bei ihnen immer eine herzliche Aufnahme gefunden. Frank war begeisterter Pilot und flog seine Safarigäste oft in weit entlegene Jagdgebiete.

Jahre später, nachdem ich Kenia längst verlassen hatte, erfuhr ich, dass Frank bei einer Notlandung im Buschland tödlich verunglückt war. Ein Rad vom Fahrgestell seines Flugzeugs war bei der Landung in ein Loch von einem Erdhörnchenbau geraten. Das Flugzeug hatte sich überschlagen und er hatte sich dabei tödlich verletzt. Sein Tod ist mir sehr, sehr nahegegangen, denn er war, auch wenn wir uns nur eine kurze Zeit kannten, einer der wenigen Menschen in meinem ganzen Leben, denen man absolut vertrauen konnte. Wahrscheinlich hätte er sich, wenn es denn sein musste, gewünscht, so seinen Tod zu finden.

Ich hatte mit meinem US-Pilotenschein bei der Flugaufsichtsbehörde in Nairobi die Berechtigung bekommen, auch Flugzeuge, die in Kenia registriert waren, zu fliegen. Davon machte ich oft in Begleitung von Frank, der ja das Terrain gut kannte, Gebrauch. Wir flogen dann in den Bereich des Bergmassivs des Kilimandscharo, manchmal bis an die Küste nach Mombasa und bis Malindi hinauf oder über weite Teile des Rift Valleys. Aus der Luft kann man am besten die Bewegungen der riesigen Tierherden verfolgen. Für Frank waren diese Informationen immer sehr wichtig, wusste er dann doch, wo sich die bestimmten Tierarten für seine Safari-Exkursionen aufhielten.

Übrigens hat mir Frank auch das Reiten beigebracht, denn einige Male hatten wir Tagesausflüge in den Busch mit Pferden unternommen. Wir ritten aber alle, warum, weiß ich nicht mehr, ohne Sattel. Bei meinen ersten Versuchen rutschte ich auf dem Pferderücken hin und her, bis ich schließlich hinunterglitt. Ich war dann öfter neben meinem Pferd als Fußgänger anzutreffen als obendrauf. Irgendwie klappte es aber dann doch und ich konnte mich auf dem glatten Pferderücken halten. Es machte sogar Spaß, sich wie die Indianer früher ohne Sattel auf dem Pferd zu halten.

Wahrscheinlich wurde Robert Redford, als er mit Meryl Streep den Film „Jenseits von Afrika“ drehte, von der Schönheit und Unberührtheit dieses Landes inspiriert, ein riesiges Stück Land in der Nähe von Provo, Utah, USA in den Rocky Mountains zu erwerben, nur zu dem Zweck, es in seinem jungfräulichen Ursprung zu erhalten. In einem sehr kleinen Teil der ca. 3 000 Hektar großen Fläche errichtete er schicke Landhäuser, die man mieten kann. Dieser Teil wird auch Sundance genannt und dort finden jährlich Filmfestivals statt.

Den Rest dieses großen Gebiets ließ er mit der Hilfe von Präsident Clinton in ein Naturreservat umwandeln. Damit wurde die gesamte Restfläche unbebaubar und wird in ihrem Ursprungszustand erhalten. Vielleicht wird ihm dies später von verständigeren Generationen gedankt.

Wenn ich über entsprechende Mittel verfügen würde, würde ich mit diesen in den schönsten Gegenden der Welt große Flächen Land mit Seen, Flüssen und Wäldern erwerben und den festen Willen haben, nichts zu verändern. Ein ähnliches Ziel hat wohl auch Ted Turner, der Gründer vom US-Fernsehsender CNN und reicher Medienmogul. Er kauft schon seit Dekaden riesige Landflächen, Inseln etc. auf, nur um sie in ihrer Ursprungsform zu erhalten.

Der Fordhändler in Djibouti, Somalia fing an mir große Probleme zu bereiten. Er hatte eine große Anzahl von Thames-Trader-Lastwagen importiert und an ein Straßenbauunternehmen verkauft. Dieses Unternehmen reklamierte nun bei dem Händler dauernd die ungenügenden Funktionen an den schaltbaren Hinterachsen der Laster. Die Hinterachsschaltung würde dauernd, wenn einmal eingelegt, wieder herausspringen, war der Tenor dieser Reklamation. Dieser Lastwagentyp war, zusätzlich zu der normalen Gangschaltung – sechs Vorwärtsgänge plus Rückwärtsgang –, mit einer komplizierten Achsschaltung, einem frühen Torsen-Differential, welches zusätzlich drei sehr niedrige Geschwindigkeiten erlaubte, ausgerüstet. Diese Geschwindigkeiten, die unterhalb des ersten Vorwärtsgangs lagen, waren für extrem langsame Geschwindigkeiten, unter hoher Beladung des Fahrzeugs, nur für Straßen mit weicher Schotter- oder Sandoberfläche gedacht. Diese Zusatzschaltung, wenn betätigt, verlangte vom Fahrer eine besondere Fertigkeit und einiges Können. Die Handhabung war also nicht einfach und man musste lernen, diese Schaltung zu bedienen. Viele Schreiben mit Sonderanleitungen für diese Schaltung sowie eine Reihe von Telexen wurden zwischen dem Fordhändler, unserem Büro in Nairobi und dem Herstellerwerk in England hin und her geschickt. In England war man sich sicher, dass Bedienungsfehler des Fahrers bei der Betätigung der Hinterachsschaltung vorlagen, denn man hatte niemals von gleichartigen Fällen bei Kunden in anderen Ländern gehört. Das Resultat dieser Aktionen war gleich null und der Händler verlangte wieder und wieder neue Ersatzachsen auf Kulanzbasis für alle Lastwagen. Ich reiste also nach Dschibuti und besuchte mit dem Händler zusammen den Kunden.

Wir fuhren dann zusammen zu einer offenen Abbaustelle, einer Mine, von der Schotter und Kies mit diesen Lastwagen abtransportiert wurde. Die Mine lag sehr tief und voll beladene Laster mussten, wenn sie die Mine verließen, einen steilen, nur mit weichem Sand befestigten Weg bis zur asphaltierten Straße bewältigen. Um die Steigung zu bewältigen, musste die Hinterachsschaltung eingeschaltet werden. Ich fuhr also einen voll beladenen Laster unter Betätigung der Zusatzschaltung problemlos aus der Mine heraus auf die Straße. Beide, der Händler und Kunde, saßen neben mir und konnten somit bestätigen, dass das System gut funktionierte. Ich ließ einen anderen Fahrer vom Kunden die gleiche Strecke unter den gleichen Bedingungen fahren und siehe da, er schaffte es nicht, die Zusatzschaltung ordnungsgemäß einzusetzen. Er blieb stecken. Er, genauso wie seine anderen Fahrerkollegen, bediente die Zusatzschaltung völlig falsch. Sie mussten also üben, um mit diesem System umgehen zu können, aber das wollten sie anscheinend nicht, oder war da vielleicht noch ein anderer Grund?

Viele nachfolgende Gespräche mit dem Händler und dem Kunden brachten nichts ein, man wollte neue Hinterachsen vom Werk und zwar kostenlos. Zurück in Nairobi informierte ich meinen dortigen Chef ausführlich über die Sachlage. Der war aber Kaufmann und eigentlich nur für den Verkauf unserer Produktpalette in Ostafrika zuständig und hatte von Problemen, die im technischen Bereich periodisch auftauchten, keine Ahnung. Er wollte und bestand darauf, dass ich umgehend den Händler mit seinem Kunden zufriedenstellte.

Das englische Herstellerwerk – ich hatte einen ausführlichen Bericht an es geschickt – war zwar völlig meiner Meinung, wollte aber zukünftige Aufträge von diesem Händler nicht gefährden. Der Händler bekam also, ich glaube, 15 fabrikneue Hinterachsen komplett mit Zusatzschaltungen kostenlos zugestellt, sogar die Kosten für den Ausbau der alten und den Einbau der neuen Achsen wurden dem Händler noch großzügig vergütet. Ich war sprachlos und grenzenlos enttäuscht darüber, wie hier Geld vernichtet wurde.

Ein wenig später fand ich eher durch einen Zufall heraus, dass dieser Händler mit seinem Kunden zusammen ein wohldurchdachtes Falschspiel inszeniert hatten. Denn nur für einen geringen Betrag wurden dem Kunden vom Händler die neuen Achsen inklusive Ein- und Ausbau in Rechnung gestellt. Die alten Achsen, die ja noch hervorragend funktionierten, nahm der Händler in sein Lager auf, damit sie später wieder als Ersatzteile verkauft werden konnten. Der Kunde hatte somit preisgünstig erworbene neue Achsen und der Händler kostenlose, voll funktionierende Ersatzteile.

Ich war so erbost und erzürnt über diesen Vorfall, besonders aber darüber, dass mir kein Rückhalt seitens meiner Firma in dieser Angelegenheit gewährt wurde und ich wie ein Trottel alleine dastand, dass ich beschloss, mich zu verändern. Die Zeit war reif, ich benötigte ein völlig anderes Aufgabengebiet.

Ford International hatte mich nicht nur sehr großzügig für meine Tätigkeit entlohnt, sondern mir auch ermöglicht, große und interessante Teile Ostafrikas kennenzulernen. Die Erfahrungen, die ich dort gemacht hatte, gehörten mir, sie waren ein wertvoller Schatz, den ich mein ganzes späteres Leben in liebevoller Erinnerung behalten sollte.

Genau zu dieser Zeit bekam ich ein Angebot von der Firma, die primär im Flugzeugwesen tätig war und bei der ich mich, wie berichtet, schon vorher beworben hatte. Ich nahm nach einiger Zeit der Überlegung das Angebot an, kündigte meine Position bei Ford International und bereitete mich auf meinen Abschied aus Ostafrika, hin zu einer Spezialausbildung bei meiner neuen Firma, die ich in den USA absolvieren sollte, vor.

Oft hatte ich mit einigen meiner amerikanischen Arbeitskameraden Golf in dem herrlichen, etwa 15 Minuten von der Stadt entfernten Muthaiga

Country Club gespielt. Der Klub wurde schon 1913 von begüterten Engländern, die riesige Plantagen besaßen, sie aber eher hobbymäßig betrieben, gegründet. Sie waren alle schon vorher enorm reich gewesen, deshalb war Geldverdienen in Kenia nicht ihr oberstes Gebot. Sie legten jedoch größten Wert auf stilvolle Freizeiteinrichtungen.

Das Hauptgebäude des Klubs war ein imposanter Bau, der die offiziellen Räume beherbergte. Das Außengelände war riesig. Dort befand sich nicht nur der nach internationalem Standard errichtete Golfplatz, sondern noch eine Reihe von kleineren Wohngebäuden, die man auch anmieten konnte. Man traf sich dort, spielte eine Runde Golf, fand anschließend in der gemütlich eingerichteten Bar, in der indische gut ausgebildete Barmixer exotische Cocktails servierten, Gesprächspartner, mit denen man lokale, aber auch Weltgeschehnisse erörtern konnte.

Bevor ich nun Nairobi endgültig verließ, wollte ich mich noch von allen Freunden und Bekannten mit einem Umtrunk verabschieden. Der geeignetste Ort für diese kleine Abschiedsparty war denn auch ohne Zweifel die Bar im Muthaiga Club.

Zum letzten Male ging ich durch die große, elegant eingerichtete Eingangshalle, die in die mit dunklem Edelholz getäfelte Bar führte. Es war eher ein trauriger und wehmütiger Abschied. Schöne Stunden hatte ich dort zugebracht und jetzt war ich zum letzten Male in dieser mir sehr vertrauten Umgebung. Auch hier merkte man schon sehr deutlich die schleichende Veränderung in Kenia, denn vorher bestand das Bedienungspersonal ausschließlich aus Indern und jetzt bedienten uns Schwarzafrikaner. Die waren zwar freundlich, aber anders als die altgedienten Inder kannten sie nicht jedes Klubmitglied bei Namen. Viele meiner Bekannten trugen sich auch schon mit dem Gedanken, das Land zu verlassen. Wie das Leben eben spielt, habe ich später keinen von ihnen wiedergetroffen. Meine Zeit in diesem einst blühenden Ostafrika war endgültig vorbei.

Zurück in New York, denn dort war auch das Hauptbüro der Firma, die die Flugzeuginstrumente und andere Produkte für das Flugzeugwesen herstellte, mietete ich mich in einem guten Hotel ein und verabredete von dort eine Zusammenkunft mit der Person, die verantwortlich für die zu besetzende Position war.

Vorher hatte ich noch einen Zwischenstopp in Deutschland gemacht und meine Familie besucht. Meinen Schwestern ging es gut, ihre Ehen funktionierten und bei meiner Schwester Hiltrud hatte sich kürzlich Nachwuchs, eine kleine Tochter, eingestellt. Meine Schwester Rosi hatte auch schon zwei Töchter und das Leben schien in ihren Familien bestens zu verlaufen. Ich war immer sehr erleichtert und froh, wenn ich hörte oder selbst miterleben konnte, dass es ihnen und ihren Ehemännern gut ging.

Während meines Kurzbesuches erfuhr ich, dass Ine, die Frau meines Onkels Hans, die beiden hatten inzwischen drei Kinder, Selbstmord verübt hatte. Den eigentlichen Grund oder den Auslöser für diese Tat habe ich nie erfahren. Sie muss schwere Depressionen gehabt haben und war dazu noch alkoholabhängig. Sie schied mit einer Tabletten-Überdosis aus dem Leben. Kurz darauf, ich hätte dies nie für möglich gehalten, verübte mein Onkel Hans auf die gleiche Art Selbstmord. Was ihn zu dieser Tat getrieben hatte, war auch nicht zu ergründen. Wie konnte er seine noch sehr kleinen Kinder alleine zurücklassen? Unvorstellbar war mir sein Tod und begriffen habe ich sein Ableben nie.

Die drei Kinder wurden Vollwaisen und wuchsen z. T. in Waisenhäusern und später bei Familienmitgliedern ihrer Mutter auf. Meine Oma, hätte sie zu dem Zeitpunkt noch gelebt, hätte diesen Schicksalsschlag sicher nicht überstanden. Ihre gesamte Familie, Ehemann, Tochter mit Ehemann und Sohn mit Ehefrau, war nun ausgelöscht, nur noch wir, meine beiden Schwestern und ich, lebten noch.

Ich wurde mit meiner neuen Firma, auch ein Weltkonzern, sehr schnell einig. Die Position, die ich bekleiden sollte, war die eines technischen Managers, verantwortlich für staatliche Kunden weltweit. Diese Kunden waren primär Staatsorgane, die für ihre Luftwaffen die entsprechenden Fluginstrumente spezifizierten und beschafften. Im Übrigen wurde diese Position sehr hoch dotiert und man räumte mir alle nur denkbaren Freiheiten ein, die mit meinen Aufgaben zusammenfielen.

Überall auf der Welt gab es auch noch eine Reihe von unabhängigen Repräsentanten mit den entsprechenden Büros und Angestellten, die auf Provisionsbasis unsere Fluginstrumente an private Luftfahrtunternehmen vermarkteten. Das waren meistens unabhängige Unternehmen, die schon viele Jahre für unsere Firma tätig waren. Meine Firma unterhielt firmeneigene Büros und auch größere Niederlassungen mit entsprechend geschultem Personal in fast allen Ländern, die eine Flugzeugindustrie hatten.

Es wurde nun dringend erforderlich, dass ich schnellstens die einzelnen Büros und Niederlassungen, die die Firma weltweit betrieb, sowie die wichtigsten Geschäftspartner und Kunden kennenlernte. Also begab ich mich auf einige lange Reisen, die mich rund um die Welt führten. Hauptsächlich musste ich mich aber zuerst auf Europa konzentrieren, denn dort sollte ich später einer Niederlassung meiner Firma zugeteilt werden.

Einige Monate reiste ich nun fast pausenlos überall in der Welt herum, kam aber zwischendurch immer ab und zu für kurze Zeit zurück nach New York. Anschließend besuchte ich dann von New York aus die über die gesamte USA verteilten Herstellerwerke meiner Firma, um dringende technische Probleme, die sich während meiner Auslandsreisen angehäuft hatten, abzuklären und mit den dortigen Spezialisten nach Lösungen zu suchen. Gleichzeitig wurde ich mit allen Produkten bekannt gemacht und geschult. Vorerst war mein Einsatz im Hauptbüro in New York geplant, der Zeitpunkt einer Versetzung nach Europa war noch nicht festgelegt.

Ich liebte New York sehr, wie ich schon einige Male bemerkte, und es war mir ein Anliegen, wenigstens eine kleine Wohnung zu finden, denn immer in möblierten Wohnungen oder Hotelzimmern zu leben, zu denen man keine Beziehungen aufbauen kann, wird auf die Dauer langweilig und fade.

Ich fand zufällig eine leer stehende Wohnung genau in der Straße, in der ich schon einmal vorher gewohnt hatte. Ich griff beherzt zu und hatte auch noch Glück, denn in meiner Nähe befand sich ein Händler, der mit gebrauchten Möbeln sein Brot verdiente. Ich stattete also meine Wohnung mit den nötigsten Möbeln aus. Ich hatte aus Afrika viele Schnitzereien und eine Menge Souvenirs mitgebracht, die endlich einmal Stellplätze haben sollten. In Nairobi hatte ich eine Menge Küchengeräte wie Töpfe, Pfannen, Schüsseln, Geschirr und alle möglichen anderen Küchenutensilien erworben. Ich kaufte also noch ein gebrauchtes Einzelbett, das dazugehörige Bettzeug, einige antike Tischchen, eine alte aufklappbare Couch für mein Wohnzimmer, die, wenn sie funktionierte, was sie aber selten tat, auch in ein Besucherbett verwandelt werden konnte. Zum ersten Male in meinem Leben lebte ich also in einer Wohnung, umgeben mit meinen eigenen Möbeln. Das war für mich schon ein gewaltiger Fortschritt zur Eigenständigkeit in dieser Zeit. Irgendwann will ja jeder einmal einen persönlichen Bezug zu Dingen, die im täglichen Leben benötigt werden, entwickeln. Im ganzen Haus wohnten nur junge Leute, die sich auf die drei Etagen und insgesamt sieben gleich große Wohnungen verteilten. Ich wohnte im ersten Stock zur Straße hin. Auf der gleichen Etage wohnte ein junger Mann mit seiner Frau in der Wohnung nach hinten hinaus. Die zwei Wohnungen über mir im zweiten Stock waren nur von jungen Mädchen belegt. Es teilten sich jeweils drei Mädchen eine Wohnung, um den Mietpreis pro Person möglichst niedrig zu halten. Also waren es insgesamt sechs an der Zahl. Auf der dritten Etage wohnten wieder zwei junge Männer, jeder in einer Einzelwohnung, so wie ich. Ganz unten im Parterre wohnte der Hausmeister mit seiner kleinen Familie. Es war sehr lustig in dem Haus, denn irgendjemand feierte immer eine Party. Wo immer eine Party stattfand, waren automatisch auch alle Hausbewohner eingeladen.

Übrigens wurden das Haus und noch einige daneben nur drei Jahre später abgerissen. Heute steht ein Wolkenkratzer mit 84 Stockwerken an dieser Stelle.

Während meiner Kurzbesuche in New York traf ich eher zufällig wieder auf Gene Krupa, den zu dieser Zeit besten Jazz-Schlagzeuger der Welt. Ich hatte ihn ja schon kennengelernt, damals zu meiner Studentenzeit, als ich einmal als Gast-Kontrabassist mit ihm im Birdland einige Titel spielen durfte. Er wohnte in einem Apartmenthaus, nicht weit von meiner Wohnung entfernt, auf der gleichen Straße. Auch er reiste sehr viel in der Welt herum und wenn er dann einmal zu Hause war, gingen wir manchmal in unser Lieblings-Steakhouse, ein paar Straßenblocks nördlich von uns auf der 2nd Avenue gelegen, oder wir machten uns sonntags ein schönes Frühstück in seiner oder meiner Wohnung. Immer stellten sich dann auch unangemeldet eine Reihe seiner Jazzfreunde ein. Wie sie alle hießen, ist mir entfallen, aber mit Sicherheit waren sie alle weltbekannt, waren weit gereist, in ihren Ansichten völlig unamerikanisch und vor allen Dingen unpolitisch.

Bei einem dieser Zusammentreffen lernte ich Gerry Mulligan kennen. Der wiederum stellte mich Elaine vor. Elaine war ca. Mitte dreißig und Barbesitzerin. Ihre Bar, in der auch ein gutes Essen serviert wurde, lag einige Blocks nördlich von uns auf der 2nd – oder war es die 3rd Avenue? Dort traf sich die gesamte Jazzwelt. Egal wann man Elaines Bar besuchte, dort fanden sich immer eine Reihe der größten Jazzmusiker der Welt ein. Zwanglos wurden dort zwischen ein paar Drinks ganze Bands oder Combos zusammengestellt, Touren ausgearbeitet, Neuigkeiten ausgetauscht und vor allem immer viel Jazz gespielt. Jeder, der mit Jazz zu tun hatte, pilgerte zu Elaine. Der Laden war immer voll und brummte. Elaine selbst stand hinter der Bar und steuerte das Geschehen wie ein Kapitän sein Schiff. Was P. J. Clarke's auf der 3rd Avenue für die Mode- und Filmindustrie war, war Elaine für die Musikwelt.

Auf unserer Straße und der 3rd Avenue, der Nordwestecke, befand sich Tinkers. Tinkers war unsere Nachbarschaftsbar, in der sich mehrheitlich alle jungen Leute im Umkreis von ein oder zwei Straßenblocks trafen.

Meistens nach Arbeitsende, bevor man nach Hause ging, genehmigte man sich bei Tinkers noch einen Drink oder auch mehrere. Tinkers war eine irische Bar und gehörte dem Jüngsten der Brüder Ward.

Die Wards kamen aus Brooklyn und alle drei Brüder hatten als junge Männer ihre ersten Arbeitsjahre an den dortigen Docks mit dem Be- und Entladen von Frachtschiffen verbracht. Vater Ward war Polizist beim NYPD (New York Police Department) gewesen und die Mutter hatte wohl Haare auf den Zähnen, denn alle, auch Vater Ward, wohnten überall, nur nicht zusammen bei Mutter Ward in Brooklyn. Sie alle hatten großen Respekt vor ihrer Mutter und sprachen alle immer ehrfürchtig von ihr. Die Wards erfüllten alles, was man von typischen Iren erwartete. Alles, was irisch war, war gut, und was nicht, wurde argwöhnisch und mit viel Reservation behandelt und betrachtet. Was auch immer geschah, die Familienmitglieder hingen zusammen wie die Kletten, wenn ein Familienmitglied sich in irgendeiner Schwierigkeit befand.

Einmal im Jahr ist St. Patrick's Day, ein übergeordneter irischer Festtag. Weltbekannt ist auch die St.-Patrick's-Parade, die auf der Fifth Ave. abgehalten wird. Schon Tage davor, natürlich am St. Patrick's Day selbst und noch einige Tage danach ist alles, was irisch ist, total dem Alkohol verfallen. Es wurde gesoffen, dass es krachte. In dieser Zeit einen Iren zu finden, der nüchtern war, wäre die absolute Ausnahme gewesen.

Manchmal, spät an Samstagabenden, wenn Tinkers gerammelt voll war und der Laden vor Fröhlichkeit und Ausgelassenheit geradezu platzte, tanzten zwei der Ward-Brüder perfekte irische Jigs. Egal wie viel sie getrunken hatten, tanzen konnten sie mit vollendeter Grazie, auch wenn sie vorher oder nachher nicht mehr geradeaus gehen konnten.

Henry Fonda und seine Familie wohnten in einem Apartment ganz in der Nähe. An seine Tochter Jane und seinen Sohn Peter kann ich mich noch gut erinnern. Oft habe ich sie im Central Park Ball spielen oder spazieren gehen gesehen. Peter Fonda ließ sich seine Haare bei einem Friseur auf der Lexington Ave. schneiden, zu dem auch ich immer ging. Manchmal sah ich ihn auch dort.

Ging man im Central Park spazieren, war es nicht ungewöhnlich, manchmal dem überragenden Filmschauspieler Walter Matthau zu begegnen. Für mich war Walter Matthau schon zu dieser Zeit der beste amerikanische Schauspieler. Ich habe bis zu seinem Tode 2003 alle Filme, in denen er tragende Rollen hatte, mehrmals gesehen und war immer wieder verwundert und erstaunt darüber, was er aus einer einzigen Szene machen konnte. Seine schauspielerischen Fähigkeiten waren einfach grenzenlos und unübertroffen. Er muss ganz in der Nähe des Central Parks seine Wohnung gehabt haben. Schon von hinten konnte man ihn an seinem einmaligen, schlurfenden Gang erkennen. Den Oberkörper vornübergebeugt, mit eingeknickten X-Beinen, die Füße weit nach außen gestellt, stürmte er, oftmals eine zerfledderte Zeitung unter den Arm geklemmt, irgendeinem Ziel entgegen. Nur zu sehen, wie er sich fortbewegte, ohne dass er einen einzigen Ton von sich gab, war das Eintrittsgeld in einem Kino, wenn einer seiner Filme dort lief, wert.

Heute im Rückblick war meine gesamte erste Zeit, die ich in den USA verbrachte, voller schöner und vor allen Dingen prägender Ereignisse, an die ich oft mit Wehmut zurückdenke. Ich hatte dort gute und schlechte Zeiten, traf manche gute und öfters sogar weniger gute Entscheidungen. Aber ich war ja auch noch jung und unerfahren.

Zurückblickend hätte ich damals vieles anders oder vielleicht überhaupt nicht machen sollen. Aber so ist es immer im Leben, denn nur wenn man älter, erfahrener und vor allen Dingen abgeklärter ist, kann man annähernd optimale Entscheidungen treffen, die sich dann auch als nachhaltig und richtig erweisen.

Das Fernsehen fing damals an, sich sehr stark zu entwickeln, und fesselte abends oder an den Wochenenden die Massen an die Fernsehbildschirme. Es waren die Zeiten der großen Shows. Da war die Chevy Show, eine Supershow von Dinah Shore. Dinah war eine wunderschöne Frau, die singen, tanzen und moderieren, kurz einfach alles konnte und immer weltbekannte, tolle Gäste dem Publikum präsentierte. Man erfreute sich an Xavier Cugats Orchester mit seiner fantastischen lateinamerikanischen Musik und seinen Rumbatänzern. Es gab die Tonight Show von Steve Allen mit dem fast regelmäßig in dieser Show auftretenden Sänger Andy Williams. Der sang dann „Canadian Sunset" oder „Moon River". Ganz Amerika lag ihm dann zu Füßen und schmolz wehmütig und mit feuchten Augen dahin. Danach kam die Jack Paar Tonight Show, die ebenso die Massen bewegte. Nie vergessen kann man die Ed Sullivan Show, die jeden Sonntagabend über zwanzig Jahre lang ihre Sendungen in alle nordamerikanischen Wohnzimmer ausstrahlte und die Beatles in Amerika bekannt und berühmt machte.

Da war die Perry Como Show, danach die Sendung von Carol Burnett, gefolgt von der legendären Johnny Carson Show mit seinem Partner Ed McMahon, die über dreißig Jahre lang gesendet wurde. Die Leute klatschten schon vor ihren Bildschirmen, wenn der Ansager annoncierte: „Here comes Johnny!" Johnny Carson starb im Januar 2005. Nach Johnny übernahm Jay Leno die Sendung, der aber kürzlich aufhörte und die Qualitäten seines Vorgängers niemals erreichen sollte.

Unvergessen sind die Nachrichtensendungen von Chet Huntley und David Brinkley als Team, die zusammen das Nachrichtenwesen weltweit revolutionierten. Auch darf in diesem Zusammenhang Walter Cronkite als Nachrichtensprecher nie vergessen werden.

Unvergessen bleiben auch die vielen Broadway-Shows, die Musicals, mit dem wohl bekanntesten, der „West Side Story". Leonard Bernstein hatte es geschrieben. Lenny, wie man ihn nannte, war ein musikalisches Universalgenie. Er schrieb Symphonien, aber auch Filmmusik, dirigierte die besten Symphonieorchester auf der Welt. Ich habe Leonard Bernstein immer verehrt und bewundert. Noch heute höre ich sehr oft seine Musik. Für mich ist er der größte und facettenreichste Musiker der Neuzeit. Schade, dass er schon 1990 im Alter von 72 Jahren starb. Er war zu der Zeit mitten in seiner Schaffenskraft und hätte, falls er länger gelebt hätte, uns noch viele wunderschöne Werke geschenkt.

Meine Arbeit, das Reisen, die vielen Länder und Leute, die ich kennenlernen durfte – all das bereitete mir viel Freude und trug indirekt dazu bei, mein Selbstbewusstsein zu stärken und mir ein sicheres Auftreten überall auf der Welt zu verschaffen. Tagsüber verrichtete ich meine umfangreichen Arbeitsaufgaben an den jeweiligen Orten, die Nächte und Wochenenden benutzte ich, um von einem Land in ein anderes zu fliegen oder von Kontinent zu Kontinent zu gelangen.

Sehr beliebt bzw. unbeliebt waren die monatlichen Sitzungen in New York, die immer am letzten Samstagmorgen eines Monats stattfanden. An diesen Sitzungen und Besprechungen mussten die meisten im Ausland tätigen Verantwortlichen teilnehmen. Nicht unüblich für mich war es dann, einen Nachtflug am Freitagabend von wo immer ich mich befand zu nehmen, samstags pünktlich in der Hauptzentrale in New York zu erscheinen, an der Sitzung teilzunehmen, um dann postwendend noch am gleichen Abend oder am darauffolgenden Sonntagmorgen, spätestens aber montags wieder zu meinem Ausgangspunkt zurückzufliegen. Sehr oft, wenn ich mit derselben Fluglinie, mit der ich gekommen war, zurückflog, war auch am nächsten Tag dieselbe Mannschaft dieser Fluglinie, die mich nach New York gebracht hatte, wieder an Bord. Ich wurde also wieder von bekannten Gesichtern begrüßt und fühlte mich so ein wenig zu Hause.

Nach Abschluss meines Produkttrainings in den US-Werken wurde ich permanent dem Deutschlandbüro in Frankfurt zugeteilt. Dieses Büro war dann auch meistens der Ausgangspunkt für meine zukünftigen Reisen in Europa und in andere Teile der Welt. Es lag zentral mitten in Frankfurt, in der Nähe der Hauptwache.

Ich hatte Koffer mit Kleidung etc. strategisch auf einige Plätze der Welt, die ich häufig besuchte, verteilt. Im meinem Büro in Frankfurt stand auch solch ein Koffer. Der war vorgesehen für Kurzreisen, an die ich z. B. morgens noch nicht einmal gedacht hatte, mich aber dann abends in Mailand, Paris, Stockholm oder Madrid befand.

Ich habe auch etwa drei bis vier Monate im Hotel Intercontinental, direkt am Main gelegen, gewohnt. Im Hotel Interconti, Frankfurt hatte ich dank der freundlichen Genehmigung der Geschäftsleitung mehrere Koffer in einem Nebenraum der Garderobe deponiert. Alles, was ich besaß, war somit immer irgendwo vorhanden, aber in der Regel nie da, wo man es dann tatsächlich benötigte.

Etwa 15 Personen, die meisten waren Amerikaner, einige Engländer und wieder einige hatten andere Nationalitäten, arbeiteten im Frankfurter Büro. Alle hatten unterschiedliche Aufgabengebiete. Schon sieben oder acht Monate vorher hatte ich in New York die amerikanische Staatsbürgerschaft angenommen und war also jetzt Amerikaner. Dies wurde mir von meiner Firmenleitung nahegelegt, denn es war nicht auszuschließen, dass mich zukünftig Reisen auch in Ostblockländer führen würden.

Alle meine Kollegen beschäftigten sich ausschließlich mit Produktgruppen, die die verschiedenen US-Werke produzierten und welche in Europa und anderen Ländern über Spezialhändler, eigene Niederlassungen oder eine große Anzahl von Lizenznehmern an Werke, die mit der Herstellung von Flugzeugen und Flugzeugteilen beschäftigt waren, oder direkt an staatliche Beschaffungsunternehmen vermarktet wurden. Wie z. B. in Deutschland das BWB (Bundeswehrbeschaffungsamt) in Koblenz. Sie alle benötigten technische Hilfen, deshalb war eine permanente Unterstützung seitens der Herstellfirmen unbedingt erforderlich.

Es war ein bunter Haufen von Spezialisten, die meisten waren in meinem Alter und immer, wenn wir einmal kurz zusammen waren, gab es eine Menge Neuigkeiten von ihren Reisen und Besuchen zu berichten. Wenn wir im Frankfurter Büro waren, aßen wir mittags in einem der umliegenden Restaurants und abends fanden immer einige den Weg zu einer kleinen Bar, in der man stets willkommen war und in der man sich über alle Dinge gemütlich unterhalten konnte.

Einige meiner Mitarbeiter waren verheiratet, hatten Kinder und wohnten in und um Frankfurt herum in Wohnungen oder Häusern. Meinen Wohnsitz im Frankfurter Interconti hatte ich, weil ich einmal eine andere Umgebung benötigte, aufgegeben und war in ein kleines Hotel im Taunus gezogen. Ich hatte mir gleichzeitig einen großen Wunsch erfüllt und einen fast neuen Porsche 356 in cremeweißer Farbe gekauft und war somit mobil.

Unser Büroleiter in Frankfurt, Jack, eine überaus liebenswerte und freundliche Person, hatte am hessischen Äppelwein Gefallen gefunden und nicht selten lud er uns und alle unsere Sekretärinnen zu einem Umtrunk nach Sachsenhausen ein. Das war immer ein gelungenes Fest und es wurde viel gelacht und gewitzelt. Oft spielten einige von uns an Sonntagen in Kronberg auf dem dortigen Golfplatz eine Rund Golf.

Ich hatte gefallen an der Taunusgegend gefunden und suchte mir eine Wohnung, die ich auch in Königstein fand. Einige Zeit benötigte ich, meine neue Bleibe zu möblieren. Kelkheim war und ist wohl heute noch eine Möbelherstellungsstadt. Ich suchte mir dort geeignete Möbelstücke aus und bald hatte ich meine Wohnung in einen schicken, gemütlichen Zustand versetzt. Einige dieser Möbel, die ich damals erwarb, waren Unikate, die ich heute noch besitze. Es war auch höchste Zeit, einen festen privaten Wohnsitz zu erlangen, denn das stetige Hotelleben wurde langsam zur Qual und ziemlich lästig. Es reichte ja durchaus, wenn ich auf meinen immer noch sehr ausgedehnten Reisen in Hotels leben musste.

Ich hatte zwei unserer Lizenznehmer, die in Neuss ihre Fabriken hatten, einen Erstbesuch abgestattet und war von den Eigentümern freundlich empfangen worden, da sie froh darüber waren, eine direkte Ansprechperson für technische Probleme zu haben. Der Eigentümer einer dieser Firmen hatte, als ich noch im New Yorker Büro tätig war, seinen Sohn Manfred zu uns geschickt. Er sollte einige Firmen, deren Produkte sein Vater in Lizenz in Deutschland herstellte, in den USA besuchen, um sein Wissen zu vertiefen und fundierte Kennnisse über die Herstellungsmethoden dieser Güter zu erlangen. In einem Mietauto fuhren wir von New York aus in den Mittleren Westen und besuchten diese Firmen.

Manfred, etwa zwei oder drei Jahre jünger als ich, war sehr wissbegierig und hatte eine verbindliche Art, sich zu präsentieren. Alle mochten ihn sofort und jeder war befleißigt, ihm jegliche Hilfestellung zu leisten. Diese Informationsreise war ein voller Erfolg, nicht nur für

Manfred, sondern auch für seine Firma. Ich schloss Freundschaft mit ihm und als ich nach Deutschland versetzt wurde, haben wir uns oft geschäftlich und privat getroffen, wann immer ich in der Nähe zu tun hatte. Er hatte noch einen jüngeren Bruder, sein Vater hatte jedoch schon vor längerer Zeit entschieden, dass Manfred der Firmennachfolger werden sollte. Manfred war ein sehr gut aussehender, lebenslustiger junger Mann. Er und seine Familie lebten in einem wunderschönen ländlich gelegenen Haus in der Nähe von Düsseldorf und Neuss.

Wenn ich geschäftlich in der Gegend zu tun hatte, trafen wir uns oft abends und gingen in Düsseldorf in der Altstadt in den Pferdestall, zu dieser Zeit ein beliebter Treffpunkt für junge Leute. Hinter der Bar regierte Charly. Er kannte jeden Gast, war freundlich und zuvorkommend und sobald man an einem der Tische rund um die kleine Tanzfläche oder an der Bar Platz genommen hatte, stand auch schon die Flasche Whiskey oder was immer man an Alkohol bevorzugte vor einem. Getränke wurden Flaschenweise erworben, man bediente sich daraus und was übrig blieb, wurde wieder von Charly vereinnahmt und bis zum nächsten Besuch aufgehoben.

Manfreds Familie hatte noch einen Sommersitz in Ronco, direkt am Lago Maggiore gelegen. Ich wurde öfters im Sommer für ein paar Tage auf das große Anwesen eingeladen und verbrachte eine ruhige und erholsame Zeit mit den Gastgebern. Es tut gut, sich manchmal, wenn auch nur für kurze Zeit, von allen Dingen in der Welt und von den hektischen Besuchen in allen Weltteilen, immer der Zeit hinterherlaufend, freizumachen.

Ein schnittiges Riva-Motorboot nebst Bootshaus und Steg gehörte auch zur Liegenschaft und wir benutzten das Boot für Wasserski und kleine Angeltouren oder zum Speerfischen. Einer ihrer Nachbarn dort war der deutsche Stargeiger Helmut Zacharias, der uns, wenn er einmal ein paar Tage zwischen seinen vielen Auftritten zu Hause verbrachte, mit einigen seiner Paradestücke beschenkte.

Ganz in der Nähe befand sich auch ein kleiner Flugplatz, dort konnte man Sportflugzeuge mieten und ein wenig das Gebiet von oben erkunden und betrachten. Ich flog einmal zusammen mit Manfred und sofort begeisterte er sich auch für das Fliegen. In Locarno war eine Flugschule und Manfred machte dort prompt in kurzer Zeit seinen Privat-Pilotenschein.

Eine Reihe von Lizenznehmern, Vertretungen oder Repräsentationen auf Provisionsbasis gab es schon in den meisten Ländern in Europa. Die suchte ich nun nacheinander auf, um mich vorzustellen und ihre Organisationen kennenzulernen. Ein für uns sehr wichtiger Vertreter war in Mailand ansässig. Die wichtigsten Kunden für uns und den dortigen Vertreter waren Fiat Avio in Turin und eine Reihe von Großunternehmen in verschiedenen Teilen von Italien. Wir besuchten einige Schlüsselunternehmen zusammen und ich konnte mich mit den Besonderheiten ihrer Produktionsstätten vertraut machen.

Unsere Besuchsreise führte uns fast ganz durch Italien bis hinunter nach Taranto. Ich lernte Land und Leute kennen und war am Ende unserer Reise sehr beeindruckt von den technischen Qualitäten unseres Vertreters. Wir mochten uns auf Anhieb und ich war noch viele Jahre mit dem Eigentümer befreundet, der leider einige Jahre später plötzlich verstarb.

Der italienische Markt war sehr wichtig für meine Firma, deshalb war ich mehrmals im Jahr dort und habe auch einige Wochenenden in Mailand verbracht. Einige Male konnte ich auch die Mailänder Scala besuchen und Opernaufführungen mit Weltstars wie z. B. Maria Callas etc. sehen und hören. Unvergesslich waren auch viele Abendessen bei Giggi Fazi, einem vorzüglichen Mailänder Restaurant.

Zusammen mit führenden hochgestellten Persönlichkeiten von Industrie und Wirtschaft und ausgesuchten Gästen einiger Firmen führte uns unser Gastgeber zuerst in eine viel besuchte Bar, nämlich die Bar Basso. Hier wurde jedes nur erdenkliche Getränk auf der ganzen Welt gemixt und verabreicht. Jeder Cocktail wurde dem Gast in einem überdimensionierten Glas überreicht. Es war ein Genuss, eines dieser Getränke zu probieren. Einmalig war das, und wann immer ich danach Mailand besuchte, musste auch Zeit vorhanden sein, um die Bar Basso zu besuchen.

Die beiden skandinavischen Länder Schweden und Norwegen waren von größerer Bedeutung für mein Unternehmen, deshalb führte mich mein Weg bald auch dorthin. Lizenzunternehmen, in Stockholm und Oslo ansässig, produzierten und vermarkteten unsere Produkte in diesen Ländern. Auch dort wurde ich von freundlichen Firmenleitungen empfangen, besuchte viele Unternehmen und lernte die aufgeschlossene Art der Skandinavier sehr zu schätzen. In Stockholm (oder war es Oslo?) wohnte ich einmal in einem Hotel, in welchem ein großes Spielkasino seinen Platz hatte. Man konnte sich dort an Roulette, Blackjack und einigen anderen Spielarten versuchen.

Ich spielte eine Weile Blackjack und als sich ein Turm von Chips vor mir aufgebaut hatte, hörte ich auf und stellte fest, dass ich mit meinem Gewinn mit Leichtigkeit meine Hotelrechnung bezahlen konnte.

Die Länder Holland und Belgien, die nur eine spärliche Industrie vorzuweisen hatten, wurden durch Provisionsvertreter bearbeitet. Meine Besuche dort waren also sehr selten. Meine Anwesenheit von ein oder zwei Tagen jährlich bei ihnen in Den Haag und Brüssel war ausreichend.

Spanien und Portugal mussten zwar auch besucht werden, wobei Portugal aber wegen seiner fast nicht vorhandenen Industrie stark vernachlässigt werden konnte. In Madrid, Spanien hatte ein sehr qualifizierter und umtriebiger Vertreter seinen Sitz. Ich war einige Male dort und besuchte zusammen mit seinem leitenden Ingenieur die wichtigsten Industrien. Ich lernte verschiedene Gegenden von Spanien kennen.

Die Leichtigkeit, mit der die Spanier ihr Leben gestalteten, war völlig fremd für mich. Morgens wurde bis ca. 13:00 Uhr gearbeitet, dann folgte eine Mittagspause (Siesta) von mindestens zwei Stunden und danach folgte vielleicht noch eine Arbeitszeit von zwei bis drei Stunden. Dann war der Arbeitstag vorbei.

Ich besuchte einmal einen Stierkampf und war von dem blutigen Gemetzel nicht sonderlich beeindruckt, ja sogar sehr abgestoßen. Schön, interessant und lehrreich war ein Besuch im Museum Prado und sehenswert die schöne Innenstadt von Madrid mit den herrlichen Gebäuden. Im Prado, ein Museum, das zu den besten der Welt gehört, bewunderte ich Gemälde von Goya und Picasso.

In Barcelona war ich öfters auf der La Rambla. Das ist eine breite Promenade, an beiden Seiten von Fahrbahnen für den Verkehr flankiert. Sie ist über einen Kilometer lang und mündet in die Plaça de Catalunya am Hafen. Im Mittelteil der Promenade aufgereiht sind Blumenläden, Vogelverkäufer, Souvenirläden, auch Künstler und Gaukler treiben da ihren Klamauk und z. T. ihr Unwesen. Dort ist es immer voll von Besuchern, denn jeder, der einmal nach Barcelona kommt, muss wenigstens einmal auf der La Rambla gewesen sein.

Immer mehr interessierten sich nun auch einige Ostblockländer wie Rumänien, Ungarn, die Tschechoslowakei und die Sowjetunion für unsere Produkte. Der größte Teil unserer Produkte konnte jedoch wegen Embargo-Bestimmungen nicht in diese Länder exportiert werden. Alle Reisen in diese Länder waren umständlich und mit vielen offiziellen Genehmigungen verbunden, die vor der Reise eingeholt werden mussten. Offizielle Einladungen von den staatlichen Firmen oder Regierungsstellen, die aufgesucht werden sollten, mussten schriftlich vor der Visaerteilung in den verschiedenen Botschaften dieser Ostblockländer im Westen vorliegen.

Ich besuchte zuerst einmal Bukarest in Rumänien. Man wollte große Mengen Spezial-Testinstrumente erwerben, dann stellte sich aber ziemlich schnell heraus, dass Devisen für den Erwerb überhaupt nicht vorhanden waren. Man wollte Tauschgeschäfte machen. Mit was, war die große Frage. Die spärliche Industrie dort produzierte fast keine Produkte von irgendeinem Wert, gemessen an den vorherrschenden Weltstandards, und war darüber hinaus dermaßen rückständig, dass weitere Bemühungen unsererseits völlig zweck- und sinnlos waren. Ich war nur einmal zwei Tage dort, wusste danach die Lage des Landes einzuschätzen, und das war es denn auch.

In Ungarn war die Lage in etwa auch so, nur dass die Personen, die ich dort in wichtigen hohen Regierungsämtern und in den staatlich kontrollierten Industriegruppen traf, einen hohen westlichen Wissensstand hatten, überaus höflich und sehr verbindlich westlichen Personen gegenüber auftraten. Die meisten von ihnen waren prowestlich eingestellt und konnten mit dem dort herrschenden kommunistischen System nichts anfangen. Sie lehnten es einfach ab und navigierten erfolgreich mit fast abenteuerlichen Methoden die Gesetze und Richtlinien aus. Ich freundete mich ein wenig mit dem Leiter einer Industriegruppe an. Er war sehr belesen, hatte Literatur studiert und konnte zu meinem großen Erstaunen seitenweise Passagen von Goethe, Schiller, Kant, Klopstock und vielen andern rezitieren.

Auf mich machte dies einen bleibenden Eindruck. Es war ja nicht so, dass ich selbst zu dieser Zeit viel von deutscher Literatur wusste, ich habe das zu einem viel späteren Zeitpunkt, eigentlich erst in meinem hohen Alter, nachgeholt.

Es war er, der mich in die Feinheiten der ungarischen Lebensart einweihte. Es muss wohl so sein, dass er unbeschränkten Zugang zu großen Mengen der ungarischen Währung, dem Forint, hatte. Obwohl diese Währung nur sehr limitiert konvertibel mit westlichen Währungen war, war der Forint in Ungarn, vorausgesetzt man besaß große Summen davon, ein durchaus probates Zahlungsmittel, mit dem man sich einiges leisten konnte. Er führte mich in einige Spezialrestaurants und ich lernte die vorzügliche Küche und den süffigen, aber schweren Wein Ungarns kennen.

Auch lernte ich durch ihn die Bedeutung von „Gabelfrühstück" kennen. Möglich ist, dass die Ungarn morgens nur sehr wenig frühstücken, aber zwischen 9 und 10 Uhr eine kräftige Mahlzeit einnehmen, die meistens aus Tellerfleisch, warm oder kalt serviert, besteht. Dazu trinkt man auch Wein oder Bier. Man benötigt natürlich eine Gabel, um dies stilvoll essen zu können, daher der Name Gabelfrühstück. Auch dieser Brauch war neu für mich, aber ich habe ihn oft ausgeübt und sehr genossen.

Ich wohnte in einem altehrwürdigen Hotel in Buda, direkt an der Donau gelegen. In Buda gab es noch viele Häuser und Bauten, die den

Krieg überdauert hatten und wieder, mit viel Liebe zum Detail, restauriert worden waren. Mitten durch Budapest fließt die Donau. Der eine Teil dieser Stadt hat den Namen Buda und der andere den Namen Pest bekommen. Die wichtigsten Regierungsbauten und eine Reihe von berühmten ungarischen Thermalbäder befinden sich auch in Buda.

Neue Autos konnten zu dieser Zeit in Ungarn überhaupt nicht, und wenn doch, nur unter den größten Schwierigkeiten eingeführt werden. Es fehlten einfach die dazu notwendigen Devisen. Mein Gesprächspartner, der auch weite Teile des Landes mit dem Auto bereisen musste, hatte nur ein sehr klappriges Vehikel, das noch aus Vorkriegsbeständen stammte, zur Verfügung. Er wünschte sich ein neues, deutsches Auto und zwar einen VW-Käfer. Nach einigen Telefonaten, die ich mit einem unserer deutschen Lizenznehmer führte, kamen wir zu einer Lösung dieses Problems. Der Preis für einen VW zu dieser Zeit war höchstens ca. 7 000 DM. Die deutsche Firma kaufte dieses Fahrzeug, ein Fahrer fuhr es über die ungarische Grenze, dort wurde es in Empfang genommen und mein dortiger Geschäftsfreund hatte nun ein verlässliches Fahrzeug. Als Gegenleistung erhielt die deutsche Firme eine Ladung erstklassiger ungarischer Schinken, die in der Kantine der Firma über einen gewissen Zeitraum mit großem Genuss von der Belegschaft, so erfuhr ich später, verspeist wurden. Tauschgeschäfte waren nicht verboten, hervorragende landwirtschaftliche Produkte gab es in Ungarn zur Genüge und so wurden beide Teile mit dieser etwas ungewöhnlichen Transaktion zufriedengestellt.

Wir machten trotz dieser Hürden einige Geschäfte und konnten unsere Produkte über den Tauschhandel vermarkten. Wir, d. h. unser deutscher Lizenznehmer erklärte sich bereit, große Posten ungarischen Weins im Tausch gegen unsere Instrumente abzunehmen. Dieser Wein konnte sogar mit einem zusätzlichen Profit in Deutschland weiterverkauft werden. Diese Geschäfte wurden über einen großen Zeitraum abgewickelt und für uns waren diese Transaktionen sehr lukrativ. Beide Seiten waren sehr zufrieden mit diesem Arrangement.

In die Tschechoslowakei, nach Prag, führte mich eine meiner nächsten Reisen. Die Tschechen hatten großes Interesse an unseren Produkten bekundet. Auch hier bestimmten staatliche Importagenturen, was und welche Güter importiert werden konnten. Devisen waren wie in allen Ostblockländern ein hohes Gut und nur in geringen Maßen vorhanden.

Ich wurde von einem Mitglied einer Importagentur am Flughafen Prag abgeholt und in ein wahrscheinlich nur für Auslandsgäste vorgesehenes Hotel in der Innenstadt gebracht. Ich wurde von dort am nächsten Tag abgeholt und es fand eine erste Besprechung in den Räumen der Importagentur statt.

Man war sehr gut informiert über einige unserer Produkte, von denen die Mehrzahl aber auf der Embargoliste standen, also von uns nicht in diese Länder vermarktet werden konnten. Gespräche mit den sehr gut ausgebildeten Technikern und Ingenieuren waren sehr nützlich und man war an einigen unserer Mess- und Prüfsysteme, die wir in die Tschechoslowakei exportieren durften, für einige Bereiche der dortigen Luftfahrtindustrie sowie deren Zulieferindustrien sehr interessiert. Es gab auch gewisse Devisenkontingente, die für den Erwerb dieser Produkte vorgesehen waren. Ob diese Geschäfte wirklich zustande kamen, konnte oder sollte sich erst viel später herausstellen, denn die Ausstellung der staatlichen Genehmigungsdokumente und die entsprechenden Importerlaubnisse beanspruchten eine lange Zeit, manchmal Jahre. Ich habe diesen Markt, weil andere Länder eine sehr hohe Priorität beanspruchten, aus den Augen verloren.

Prag ist eine sehr schöne Stadt und ein junger Ingenieur wurde extra für mich abgestellt, um mir einige Sehenswürdigkeiten zu zeigen. Wir besuchten also die Prager Burg, die Karlsbrücke, die über die Moldau führt, den Wenzelsplatz und die Altstadt. Viel Lob konnte ich dem Pilsener Bier zollen, wahrlich ein Genuss. Die Altstadt war der Tummelplatz für die Prager, es gab in den kleinen Gassen eine Vielzahl von Kneipen und Restaurants, die alle gut besucht waren. Prag und seine aufgeschlossenen Bewohner gefielen mir gut und ich hätte die Stadt bestimmt wieder einmal besucht, wenn es mir zeitlich möglich gewesen wäre.

Mindestens zwei- bis dreimal pro Jahr flog ich nun nach Moskau, um an technischen Verhandlungen für den Import von Geräten, die nicht von Embargomaßnahmen betroffen waren, mit den dafür vorgesehenen staatlichen Importgesellschaften wie Stankoimport, Maschpriborimport, Avtopromimport etc. teilzunehmen. Diese staatlichen Gesellschaften hatten fast alle ihren Sitz in verschiedenen Ministerien von Moskau. Mit deren ausdrücklicher Genehmigung konnte ich auch einige Großunternehmen besuchen, um technische Fragen direkt mit Unternehmensführern und deren Ingenieuren zu besprechen. Mit den Ingenieuren kam man sehr gut aus, sie waren in der Regel sehr gut ausgebildet und auf die jeweiligen Gespräche gut vorbereitet. Ab und zu konnte ich auch einmal einen Vorzeige-Produktionszweig in einem Unternehmen besichtigen. Meistens waren diese Vorzeigeobjekte mit westlichen Maschinen ausgerüstet und wenn sich darunter manchmal einige russische Maschinenanlagen verirrt hatten, sprachen sie Bände. Man konnte sich des Eindrucks nicht erwehren, dass diese russischen Maschinen und Apparate uralt waren und sich in einem schrottreifen Zustand befanden. Kein Wunder, dass mit diesen Museumsstücken keine auch nur halbwegs brauchbaren Produkte hergestellt werden konnten.

Exportiert werden konnte so gut wie nichts von der eigenen Herstellung. Russland lebte eigentlich nur von Öl- und Gas-Exporten, so wie das heute noch der Fall ist. Man verfügte also über Devisen und war bestrebt, westliche Produkte, die in Russland nicht hergestellt wurden, zu erwerben. Auch hier waren große Teile unserer Produktpalette den Embargorichtlinien unterworfen. Fast alle Geräte für die Flugzeugindustrie fielen darunter. Ausnahmen davon waren veraltete Flugzeug-Überwachungsinstrumente, die dort vermarktet werden durften, und gerade die wurden tatsächlich in großen Mengen erworben. Daran konnte man erkennen, wie rückständig der Zustand der russischen Industrie generell war.

Der Verkauf moderner Mess- und Prüfsysteme für die Flugzeugindustrie war aber gestattet und wir bekamen Aufträge über viele Millionen Dollar für diese Produkte. Über Preise wurde eigentlich nie verhandelt, die staatliche Industrie bestimmte, was gebraucht wurde, und die Importgesellschaften zeichneten alles ohne weitere Fragen ab. Die Aufträge wurden für uns ausgeschrieben, basta. Danach mussten die durchgeführten Transaktionen aber noch begossen werden. Egal zu welcher Tageszeit wurde dann auch in den offiziellen Büros der Wodka in kleinen Wassergläsern ausgeschenkt, alle mussten anstoßen und mittrinken. Wer keinen Wodka mochte, konnte sich Armenischen Cognac, auch Kaukasus-Cognac genannt, reichen lassen. Für die Damen gab es armenischen Wein, der sehr süß war, aber von der Weiblichkeit geschätzt wurde.

Wir scheffelten geradezu Geld und Russland wurde für uns immer mehr zu einer Goldgrube. Vom Außenministerium waren mir zwei Übersetzerinnen zugeteilt worden, deren Kosten ich natürlich, wie alle anderen Kosten, die während eines solchen Geschäftsbesuches anfielen, bezahlen musste. Eine dieser Damen hieß Tamara, war ca. dreißig Jahre alt und äußerst bewandert in technischen Ausdrücken, die sie von der englischen in die russische Sprache und umgekehrt übersetzen musste. Außerdem war sie sehr hübsch und kleidete sich sorgfältig. Sie trug schöne Pullover und manchmal gestrickte Kleider, die ihre Mutter für sie anfertigte. Sie wohnte zusammen mit ihrer Mutter weit außerhalb des Stadtkerns von Moskau in einem weitläufigen Außenbezirk, in einem der vier- bis sechsstöckigen, aus vorgefertigten Bauteilen errichteten Mietshäuser.

Sie war glücklich, wie alle Menschen, die in Moskau wohnten und arbeiteten, überhaupt in dieser Stadt leben zu dürfen. Zu dieser Zeit war es ein Vorzug für jeden Russen, in Moskau zu sein, denn hier gab es weitaus mehr Möglichkeiten, an bestimmte Dinge des täglichen Bedarfs heranzukommen, als in anderen Gebieten der UdSSR. Ich bin mit ihr einmal im Taxi an ihrem Wohnhaus vorbeigefahren. Das Haus und die Umgebung sahen trostlos aus. Sie war aber daran gewöhnt, kannte nichts anderes und war folglich überaus glücklich, dort mit ihrer Mutter zusammen in einem winzigen Apartment zu wohnen.

Die andere Übersetzerin war ca. 45 bis 50 Jahre alt, äußerst gebildet und sah immer sehr gepflegt aus. Sie hieß Margarita, war irgendwo am

Schwarzen Meer zur Welt gekommen und hatte eine Zeit mit einer offiziellen russischen Regierungsdelegation in Kairo, Ägypten zugebracht. Auch sie beherrschte das Übersetzerhandwerk perfekt. Sie lebte mit ihrer Schwester, die eine Schule leitete, in einem alten Mehrfamilienwohnhaus, fast im Herzen der Innenstadt. Beiden Damen war es offiziell verboten, mit westlichen Besuchern über den geschäftlichen Teil hinaus privaten Kontakt zu haben. Sie wurden beide, so wie auch ich, vom KGB (russischer Geheimdienst) überwacht und mussten von Zeit zu Zeit dem KGB lückenlos Auskunft über alle Aktivitäten der Geschäftsleute, denen sie zugeteilt waren, erteilen.

Beide, Tamara und Margarita, waren unverheiratet. Wahrscheinlich durften nur Ungebundene diese Tätigkeit ausüben. Trotzdem unterhielt ich mich mit den beiden oft über private Angelegenheiten. Beide waren politisch nicht sonderlich engagiert und auch nicht interessiert. Ab und zu reagierten sie sogar mit Zorn auf die fast unausstehlichen Beschwerlichkeiten, die ihre Regierung den russischen Bürgern auferlegte. Für die einfachsten Dinge des täglichen Lebens musste man kämpfen. Nichts Brauchbares war in den Läden zu kaufen. Jeder Tag war ein Kampf ums Überleben. Sie berichteten, dass sie immer eine große Einkaufstasche und einige Plastikbeutel mit sich führten, und sobald sie vor einem Laden oder Kaufhaus eine große Menschenmenge erspähten, stellten sie sich dazu, ohne zu wissen, was man erwerben konnte, denn dann gab es mit Sicherheit irgendetwas zu kaufen, was unter Mangelware fiel. Schlimm war, so sagten sie, wenn man dann endlich nach Stunden des Wartens bis vor den Ladentisch vorgedrungen war und dann das Ladenpersonal erklärte, alles sei ausverkauft.

Ich konnte mit westlicher Währung in den Intershopläden, die sich in jedem Hotel befanden, für russische Verhältnisse alle Luxusartikel kaufen. Luxusartikel fingen bei ihnen schon bei einem Stück duftender Seife aus dem Westen an. Von dieser Möglichkeit machte ich fast täglich Gebrauch und abends übergab ich den beiden dann oft einen gut gefüllten Beutel mit Waren aller Art. Sie benutzten diese Waren zum Teil, um andere, wesentlich wichtigere Dinge für sich und ihre Familien einzutauschen. Der Tauschhandel war sehr beliebt zu dieser Zeit. Man musste nur eine Menge Leute kennen, denn darunter waren immer welche, die gerade das hatten, was man selbst benötigte. Manchmal wurde ein Artikel über vier bis fünf Ecken getauscht, bis man schließlich das hatte, was man selbst benötigte. Dieses Geschäft handhabten Tamara und Margarita wie Profis.

Wenn ich mit dem Flugzeug in Moskau auf dem Scheremetjewo-Flughafen ankam und eine der beiden mich, nachdem ich den russischen Zoll passiert hatte, erwartete, war das für sie ein Moment der totalen Glückseligkeit, wussten sie doch, dass ich immer viele Geschenke für sie in einem meiner beiden Koffer hatte. Ich nahm immer zwei Koffer mit und einer davon war bis an den Rand gefüllt mit Waren aller Art. Ich brachte ihnen kleine Kofferradios, fünfzig bis sechzig Paar Nylonstrümpfe, Damenunterwäsche, ab und zu Blusen und Röcke für sie selbst und was sie sich sonst noch bei meinem vorherigen Aufenthalt gewünscht hatten mit. Einmal habe ich sogar ein komplettes Trainingsfahrrad eingeschmuggelt. Ich hatte es auseinandergenommen und die Einzelteile in einem großen Koffer eingeschmuggelt. Um die Teile für das ganze Fahrrad an Ort und Stelle zu bringen, waren drei Reisen in die UdSSR notwendig. Was sie selbst nicht dringend benötigten, tauschten sie dann bei Gelegenheit in andere Waren um.

Auf jeder Etage eines jeden Hotels befand sich in Sichtweite der Treppe oder des Fahrstuhls eine weibliche ältere Person, die alle Zimmer bewachte. Sie wusste genau, wer wann in welches Zimmer ging und ob er oder sie dazu berechtigt war. Die westlichen Geschäftsleute hatten diesen staatlichen Aufpasserinnen den Namen „Matka“ gegeben. Meistens waren es schwergewichtige Damen, die scheinbar teilnahmslos hinter ihren Schreibtischen saßen, mit Telefon und allen Zimmerschlüsseln für die jeweilige Etage. Sie wechselten sich miteinander Tag und Nacht ab und hatten nur Augen und Ohren für die Zimmergäste. Wichtig für sie war nur zu wissen, was die Gäste unternahmen, ob sie in ihren Zimmern waren oder nicht, wer sie besuchte und wieder ging usw. Sie alle mussten jede Kleinigkeit, die sie wahrnahmen, dem KGB berichten.

Erfahrene Russlandreisende schenkten dann, sobald sie auf ihrer Etage angelangt waren, diesen Matkas einige Paar Nylonstrümpfe oder sonstige für russische Verhältnisse schwer zu beschaffende Artikel. Sofort ging ein breites Lächeln über die Gesichter der Matkas und man wurde behandelt wie der Hahn im Korb. Sie waren sich nach dem Empfang eines solchen Geschenks nicht zu schade, einem das Frühstück am nächsten Morgen selbst ins Zimmer zu bringen, sich bei dieser Gelegenheit noch höflich zu erkundigen, ob man gut geschlafen habe oder sonst noch etwas benötige.

Bei meinem ersten Besuch in Moskau war mir für die gesamte Zeit, die ich in Moskau zubrachte, eine ZIL-Limousine mit Fahrer von einer staatlichen Importgesellschaft zur Verfügung gestellt worden. Das war für russische Verhältnisse ein Luxusfahrzeug, das eine verblüffende Ähnlichkeit mit einem alten, schon sehr lange ausrangierten Chrysler-Modell aus den USA hatte. An den Seitenfenstern des Rückraums und am Heckfenster befanden sich Gardinen, die man zuziehen konnte. Der gesamte Rückraum, in dem sechs Personen bequem auf gut gepolsterten Sitzen Platz fanden, war durch eine Glasscheibe von der Fahrerkabine abgeteilt.

Mit dem Fahrer hatte ich mich angefreundet, ihm einige kleine Geschenke gemacht und er hatte es sich offensichtlich zur Pflicht gemacht, mich fortan bei jedem meiner folgenden Besuche in Moskau herumzukutschieren. Er wusste immer, wann ich meinen nächsten Besuch machte, und war dann, zusammen mit entweder Tamara oder Margarita, am Flughafen und holte mich ab. Dann stand er mir zusammen mit dem Fahrzeug für die ganze Zeit, manchmal zwei bis drei Wochen lang, kostenlos zur Verfügung. Wie er das mit seinem Arbeitgeber regeln konnte, habe ich nie erfahren. Er fühlte sich mit einem Kofferradio für 200 DM, welches ich ihm immer sofort nach meiner Ankunft übergab, reichlich belohnt.

Er parkte sein Fahrzeug prominent genau vor dem Hotel, in dem ich gerade wohnte, und keiner der vor dem Hotel auf und ab patrouillierenden Polizisten wagte es, ihm diesen Parkplatz zu verbieten. Das staatliche Nummernschild auf der Karosse muss ihnen wohl gehörigen Respekt eingeflößt haben. Tag und Nacht war das Fahrzeug einsatzbereit. Für eine eventuelle Nachtfahrt hatte er seinen Schwager engagiert und er selbst war schon morgens ab 7 Uhr früh zur Stelle. An Wochenenden machten wir Spazierfahrten rund um Moskau. Den Kraftstoff für das Fahrzeug tankte er, wie sollte es auch anders sein, bei seiner Regierungstankstelle.

Zu dieser Zeit war in Moskau und in vielen anderen Teilen der UdSSR alles möglich. Man konnte auch alles bekommen, wenn man Devisen hatte. Für die Landeswährung Rubel konnten die Bürger nur die allernotwendigsten Lebensmittel erwerben und die waren dann noch von schlechtester Qualität. Für Devisen öffneten sich einem alle Türen, man musste nur die entsprechenden Kontakte haben. Vor den großen Hotels tummelten sich immer einige Personen, die Rubel in Westwährungen eintauschen wollten. Die Umtauschrate, die sie offerierten, war manchmal ein Vielfaches von der, zu der die offiziellen Umtauschstellen Westwährungen in Rubel wechselten. Ich habe nie die Dienste dieser Personen in Anspruch genommen, denn ich wusste, dass diese unautorisierten Tauschgeschäfte strafbar waren. Was sollte ich auch mit einer größeren Menge von Rubeln anfangen? Ich benutzte diese Währung, die ich nur in kleinen Mengen bei den staatlichen Umtauschstellen tauschte, nur, um ab und zu Trinkgelder an das Hotelpersonal zu verteilen. Natürlich mussten die Hotelrechnungen und alle Mahlzeiten sowie sonstige Dienste des Hotels mit Westwährung beglichen werden.

Ich denke so oft an die wunderschönen Ballettaufführungen im Bolschoi-Theater, die ich mit Tamara besuchen konnte. Dank der Hilfe von Tamara, die besondere Kontakte zu einflussreichen Personen in der Theaterwelt hatte, bekamen wir, wenn auch zu überhöhten Preisen und nur gegen Devisen, immer kurzfristig Eintrittskarten für die besten Sitze auf den Logenrängen. Einmal konnten wir sogar Sitzplätze in der Staatsloge bekommen, die eigentlich nur für hohe Regierungsmitglieder und deren Gäste bereitgehalten wurden.

Das für mich eindrucksvollste Ballettstück unter den vielen, an denen ich mich im Bolschoi-Theater erfreuen durfte, war Spartakus mit der damaligen Weltklasse-Primaballerina Rjabinkina. Sie hätte spielend einige Margaret Fontains in Grund und Boden tanzen können. Ich habe nie mehr danach ein Ballettstück auf einem so perfekten und hohen Niveau gesehen. Ich habe noch einige weitere Ballettaufführungen zusammen mit Tamara besucht, jede davon war einzigartig und ist mir eine bleibende Erinnerung geworden.

Mit der Hilfe von Tamara bekamen wir auch Karten für eine Aufführung des Russischen Staatszirkus. Ich bin zwar kein ausgesprochener Zirkusfan, aber von diesem Staatszirkus hatte ich vorher schon gehört und jeder sprach nur in den höchsten Tönen von den außergewöhnlichen Artisten, Clowns, waghalsigen Trapez- und Tiervorführungen. Ich entschied mich also hinzugehen, um es mit eigenen Augen zu sehen. Ich sah dort zum ersten Mal den weltberühmten Clown Popow mit seiner karierten Mütze und seinen übergroßen Schuhen. Was dieser Popow mit einem Holzstuhl ohne Sitzfläche anstellen konnte, war einfach nicht zu glauben, hätte man es nicht selbst gesehen. Er war bestimmt zu dieser Zeit schon in einem reiferen Alter, aber seinen Körper und seine Gliedmaßen kontrollierte er wie ein Jüngling.

Nach der Vorstellung, die mich dermaßen beeindruckte, dass ich fast sprachlos war, brachte es Tamara fertig, mich diesem wunderbaren Clown in seiner Garderobe vorzustellen. Das alles muss man sich vor dem Hintergrund vorstellen, dass die normalen russischen Bürger jahrelang auf eine Kartenzuteilung für Aufführungen dieser Art und Qualität warten mussten. Popow, so wurde mir später berichtet, wohnt schon seit Jahren in einem Außenbezirk von Nürnberg und falls er heute noch lebt, müsste er über 86 Jahre alt sein.

Äußerst unangenehm und beängstigend war, dass man immer vom KGB beobachtet und beschattet wurde. Berücksichtigen muss man zusätzlich, dass sofort, wenn man den Flughafen und danach die Stadt Moskau betrat, sich bei fast jedem westlichen Besucher ein eigentümliches Gefühl von Deprimiertheit und generellem Unwohlsein einstellte. Dieses Grau in Grau der Gebäude, die graue dunkle Kleidung der Menschen, eigentlich gab es in dieser Stadt nichts, was nicht grau und dunkel war. Ich glaube, man musste zu dieser Zeit schon psychisch sehr stabil sein, um die Zeit, die man in dieser Stadt verbrachte, überdauern zu können.

Sobald man bei der Ankunft in Moskau das Flughafengebäude verließ, wurde man für die gesamte Dauer seines Aufenthaltes von diesen Aufpassern „unauffällig“ beobachtet. Sie waren so unauffällig, dass ich jeden Einzelnen nach ein paar Reisen kannte, einige sogar mit Namen. Denen schien das aber nichts auszumachen, denn sie kamen, wie mir einer von ihnen einmal in einem kurzen Gespräch berichtete, nur ihren auferlegten Pflichten nach. Eigentlich war dieses KGB-Beschattungsspiel auch von großem Nutzen für mich, denn ich konnte, wenn ich es wollte, alleine und ungestört überall umherspazieren, ohne mich vor Raubüberfällen, die derzeit überall in Moskau an der Tagesordnung waren, zu fürchten. Der große Bruder war also immer in der Nähe.

Was mich jedoch wütend machte, waren die vielen Mikrofone, die überall in den Hotelzimmern und an anderen Stellen, die von Ausländern aufgesucht wurden, teils gut und teils sehr schlecht versteckt waren.

Einmal brannte die Stehlampe in meinem Hotelzimmer nicht. Ich schraubte die Lampenbirne heraus, denn ich vermutete, dass sie ausgebrannt war. Was fand ich? Zwei dünne Drähte, die an der Fassung angebracht waren, brachten mich auf die Spur. Ich zerschlug die Birne und da war eingebaut im Sockel des Leuchtkörpers ein Mini-Mikrofon. Man hatte wohl nicht daran gedacht, dass das Filament in der Birne auch einmal seinen Geist aufgeben würde. So ein Mikrofon hatte damals mindestens einen Wert von ca. 3 000 Dollar oder mehr.

Am nächsten Tag zeigte ich es einem meiner „Freunde“ vom KGB, und der konnte sich natürlich nicht vorstellen, wie dieses Schmuckstück in meine Stehlampe gekommen war. Diese elektronischen Wanzen waren an verschiedenen Stellen in allen Zimmern, sogar in den Toiletten und natürlich in allen anderen Räumen der Hotels eingebaut und gehörten praktisch zum Mobiliar. Nichts Außergewöhnliches, sagten mir einige Geschäftsfreunde. Fortan ließ ich immer, wenn ich mit Bekannten oder Geschäftsfreunden in meinem Zimmer ein vertraulichen Gespräch führen wollte, ein Radio mit einem Musiksender laufen, denn das vermasselte den Typen ihr Spielchen, weil die Musiktöne alle Gesprächslaute überlagerten und somit abgehörte Gespräche unbrauchbar gemacht wurden.

Periodisch wurde ich, wie auch andere Ausländer, zu Gesprächen mit KGB-Leuten gebeten. Sie hatten in jedem Hotel einen Raum, der diesem Zweck diente. Die Gespräche verliefen immer in einem freundlichen Ton, man wollte wissen, wie die Geschäfte verliefen, ob man zufrieden sei etc. Ich glaube, diese Aufpasser warteten darauf, dass man irgendetwas berichten würde, was sie noch nicht wussten. Eigentlich waren diese Unterredungen völlig nutzlos.

Ich besuchte oft die Amerikanische Botschaft in Moskau und sprach dort mit dem Wirtschaftsattaché über diese Unterredungen. Sonderlich beunruhigt war auch der nicht, denn schließlich gehören die KGB-Überwachungen zur Routine. Die US-Botschaft war in einem weiträumigen Gebäude untergebracht, hatte eine Kantine, eine gemütliche Bar und einen großen Gemeinschaftsraum, in dem oft die neusten amerikanischen Filme vorgeführt wurden. Alle Amerikaner konnten diese Räumlichkeiten benutzten und manchmal tat es gut, wieder einmal eine typisch amerikanische Mahlzeit oder einen gut gemixten Drink zu genießen.

Eine Abordnung von US-Marinesoldaten schützte den Eingangsbereich der Botschaft. Man musste sich als US-Staatbürger ausweisen und wurde dann anstandslos eingelassen. Es war ein schönes Gefühl, ab und zu wieder eine vertraute Umgebung zu spüren und der grauen dunklen Stadt entweichen zu können.

Ich glaube, ich habe ungefähr zwanzig Reisen nach Moskau in einem Zeitraum von drei Jahren gemacht. Jedes Mal, wenn ich wieder im Flugzeug saß und der Stadt meinen Rücken zukehrte, spürte ich in mir eine Erleichterung, etwa so, als wenn eine Zentnerlast von mir abfiele und ich wieder frei atmen könnte. Die Geschäfte mit unseren russischen Partnern waren angebahnt, liefen nun immer besser und meine Reisen dorthin reduzierte ich bis auf ein Minimum. Noch zu erwähnen wäre, dass Russland für alle Güter, die bestellt wurden, prompt und pünktlich bezahlte.

Die wichtigsten Länder in Europa für unser Produktionsprogramm waren England und Frankreich. In beiden Ländern wurden firmeneigene große Büros mit unseren eigenen Leuten unterhalten. Das englische Büro war in London und wurde von einem ehemaligen hochdekorierten Geschwaderkommandeur der englischen Luftwaffe geleitet, der jeden in der Luftfahrtindustrie Tätigen kannte. Das französische Büro in Paris war in einer Seitenstraße, die von der Champs-Élysées abzweigte, untergebracht und wurde von einem kompetenten, sehr gut Französisch sprechenden Amerikaner aus Washington geleitet.

Die Flugzeugindustrien beider Länder boomten, folglich hatte auch ich dort zu tun, denn unsere Produkte waren äußerst gefragt. Ich hatte in England einen Assistenten, der mich dort in fast allen wichtigen Angelegenheiten vertrat. Trotzdem war mein persönliches Erscheinen in vielen Fällen Pflicht. In Frankreich hatte ich auch eine sehr kompetente Hilfe, denn ein junger Ingenieur, nur ein paar Jahre jünger als ich, übernahm dort für mich alle Routineaufgaben. In beiden Ländern war ich sehr gern. Besonders schätzte ich aber den französischen Lebensstil.

In London war unser Büro in der Nähe der Mayfair-Gegend, umgeben von erstklassigen Hotels, in denen man ausgezeichnet wohnen konnte. Das war etwas anders in Paris, dort gab es natürlich auch erstklassige Hotels, die jedoch weiter entfernt von unserem Büro waren. Dafür konnte man aber in direkter Nachbarschaft unseres Büros in kleinen Bistros hervorragend essen.

Ich besuchte beide Länder drei- bis viermal im Jahr. In Paris hatte ich Gelegenheiten, einige Vergnügungsstätten aufzusuchen, wie z. B. das Moulin Rouge, das Lido, das Crazy Horse und einige andere mehr. Auch die meisten Museen besuchte ich. So viel Kunst auf engem Raum war schier erdrückend. In London besuchte ich in meiner Freizeit Musicals und Theaterstücke, Ballettaufführungen und andere Darbietungen von Weltformat.

Die Frau fürs Leben

Es muss irgendwann im Frühjahr 1966 gewesen sein. Ich war gerade aus Indien kommend auf dem Frankfurter Flughafen gelandet und musste sofort mit einem anderen Flugzeug nach New York weiterfliegen. Ich befand mich in der Abflughalle, die zu dieser Zeit noch sehr übersichtlich war, denn der Luftverkehr in Frankfurt wurde noch über das alte, sehr kleine Flughafengebäude abgewickelt. Ich hatte meinen Weiterflug mit der Lufthansa gebucht und stand nun in der Nähe des Abfertigungsschalters, darauf wartend, dass der Flug nach New York zum Einsteigen aufgerufen wurde.

Ich war sehr müde von dem langen Indienflug mit Zwischenlandung in Bahrain und wollte möglichst schnell ins Flugzeug, damit ich bis New York gemütlich schlafen konnte. Das war nämlich meine Spezialität, denn ich konnte überall, egal in welcher Situation oder Position ich mich befand, schlafen.

Da sah ich ganz in meiner Nähe eine Gruppe junger Leute, die allem Anschein nach auch mit diesem Flug nach New York wollten. Mitten in dieser Gruppe war ein schlankes, sehr hübsches und schön gewachsenes Mädchen, bekleidet mit einem weißen eng anliegenden Pullover und einem blauen Faltenrock. „Die könnte mir wohl sehr gefallen", dachte ich noch so bei mir, aber dann wurde auch schon der Flug zum Einsteigen aufgerufen und ich verlor sie wieder aus den Augen.

Zu dieser Zeit gab es noch keine vorher zugeteilten Sitze und die Passagiere konnten sich ihre Plätze selbst aussuchen. Die Sitze vor den Notausgängen waren leider schon besetzt. Ich saß dort sehr gern, weil man die Beine ausstrecken und sich herrlich langmachen konnte. So ging ich ganz gegen meine Gewohnheit weiter den Gang entlang, bis ziemlich ans Schwanzende des Flugzeugs. Dort fand ich einen Platz in der Mittelreihe, machte es mir so bequem wie möglich und bald waren wir auch schon in der Luft.

Das Einschlafen wollte mir nicht recht gelingen, denn links und rechts neben mir und in der Reihe vor und hinter mir befand sich die Gruppe der jungen Leute, die ich schon vor dem Abfertigungsschalter gesehen hatte. Sie machten einen Höllenlärm, waren sehr fröhlich und wohl überaus mitteilsam untereinander. Mitten in dieser Gruppe saß auch das hübsche Mädchen, das mir vorher schon aufgefallen war. An Schlafen war nicht zu denken, denn ich wurde von meinen Nachbarn aufgefordert, an einem Pokerspiel teilzunehmen. Ich glaube, wir haben fast die ganze Zeit bis kurz vor der Landung in New York Poker gespielt. Die Beträge, um die wir spielten, waren zwar sehr klein, aber irgendwie, viel Glück muss auch dabei gewesen sein, hatte ich alle meine Mitspieler geschröpft. Während wir spielten, fand ich heraus, dass die ganze Gruppe eine Lufthansa-Crew war, die „deadhead" und in Zivilkleidung nach New York flog, um dort am nächsten Tag einen Lufthansaflug zurück nach Frankfurt zu übernehmen. Das hübsche Mädchen, so stellte sich heraus, war eine Lufthansa-Stewardess.

Als das Flugzeug in New York nicht sofort zur Landung ansetzen konnte und der Pilot einige Holding-Kreise fliegen musste, wurde ihr sehr übel. Ich hatte mich neben sie gesetzt und versuchte beruhigend auf sie einzuwirken, indem ich ihr in kurzen Abständen berichtete, wo wir uns gerade in Relation zum Flughafen New York befanden. Die Sicht durchs Kabinenfenster war sehr gut und ich war vorher schon so oft in New York gelandet, dass ich genau wusste, wo sich das Flugzeug befand und wie lange es noch dauern würde, bis wir unten auf der Landebahn aufsetzten. Das hat wohl Christiane, so hieß nämlich diese Lufthansa-Stewardess, einige Erleichterung verschafft.

Ich wunderte mich nur, wie man als fliegendes Personal so luftkrank werden konnte. Später, viel später hörte ich zuweilen öfter, dass Mitglieder von Kabinencrews manchmal luftkrank wurden. Von Piloten, Co-Piloten und Bordingenieuren, überhaupt allen, die mit der Führung eines Flugzeuges betraut waren, habe ich so etwas nie gehört. Ich war auch nie betroffen, denn ich kann sogar bei großer Luftturbulenz noch sehr gut schlafen.

Christiane und ich hatten uns für die darauffolgende Woche, denn dann fand ihr nächster Flug nach New York statt, verabredet. Das Lufthansapersonal wohnte immer im Hotel New Yorker in Manhattan und dort wollte ich sie dann anrufen. Das klappte auch gut und als wir uns wiedertrafen, zeigte ich ihr die Gegend, in der ich gewohnt hatte, und wir besuchten wohl auch einige meiner Lieblingskneipen in der Umgebung.

Bei Tinkers, Ecke 74th Street und 3rd Ave., einer Bar, in die ich früher sehr oft und gerne ging, waren wir bestimmt auch. Abends lud ich sie in eins meiner Lieblingsrestaurants, das „The Brick Shack" auf der 44. oder 45. Straße, ein. Das war und ist möglicherweise heute noch eins der besten französischen Restaurants in New York. Dort spricht man mit Vorliebe Französisch, denn die Bedienung besteht ausschließlich aus Franzosen oder Italienern. Man kann aber auch Englisch oder eine andere Sprache sprechen, verstanden wird man in jedem Falle. Auf Christiane müssen jedenfalls meine Französischkenntnisse einigen Eindruck gemacht haben, obwohl sie auch Französisch sprach und heute diese Sprache sehr viel besser beherrscht als ich. Früher kannte ich mich in der französischen Sprache einigermaßen gut aus, aber heute habe ich fast alles verlernt. Wir verabredeten uns schließlich für ein weiteres Treffen in Frankfurt, denn sie musste ja am nächsten Morgen zurückfliegen und ich musste noch einige Trips innerhalb der USA machen, um danach wieder in Frankfurt zu sein.

Ich wusste zu dieser Zeit nie, wo ich wann sein würde, und so war es von großem Nutzen, dass mir Christiane ihre Telefonnummer gab, damit ich sie wenigstens ab und zu anrufen konnte. Sie hatte eine kleine Wohnung in Niederrad. Ich glaube, es hat einige Wochen gedauert, bevor wir uns wiedersehen konnten, denn entweder war sie oder ich auf Reisen. Es war also sehr schwierig, einen Kontakt aufrechtzuerhalten.

Schließlich trafen wir uns, eher per Zufall, genau vor dem Hotel „Frankfurter Hof". Ich weiß noch, dass ich sie zu einem Kaffee einlud, und danach waren wir wieder beide verschwunden. Das ging so eine ganze Weile, denn ich war zu dieser Zeit fast pausenlos in der Welt unterwegs. Aber irgendwie trafen wir uns dann doch immer öfter und ich weiß noch genau, dass ich fast das Fußballspiel Deutschland gegen England 1966 in ihrer Wohnung am Fernseher gesehen hätte, wäre ich zeitig zu ihr gekommen, aber ich war in einem Stau auf der Autobahn kurz vor Frankfurt stecken geblieben und kam erst nach Spielende, mit enormen Kopfschmerzen, weil ich mich so über diese Verzögerung geärgert hatte, bei ihr an.

Ich hatte ja jetzt eine Wohnung in Königstein, denn ich war es leid, dauernd, besonders auch dann, wenn ich nicht auf Reisen war, in Hotels zu wohnen. Wie ich schon zuvor berichtete, beschäftigte ich mich nun mit der Einrichtung und ließ zuerst einmal eine moderne Küche mit einem dunkelgrünen Grundton einbauen. Kochen hatte ich nie gelernt und eigentlich wusste ich auch nicht so recht, was ich mit der schönen, modernen Küche anfangen sollte. Dann kaufte ich eine sehr teure, handgefertigte Polstergarnitur für das Wohnzimmer, die wir – zwischenzeitlich ist sie nun zum dritten Mal mit neuem Stoff überzogen worden – heute noch besitzen. Auch eine sehr, sehr teure, handgeschnitzte Eckbar, die man ineinanderschieben kann, damit sie wie ein Eckschrank aussieht, hatte ich als Unikat von einem Möbelschreiner in Kelkheim erstanden. Küchengeräte, kleine geschnitzte Tischchen, einen kleinen Teppich, viele geschnitzte Figuren und einige andere Kleinigkeiten aus meiner Zeit in Ostafrika sowie mein altes, schmales und spartanisches Junggesellenbett hatte ich in New York gelagert und mir nun in meine Wohnung in Königstein schicken lassen.

Eine Gardinennäherei fertigte nach meinen Vorstellungen und Ideen Vorhänge in dunklem Grün mit goldfarbener Borte für das Wohnzimmer und beigefarbene mit brauner Borte für das Schlafzimmer an. Richtig schick sah das alles aus, besonders das Wohnzimmer, denn alles passte zu den wenigen Möbeln und besonders zu den goldgelb gepolsterten Sitzmöbeln. Das war die erste Wohnung, die ich selbst von Grund auf eingerichtet hatte. Darauf war ich besonders stolz.

Es muss in dieser Zeit gewesen sein, dass ich mir sehnlichst ein gemütliches Heim mit Familie wünschte. Ich dachte auch immer mehr daran, ob wohl jetzt der richtige Zeitpunkt für mich gekommen sein könnte, zu heiraten. Zum ersten Male in meinem Leben hatte ich ja jetzt eine Freundin, die mir viel mehr bedeutete als die anderen Bekanntschaften und Beziehungen, die ich vorher gehabt hatte.

Christiane und ich haben uns so oft wie möglich gesehen. Wir waren einige Male miteinander ausgegangen und hatten uns in der kurzen Zeit, in der wir uns kennenlernten, einiges voneinander erzählt. Ich weiß nicht genau, ob wir ineinander verliebt waren, aber wir mochten uns sehr, sehr gern. Zumindest mein Gefühl sagte mir, dass wir möglicherweise gut zueinander passen würden.

Ich wusste auch nicht so recht, wie ich was in einer solchen Situation machen sollte, denn wenn man lange nur für sich selbst zu sorgen und nur für sich selbst aufzukommen hat, ist es schon eine gewaltige Verantwortung, eine permanente Bindung einzugehen. Ich habe darüber sehr lange nachgedacht und mich gefragt, ob ich ehefähig oder überhaupt bindungsfähig wäre. Ich hatte Zweifel über Zweifel, denn eins wollte ich in keinem Falle, nämlich jemandem wehtun oder jemanden enttäuschen.

Sehr schwerwiegend fand ich auch, dass ich mich an das Reiseleben, mein Herumvagabundieren und diese damit verbundenen Unwägbarkeiten gewöhnt hatte. Eigentlich hasste ich mein unstetes Leben, aber auf der anderen Seite liebte und schätzte ich meine totale Unabhängigkeit. Ich konnte mir schwerlich vorstellen, immer wieder wie ein gut geöltes Uhrwerk brav nach Hause zu kommen. Was wäre, wenn ich dazu einmal keine Lust oder kein Verlangen hätte?

Diese und andere Fragen stürzten auf mich ein, auf die ich einfach keine befriedigenden Antworten fand. Jemanden zu diesem Thema befragen konnte ich auch nicht, denn ich kannte ja meistens nur Personen, die wie ich völlig ungebunden in der Welt herumjuckelten. Und die wenigen Ehepaare, die ich kannte, kannte ich wiederum nicht gut genug, um sie um Rat anzugehen. Hätten meine Eltern noch gelebt, hätte ich ihnen gegenüber auch gewisse Zweifel gehabt, sie um Rat zu fragen.

Was macht man also in solch einer Situation? Grübeln, grübeln und nochmals grübeln. Alles miteinander und gegeneinander abwägen. Im

Grunde genommen führte auch das nicht zu einem befriedigenden Resultat. Ich dachte auch über alle meine bisher gemachten anderen weiblichen Bekanntschaften nach. Auch das brachte mich nicht weiter, denn die waren in der Regel eher als flüchtig und kurz einzustufen und bei keiner hatte ich jemals das Gefühl gehabt, eine festere Bindung eingehen zu wollen.

Schließlich dachte ich, dass mir mein Gefühl schon die richtige Entscheidung eingeben würde, und das war auch schlussendlich die Leitlinie, die ich befolgte. Denn wann immer ich mit Christiane zusammen war, fühlte ich mich ausgesprochen wohl, zum Teil auch irgendwie geborgen. Sie war gebildet, fühlte sich jeder Situation gewachsen, hatte ein sehr gutes Verhältnis zu ihren Eltern und Verwandten, was mich sofort und vor allen Dingen später sehr beeindruckte. Überhaupt war ihr Leben bislang in geraden und geregelten Bahnen verlaufen, was ich mit Sicherheit von meinem Leben nicht behaupten durfte. Die Frage tat sich also bei mir auf, ob ich überhaupt in ihr Leben passen würde oder sie in meins. Es überkamen mich Zweifel über Zweifel.

Eigentlich war ich in dieser Situation so mit mir selbst beschäftigt, dass ich den wichtigsten Teil der ganzen Sache, nämlich ob sie denn überhaupt eine Bindung mit mir eingehen wollte, überhaupt nicht überlegt und abgewogen hatte. Jetzt versuchte ich mich in Christianes Situation hineinzudenken. „Wäre ich sie, würde ich jemanden wie mich heiraten?“, war die Frage, die ich mir auferlegte zu beantworten. Je mehr ich mich in ihre Situation hineinversetzte, desto klarer kamen mir da die Bedenken, die da sagten: „Nein, warum sich an jemanden binden, der so unstet aufgewachsen ist wie ich, denn alles, was ich vorzuweisen hatte, waren keine Eltern und damit keine vernünftige Bindung zu einem Zuhause, zwei Geschwister, die auch sehr durch den frühen Tod unserer Eltern gelitten hatten, und ein paar weitläufige Verwandte.“

Sicher hatten wir Kinder liebevolle Eltern gehabt, die innerhalb ihrer Möglichkeiten alles für uns taten, aber wir wuchsen alle in kargen und ärmlichen Verhältnissen auf. „Hat uns das irgendwie geschadet?“, fragte ich mich immer wieder. Im Grunde genommen nein, gab ich mir zur Antwort, denn materielle Dinge können die grundlegenden und angeborenen Charaktereigenschaften von Menschen nicht wesentlich verändern. Wenn auch unsere frühe Kindheit als glücklich bezeichnet werden kann, wäre es möglich, dass der plötzliche Tod unserer Eltern – sie starben ja nacheinander innerhalb eines Jahres – bei uns Kindern doch gewaltige seelische und psychische Schäden hinterlassen haben könnte, die sich erst viel später herausstellen und damit unser zukünftiges Leben stark beeinflussen würden.

Auf diese Frage konnte ich mir keine befriedigende Antwort geben, war mir aber sicher, dass wir alle einen nicht genau zu definierenden Schaden erlitten hatten. Diese Frage beschäftigt mich übrigens noch heute, denn zu gern hätte ich gewusst, wie unser aller Leben verlaufen wäre, hätten wir unsere jungen Jahre im Schutz unserer Eltern und damit innerhalb einer intakten Familie verbringen können.

Dazu kam mein unorthodoxes, mühsames und hartes Erwachsenwerden und jetzt noch, als Krönung des Ganzen, mein beruflich bedingt unstetes Leben. All das kam mir schlagartig ins Bewusstsein. All das berücksichtigend und gegeneinander abwägend, kam ich zu der Überzeugung, dass ich überhaupt nicht in das homogene Leben von Christiane hineinpasste.

Es war im Sommer 1966, ich war gerade von einer Reise zurückgekehrt und befand mich in einem sehr schlechten Gemütszustand in meiner Wohnung. Ich wusste, dass Christiane für einen Tag in München in einem Hotel war, denn sie hatte dort eine Flugunterbrechung zu einem Lufthansa-Transatlantikflug abzuwarten. Wir telefonierten und kamen überein, dass ich sie dort besuchen sollte. Ich erkundigte mich bei der Lufthansa, wann der nächste Flug nach München ging, und fand heraus, dass ich diesen möglicherweise noch bekommen konnte, wenn ich mich sofort auf den Weg machte.

So, wie ich war, Hals über Kopf, fuhr ich in einem Höllentempo zum Frankfurter Flughafen und parkte meinen teuren Porsche – den Zündschlüssel ließ ich in der Hektik, das Flugzeug noch zu erwischen, stecken, also war das Auto unabgeschlossen auf dem unbewachten Flughafenparkplatz abgestellt. Das bemerkte ich aber erst, als ich schon in München war. Der Parkplatz des Frankfurter Flughafens befand sich zu dieser Zeit noch direkt neben dem Flughafengebäude. Ich lief also so schnell ich konnte an den Lufthansaschalter. Dort bekam ich meinen schon telefonisch vorbestellten Flugschein ausgehändigt und schaffte es noch, in die Maschine zu kommen, die gerade losfliegen wollte.

In München angekommen, fuhr ich ins Hotel zu Christiane und da war ich nun erst einmal. Wir besprachen uns ausführlich – wahrscheinlich habe ich auch die Gelegenheit genutzt, alle meine schlechten Eigenschaften noch einmal aufzuzählen –, trotzdem kamen wir zu dem Entschluss zu heiraten und zwar so schnell wie möglich. Ich glaube, wir waren es auch beide leid, weiterhin ein Junggesellendasein zu führen.

Sehr viel Zeit hatten wir ja in München nicht, denn Christiane musste am nächsten Tag wieder fliegen und ich musste dringend zurück nach Frankfurt. Als ich wieder in Frankfurt und auf dem Weg zum Parkplatz war, war ich überzeugt, mein Auto nicht mehr wiederzufinden, denn einladender konnte ich es Dieben ja nicht machen. Wie überrascht war ich also, als ich mein Auto genauso vorfand, wie ich es abgestellt hatte. Wie ich feststellte, hatte ich sogar noch die Fahrertür einen Spalt breit offen gelassen, denn das Innenlicht brannte. Aber alles im Wagen war noch vorhanden, nichts war gestohlen, sogar mein Trenchcoat und ein Schirm lagen noch friedlich auf den hinteren Sitzen. Da hatte ich also mehr Dusel als Verstand gehabt. Vielleicht war aber auch die damalige Zeit nicht so gefährlich und brutal wie die heutige.

Ich glaube, Christiane und ich trafen uns nach einer weiteren Woche wieder und da wir immer noch der Meinung waren, dass wir heiraten sollten, beschäftigten wir uns mit der Planung und den Vorbereitungen. Wir kamen überein, dass eine kirchliche Trauung keinem von uns beiden behagte. Mir besonders nicht, denn ich hatte ja genügend Erfahrungen mit der katholischen Kirche und ihren „Würdenträgern" gemacht. Christiane war evangelisch aufgewachsen und als nicht sehr religiös einzuordnen. Wir kamen überein, dass der Tag in der Mitte des

Novembers 1966 unser Hochzeitstag werden sollte. Wir verständigten unsere engsten Familienmitglieder von unserer Entscheidung und die wichtigsten besuchten wir dann auch zusammen.

Zuerst Christianes Eltern, die zu dieser Zeit in der Nähe von Bad Honnef, wohnten. Mein zukünftiger Schwiegervater arbeitete als Geschäftsführer einer Staatskanzlei in Bonn und pendelte jeden Tag von Rottbitze nach Bonn und zurück. Der Besuch wurde an einem Sonntag für die Mittagszeit festgelegt und ich durfte mir eins meiner Lieblingsgerichte wünschen. Ich wünschte mir Schweinebraten mit Kartoffelklößen. Ich erinnere mich noch genau daran, denn das Essen schmeckte sehr, sehr gut und ich aß unanständig viel. Natürlich musste ich einiges aus meinem Leben erzählen, denn Eltern wollen schließlich wissen, mit wem ihre Tochter ihr zukünftiges Leben verbringt. Ich glaube, Christianes Schwester Karin war auch an diesem Tage zu Hause, und so lernte ich ihre ganze Familie kennen.

Ich hatte einen sehr guten Eindruck von allen meinen zukünftigen Verwandten. Schwer zu sagen war anfänglich, ob sie den gleichen Eindruck von mir hatten. Christiane meinte später, ihre Eltern seien nicht enttäuscht von mir gewesen. Na ja, es ist ja auch schier unmöglich, Menschen so schnell einzuordnen.

An den folgenden Wochenenden besuchten wir meine Schwestern. Hiltrud, ihr Mann Dieter und die beiden Kinder Marion und Klaus wohnten in Düsseldorf. Rosi, Effi und die Kinder Susanne und Stefanie waren ja in Mönchengladbach zu Hause. Alle mochten Christiane sehr.

Nun hatten wir alle Pflichtbesuche und Vorstellungen hinter uns und der nächste Schritt war, dass Christiane zu mir in meine Wohnung in Königstein übersiedelte. Wir waren beide mobil, denn Christiane besaß einen neuen Karmann-Ghia und ich hatte ja mein Lieblingsstück, den Porsche 356 SC.

Christiane flog noch weiter als Stewardess bei der Lufthansa und ich war wie immer geschäftlich, meistens in Europa und ab und zu einmal in den USA, unterwegs. Christiane arrangierte und koordinierte alle Hochzeitsvorbereitungen mit viel Geschick und Umsicht. Die standesamtliche Trauung sollte am 15. November 1966 morgens um 11 Uhr im Rathaus Königstein, gefolgt von einem kleinen Empfang in unserer Wohnung, stattfinden. Danach war ein Mittagessen in einem schicken Restaurant im engsten Familienkreis und mit den Trauzeugen geplant. Am darauffolgenden Tag sollte ein großes Fest mit Abendessen und Tanz in einem der besten Hotels von Königstein der krönende Abschluss sein.

All dies fand auch wie geplant und mit großem Erfolg statt. Nur am Abend vor unserer standesamtlichen Trauung fanden es einige meiner Arbeitskollegen sehr notwendig, mich zu einem kleinen Umtrunk einzuladen. Solch ein Abschied vom Junggesellendasein werde in Amerika immer am Abend vor einer Hochzeit veranstaltet und werde zum Gelingen der Hochzeit und dem nachfolgenden Eheleben unbedingt beitragen, erklärten sie mir.

Aus dem kleinen Umtrunk wurde eine große Zecherei und ich weiß nicht mehr genau, wann ich endlich zu Hause anlangte und im Bett lag. Jedenfalls konnte ich nur einige wenige Stunden schlafen und war schließlich auf dem Standesamt in einem erbärmlichen Zustand, der sich aber bis zum Mittag wieder besserte. Mein Freund Jürgen, wir kannten uns schon, als wir noch Kinder waren, war einer der Trauzeugen. Ich hatte vorher irgendwie Jürgen wiedergefunden und er nahm an der Trauung und den anschließenden Festlichkeiten zusammen mit seiner Frau teil.

Eine oder zwei Wochen vor unserer Hochzeit fand ich es notwendig, mir meine Nase reparieren zu lassen. Die war durch meine früheren Eishockeyaktivitäten vielfach gebrochen und derart ramponiert worden, dass sie sehr starke Ähnlichkeit mit einer knorrigen Baumwurzel hatte, also nicht gerade als Prachtstück anzusehen war. Hinzu kam noch, dass sich die Nasengänge mit der Zeit sehr verengt hatten und ein Atmen durch die Nase fast unmöglich geworden war. Ich hatte mich bei einem Chirurgen in Frankfurt nach den Eigentümlichkeiten einer solchen Nasenkorrektur erkundigt und der meinte, der „kleine Eingriff" wäre in ein paar Tagen verheilt und somit würden alle Spuren einer Operation nicht mehr wahrzunehmen sein.

Frohgemut unterzog ich mich, leider etwas zu kurzfristig vor dem anberaumten Hochzeitsdatum, dieser Operation und alles verlief zuerst auch nach Plan. Ich spürte schon nach einigen Tagen, nachdem die innere Schwellung der Nase etwas abgeklungen war, eine kleine Erleichterung. Aber äußerlich wollte und wollte die Nasenschwellung nicht zurückgehen. So war ich schließlich gezwungen, mit einer übermäßig angeschwollenen Nase, die auch noch einige Regenbogenfarben aufwies, zu heiraten. Das war sehr peinlich und fast jeder sprach mich auf meinen Gummel an und wollte wissen, was ich denn da im Gesicht trug.

Erst viel später und geraume Zeit nach der Hochzeit nahm diese Nase wenigstens von außen wieder normale Formen an. Sehr viel später stellte sich heraus, dass die Operation überhaupt nicht gut verlaufen war, denn meine Nasenschleimhäute wurden durch diese Operation stark beschädigt, was bis zum heutigen Tag oftmals zu Blockierungen in der Nase führt.

Das Hochzeitsfest war wirklich gut gelungen. Einige meiner Mitarbeiter mit ihren Frauen oder Freundinnen waren erschienen, mein Freund Manfred aus Düsseldorf war auch gekommen. Eine sehr gute Tanzkapelle brachte die Gäste in Schwung. Alle Freunde und Bekannte, an die wir Einladungen verschickt hatten, kamen.

Wir hatten nur unsere jeweilig engsten Familienmitglieder zu dem Fest eingeladen, d. h. Christianes Eltern und ihre Schwester Karin und meine Schwestern mit ihren Ehemännern. Von meiner Seite aus gesehen war das ja auch meine ganze Familie, aber der Familienkreis von Christiane war wesentlich größer und bestand aus, wie ich später herausfand, einigen liebenswerten Tanten und Onkeln und deren Kindern usw., die nicht eingeladen wurden. Wir hatten das zwar abgesprochen, aber später, als ich die ganze Familie von Christiane kennenlernte, tat es mir und schließlich uns beiden leid, dass wir den Kreis so eng gestaltet hatten. Wir haben uns später die größten Vorwürfe gemacht, so engstirnig gewesen zu sein.

Das war wieder einmal typisch für junge Leute, nur Gleichaltrige um sich haben zu wollen. Wie kurzsichtig waren wir damals. Es tut mir bis zum heutigen Tage leid, so borniert gewesen zu sein. Jedenfalls war das Fest ein großer Erfolg, alle Gäste amüsierten sich und wir waren nun ein richtiges Ehepaar. Schade nur, dass entweder mein oder Christianes Fotoapparat nicht funktionierte, denn alle geschossenen Bilder dieser Hochzeitsparty waren unscharf oder völlig unbrauchbar. Wie dumm, dass wir nicht einen professionellen Fotografen engagiert hatten. Uns blieben leider nur wenige Fotos, die einige Gäste gemacht hatten, von dieser schönen Party.

Kurz nach unserer Hochzeit löste Christiane ihre Wohnung in Frankfurt-Niederrad auf und nun lebten wir zusammen in Königstein.

Meinen Freund Manfred, den Christiane in der Zwischenzeit auch kennengelernt hatte, sahen wir immer dann, wenn wir einmal wieder meine Geschwister in Mönchengladbach besucht hatten. Meistens auf unserem Rückweg nach Hause trafen wir uns in Düsseldorf.

Unser letztes Zusammentreffen war, als er auf den Rheinwiesen etwas außerhalb von Düsseldorf Polo spielte. Das war eine Sportart, die er zwar erst spät lieben gelernt hatte, aber dennoch mit großem Eifer und viel Geschick betrieb.

Wir telefonierten zwar oft und sprachen über Gott und die Welt, doch einige Zeit später bekam ich von ihm einen Anruf, in dem er mir mitteilte, dass er Hodenkrebs hatte und die Ärzte ihm nur noch wenig Hoffnung gemacht hatten. Ich höre heute noch seine Stimme. „So eine Scheiße“, sagte er das letzte Mal, als ich mit ihm sprach, „ich kann nur noch rot pissen.“ Er starb kurz darauf im Alter von nur 33 Jahren. Ich denke so oft an ihn.

Sein Vater starb drei Jahre später mit 75 Jahren, wahrscheinlich vor Gram, seine Mutter kurz danach. Jetzt war nur noch Manfreds fünf Jahre jüngerer Bruder Jürgen übrig, der aber das Unternehmen, immerhin eine Firma mit über 10 000 Mitarbeitern und Weltruf, nicht führen konnte, weil er einfach nicht über die erforderlichen fachlichen und Führungsqualitäten verfügte und von seinem Vater auch nie für diese Aufgabe vorgesehen war. Er leitete das Unternehmen noch einige Jahre

– mehr schlecht als recht – und verkaufte es schließlich. Danach führte er das Leben eines Playboys und warf mit dem Geld, das seine Familie verdient hatte, geradezu um sich.

Christianes Eltern hatten uns zu unserer Hochzeit eine Urlaubsreise über Weihnachten und Silvester in die Schweiz geschenkt. Valbella war der Urlaubsort und wir wohnten im Posthotel, dem besten und renommiertesten in dieser Gegend. Als ich meinen Koffer im Hotelzimmer auspackte – Christiane als frischgebackene Ehefrau hatte darauf bestanden, ihn zu packen –, suchte ich verzweifelt nach einem Teil meines Smokings. Ich erinnere mich, dass die Jacke vorhanden war, aber die Hose fehlte, denn die hatte sie zu Hause im Kleiderschrank hängen lassen. Ich weiß nicht mehr, was ich zum Silvesterball im Hotel angezogen habe, ich glaube, im Koffer war glücklicherweise noch ein dunkler Anzug und mit dem absolvierte ich also den festlichen Teil des Abends.

Der Urlaub war zwar nur sehr kurz, vielleicht etwas über eine Woche, aber uns gefiel die Gegend sehr. Später, als unser Sohn Alexander geboren war, sind wir sehr oft, fast regelmäßig jeden Winter dort gewesen. Alexander hat in den Bergen um Valbella Skifahren gelernt und erfolgreich an einigen Kinder-Skirennen teilgenommen.

Wieder zu Hause in Königstein angekommen, beschäftigten wir uns primär mit der Komplettierung unserer Wohnungseinrichtung. Ich hatte bei einem Geschäftsbesuch in Barcelona schon vor längerer Zeit ein komplettes holzvertäfeltes Schlafzimmer mit einem riesigen Bett, in dem mindestens drei Personen ausreichend Platz hatten, bei einer renommierten Möbelschreinerei bestellt. Aber es wurde und wurde nicht geliefert, immer wieder traten Verzögerungen auf. In unserem Schlafzimmer waren nur mein schmales Junggesellenbett und eine Matratze, kein Schrank, keine Kommode, kein Stuhl, einfach nichts, denn all das sollte ja aus Spanien geliefert werden. Aber nichts kam aus Spanien und das sollte auch für eine lange Zeit so bleiben. Wir mussten uns also mit dem derzeitigen Zustand unseres Schlafzimmers noch eine lange Zeit abfinden.

Auf mein Drängen hin kündigte Christiane ihre Stelle als Stewardess bei der Lufthansa und, wie es damals so üblich bei dieser Firma war, konnte sie sich als Abschiedsgeschenk ihren letzten Flug zu einem Ziel ihrer Wahl aussuchen und mich, ihren Ehemann, kostenlos mitnehmen. Wir wählten als Endziel einen Flug nach Rio, denn dort war ich noch nie gewesen. Christiane hatte so oft von der Schönheit dieser Stadt und einigen Plätzen und Gegenden außerhalb, die auch von vielen ihrer Kollegen bevorzugt wurden, gesprochen. Sie hatte mich mit ihrer Begeisterung dermaßen angesteckt, dass auch ich begierig war, all das zu sehen und zu erfahren, wovon sie so schwärmte. Ich bin heute noch froh und glücklich darüber, diese Reise damals mit Christiane gemacht zu haben, denn später haben mich meine beruflichen Reisen nie mehr dorthin geführt.

Wir flogen also von Frankfurt ab, Christiane musste als Stewardess arbeiten und ich, dank ihrer guten Beziehungen zu dem diensthabenden Purser, durfte als Passagier in der ersten Klasse sitzen. Ich wurde darüber hinaus auch noch fürstlich von Christiane bewirtet.

Der Flug führte uns nach Dakar und hier verbrachten wir eine Nacht in dem Hotel, welches auch die ganze Lufthansacrew beherbergte. Das Hotel lag idyllisch, nahe am Meer, der Service und das Essen waren ausgezeichnet und wir hatten am nächsten Tag auch noch Zeit, eine Eingeborenensiedlung zu besichtigen, bevor wir spät am Abend weiter nach Rio flogen.

Ich konnte auch dort noch meine in Afrika erworbenen Reitkünste wieder auffrischen, denn in der Nähe unseres Hotels befand sich ein Reitplatz. Dieses Mal ritt ich aber, ganz im Gegensatz zu Afrika, auf einem gesattelten Pferd. Ein Mitglied der Lufthansa-Mannschaft, die nach Rio flog, war auch ein Steward, der zwar viel vom Reiten verstand, aber noch viel mehr darüber sprach. Der baute dann auf dem Reitplatz hinter dem Hotel kleine Hindernisse auf, über die wir dann mit unseren Pferden springen sollten. Diese Hindernisse waren zwar nicht sehr hoch, aber keiner von uns beiden war jemals vorher über ein Hindernis gesprungen. Ich sprang mit meinem Pferd und kam, noch oben auf dem Pferd sitzend, tatsächlich auf den anderen Seiten der Hindernisse an. Ich habe ganz bestimmt keine ästhetische Figur bei diesen Sprüngen abgegeben, war aber mächtig stolz darauf, zum ersten Mal in meinem Leben mit einem Pferd zusammen über etwas gesprungen zu sein und es auch noch unverletzt überlebt zu haben. Ob Christiane auch gesprungen ist, weiß ich nicht mehr, glaube es aber nicht, denn sie hatte sich nur wenige Monate vorher in Südafrika ihren Unterarm bei eben einem solchen Hindernisspringen gebrochen und dieser Bruch war gerade erst verheilt.

Das war ein toller Anfang unserer Hochzeitsreise, aber es sollte noch schöner werden. Der Flug nach Rio war ein Erlebnis, denn wir hatten das schönste Wetter mit einer herrlichen Fernsicht. Der Pilot war so freundlich, vor der Landung noch eine Schleife über Rio zu fliegen, und zum ersten Male in meinem Leben sah ich aus der Vogelperspektive die herrliche Bucht von Rio mit all ihren Merkmalen und Sehenswürdigkeiten. Diesen Anblick werde ich nie mehr vergessen.

In Rio wohnten wir wieder in einem Hotel direkt an der Copacabana. Auch hier hatte sich die Lufthansa für ihr fliegendes Personal ein erstklassiges Hotel ausgesucht. Christiane musste nach zwei Tagen von Rio aus noch einen Flug nach Chile und zurück absolvieren, war aber nur eine Nacht abwesend. Danach hatte sie einige Tage frei, bis wir wieder nach Frankfurt zurückfliegen mussten. Wir erkundeten Rio gründlich und waren natürlich auf dem Zuckerhut, dem Corcovado, am Ipanema Beach usw.

Abends aßen wir in den Restaurants, die Christiane noch von früheren Reisen nach Rio kannte und sehr gut fand. Christiane kannte einige der Restaurantbesitzer, es war also immer ein großes Hallo, wenn sie wieder begrüßt wurde und mich dann als ihren neuen Ehemann vorstellte.

In Rio, wahrscheinlich auch überall in Brasilien, gibt es viele außergewöhnliche Essgerichte, die völlig anders sind als die, an die wir uns gewöhnt haben. Zum Beispiel „Feijoada“ (das sind schwarze Bohnen mit geräuchertem Speck) oder Fleisch am Spieß, über dem Holzfeuer gegrillt. Als Abschluss jeder Mahlzeit und als Digestif gedacht, trinkt man dort immer einen Schnaps, der Batida genannt wird. Dieser Schnaps wird aus Zuckerrohr und unterschiedlichen Früchten gebrannt und mir hat besonders der Batida Banana geschmeckt. Aber Vorsicht, der Schnaps hat es in sich und ist sehr stark, nur man merkt es erst viel später. Am nächsten Tag, als ich mir die Zähne putzte und dem Magen eher zufällig Wasser zuführte, aktivierte sich der Batida wieder, den ich am Abend zuvor getrunken hatte, und ich hatte den Eindruck, zumindest wieder leicht beschwipst zu sein.

Wir fuhren mit einem klapprigen alten Bus über Land und besuchten Max, einen Freund vieler Lufthanseaten. Max war Deutscher und war, als er aus der Kriegsgefangenschaft entlassen wurde, nach Brasilien ausgewandert. Der Grund dafür war, dass er, als er seinen Heimatort und sein Zuhause in Deutschland nach seiner Entlassung aufsuchte, die schreckliche Tatsache hinnehmen musste, dass seine ganze Familie bei einem der letzten Bombenangriffe der Alliierten am Ende der Kriegshandlungen ums Leben gekommen war.

Max war Tischler, wenn ich mich recht entsinne, hatte jahrelang nach seiner Ankunft in Brasilien in seinem Beruf gearbeitet und sich dann auf eine kleine, der Küste vorgelagerte Insel zurückgezogen. Es war eine idyllische Insel wie aus dem Märchenbuch. Dort hatte er sich ein kleines Holzhaus gebaut und einen großen Garten angelegt. Er war Selbstversorger und lebte von dem, was in seinem Garten wuchs. Neben seinem Haus hatte er einige primitive Hütten gebaut, die er vermietete. Irgendwann hatte sich einmal ein Mitglied der Lufthansa dorthin verloren, fand die Gegend herrlich und Max als liebenswerten Gastgeber vor und erzählte dies den Kollegen. Max und seine Insel sprachen sich herum und so kam es, dass oft Mitglieder des fliegenden Personals von Lufthansa dort zu Gast waren. Sie wohnten dann in den kleinen Hütten, brachten oftmals Lebensmittel oder Artikel und Gegenstände mit, die Max dringend benötigte.

Max war ein guter Unterhalter und Gastgeber und wer urig wohnen und seine Zeit in einer der schönsten Gegenden verbringen wollte, war bei Max gut aufgehoben. Wir verbrachten einige Tage und Nächte bei Max.

Am schönsten fand ich morgens meinen Duschvorgang. Nach dem Aufwachen zog ich meine Badehose an und ging auf einem verschlungenen Pfad zu einem kleinen Wasserfall, der ganz in der Nähe und sehr einsam gelegen war. Das Wasser war kristallklar und erfrischend und man hatte eine herrliche Aussicht über das Meer. Danach wurde gefrühstückt. Das Frühstück bestand aus Früchten, die Max kurz zuvor frisch aus seinem Garten geholt hatte. Mittags gab es wieder Früchte oder Fruchtsäfte und abends wurden große Stücke von dem mitgebrachten Fleisch auf brasilianische Art am Holzkohlenfeuer gegrillt. Dazu erzählte Max Geschichten.

Oft denke ich an die leider sehr kurze Zeit, die wir bei Max verbrachten, mit Wehmut zurück.

Als Max uns mit seinem kleinen Boot wieder ans Festland fuhr, gerieten wir in einen Schwarm von Moskitos. Auf unerklärliche Weise verschonten sie Max und Christiane mit ihren Stichen, aber mich hatten sie als ihr erklärtes Ziel auserkoren. Die unteren Teile meiner nackten Beine erfreuten sie besonders, sie fielen darüber her und stachen, was das Zeug hielt. Sich gegen die Vielzahl dieser Blutsauger zu wehren, war zwecklos. Meine Beine schwollen sofort sehr stark an und noch Tage später, obwohl ich die Bissstellen sofort mit einem Medikament behandelt hatte, musste ich noch schreckliche Schmerzen von den Biestern erdulden. Das war wohl ihr Abschiedsgruß von der Insel für mich gewesen.

Unser nächstes Ziel war die einsam und mitten im Urwald gelegene Residenz eines Schweizers, der dort mit seiner Familie lebte und den Christiane gut kannte. Die Familie lebte in einem sehr schönen und geräumigen Haus auf einem großen Grundstück. Alle Arten von Haustieren und Vieh waren vorhanden und auch diese Familie lebte vorrangig von dem, was sie selbst erzeugten. Eine Menge Reitpferde waren vorhanden, die sie an Besucher vermieteten. Auch Christiane und ich mieteten Pferde, mit denen wir in den umliegenden Wäldern herumritten, uns prompt verirrten, aber wie durch ein Wunder wieder zu unseren Gastgebern zurückfanden.

Auch dieser Besuch blieb uns in guter Erinnerung, denn alles, was wir in diesem unserem ersten gemeinsamen Urlaub unternahmen, war einfach einmalig. Wir beide denken gerne an diese Zeit zurück. Schade, dass die Zeit auf unserer Hochzeitsreise so knapp bemessen war.

Am letzten Tag in Rio kaufte ich mir ein billiges rotes ärmelloses T-Shirt. Ich liebte dieses Kleidungsstück sehr und trug es lange Jahre und immer wieder in meiner Freizeit, auch noch, als es schon total verschlissen war – nichts konnte mich von dem „roten Pullöverchen“, wie ich es nannte, trennen.

Bald hatte uns der Alltag in Deutschland wieder. Christiane war nun eine hundertprozentige Hausfrau und ich orgelte wie üblich in der Welt herum. Wenn ich verreisen musste, brachte mich Christiane zum Frankfurter Flugplatz, und kam ich wieder zurück, holte sie mich meistens wieder von dort ab. Ich freute mich immer, wenn ich sie in der Ankunftshalle sofort unter den vielen anderen Menschen ausmachen konnte. Ich brauchte nur immer nach dem schönsten Mädchen in dem Gewusel Ausschau zu halten und schon hatte ich Christiane gefunden. Sie war immer sehr schick und nach der neusten Mode gekleidet. Es tat gut und ich war richtig stolz, so eine schöne und dabei noch sehr intelligente Frau zu haben. Auf der Heimfahrt erzählte sie mir dann immer, was in meiner Abwesenheit vorgefallen war, und wenn wir zu Hause ankamen, war ich bestens informiert. Christiane war und ist heute noch sehr lebhaft und überaus mitteilsam. Was immer sie erlebt, muss sie sofort auch anderen mitteilen.

Sie fühlt sich verpflichtet, dem anderen, der eben nicht in der Situation oder Lage war, z. B. eine schöne Gegend, einen Sonnenauf- oder -untergang oder irgendetwas Schönes, was sie gesehen oder erlebt hat, genau so zu schildern, wie sie es aufgenommen und empfunden hat. Wenn sie mir dann dies oder jenes erzählt, wird alles mit dem entsprechenden Gesichtsausdruck oder einer ihr eigenen Mimik untermalt. Dabei sprechen besonders ihre Arm- und Handbewegungen eine eigene Sprache. Ich kann hier leider nur einige typische Beispiele angeben: Sie erklärt, sie habe Brot geschnitten, dann machen ihre Hände die Schneidbewegungen nach, oder sie zerkleinert, also hackt irgendetwas, dann vollziehen ihre Hände den Hackvorgang nach. Oder sie sagt: „Ich komme aus diesem oder jenem Zimmer“, welches räumlich gesehen hinter ihr liegt, und dann zeigt sie mit dem Zeigefinger nach oben, was aber „hinter ihr“ bedeutet. Sie zeigt auch immer fleißig Himmelsrichtungen an, doch ist hierbei größte Vorsicht geboten, denn in der Regel ist der Ort, den sie mit einer Hand- oder Armbewegung bestimmt, immer gegensätzlich zu deuten, d. h., wenn sie links deutet, heißt das eigentlich rechts und umgekehrt.

Alle diese Bewegungen werden, ohne dass sie sie überhaupt selbst wahrnimmt oder registriert, sehr zierlich, mädchenhaft und mit vollendeter Grazie ausgeführt. Ich habe sie noch nie darauf angesprochen, werde es auch nicht tun, weil dann ja die Möglichkeit bestünde, dass sie ihre Mimik ändert oder sogar ganz aufgibt.

Ich bin leider in der Regel nicht so wie sie veranlagt. Natürlich erzähle und beschreibe ich ihr manchmal Dinge, die ich beeindruckend fand, aber nicht so, wie sie das fast jeden Tag macht. Für sie ist jeder einzelne Tag ein Erlebnis. Sie sieht ja auch immer Dinge, für die ich kein Auge habe. Natürlich hat sie auch viele Angewohnheiten, die ich nicht so schätze und über die ich manchmal richtig wütend werden kann. Aber wenn ich ihre guten Eigenschaften alle zusammenzähle, überwiegen diese ihre weniger guten bei Weitem.

Jetzt, nach über fünfzig Jahren Ehe – unser Heiratstag jährte sich am 15.11.2016 zum fünfzigsten Male –, bin ich mir gar nicht sicher, ob wir überhaupt zueinanderpassen. Aber was müssen Eheleute mitbringen oder besitzen, um überhaupt zueinanderzupassen? Sicher muss der eine oder andere einmal in diesem oder jenem Punkt Zugeständnisse machen. Christiane kann das in der Regel besser als ich, aber auch nicht immer. Ich habe da meine Schwierigkeiten, denn wenn ein Problem oder eine Situation für mich als zu klein empfunden wird, verliere ich sofort das

Interesse daran und möchte es am liebsten nicht mehr diskutieren und wenn möglich totschweigen, einfach aus der Welt schaffen.

Wir haben zwar viele gemeinsame Interessen, aber unsere Lebensanschauungen sind trotzdem grundverschieden. Schon die kleinsten Meinungsverschiedenheiten können einen Streit hervorrufen. Christiane ist oft sehr rechthaberisch in den kleinsten Dingen und recherchiert so lange, bis sie schwarz auf weiß beweisen kann, dass sie in diesem oder jenem Punkt recht hat. Ich bin da ganz anders, weil mich kleinere Dinge, meistens Dinge des täglichen Lebens, sehr wenig interessieren. Ich bin mehr an den wesentlicheren Dingen interessiert.

Ich glaube, wir wohnten nach unserer Hochzeit nur noch einige wenige Monate in Königstein, dann zogen wir um in ein gemietetes Haus. Wir wollten einen großzügigeren Wohnraum und vor allen Dingen einen Garten haben und deshalb hatte sich Christiane bemüht und auch für uns ein sehr schönes Haus in Schloßborn gefunden, einem kleinen Dorf, etwa sieben Kilometer von Königstein entfernt, in der Nähe von Glashütten gelegen. Das Haus lag auf einer Anhöhe und wir hatten von unserem Wohnzimmer einen herrlichen Blick auf die Wälder und Felder des Taunus. Der Garten fiel schräg nach unten ab und das Rasenmähen im Sommer war dementsprechend mühsam und schweißtreibend.

Schräg gegenüber von uns wohnten Kiki und Mischa mit ihren zwei jungen Söhnen in einem gemieteten, großen Haus. Schon sehr früh freundeten wir uns mit ihnen an. Besonders Mischa war ein ungewöhnlicher Typ. Er war Kunstmaler. Ich glaube, er wurde in der Tschechoslowakei oder Böhmen geboren und wuchs auch dort auf. Erst als junger Mann kam er nach Deutschland. Hier traf er die viel jüngere Kiki und die beiden heirateten. Er war nach seinen Angaben staatenlos und sprach, besonders wenn er erregt war, ein ziemlich lustiges und etwas verdrehtes Deutsch. Beide waren liebenswert und nett und wir verbrachten viele schöne Stunden miteinander. Mischa malte Bilder, meistens Landschaften, im Akkord und verkaufte seine Produktion an große Kaufhäuser in Süddeutschland. Sein Lieblingsgetränk war Cola mit Rum und dem sprach er schon morgens

– so wie Kiki uns mitteilte – eifrig zu. Ich habe ihn nie richtig betrunken gesehen, aber ich glaube, er fühlte sich in seiner Schaffenskraft angeregt, wenn er sich innerhalb eines mittleren Pegels der Betrunkenheit befand. Mischa konnte über alle nur möglichen Dinge reden, war sehr belesen und es machte viel Spaß, mit ihm zusammen zu sein.

Kiki war sehr nett, befand sich aber geistig auf einem viel niedrigeren Level als Mischa. Trotzdem passten die beiden sehr gut zueinander. Sie wurden zu guten Freunden. Von Kiki hören wir heute nur noch sporadisch. Mischa starb plötzlich und völlig unerwartet 1989 oder 1990 während oder nach einer missglückten Operation.

Das Haus, welches wir angemietet hatten, gehörte einer Frau, die in Scheidung mit ihrem Mann lebte. Kein Wunder, denn sie hatte Haare auf den Zähnen. Sie war eine zänkische Person und wollte immer recht haben, das stellten auch wir sehr schnell fest. Ich glaube, wir wohnten noch nicht einmal acht Monate dort, da wollte sie selbst wieder in das Haus ziehen und kündigte uns den Mietvertrag.

Wir mussten also wieder ein Quartier suchen und umziehen. Wir, d. h. Christiane fand am Ortsrand von Eschborn direkt an einer Bahnlinie ein Haus, welches uns zusagte. Es gehörte einem jungen Mann, der dort mit seiner Mutter, die auch in diesem Haus eine Arztpraxis betrieben hatte, gewohnt hatte. Seine Mutter war plötzlich verstorben und nun suchte er einen Mieter. Das Haus war sehr schmal und trotzdem geräumig. Es hatte einen Vorgarten und einen großen Garten hinter dem Haus. Für uns zwei war das Haus ideal, denn Eschborn war zwar noch ländlich, aber trotzdem viel näher an Bad Homburg oder auch Frankfurt. Das war ein Vorteil, besonders im Winter. Ich musste ja, wenn ich nicht verreist war, jeden Tag nach Frankfurt in mein Büro.

Im Winter von Frankfurt nach Schloßborn oder umgekehrt zu fahren, war sehr zeitaufwendig, besonders wenn viel Schnee lag. Auf dem Heimweg hatte ich die größte Mühe, die steile und vereiste Straße von Bad Soden nach Königstein zu bewältigen. Hatte man das hinter sich, kam dann noch die meistens völlig schneeverwehte Wegstrecke von Glashütten nach Schloßborn und dann noch der kurze, aber steile Anstieg zu unserem Haus dort.

Eschborn lag dagegen viel günstiger und war, ohne Steigungen zu bewältigen, schnell und sicher in allen Jahreszeiten zu erreichen. Ich weiß nicht mehr, wie lange wir in Eschborn wohnten, sicher nicht länger als ein Jahr, denn die Nähe zu den Bahngeleisen und der damit verbundene Lärm der Züge war nicht sehr angenehm und störte uns. Also bereiteten wir uns wieder auf einen Umzug vor.

Bevor wir dies aber bewerkstelligten, wollten wir erst einmal einen längeren Urlaub, der jedem amerikanischen Mitarbeiter aus dem Frankfurter Büro alle drei Jahre mit vielen Vergünstigungen zustand, antreten. Ich hatte Spanien viele Male besucht und immer begeistert von dem Land gesprochen. Christiane kannte Spanien nicht, oder wenn doch, nur sehr ungenügend. Es war Frühling oder Anfang des Sommers, als wir beschlossen, diesen Urlaub in einer schönen Gegend in Spanien zu verbringen. Von Bekannten hatten wir von einem exklusiven Hotel in Marbella, direkt am Meer gelegen, erfahren. In diesem Hotel reservierten wir Zimmer, flogen nach Málaga, mieteten am Flughafen einen Kleinwagen und fuhren damit in unser Hotel in Marbella.

Es war wirklich so wie von unseren Bekannten beschrieben. Wir genossen einen erstklassigen Service, eine erlesene spanische Küche, modern und gemütlich eingerichtete Zimmer. Die Außenanlagen waren gepflegt, Gärten, üppig bepflanzt mit Blumen und exotischen Sträuchern rund um das Schwimmbad angelegt, luden zum Entspannen ein.

Direkt an den Schwimmbadbereich schloss sich das Meer mit einem weißen Sandstrand an. Wir fühlten uns sofort sehr wohl dort, gingen abends nach dem Essen meistens in das kleine nebenan liegende Dörfchen, nahmen einen oder auch mehrere Drinks zu uns, in einer der versteckt liegenden, gemütlichen Bodegas. Wir lernten auch eine sehr reiche Schweizerin im Hotel kennen, sie kam aus der Nähe von Zürich und viele Jahre später haben wir sie und einen Teil ihrer Familie in der Schweiz besucht.

An einem Tag unternahmen wir einen Ausflug nach Granada und besuchten die Alhambra. Die Alhambra war die Residenz früherer maurischer Könige. Die Anlage ist heute noch in gut erhaltenem Zustand und oberhalb von Granada auf einem Hügel gelegen. Das vielräumige Bauwerk beeindruckte uns sehr, aber wir hatten leider einen sehr heißen Tag erwischt und konnten von den Außenanlagen nur wenige bewundern. Immer wieder mussten wir schattige Stellen aufsuchen, um uns vor der brennenden Sonne zu schützen. Der Hin- und Rückweg nach und von Granada führte über eine ziemlich schmale, serpentinenreiche Landstraße der Sierra Nevada. Diese Autofahrt war nicht nach Christianes Geschmack, denn sie hatte auf beiden Strecken mit einer hartnäckigen Übelkeit zu kämpfen.

Eine andere Fahrt machten wir nach Gibraltar, sahen uns das Hafengebiet, die Altstadt und den Felsen von Gibraltar an. Wir waren enttäuscht von dieser Stadt und den Menschen dort und verließen fast fluchtartig wieder diese Gegend.

Nach ca. drei Wochen verließen wir unser Luxushotel in Marbella und flogen nach Madrid. Dort blieben wir noch etwa eine Woche und ich zeigte Christiane einige Sehenswürdigkeiten dieser Stadt, in der ich öfter vorher geschäftlich viel Zeit verbracht hatte. Ich glaube, wir haben auch einen Stierkampf besucht, fanden aber beide nicht viel Gefallen an solch einer Darbietung.

Ich weiß jedoch noch genau, dass wir abends zwei Flamencolokale aufsuchten, in denen die besten Flamencokünstler Spaniens, sowohl Tänzer als auch Musiker, auftraten. Das eine hieß Corral de la Moreria und das andere Canasteros. Ich bin kein großer Freund dieser Musik, aber Christiane hat es sehr gefallen. Dann war aber auch schon die Zeit für unsere Rückreise gekommen. Wir flogen zurück nach Frankfurt und der Alltag hatte uns wieder. Unser Spanienurlaub war einer der schönsten Urlaube, die wir zusammen verbrachten.

Als wir wieder zu Hause waren, diskutierten wir unser Wohnproblem. Der nächste Umzug sollte permanenter sein als unsere vorherigen. Wo immer wir auch wohnen würden, wollten wir länger bleiben, denn von weiteren Umzügen wollten wir nichts mehr wissen. Nach Möglichkeit wollten wir nun ein Haus kaufen. Wir fanden schließlich ein Haus, das in Oberursel-Bommersheim zum Verkauf stand. Die Straße, an der das Haus lag, war ruhig und fast ohne Verkehr. Die Gärten hinter den Häusern auf unserer Straßenseite grenzten alle an Felder. Uns sagten das Haus und der Verkaufspreis sofort zu, wir kauften es und nun hatten wir ein eigenes Haus und mussten keinen Vermieter mehr fürchten.

Wir waren überglücklich, hatten wir doch endlich unser erstes eigenes Haus. Es war ein kleines, älteres Haus, vorne war ein kleiner Vorgarten und eine frei stehende Garage mit Platz für ein Auto und hinter dem Haus war ein schön bepflanzter, größerer Garten mit Obstbäumen, Rosenbeeten und Sträuchern. Der Umzug in unser eigenes Haus bedeutete keine großen Schwierigkeiten, denn viele Möbel oder Haushaltsgeräte hatten wir zu diesem Zeitpunkt noch nicht. Just zu dieser Zeit wurde auch endlich das von mir schon lange vorher bestellte, in Spanien mit vielen wunderschönen Schnitzereien versehene Schlafzimmer ausgeliefert. Nun hatten wir auch ein bequemes Schlafzimmer. Das Bett war riesig, die Kommode und die Nachtschränkchen geräumig und die Truhe hatte wahrlich fürstliche Ausmaße. Heute sind dieses Schlafzimmer und auch einige andere Möbelstücke, die wir uns damals anschafften, noch in unserem Besitz.

Die Straße war relativ ruhig, nur genau gegenüber von uns befand sich eine Milchsammelstelle, die ein älteres Ehepaar betrieb, und schon sehr früh morgens kamen jeden Tag die umliegenden Bauern mit ihren Milchkannen und lieferten ihre Milch ab. Das war immer ein mittleres Getöse, wenn die Kannen abgeladen wurden, dabei gegeneinanderstießen und dann schließlich die Inhalte, begleitet von wortreichen Kommentaren und Gelächter der Bauern und dem Milchsammelstellen-Ehepaar, in dem großen Sammelbehälter zum späteren Weitertransport an eine milchverarbeitende Firma landeten.

Von unserem Schlafzimmerfenster im oberen Stock konnten wir das Treiben gegenüber gut beobachten. Zugesetzt hat uns aber der morgendliche Krach nicht, denn wir standen morgens sowieso immer sehr früh auf und das Milchkannengetöse diente uns praktisch als willkommene Weckuhr. Nur samstags, wenn wir etwas länger schlafen wollten, hätten wir gerne auf diesen besonderen Weckvorgang verzichtet.

Die Betreiber der Milchsammelstelle waren sehr nett zu uns. Sie kannten natürlich alle Landwirte im Umkreis und wenn diese im Frühjahr ihre Lämmer schlachteten, besorgten sie uns manchmal auch frisches, wohlschmeckendes Lammfleisch.

Wir verbrachten viel Zeit damit, unser neues Haus herzurichten. Innen wurde alles gestrichen, einiges erneuert oder ausgebessert. Wir arbeiteten im Garten, pflanzten, änderten einige Beete oder legten neue an. Es machte richtig Spaß, zum ersten Male in unserem Leben einmal auf unserem eigenen Grund und Boden zu werkeln.

Wir veranstalteten eine Menge Partys und zeigten unseren Freunden und Bekannten stolz unsere Neuerwerbung. Eigentlich war das Haus nichts Besonderes, aber wir waren mächtig stolz, wie es eben junge Leute sein können, wenn sie sich ihr allererstes Eigentum beschafft haben.

Jetzt fehlten uns eigentlich nur noch Kinder, die unser Heim mit zusätzlichem Leben füllen würden. Schließlich wurde Christiane schwanger und endlich konnten wir uns auf ein Kind freuen. Einfach war das nicht, denn Christiane und auch ich mussten uns vielen Untersuchungen und Tests bei einem bekannten Frankfurter Spezialarzt, der auch dort eine Spezialklinik betrieb, unterziehen, bis sich endlich der Erfolg einstellte. Nun war unsere Zeit angefüllt mit der Hoffnung und den begleitenden Ängsten, dass auch alles gelingen würde. Wir hofften auf ein gesundes Kind, egal ob Mädchen oder Junge.

Im Garten war ich voller Eifer damit beschäftigt, einen kleinen Springbrunnen zu einem Kinderplanschbecken umzubauen. Das Kind, wenn es nun geboren wird, muss doch im Sommer auch ordentlich im Wasser spielen können, war mein Gedanke damals. Ich dachte gar nicht daran, dass es noch eine geraume Zeit dauern würde, bis so ein Baby ein Interesse entwickeln und dazu auch körperlich in der Lage sein würde, von meinem Werk Gebrauch zu machen. Jedenfalls war ich wohl nicht davon abzubringen und überzeugt davon, dass jedes Kind dringend sein eigenes Planschbecken benötigen würde.

Endlich, und wie das meistens der Fall ist, sehr spät abends, wir lagen schon im Bett und waren zu diesem Zeitpunkt nicht unbedingt darauf vorbereitet, war es so weit. Das Baby wollte unbedingt geboren werden. Ich hatte schon Wochen vorher in weiser Voraussicht auf die Dinge, die sich entwickeln würden, den kürzesten Weg zu der Frankfurter Geburtsklinik auf der Straßenkarte genau eingezeichnet.

Nun musste alles sehr schnell gehen. Christianes Tasche mit den Dingen, die sie benötigte, stand glücklicherweise gepackt bereit. In fliegender Eile zogen wir uns etwas an und schon waren wir unten am Auto. Ich war sehr nervös, denn Christiane stöhnte laut und entwickelte auf der Fahrt zur Klinik eine Reihe von ungewöhnlichen Geräuschen. Ich war in größter Sorge, denn was würde ich tun, wenn das Kind plötzlich im

Auto zur Welt kommen wollte? Nicht auszudenken war das. Auf zwei Rädern bin ich um die Ecken gefahren, bis wir endlich mit quietschenden Reifen vor der Klink ankamen.

Christiane wollte sich immer hinlegen und legte sich auch prompt vor dem Klinikeingang auf den Boden, stand aber dann mit meiner Hilfe und viel Zureden des Klinikpersonals wieder auf, als ihr wohl klar wurde, dass es wohl besser wäre, einem Kind innerhalb der Klinik und zwar in einem Bett das Leben zu schenken und nicht vor dem Eingang zur Klinik. Die Einlieferung muss etwa um 23:30 Uhr gewesen sein.

Für mich war dort nichts mehr zu tun und man bedeutete mir, getrost nach Hause zu fahren und dort alles abzuwarten. Man würde mich schon rechtzeitig über alles Weitere benachrichtigen und informieren, sagte eine Krankenschwester. Also fuhr ich wieder nach Hause und legte mich wieder ins Bett.

Ob ich etwas geschlafen habe oder nicht, weiß ich heute nicht mehr, jedenfalls klingelte so gegen 7 Uhr morgens, es war der 28. Juni 1970, das Telefon und jemand von der Klinik teilte mir mit, dass Christiane um 5 Uhr, also zwei Stunden zuvor, einen Jungen geboren habe. Ihr und dem Kind gehe es gut und wenn ich wolle, könne ich um ca. 10 Uhr die beiden besuchen. Mir fiel ein riesiger Stein vom Herzen und ich fühlte mich plötzlich wie neugeboren.

Ich bin vor Freude im ganzen Haus herumgetanzt. Ich glaube, ich habe dann noch Christianes Eltern und noch schnell einige Verwandte und Freunde angerufen, die Geburt bekannt gegeben und dann völlig entspannt und erleichtert gefrühstückt. Dann habe ich auf dem Weg nach Frankfurt in die Klinik erst einmal an einem Blumengeschäft gehalten und habe dort einen riesigen Blumenstrauß aus roten langstieligen Rosen mit einer einzigen gelben Rose mittendrin gekauft. Die gelbe Rose war für den Jungen gedacht, denn bis dahin hieß er ja noch „Junge“, er hatte ja noch keinen Namen.

Die gelbe Rose haben wir dann später getrocknet und sie in einem Album mit den ersten Kinderfotos von Alexander, das wurde der Name des Jungen, verewigt. Als ich in Christianes Zimmer kam, lag sie, wie die meisten Mütter, glücklich lächelnd in ihrem Bett und neben ihr stand ein kleines Kinderbettchen. Alles, was ich in diesem Bettchen sehen konnte, war ein kleines rötliches, etwas verrunzeltes Köpfchen mit ein paar dunklen Härchen obendrauf. Der Rest vom Kind war zugedeckt. Es schlief und lag auf der rechten Seite, deshalb konnte ich nur das Köpfchen von der Seite sehen. Ich war ein wenig erschrocken, denn so wenig von einem Kind hatte ich mir nun doch nicht vorgestellt.

Viel fragen mochte ich auch nicht und dachte mir also, dass bestimmt alles, was ich da so sah, seine Richtigkeit haben müsse, denn anderenfalls hätte man mich doch informieren müssen. Ich stellte mich auf einen Stuhl und machte so von oben ein Foto von unserem Kind, d. h. von dem winzigen Köpfchen. Weitere Fragen an Christiane oder an das Klinikpersonal, ob das alles von unserem Kind sei, mochte ich nicht richten.

Viel Zeit, mir weiter Gedanken zu machen, hatte ich nicht, denn Christiane meinte, ich solle sofort zum Römer fahren – so heißt das Rathaus von Frankfurt – und die Geburt von Alexander registrieren lassen. Alexander, das sollte der Vorname unseres Jungen sein, hatte Christiane entschieden.

Ob ich bei der Namensfindung ein Mitspracherecht hatte, weiß ich nicht mehr. Mir war aber der Name auch recht. Meine größte Sorge war, das Kind könnte nicht gesund sein, doch die Ärzte versicherten uns, dass es das war. Nach vollzogener Geburtenregistrierung hatten wir nun einen Jungen mit dem offiziellen Namen „Alexander".

Den weiteren Verlauf der Geschehnisse habe ich nicht mehr so im Kopf, ich weiß nur, dass ich beide, Christiane und Alexander, nach einigen Tagen von der Klinik abholen und nach Hause bringen durfte. So eine Geburt von einem neuen Erdenbürger ist für Eltern schon sehr aufregend, besonders dann, wenn es das erste Kind ist. Man macht sich Sorgen vor der Geburt und fragt sich, ob das Kind gesund zur Welt kommt, ob die Mutter nicht bei der Geburt leiden muss oder gar gesundheitlichen Schaden nimmt. Ist das Kind endlich geboren, sind die Sorgen, Leiden und Schmerzen nicht beendet. Immer sorgt man sich um sein Kind und erlebt und fühlt mit, was das Kind erlebt. Geht es dem

Kind gut, ist man froh und glücklich, sorgt sich aber wieder, ob dieser Zustand anhält und was die Zukunft für das Kind bereithält. Mit dem Kind zusammen werden alle Höhen und Tiefen durchlaufen, durch die es sein ganzes Leben lang gehen muss. Für Eltern ist dies ein Dauerzustand, der bis an ihr Lebensende Bestand hat. Ob mir das schon bewusst war, als Alexander geboren wurde, weiß ich nicht. Ich glaube nicht, denn wenn man vor lauter Glück die Welt umarmen will, denkt und träumt man nur an das Nächstliegende. Das ist auch gut so. Egal wie sich ein Kind später entwickelt, die Eltern bleiben ihm auf immer verbunden.

Zu Hause hatte Christiane schon alles vorbereitet. Alexander hatte sein kleines Babyzimmer mit Bettchen und Wickeltisch und allen anderen Utensilien, die eben ein Baby benötigt, gleich neben unserem Schlafzimmer. Wir konnten also, wenn wir im Bett lagen, jede Bewegung, die der kleine Wurm machte, miterleben. Oft standen wir – Christiane viel öfter als ich – mitten in der Nacht auf und schauten nach, ob mit unserem kleinen Scheißer auch alles in Ordnung war. Natürlich konnten wir keine Nacht durchschlafen, denn Babys schreien eben oft und laut. Manchmal wunderte ich mich, wenn ich dieses kleine Würmchen mit seinen dünnen Beinchen und Ärmchen in seinem Bettchen sah, ob es sich wohl jemals zu einem normalen Menschen entwickeln würde. Ich hatte ja vorher noch nie ein Neugeborenes gesehen, sondern vielleicht nur ab und zu Babys, die schon sechs Monate oder älter waren.

Meistens schlief unser Kind auf dem Bauch. Ich fragte mich öfter, ob das gut war. Wenn es aber wach war, strampelte es, für meine Begriffe etwas unkontrolliert und unkoordiniert, mit seinen dünnen Beinchen. So nach und nach wurde es etwas runder und fülliger, nahm an Gewicht zu, aber auch das war für mich eine Entwicklung, die viel zu langsam vor sich ging. Manchmal, wenn es so dalag, wach war oder schlief, konnte man hören, wie es sich erleichterte. Es furzte, um sich des Überdrucks in seinem winzigen Magen zu entledigen. Das war ein langgezogener, heller und nicht zu lauter Ton, der mich komischerweise sehr erfreute. Man musste schon genau hinhören, um dieses Tönchen wahrzunehmen. Fortan nannte ich unser Kind „Fürzchen", ein Name, der ihm wohl auch gefiel, denn später, als ich es so anrief, guckte es mich immer sehr fröhlich an und lachte ein wenig dabei. Später, als er schon krabbeln und laufen konnte, gab ich ihm noch sehr viel mehr Kosenamen, so wie viele Eltern das auch tun. Manchmal hieß er dann Engelchen, Schätzchen, kleiner Scheißer, Pipimacher, kleiner Mond, Sternchen, Gartenzwerg usw.

Ich erinnere mich auch noch sehr gut an ein buntes Mobile aus lustigen und lachenden Walen. Ich hatte es weit vor Alexanders Geburt in einem New Yorker Geschäft gesehen und gekauft. Ich befestigte es nun über seinem Bettchen an der Decke. Jedes Mal, wenn sich die Tiere in einem kleinen Lufthauch bewegten, guckte er es neugierig an und streckte seine Ärmchen danach aus. Er juchzte, krähte und lachte, wenn sich die Tiere im Kreis bewegten.

Bald lachte er auch Christiane und mich an. Nach ein paar Monaten war er schon richtig knuddelig und rund. Wenn ich mich samstags oder sonntags nach dem Mittagessen ein wenig auf die Couch legte, um ein Nickerchen zu machen, legte Christiane ihn mir auf den Bauch und da schlief er dann selig mit mir ein. Das muss zu jener Zeit sein schönster Schlafplatz gewesen sein. Wir nahmen ihn überall, wo immer wir auch hingingen, in einer Tragetasche mit. Meistens schlief er dann.

Einmal, abends, es war Winter und alles außen am Haus und im Garten, so auch die Eingangstreppe, war vereist und wir waren zu einem Abendessen bei Freunden eingeladen, hatte ich Alexander auf dem Arm und wollte die Stufen hinuntergehen. Christiane folgte mir mit der Tragetasche. Ich muss wohl Schuhe mit sehr glatten Sohlen getragen haben, denn nach nur einem Schritt verlor ich auf der ersten Stufe jeglichen Halt und flog die ganze Treppe hinunter. Krampfhaft hielt ich Alexander in meinen Armen an mich gepresst, bis ich unten an der Treppe auf den Stufenkanten auf meinem Rücken landete. Ich konnte da unten kaum noch atmen, denn der Sturz hatte meine Rippen geprellt und alle Luft war aus meinen Lungen entwichen. Nicht auszudenken, was passiert wäre, hätte sich Alexander während dieser Luftnummer selbstständig gemacht. Intuitiv hatte ich ihn mit meinem Körper geschützt. Er war ja noch so winzig und verletzlich. Das war Alexanders erste Luftreise. Am nächsten Tag war mein Rücken eine einzige blauschwarz angelaufene Fläche und tat bestialisch weh. Mir war das aber völlig egal, war doch unserem Baby nichts passiert.

So ging die Zeit dahin und Alexander entwickelte sich zu einem strammen, runden Baby. Er fing an zu krabbeln, kam in einen Laufstall, bald war auch der erkundet und wurde zu klein und dann kroch er überall herum. Man musste ihn immer im Blick haben, denn die Erkundungs- und Abenteuerlust von Kleinkindern ist unerschöpflich. Alles müssen sie anfassen und wenn möglich in den Mund stecken. Zuerst versah ich alle Steckdosen in allen Räumen mit einem Babyschutz, damit er nicht seine kleinen Fingerchen in die Kontaktlöcher stecken konnte. Dann versah ich die Treppe, die in den obersten Stock führte, unten mit einem Scherengitter, damit er nicht in einem unbeobachteten Moment die Treppe hinaufkrabbeln und abstürzen konnte. Zuletzt entfernten wir alle wertvolleren Gegenstände, die in seiner Reichweite waren.

Ich glaube, Alexander liebte das Krabbeln über alles, denn seine ersten Schritte machte er verhältnismäßig spät in seinem jungen Leben. Stehen konnte er schon manchmal, wenn er es wollte, aber gehen, nein, das war ihm wohl viel zu umständlich und mühevoll.

An einem schönen Tag waren wir im Garten auf dem Rasen. Christiane und ich stellten uns zuerst dicht nebeneinander auf und hielten Alexander zwischen uns und stellten ihn auf seine kleinen Füßchen. Einer hielt ihn fest und der andere ging einen Schritt zurück. Nun wollte er natürlich zum anderen. Tatsächlich wackelte er nun munter los und wurde, bevor er hinzufallen drohte, aufgefangen. Das waren seine ersten zwei oder drei Schritte. Wir verbreiterten den Abstand zwischen uns kontinuierlich und auf einmal, wie wenn er schon immer hätte laufen können, wackelte er zuerst etwas unsicher, dann aber immer sicherer zwischen uns hin und her. So lernte Alexander laufen.

Das muss ihm viel Spaß gemacht haben, denn von nun an verachtete er das Krabbeln und lief und lief. Bald konnte er auch die Treppe hinaufsteigen und nach einiger Zeit fand er sogar ohne Sturz seinen Weg wieder hinunter. Jetzt konnte er überallhin und nichts war vor ihm sicher. Die Aufmerksamkeit und Wachsamkeit von uns beiden musste somit stark erhöht werden. Bald konnten wir ihn auch auf kurzen Spaziergängen mitnehmen. Manchmal, wenn er dachte, er war nun genug gelaufen, verweigerte er jeden weiteren Schritt und verlangte getragen zu werden. Aber bald konnte er schon gut mithalten und weitere Strecken bewältigen. Am Ende unserer Straße war ein kleiner Kinderspielplatz mit einer Rutsche. Das war für eine lange Zeit Alexanders erklärtes Ziel. Sobald er den Spielplatz ausmachte, rief er schon: „Papi", oder: „Mami, pielen!" Er wollte unbedingt so oft wie möglich die Rutsche hinuntergleiten. Einer von uns setzte ihn oben in Startposition, während der andere ihn unten wieder in Empfang nahm. Seine Rutschpartien waren immer begleitet von lautem Gejuchze und Gequieke.

Ich stattete mein Fahrrad mit einem Kindersitz aus und nun konnten wir auch zusammen kleine Fahrradtouren machen. Eigentlich nahmen wir Alexander immer überall mit, wo wir hingingen. Ging das ab und zu einmal nicht, wurde er zu Frau Hotze gebracht.

Frau Hotze, eine liebenswerte Dame, betrieb ein Babynest in Oberursel, Stadtteil Oberstedten und hatte manchmal bis zu sechs oder sieben Babys in Pflege. Alexander war sehr gerne dort, liebte er doch Frau Hotze sehr. Wahrscheinlich verwöhnte sie alle ihre Pflegekinder.

Einmal holten wir Alexander ab und als wir in das große Kinderzimmer kamen, sahen wir alle Babys, aufgereiht wie die Hühner auf der Stange, quietschvergnügt und vor Freude und Zufriedenheit glucksend auf ihren Töpfchen sitzen. Sie machten gerade alle zusammen ihr großes oder kleines Geschäftchen. Schade, dass wir das nicht fotografiert haben. Wir, d. h. Christiane hauptsächlich, hatten noch lange Kontakt mit Frau Hotze, die im Juli 2004 ihren neunzigsten Geburtstag feiern konnte und kurz danach verstarb.

Ich glaube, Alexander war fast zwei Jahre alt, da hatte ich einen größeren Disput mit meinem Arbeitgeber. Die Meinungsverschiedenheiten waren nicht aus dem Weg zu räumen und ich zog es vor, die Firma zu verlassen. Aus firmenpolitischen und internen Manipulationen und Machenschaften hatte ich nicht die Position bekommen, die ich mir erarbeitet und gewünscht hatte. Ein anderer, aus meiner Sicht zu dieser Zeit weniger Qualifizierter bekam die Position, die ich gerne bekleidet hätte.

Im Nachhinein denke ich, war mein Ausscheiden bestimmt der richtige Schritt zum richtigen Zeitpunkt, denn die Position, die ich erstrebt hatte, hätte nur in den USA ausgeübt werden können. Für uns hätte das bedeutet, in den USA leben und unser gerade erst erworbenes Haus wieder aufgeben zu müssen, und das wollte ich zumindest zu diesem Zeitpunkt nicht.

Etwas später erfuhr ich, dass meine Firma von einer anderen Firma aufgekauft und danach im personellen Bereich stark verändert wurde. Es blieb kein Stein mehr auf dem anderen, wodurch das Arbeitsklima sehr stark in Mitleidenschaft gezogen wurde. Von da an wurde mein Wahlspruch bei wichtigen Entscheidungen, Enttäuschungen oder anderen beruflichen oder auch manchmal privaten Situationen, die nicht mehr von mir beeinflusst werden konnten: „Man weiß ja nicht, wozu es gut ist.“ Nach dem Motto habe ich von da an gelebt.

Eins war jedoch sicher, vom Zeitpunkt meines Ausscheidens an war auch meine dauernde weltweite Reisetätigkeit, die ich so lange ausgeübt hatte, zu Ende. Das war ein riesiger Pluspunkt, denn ich war, besonders in den letzten Jahren meiner Tätigkeit, reisemüde geworden. Ich hatte so oft fast alle wichtigen Länder der Erde besucht, dass ich auch ohne größere Reisen gut leben konnte.

Die Frage, die sich nun auftat, war, wie ich mich nun beruflich verändern sollte. Ich hatte einige Angebote von anderen Firmen, aber alle waren wieder mit extensiven Reisetätigkeiten verbunden. Ich entschied mich also, selbstständig zu werden und keinen Chef mehr zu haben, dem ich Rechenschaft ablegen musste. Ich wollte selbst Chef sein und keine andere Person über mir dulden. Diese Entscheidung war zumindest einmal der erste Schritt zu meiner weiteren beruflichen Laufbahn.

Vom Geschäftsführer der Lizenzfirma in Neuss, die Firma, die ich lange Jahre über betreut hatte, vernahm ich, dass eine englische Firma eine deutsche Vertretung für Verzahnungsprodukte höchster Genauigkeit und Qualität suchte. Es handelte sich hierbei um Lehrverzahnungen, d. h. hochgenaue Referenzverzahnungen, die zur Herstellung von normalen Produktionsverzahnungen in der Automobilindustrie, der Flugzeugindustrie und im Maschinenbau benötigt wurden.

Ich fuhr also nach England und stellte mich dem Eigentümer der Herstellerfirma vor, schilderte ihm meinen bisherigen beruflichen Werdegang und er war sehr beeindruckt von meinen Leistungen und Erfolgen. Ihm imponierte auch, dass ich mich nun, ähnlich wie er es einmal gemacht hatte, verselbstständigen wollte.

Bob war ein Selfmademan und ein absoluter Fachmann auf seinem Gebiet. Er hatte seine Firma vor etwa zehn Jahren mit drei Mitarbeitern in einer alten Scheune gegründet. Die Firma wurde von Jahr zu Jahr größer und wichtiger. Bob war etwa 1,95 Meter groß, sehr dünn und dürr und hatte riesengroße Füße. Seine Schuhgröße muss etwa 49 oder 50 betragen haben. Zu dieser Zeit hatte er schon viel Geld mit seiner Firma verdient und lebte, ähnlich wie seine Schuhgröße, auf großem Fuße. Er und seine Frau Joyce fuhren die neusten Mercedes-Autos und er war von allem, was in Deutschland hergestellt wurde, sehr angetan und begeistert.

Er lud mich zu sich nach Hause ein. Er lebte mit seiner Familie in einem sehr großen Haus auf einem riesigen Grundstück mit großen Freiflächen und herrlichen alten Bäumen. Im Anschluss an eine weitläufige Terrasse vor seinem Haus hatte er sich einen überdimensional großen, luxuriösen Swimmingpool errichten lassen. Zu dieser Zeit war solch eine Schwimmbadanlage nicht nur in England, sondern auch überall sonst in Europa sehr, sehr selten anzutreffen.

Wir hörten eine Anzahl von Jazzplatten, denn er war Jazzenthusiast, so wie ich auch, und als er hörte, dass ich Klavier und Kontrabass spielte und ich mich früher mit der Luftfahrt beschäftigt hatte und Pilot war, war unsere geschäftliche Verbindung schon positiv besiegelt und ich wurde mit der deutschen Vertretung für seine Produkte betraut.

Er wollte unbedingt auch Pilot werden, ein eigenes Flugzeug besitzen und damit seine Kunden zumindest in Europa besuchen. Das war sein sehnlichster Wunsch und diesen setzte er auch in einer relativ kurzen Zeit nach meinem ersten Besuch bei ihm in die Tat um. Jedes Mal, wenn ich seiner Firma, etwa zweimal im Jahr, einen Besuch abstattete, durfte ich nicht in einem Hotel wohnen, sondern wohnte in einem extra für mich sehr komfortabel hergerichteten Zimmer in seinem Hause und wurde von seinen Hausangestellten von vorne bis hinten bedient.

Ich gründete sofort nach meiner Rückkehr aus England in Bad Homburg eine technische Handelsgesellschaft. Zuerst lief das Geschäft etwas schleppend, denn ich musste mich ja noch in die sehr komplexen, technisch hochstehenden Produkte, die die englische Firma herstellte, einarbeiten. Außerdem benötigte ich noch eine größere Bargeldsumme, um mindestens für drei bis vier Monate die anfallenden allgemeinen Geschäftskosten bestreiten zu können.

Mein Schwiegervater hatte gerade sein Haus in Morcote, Schweiz verkauft und war bei uns zu Besuch. Was lag näher, als ihn zu bitten, mir diese Summe kurzfristig zu leihen, zumal Christiane mich vorher bestärkt hatte, ihn zu fragen. Er schlug mir dies aber rundweg ab mit der Begründung, er würde nie Geld verleihen. Das war zwar ein Standpunkt, trotzdem war ich natürlich sehr negativ berührt, denn mit dieser Ablehnung hatte ich nie gerechnet und habe mich später geschämt, überhaupt gefragt zu haben.

Ich erzählte dem Geschäftsführer von der früher von mir betreuten Lizenzfirma in Neuss davon und der stellte mir sofort diesen Geldbetrag zur Verfügung. Nach nur sechs Monaten habe ich diese Anleihe komplett mit Zinsen wieder zurückgezahlt. Ich schwor mir danach, nie mehr ein Familienmitglied um irgendetwas zu bitten.

Der erste Mitarbeiter, in diesem Falle war es eine Mitarbeiterin, die ich einstellte, war Brigitte. Sie hatte sich kurz vorher verheiratet und war meine Sekretärin in unserem Frankfurter Büro, von dem aus ich vorher gearbeitet hatte, gewesen. Sie konnte alle Büroarbeiten völlig selbstständig verrichten, sprach ausgezeichnet Englisch und ich konnte somit in Ruhe meine Kunden besuchen.

Von Monat zu Monat erhöhten sich nun die Umsätze und ich fing an, viel Geld zu verdienen. Ich hatte meinen 356 SC Porsche verkauft und mir einen neuen Porsche 911E Targa zugelegt. Dieser wiederum weiße mit schwarzer Innenraumausstattung versehene 911E war nicht nur viel schneller als der 356 SC, bei schönem Wetter konnte man sogar mit ein paar Handgriffen das Dach entfernen, im Kofferraum verstauen – und schon hatte man ein schickes Cabriolet.

Nach etwa einem Jahr hatte ich mit meiner neuen Firma schon so viel Geld verdient, dass ich unser Haus in Oberursel-Bommersheim komplett und aufwendig umbauen lassen konnte. Die Grundfläche unten wurde erweitert, eine große Terrasse angebaut, ein geräumiger, holzbefeuerbarer Innen- und Außenkamin installiert und aus dem Spitzdach wurde ein Flachdach, also gab es im ersten Stock keine schrägen Wände mehr. Der umgebaute Raum des gesamten Hauses vergrößerte sich um ca. 25 Prozent. Die Garage wurde verlängert, sodass zwei Autos hintereinander hineinpassten. Hinter der Garage wurde eine großzügige Sauna mit Tauchbecken errichtet. Der Garten wurde neu angelegt und unter dem großen Kirschbaum ein rundes Schwimmbecken aufgestellt.

In diesem Schwimmbecken lernte Alexander, als er etwa drei Jahre alt war, schwimmen. Mit aufblasbaren Luftkissen an seinen Oberärmchen und einigen schwimmenden Entchen, strategisch auf der Wasseroberfläche verteilt, lernte er, sich über Wasser zu halten. Er paddelte wie ein kleiner Hund immer von einem Entchen zum anderen, bis er es schließlich von einem Beckenrand zum anderen schaffte. Danach verringerte ich die Luft in den Schwimmhilfen an seinen Ärmchen immer mehr. Er paddelte und paddelte und ging fast nie unter. Wenn er einmal Wasser schluckte, verzog er sein niedliches Gesichtchen und wollte weinen, dann schnappte ich ihn mir schnell, wir knuddelten eine Weile und hopsten im Wasser herum, bis er vor Freude juchzte und quietschte. Dann packte ich ihn auf meinen Rücken und er hielt sich an meinem Hals fest. Nun schwammen wir zusammen eine Runde. Dann ließ er wieder los und paddelte weiter. Schließlich schaffte er es mehrere Male hintereinander, ohne Entchen oder sonstige schwimmende Spielzeuge und ohne meine Hilfe von einem Beckenrand zum anderen zu schwimmen.

Als Nächstes entfernte ich seine Schwimmhilfen und siehe da, es ging auch ohne. Dann übten wir richtige Schwimmbewegungen ein und das entsprechende Luftholen. Das alles wurde ausgiebig im und außerhalb des Wassers geübt, bis er dann kurze Zeit später, als hätte er nie etwas anderes getan, völlig selbstständig unter vielen „Guck mal, Papi"-Rufen im Becken herumschwamm. Wir waren sehr erleichtert, konnte er nun, falls er einmal unsere volle Aufmerksamkeit nicht hatte, nicht mehr ertrinken.

Von da an machten wir viele Dinge gemeinsam, d. h., er wollte mir immer helfen. War ich im Garten und mähte den Rasen oder jätete Unkraut, war Alexander gleich zur Stelle mit seiner kleinen grünen Schubkarre. Die stellte er dann neben meine Schubkarre, die ich mit Pflanzenabfall belud, und nun machte er es genauso und häufte seine kleine Schubkarre auch mit Abfall voll. Dann ging es, er immer hinter mir her, unter Geächze und seinem stetigen Kommentar „Muss Papi helfen" ab zum Komposthaufen, wo wir dann unsere Ladungen deponierten.

Alexander liebte seine grüne Schubkarre sehr. Sie war für eine Weile sein ständiger Begleiter. Später bekam er in der gleichen Farbe ein kleines Tretauto, einen kleinen Jeep, mit dem er dann überall herumfuhr.

Noch heute denke ich oft und gerne an meinen kleinen Gartenhelfer, wie er da mit der Mimik und dem Gehabe von Erwachsenen immer hinter mir herlief und alles, was ich machte, genau registrierte und dann kopierte. Wenn ich manchmal verschlafen hatte oder aus sonstigen Gründen einmal länger im Bett blieb, schickte Christiane Alexander hinauf ins Schlafzimmer. Dann stand der Knirps an meinem Bett, schüttelte mich und rief laut und vernehmlich: „Papi, aufteeeen!" Das machte er so lange, bis ich endlich aufstand und ihm versprach, bald unten zu sein. Mit dem Resultat sehr zufrieden, kletterte er dann die Treppe wieder hinunter und verkündete Christiane seinen Erfolg.

Als die Terrasse neu gefliest wurde und am Abend vor der Verlegung der Fliesen eine Schicht Mörtel, also der Estrich, auf die Fläche aufgebracht wurde, hatten wir zu unserer eigenen Sicherheit und Achtsamkeit diesen Bereich mit Bändern abgesperrt, denn die Fläche musste ja über Nacht austrocknen, damit am nächsten Tag die Fliesen verlegt werden konnten. Gerade in dem Moment, als Christiane und ich die glatte Betonfläche betrachteten, klingelte es an der Haustür und Geschäftsfreunde von mir, Jack und Familie, wollten uns einen Besuch abstatten und den Hausumbau in Augenschein nehmen. Alexander war im Haus und als der Besuch nach ihm fragte und ihn begrüßen wollte – er musste wohl gehört haben, dass man nach ihm fragte –, kam er aus der offenen Terrassentür gewackelt, die wir offensichtlich vergessen hatten zu schließen, und trottete quer über den noch frischen, neu gelegten Estrich. Dabei lamentierte er laut und vernehmlich: „Bin ja so traubig." Wahrscheinlich wollte er aber sagen: Es tut mir so leid, dass ich Fußstapfen in den Estrich machen muss. Das war so drollig und einmalig, dass wir alle in ein Gelächter ausbrachen und der angerichtete Schaden völlig in den Hintergrund geriet.

Noch über zwanzig Jahre später, als wir Jack und seine Familie – Jack war früher Büroleiter in unserem Frankfurter Büro – auf einer Reise durch die USA in Morehead City, North Carolina, denn dort hatte Jack sich einen Alterssitz erworben, mit Alexander besuchten, riefen er und seine Familie im Chor sofort, als sie Alexander zu Gesicht bekamen: „Bin ja so traubig." Alexander als Kleinkind hat uns immer sehr viel Freude bereitet.

Bevor ich meine Handelsfirma gründete und noch nicht so recht wusste, was ich eigentlich machen wollte, hatte ich mich mit dem Autovermietungsgeschäft befasst. Zu diesem Zeitpunkt existierten zwar schon einige sehr große US-Firmen wie Avis, Hertz und einige wenige andere, aber in Europa und somit in Deutschland war dieses Geschäft nach amerikanischem System noch weitestgehend unbekannt.

Campingreisen kamen immer mehr in Mode und man sah mehr und mehr kleine Campinganhänger, von Personenwagen gezogen, auf den Autobahnen. Ab und zu konnte man auch schon Kleinbusse, zu Campingfahrzeugen umgebaut, auf den Straßen sehen. Das war so etwa der Zeitpunkt, als meine Idee reifte, mich mit der Vermietung von Campingfahrzeugen zu beschäftigen.

Der Grundgedanke meiner Idee war, Ausländern, die Deutschland und Europa bereisen wollten, Campingwagen auf Mietbasis zur Verfügung zu stellen. Zu dieser Zeit gab es noch keine Firma in Deutschland, die Campingfahrzeuge verlieh. Ich gründete die Firma, verkaufte meinen noch ziemlich neuen Porsche 911E und kaufte von diesem Geld und noch einigen anderen Ersparnissen drei neue, komplett eingerichtete VW-Campingbusse mit Hubdach und drei neue normale VW-Busse, jeder mit einer Sitzkapazität von sieben Personen inkl. Fahrer.

Die Campingbusse waren zwar mit allen Einrichtungen wie Küche, Schränken, Betten usw. ausgestattet, aber Geschirr, Töpfe etc., also Dinge des täglichen Gebrauchs, fehlten noch. Diese besorgte Christiane. Sie war es auch, die noch Vorhänge für die Fenster nähte und installierte. Mit diesem Fuhrpark wollte ich vorerst die Firma betreiben. Das hätte auch fast geklappt, hätte ich mich mehr auf dieses Geschäft konzentriert, aber ich hatte ja kurz vorher oder sogar zur gleichen Zeit meine Handelsfirma gegründet und tanzte somit auf zwei Hochzeiten gleichzeitig. Der normale Tag reichte zur Bewältigung dieser beiden Aufgabengebiete nicht mehr, ich arbeitete sieben Tage pro Woche und dies reichte immer noch nicht aus.

Das Verleihgeschäft lief eigentlich gut an, denn ich hatte kleine Faltprospekte mit den Verleihkonditionen in englischer und deutscher Sprache drucken lassen und durch einige mir bekannte Piloten und Kabinenpersonal einiger Fluglinien bei einigen Reisebüros weltweit verteilen lassen. Ich bekam also Anfragen aus aller Welt und bald hatte ich auch schon einige Kunden, die die VW-Campingbusse von mir mieteten. Da ich aber nur drei Stück hatte, war der Anfang mehr als bescheiden. Ich hätte anfänglich mindestens zwanzig oder mehr von diesen Fahrzeugen haben müssen. Zudem fehlte mir ein Gebäude, in welchem die Campingbusse geparkt, gereinigt, gewartet und wieder in einen vermietfähigen Zustand gebracht werden konnten. Auch hätte ich eine Reihe von Mitarbeitern einstellen müssen, um die zusätzlichen Aufgaben zu bewältigen.

Übrigens, die drei anderen VW-Busse, die nur Personen befördern konnten, vermieteten sich überhaupt nicht. Ich hatte bei der Anschaffung dieser Fahrzeuge damit gerechnet, dass sich diese Busse an Firmen, Klubs und Vereine für Sonderfahrten und Ausflüge etc. vermieten lassen würden. Nicht ein einziges Mal konnte ich auch nur einen der drei Busse vermieten. Das hing bestimmt auch damit zusammen, dass ich aus Geldmangel keine Reklame machen konnte.

Die Geschäftsidee war richtig und der Zeitpunkt ebenfalls. Um aber dieses Geschäft erfolgreich betreiben zu können und gleichzeitig ein stetiges Wachstum zu erreichen, hätte ich mindestens ein Startkapital von 1,5 Millionen DM haben müssen. Ich bin mir heute noch sicher, dass diese Firma nach einer Zeitspanne von ca. zwei Jahren sehr erfolgreich gewesen wäre. Am Ende ist man natürlich immer schlauer. Da ich aber sehr schnell Geld in kurzer Zeit verdienen musste, konnte ich diesen Zeitraum mit der damit verbundenen Durststrecke nicht überbrücken.

Die Vermietung von Campingbussen war tatsächlich zu diesem Zeitpunkt eine riesige Marktlücke, die ich mit mehr Geld und vor allem einem bisschen mehr Mut zum Risiko für mich hätte ausnutzen und verwerten können. Es gab kein einziges Konkurrenzunternehmen, welches sich auf diesem Sektor betätigte. Nun gut, auch hier kann mein Leitspruch angewendet werden: „Man weiß ja nie, wofür es gut ist."

Jedenfalls war ich zum gleichen Zeitpunkt überrascht, wie gut sich meine Handelsfirma entwickelte. Nie mehr danach habe ich bereut, diese Firma gegründet zu haben, denn sie blühte und gedieh und war der Grundstein für alle meine späteren anderen Unternehmungen.

Die Geschäftsräume meiner Firma waren angemietet. Sie lagen im Souterrain eines frei stehenden Geschäftshauses. Sie waren zwar nicht überaus repräsentativ, genügten aber dem Zweck, denn Publikumsverkehr hatten wir überhaupt nicht. Zwei oder drei Jahre später musste der Hausherr und Eigentümer des Geschäftshauses, der mit seiner Bau- und Immobilienfirma großzügige Geschäftsräume auf der gesamten ersten Etage innehatte, Konkurs anmelden.

Ich kannte ihn gut, denn ab und zu besuchte er mich in meinem Büro und informierte sich, wie sich mein neues Geschäft entwickelte. Er hatte im Zweiten Weltkrieg beide Beine verloren und bewegte sich nur mühsam auf zwei Krücken voran. Er war Alkoholiker und war manchmal schon morgens sehr betrunken. Er war sehr begabt und voller Ideen und Tatendrang. Ich glaube, zu dieser Zeit war er wohl einer der größten Bauunternehmer nördlich von Frankfurt. Mit seiner Firma erstellte er komplette Siedlungen und baute auch einige Hochhäuser. Mit einem neuen Bauvorhaben, in das er schon hoch investiert hatte, muss er sich übernommen haben, denn die Banken verweigerten praktisch über Nacht weitere Kredite. Das war das Ende seines Unternehmens.

Der abwickelnde Konkursverwalter besuchte mich und da er dringend Geld benötigte, um überhaupt den Konkurs eröffnen zu können, legte er mir nahe, das Gebäude zu einem Vorzugspreis zu erwerben. Es muss wirklich ein Vorzugspreis gewesen sein, denn als ich zu meiner Bank ging und um einen Kredit für die Übernahme des Gebäudes nachsuchte, wurde mir dieser anstandslos gewährt. Ein Teil der Kaufsumme war durch eine schon bestehende Hypothek abgesichert, die ich übernehmen konnte, was ich auch tat. Nun war ich also schon nach kurzer Zeit meiner unternehmerischen Tätigkeit auch Eigentümer eines Geschäftshauses.

Einen abgeschlossenen Teil der oberen Büroräume konnte ich langfristig vermieten und alleine diese Mieteinnahme gestattete mir, die Hypothek zu bedienen. Die Büroräume, die die Baufirma vorher belegt hatte, vermietete ich an eine aufstrebende Firma, die im Gesundheitswesen tätig war und die später zu einem Unternehmen mit Weltgeltung heranwachsen sollte. Mit dieser zusätzlichen Mieteinnahme konnte ich nun die bestehende Hypothek auch noch schneller abzahlen.

Nur kurze Zeit später verstarb der Bauunternehmer. Es war wohl doch zu viel für ihn gewesen, seine Firma, die er aus dem Nichts aufgebaut hatte, zu verlieren.

KAPITEL 5

Mitten im Leben

Ich hatte mit meiner technischen Handelsfirma den Grundstein für meine zukünftige Selbstständigkeit gelegt. Die Firma wuchs von Jahr zu Jahr und wurde immer profitabler. Ich war überwiegend im Außendienst beschäftigt und besuchte Schlüsselkunden vorwiegend in Deutschland, aber auch in einigen anderen europäischen Ländern. Mein Arbeitspensum war immer gleichbleibend und eine Sechstagewoche mit bis zu zwölf Stunden täglich war normal. Oft ging ich auch noch an Sonntagen morgens für ein paar Stunden in die Firma. Einen Urlaub konnte ich mir aus Zeitgründen sehr selten leisten und wenn doch, war es überwiegend im Winter, wenn wir alle zusammen so um die Weihnachtszeit mit großer Begeisterung in die Schweiz nach Valbella/Lenzerheide zum Skilaufen fuhren.

Dort hat es uns seit unserem Hochzeitsurlaub immer sehr gut gefallen. Wir kannten die Gegend mit ihren wunderschönen Abfahrtmöglichkeiten sehr gut, hatten jahrelang immer den gleichen Skilehrer und wohnten, wenn nicht in Hotels, dann oft in bequemen Ferienwohnungen. Wir fanden uns meistens ein, wenn auch eine Anzahl von Bekannten, die wir im Laufe der Zeit in der Gegend kennengelernt hatten, ihren Urlaub dort verbrachten.

Christiane und Alexander liebten die beiden Orte Valbella und Lenzerheide sehr. Sie liegen dicht nebeneinander und können bequem zu Fuß erreicht werden. Alexander hat dort als Kleinkind das Skilaufen erlernt und an einigen Skirennen für Kinder erfolgreich teilgenommen. Mittags oder nachmittags nach dem Skilaufen gingen wir gerne und oft zusammen in ein Eiscafé, saßen auf der Terrasse in der Sonne und vertilgten den Inhalt großer Becher einer Eisspezialmischung. Das Ganze nannte sich „Cup Romana“ und schmeckte köstlich. Besonders Alexander war von diesem Eis angetan, denn schon morgens vor dem Skilaufen musste ich ihm versprechen, dass er nachmittags auch ganz bestimmt seinen Becher „Cup Romana“ bekommen würde.

Im Sommer fuhren Christiane und Alexander ohne mich in den Urlaub, da ich geschäftlich nicht abkömmlich war. Manchmal konnte ich es aber einrichten, sie für ein paar Tage, wo immer sie sich aufhielten, zu besuchen.

Einige Sommerferien hintereinander verbrachten wir auf Sylt. Sylt gefiel uns sehr, später erhöhten sich jedoch die Preise so stark, dass wir von weiteren Urlauben dort absahen. Ab und zu im Herbst machten wir auch alle zusammen eine kleine Reise, die ich meistens mit geschäftlichen Besuchen verband. So kam Alexander in sehr jungen Jahren schon in den Genuss, London, Birmingham, Coventry, die Midlands und den Lake District in England mit uns zu besuchen und an einer Reise durch Schottland teilzunehmen.

Auf der Reise durch Schottland besuchten und besichtigten wir eine Reihe von alten Schlössern, Burgen und Herrensitzen. Zum Teil übernachteten wir auch in einigen dieser alten Gemäuer, wenn sie in Hotels umgebaut waren. Wir tranken unseren Tee spätnachmittags in gemütlich eingerichteten Aufenthaltssälen, die beherrscht wurden durch mannshohe Kamine, in denen immer ein lustiges Feuer brannte, und dinierten dann hochherrschaftlich in altehrwürdigen Speisesälen.

Außergewöhnlich fanden wir in einem dieser Hotels unsere Toilette. Die Kloschüssel war auf einem Podest angebracht, man musste also zwei oder drei Stufen hochsteigen. Wenn man den Zenit erreicht hatte, sich wahrlich in einer königlichen Positur erleichtert hatte und die Wasserspülung bediente, funktionierte diese mit drei Geschwindigkeiten mittels einer Art von Gangschaltung, die wie in einem Auto mit der Hand betätigt wurde. So etwas hatten wir noch nie gesehen und als wir uns bei der Hotelleitung nach dem Sinn dieser Konstruktion erkundigten, konnte man uns keine zufriedenstellende Antwort geben. „Andere Länder, andere Sitten“, heißt es ja und hier war dies überzeugend dargestellt.

Wir kamen auch in den Genuss des schottischen Nationalgerichts,

„Haggis“ genannt. Das Gericht besteht aus dem Magen eines Schafs, mit Herz, Leber, Lunge, Nierenfett, Zwiebeln und Hafermehl gefüllt und dann gekocht. Es schmeckte sehr gut, war aber trotzdem gewöhnungsbedürftig und lag letztlich schwer im Magen. Diese Reise ist uns allen in lieber Erinnerung geblieben.

Wenn aber Christiane und ich einmal ohne Alexander im Flugzeug verreisen mussten, was aber sehr selten geschah, flogen wir nie mit dem gleichen Flugzeug. Wir nahmen immer unterschiedliche Maschinen, denn sollte einer von uns einen Flugunfall erleiden, war für Alexander dann immer noch ein Elternteil vorhanden. Ich glaube, nur junge Eltern machen sich solche Gedanken und gehen außergewöhnliche Wege, um die Sicherheit ihres Nachwuchses zu gewährleisten.

Jährlich fand in London, in einem Hotel direkt am Hyde Park gelegen, eine Veranstaltung statt. Ausrichter dieses Fests war eine englische Ingenieursvereinigung, der viele Firmen in England, die technisch hochstehende Produkte herstellten, angehörten. Auch Bob mit seiner Firma war ein Mitglied. Jedem Mitglied war es erlaubt, einige Gäste zu dieser Veranstaltung einzuladen. Unter diesen Gästen durften sich von jeder Mitgliedsfirma zwei Personen befinden, die ihre Geschäfte im Ausland betrieben. Voraussetzung war jedoch, dass diese Personen die in England hergestellten Güter der jeweiligen Mitgliedsfirmen dieser Ingenieursvereinigung im Ausland auch vermarkteten.

Bob lud mich und Christiane zu dieser Veranstaltung ein. Bobs Firma trug alle Kosten dieser Einladung. Er war darüber hinaus noch ein vollendeter Gastgeber. Der eigentliche Grund dieser Zusammenkunft war der Austausch von wichtigen Produktionsinformationen und deren Marketingkonzepten zwischen den Mitgliedern. Die Gäste, die Herren im Smoking und die Damen in Abendkleidern nach neuestem Schick, saßen an runden Tischen in dem riesigen Ballsaal, kannten sich entweder schon oder lernten sich gerade kennen. Es wurde ein opulentes Abendessen serviert und ein renommiertes Tanzorchester sorgte für Stimmung und Unterhaltung.

Nachdem die offiziellen Festreden der Ausrichter verklungen waren, lief eine professionelle Bühnenshow ab, in der oft ganze Kompanien von Dudelsackpfeifern die Zuhörer mit schmissiger Marschmusik verwöhnten. Auch Komiker, die man schon oft im Fernsehen bewundert hatte, traten auf. Es war ein rundum rauschendes Fest, die Kosten für die Ausrichtung müssen absolute Nebensache gewesen sein. Wir feierten bis in die frühen Morgenstunden und da fast alle Gäste im Hotel auch ihre Zimmer hatten, war der Weg zu den Ruhestätten nicht sehr weit.

Ich glaube, wir, Christiane und ich, haben dreimal hintereinander an dieser Veranstaltung teilgenommen und immer wieder waren wir überrascht von der Vielfalt der Darbietungen. Beim letzten Mal nahmen wir Alexander mit, er war gerade drei Jahre alt und wir hatten ihm erlaubt, sich selbstständig ein Abendessen aufs Zimmer zu bestellen. Das wollte er unbedingt selbst machen, obwohl wir ihm erklärten, dass der Zimmerservice ihn nicht verstehen würde, weil er ja noch nicht Englisch sprechen konnte. Dieses Handicap schien ihn nicht zu stören. Wie er diesen Bestellvorgang in die Wege leitete, hat er uns nicht verraten. Vielleicht hatte er auch eine gewisse Hilfestellung von unserem Zimmermädchen, welches wir baten, jede Stunde während unserer Abwesenheit einmal bei ihm reinzuschauen, ob auch alles bei ihm in Ordnung sei. Vielleicht sprach auch jemand vom Zimmerservice Deutsch mit ihm, herausgefunden haben wir es nie. An den Überresten seiner Mahlzeit konnten wir, als wir frühmorgens von unserem Fest wieder im Zimmer erschienen, feststellen, dass er etwas mit Hamburgern und Pommes etc. gegessen hatte und dazu noch eine ganze Flasche Coca-Cola ausgetrunken hatte. Als wir Bob von Alexanders Aktion am nächsten Tag berichteten, war er so beeindruckt von der frühen Selbstständigkeit unseres Sohnes, dass er ihm eine bunte Spielzeugeisenbahn, die er noch schnell mittags gekauft hatte, zum Geschenk machte.

In der Regel blieben wir nach dem Fest noch zwei bis drei Tage in London, besuchten Museen, sahen die neusten Filme und Theaterstücke, kauften ein bei Fortnum & Mason, Harrods, Abercrombie & Fitch oder Selfridges. Unvergessen sind die vielen Mahlzeiten im Restaurant

Selfridges. Wir aßen dort immer Roastbeef, welches von einem Zuschneidekellner direkt vom Servicewagen den Gästen an ihren Tischen serviert wurde. Man konnte auswählen, welches Stück von dem im eigenen Saft schmorenden, riesigen Roastbeef man bevorzugte, dann schnitt der Kellner es ab und servierte es. Dieses Roastbeef war immer ein Genuss und ich habe niemals wieder annähernd Gleichwertiges gegessen, mit einer Ausnahme und zwar in einem Restaurant in Chicago, als dort der riesige Schlachthof noch existierte.

Am liebsten kauften wir Tee ein bei Fortnum & Mason. Man wurde in der weitläufigen Teeabteilung von absoluten Experten bedient. Sie wussten alles über alle Teesorten, egal wo sie auf der Welt wuchsen. Es waren bestimmt Tausende von Teesorten aus aller Welt vorrätig und wenn man sich manchmal zwischen zwei oder drei in die engere Wahl gekommenen Sorten nicht entscheiden konnte, wurden sie kurzerhand von dem Personal in einer Teeküche aufgekocht und man konnte probieren, welche man schließlich kaufen wollte. Das war bestimmt kein Minusgeschäft, denn meistens kaufte man mehrere Sorten, die in eine bestimmte Geschmacksrichtung gingen.

Alle Teesorten, die wir bevorzugten, waren enorm teuer, denn wenngleich wir keine ausgesprochenen Teefans waren (wir tranken meist Kaffee) – den Tee von Fortnum & Mason mochten wir sehr gerne.

Wir waren immer gern in London, denn die Stadt brummte, war international und hatte liebenswerte Eigenarten, die nur dort zu finden waren.

Ich hatte bei den jährlich stattfindenden Festlichkeiten der Ingenieursvereinigung in London einige andere Firmen bzw. ihre Firmeninhaber oder Manager kennengelernt. Die Produkte einer dieser Firmen passten sehr gut in mein bestehendes Vertretungs- und Verkaufsprogramm. Wir kamen überein, dass ich einen Versuch machen sollte, die Produkte dieser Firma in Deutschland und der Schweiz zu vermarkten. Auch hier war der Anfang zuerst etwas holperig, aber es gelang mir, erste Verkäufe zu tätigen und danach das Volumen sehr stark zu steigern.

Das war gut für mich und die Firma, die ich nun auch permanent vertrat, und diese Aktivität war nicht unerheblich für die Ausdehnung meiner Handelsfirma.

Meine Firma wuchs und wuchs und ich musste nun Fachpersonal einstellen, das mich bei der Vielzahl meiner Aufgaben unterstützen musste. Der Erste, den ich einstellte, war Peter, ein erst kürzlich von einer TH graduierter Diplomingenieur. Wir begegneten uns zufällig in einem Lokal. Er war nach Frankfurt gekommen, um einen Vortag zu halten, und besuchte danach einige Bekannte. Wir verstanden uns auf Anhieb und ich erzählte ihm von meiner noch sehr jungen Firma. Er hatte Ingenieurswissenschaften und zwar speziell Kraftübertragungen mittels Verzahnungen studiert, wusste also sehr viel über diesen Sektor. Er war auf der Suche nach einer geeigneten Arbeitsstelle und ich bot ihm an, in meiner Firma zu arbeiten.

Sein Gehaltwunsch war sehr hoch, aber nach einiger Zeit stellte sich heraus, dass seine Bezüge durchaus leistungsgerecht waren. Er entwickelte sich zu der wichtigsten Person auf diesem Gebiet in meinem Unternehmen und genoss hohes Ansehen bei unseren Kunden. Einige Zeit wohnte er noch in einem möblierten Zimmer und bald holte er seine Frau nach und bezog eine schöne Wohnung in der Stadt. Seine Frau war Buchhalterin und bekam sofort eine gut dotierte Arbeitsstelle.

Er fuhr gerne Auto und sein Lieblingsmodell war der Porsche 911. Er besaß einen sehr alten 911, der oft repariert werden musste. Da er sehr oft Kunden besuchen musste, kaufte ich ihm einen neuen 911, den er als Firmenwagen und auch privat nutzen konnte. Sein Glück war nun vollkommen, wir verstanden uns gut und seine Leistungen waren über jeden Zweifel erhaben.

Ich fand auch einen Buchhalter, der zwar schon sehr alt war, aber, wie sich herausstellte, einen enormen Erfahrungsschatz besaß. Er hatte nur ein sehr kleines Manko, denn er verabscheute buchstäblich das Finanzamt und somit auch alle, die dort arbeiteten. Immer wieder verursachte er kleinere Kriege mit den Finanzbehörden, die dann aber in der Regel beigelegt werden konnten. Er kam auch an Samstagen morgens in die

Firma. Er identifizierte sich komplett zu hundert Prozent mit meinem Unternehmen.

Zwei- bis dreimal im Jahr, manchmal auch öfter besuchte ich Bob in seiner Firma, die sich ja in der Nähe von Birmingham befand. Bob war eine Seele von Mensch, immer sehr darauf bedacht, mir den Aufenthalt in seinem Werk und bei sich zu Hause so angenehm wie nur möglich zu machen. Nur mit seiner Frau hatte ich ein eher schwieriges Verhältnis. Sie war zwar höflich mir gegenüber, aber das war auch schon alles. Ich glaube, auch er hatte kein sehr gutes Verhältnis zu ihr, denn sie war äußerst bestimmend und manchmal auch verletzend anderen Personen gegenüber. Er ging den Weg des geringsten Widerstandes, überließ alle häuslichen Entscheidungen ihr.

Ich kannte mittlerweile alle Mitarbeiter im Werk, die in führenden Positionen wie Betriebsleitung, Konstruktion, Buchhaltung und Verkauf tätig waren. Wir besprachen zusammen mit seinen Mitarbeitern anstehende technische sowie Kundenprobleme und wie immer musste ich in seinem Privathaus übernachten. Ich fühlte, dass dies aber nicht im Einklang mit den Wünschen seiner Frau Joyce war. Oft hatte ich vorgeschlagen, in einem der umliegenden Hotels zu übernachten, aber davon wollte Bob nichts wissen.

Bob und Frau und ihre zwei Jungen, etwa 12 und 15 Jahre alt, fuhren jedes Jahr in die Schweiz zum Skilaufen. Ich hatte einmal in Zürich zu tun und traf dort die ganze Familie, die auf dem Weg zu einem Wintersportort in der Nähe war. Joyce war in einer miesen Verfassung, denn sie fühlte sich in ihrem Hotel schlecht behandelt. Vielleicht war sie anmaßend dem Hotelpersonal gegenüber gewesen und hatte so die gesamte Hotelleitung gegen sich aufgebracht. Sie verlangte, dass ich mich für sie bei der Hotelführung einsetzen sollte, schließlich arbeite ich ja letztlich für die Firma, die ihrem Mann gehöre. Das war ihre Ansicht und Überzeugung. Ich lehnte dies aber grundsätzlich ab und von diesem Zeitpunkt an hatte ich einen Feind, der nicht zu unterschätzen war. Bei meinem nächsten Besuch im Werk von Bob wurde ich von der Betriebsleitung darüber informiert, dass man eine Hotelreservation für mich arrangiert hatte. Von Bob hörte ich nichts darüber und somit übernachtete ich eben in dem Hotel. Das war mir eigentlich mehr als recht.

Anfänglich war es zeitaufwendig, nach Birmingham zu reisen. Ich musste zuerst nach London fliegen und dann vom Flughafen Heathrow, London mit dem Taxi zum Bahnhof Euston Station und von dort einen Zug nach Birmingham nehmen. Das war zwar sehr umständlich und zeitraubend auf dem Hinweg, aber für mich besonders auf dem Rückweg sehr angenehm, denn ich blieb dann meistens von freitags auf samstags eine Nacht in London und konnte meine Lieblingsgeschäfte aufsuchen. Meine handgefertigten Oberhemden ließ ich mir jahrelang bei Turnbull & Asser in der Jermyn Street machen. Auch bei Harrods war ich oft und kaufte mir schicke Sachen, einiges davon habe ich noch heute.

Ein paar Jahre später änderten die Airlines ihre Routen und man konnte Birmingham direkt in etwas unter zwei Flugstunden von Frankfurt aus erreichen. Wenn man also schnell hin- und vielleicht auch wieder am gleichen Tag zurückmusste, war das ideal. Trotzdem bevorzugte ich oft den Weg zurück über London, denn ich war einfach gern in dieser Stadt. Ich hatte einen Schneider, der Anzüge und Blazer für mich herstellte. Alle Kleidungsstücke waren gediegen und von höchster Qualität, was ich natürlich sehr schätzte.

Abends besuchte ich manchmal meinen Klub, den „White Elephant“ in der Curzon Street, im Mayfair District gelegen. Ich war dort Mitglied, schon seit der Zeit, als ich noch bei meiner alten amerikanischen Firma arbeitete und oft in unserem Firmenbüro in London zu tun hatte. Unser Büroleiter dort, Commander Brown, hatte für mich seinerzeit gebürgt und mir zu einer Mitgliedschaft in diesem Klub verholfen.

Commander Brown war im Zweiten Weltkrieg ein berühmter Staffelkommandant in der englischen Luftwaffe gewesen. Im Krieg gegen Hitler hatte er ein Spitfire-Jagdflieger-Geschwader befehligt und persönlich viele feindliche Abschüsse auf seinem Konto verbuchen können.

Ab und zu besuchte ich auch den neu eröffneten Playboy Club. Dort konnte man sehr gut essen und, wenn man Glück hatte, auch noch einige Pfund beim Roulette oder Blackjack gewinnen. Auch in diesem Klub war ich natürlich Mitglied. England ist ein wahres Klubland. Es wimmelt in diesem Land geradezu von Klubs aller Art. Wichtig ist jedoch immer, dass man in den Klubs alkoholische Getränke bekommen kann, denn darauf legen die Engländer großen Wert. In England ist also jeder, der etwas auf sich hält und es sich leisten kann, Mitglied bei einem oder sogar mehreren Klubs.

Es gibt Arbeiterklubs, Klubs für den Mittelstand und natürlich vornehme reine Männerklubs für die oberen Zehntausend. Frauen hatten zu jener Zeit in den Klubs keinen Zugang. Die teuren Männerklubs, die ich in London, natürlich immer in Begleitung eines Klubmitglieds, kennenlernte, waren mit antiken Möbeln, alten Gemälden, Skulpturen und Kostbarkeiten aller Art ausgestattet. Alles, was für teures Geld zu haben ist, fand man dort vor. Die wichtigsten Räume in diesen Klubs sind die Bars und die Restaurants. Dort trifft man sich, tauscht Neuigkeiten aus oder ruht sich einfach bequem von der Tageslast bei einem Drink aus.

Nach dem Mittagessen ziehen sich die älteren Klubmitglieder in die Bibliotheken oder in die sitting rooms zurück. Diese Räume sind in der Regel mit ausladenden und bequemen Ohrensesseln ausgerüstet, die um ein lustig flackerndes Kaminfeuer positioniert sind. Man liest Zeitung oder diskutiert über Politik und Wirtschaft. Dabei genießen sie dann ihren geliebten Portwein, der je nach Lage und Alter sehr potent sein kann. Hat man sich ausreichend über Neuigkeiten informiert und dabei genügend Portwein getrunken, ist es nicht ungewöhnlich, dass dann ein Schläfchen folgt, denn die bequemen Sitzgelegenheiten und das anheimelnde Kaminfeuer laden ja gerade zur Ruhigstellung des Körpers ein.

So kann ein Lunch bei Mitgliedern, die es sich leisten können, ihren Büros nachmittags fernzubleiben, drei oder vier Stunden, ja sogar bis in den Abend hinein andauern. Einige Klubs besitzen auch eine kleine Anzahl von Zimmern, die man mieten kann, aber nur wenn man ein sehr wichtiges Klubmitglied ist. Es gibt sogar Junggesellen, die in ihren Klubs permanent wohnen oder zumindest ihren zweiten Wohnsitz dort haben. Die Bedienung in diesen Klubs ist hervorragend und besteht nur aus altgedientem männlichen Personal.

Wer in diesem Land etwas auf sich hält, besitzt natürlich einen Landsitz, und sei er noch so klein. Man muss einfach irgendetwas auf dem Land haben. Die meisten sehr wohlhabenden Engländer besitzen in bevorzugten Gegenden Landsitze. Für die Wochen- und Arbeitstage unterhalten sie jedoch auch Stadtwohnungen in London.

In London kann man sehr gut leben, immer vorausgesetzt, man verfügt über ausreichende Geldmittel. London hat alles, was man sich nur wünschen könnte. Die Einkaufsmöglichkeiten sind hervorragend und die Vielfalt der internationalen Restaurants ist schier unerschöpflich. Das Kulturangebot ist erstklassig. Diejenigen, die sich diesen Luxus erlauben können, und das sind nicht wenige, sind weit gereist und kennen die Welt. Der Lebensstil der Londoner sucht seinesgleichen, aber man gibt sich eben doch, wie auch alle anderen Engländer, sehr britisch.

Ein typischer und gut situierter Brite schätzt zwar alles sehr, was ihm im Ausland imponiert, sucht aber dann sofort nach Vergleichen, die möglicherweise sein eigenes Land zu bieten und dagegenzustellen hätte. Wird er auch nur halbwegs fündig, auch dann, wenn ein Vergleich hinkt oder erkennbare Mängel hat, wird er immer versuchen, sein Land und die Gepflogenheiten seines Landes über alles andere zu stellen. Ich glaube nicht, dass das etwas mit einem erklärten Patriotismus zu tun hat, sondern bin eher der Meinung, das ist, wenn auch undefinierbar und unerklärlich, einfach britisch.

Mein vorher doch sehr gutes Verhältnis zu Bob kühlte sich von Besuch zu Besuch merklich und stetig ab. Ich war mir sicher, dass hinter der Sache seine Frau Joyce steckte. Ich hatte sie mir zur Feindin gemacht und musste mit der Situation fertigwerden. Sie war der Ansicht, so erfuhr ich vertraulich von einigen Mitarbeitern, dass ich mit den Produkten ihres Mannes zu viel Geld verdienen würde und dass Bob dringend seine Preise, die er an mich berechnete, erhöhen sollte, was er aber nicht machte.

Es war auch ein Qualitätsproblem bei einem meiner Kunden mit den Produkten aufgetreten. Dies wurde nachweisbar auf Schludereien in Bobs Produktion zurückgeführt. Er wollte von dieser Sache nichts wissen und meinte, der Kunde wäre im Unrecht. Hin und her, über Monate, wurde diskutiert und schließlich ersetzte ich dem Kunden seinen Schaden auf Kosten meiner Firma.

Bob war nun Flugzeugführer, er hatte alle Prüfungen bestanden und war ein begeisterter Pilot geworden. Er kaufte sich eine gebrauchte zweisitzige Maschine, die er auf dem nahe gelegenen Flugplatz Coventry stationierte und fast täglich flog. Neben seinem Fabrikgelände befand sich ein geschotterter Weg von ca. 350 Meter Länge und einer Breite von nur etwa 30 Metern. Bei einem meiner nächsten Besuche erfuhr ich, dass er das Flugzeug auf diesem prekären Streifen gelandet hatte. Ob dies von der Luftfahrtbehörde erlaubt war, konnte ich nicht in Erfahrung bringen. Jedenfalls dachte er, es wäre doch bestimmt sehr praktisch, direkt von seinem Büro aus ins Flugzeug steigen und irgendwohin fliegen zu können. Eine Landung, mit einem bisschen Glück, konnte ja noch gut gehen, aber ein Start war ziemlich gefährlich und mit meinen Erfahrungen nicht machbar.

Er hatte wohl einige Starts probiert, diese dann aber wieder abgebrochen, weil das Flugzeug dauern ausbrach und keine Höhe erreichen konnte. Also gab er dieses Vorhaben wieder auf, ließ das Flugzeug demontieren und auf dem Flugfeld in Coventry wieder zusammenbauen.

Er war zwar ein sehr mutiger Pilot, aber mutige Piloten leben nicht sehr lang. Diese Erkenntnis muss in ihm auch gereift sein. Nach einiger Zeit kaufte er sich ein zweimotoriges Reiseflugzeug, mit dem er dann zuerst einige seiner weitab liegenden Kunden in England und dann auch einige in anderen Ländern von Europa besuchte.

Als ich mich bei einem Besuch im Werk abends einmal alleine in einem Pub befand, traf ich dort zufällig den Betriebsleiter und den Konstrukteur. Sie erzählten mir, dass sich das Betriebsklima in der Firma sehr verschlechtert habe. Sie führten dies auf die immer stärker werdende Einmischung von Bobs Frau Joyce in Geschäftsangelegenheiten zurück. Sie fühlte sich befugt, Personalpolitik in der Firma zu tätigen, und vergraulte damit eine Reihe von exzellenten Mitarbeitern. Nach ein paar Drinks sprachen sie davon, sich verändern zu wollen. Die beiden waren das Herzstück des Unternehmens und ohne sie war eine Produktion nur sehr schwer durchführbar.

Sie hatten auch schon gespürt, dass meine Beziehung und das Arbeitsverhältnis mit Bob sehr stark abgekühlt war. Sie fragten mich, ob ich schon einmal daran gedacht hätte, eine eigene Firma in England zu gründen. Wenn ja, solle ich sie frühzeitig informieren, denn dann würden sie gerne für mich arbeiten. Einige Spezialisten aus der Produktion wären auch bereit zu wechseln.

Als ich zurückkehrte, besprach ich die ganze Sache mit meinen Leuten und die waren der Meinung, dass die Zeit reif sei, eine eigene Produktion in England aufzuziehen. Wir errechneten den Kapitalbedarf für dieses neue Unternehmen. Es war eine sehr hohe Summe, die investiert werden musste. Die Summe war ja nicht sofort fällig und wir kamen überein, dass, verteilt über einen Zeitraum von einem Jahr, dieses Kapital für das neue Unternehmen in England reichen würde. Es fanden gleichlaufend auch vertrauliche Gespräche mit dem Betriebsleiter und Konstrukteur von Bobs Werk in England statt. Diese beiden wollte ich zu Partnern mit einem kleinen Firmenanteil machen. Also lag die gesamte Last der Investition bei mir.

Wir fanden in der Nähe des Flughafens Birmingham eine geeignete Betriebsstätte in einem neu errichteten Industriepark. Es erfolgte die Firmengründung und die wichtigsten, meist gut erhaltenen Werkzeugmaschinen, Geräte und Vorrichtungen für unsere zukünftige Produktion wurden angekauft und dort installiert. Das alles nahm seinen Anfang um 1974.

Tatsächlich waren wir innerhalb eines Jahres in der Lage, unsere Fertigung aufzunehmen. Meine beiden Partner arrangierten alles mit einem hohen Grad an Verschwiegenheit, sodass keine Informationen über das neue Unternehmen Bob erreichten. Kurz bevor wir mit unserer Fertigung anfingen, kündigten die beiden ihre Positionen und waren darüber hinaus auch noch in der Lage, einige Schlüsselmitarbeiter mitzuziehen.

Ich wollte in dieser Firma Lehrverzahnungsprodukte, die ich vorher von Bob bezogen hatte, selbst herstellen. Lehrverzahnungen sind hochgenaue Zahnräder und Spezialverzahnungen, die als Unikate hergestellt werden. Sie sind für die Produktion von Getrieben und Kraftübertragungen in der Automobil-, Maschinenbau- und Flugzeugbauindustrie von größter Wichtigkeit. Die Eigenproduktion dieser Produkte war eine gute Idee und funktionierte nach einigen Anfangsschwierigkeiten auch sehr gut. Ich musste nun mindestens zweimal pro Monat von Frankfurt nach Birmingham und zurück fliegen.

Meine beiden Partner waren ca. fünf bis sechs Jahre älter als ich. Für sie hatte sich in der neuen Firma, außer dass sich ihre Gehälter sehr stark angehoben, ja fast verdoppelt hatten, nicht viel geändert. Sie waren Profis in ihren Positionen gewesen und jetzt, in der neuen Firma, erst recht, denn neben ihren Bezügen kamen sie nun auch in den Genuss von einem Teil des jährlich erwirtschafteten Gewinns.

Für den Verkauf konnte ich einen technischen Vertriebsmann, der seit Jahren den Vertrieb in einer großen Firma im Raume Coventry mit großem Erfolg leitete, abwerben. Die Buchhaltung lag in den Händen einer älteren Dame, die diesen Beruf schon lange ausübte und sich mit einer neuen, aufstrebenden Firma vereinen wollte. Alle wichtigen Positionen waren besetzt und nun konnte es losgehen.

Wir wussten, dass der US-Vertreter mit Bobs Firma, d. h. seinen Produkten äußerst unzufrieden war. Verspätete Lieferungen, immer größer werdende Qualitätsprobleme etc. hatten ihn verärgert. Als er von unserem Konstrukteur, der sehr befreundet mit ihm war, hörte, dass eine neue Firma mit der gleichen Produktpalette sich anschickte, den Weltmarkt zu erobern, war er sofort einverstanden, mit uns zu arbeiten. Der US-Markt war riesig und enorm wichtig für uns.

Die englische Industrie war sehr begeistert von einer Konkurrenz, die ihre Bedürfnisse stillen konnte, und arbeitete mit uns, die deutsche Industrie über meine Handelsfirma sowieso. Schließlich folgten alle anderen europäischen Länder und dann auch noch Indien, zu dieser Zeit einer der größten Märkte für unsere Güter. Unsere Belegschaft wuchs fast täglich und es wurde viel Geld verdient, aber alles wieder reinvestiert und zum Kauf von neuen Maschinen und Geräten verwendet.

Bob hatte zuerst keine Ahnung, was da passiert war, und als er schließlich herausbekam, dass sich eine Konkurrenz nicht weit entfernt von seiner Firma etabliert hatte und ich auch noch die Hauptfigur in dem Unternehmen war, platzte er fast vor Wut.

Wir hatten zuletzt noch einen jungen, sehr begabten Konstrukteur indischer Herkunft von seinem Unternehmen übernommen. Der junge Mann wollte unbedingt bei uns arbeiten und sollte später noch eine tragende und wichtige Rolle in dieser Industrie bekommen. Bobs Unternehmen hatte wahrlich zu diesem Zeitpunkt ums Überleben zu kämpfen, denn immer mehr seiner Kunden wurden unsere Kunden. Wir wurden immer größer, verdienten eine Menge Geld und konnten damit moderne Maschinen kaufen und er verlor immer mehr an Bedeutung. Zum ersten Male in seinem Leben hatte er Sorgen über Sorgen und ich glaube, bestimmt auch schlaflose Nächte. Wem hatte er nur dafür zu danken? Ob er das jemals herausfand?

Unser Erfolg hielt einige Jahre lang an, aber dann bekamen wir, d. h. ich, die Quittung serviert, aber davon werde ich etwas später berichten.

1978/1979 erwarb ich ein großes Industriegebäude im Industriegebiet eines nahegelegenen Dorfes. Ich hatte sehr viel Geld erwirtschaftet und zusätzlich konnte ich durch die Hilfe meiner Bank eine Finanzierung für diesen sehr günstigen Kauf arrangieren. Die Liegenschaft bestand aus zwei sehr großen Produktionshallen und einem angeschlossenen, zweistöckigen Bürohaus sowie einer großen, noch unbebauten Freifläche für evtl. zukünftige Erweiterungen.

Meine Handelsfirma siedelte um und war nun in modernen, großzügigen und zeitgemäßen Räumlichkeiten untergebracht. Das Bürogebäude verkaufte ich mit einem sehr großen Profit an meinen derzeitigen Mieter dort, die Firma, die medizinische Geräte herstellte und vertrieb und etwa zehn Jahre später ein Unternehmen mit Weltruf wurde.

Die Freifläche neben den Gebäuden, ca. 1 200 Quadratmeter, wurde von uns vorerst als willkommenes Parkplatzgelände benutzt. Meine Handelsfirma nahm anfänglich nur einen sehr kleinen Teil des Bürogebäudes in Beschlag. Die Produktionshallen standen völlig leer. Das änderte sich aber schnell, denn ich beschloss, eine besondere Art von mechanischen Mess- und Prüfvorrichtungen herzustellen. Den Kundenkreis für diese Produkte hatten wir und was lag also näher, als selbst zu produzieren, um nicht mehr auf Zulieferer angewiesen zu sein.

Nach und nach schaffte ich die notwendigen Werkzeugmaschinen an und stellte einen Konstrukteur ein. Danach einen Meister und Maschinenarbeiter sowie Werkzeugmacher und innerhalb von kürzester Zeit brummte die Fertigung. Die Handelsfirma, jetzt auch Produktionsfirma, hatte nun zwanzig Arbeiter und Angestellte. Trotzdem waren die Produktionshallen und das Bürogebäude nur zu 25 Prozent ausgenutzt, es war also noch viel Platz vorhanden.

Das änderte sich, als ich per Zufall von dem Konkurs einer anderen Maschinenbaufirma in der Nähe hörte. Die Firma stellte hauptsächlich automatische Abfüllmaschinen für die Getränke- und Chemische Industrie her und war durch eine unglückliche Neukonstruktion, die sich nicht verkaufen ließ und enorm viel Geld verschlungen hatte, in Zahlungsschwierigkeiten geraten und prompt in Konkurs gegangen. Ich beschäftigte mich mit diesem Produktions- und Geschäftszweig intensiv und entschied, die Firma vom Konkursverwalter zu erwerben. Ich kaufte die Firma, änderte ihren Namen aber etwas ab. Alle Maschinen und Geräte, das Ersatzteillager, die Vorräte, Kundenkartei und Lieferantenliste sowie der noch laufende Auftragsbestand – all das blieb bestehen. Auch in dem Übernahmepaket enthalten waren alle wichtigen Arbeiter und Angestellten, eine Mannschaft, die aus 35 Fachleuten bestand. Die Firma war international tätig. Der bestehende Kundenkreis lag vorwiegend in Europa. Vereinzelt waren auch Kunden in einigen Ländern von Südamerika und im Nahen und Mittleren Osten vorhanden.

Der Umzug vom alten Standort dauerte etwa zwei bis drei Monate und verlief stockend, denn z. T. musste noch, um bei bestehenden Aufträgen die Lieferzeiten einhalten zu können, am alten Standort produziert werden. Obwohl die beiden Firmen nur vier Kilometer voneinander entfernt waren, war der Umzug doch sehr mühsam, teuer und zeitaufwendig. Ich hätte das Gebäude der Konkursfirma doch erwerben sollen, denn der Transport, die Installationskosten für die Maschinen und der Kauf einer extern installierten Kraftstromstation sprengten den vorher kalkulierten Finanzrahmen gewaltig.

Endlich hatten wir alle Maschinen und Geräte am neuen Standort installiert. Nun waren die Produktionshallen bis auf den letzten Platz ausgenutzt und belegt.

Probleme in den Firmen

Viel Verdruss machte mir die Tatsache, dass wir keinen Konstruktionsleiter in unserer Mannschaft hatten. Der Konstruktionsleiter der alten, in Konkurs gegangenen Firma hatte sich aus Gesundheits- und Altersgründen zurückgezogen und war nicht zu bewegen, sich der neuen Firma anzuschließen. Es waren zwar zwei junge, noch unerfahrene Konstrukteure vorhanden, aber um dem sich schnell verändernden Markt neue Produkte anbieten zu können, mussten neue, moderne Maschinen konzipiert und entwickelt werden.

Wir suchten und suchten, konnten aber nie während des gesamten Bestehens der neuen Firma einen geeigneten, erfahrenen Chefkonstrukteur finden. Wir behalfen uns, so gut es ging, mit einigen Jungkonstrukteuren, die aber nicht in der Lage waren, die Maschinen zu entwickeln, die der Markt benötigte. Das war also der Schwachpunkt meiner neuen Firma. Trotzdem gelang es uns, wieder Fuß zu fassen und profitabel zu produzieren und zu wirtschaften. Das größte Problem in diesen Jahren war es, geeignete Fachkräfte zu finden. Werkzeugmacher, Dreher, Fräser, Schleifer, Schweißer usw. waren fast nicht zu bekommen. Die Wirtschaft boomte und die wenigen Fachleute, die wir bekommen konnten, deckten unseren großen Bedarf nur äußerst unzulänglich.

Dazu kam damals noch die Stärke und Überheblichkeit der Gewerkschaftsorganisation, die den Arbeitern einredete und praktisch einbläute, sie wären die eigentlichen Herren in der Wirtschaft. Man musste also sehr vorsichtig sein, wenn man z. B. jemanden, der totalen Mist produziert hatte, zur Rechenschaft ziehen wollte. Ein falsches Wort und der Mann oder die Frau war am nächsten Tag für längere Zeit krankgeschrieben. Oft kündigten sie noch während ihrer Pseudokrankheiten und erschienen überhaupt nicht mehr. Das war ein riesiges Problem, denn man wusste in dieser Zeit nie, ob die Belegschaft vom einen auf den anderen Tag noch vollzählig und komplett sein würde.

Wie sollten also die Maschinen und Geräte termingerecht produziert werden? Den Arbeitern war das völlig egal, fällt doch in ihren Augen das Geld sowieso von selbst von der Decke. Sobald irgendein Disput oder die kleinste Unstimmigkeit zwischen Arbeitgeber und Arbeitnehmer entstand, rannten die Leute zum Arbeitsgericht. Die zu dieser Zeit völlig linksgerichteten Arbeitsgerichte entschieden immer zugunsten eines Arbeiters oder Angestellten. Der Arbeitgeber hatte immer Unrecht, egal wie die Sachlage sich darstellte. Ich hatte über drei Dutzend individuelle Fälle beim Arbeitsgericht durchzustehen und verlor alle. Einen einzigen Fall, der zwar grottenschlecht für den klagenden Arbeitnehmer ausfiel, konnte ich quasi als einen Pyrrhussieg für mich verbuchen, musste aber trotzdem noch alle Gerichtskosten, auch die für den klagenden Arbeitnehmer, bezahlen, denn natürlich waren ihm diese Kosten nicht zuzumuten, er war ja schließlich ein „bedauernswerter Arbeitnehmer".

Ich finde, dass Arbeitnehmer zu jener Zeit Freibriefe hatten. Sie konnten schluderig arbeiten, ja sogar stehlen, betrügen und die Produktion boykottieren, sie waren immer unschuldig. Sie wurden pausenlos von den Gewerkschaften beeinflusst und bestärkt, alles zu tun, um die Arbeitgeber in ihre Schranken zu verweisen und, so glaube ich, dabei schwer zu schädigen. „Die Wirtschaftsbonzen bekämpfen", hieß es dann. In ihren Augen war jeder, auch der, der das kleinste Unternehmen führte, ein „Klassenfeind". Dazu gehörten auch alle diejenigen, die sich ihre Unternehmen unter den größten persönlichen Entbehrungen aufgebaut hatten und dieses Wagnis mit dem letzten Pfennig ihres privaten Vermögens finanziert hatten.

Ein Unternehmer konnte, ja sollte ruhig achtzig oder mehr Stunden pro Woche arbeiten, aber in dem Moment, wenn es ihm, in vielen Fällen erst nach Jahren, durch persönliche Aufopferung, Verzicht auf ein geregeltes Familienleben und nicht enden wollenden Fleiß gelang, einigen Erfolg zu haben, missgönnten sie ihm alles. Was immer Unternehmer auch zum Wohle der Arbeitnehmer geschaffen hatten, denn diese profitierten schließlich davon, sichere und gute Arbeitsstellen zu besitzen, jeder Unternehmer wurde gnadenlos niedergemacht. Ob jemand ein Unternehmen erfolgreich führte oder nicht, Arbeitgeber – das war ein

Schimpfwort, das war eine Schande – wurden sofort in eine endlose Reihe menschlicher Ausbeuter eingereiht. Hatten Arbeitnehmer auch nur die kleinsten Probleme, nahm man an, dass die Schuld dafür stets bei den Arbeitgebern zu finden sei. Arbeitgeber waren die Ausbeuter und Sklaventreiber, die es zu bekämpfen galt. Das war die Devise, die von den Gewerkschaften an ihre Mitglieder ausgegeben wurde.

Das alles muss man vor dem Hintergrund einer sozialen Ausgewogenheit sehen, die ich immer anstrebte. Ich zahlte die höchsten Löhne und Gehälter in der Metallbranche in einem weiten Umkreis gleichgearteter Industrien. Alle Mitarbeiter konnten in einer nahen Gaststätte ein von der Firma stark subventioniertes Mittagessen einnehmen. Es gab oft, meistens im Sommer, Betriebsfeiern mit Grillfleisch und Fassbier oder was man sich sonst noch an Getränken wünschte. Freie Tage bei Kindergeburten. Prämien für Verbesserungsvorschläge. In einigen Fällen, als ein Firmenmitglied sehr erkrankt war, sich sogar im Krankenhaus befand, war ich zur Stelle und machte Besuche, um mich eingehend nach dem Befinden zu erkundigen. Nichts, was ich versuchte, anregte und implementierte, sollte helfen.

Es war die Zeit der Kaputtmacher, sie hatten Hochkonjunktur, denn Intelligenz, Geist – alles, was mit beruflichem Können, wirtschaftlichen Innovationen und Entwicklungen auf allen Gebieten und Ebenen zu tun hatte – musste von ihnen bekämpft werden. Erst als sich die Weltwirtschaftskonjunktur drastisch absenkte, zugleich aber multinationalen Charakter annahm, der Konkurrenzdruck größer und größer wurde, konnte sich die sogenannte „ausbeutende Industrie“ langsam aus ihrer Verdammung durch die Arbeitnehmer und Gewerkschaften lösen und fing an, sich zu wehren.

Wurden Unternehmer und Arbeitgeber in den letzten 25 Jahren des zwanzigsten Jahrhunderts noch fast gesteinigt und als Zuchtmeister von Abhängigen beschimpft, ja oft sogar Verbrechern gleichgesetzt, wenn sie einem unzuverlässigen, schludrigen, ihrem Betrieb Schaden zufügenden Arbeitnehmer die Tür wiesen, hat sich die Situation heute um 180 Grad gewendet. War es früher die Regel, dass Arbeitnehmer durch simulierte Krankheiten von der Arbeitsstätte fernblieben und so den Firmen Produktionsausfälle von enormen Ausmaßen bescherten, wird heute wieder richtig gearbeitet. Man ist bestrebt, sein Geld auf ehrliche Weise zu verdienen.

Die krankheitsbedingten Produktionsausfälle sind von über 25 Prozent auf heute unter sechs Prozent gefallen. Die Arbeitnehmer laufen wieder der Arbeit nach, welch ein Wunder! Schade nur, dass ich diese Zeit heute als Unternehmer nicht mehr erleben kann. Ich würde den mir bekannten Drückebergern und Schädlingen von damals, falls sie heute noch arbeitsfähig wären und bei mir um Arbeit bäten, keine Chance mehr geben. Ich würde diesen Taugenichtsen zeigen, dass ich jahrelang dazu gezwungen wurde, unter einem Arm das Bundesgesetzbuch und unter dem anderen das Betriebsverfassungsgesetz zu tragen. Wie ich damals überhaupt noch meine täglichen und eigentlichen Aufgaben, den Betrieb zu führen, wahrnahm, ist mir heute völlig schleierhaft. Wie schön muss es heute sein, von der jetzt erlaubten „betriebsbedingten Kündigung“ Gebrauch zu machen. Einem Arbeitnehmer, falls er seine Leistung nicht erbringt, zu kündigen, ohne sofort, wie das früher alltägliche Routine war, vor das Arbeitsgericht gezerrt und dann auch noch für alle Kosten, die solch ein Drückeberger verursacht hatte, haftbar gemacht zu werden. Nicht vergessen sollte man in diesem Zusammenhang, dass früher nach der obligatorischen Schuldzuweisung auch noch hohe Abfindungen an die wie immer „völlig unschuldige Arbeitnehmerschaft“ zu zahlen waren.

Ich erinnere mich an einen Arbeiter, der regelmäßig, immer in Abständen von etwa zwei Monaten, jährlich insgesamt etwa zehn Wochen durch Krankheit der Arbeit fernblieb. Er hatte einen Arzt, der dafür bekannt war, dass er auf Verlangen jeden, der es wollte, großzügig krankschrieb. Zuzüglich zu seinem Jahresurlaub von sechs Wochen plus der gesetzlichen Feiertage erreichte diese Person somit über vier Monate bezahlten Urlaub pro Jahr. Ich bzw. meine Firma war dabei der doppelt Geschädigte, ich durfte nämlich seine Bezüge während seiner Krankheit voll weiterbezahlen, denn seine Abwesenheit durch Krankheit dauerte nie länger als sechs

Wochen und erst danach hätte die Berufsgenossenschaft für seinen Unterhalt aufkommen müssen. Zusätzlich musste ich noch auf seine Arbeitskraft während seiner Krankheit verzichten, was sich für die Firma auch wieder als zusätzlicher Verlust niederschlug.

Als er sich wieder einmal krankmeldete, ließ ich ein paar Tage verstreichen und suchte ihn dann zu Hause auf, mit der vorgegebenen Begründung, dass ich mich nach seinem Wohlergehen erkundigen wollte. Wir groß war aber mein Erstaunen, als ich ihn fröhlich, ein Liedchen pfeifend, oben auf dem Dach seines Einfamilienhauses herumklettern sah. Er war offensichtlich emsig damit beschäftigt, sein Dach neu einzudecken. Nach seiner Krankheit befragt, meinte er, sie sei nicht so bedeutend, wie sein Arzt und er selbst zuerst angenommen hätten. Sein Arzt hätte ihm aber erlaubt und sogar angeraten, Arbeiten im und außer Haus zu verrichten. Nachgefragt, wann er denn wieder zur Arbeit im Betrieb erscheinen würde, meinte er, das werde noch dauern, denn dafür sei er schließlich noch zu krank.

Der Mann erschien erst drei Wochen später wieder in meiner Firma. Es war nicht möglich, ihm auf irgendeine Art das Arbeitsverhältnis aufzukündigen, und so musste ich ihn jahrelang als Kostenfaktor durchschleifen. Irgendwann hat er dann selbst auf Druck seiner frustrierten Arbeitskollegen gekündigt, erhielt über ein Jahr lang Arbeitslosenbezüge, bevor er sich möglicherweise wieder bequemte, eine Arbeit anzunehmen oder auch nicht, denn es gab ja immerhin noch Arbeitslosenhilfe. Arbeitnehmer mit dieser Arbeitsmoral gab es massenhaft, wie ich von Zeit zu Zeit vom Arbeitgeberverband erfuhr.

Ich wäre in der Lage, noch viele andere Fälle dieser offensichtlichen Betrügereien, die in der Regel in enger Zusammenarbeit mit gewissen Ärzten getätigt wurden, aufzuzählen. Es lohnt sich aber für mich nicht mehr, weil es mein Gerechtigkeitsgefühl und meine heutige Gesundheit zu sehr strapazieren würde. Damals konnte man sich gegen diese Personen nicht wehren. Sie hatten massive gewerkschaftliche und sogar staatliche Rückendeckung, sozusagen Freibriefe, und waren unantastbar. Mit gewaltiger Wut im Bauch konnte man täglich sehen, wie diese impertinente und arbeitsscheue Masse großen wirtschaftlichen Schaden anrichtete, wofür sie auch noch belohnt wurde.

Ein leider sehr kleiner Teil meiner Belegschaft war damals zum Glück fleißig und arbeitsam. Nur mit dieser Kernbelegschaft war es möglich, die wichtigsten Termine für die Auslieferung von Maschinen zu halten. Heute ist alles anders und leider konnte ich während des Großteils meiner eigenständigen Geschäftstätigkeit nie die heutigen, für Arbeitgeber fast himmlischen Zeiten erleben. Heute läuft die nächste und jüngere Generation dieser alten, faulen, anmaßenden und bequemen Arbeiterschaft des sogenannten früheren „deutschen Wirtschaftswunders" – hat dieser Begriff überhaupt diesen Namen verdient? – den Arbeitgebern nach und bettelt um Anstellungen. Krankfeiern aus nichtigen Gründen kommt heute fast überhaupt nicht mehr vor, denn die Arbeitnehmer machen sich jetzt in die Hosen, könnten doch Simulanten vom Kaliber der letzten Generation entdeckt werden und schnell ihren Arbeitsplatz auf immer verlieren.

Wenn sich heute jemand bei einer Firma vorstellt und sich um einen Arbeitsplatz bewirbt, werden die präsentierten Arbeitszeugnisse aufmerksam gelesen. Innerhalb der meisten Firmenleitungen hat sich eine nur den Arbeitgebern untereinander bekannte und verständliche Kryptografie, eine Sprach- bzw. Satz-/Wort-Verklausulierung entwickelt. Aus der kann man gezielt die guten und schlechten Eigenschaften über den jeweiligen Bewerber entnehmen, ohne dass dieser jemals Verdacht schöpfen könnte und sich höchstens wundert, warum er nicht berücksichtigt wurde, waren doch seine Zeugnisse seiner Ansicht nach sehr gut. Auch kann man jetzt, 30 oder 35 Jahre später, endlich auch ausgemachte Schlappsäcke, Simulanten und Drückeberger sofort aus einem Betrieb entfernen, denn es gibt ja, wie schon erwähnt, die wunderbare „betriebsbedingte Kündigung". Heute schreit alles nach Arbeitsplätzen.

Schade, dass ich nie diese wunderbare Gelegenheit bekam, mit der Hilfe von ehrlichen, arbeitssamen Angestellten und Arbeitern meinen Betrieb zu führen. Wie schön muss es heute sein, einen Betrieb nach rein wirtschaftlichen Erkenntnissen auszurichten und zu führen.

Unser damaliger Kundenkreis, besonders die Auslandskunden, musste von Zeit zu Zeit besucht werden. Diese Besuche machte ich meistens selbst, da ich in meiner Firma, neben dem Verkaufsleiter, über ausreichende Fremdsprachenkenntnisse verfügte. Ich machte also Geschäftsreisen ins europäische Ausland, besuchte auch einige ausgewählte Länder des Ostblocks. Längere Geschäftsreisen führten mich auch in die USA, nach Venezuela, Ecuador, Kolumbien, Südafrika, Saudi-Arabien, Kuwait, die Golfemirate, Australien, Hongkong, Singapur, Indonesien, Thailand, auf die Philippinen, nach Korea, Taiwan und in das zu der Zeit noch spärlich bereiste Rot-China, um hier nur die wichtigsten Länder zu benennen. In allen diesen Ländern befanden sich unsere Repräsentanten, Verbindungsfirmen oder Endabnehmer, die mindestens einmal pro Jahr besucht werden mussten.

Die Besuche in England alle zwei bis drei Wochen teilte ich mir nun mit unserem Verkaufsleiter, der die Handels- und auch Produktionsfirma selbstständig leitete. Das englische Werk prosperierte, aber unsere Finanzdecke hatte merklich nachgelassen. Teils war dies auf die getätigten Investitionen zurückzuführen, aber irgendwie hatte ich doch das Gefühl, dass etwas anderes der Grund für die manchmal sehr schwache Finanzsituation war.

Obwohl wir uns beide sehr intensiv mit den Kosten der Firma beschäftigten, wurden wir nicht fündig. Alles schien im besten Zustand zu sein und die Buchhaltung erklärte uns wiederholt, dass einfach die Zahlungsmoral unserer Kunden nachgelassen habe. Pünktliche Zahlungen unserer Rechnungen, besonders in der englischen Industrie, seien nicht mehr selbstverständlich. Größere Rechnungen wurden nur zum Teil beglichen und Mahnungen für unsere Außenstände mussten dauernd ausgestellt werden. Der eigentliche Grund für die oft unzureichende Finanzsituation, in der wir uns befanden, kam erst sehr viel später ans Tageslicht. Es war der Konstrukteur mit dem indischen Hintergrund, der uns auf gewisse Dinge und Vorgänge in der Firma, die eigentlich schon offensichtlich waren, aufmerksam machte. Als wir schließlich die Gründe ausmachen konnten, war es schon zu spät, aber davon will ich später berichten.

Alle diese Reisen für die neu erworbene Maschinenbaufirma waren lang und beschwerlich und manchmal war ich fast zwei bis drei Wochen unterwegs. Es war nicht unüblich, dass ich zwei oder manchmal drei der Länder, in denen sich unsere Kunden befanden, hintereinander auf einer einzigen Reise besuchte. Auch wenn ich zu der Zeit noch relativ jung und energiegeladen war, benötigte ich nach einer solchen Mammutreise zwei bis drei Tage, um mich wieder auf die Tages- und Nachtzeiten und den Zeitablauf zu Hause und in der Firma einzustellen.

An eine dieser Geschäftsreisen erinnere ich mich auch noch heute sehr gern. Meine Reise führte mich in die USA. Dort hatte ich einen Großkunden in Los Angeles und ich glaube zwei weitere in der Gegend von San Francisco zu besuchen. Seit Jahren schon wollte ich mir einen Wunsch erfüllen und einmal eine Vorstellung der beiden Zauberer oder Illusionisten – wie sie sich selbst nannten – „Siegfried & Roy“ in Las Vegas besuchen. Im Anschluss daran wollte ich die Küstenstraße, den California Scenic Highway, auch Highway Nr. 1 genannt, von Los Angeles bis hinauf nach San Francisco mit dem Auto befahren und mir die vielen Sehenswürdigkeiten auf dem Weg dorthin ansehen.

Nach Abschluss meines Kundenbesuchs in Los Angeles mietete ich mir ein Auto mit der Maßgabe an die Vermietungsgesellschaft, dieses erst wieder in San Francisco zurückzugeben. Ich fuhr von Los Angeles den Highway Nr. 15 entlang bis Las Vegas, Nevada. Die Strecke kann man gemütlich in drei bis vier Stunden bewältigen. Dort angekommen mietete ich mich erst einmal in einem Hotel etwas außerhalb vom Zentrum dieser Glücksspielerstadt ein. Ich wollte mir die „Siegfried & Roy“-Show „Beyond Belief“ ansehen, die schon seit Jahren im Frontier-Kasino mit großem Erfolg lief. Ich hatte Glück und bekam noch eine Karte.

Die Show begann und meine Augen mussten vor Verwunderung wohl immer größer geworden sein. Alles auf, neben, unter und über der Bühne lief in einem enormen Tempo ab. Hatte man z. B. gerade überlegt, wie wohl die Tiger, die man eben noch auf der Hauptbühne zwischen Siegfried und Roy gesehen hatte, auf die oberste, zehn Meter höher gelegene Logenplattform gekommen sind, und zwar zusammen mit Roy, waren sie in den nächsten Sekunden wieder verschwunden und auf einer erhabenen Plattform mitten unter uns im Publikum in einem Käfig wiederzusehen.

Dazwischen wirbelten Chorus-Tänzer durcheinander, das Szenenbild verschwand, ein neues tauchte auf, mit einer komplett neuen Bühnenbesatzung. Plötzlich sauste eine Basketballmannschaft auf Hochrädern über die Bühne, machte einige Spielzüge und verschwand, nur um dann in andersfarbigen Trikots und diesmal mit Rollschuhen an den Füßen und auch sonst völlig anders gestaltet wiederaufzutauchen.

Alles ging so schnell, dass man von einer Überraschung in die nächste fiel. Siegfried und Roy machten Zaubertricks mit einer Reihe von Tieren in einem Rekordtempo. Genau das, die Schnelligkeit, muss ihre Stärke gewesen sein, denn die unbedarften Zuschauer, natürlich auch ich, wurden überhäuft mit den blitzartigen, immer hintereinander und manchmal auch gleichzeitig ablaufenden Darbietungen.

Das Tanzballett bestand aus den hübschesten langbeinigen Tänzerinnen, wie man sie sonst nur im Lido oder im Crazy Horse, in der Ave. George V in Paris, zu sehen bekam. Die Show dauerte etwa zwei Stunden und während dieser Zeit hatte bestimmt jeder Zuschauer das Gefühl, in einer Welt zu sein, die sich rasend um sich selbst dreht und dabei dauernd verändert wird. Wie immer hoch die Summe war, die ich als Eintrittsgeld für diese Show investiert hatte, es hatte sich vielfach gelohnt, denn so etwas zu sehen und zu erleben ist einmalig und nie wieder in meinem Leben habe ich etwas annähernd Gleichwertiges gesehen.

Als ich die Vorstellung verließ, musste ich, wie jeder andere Besucher auch, durch einen Teil des Spielsaales, um zum Ausgang zu gelangen. Auf dem Weg dorthin machte ich an einem der Roulettetische halt, tauschte 100 Dollar in Spielchips, spielte zwei oder drei Male und setzte auf einfache Chancen, um am Ende insgesamt 300 Dollar zu gewinnen. Das Glück war an diesem Abend eng bei mir, dachte ich.

Die Show von Siegfried und Roy, beide sind Deutsche, die sich 1957 als Kellner auf einem Kreuzfahrtschiff kennenlernten, wurde in den folgenden Jahren immer berühmter. Zigmillionen Menschen haben die Show besucht und manche von ihnen erzählen heute bestimmt noch ihren Kindern von diesem unvergleichlichen Spektakel, das am 3. Oktober 2003 ein jähes Ende nahm. In der Abendvorstellung dieses Tages biss ein weißer Königstiger Roy in den Nacken und schleifte ihn von der Bühne. Obwohl Roy sofort ärztlich versorgt wurde und eine Reihe von Operationen über sich ergehen lassen musste, waren bleibende Schäden unvermeidbar. Das war das Ende aller weiteren Auftritte der beiden.

Die beiden, Siegfried und Roy, besaßen etwa fünfzig Königstiger, die sie z. T. selbst gezüchtet hatten. Heute, 2017, ist Siegfried 76 Jahre alt und sein Partner Roy etwa fünf Jahre jünger. Auch wenn Roy sich wieder halbwegs gesundheitlich erholen würde, wären beide viel zu alt für gemeinsame öffentliche Auftritte in der Art, wie man sie von früher her von ihnen gewohnt war.

Gegenüber vom Frontier-Kasino gastierte nun auch schon seit vier oder fünf Jahren der Sänger Tom Jones im Hotelkasino MGM. Ich fuhr den Strip, die Tropicana Ave., entlang, am Tropicana-Hotelkasino vorbei, in dem gerade die Folies-Bergère-Truppe gastierte, sah mir kurz das berühmte Sands Hotel mit Kasino an, in dem mehrmals im Jahr Frank Sinatra, Dean Martin, Joey Bishop, Sammy Davis jr. und andere Größen der Zeit auftraten, und fuhr dann zurück in mein Hotel Holiday Inn.

Als ich in mein Zimmer kam, bemerkte ich sofort, dass die Schlösser an meinem Aktenkoffer aufgebrochen waren. Ein Dieb war in meinem Zimmer gewesen und hatte alles durchsucht. Meinen Kleiderkoffer hatte ich vorher leer geräumt und den Inhalt in Schränken und Schubladen verstaut, er war also unverschlossen.

Die Diebe, so stellte später der zuständige Sheriff fest, den ich hinzugezogen hatte und der den Schaden aufnahm, waren nur an Bargeld und Kreditkarten interessiert gewesen. Vorsichtig, wie ich damals war und auch noch heute bin, trug ich alle wichtigen Papiere wie Pass, Flugschein etc. und vor allem Bargeld und Kreditkarten immer bei mir. Die Diebe hatten also umsonst gearbeitet und nur Sachschaden angerichtet. Später hat die Hotelleitung mir den Schaden an meinem Aktenkoffer ersetzt.

Am nächsten Tag besuchte ich morgens noch eine Sehenswürdigkeit in Las Vegas, nämlich ein sehr bekanntes und immer gut besuchtes Oldtimer-Museum. Dort konnte man die herrlichsten und wertvollsten amerikanischen Autos aus der Frühzeit des Automobilbaus bewundern.

Am Mittag machte ich noch einen Abstecher nach Henderson und Boulder City und besichtigte dort den Hoover Dam, ein Stauwerk von wahrlich gigantischen Ausmaßen. Der Hoover Dam wurde 1935 fertiggestellt. Der Damm staut die Wasser des Colorado Rivers und beliefert Las Vegas und den Staat Nevada sowie Südkalifornien und Teile von Arizona mit elektrischer Energie. Der aufgestaute See heißt Lake Mead und ist ein bevorzugtes Erholungsgebiet für Wassersportler.

Die meisten der damals namhaften Hotelkasinos mit ihren Shows, die wahre Wallfahrtsstätten für professionelle Glücksspieler waren und Massen von Besuchern anzogen, sind heute verschwunden. Neue ultramoderne Hotelbauten mit 3 000 oder mehr Zimmern und angeschlossenen riesigen Spielkasinos sowie Erlebnisbauten sind an den alten Stellen errichtet worden. Die Besucherströme haben nicht abgenommen, nein, sie haben sich eher noch vervielfacht. Mit riesigen Summen wird an den Spieltischen gezockt und entweder gewonnen oder verloren. Exorbitante Summen werden in die Shows aller Art investiert, denn nur sie sind der Garant für den enormen Zulauf der Besucher, die dann auch das Potenzial der Glücksspieler ausmachen. Nur eine Show wie „Siegfried & Roy", die wahrlich die Zuschauer magnetisierte und in eine andere Welt transportierte, wird es für lange Zeit nicht mehr geben.

Am Spätnachmittag fuhr ich zurück nach Los Angeles, übernachtete in einem Motel im Norden von Los Angeles und war am nächsten Tag für meine Reise entlang des Küsten-Highways Nr. 1 in Richtung San Francisco bereit. Ich veranschlagte für diese Reise drei Tage und wollte alles sehr langsam und ruhig angehen lassen, also möglichst viel von den Sehenswürdigkeiten erleben, die entlang dieser Route wie Perlen auf einer Kette aneinandergereiht zu besichtigen waren.

Ich fuhr los und überall, wo es schön war oder wo etwas zu besichtigen war, machte ich halt. Die ersten Orte wie Santa Monica, Malibu, Oxnard, Santa Barbara, Lompoc, Santa Maria, Grover und Pismo Beach lagen hinter mir und ich kam am Spätnachmittag in San Luis Obispo an. Ein Hotel war schnell gefunden und da noch Zeit an diesem Tag vorhanden war, besuchte ich das frühere Kloster, das als Missionsstation San Luis Obispo 1772 gegründet wurde. Ein Teil des Klosters wurde später in ein Museum und der Rest in eine Kirche umgewandelt.

Den größten Teil des nächsten Tags verbrachte ich damit, den Los Padres National Forest zu erkunden. Danach fuhr ich wieder weiter nach Norden und machte in Morro Bay halt. Es war Spätnachmittag und ich beschloss, mich in einem Motel direkt an der Küste der Morro Bay einzuquartieren. Ich hatte ein sehr schönes Zimmer erhalten mit Blick aufs Meer und den der Küste vorgelagerten, berühmten halbrunden Felsen Morro Rock. Nach dem Abendessen saß ich gemütlich bei einem Glas Wein auf meinem Balkon und betrachtete den abgerundeten Felsen Morro Rock und das Meer in der langsam untergehenden Sonne. Ich konnte ein fantastisches Farbenspiel an diesem Felsen beobachten, hervorgerufen durch die in verschiedenen Winkeln auf den Felsen fallenden und sich brechenden Sonnenstrahlen der untergehenden Sonne.

Später, als es kühler wurde und ich mich in mein Zimmer zurückzog, saß ich noch eine lange Zeit vor dem lustig brennenden und anheimelnden Kaminfeuer, was mich zum Nachdenken geradezu einlud. Als ich so in das Kaminfeuer blickte, kam mir plötzlich der Gedanke, aus Sägemehl und kleinen Holzabfällen, vermischt mit einem geruchsneutralen, für Menschen völlig unschädlichen Klebstoff und unter Zusatz von chemischen Duftstoffen der verschiedenen Richtungen wie Fichte, Eiche, Buche etc., Brennmaterial für Kamine und auch Grillfeuerstellen herzustellen. Man musste nur unter hohem Druck das Gemisch aus Sägemehl, Klebstoff und Duftstoffen in handliche Briketts pressen. Sägemehl war spottbillig und überall im Überfluss vorhanden. Die anderen Zutaten kosteten Pfennige und konnten deshalb in der Kalkulation fast vernachlässigt werden. Natürlich konnte eine solche Produktion nur in

Gegenden aufgezogen werden, wo der Grundstoff Sägemehl und kleine Holzstückchen als Abfallprodukte von Sägewerken anfallen und reichlich vorhanden sind. Zudem mussten die Transportwege kurz sein, denn auch der billigste Rohstoff kann schlussendlich teuer werden, wenn die Frachtkosten zu hoch sind. Der Nordwesten der USA und einige nördliche und östliche Provinzen in Kanada, da, wo die Holzindustrie primär tätig ist, boten sich als Rohstofflieferanten geradezu an.

Dass ich diesen Gedanken nicht weiterverfolgte, liegt wahrscheinlich daran, dass ich mit meinen vielen geschäftlichen Interessen, in die ich zu der Zeit sehr engmaschig verstrickt war, keinen weiteren Spielraum mehr besaß. Schade, aber ich war sowieso schon überfordert. Die Idee war sehr, sehr gut, sie musste nur in die Tat umgesetzt werden und dazu war viel Zeit, Mut und Mühe erforderlich, Dinge, die ich einfach zu dem Zeitpunkt nicht hatte.

Etwa vier bis fünf Jahre später hatte jemand die gleiche oder zumindest eine ähnliche Idee. Überall in den Supermarkt- und anderen Vertriebsketten der USA und Kanada wurden diese Pellets, so nannte man diese runden und auch länglichen, brikettähnlichen Pressholzstücke, angeboten und verkauft. Sie waren etwa pfundschwer, leicht und sauber zu handhaben und hatten eine viel längere Brenndauer als teures herkömmliches Kaminholz oder Grillgut und verbrannten fast ohne jegliche Rückstände.

Damals hätte ich eigentlich den Mut haben sollen, alles, was ich machte, einzustellen oder zu verkaufen, um mich nur mit der neuen Idee zu beschäftigen. Ich wäre bestimmt erfolgreich gewesen und hätte ein großes Vermögen relativ leicht verdient. Hier kommt der Spruch wieder, der immer mit „Hätte, wäre, wenn“ anfängt.

Am nächsten Morgen führte mich mein Weg nach San Simeon und ich besuchte das W. R. Hearst Castle. Hearst war ein extrem reicher Industrieller, der sein Glück in Nevadas Minen und mit einer Reihe von Zeitungen gemacht hatte. 1865 kaufte Hearst eine riesige Landfläche mit eigenem Meerzugang und baute sich sein Wunschschloss „La Cuesta Encantada“ oder „verzauberter Berg“ oder „die verzauberte Ranch“.

Geld spielte beim Bau dieses Anwesens keine Rolle. Die Außenanlagen bestanden aus den herrlichsten Gärten mit ausgewählten und seltenen Hölzern und Bäumen, die er aus aller Welt kommen ließ. Sogar exotische Tierherden fanden auf dem weitläufigen Gelände ihr Zuhause. Die Zimmer des Haupthauses sind mit erlesensten Möbeln, Gemälden, Gobelins bestückt, die Hearst wiederum überall auf der Welt einsammelte und hierher verschicken ließ. Im Erdgeschoß befindet sich ein römisches Schwimmbad von riesigen Ausmaßen. Die Kacheln des Schwimmbads sind handgefertigt und bestehen aus 18-karätigem Gold in Glas gefasst. Alles in diesem Haus, dem La Casa Grande, wie er es auch manchmal nannte, ist gigantisch, sogar die Kamine, in denen man aufrecht stehen kann.

Alles auf diesem riesigen Anwesen zu sehen war mir aus zeitlichen Gründen nicht möglich, also fuhr ich weiter gen Norden und war bald in Big Sur, einer ca. 100 Kilometer langen Küstenlandschaft, wie ich sie schöner noch nie gesehen hatte. Die herrlichsten Buchten am Meer wechseln sich geradezu in einem Wettstreit untereinander ab. Man kann sich nicht sattsehen an dieser Landschaft. An den schönsten Stellen besitzt die Route Parkausbuchtungen, wo man sein Auto abstellen und sich an der Natur ergötzen kann.

Meine nächsten Ziele waren Carmel, Pebble Beach und Monterey. Carmel am Meer ist eine bevorzugte Wohngegend für arrivierte Künstler. Arriviert müssen sie schon sein, denn die Häuser dort sind sehr teuer und für normale Bürger schier unerschwinglich. Auch hier gibt es malerische Buchten mit Stränden, die zum Verweilen einladen. Der kleine Stadtkern besteht aus niedrigen Geschäftshäusern, von denen die meisten im englischen Landstil erbaut sind. Doris Day, die berühmte amerikanische Filmschauspielerin, sie muss heute über neunzig Jahre alt sein, besitzt dort ein Hotel, aber das wusste ich damals noch nicht.

Von Carmel aus sind es nur etwa vierzig Kilometer, bis man Pebble Beach erreicht. Die schmale Straße dorthin ist gesäumt von bombastischen Villen auf riesigen Grundstücken. Diese Liegenschaften, so muss man sie bezeichnen, kosteten schon damals sechs bis zehn Millionen Dollar. Heute bezahlt man wohl ein Vielfaches.

Am Ende dieser Straße befindet sich die berühmte Golfanlage „Pebble Beach Country Club". Der Golfplatz liegt nahe am Meer und einige seiner Löcher sind auf kleinen Inseln, die mit Brücken miteinander verbunden sind, untergebracht. Diese Golfanlage ist einmalig, denn sie ist mitten in die vorhandene Landschaft hineingebaut worden, ohne den Reiz der Natur zu beschädigen. Der Golfplatz wird als sehr schwer zu spielen eingeordnet und ist einer der Golfplätze, auf denen jährlich das PGA-Turnier ausgetragen wird. Auch findet auf diesem Platz jährlich das Bing-Crosby-Turnier statt, denn auf diesem Platz hat der Sänger, der übrigens ein ausgezeichneter Golfer war, sehr oft gespielt. Das Klubhaus ist großzügig angelegt und wer Lust und vor allem viel Geld hat und prominent ist, kann dort auch wohnen, denn in einem Nebenbau gibt es etwa zwanzig luxuriöse Suiten, in die sich aber nur Berufene einmieten dürfen.

Weiter ging es an diesem Tag nach Monterey und ich besichtigte Fisherman's Wharf mit seinen typischen Restaurants und kleinen Souvenirläden. Anschließend besuchte ich Cannery Row, die Sardinenhauptstadt der Welt von 1921 bis 1946.

John Steinbeck, der 1962 den Nobelpreis für Literatur erhielt, hat einen seiner vielen Bestseller über diese Sardinenstadt mit dem Titel „Straße der Ölsardinen" geschrieben. Er wurde in der Stadt Salinas, unweit von Monterey gelegen, geboren und lebte den Rest seines Lebens auf einer Farm in dieser Gegend. Ich übernachtete in Salinas und am nächsten Tag fuhr ich auf dem direktesten Weg nach San Francisco, um dort meinen Geschäften nachzugehen. Ein paar Tage später flog ich von San Francisco wieder zurück nach Hause.

Übrigens war ich ein paar Jahre später zusammen mit Christiane und Alexander während einer Urlaubsreise, diesmal mit dem Auto von Vancouver, Kanada kommend, wieder in dieser Gegend. Ich musste ihnen diese schöne Landschaft mit ihren einmaligen Sehenswürdigkeiten zeigen. Auf dieser Reise nahmen wir uns jedoch sehr viel Zeit und verbrachten erst einmal zwei Wochen in einer primitiven Hütte am Quesnel Lake, der in der Nähe von Williams Lake liegt, etwa 400 Kilometer nördlich von Vancouver.

Diesen Ort hatten wir eher zufällig gefunden, denn wir hatten uns total verfahren, wollten eigentlich irgendwo anders hin, aber es fing schon an zu dunkeln, also machten wir dort Station. Wir hatten Glück und konnten noch eine dieser Hütten buchen. Wir liehen uns Angelgeräte von dem Vermieter dieser Minisiedlung. Wir angelten, fingen riesige Lachsforellen im See, die wir abends grillten und an einem Lagerfeuer zusammen mit den vielen Freunden und Bekannten, die wir dort in kurzer Zeit machten, verspeisten.

Ron und Mary, die den Sommer in einem Wohnwagen an diesem idyllischen Ort verbrachten, hatten ein großes Motorboot, mit dem uns Ron überall auf dem riesigen See herumkutschierte. Er kannte die besten Stellen auf dem See, wo sich die größten Fische aufhielten. Vor allen Dingen genossen wir dort die einmaligen Sonnenuntergänge, das einfache, aber dennoch unbeschwerliche Leben. Alle Sorgen, die wir hatten, besonders meine, waren plötzlich wie weggefegt.

Da wir noch mehr von kanadischen Landschaften sehen wollten, machten wir uns nach diesen beiden Wochen auf und fuhren zuerst einmal Richtung Westen, nach Revelstoke, in den Mount Revelstoke National Park, dann in den Glacier National Park.

Nun waren wir mitten in den „kanadischen Rocky Mountains“. Danach führte unser Weg über Vernon, Kelowna, an dem großen Okanagansee vorbei – der unter anderem berühmt für seine Pfirsichplantagen ist – nach Penticton. Bald danach waren wir an der kanadisch-amerikanischen Grenze und überquerten diese in Richtung Omak.

Jetzt waren wir im amerikanischen Bundesstaat Washington und machten halt in dem kitschigen Cowboyort Winthrop. Man muss alles einmal gesehen haben, aber diesen Ort hätten wir uns sparen können, denn alles, aber auch alles an diesem Flecken – mehr war es ja nicht – war Kitsch. Wunderschön war aber dann wieder der Cascade National Park, den wir ganz durchquerten, um dann erst einmal einige Tage in Seattle zuzubringen, denn diese Stadt ist wunderschön und hat sehr viel an Sehenswürdigkeiten und auch kulinarischen Genüssen zu bieten.

Danach fuhren wir weiter nach Süden und besichtigten die Umgegend von Tacoma. Wir machten einen Stopp in Gig Harbor mit seinem berühmten Jachthafen und konnten uns nicht sattsehen an den idyllisch am Wasser gelegenen Villen. Dann ging es weiter nach Süden, bis wir auf der Höhe von Castle Rock und Silver Lake in östlicher Richtung die Vulkanlandschaft Mt. St. Helens sowie Yale Lake erreichten.

Die Bergspitze des Mt. St. Helens war am 18. Mai 1980 explodiert und hatte weite Landstriche verwüstet und in eine Mondlandschaft verwandelt. 500 Jahre alte Bäume waren wie Streichhölzer abgeknickt. Der Vulkanausbruch und die resultierenden heißen Gase hatten alles vernichtet. Was sich in der Umgebung des Vulkans befunden hatte, war einfach nicht mehr vorhanden. Über 300 Meter wurden von der Bergspitze abgerissen und verwandelten die Landschaft in einem Radius von zwanzig bis dreißig Kilometern in Schutt und Asche. Zum ersten Male in unseren Leben sahen wir, wie Naturgewalten wüten können.

Rasch verließen wir diesen trostlosen Landstrich und fuhren zurück an die Küste. Bei Warrenton fuhren wir auf der Küstenstraße Nr. 101 in südlicher Richtung und waren in kurzer Zeit in Seaside. Hier machten wir einige Fotos von der Stelle, an der die beiden Forscher Lewis und Clark nach einer mühevollen Odyssee durch den größten, zu der Zeit völlig unbekannten Teil des amerikanischen Westens 1805 bis 1806 den Pazifischen Ozean erreichten. Diese Reise ist uns allen in bleibender Erinnerung geblieben und wir reden oft und gerne über diese Erlebnisse.

In diesen Jahren tanzte ich buchstäblich auf drei Hochzeiten, denn ich besaß nun drei Firmen, für die ich verantwortlich war und in denen mein ganzes verfügbares Kapital angelegt war. Ob das gut überlegt war, frage ich mich heute sehr oft. Die Antwort ist: ganz bestimmt nicht. Aber heute zählt das alles nicht mehr und im Nachhinein ist man natürlich immer klüger.

Da war die englische Firma in Birmingham, England, dazu kamen die technische Handelsfirma und die Maschinenbaufirma, die beiden waren aber zum Glück zusammen in dem neuen Firmengebäude untergebracht. Jede der drei Firmen produzierte unterschiedliche Produkte. In jedem Falle, denn zu dieser Erkenntnis kam ich später, hatte ich mindestens eine Firma zu viel am Hals.

Ich konnte nur sporadisch an den Tagesgeschäften einer jeden Firma teilnehmen und das sollte sich bald bitter rächen, denn plötzlich entstanden, wie schon vorher bemerkt, große Finanzprobleme in Birmingham. Obwohl dort Geld genug verdient wurde und ich persönlich nie Entnahmen vornahm, also meinen Anteil an den Profiten immer in der Firma beließ, die Auftragsbestände und der Produktausstoß fast täglich wuchsen, musste ich nun öfters größere Summen von Deutschland aus in die Firma nachschießen. Irgendetwas stimmte nicht, aber was? Der junge indische Konstrukteur hatte uns ja schon seit längerer Zeit auf die seiner Meinung nach unorthodoxen und merkwürdigen Vorgänge, die in der Firma an der Tagesordnung zu sein schienen, gepaart mit einigen seiner Überlegungen und Vermutungen, hingewiesen.

Ich benötigte Monate, um schließlich auf die Ursache der Geldmittelabflüsse zu stoßen. Als ich endlich wusste, woran das lag und wer dafür verantwortlich zu machen war, war es schon zu spät, die Firma wieder auf Kurs zu bringen, denn der Schuldenberg war zu groß geworden. Das Endresultat war schmerzlich für mich, denn ich musste die Firma sofort schließen und auflösen. Ich verlor mein ganzes Einlagekapital. Das war zu diesem Zeitpunkt fast die Hälfte meines Vermögens.

Meine beiden Direktoren, der Betriebsleiter und der Konstruktionsleiter, sowie der Verkaufsleiter hatten offensichtlich ein Komplott gebildet und über einen längeren Zeitraum die Firma gemolken. Sie hatten sich persönlich bereichert und der Firma auf Umwegen Geld entzogen.

Erst sehr viel später, als es schon zu spät war, kam das ganze Ausmaß dieses Betrugs ans Tageslicht. Diese drei leitenden Herren, obwohl für englische Verhältnisse überproportional und exorbitant gut dotiert, hatten Firmengelder über einen Zeitraum von ca. zwei Jahren, getarnt über einige Schlüssellieferanten, die überhöhte Rechnungen an die Firma ausstellten, für private Zwecke vereinnahmt. Die Lieferanten zahlten den Gaunern einen Großteil dieser überhöhten Rechnungsbeträge privat aus. Alle Beteiligten machten so das Geschäft ihres Lebens. Es muss pure Gier gewesen sein, die sie zu diesen schweren Unterschlagungen trieb, denn mit ihren hohen Gehältern hatten sie für ihre Verhältnisse einen enorm hohen Lebensstandard erreicht, der ihnen aber offensichtlich nicht ausreichte, denn nun wollten sie mehr und mehr.

Der eine hatte es fertiggebracht, ein Haus und die gesamte Hauseinrichtung, Möbel etc. mit diesem Firmengeld zu kaufen, und sich auf diesem Wege noch eine Luxuswohnung angeschafft, die er vermietete. Der andere kaufte für seine Frau einen teuren Sportwagen und eine Menge teuren Schmuck. Weil alles so gut lief, hatte er sich auch noch zusätzlich eine Freundin zugelegt, die er mit Diamantringen beschenkte. Der Dritte hatte auf diesem Weg sogar ein zweites, sehr teures Haus gekauft und in bar bezahlt. Diese Halunken hatten sich zu ausgewachsenen kriminellen Elementen entwickelt und es tut mir heute noch leid, dass ich nicht alle seinerzeit vor Gericht gebracht habe, denn sie hätten sicherlich empfindliche Strafen bekommen. Ich schätze, dass ich persönlich, noch neben dem Totalverlust der Firma, eine Summe in zweistelliger Millionenhöhe verloren habe. Schade, die Firma hatte ein hervorragendes Potenzial und hätte sich im Weltmarkt ausgezeichnet behaupten und entwickeln können.

Ich habe natürlich aus diesem völlig unnötigen Firmenzusammenbruch gelernt, nie mehr andere Personen mit der Führung eines meiner Unternehmen zu betrauen. Man muss täglich selbst am Ruder stehen, denn nur so kann der Erfolg eines kleinen Unternehmens gesichert werden.

Am Ende jedoch hatten diese Verbrecher wenig Spaß an der Veruntreuung der Firmengelder. Es sprach sich schnell in der gesamten Industrie herum, was bei mir vorgefallen und wer involviert gewesen war. Die drei hätten niemals mehr eine Beschäftigung als Angestellte bei anderen Unternehmen bekommen. Sie mussten also andere Möglichkeiten, Geld zu verdienen, finden.

Der Konstrukteur, er hatte sich nach Auflösung und Schließung meiner Firma selbstständig gemacht, starb sehr jung an Herzversagen während einer Geschäftsreise. Ich glaube, er wurde nur 47 Jahre alt. Der Betriebsleiter, er war der Älteste, hatte sich auch selbstständig gemacht, verkümmerte geschäftlich, verlor damit auch das gesamte Kapital, welches er von mir gestohlen hatte, fristete noch eine Weile ein erbärmliches Leben und verstarb ebenfalls. Der Verkaufsleiter, er war der Jüngste, ließ sich von seiner Frau in England scheiden, verließ auch seine Kinder und wanderte nach Amerika aus. Dort verheiratete er sich wieder, verlor bei einem Unfall eine Hand und führte, wie ich später vernahm, ein eher unbedeutendes, ärmliches Leben.

Ich komme zu dem Schluss, dass sie alle ihre Strafen für ihre Untaten erhielten. Betrügereien und Gaunereien zahlen sich im Endeffekt nicht aus. Jeder, der etwas Unrechtes in seinem Leben tut und andere dadurch schädigt, wird im Laufe der Zeit für seine Taten bestraft. Wenn so eine Strafe eintrifft, tendieren alle natürlich dazu, dies zu verniedlichen und es Schicksal zu nennen.

Nach diesem sehr teuren Debakel konzentrierte ich mich mit allen mir zur Verfügung stehenden Kräften auf die beiden anderen Firmen. Die technische Handelsfirma produzierte Messgeräte und Vorrichtungen und hatte zudem die Produkte einer Reihe von Maschinenbaufirmen aus dem Ausland, vornehmlich den USA, übernommen. Der Ausfall der Verzahnungsprodukte aus England wurde durch die Eigenproduktion völlig ersetzt. Die Maschinenbaufirma hatte immer noch Probleme und immer noch mit den Neukonstruktionen, die der Markt benötigte, zu kämpfen. Ich konnte einfach keinen Chefkonstrukteur finden, der auf diesem Sektor Außergewöhnliches zu leisten vermochte. An Fachkräften für die Produktion mangelte es auch, und das schon seit mehreren Jahren. Mit den Maschinen, die wir in unserem Programm hatten, dümpelten wir eher im Markt vor uns hin. Die Konkurrenz schlief nicht und machte Fortschritte, während wir einen Quasistillstand zu verzeichnen hatten. Irgendetwas musste geschehen, und es musste schnell geschehen, aber was?

An dieser Stelle sei noch einzufügen, dass ich 1980 privat ein großes Anwesen in einer bevorzugten Wohngegend erwarb. Das war ein Glücksfall, denn die Erben dieser Liegenschaft mussten sich schnell zu einem Verkauf entschließen, da sie Kapital für eine Erbschaftsangelegenheit oder Steuernachzahlungen benötigten. Der Eigentümer war plötzlich verstorben, kurz nach seinem Tod verstarb auch seine Frau. Die verheiratete Tochter der beiden, sie wohnte mit ihrer Familie in Wiesbaden, musste schnell und unkompliziert und äußerst günstig dieses fast 3 000 Quadratmeter große, wunderschöne, am Stadtwald gelegene Grundstück mit den zwei darauf stehenden Häusern und einem Hallenschwimmbad verkaufen. Der Vorbesitzer musste wohl generell ein sehr großes Erbe hinterlassen haben, denn nur so kann man sich diesen Schnellschussverkauf erklären. Ich konnte dieses herrliche Anwesen sehr schnell erwerben, was ich auch tat. Unser Haus, in dem wir wohnten, konnte ich zum Glück auch sehr schnell für einen hohen Betrag verkaufen. Somit war eine Finanzierung für die Restkaufsumme über eine Hypothek kein Problem.

Wir zogen sofort um und obwohl das Haupthaus älteren Ursprungs war, gefiel uns allen unsere neue Heimat sehr. Auf dem Grundstück befand sich neben dem Haupthaus ein zweites Haus, in dem der Hausmeister des Vorbesitzers, der auch früher sein Fahrer war, mit seiner Familie wohnte.

Auf dem Grundstück war separat zwischen den beiden Wohnhäusern eine Schwimmhalle mit Dusche und Ruhestühlen, die von uns allen sehr geschätzt und viel benutzt wurde. Das Schwimmbecken hatte eine Länge von zehn Metern und eine Breite von fünf Metern. An einem Ende befand sich eine Gegendruckanlage, die so stark war, dass man auf der Stelle schwimmen und sich dabei gleichzeitig den Körper massieren lassen konnte. Im Kellergeschoss des Haupthauses befand sich eine großzügig angelegte Sauna, daneben ein tiefes Tauchbecken, in dem man ganz untertauchen konnte, und eine Massagedusche mit regulierbarem Wasserdruck, mit der man sich im Anschluss an das Saunavergnügen kräftig durchmassieren lassen konnte.

Von der großen Terrasse mit schönem Vorgarten hatten wir zu dieser

Zeit einen freien Blick zum Taunus. Auf der anderen Seite des Hauses war ein schöner Garten mit einem großen Rasen angelegt, den Christiane immer mit großem Vergnügen mähte, und daran anschließend tat sich ein kleiner Wald mit altem Baumbestand auf, durch den ein Kiesweg führte. Entlang des Kieswegs hatte ich in langwieriger, kräftezehrender Arbeit eine Untergrundverkabelung gelegt. Daran hatte ich ca. sechs oder sieben Laternenlampen angeschlossen. Jetzt hatte ich auch nachts meinen eigenen beleuchteten Wanderweg.

Im Winter, wenn alles tief verschneit und die Lampen eingeschaltet waren, glitzerte und strahlte der verschneite Wald. Nur der Schnee auf dem Gehweg knisterte dann leise unter den Füßen. Alles andere in der Umgebung war in eine wohltuende Stille gehüllt, nichts rührte sich. Ab und zu entledigte sich ein Zweig seiner Schneelast und man vernahm einen dumpfen Ton, wenn der Schnee auf den Boden traf – das war alles. Ich hatte in solchen Nächten, wenn ich manchmal spätabends auf meinem Waldweg einige Runden spazieren ging, den Eindruck, als ob ich mich in einer Landschaft aus einer anderen Welt befinden würde. Sämtliche Mühen des Alltags, alle Sorgen, die man mit sich herumtrug, alles wurde verdrängt. Ich hatte in diesen kurzen Zeitspannen ein unbeschreibliches Glücksgefühl.

Hinter unserem Wald begann schon der Stadtwald. Er war öffentlich zugänglich, aber durch einen Zaun von meinem Grundstück abgetrennt. Auch ein geräumiges, beheiztes Gewächshaus war vorhanden, in dem ich später, nur als Hobby und wenn es die Zeit zuließ, die Frühjahrsbepflanzung heranzog.

Hinter dem Schwimmbadgebäude schloss sich eine Doppelgarage an und vor der Garage, zur Rasenfläche und zum Wald hin, befand sich, was sich später als unser Lieblingsplatz herausstellte: ein herrlicher Freisitz mit einer eingebauten Eckbank und einem großen Tisch, an dem man mit acht Personen bequem Platz hatte. Sobald das Wetter es zuließ, und natürlich während der gesamten Sommerzeit, spielte sich unser Familienleben in und um diesen Freisitz ab. Dort stand auch unser Grill, auf dem wir gerne und oft unser Abendessen brutzelten.

Im Sommer verwandelte sich unser Garten in ein wahres Blumenmeer. Noch heute erinnere ich mich gern an den würzigen Duft, der uns dort von Frühlingsanfang bis in den späten Herbst verwöhnte. Samstags machten wir oft in der hintersten Ecke unseres Waldstücks ein Lagerfeuer. Alexander lud dann manchmal zehn oder mehr seiner Freunde ein und dann saßen wir in einer lustigen Runde um das Lagerfeuer und erzählten uns Geschichten. Wie oft und gerne denke ich an diese Zeiten zurück, übrigens Alexander und einige seiner Freunde von damals auch, wie er mir erst kürzlich berichtete.

Alexander besuchte das Gymnasium. Ich glaube, er war sehr faul und dem Lehrpersonal gegenüber aufsässig. Er wollte nichts lernen und einige seiner Freunde, mit denen er seine Zeit zubrachte, waren auch so veranlagt. Uns blieb nichts anderes übrig, als ihn von dieser Schule und somit auch gleichzeitig aus dem Dunstkreis seiner Kumpane zu nehmen.

Wir hatten uns vorher nach Internaten erkundigt und uns wurde ein Internat in der Nähe empfohlen. Alexander wurde dort angenommen und siehe da, seine schulischen Leistungen verbesserten sich stark. Während der Woche war er nun dort und an den Wochenenden war er bei uns zu Hause. Freitagabends holte ich ihn von dort ab und sonntagabends brachte ich ihn wieder dorthin zurück. Wenn ich auf Reisen war, unternahm Christiane diese Transportfahrten.

Nach einigen Jahren Internatsleben waren wir und auch er zufrieden mit dem Erfolg, den er zu verzeichnen hatte. Es war sein und auch unser Wunsch, dass er seine schulische Ausbildung in den USA fortsetzen sollte. Dazu war ein Eignungstest notwendig, der in Deutschland absolviert werden konnte. Den bestand er und wir wählten als Vorbereitungsschule für seine weitere akademische Laufbahn die Deerfield Academy, eine Privat-Vorbereitungsschule in dem Ort Deerfield, Massachusetts, etwa zwei Autostunden von Boston entfernt, aus. Frank Boyden, ein für diese Zeit weitsichtiger und weltoffener Lehrer, hatte die 1799 gegründete Deerfield Academy für viele Jahre geleitet und ihr zu Ansehen und großem Respekt verholfen.

Christiane flog mit Alexander in die USA, brachte ihn in das Institut, überwachte seine Einschulung und arrangierte alles Notwendige, um die Sicherheit seines Aufenthalts zu gewährleisten. Das war zwar eine sehr teure Schule, aber da wir nur ein Kind hatten, spielten die Kosten nur eine untergeordnete Rolle. Dort lernte er auch gut und war zumindest mit seinen Leistungen im Mittelfeld seiner Mitschüler zu finden.

Ich hatte ihm, als er noch in Deutschland war, eine Schlagzeugausrüstung gekauft, denn dieses Instrument wollte er unbedingt erlernen und spielen. Schon Jahre vorher hatte er bei einer Klavierlehrerin Klavierunterricht genommen und diese sehr liberale und etwas unkonventionelle Lehrerin behauptete, er sei sehr begabt für alle Arten von Musik. Auf seinen Wunsch hin hatte ich ihm sein Schlagzeug nach Deerfield in seine Schule geschickt. Dort hat er wohl im Schülerorchester mitgewirkt. Wir besuchten ihn dort, uns immer abwechselnd, einmal im Jahr und er kam meistens einmal im Jahr zur Weihnachtzeit zu uns nach Hause. Er machte Abitur und war nun berechtigt, an einer Universität oder einem College zu studieren.

Um an einer Eliteuniversität zu studieren, waren seine Leistungen nicht genügend, aber er konnte sich am Boston College immatrikulieren und belegte dort Fächer in Wirtschaftswissenschaft. Als ich ihn, nachdem er schon ein Jahr seiner Studien am College absolviert hatte, in Boston besuchte, überredete er mich, das College zu wechseln. Er wollte unbedingt Musik studieren und zwar hatte er sich zu diesem Zweck das weltweit bekannte Berklee College of Music ausgesucht. Dort wollte er Film- und Fernsehhintergrundmusik studieren.

Ob meine Zustimmung zu seinem Entschluss richtig war, ist die Frage, die ich mir bis zum heutigen Tage nicht beantworten kann. Ich war zu jener Zeit der Auffassung, dass man auch jungen Menschen Entscheidungen zutrauen konnte.

Nach Abschluss seiner Studien nahmen Christiane und ich an der feierlichen Überreichung der Diplome teil. Kein Geringerer als der erfolgreiche englische Sänger und Musiker Sting überreichte sie an die jungen Leute. Danach jobbte Alexander noch eine Zeit in Bars und Klubs in Boston, nahm auch für eine Zeitspanne privat bei einem dort etablierten

Schlagzeuger Schlagzeugunterricht, spielte als Schlagzeuger in einigen Bands und das scheint das Ende seiner Musiklaufbahn gewesen zu sein.

Der Eingang zu unserem neuen Haus befand sich in der kleinen Stichstraße, die zum Stadtwald führte und die uns sozusagen als Privatstraße zur Verfügung stand. Wir haben von 1980 bis 1990, also zehn Jahre, dort gelebt und denken heute oft mit Wehmut an diese herrliche Zeit zurück. Heute fällt mir ein: Wenn ich im Schwimmbad entspannt auf einem Ruhestuhl lag und durch die großen Panoramafenster auf den herrlichen Garten und den sich anschließenden Wald blickte, dachte ich, all das vor meinen Augen kann keine Realität sein – einfach nicht wirklich sein. Zu dieser Zeit hatte ich oft das Gefühl, dass all das, was ich mir und meiner Familie geschaffen hatte, nur ein Traum war, der irgendwann zerfließen würde. War ich doch praktisch aus dem Nichts seit meinen jungen Jahren wirtschaftlich immer nur nach oben geklettert.

Natürlich hatte ich Tag und Nacht für den Erfolg hart gearbeitet, aber ich hatte immer wieder diese Zweifel, ob ich es auch tatsächlich verdient hatte, ein so herrliches Haus und Grundstück mein Eigen zu nennen und in einer wirtschaftlichen Unabhängigkeit zu leben. „War nicht alles zu plötzlich gekommen, war der Weg, den ich zurückgelegt hatte, nicht zu steil gewesen, hatte ich nicht zu viel Glück bei meinen Transaktionen gehabt?“, waren die Gedanken, die mich beschäftigten. Diese Gedanken versuchte ich zu verdrängen, was mir aber selten gelang. Nun, diese Ahnung hat sich einige Jahre später leider bestätigt.

Die Kunden der Maschinenbaufirma waren in Europa und in einigen anderen Ländern der Welt. Die Kundschaft musste periodisch besucht werden. Peter leitete die Handels- und Produktionsfirma und ich konnte mich ganz für die Belange der Maschinenbaufirma einsetzen. Unser Verkaufsleiter befasste sich intensiv mit den europäischen Kunden und ich unternahm einige Reisen, die mich in Länder führten, die ich vorher noch nicht kannte.

Meine erste Reise führte mich nach Caracas, Venezuela. Dort vertrat uns eine deutsche Firma, die sehr gute Verbindungen mit der dortigen Regierung unterhielt. Neben Einzelmaschinen verkaufte diese Vertretung auch ganze Verpackungsanlagen für Flüssigprodukte aller Art. Auch wir vermarkteten Anlagen, die manchmal aus zehn oder mehr Maschinen, die alle miteinander verkettet waren, bestanden. Maschinen, die wir selbst nicht herstellten, bezogen wir von anderen Herstellern. Die wurden dann in vollautomatische Produktionslinien mit verbindenden Transportbändern integriert.

Eine solche Anlage hatten wir vor etwa einem Jahr an den Staat Venezuela über unsere dortige Vertretung ausgeliefert. Mit dieser Anlage sollten Fruchtsäfte hergestellt werden. Ich wollte diese Anlage besichtigen und fuhr mit unserem Vertreter in ein weitab von Caracas gelegenes Urwaldgebiet, wo die Produktionslinie durch unsere Monteure installiert worden war. Die Regierung hatte seinerzeit dieser Investition die höchste Priorität eingeräumt. Alle Maschinen und Geräte waren in einem extra für diesen Zweck errichteten Gebäude auf einem riesigen Areal mit umliegenden Wohngebäuden für Arbeiter und Angestellte untergebracht. Alle Rohstoffe, also verschiedenartige Früchte, konnten von Farmen in unmittelbarer Nähe bezogen werden. Ein idealer Standort, sollte man meinen.

Unser Vertreter hatte zwar der Fertigstellung des Gebäudes und dem Aufbau aller Maschinen, ja sogar einem kurzen Probelauf der gesamten

Produktionslinie beiwohnen können, hatte aber danach keine weiteren Informationen über diese Staatsinvestition erhalten. Wie groß war also unser Erstaunen, als wir erst nach langem Suchen das völlig überwucherte Gebäude fanden. Alle installierten Maschinen darin waren vergammelt und nun unbrauchbar geworden. Ein Wert von zusammen ca. fünf bis sechs Millionen DM rottete still vor sich hin. Eine neue Mannschaft in der Regierung hatte einfach gegen diese Investition entschieden.

Venezuela hatte eine sozialdemokratische Regierung und verdiente mit seinen Erdölvorkommen enorm viel Geld. Die Gelder wurden aber sinnlos verschleudert, es herrschte eine massive Korruption in allen Regierungsämtern. Das Volk wurde arm und ärmer und durch windige Versprechungen und Durchhalteparolen niedergehalten. Es wurde nichts in Bildung und soziale Einrichtungen investiert. Mit dem Verfall des Ölpreises brachen die Einkünfte weg, andere Wirtschaftszweige waren fast nicht vorhanden und die Auslandsschulden wuchsen ständig und stiegen ins Unermessliche. Wer aber am richtigen Hebel saß, wurde reich, sogar sehr reich. Heute ist das Land eines der ärmsten Länder auf der Welt. Vorkommnisse dieser Art, hervorgerufen durch sozialistische Emporkömmlinge, sind in vielen Ländern der Erde zu beobachten.

Ich lernte aber trotzdem Land und Leute kennen. Die Schönheit des Landes war beeindruckend. Das einfache Volk kämpfte allerdings täglich ums Überleben, denn man wohnte auch dort, ähnlich wie in den Randbezirken von Rio, Brasilien, in Favelas (Armenviertel). Straßen, Strom- und Wasserversorgung gibt es in diesen Armensiedlungen meistens nicht. Die Unterkünfte, falls man sie überhaupt so nennen darf, sind aus Wellblech, Holzresten, Pappe, Kleister und anderen Arten von Abfall errichtet. Trotz allem sind die Leute, die in solchen erbärmlichen Behausungen leben müssen, Fremden gegenüber fröhlich und aufgeschlossen.

Nach Abschluss meines Geschäftsbesuches, wir besuchten noch einige Speiseölhersteller, die teils schon mit unseren Füllmaschinen arbeiteten und während meines Besuches viele Ersatzteile und sogar einige neue Maschinen bestellten, setzte ich meine Reise in Südamerika fort.

Mein nächster Stopp war Bogotá, Kolumbien. Unser Vertreter dort war eine deutsche Firma, die dort eine Niederlassung errichtet hatte und die Geschäfte von einem eigenen, riesigen Geschäftsgebäude, mitten in der Stadt Bogotá gelegen, betrieb. Sie vertrat eine große Anzahl renommierter europäischer Firmen in verschiedenen Bereichen des Maschinenbaus. Das Unternehmen beschäftigte ca. dreißig oder vierzig Spezialisten in den einzelnen Sparten. Fast alle Mitarbeiter sprachen Deutsch. Außerhalb von Bogotá in einer ländlichen Gegend hatte dieses Unternehmen zusätzlich noch einen großen Reparaturbetrieb, in dem die meisten Maschinen repariert und überholt werden konnten. Die Firma war für uns sehr wichtig, weil sie über Jahre eine große Anzahl unserer Maschinen in den einschlägigen Industrien verkauft hatte.

Es standen, gerade zu diesem Zeitpunkt, auch einige größere Investitionen für unsere Produkte bei ihren Kunden an und diese besuchten wir nun gemeinsam. Diese Kunden befanden sich vornehmlich in Medellín. Wir flogen also nach Medellín, zu der Zeit eine Stadt mit ca. über zwei Millionen Einwohnern und bekannt für Kokainschmuggel. Der Drogenboss Pablo Escobar sollte sogar Weltruhm erlangen. Er wurde später in einem Kugelhagel von der Polizei getötet, die Drogenkartelle wurden zerschlagen und heute gehört Medellín zu den innovativsten Städten der Welt. So kann es also auch gehen. Medellín war eine der schönsten Städte, die ich je zuvor gesehen hatte. Exotische Vegetation und ein Blumenmeer umgeben die Stadt.

Nach erfolgreichem Abschluss unserer Geschäfte besuchten wir noch einen Klub, der von einem riesigen Areal gepflegter Gärten umgeben war und von Deutschen, die dort lebten und arbeiteten, sehr frequentiert wurde, und machten uns wieder auf den Weg zurück nach Bogotá.

Ich hatte noch einen freien Tag in der Hauptstadt und den benutzte ich, um Zipaquirá, eine Kathedrale, die sich in einem Salzbergwerk befand und fünfzig Kilometer außerhalb von Bogotá lag, zu besuchen. So etwas hatte ich noch nie gesehen. Man hatte eine Kirche mit erstaunlichen Ausmaßen in dieses Salzbergwerk gehauen. Der Kirchenraum hatte eine Höhe von 75 Metern und eine Länge von über 80 Metern. Wahrlich ein sakraler Bau von enormer Größe mit einem Fassungsvermögen von bis zu 8 000

Personen. Im Innern herrschte eine stetige Temperatur von 14 Grad und ein diffuses Licht bestrahlte einige große Heiligenskulpturen. Das Ganze machte auf mich einen Eindruck, den ich nie wieder im Leben vergaß.

Meine nächste Station war Quito, Ecuador. Man hatte mir den Flughafen als sehr gefährlich geschildert. Da ich vom Fach war, lenkte ich also meine Aufmerksamkeit darauf. Die Landebahn gilt als eine der gefährlichsten der Welt, denn sie ist in ein von hohen Bergen umgebenes Wohngebiet gebaut worden. Nur extra geschulte Piloten können auf diesem Flughafen starten und landen. Als wir gelandet waren, war auch ganz bestimmt von mir ein kleiner Seufzer der Erleichterung zu hören.

Auch hier nahmen mich Deutsche, die zu einer Vertretungsniederlassung aus Deutschland gehörten, in Empfang. Wir hatten vor längerer Zeit einige Maschinen und kleinere Anlagen in das Land geliefert und Investitionen standen zu dieser Zeit nicht an. Geschäftlich war also mein Besuch nicht von größerer Bedeutung, aber da ich nun einmal in der Gegend war – die Flugzeit von Bogotá nach Quito betrug nur ca. zwei Flugstunden –, wollte ich wenigstens erkunden, was sich zukünftig für unsere Firma dort entwickeln konnte. Die Aussichten waren nicht sehr groß.

Ich sah mir also die höchstgelegene Hauptstadt der Welt, Quito, mit ca. 1,5 Millionen Einwohnern an und war sehr beeindruckt von den vielen barocken Kirchen im Stadtzentrum. Ich wurde von unserer Vertretung in ein Restaurant geführt und man wollte mich unbedingt mit einem, wie sie sagten, auch sehr schmackhaften, typisch ecuadorianischen Gericht bekannt machen. Als der Teller mit gebratenem Fleisch vor mir stand, fragte ich, um welches Fleisch es sich handeln würde. Die Antwort kam prompt: „gebratenes Meerschweinchen". Es sah sehr appetitlich aus, aber da ich Meerschweinchen sehr niedlich finde, gab ich mich kurzfristig als Vegetarier aus und verzichtete auf diesem Schmaus. Man erklärte mir, dass diese Tiere in großen Mengen in umliegenden Betrieben nur für den Zweck des Verzehrs gezüchtet werden.

Mein Rückflug nach Deutschland führte mich über Guayaquil, eine Stadt mit drei Millionen Einwohnern, also viel größer als die eigentliche Hauptstadt Quito. Hier unterbrach ich meine Heimreise kurz und verbrachte einen Tag und eine Nacht. Es war unbeschreiblich heiß, eine tropische feuchte Luft machte das Atmen schwer. Guayaquil liegt direkt am Pazifik und besitzt einen großen Hafen. Sich die Stadt anzusehen war wegen der großen Hitze nicht möglich, also war ich froh, am nächsten Tag wieder im klimatisierten Flugzeug zu sitzen und nach Hause zu fliegen.

Ich hatte meiner Familie schon länger einen Urlaub versprochen, an dem ich auch einmal teilnehmen konnte, und den machten wir auch im darauffolgenden Winter um die Weihnachts- und Neujahrszeit. Wir hatten uns als Urlaubsziel Nassau auf den Bahamas ausgesucht.

Nassau ist die Hauptstadt der Bahamas und liegt auf der Insel New Providence, besitzt zahllose Luxushotelanlagen und Spielkasinos, in denen reiche Besucher ihr Geld verspielen können. Alle großen international tätigen Banken und Finanzinstitute haben dort ihren Sitz, denn Nassau ist ein Steuerparadies.

Jedes Jahr findet in der Stadt am zweiten Weihnachtstag das Junkanoo-Kulturfest statt. Ein farbenfroher Umzug führt durch die Stadt, mit Einheimischen in aufwendige Kostüme gekleidet und begleitet von ohrenbetäubender Trommelmusik. Es wird getanzt, viel getrunken und wenn man nicht auf seine Wertsachen achtgibt, wird man in dem Trubel leicht und mit viel Geschick bestohlen.

In einer Vielzahl von Geschäften kann man günstig, weil steuerfrei, Kameras, Ferngläser, Radios etc. kaufen. Ich fand es notwendig, mir eine neue Kameraausrüstung mit einer Reihe von auswechselbaren Objektiven zuzulegen. Auch auf die Gefahr hin, wie ich später leider bei der Benutzung dieser hochwertigen Geräte feststellen musste, dass ich vom Fotografieren wenig Ahnung hatte. Was immer ich auch später damit fotografierte, war nur mit dem größten Wohlwollen der Betrachter meiner Werke zu gebrauchen und bald gab ich dieses Hobby kampflos auf.

Wir wohnten in einem kleinen Hotel etwas außerhalb der Stadt gelegen und dort machten wir auch die Bekanntschaft einer australischen

Familie. Wir machten zusammen Bootsausflüge und nahmen an einer Tauchexpedition teil, bei der die Teilnehmer in einer Tiefe von nur drei oder vier Metern seltene Fische und die bunten Korallengewächse besichtigen konnten. Jeder Teilnehmer bekam eine Glocke über den Kopf gestülpt, an der ein Luftschlauch befestigt war. Vom Boot aus wurden diese Glocken in einem Überdruckverfahren mit Luft versorgt, sodass man unten bequem atmen konnte. Der Luftüberdruck hielt das Wasser fern und man konnte sich auf dem Meeresboden frei bewegen, vorausgesetzt man entfernte sich nicht über die Reichweite der Luftschläuche hinaus.

Meine Firma hatte gerade zu dieser Zeit ein Angebot für eine Anlage zur Abfüllung von Alkohol an ein Unternehmen auf den Bermudainseln geschickt. Ich wollte unbedingt den Auftrag für diese Maschinen erhalten, also flog ich nach Hamilton, der Hauptstadt der Bermudas. Ich besuchte unseren Kunden und war sogar erfolgreich, denn ich verließ Hamilton mit der Bestellung in meiner Tasche.

Ich war nur zwei Nächte dort und wohnte im Jachthafen-Hotel, in dem Zimmer, so sagte man mir, in dem auch schon Winston Churchill während des Zweiten Weltkriegs übernachtet hatte. Ich habe aber trotzdem in dem Raum gut geschlafen.

Ich hatte nur wenig Zeit, mir die Stadt anzusehen, bemerkte jedoch, dass die Preise in den Geschäften und Restaurants mir enorm hoch erschienen. Ich machte meinen Geschäftspartner auf diese Observation aufmerksam und der meinte, das gehe völlig in Ordnung, denn schließlich müssten Lebensmittel und fast alle anderen Artikel wie Kleidung, sämtliche Geräte, Maschinen, Autos, ja sogar Motor- und Fahrräder etc. importiert werden. Dafür, so sagte man mir, waren die Verdienste von Arbeitern und Angestellten sehr, sehr hoch.

Morgens sah ich die Angestellten in ihre Büros eilen, die Oberkörper bekleidet mit konservativen Jacken und Krawatten, aber untenherum trugen alle Kniehosen in allen Farben. Das waren Bermudashorts, erklärte man mir.

Das Klima war angenehm und der allgemeine Lebensstandard, gemessen an z. B. den Lebenskosten in den USA, sehr zufriedenstellend.

Wie das eine zum anderen passte, war für mich nicht leicht zu verstehen, aber ich gab mich damit zufrieden und reiste wieder zurück nach Nassau. Wir verbrachten noch einige schöne Tage dort und dann war auch schon unser Urlaub zu Ende. Wir flogen zurück nach Hause. Der Alltag hatte mich wieder und irgendwie sehnte ich mich auch wieder danach, arbeiten zu können.

Wir hatten eine sehr gut funktionierende Vertretung in Hongkong, die schon frühzeitig gute Kontakte mit der Volksrepublik China aufgebaut hatte. Der Eigentümer und Chef dieses Handelshauses verließ nie sein Büro, verließ auch nie die Stadt Hongkong. Alle Geschäfte, die er tätigte, wurden mit dem Telefon oder Telex abgewickelt. Er war ein regelrechter Hansdampf in allen Gassen, wusste immer, wer was und wann benötigte, und hatte schon früh in seinem Leben enorm viel Geld verdient. Ihm gehörten zwei Bürotürme in bester Lage der Stadt, aber sein verhältnismäßig kleines und unscheinbares Büro war in einem eher mittelmäßigen Gebäude in der Nähe des Hafens untergebracht. Für ihn arbeiteten eine Reihe gut ausgebildeter Ingenieure, die sämtliche Sparten des Maschinenbaus beherrschten.

Immer wenn ich unsere Vertreter in den verschiedenen anderen Ländern Südostasiens besuchte, legte ich eine Pause in Hongkong ein und besprach mich mit ihm. Durch ihn und seine Organisation verkauften wir eine größere Anzahl unserer Maschinen, nicht nur in Hongkong, sondern auch in anderen Ländern, jedoch meistens nur an Firmen, deren Management chinesisch war. Erfolg hatten wir durch ihn auch in Singapur, Indonesien, Thailand, Taiwan, Südkorea, ja sogar auf den Philippinen zu verzeichnen. Ich besuchte zwar die Kunden in den jeweiligen Ländern, aber die Fäden für alle Verkäufe wurden in Hongkong gezogen.

In jedem dieser Länder befand sich ein für uns tätiger Vertreter, der völlig eigenständig auf Provision arbeitete. Was auch immer in diesen Gebieten verkauft wurde, unser Hongkong-Vertreter bekam eine zusätzliche Generalprovision von jedem dieser Verkäufe, die natürlich vorher in die Verkaufspreise eingerechnet war. Technische Unterstützung der Kunden in allen diesen Ländern war notwendig und so reiste ich ein- bis zweimal im Jahr in jedes einzelne Land, um bestehende Probleme zu lösen.

Ich verstand mich gut mit Larry Cheng, so wurde er von allen seinen

Geschäftsfreunden genannt. Er bestand darauf, immer sämtlich Kosten wie Hotel, Transport, Verpflegung etc. während meiner vielen Aufenthalte in Hongkong zu übernehmen. Sein Privatchauffeur kutschierte mich im firmeneigenen Rolls Royce im ganzen Stadtgebiet herum. Er lud mich oft zu elaborierten Essen ein, an denen in der Regel auch andere Besucher von Firmen, deren Produkte er vertrat, teilnahmen. Gekleidet war er immer sehr einfach, war in Gesprächen sehr zurückhaltend, allen gegenüber aber äußerst höflich und zuvorkommend. Überall wurde er wie ein Prinz oder Landesvater empfangen.

Eine besondere Ehre wurde mir mehrmals zuteil, wenn er mich in sein Privathaus einlud. Er besaß ein riesiges Anwesen auf der anderen Seite von Hongkong, Kowloon genannt. Sein Haus bestand bestimmt aus dreißig oder vierzig Zimmern, inmitten eines riesigen Gartens gelegen. Eine Vielzahl von Dienern für jeden Zweck war im Einsatz und las praktisch jedem seine Wünsche von den Augen ab. So eine Pracht und Extravaganz habe ich in meinem ganzen Leben nicht wieder gesehen.

An einem Wochenende konnte ich auch mit dem Boot eine frühere Kolonie Portugals, nämlich Macao, besuchen. Man konnte Macao bequem in fünfzig Minuten mit einem Schnellboot von Hongkong aus erreichen. Dort war ein Spielerparadies entstanden. Es schien, als seien die Chinesen allen Glücksspielen sehr zugetan. Nicht zu glauben waren die Summen, die die Spieler einsetzten, bei Mahjong oder auch Roulette. Scheinbar regungslos nahmen sie den Verlust großer Summen zur Kenntnis, aber auch große Gewinne schienen sie nicht sonderlich zu beeindrucken.

Bei einem meiner letzten Besuche hatte Larry eine Anfrage von einem staatlichen Unternehmen der Volksrepublik China vorliegen. Man wollte in Nanchang eine Abfüllanlage inklusive Flaschenherstellung, Verpackung in Einzelkartons und Palettenstapelung für Reiswein installieren.

Nanchang, stellte ich fest, liegt etwa 800 Kilometer nördlich von Hongkong. Man hatte wie so oft unsere Hongkong-Vertretung von diesem Vorhaben informiert und ich wurde gebeten, ein Angebot für diese

Anlage auszuarbeiten. Die Anlage, das konnte ich dort schnell feststellen, würde auch Maschinen anderer Hersteller beinhalten. Also musste ich nach Hause, um mit meinen Mitarbeitern zusammen das Angebot auszuarbeiten und zu erstellen. Das Pflichtenheft für die Anlage, d. h. die Leistungsanforderungen des Kunden, war sehr umfangreich und genau spezifiziert. Es wurde eine teure Anlage, wie wir nach Ausarbeitung unseres Angebots feststellten. Larry Cheng, unsere Vertretung, leitete unser Angebot weiter an den eigentlichen Kunden. Nach Ablauf einer nur sehr kurzen Zeit wurden wir informiert, zu Endverhandlungen über die Erteilung einer möglichen Bestellung beim Kunden zu erscheinen. Ich flog also wieder nach Hongkong, diskutierte unsere Chancen mit Larry Cheng, der mir große Hoffnungen machte, den Auftrag zu bekommen.

Zusammen mit zwei seiner Ingenieure fuhr ich mit dem Zug von Hongkong nach Shenzhen, wo wir übernachteten, und von dort nahmen wir schon sehr früh am nächsten Morgen ein Flugzeug, das uns in zwei Stunden nach Nanchang brachte. Es war eine alte Maschine ohne Druckkabine, sodass wir nur in einer Höhe von 3 000 Metern fliegen konnten und dessen rückwärtige Tür, wie ich während des Fluges feststellen musste, mit einem Strick zugehalten wurde.

Wir wurden dort von einigen Personen unseres Kunden erwartet und in ein Hotel gebracht. Es war ein großes, aber veraltetes Hotel und, wie wir später herausfanden, das einzige in dieser Dreimillionenstadt. Egal was ich anstellte und wie ich mich in mein Bett legte, ich fand mich immer in einer tiefen Kuhle mitten im Bett wieder. Herausfallen war dadurch jedenfalls erst einmal ausgeschlossen. Ein großer Schreibtisch mit grünem Filzüberzug, ein nicht funktionierender Fernseher, ein Plattenspieler ohne Schallplatten, ein leerer Kühlschrank, der monoton vor sich hin brummte, und zwei Stühle mit einem runden Tisch komplettierten das Zimmer.

Die Verhandlungen begannen am nächsten Tag und nachdem unser Angebot durchgesprochen und auch vom Kunden verstanden war, brachte man eine Reihe von Änderungswünschen vor. Die bearbeitete ich dann abends und am nächsten Tag ging dann alles wieder von vorne los, es waren einfach zu viele Köche mit dem Brei beschäftigt. Die Verantwortlichen auf der Käuferseite durften keinen Fehler machen, denn die wurden in diesem kommunistischen Land schwer geahndet. Es war also alles sehr mühsam und es wurde viel Zeit ohne Fortkommen vertan.

Abends, wenn wir nach dem Abendessen noch einen Spaziergang durch ein paar anliegende Straßen machten, wurde uns bewusst, wie grau und düster diese Stadt war. Bunte Farben gab es nirgendwo, alles war trist, sogar die Menschen. Die Auslagen in den wenigen Geschäften waren von schlechter Qualität und sehr veraltet. Die Autos und Lastwagen fuhren nachts bei hohem Tempo ohne Licht, denn die Regierung in Peking hatte entschieden, „Energie zu sparen“, und das taten die Leute auf diese Weise. Jeder Autofahrer weiß, dass sein Generator oder Alternator während der Fahrt oder auch im Stillstand, während der Motor läuft, die notwendige Energie für alle Lampen und den sonstigen elektrischen Bedarf am Fahrzeug erzeugt, also kostenlos ist. Diese Tatsache oder Erkenntnis schien bis hier jedoch noch nicht durchgedrungen zu sein. So fuhr man sich jede Nacht über den Haufen und musste morgens die Toten aufsammeln.

Auch fiel uns auf, wenn wir uns morgens nach dem Frühstück vor dem Hotel die Füße vertraten, dass es in unmittelbarer Nachbarschaft vom Hotel bestialisch stank. Was war der Grund dafür? Den fanden wir sehr schnell, denn als wir, immer dem Gestank folgend, in eine kleine, schmale Straße mit Wohnhäusern, abgelegen von der Hauptstraße, bogen, sahen wir große Kübelwagen von Eseln gezogen, die vor jedem Haus haltmachten. Die Bewohner kamen heraus und schütteten eimerweise ihre Fäkalien, die sich über Nacht angesammelt hatten, in diese Kübelwagen. Der Fahrer dieser Gefährte fuhr dann fröhlich, nachdem er ein kleines Schwätzchen mit seinen Kunden gehalten hatte, einen Schwaden von Gestank hinter sich herziehend, von dannen. Es ist durchaus möglich, dass dieser Vorgang mehrmals am Tage oder auch nachts stattfand. Jedenfalls schienen Kanalisationen in einigen Vierteln dieser Stadt noch nicht vorhanden zu sein.

Wir kamen schließlich zum Abschluss der Verhandlungen, nachdem ich mehrmals schon mit meiner Abreise gedroht hatte. Die Anlage wurde endlich bestellt und als Abschluss sollte ein großes Abendessen in dem Hotel, in dem wir wohnten, stattfinden. Ich wusste nicht, ob ich oder der Kunde Ausrichter dieser Einladung war. Ich hatte, weil ich nicht wusste, ob man seine Rechnungen in diesem Land mit Kreditkarten bezahlen konnte, einen großen Betrag an Bargeld in US-Dollar mitgenommen. Das war auch gut so, denn es erschienen zu diesem Abendessen etwa vierzig Personen, weit mehr als die, die an den Verhandlungen teilgenommen hatten.

Es wurde aufgetischt, was die Küche hergab, was es im Einzelnen war, entzieht sich meiner Kenntnis, denn ich kannte das wenigste, was in einer Vielzahl von Schüsseln und Platten auf den großen Drehtellern vor uns aufgebaut wurde. Ob es schmeckte, habe ich vergessen. Der Reiswein und Reisschnaps floss in Strömen und Reden hielt fast jeder, der an dem Essen teilnahm. Nach jeder Rede wurden erst einmal die Gläser geleert. Dann wurde wieder ein wenig gegessen und dann redete wieder einer und wieder mussten wir alle aufstehen und irgendeiner Sache zuprosten, die ich nicht verstanden hatte. So ging das stundenlang.

Was mir für immer in Erinnerung bleiben wird, sind die Essmanieren der Chinesen, denen ich begegnete. Sie waren sehr gewöhnungsbedürftig und hatten nicht das Geringste mit der Esskultur, die in westlichen Ländern gepflegt wird, zu tun. Sie häuften sich ihre Teller mit allem, was sich vor ihnen auf den Drehtellern befand, voll. Bei voll meine ich, dass richtige Speiseberge auf ihren Tellern aufgehäuft wurden. Dann schaufelten sie sich, so schnell sie nur konnten, mit ihren Essstäbchen den Mund voll und kauten laut und dabei sehr schmatzend und sich auch noch unterhaltend. Hatten sie genügend geschmatzt, schluckten sie alles in Windeseile hinunter, als ob ihnen jemand noch etwas davon wegnehmen würde. Dann steckten sie sich ihre Finger in den Mund und pulten Speisereste zwischen ihren Zähnen hervor und spukten alles neben ihre Teller aus. Was immer sonst noch im Mund verblieb, waren es Speisestückchen oder kleine Knochen oder aber andere Dinge, die sie vielleicht nicht mochten, all das wurde einfach auch gezielt neben ihren Teller auf die Tischdecke gespuckt. Nach einer Weile sah der Tisch aus, als wäre ein mittlerer Orkan darüber hinweggefegt. Als das Essen zu Ende war, sah der Tisch wie eine Kampfzone aus. Es war sehr anstrengend und meine Gäste waren am Ende sehr betrunken. Man verabschiedete sich und ich war froh, in mein Bett mit der Kuhle zu kommen, denn auch mich hatte der Alkohol, denn ich musste wenigstens sporadisch den vielen Rednern zutrinken, sehr mitgenommen.

Am nächsten Morgen flogen wir wieder los. Bevor wir das Hotel verließen, bekam ich die Hotelrechnung präsentiert, die mich schon einigermaßen beeindruckte. Auch für chinesische Verhältnisse war der Betrag darauf, alles war zum Glück in US-Dollar berechnet, enorm hoch. Ich war letztlich froh, wieder gen Hongkong zu reisen, und dort erholte ich mich erst einmal zwei Tage von den hinter mir liegenden Strapazen. Larry Cheng war glücklich über unseren Erfolg, denn er beabsichtigte, noch weitere Anlagen dieser Art im chinesischen Markt zu verkaufen. Schließlich waren Reiswein und Reisschnaps Nationalgetränke und wurden in großen Mengen von der Bevölkerung konsumiert.

Die Anlage wurde sechs Monate später vertragsgemäß ausgeliefert, von unseren Monteuren im chinesischen Werk errichtet und erprobt und vom Kunden abgenommen. Wir hatten unser Geld vollständig erhalten und erwarteten über unsere Hongkong-Vertretung weitere Geschäfte dieser Art von der chinesischen Regierung.

Dann passierten aber Dinge, die keiner vorausgesehen hatte. Ich war an dem Tag schon zu Hause, saß gemütlich in meinem Sessel im Wohnzimmer mit einem Glas Wein in der Hand, als der Verkaufsleiter mich anrief, der noch spät im Büro gearbeitet hatte, und mich informierte, dass unsere Firma brennen würde. Als ich die Straße erreichte, in der meine Firma lag, verstopften Feuerwehrfahrzeuge schon den Zugang der Straße. Ich parkte mein Auto irgendwo in nächster Nähe und als ich die Firma erreichte, stiegen schwarze Wolken vom Dach des Produktionsgebäudes auf.

Die Feuerwehr war zwar sofort informiert worden, von wem wurde allerdings nie ergründet. Jedenfalls war die Feuerwehr in kürzester Zeit zur Stelle. Der Brand hatte sich sehr schnell über die gesamte Produktionshalle ausgebreitet, ein regelrechter Großbrand war entstanden und die Feuerwehr war machtlos. Nichts konnte mehr gerettet werden. Die Halle mit allen Maschinen, Geräten, das Ersatzteillager und einige fertige, zur Auslieferung bereitstehende Maschinen brannten völlig ab, nur das danebenliegende Bürogebäude blieb verschont.

Welche Gefühle ich zu diesem Zeitpunkt hatte oder in welchem Zustand ich mich befand, kann ich nicht mehr nachvollziehen. Woran ich mich jedoch noch erinnern kann, war die Frage: „Haben wir unsere Versicherungsprämien bezahlt?“ Das musste ich sofort wissen.

In der Buchhaltung fand ich die entsprechenden Unterlagen und ja, wir hatten alles pünktlich bezahlt. Schließlich wurde der Brand gelöscht. Die Feuerwehr stellte noch eine kleine Mannschaft ab, die über Nacht eventuell aufflackernde neue Brandherde bekämpfen sollte. Die Kriminalpolizei kam am nächsten Tag, untersuchte alle Stellen des Gebäudes und stellte fest, dass der Anfang, die eigentliche Ursache des Brandes, von der Verpackungs- und Versandabteilung ausgegangen war. Sie stellten durch weitere Untersuchungen fest, dass Brandstiftung den Brand ausgelöst haben musste. Der oder die Brandstifter wurden nie ermittelt.

Ich bin mir aber ziemlich sicher, die Person, die den Brand gelegt hatte, zu kennen. Diese Vermutung teilte ich auch der Polizei mit, die aber leider keine Beweise finden konnte.

Wir waren ausreichend gegen Brandschäden und Betriebsunterbrechungen versichert. Die Versicherung stellte in den folgenden Tagen sofort einen Beauftragten ab, um sämtliche Schäden zu ermitteln. Alles wurde anstandslos beglichen.

Das war dann auch das Ende meines Unternehmens. Wir waren schlagartig nicht mehr in der Lage zu produzieren, bestehende Aufträge konnten nicht erledigt, neue Aufträge mussten abgelehnt und Ersatzteile konnten nicht mehr ausgeliefert werden. Wir waren stehend k. o. gegangen.

Vorsichtige Zeitschätzungen für die Errichtung einer neuen Produktionshalle und eines neue Maschinen- und Geräteparks betrugen etwa 13 bis 14 Monate. Eine zu lange Zeit, um unsere weltweite Kundschaft halten zu können. Ich entschied mich trotzdem für den Neubau einer neuen Produktionshalle, aber gegen die Anschaffung von neuen Maschinen etc.

Wir hatten leider noch vor dem Brand einen anderen hohen Verlust erlitten, denn wir mussten eine Anlage, die wir in den Irak geliefert hatten, zurücknehmen, da sie die geforderten Leistungen nicht erbrachte. So etwas kann immer, auch bei anderen Unternehmen, einmal vorkommen und ist eigentlich nicht von übergroßer Bedeutung, denn man kann die Fehler im eigenen Werk beheben. Natürlich fällt in solch einem Fall ein Verlust an, der sich aber in Grenzen hält. Das gehört einfach zum unternehmerischen Risiko.

In diesem Falle handelte es sich aber um eine Summe von fast 1 500 000 DM, die wir dem Kunden zurückerstatten mussten, denn an eine Reparatur oder Neuanfertigung (Ersatzlieferung) war ja nun wegen des Brandschadens nicht mehr zu denken. Ich entschied mich, die Firma für immer zu schließen, zahlte mit den Geldern der Betriebsunterbrechung alle Mitarbeiter aus, jeder bekam eine ziemlich hohe Summe, die gleichzeitig als Abfindung diente. Alle bekamen wieder Arbeitsstellen in umliegenden Betrieben. Nun hatte sich auch auf makabre Weise die langjährige und bisher vergebliche Suche nach einem Chefkonstrukteur von selbst erledigt.

Das Bürogebäude war noch völlig intakt und unsere technische Handelsfirma konnte weiterarbeiten, doch unsere Produktion von Geräten und anderen technischen Artikeln, die wir selbst fertigten, musste beendet werden. Das war auch kein übergroßes Problem, denn wir konnten auf andere Hersteller ausweichen.

Der Leiter meiner Handelsfirma hatte schon seit einiger Zeit den Wunsch geäußert, sich mit einem Produkt, über das er schon seit Jahren nachgedacht hatte und das er unbedingt selbst vermarkten wollte, selbstständig zu machen. Er wollte eine eigene Firma gründen und leiten und dieses Produkt herstellen und vertreiben. Ich hatte Verständnis für seinen weiteren geschäftlichen Werdegang und wir trennten uns in gutem Einvernehmen. Ich übernahm also wieder die Leitung über mein immer noch gut florierendes Handelsunternehmen.

Wir hatten schon vor einiger Zeit die Vertretung eines US-Unternehmens übernommen, das Sondermaschinen für den Motorenbau herstellte. Diese Maschinen verkauften sich sehr gut und wir verdienten gut an den Provisionen, die wir für jeden Verkauf ausgezahlt bekamen.

Auch hatte sich in England unser früherer indischer Jungkonstrukteur, ich glaube, er hieß Singh, mit unserem damaligen US-Vertreter zusammengetan und die beiden hatten eine Firma gegründet, die die gleichen Produkte herstellte, die ich damals mit meiner Firma herstellte, welche ich ja leider aus den bereits erörterten Gründen schließen musste. Singh leitete die Firma und der eigentliche Eigentümer und Geldgeber besuchte das Unternehmen alle zwei bis drei Monate. Ich kannte beide ja sehr gut und man bot mir an, wieder die verzahnten Produkte von ihnen zu beziehen, so wie ich sie vorher von Bob bezogen hatte.

Der hatte sich übrigens wieder geschäftlich erholt und sein Unternehmen war wieder stabil und profitabel geworden. Er führte seine Firma noch ein paar Jahre und verkaufte sie dann an ein großes amerikanisches Unternehmen für eine hohe Summe, die ihm erlaubte, ein Leben ohne Sorgen und mit dem Luxus, an den er sich gewöhnt hatte, zu führen.

Das Fliegen von Flugzeugen hatte er aufgegeben und war nun eifriger Ballonfahrer geworden.

Ich wollte nun unbedingt sämtliche Schulden, die ich hatte, tilgen. Auch ich wollte frei und einmal ohne Sorgen sein, nicht nächtelang im Haus umherwandern, um Personal-, Liefer- oder Produktionsprobleme zu lösen. Ich wollte unbedingt nach den langen Jahren der Verantwortung einmal unbeschwert morgens aufwachen, vielleicht ein Liedchen pfeifend frohgemut zur Arbeit gehen. Um schuldenfrei zu sein, musste ich einen Bankkredit und die Hypothek, die noch auf meinem Privatanwesen lastete, tilgen.

Ich veräußerte also nach Fertigstellung das Produktionsgebäude mit Grundstück zu einem guten Preis und verkaufte mit zwei weinenden Augen auch mein Privathaus mit einem hohen Profit. Hätte ich vielleicht noch fünf weitere Jahre gewartet, wären die Verkaufspreise, die ich erzielte, mindestens doppelt so hoch gewesen, fand ich später heraus. Hurra, nun war ich endlich schuldenfrei und hatte noch ein genügendes Kapitalpolster, ausreichend für den Rest unseres Lebens.

Mit der technischen Handelsfirma zog ich in ein in unmittelbarer Nähe gelegenes Bürohaus um und mietete eine große, für unsere Zwecke mehr als ausreichende Etage. Privat zogen wir nach langem Suchen in eine große Mietwohnung im Grünen, mit einem schönen Ausblick von der weitläufigen Terrasse auf einige der Taunusanhöhen. Mit einem eigenen Haus wollte ich mich nicht mehr belasten, denn mit einem Eigentum fallen immer wieder Arbeiten und Verpflichtungen an, die ich im fortschreitenden Alter nicht mehr auf mich nehmen wollte.

Unser Wunsch war eine schöne, großzügige Mietwohnung, parterre gelegen, mit Garage, Hausmeister sowie Gärtnern, die alles in Ordnung hielten. Dies ist uns geglückt und wir fühlen uns rundum wohl, denn nun war es die Aufgabe des Vermieters, für alle Dinge wie Instandhaltung, Reparaturen etc. Sorge zu tragen.

Zum ersten Mal seit Jahrzehnten fühlte ich mich wohl und unbeschwert. Ich hatte zwar den weitaus größten Teil meines Vermögens verloren, aber mit dem Verlust meine Freiheit wiedergewonnen. Die wollte ich nun für den Rest meines Lebens behalten und pflegen.

Meine Firma prosperierte und ich musste unbedingt Mitarbeiter einstellen, denn für mich alleine fing die anfallende Arbeit wieder an, mich zu überfordern, und genau das wollte ich ja in Zukunft vermeiden.

Die frühere DDR war seit einiger Zeit wieder mit der Bundesrepublik vereint und ich wollte unbedingt einen dort ausgebildeten Ingenieur für mein Unternehmen anstellen. Auf Anzeigen, die ich in dortigen Zeitungen schaltete, meldete sich ein junger Mann aus der früheren Karl-Marx-Stadt, heute wieder Chemnitz genannt. Er stellt sich bei mir zusammen mit seiner Frau vor, denn ich wollte auch sie kennenlernen. Eine stabile Familie bietet einen gewissen Rückhalt für einen Mitarbeiter, dachte ich damals. Ich war sehr angetan von beiden, seine Frau hatte auch Ingenieurswissenschaften studiert, ging aber keinem Beruf nach und widmete sich ganz ihrer Familie. Sie hatten zwei Kinder und wohnten in einer kleinen Wohnung in einem der Plattenbauten von Chemnitz.

Er hatte vor kurzer Zeit sein Ingenieurstudium als Diplomingenieur im Maschinenbau abgeschlossen und ich bot ihm eine Stelle in meinem Unternehmen an. Er hatte eine sehr gute Ausbildung genossen, war fachlich auf dem neusten Stand der Technik und überaus in der Lage, die Aufgaben, die ich für ihn bereithielt, zu bewältigen. Ich stellte ihn an, war behilflich, für ihn und seine Familie eine Wohnung in der Nähe unserer Firma zu finden, und wurde, wie ich im Laufe der Jahre feststellte, nie von meiner Wahl, ihn anzustellen und mit ihm zu arbeiten, enttäuscht. Er war freundlich, hatte eine verbindliche Art, mit Menschen umzugehen, und erlernte in kürzester Zeit die Eigenarten meines Unternehmens.

Nachdem er sich eingearbeitet hatte, stellte ich noch einen jungen Techniker für unseren Außendienst an und unsere Mannschaft war komplett. Christiane, meine Frau, arbeitete auch bei uns und übernahm einige Buchhaltungsaufgaben, unser Finanz- und Bankwesen, normale Kundenkorrespondenz und alle anfallenden Büroarbeiten.

Das Management der englischen Firma, von Bob verkauft und von einem amerikanischen Konzern erworben, besuchte uns und bat darum, wieder von uns für den deutschen Markt vertreten zu werden. Wir einigten uns und stellten in kurzer Zeit fest, dass die von ihnen hergestellten Produkte qualitativ hochstehend waren und pünktlich an uns ausgeliefert wurden. Wir hatten jetzt mit Singh und Partner sowie der amerikanischen Firma zwei Unternehmen in England, von denen wir wahlweise unsere Sonderverzahnungen beziehen konnten.

Unser Unternehmen war schlagkräftig und wieder sehr finanzstark geworden. Ich hatte mich schon seit einiger Zeit, da ich von meinen Mitarbeitern sehr von den anfallenden Tagesgeschäften entlastet wurde, einem für mich neuen Bereich, nämlich dem Aktienmarkt, gewidmet. Ich hatte viel darüber gelesen und verfolgte nun täglich die Kurse größerer an der Börse gelisteter Unternehmen. Ich fing an, Aktien zu kaufen und, wenn sie stiegen, wieder zu verkaufen. Ich hatte auch gelernt, kleinere Verluste, ohne dabei schlaflose Nächte zu haben, zu verdauen, denn das gehört auch zu diesem Geschäft.

Mit den Erlösen, d. h. Profiten aus meiner Firma und dem Aktienhandel stieg mein Vermögen wieder an. Mein ehemals hektisches Leben ohne Unterbrechungen oder Urlaub, meine langen Arbeitsstunden und Sechstagewochen, all das war endgültig vorbei. Wir konnten uns Urlaube gönnen und das taten wir auch. Wir verbrachten im Winter, meistens um die Weihnachts- oder Neujahrzeit, mindestens drei Wochen in den USA. Auf diesen Reisen versuchten wir immer, mit Alexander zusammenzutreffen und einige Zeit mit ihm zu verbringen.

In einem unserer Urlaube wollten wir ein wenig vom nordwestlichen Teil Kanadas sehen, aber insbesondere Vancouver und Vancouver Island kennenlernen. In diesem Urlaub trafen wir uns, denn Alexander war von Boston gekommen, in einem Hotel in Vancouver. Als er eintraf, mieteten wir ein Auto und fuhren über Oak Harbor nach Port Townsend, sahen uns in der Gegend ein gut erhaltenes Indianerdorf an und setzten am nächsten Tag mit dem Schiff nach Victoria, auf Vancouver Island gelegen, über.

Victoria ist schon eine alte Stadt und entstand aus einem 1843 gegründeten Handelsposten der Hudson's Bay Company. Sie ist die englischste Stadt außerhalb von England. Das Klima ist mild, selten im Sommer über 30 °C und im Winter unter 0 °C, ein wenig tropisch anmutend. Der größte Teil der Insel Vancouver ist bedeckt mit einem Küstenregenwald mit Riesen-Lebensbäumen, Hemlocktannen, Eiben und Sitka-Fichten, die bis über 95 Meter hoch werden können.

Victoria ist eine schöne weltoffene Stadt, in der wir auch Heiligabend und den ersten Weihnachtstag verbrachten. Eine Bescherung und natürlich Geschenke für jeden gab es auch, denn die hatten wir mitgebracht. Wir verbrachten einige Tage in der Stadt, denn die Innenstadt, der Market Square, Altstadtkern von Victoria, ist sehr malerisch, liegt direkt am Hafen und hat viele Restaurants für fast jede Geschmacksrichtung, Geschäfte aller Art, Pubs und viele, viele Kunstgalerien.

Wir wollten mehr über die Insel erfahren, also fuhren wir ins Landesinnere über Nanaimo und wollten eigentlich nach Tofino, was uns aber nicht gelang, denn die Straße war plötzlich unpassierbar geworden. Also ging's wieder zurück nach Nanaimo, es war Silvesterabend und wir fanden ein kleines, aber schickes Hotel mitten in der Stadt. Wir staunten, als wir das Silvestermenü sahen. Die meisten Meeresfrüchte, die wir kannten und auch nicht kannten, wurden an dem Abend serviert. Die Auswahl war schwer, denn alle Arten von Muscheln, Krebsen, Krabben und eine Vielzahl von anderen Krustentieren, Lachs, Heilbutt usw. standen für uns bereit. Wir schwelgten in diesen Köstlichkeiten und unser Silvesterabendessen mutierte zu einem Hochgenuss, den wir so schnell nicht wieder vergaßen.

Wir verließen Victoria, setzten mit dem Schiff wieder zum Festland über und verbrachten einige Tage in der Stadt Vancouver, die uns sehr gefiel und in der wir uns sehr wohlfühlten. Wir besuchten noch Seattle und die Gegend um Tacoma, die wir schon einmal vorher besucht hatten und so wunderschön fanden, dann war unser Urlaub auch schon zu Ende.

Wieder zu Hause befasste ich mich mit den Alltäglichkeiten des Geschäfts. Norbert, der Ingenieur aus Chemnitz, hatte sich erstaunlich schnell in alle Belange der Firma eingearbeitet, ich erhöhte seine Bezüge kräftig, machte ihn zu meinem Assistenten und ein wenig später zu meinem Bevollmächtigten. Der junge Techniker bereiste erfolgreich unsere Kundschaft, war sehr umtriebig und strebsam.

Ich hatte nun ein schlagkräftiges Team und konnte mich mehr Einzelaufgaben widmen. Vor Jahren schon hatte ich eine Idee gehabt, wie man rotationssymmetrische Teile in ihren Bohrungen mit höchster Genauigkeit spannen, dann ausmessen und in Einzelfällen auch bearbeiten konnte. Diese oder ähnliche Produkte gab es schon in den USA, jedoch fehlte ihnen die Präzision und Genauigkeit.

Ich fertigte entsprechende Konstruktionszeichnungen an, ließ einige Prototypen bei befreundeten Firmen herstellten und nach einigen Tests und Verbesserungen hatten wir ein konkurrenzloses Produkt, welches ich in fast allen Ländern Europas patentieren ließ. Dieses neue Produkt war sofort erfolgreich. Wir konnten es mit einem fast 300-prozentigen Aufschlag verkaufen. So etwas hatte ich mir schon immer einmal gewünscht.

Zwei Jahre später gründete ich ein Mess- und Prüflabor in Räumlichkeiten, die wir in einem nahen ländlichen Gebiet etwa sechs Kilometer von unserem Büro entfernt angemietet hatten. Die Investition für die Prüfgeräte, die wir benötigten, konnten wir aus unserem flüssigen Kapital erbringen. Norbert leitete dieses neue Unternehmen und in kurzer Zeit konnte er dort drei weitere Mitarbeiter einstellen. Beide Firmen arbeiteten nun mit großem Erfolg.

Ich besuchte nun jährlich Ausstellungen, überwiegend in den USA, und übernahm noch einige Vertretungen für Produkte, die mit dem Verkaufsprogramm unserer Handelsfirma kompatibel waren und die sich später auch sehr erfolgreich vermarkten ließen. Die angemieteten Räume für das Mess- und Prüflabor ließen es zu, dass ich auch noch meine Handelsfirma dorthin verlegen konnte, und das taten wir denn auch. Nun waren beide Firmen unter einem Dach in Raumunion und ich beschäftigte mich mehr und mehr mit dem Aktiengeschäft. Norbert entwickelte sich zu einer Persönlichkeit, der man die Leitung der Firmen anvertrauen konnte, und da ich mich schon in einem Alter befand, in dem sich die meisten Menschen der arbeitenden Bevölkerung zur Ruhe setzen, dachte ich auch über meinen weiteren Lebensabschnitt nach.

Unsere Urlaubszeit stand wieder vor uns. Diesmal wollte ich den früheren Leiter des Frankfurter Büros, Jack, der vor Jahren das amerikanische Unternehmen, welches Flugzeuginstrumente herstellte und vertrieb und in dem ich ja auch tätig gewesen war, auf seinem Alterssitz, auf den er sich in den USA zurückgezogen hatte, besuchen. Er war schon vor langer Zeit wieder nach Amerika zurückversetzt worden, hatte andere wichtige Positionen dort für die Firma innegehabt und hatte sich nun als Rentner vom Berufsleben zurückgezogen.

Wir hatten über Dekaden immer den Kontakt zueinander aufrechterhalten. Er lebte mit seiner Frau Evelyn und der gemeinsamen Familie in Morehead City, North Carolina. Christiane kannte die beiden auch sehr gut, hatten sie uns doch öfters, als wir noch in Oberursel lebten, besucht. Wir flogen nach Durham, North Carolina, trafen uns nach unserer Landung mit Alexander, der auch wieder von irgendwoher kam, mieteten ein Auto und fuhren über Raleigh direkt nach Morehead City, an der atlantischen Küste gelegen.

Den beiden, Jack und Evelyn, ging es gut, ihre Kinder hatten schon längst das Elternhaus verlassen, waren verheiratet und hatten schon selbst Kinder. Jack besaß ein schönes Haus, direkt an einem Wasserkanal gelegen, der ins Meer führte. Er besaß ein Boot, mit dem er aufs Meer fuhr und fischte, ein Mercedes-Auto und eine Häuser- und Grundstücks-Maklerfirma, denn so ganz ohne Aufgaben sollte seine Rentnerzeit auch nicht sein, meinte er.

Ich hatte ihm kurz mein bisheriges Geschäftsleben beschrieben und er schlug vor, wir sollten in die USA auswandern und den Rest unseres Lebens dort verbringen. Der Gedanke war mir zwar auch schon öfters gekommen, aber so richtig hatte ich mich noch nicht mit einem Leben dort befasst. Er zeigte uns umliegende Häuser und Grundstücke, die man erwerben konnte, aber wir konnten uns doch nicht so richtig mit der Gegend anfreunden.

Er hatte sich ein Augenleiden zugezogen, war schon einige Male an den Augen operiert worden, ohne dass sich eine Besserung einstellte. Die Ärzte hatten eine spätere Erblindung nicht ausgeschlossen und darüber war er sehr unglücklich und ein wenig verbittert.

Nach ein paar Tagen, die wir mit ihm und Evelyn verbracht hatten, schlug er vor, dass wir unsere Reise Richtung South Carolina bis nach Charleston, seiner Lieblingsstadt in diesem Staat, fortsetzen sollten. Ich habe Jack nach unserem Besuch nicht mehr gesehen, auch unser Kontakt riss leider ab.

Wir fuhren gen Süden, machten in Wilmington Station, besichtigten dort einen im Hafen liegenden Zerstörer aus dem letzten Krieg und kamen abends in Charleston an. Wir übernachteten in einem etwas außerhalb der Innenstadt gelegenen Hotel und am nächsten Tag besichtigten wir die Stadt Charleston. Charleston liegt zwischen den Flüssen Ashley und Cooper, die in den Atlantik münden. Dort entstand auch ein riesiger Hafen, der eine wesentliche Einnahmequelle für die Stadt bedeutet.

1861 begann in Charleston der amerikanische Bürgerkrieg. Den Anfang machten die Konföderierten, indem sie die Armee der Nordstaaten, die sich auf der Charleston vorgelagerten Insel Fort Sumter befanden, beschossen. So entstand der Bürgerkrieg, in dem über 600 000 Menschen getötet und über 250 000 verstümmelt wurden, die durch den Krieg völlig verarmten und danach ein erbärmliches Leben fristen mussten. Ich glaube, es ist nie geklärt worden, was den Süden bewog, den Bürgerkrieg zu provozieren. Fünf Millionen weiße Südstaatler standen 21 Millionen Nordstaatlern gegenüber. Der Süden konnte nur verlieren. Sie, die Südstaaten, hatten nur ihre Baumwollwirtschaft, aber keine Industrieunternehmen und keinen Zugang zu den Kapitalmärkten. Das Chaos mit dem Untergang der Konföderierten war vorgezeichnet.

Charleston war durch seinen Sklavenhandel im 18. Jahrhundert zur reichsten Stadt Amerikas geworden. Reste dieses verwerflichen Handels mit Menschen konnten wir noch in einigen Gegenden und Gebäuden der Stadt besichtigen. Touristen bevölkern den City Market mit seinen zahlreichen Geschäften und Restaurants. Wunderschön ist die Battery am Südende der Stadt mit ihren herrlichen Häusern aus der Gründerzeit.

Das Klima in Charleston und in weiten Teilen South Carolinas ist subtropisch. Überall sind die herrlichsten Azaleen in verschiedenen Rot- und Rosatönen zu bewundern, sie wachsen praktisch wild. Die Bäume sind bedeckt mit Feenhaar (Spanish Moss), eine Pflanze, die ein Eigenleben zu führen scheint. Alle Arten von Blumen und Sträuchern sind fast das ganze Jahr über in Blüte. Vogelarten, die wir noch nie vorher gesehen hatten, ja sogar Kolibris tummeln sich überall. Wir konnten uns nicht sattsehen an der Fauna und Flora.

Im Hotel bekamen wir den Hinweis, doch einmal das 34 Kilometer von Charleston entfernte Kiawah zu besuchen. Das ist, wie wir feststellten, ein bevorzugter Wohnsitz von Leuten, die über sehr viel Geld verfügen und dort entweder permanent ihr Leben verbringen oder einen Zweitwohnsitz besitzen. Kiawah ist eine Halbinsel mit einem privaten Strand und drei Golfplätzen, die internationales Format besitzen und auf denen regelmäßig auch internationale Wettkämpfe wie der Ryder Cup oder der World Cup of Golf ausgetragen werden. Es gibt eine eigene kommunale Verwaltung mit einem Bürgermeister, der jedoch dieses Amt ehrenamtlich, also ohne Vergütung, ausübt und mit einigen Angestellten, die jedoch bezahlt werden, die Geschicke der elitären Gemeinde leitet.

Die gesamte Halbinsel ist durch einen privaten Wachdienst geschützt und um in das Innere der Halbinsel zu gelangen, muss man sich am Eingang registrieren lassen und bekommt dann einen Besucherausweis, der für jeden sichtbar im Auto abgelegt werden muss. Es gab ein Hotel dort und in dem wohnten wir einige Tage, danach mieteten wir eine möblierte Wohnung durch ein Maklerbüro. Uns gefiel alles sehr, wir mieteten Fahrräder und erkundeten die Gegend auf extra angelegten Fahrradwegen, fuhren am Strand entlang und badeten im Meer.

Direkt neben Kiawah gibt es noch eine Halbinsel, die Seabrook heißt und die wir auch besuchen wollten. Auch hier gab es einen Wachdienst, der uns untersagte weiterzufahren. Wir mussten eine Besuchererlaubnis haben und die war nur in dem für die Gemeinde zuständigen Maklerbüro zu bekommen. In dem Maklerbüro wurden wir mit einem Mitarbeiter, der Mac hieß, bekannt gemacht, der sich erbot, uns in seinem Auto überall auf der Wohnanlage herumzufahren.

Auch hier standen sehr teure Häuser, besonders die mit Meerblick gefielen uns sehr. Direkt am Meer befand sich ein Klubhaus mit angeschlossenem Golfplatz, einem Strandstreifen mit Ruheliegen und einem großen Schwimmbad. Das Klubhaus war nur Mitgliedern zugänglich, wir konnten es besichtigen, denn Mac war natürlich ein Mitglied. Wir bemerkten noch einen zweiten Golfplatz, der direkt am Meer lag, und in einem anderen Teil von Seabrook ein Gebäude mit Schwimmbad, das die Bewohner anmieten und in dem man private Festlichkeiten ausrichten konnte. Überall verteilt auf der ganzen Halbinsel waren Schwimmbäder, die von den anliegenden Hauseigentümern kostenlos benutzt werden konnten.

Mac, unser Begleiter, nahm seine Aufgabe sehr ernst und das war durchaus nicht selbstlos, denn manchmal kauften sich Besucher, angeregt durch seine professionelle Führung, Häuser oder noch nicht bebaute Grundstücke, von denen es noch eine Menge gab. Auch uns zeigte er einen Landstreifen, der in nächster Zeit erschlossen und dann bebaut werden konnte. Der Plan mit den Grundstücken, die erworben werden konnten, existierte schon und wir waren begeistert von ihrer Lage. Alle Grundstücke dort hatten in der Regel eine Größe von ca. 2 000 Quadratmetern. Man musste schon 250 000 bis 300 000 Dollar für ein solches Grundstück anlegen.

Wir verabredeten uns mit Mac zu einem Abendessen am darauffolgenden Tag. Wir wollten in Ruhe überlegen, ob wir eines dieser Grundstücke erwerben konnten, um dann später darauf zu bauen. Wir versprachen, in Kontakt mit ihm zu bleiben, denn unser Urlaub neigte sich dem Ende zu. Am nächsten oder übernächsten Tag flogen wir wieder nach Hause.

Zu Hause war alles im besten Zustand. Ich dachte mehr und mehr darüber nach, mich aus dem Geschäftsleben ganz zurückzuziehen. Das sollte aber noch eine Weile dauern, denn wir machten gute Gewinne in der Firma und meine Aktivitäten auf dem Aktienmarkt zeigten die ersten Erfolge.

Ich besuchte nun jeden Monat einige Schlüsselkunden zusammen mit Norbert. Er sollte die Firmen und das, was sie herstellten, kennenlernen. Wir besuchten auch unsere beiden englischen Lieferanten und Norbert konnte deren Produktionsmethoden genau studieren. Eine Reise nach England machten wir eigentlich nun jedes Jahr, denn gewisse Dinge lassen sich besser erklären und besprechen, wenn man seinem Geschäftspartner gegenübersitzt.

Mehr und mehr beschäftigte ich mich nun mit den Eigenarten der Finanzwirtschaft. Dazu gehörte auch, dass ich Firmen in ihrer zukünftigen Substanzfähigkeit, Produktentwicklung, ihrem Management und nach ihrer Weltbedeutung untersuchte. Ich hatte einen sehr guten Lehrmeister bei meiner Bank gefunden, der die Investitionssparte seines Instituts leitete. Von ihm bekam ich wertvolle Hinweise und die Ratschläge, die man als Neuling in diesem Metier unbedingt beachten sollte. Ich lernte auch von ihm, dass man seine Sinne beisammenhalten musste, wenn Aktien der ein oder anderen Firma, in die man investiert hatte, plötzlich nicht mehr stiegen, sondern sogar den Rückwärtsgang einlegten.

Es war wieder einmal so weit, das Jahr neigte sich dem Ende zu und wir beschlossen, über die kommenden Feiertage wieder drei Wochen in South Carolina und zwar direkt auf der Halbinsel Seabrook zu verbringen. Wir hatten den Kontakt mit Mac von der dortigen Maklerfirma gepflegt und uns von Zeit zu Zeit bei ihm gemeldet. Mac war behilflich bei der Anmietung einer vollmöblierten Ferienwohnung für die Zeit unseres Aufenthalts.

Wir flogen also wieder los, sammelten am Flughafen Charleston wieder unseren Sohn Alexander ein, der von irgendwo in den USA, wo er gerade arbeitete, auch Urlaub genommen hatte, mieteten ein Auto für die Zeit unseres dortigen Aufenthalts und bezogen eine sehr schöne, mit allen Annehmlichkeiten ausgerüstete Wohnung in Seabrook.

Wir lernten nun auch Mac's Frau Jane kennen. Sie waren uns in allen Dingen, die wir sehen oder besuchen wollten, behilflich. Wir erkundeten intensiv die Stadt Charleston und waren in den Vorweihnachtstagen sehr erstaunt darüber, dass man eine Geschäftsstraße in Charleston mit geschmückten Weihnachtsbäumen bestückt hatte. Es war ein richtiger Wettbewerb entstanden unter Banken, Versicherungen, Feuerwehren, großen Immobilienunternehmen, Geschäften aller Art und vielen anderen Unternehmen, wer wohl den schönsten Weihnachtsbaum ausgestellt hatte. Die schönsten dieser Prachtstücke wurden mit Preisen ausgezeichnet. Auch die Häuser, die an den Zufahrtstraßen von Charleston lagen, waren aufwendig mit Lichterketten und Weihnachtsdekorationen geschmückt. Weihnachten schien ein sehr wichtiges Fest für alle Bewohner zu sein.

Durch Mac lernten wir noch ein Ehepaar aus Puerto Rico kennen. Sie hatten sich auf Seabrook ein schönes Haus gebaut und wollten dort ihr Alter genießen. Sie waren, wie Mac auch, sehr gastfreundlich und luden uns oft zu einem Essen bei sich zu Hause ein.

Der Inselklub veranstaltete für seine Mitglieder jedes Jahr ein großes Festessen am Silvesterabend, zu dem uns Mac diesmal auch einlud. Eine große Band spielte nach dem Essen Tanzmusik. Man saß gesellig an runden Tischen und wir hatten Gelegenheit, weitere Inselbewohner kennenzulernen.

Uns gefiel Seabrook sehr, das Klima im Winter war mild, die Vegetation üppig, die nahe Stadt Charleston mit ihren historischen Häusern und Gebäuden hatte einen europäischen Anstrich und Flair, besonders beeindruckte uns aber die Sicherheit und damit die Geborgenheit, in der die Bewohner der ganzen Halbinsel lebten, garantiert durch den privaten Sicherheitsdienst.

In weiteren Gesprächen mit Mac und mit einem ausführlicheren Besuch der Gegend, in der sich die zum Verkauf stehenden, noch unbebauten Grundstücke befanden, beschlossen wir, ein Grundstück zu kaufen. Wir wählten einen sehr schönen Bauplatz aus. Der hintere Teil stieß direkt an einen kleinen Fluss, der etwas weiter ins Meer mündete, und vorne war unser zukünftiger Bauplatz mit der Zufahrtsstraße verbunden.

Üppige Baumbestände und Palmen waren vorhanden und sollten später unserem Haus einen exotischen Rahmen geben. Der Preis für dieses unbebaute Stück Land war zwar hoch für unsere Verhältnisse, aber in Anbetracht der stetig steigenden Landpreise dieser Gegend am Ende, wie wir später feststellen konnten, eine sehr gute Investition.

Uns war bei unseren vielen Besuchen in der Stadt Charleston aufgefallen, dass auf dem Weg dorthin auf der engen Straße von Seabrook bis zur Stadt rechts und links eine Menge Kirchen standen. Fast jede Konfession unterhielt dort ein Kirchengebäude mit entsprechenden Parkplätzen für die Besucher. Sie waren nicht sehr groß, boten vielleicht 100 bis 200 Gläubigen Platz und standen dicht beieinander, sodass auf einer Strecke von zwei Kilometern manchmal rechts und links von der Straße zehn oder mehr Kirchen zu sehen waren. Diese kleinen Kirchen waren schlicht gebaut und schmucklos, aber als wir einmal an einem Sonntagmorgen an ihnen vorbeifuhren, waren alle Parkplätze vor den Gotteshäusern dicht gefüllt.

Ein Kirchgang, wie wir auch von unseren Bekannten erfuhren, war zumindest an Sonntagen eine Pflichtübung, die unbedingt von den meisten Bewohnern dieser Gegend wahrgenommen werden musste. In der Stadt Charleston selbst waren auch viele Kirchen, aber die waren groß und aufwendig errichtet worden, hatten meistens gotische oder romanische Fenster, Türen und Außenflächen. Hier hatte sich der europäische Einfluss durchgesetzt.

Auch dieser Urlaub ging wieder langsam zu Ende und wir beschlossen, auf dem Rückweg nach Hause das Biltmore House auf dem Biltmore Estate in Asheville, North Carolina zu besuchen. Man hatte uns diesen Besuch sehr empfohlen und wir wurden nicht enttäuscht. Der Eisenbahnkönig George Washington Vanderbilt II. hatte sich dort zwischen 1889 und 1895 auf einem riesigen Areal eine Privatresidenz mit eigenem Eisenbahngleisanschluss gebaut. Was dabei herauskam, war das größte jemals gebaute Privathaus der Vereinigten Staaten von Amerika.

Einen Teil dieses Riesengebäudes konnten wir besichtigen. Die Anzahl der Zimmer muss etwa um die 150 oder mehr gewesen sein. Im Keller waren eine vollständige Bäckerei, Schlachterei, Sattlerei, einige Werkstätten und eine große Anzahl von Zimmern für die Bediensteten untergebracht. Der ganze Komplex war eine kleine Stadt, die sich selbst versorgen konnte.

Die Privaträume waren mit den erlesensten Möbeln, Kunstwerken und anderen schon damals sehr seltenen Artikeln, die Vanderbilt überall aus Europa zusammengetragen hatte, bestückt. Ein Aufzug, der allerdings nur mit Muskelkraft betätigt werden konnte, schaffte Speisen und Getränke aus dem unten liegenden Küchentrakt in alle oberen Räume. Es gab eine Verbindung zum neben dem Hauptgebäude liegenden Pferdestall, in dem über 25 Pferde ihre Stallungen hatten. Gleich daneben war das Gebäude für eine große Anzahl von Kutschen. Sogar an einen Weinberg hatte der umtriebige Vanderbilt gedacht und Reben aus Europa importiert und dort angepflanzt. Die Trauben wurden in einer eigenen Kelterei zu einem wohlschmeckenden Wein verarbeitet, der heute noch erfolgreich verkauft wird, denn davon konnten wir uns in einer Probierstube selbst überzeugen.

Sehr angetan von unserer Exkursion in die Vergangenheit von Amerika machten wir uns auf den Weg nach Charlotte, dort blieben wir noch eine Nacht und flogen dann zurück nach Hause.

Dort fanden wir alles in guter Ordnung wieder vor. Norbert leitete umsichtig die beiden Geschäftszweige, den technischen Handel und das neue Mess- und Prüflabor. Für mich gab es immer weniger zu tun und bald konnte ich mich fünf bis sechs Stunden am Tag mit dem Aktienhandel beschäftigen.

Irgendwann unterhielt ich mich mit Norbert einmal über seine Zukunft. Die, so meinte er, liege wohl ganz im Bereich der Aufgaben und Arbeit, die er nun als mein leitender Angestellter verrichtete. Als ich ihn einmal fragte, ob er daran gedacht habe, die Firmen einmal zu übernehmen, war seine Antwort ein klares Ja. Das Problem sei nur, dass er über kein Kapital verfüge, um die Unternehmen erwerben zu können.

Eine andere sehr große Handelsfirma aus dem süddeutschen Raum war vor einiger Zeit an mich herangetreten und hatte mir einen hohen Preis für mein Unternehmen geboten. Ich erzählte Norbert von diesem Angebot und er erklärte mir sofort, den gleichen Preis zahlen zu wollen, aber er könne die Summe als Einmalzahlung nicht aufbringen, sondern würde den Betrag über einen Zeitraum von zehn Jahren mit monatlichen Zahlungen abbezahlen.

Eine Vertrauensperson, ein Steuerberater von Norbert, hatte den Wert meiner Firma ermittelt, der tatsächlich bei der mir von der süddeutschen Handelsfirma angebotenen Summe lag. Nun, jetzt stand zumindest der Preis fest, zu dem ich mein Unternehmen verkaufen wollte. Mein Wunsch war außerdem, dass ich es nur an Norbert verkaufen wollte, denn der war in meinen Augen der Garant dafür, dass das Unternehmen sich weiterentwickeln würde. Die Abzahlung über einen längeren Zeitraum beunruhigte mich überhaupt nicht, denn die monatlichen Zahlungen sah ich als eine spätere Rente an. Norbert und ich arbeiteten bestimmt noch zwei Jahre zusammen und wir besuchten zusammen jedes Jahr die englischen Herstellerfirmen. Er wurde immer selbstständiger und schließlich war ich bereit, die Zügel endgültig loszulassen.

Ruhestand in den USA

Es war 1999 und wir flogen dieses Mal schon Mitte Dezember wieder nach Charleston. Wir hatten dieses Mal vorab ein möbliertes Haus in Seabrook gemietet. Wir waren im Begriff, unsere Wohnung Richtung Flughafen zu verlassen, das Taxi war bestellt und alles schien routinemäßig abzulaufen. Es war kalt und alles war draußen vereist, ich wollte noch unseren vollen Müllbeutel in die Mülltonne werfen. Auf dem Weg dorthin rutschte ich auf einer vereisten Stelle, da, wo die Mülltonnen standen, aus. Ich vernahm, als ich mit dem Körper auf meinen rechten Unterschenkel oder meinen rechten Fuß fiel, eine leichtes Knacken und dachte, jetzt hätte ich mir wohl etwas verstaucht. Darüber lange nachdenken konnte ich nicht, denn schon hupte das Taxi am Tor, welches uns zum Flughafen fahren sollte.

Wir nahmen unsere Koffer, Christiane rannte zum Taxi und ich humpelte hinterher und eine halbe Stunde später waren wir am Flughafen an. Da angekommen bemerkte ich, dass mein rechtes Fußgelenk sehr stark angeschwollen war und ich nur mit großen Schmerzen auftreten konnte. Ich wurde in einen Rollstuhl gesetzt, durch die Flughafenkontrollen gefahren und kurze Zeit später saß ich im Flugzeug.

Der Flug verlief normal, mein Knöchel wurde immer dicker und in den USA angekommen konnte ich überhaupt nicht mehr auftreten, wurde also im Rollstuhl weitertransportiert. Wir holten unser vorbestelltes Mietauto ab, Alexander war auch schon eingetroffen und wir fuhren nach Seabrook. Alexander fuhr das Auto, denn mein Fuß war gänzlich unbrauchbar geworden. Es war schon sehr spät am Abend, als wir in unserem gemieteten Haus ankamen. Ich verbrachte eine sehr unruhige Nacht, denn der Fuß und das Unterbein schmerzten mehr und mehr.

Am nächsten Morgen suchten wir einen Arzt für Allgemeinmedizin auf, der sah sich mein Bein an, machte eine Röntgenaufnahme und erklärte mir, dass das Bein oberhalb des Fußknöchels gebrochen war. Ich wurde zu einem Spezialisten für alle Arten von Brüchen nach Charleston geschickt und der wollte gleich am nächsten Tag operieren.

Ich fand mich am nächsten Tag morgens in der Klink ein und die Operation wurde erfolgreich durchgeführt. Der Operateur hatte die Bruchstelle gerichtet und mit fünf Schrauben versehen. Der rechte Fuß und der ganze Unterschenkel wurden eingegipst.

Auf dem Weg nach Hause kauften wir noch ein Paar Krücken und nun war ich, wenn auch begrenzt, wieder einsatzfähig. Nur duschen konnte ich morgens nicht, denn mein Gipsbein durfte nicht nass werden. Aber baden konnte ich, wenn ich das Bein über den Wannenrand legte, damit kein Wasser darankommen konnte.

Gut, dass Alexander bei uns war, denn er konnte uns überall herumfahren. Christiane fuhr nämlich zu dieser Zeit sehr ungern Auto in den USA. So konnten wir zusammen einkaufen, Restaurants besuchen, an Partys teilnehmen, die im Klubhaus stattfanden, am Strand liegen usw. Nach zehn Tagen wurde der Gehgips entfernt, die Fäden gezogen und ich bekam einen leichten Verband und eine Gehschiene aus Plastik, die das Umhergehen sehr erleichterte. Mit den Krücken gehen war aber noch notwendig, um das Gewicht auf dem Bein zu reduzieren.

Wir sprachen jetzt sehr oft darüber, Deutschland zu verlassen und uns hier in Seabrook niederzulassen. Wir wollten aber am Anfang nur ein Haus für eine längere Zeit anmieten, um festzustellen, ob es uns hier auch tatsächlich gut gefiel. Wenn alles positiv verlaufen würde, konnten wir ja unser eigenes Grundstück bebauen. Wir suchten eine Maklerfirma auf, die nur Wohnungen und Häuser vermietete, und durch sie fanden wir ein geräumiges leerstehendes Haus, das dazu noch direkt am Golfplatz lag. Es gefiel Christiane und Alexander auf Anhieb, aber ich hatte gewisse Reservationen.

Jedenfalls sagten wir der Maklerfirma zu, dass wir das Haus möglicherweise ab Ende Januar, Anfang Februar 2000 anmieten wollten. Damit sagten wir auf Wiedersehen zu unserer Halbinsel, denn unser Urlaub war wieder einmal zu Ende und der Rückflug erfolgte ohne Schmerzen.

Ich fuhr nun jeden Tag mit Christiane zusammen in unser Büro, denn mit der Gehschiene konnte ich mein Auto nicht sicher fahren. Norbert wunderte sich, als ich am ersten Tag humpelnd und auf Krücken gestützt zur Tür hereinkam. Nach kurzer Begrüßung schilderte ich ihm meine Odyssee und dann hatte uns der Alltag im Geschäft wieder.

Ich ließ mein Bein im Krankenhaus noch einmal überprüfen. Der Heilungsprozess machte gute Fortschritte und ich konnte wieder ohne Gehschiene laufen. Ich erzählte Norbert, dass wir nun ganz bestimmt unseren Lebensraum in die USA verlegen wollten. Wir machten einen Vertrag über den Verkauf der Handelsfirma, so wie wir ihn vorher schon abgesprochen hatten. Norbert sollte monatliche Raten zahlen, bis die festgelegte Verkaufssumme voll bezahlt war.

Dann kaufte ich mir einen fabrikneuen, schon länger vorher ausgewählten Jeep Grand Cherokee in Silbergrau über eine Händlerfirma, die Auswanderern Autos zu einem günstigeren Preis vermittelte. Das Auto sollte uns nach unserer Ankunft in Charleston vollgetankt vom lokalen Jeep-Händler ausgehändigt werden.

Wir kümmerten uns um eine Transportfirma, die unsere Möbel und auch sonst alles, was wir mitnehmen wollten, nach Seabrook transportieren sollte. Wir fanden eine deutsche Firma in Frankfurt, die in Charleston mit einer lokalen Transportfirma zusammenarbeitete und spezialisiert auf Umzüge dieser Art war. Dann ging alles sehr schnell, das Personal unserer Transportfirma verpackte und verlud unseren gesamten Hausstand in zwei Container. Vorsichtshalber behielten wir unsere Mietwohnung, auch wenn sie jetzt leer stand, denn sollte uns irgendetwas in den USA missfallen, konnten wir jederzeit wieder zurück in unser altes Heim im Taunus ziehen. Wir hatten ja lange nach einer Wohnung, die uns in jeder Form zusagte, gesucht. Das waren zwar Extrakosten, die ich aber sicherheitshalber zu tragen bereit war.

In ca. zwei Wochen sollte der Transport Charleston erreichen, dann durch den Zoll und von dort in unser gemietetes Haus verbracht werden. Wir logierten drei Tage in einem Hotel in der Nähe unserer Wohnung und überwachten die Verpackung und den Abtransport unserer Habe.

Am letzten Tag, als alles abtransportiert war, holte Norbert uns im Hotel ab und brachte uns zum Flughafen Frankfurt, von dort flogen wir dann nach Charleston.

Dort angekommen wurden wir im Flughafengebäude von Mac und seiner Frau Jane empfangen. Sie fuhren uns nach Seabrook und erklärten uns, dass wir, bis unsere Möbel und Haushaltsgegenstände angekommen und in unserem gemieteten Haus installiert worden seien, ihre Gäste sein würden. Ein wahrlich großherziges Angebot, welches wir dankend annahmen. Ihr Haus hatte vier Schlafzimmer und drei Badezimmer strategisch verteilt. Genügend Platz also, um uns bequem unterzubringen.

Am nächsten Tag fuhr mich Mac zu dem Autohändler, bei dem ich meinen schon vorbestellten Jeep Grand Cherokee abholen konnte. Er stand bereit, war vollgetankt und nun waren wir auch motorisiert. Ich bestellte einen Telefon- und Faxanschluss bei der zuständigen Telefongesellschaft für das Mietshaus, kaufte drei Telefone, die im Haus verteilt wurden, und erwarb einen neuen Computer mit Bildschirm und Drucker sowie ein Faxgerät. Der Telefon- und Faxanschluss wurde innerhalb von zwei oder drei Tagen freigeschaltet und ich war nun, wie man sagt, operativ. Alles war in die Wege geleitet worden und wir warteten auf unseren Hausrat.

Drei Wochen waren seit unserer Ankunft verstrichen, die vierte war angebrochen und endlich am Ende dieser Woche kamen unsere Sachen. Nachdem alle Möbel wenigstens ihren ungefähren Platz gefunden hatten, zogen wir ein. Ich rief Norbert in Deutschland an, gab ihm unsere Telefon- und Faxnummer durch, damit er uns erreichen konnte, falls es ihm notwendig erschien.

Ich kaufte noch eine Radioanlage mit Plattenspieler, ein Fernsehgerät, einen Staubsauger und sonstige Dinge, die im Haushalt noch benötigt wurden. Wir waren jetzt eingerichtet, hatten alles, was wir brauchten, und konnten unser Leben in Seabrook beginnen. Die Küche war, wie das bei Häusern in den USA, die vermietet wurden, immer ist, hervorragend eingerichtet und so konnten wir Mac und Jane zu einem ersten Abendessen einladen. Danach führten wir die beiden noch öfter in umliegende Restaurants aus, denn wir mussten uns ja für die Gastfreundschaft, die uns von ihnen zuteilgeworden war, bedanken.

Wir erkundeten die ganze Insel und waren fast jeden Tag einige Zeit am Strand, machten, wenn Ebbe war, kilometerlange Spaziergänge auf dem festen Sand direkt am Wasser. Am Strand machten wir Bekanntschaft mit Ron, der gerade angelte, und Rita, seiner Frau, die ganz gut Deutsch sprechen konnte. Sie war zwar in New York geboren, aber ihre Eltern waren Einwanderer aus Deutschland. Die beiden hatten sich nach einem arbeitsreichen Leben in Seabrook zur Ruhe gesetzt. Mit ihnen trafen wir uns jetzt öfter und ich, da ich auch gerne angelte, verbrachte viel Zeit mit Ron, der die besten Angelstellen am Meer kannte. Beide waren Klubmitglieder und das wurden wir später auch.

Der Klub veranstaltete regelmäßig Abendessen, Grillpartys oder auch nur kleine Partys, die zum Kennenlernen der Einwohner untereinander dienten. Dann lernten wir noch ein Ehepaar kennen, er, Gerry, war Österreicher, sprach gerne ab und zu mit uns Deutsch und sie, Joyce, war Amerikanerin und konnte kein Wort Deutsch verstehen, also unterhielten wir uns immer, wenn sie zugegen war, auf Englisch. Sie wohnten, so wie Ron und Rita auch, nicht weit entfernt von unserem Haus und wir trafen uns jetzt öfters und unternahmen Dinge zusammen.

Direkt neben unserem Haus wohnten Charly und Sibby Harvey. Ein sehr nettes und zuvorkommendes Ehepaar, etwa fünf bis sechs Jahre älter als wir. Sie hatten drei oder vier erwachsene Kinder, von denen einige verheiratet waren und auch schon Kinder hatten. Charly war ein Absolvent der Citadel, des Military College of South Carolina in Charleston, und wurde danach ein hoher Offizier bei der Luftwaffe. Er hatte nach seinem Ausscheiden aus dem Heeresdienst eine zweite Berufskarriere als Finanzberater bei einem großen US-Investmentunternehmen begonnen, viel Geld verdient und sich dann endgültig in Seabrook zur Ruhe gesetzt.

Jetzt kannten wir schon einige der Einwohner und es sollten in kurzer Zeit noch eine Menge mehr werden. Ab und zu machten wir einen Tagesausflug nach Charleston, um uns dort mehr von der wunderschönen Stadt anzusehen.

Mac erzählte uns, dass unser Grundstück sehr stark im Preis gestiegen war und wir also eine sehr gute Investition getätigt hatten. Das war zumindest einmal sehr beruhigend, aber ein Haus darauf bauen wollte ich nicht, denn irgendwie hatte ich das Gefühl einer Unsicherheit. So lebten wir eine Weile dahin, ohne rechte Aufgaben zu haben, was mir besonders schwerfiel.

Norbert rief jetzt fast jede Woche einmal an und holte sich meinen Rat zu gewissen Geschäftsvorfällen. Er fühlte sich noch ein wenig unsicher in seiner Selbstständigkeit und neuen Verantwortung und ich fand es völlig in Ordnung, dass er mich zurate zog.

Ron besaß ein Motorboot, welches seinen Liegeplatz in der etwa fünf Kilometer von Seabrook entfernten Bohicket Creek Marina hatte. Die Marina war ein beliebter Treffpunkt, denn nicht nur Segel- und Motorboote hatten dort ihre Liegeplätze, sondern es gab da auch einige sehr gute Restaurants, Geschäfte aller Art und einige Apartmenthäuser direkt am Wasser.

Ron und Rita luden uns öfters zu Boots- und Angelfahrten ein und bei einem dieser Bootsausflüge machten wir Bekanntschaft mit Page und seiner Frau Pat. Wie sich schnell herausstellte, war Page ein begnadeter Angler, er fing von uns dreien immer die meisten und vor allem die größten Fische. Mit diesem Boot konnten wir weit hinaus auf das Meer fahren. Die Frauen hatten ein Picknick vorbereitet und wir Männer fischten, was das Zeug hielt. Mit dem Boot fuhren wir oft auch an das gegenüberliegende Ufer des Bohicket, um frisch gefangene Garnelen von professionellen Shrimpfischern zu kaufen. Wir kauften dann meistens drei bis vier Pfund und zu Hause gab es dann Garnelen satt in allen Zubereitungsvariationen. Auch Austern waren sehr preisgünstig von einem Fischhändler in der Marina zu haben, aber sie schmeckten anders als die, die wir von Europas Küsten her kannten.

Ron arbeitete zu dieser Zeit noch für eine Außenstelle seiner Firma, für die er in Connecticut viele Jahre als Monteur gearbeitet hatte, und Page hatte immer in einem Unternehmen im Norden von South Carolina, welches sich mit Sozialleistungen für Schulen etc. befasste, gearbeitet. Beide konnten früh in den Ruhestand gehen und hatten sich, als die Häuser in Seabrook noch sehr günstig zu erwerben waren, in Seabrook angekauft. Die Einzige, die noch regelmäßig arbeiten musste, war Pat. Sie arbeitete in einer Spezialinstitution im Norden von Charleston für gehandicapte Kinder.

Wir luden uns gegenseitig zu Essen ein und mochten uns sehr. Sie waren grundehrliche Leute, die zwar keine Geistesblitze versprühten, aber menschlich gut zu uns passten. Beide Familien, sie hatten je zwei Kinder, die aber schon außer Haus waren und Berufen nachgingen, wollten ihren Lebensabend in Seabrook beschließen. Wir dachten das zu diesem Zeitpunkt auch zu können, aber es kam am Ende doch anders, als wir uns das vorgestellt hatten.

Unsere Lebensmittel mussten wir wahlweise in einem nahegelegenen Supermarkt oder in einem weiter abgelegenen großen Supermarkt auf einem riesigen Gelände, das noch eine Menge anderer Geschäfte beherbergte, einkaufen. Mindestens einmal wöchentlich kauften wir in dem einen oder anderen Markt ein. Meistens ging Christiane vorweg, kaufte, was immer wir benötigten, ein und ich erwartete sie mit dem vollen Einkaufswagen am Auto, um alles zu verstauen. Ich hasse es einzukaufen, herumgestoßen zu werden und nie mit meinem Einkaufwagen dahin zu gelangen, wo ich eigentlich hinwill. Deshalb war mein bevorzugter Platz während dieser Einkaufstouren entweder im Auto, denn da konnte ich einen lokalen Sender mit klassischer Musik hören, oder in unmittelbarer Nähe um unser Auto herum.

Mir fielen die vielen übergewichtigen Personen auf, die sich aus ihren Autos herausschälten, um in dem Supermarkt oder den anderen Geschäften einzukaufen. Ich war ja schon an gewisse Körperfüllen der Menschen aus Deutschland und einigen Ländern in Europa gewöhnt, aber was sich hier dem Auge bot, war schon mehr als erstaunlich. Da wankten Körper herum, die japanische Sumoringer neidisch machen würden. Das Fleisch, Fett oder kurz Gewebe dieser Wesen hing einfach überall an diesen Körpern herum, es schwabbelte, schaukelte, vibrierte schon bei der kleinsten Bewegung. Es ist schon erschütternd zu sehen, wie sich solche Fleischkolosse fortbewegen. Viele von diesen Superdicken müssen Krankheiten gehabt haben, die zu ihrem überdurchschnittlichen Körperumfang führten. Wenn diese Menschen sich fortbewegen, müssen sie beim Gehen ihre Beine weit spreizen, damit die enormen Oberschenkel überhaupt bei jedem Schritt aneinander vorbeikommen. So torkeln sie denn mehr oder minder vorwärts, immer bei jedem Schritt kurz auf dem jeweiligen raumgewinnenden Fuß verharrend, um dann Schwung holend das andere Bein, also das ist dasjenige, welches noch zurückgeblieben ist, mit großer Anstrengung an dem Standbein vorbeizuschleudern, um wiederum einen halben Meter Raum gewonnen zu haben. So wird das Zurücklegen einer noch so kleinen Distanz zu einer olympiareifen und schweißtreibenden Meisterleistung.

Aufgrund dieser enormen Körpergewichte, die sich vorsichtig geschätzt zwischen 250 und 300 Pfund bewegen, haben sich im Laufe der Zeit die unteren Extremitäten enorm verformt. Am vorherrschendsten sind X-Beine die in nach außen gestellte Füße münden, also das Plattfußsyndrom, welches der Vorwärtsbewegung zusätzlich noch einen entenartigen Watschelgang verleiht.

Männer haben ja eine anatomisch anders aufgebaute Körperstruktur, kommen aber den amerikanischen Frauen an Schwergewichtigkeit ziemlich nahe. Was den Männern abgeht, sind die riesigen Frauenbrüste, aber ihre anderen überproportionierten Gliedmaßen können durchaus mit denen der Frauen mithalten. Sie verhalten sich bei der Fortbewegung ähnlich wie schon vorher bei den Frauen beschrieben. Man stelle sich nur einmal bildlich vor, wie solche Menschen, um nur ein Beispiel zu nennen, in einem für den Normalmenschen konstruierten Flugzeugsitz oder auf einem normalen Stuhl, beides Sitzgelegenheiten, die in Breite und Tiefe räumlich begrenzt und auf Menschen mit normalen Dimensionen zugeschnitten sind, Platz finden. Beim Ersteren muss, um überhaupt in den Genuss des Sitzens zu kommen, erst einmal eine Lehne hochgeklappt werden, dann das Gewebe seitlich festgehalten und so lange passend geknetet werden, bis sich irgendwie die Möglichkeit ergibt, das Gesäß in den vorhandenen Sitzraum zu zwängen. Sitzt man einmal, ergibt sich die Frage: Wie komme ich hier überhaupt noch einmal heraus? Was passiert mit diesen Personen in einem Notfall, wenn z. B. das Flugzeug schnell verlassen werden muss?

Beim Zweiten ist es wohl etwas einfacher, falls der Stuhl nicht seitlich durch zwei Armlehnen begrenzt wird. Man zielt einfach etwas, lässt sich dann ungefähr da, wo der Stuhlsitz sein könnte, nieder und hofft, ihn getroffen zu haben. Dann lässt man einfach alles, was keinen Platz gefunden hat, seitlich oder vorne herunterhängen und hofft, dass der verdammte Stuhl sich nicht in seine Einzelteile zerlegt. Es bleibt jedem überlassen, sich andere Situationen dieser Schwergewichte, die sitzend verrichtet werden, vorzustellen.

Mir fiel vor lauter Untätigkeit, an die ich einfach nicht gewohnt war, langsam die Decke auf den Kopf. Was ich bei meiner plötzlichen Mutation in ein Rentnerdasein einfach nicht berücksichtigt hatte, war, dass ich ohne eine sinnvolle Aufgabe nicht leben konnte. Vielleicht kann man über einen längeren Zeitraum lernen, Tage, Wochen und Monate ohne Arbeit zu verbringen, sich nur mit Hobbys zu beschäftigen, aber ich hatte noch nicht einmal diese. Der Aktienmarkt befand sich in einem Stillstand und Gewinne waren nur sehr selten zu erzielen. Was sollte ich also mit meiner Zeit tun?

Mir war aufgefallen, dass an allen Schwimmbädern und Liegeplätzen am Meer nur unbequeme Liegestühle aus Plastik ohne Polsterung standen. Oft fehlten sogar die Liegen gänzlich und man musste sich mit Stühlen begnügen. Da kam ich auf die Idee, dass Strandkörbe, so wie ich sie von unseren Nord- und Ostseebädern her kannte, hier einigen Erfolg haben könnten.

Ich fand im Internet einen Produzenten, der in Usedom in der Nähe der polnischen Grenze eine Fabrik betrieb und Strandkörbe aller Art in sehr guter Qualität herstellte. Ich war mir ziemlich sicher, dass diese Strandkörbe in den USA völlig unbekannt waren. Nach einem ersten telefonischen Kontakt mit dem Eigentümer dieser Firma war der auch der Meinung, dass sich seine Produkte in Amerika gut verkaufen würden. Nachdem ich seine Kataloge, die er auch in englischer Sprache vorrätig hatte, ausführlich studiert hatte, wählte ich Strandkörbe in drei Kategorien aus. Ich wollte das unterste, ein mittleres und ein Hochpreissegment importieren und das in den verschiedensten Farben. Anhand seiner für den Export gedachten Preisliste war ich der Meinung, alle Produkte mit einem 150-prozentigen Aufschlag verkaufen zu können.

Ein Transport in einem Container war für eine erste Lieferung von ca. fünfzig Stück Strandkörbe vorgesehen. Verpackungs-, Transport- und Zollkosten hielten sich in Grenzen, sodass meine Kalkulation abzüglich

Werbe- und Lagerkosten noch einen Nettoprofit von ca. 100 Prozent erbrachte.

Ich hatte eine Firma gegründet, ein Transportunternehmen gefunden, das den Transport durchführte und alle Einfuhr- und Zollformalitäten erledigte, einen Steuerberater engagiert und in einem Lagerhaus am Hafen genügend Raum angemietet, um die Sendung aufzunehmen. Ich kaufte einen neuen Ford-F-250-Pritschenwagen und einen zweiachsigen Anhänger, um die Strandkörbe umhertransportieren zu können. Die Sendung wurde angeliefert, im Lager entladen, musste aber noch teilmontiert werden, denn man hatte die sperrigen Strandkörbe auseinandergenommen, um genügend Platz für die ganze Bestellung im Container zu gewinnen. Ron half mir, die Strandkörbe im Lager fertig zu montieren. Ich war nun bereit, mein neues Geschäft zu beginnen.

Ich hatte mir von einem Informatiker in Charleston einige Seiten im Internet für die Produkte, die ich vertreiben wollte, machen lassen und bald bekam ich auch schon die ersten Anfragen per E-Mail. Der Sendung waren auch einige Tausend Kataloge in englischer Sprache beigepackt worden, sodass ich den Interessenten neben den Abbildungen im Internet auch die entsprechenden Kataloge schicken konnte.

Mein Haus hatte eine große Garage, in der zwei Autos bequem Platz hatten. Einige der Strandkörbe konnte ich also in der Garage unterbringen, denn ich rechnete stark mit Verkäufen an die Bewohner der Insel.

Nichts lag also näher, als Charly, meinen Nachbarn, zur Besichtigung der Strandkörbe einzuladen. Er begutachtete die verschiedenen Modelle und war sichtlich erbaut von der Qualität dieser Strandutensilien, denn man konnte die Oberteile ganz zurückklappen und sich so am ganzen Körper der Sonne hingeben. War das Wetter weniger gut, klappte man das Oberteil wieder auf und man saß im Trocknen. Ich fragte Charly, ob er sich so einen Strandkorb kaufen würde. Natürlich, sagte er, aber gekauft hat er nie einen. Auch anderen Personen, die ich in der Umgebung kannte, führte ich meine Strandkörbe vor, aber gekauft hat keiner. Sie alle hatten große und sehr teure Häuser mit riesigen Sonnenterrassen und Gärten, also ideale Standorte für meine Produkte.

Erst viel später fand ich heraus, dass alle sich zwar alles leisten konnten und auch alles hatten, wie z. B. die neusten Autos, die größten Fernseher, Segel- und Motorboote etc., aber alle diese Dinge hatten sie entweder auf Leasingbasis oder Abzahlung erworben. Sie kauften bar, ohne mit der Wimper zu zucken, Waren, die einige Hundert Dollar bis kurz unter 500 Dollar kosteten, waren aber nicht willens, alles, was über diese Beträge hinausging, mit Bargeld zu begleichen, sie wollten Abzahlung oder Leasing. So waren sie groß geworden und so wollten sie bleiben.

Ich wollte kein Leasinggeschäft und auch keine Verkäufe auf Abzahlung, vielleicht war das ein Fehler. Die billigsten meiner Strandkörbe kosteten im Verkauf 1 500 Dollar und die teuersten 4 500 Dollar. Für mich waren das Summen, die jeder gut betuchte Bürger dort leicht erübrigen konnte.

Ich habe das Gefühl, dass Amerikaner, die zur Mittelklasse oder sogar darüber hinaus gehören, überhaupt nichts dagegen haben, Güter zu erwerben, die dann abgestottert werden müssen. Sie wissen zwar, dass Waren, die unter solchen Umständen erworben werden, im Endeffekt viel teurer sind als bar bezahlte, aber das scheinen sie nicht zur Kenntnis nehmen zu wollen. Sie sind einfach glücklich, wenn sie auf Kredit leben können. Darauf baut sich auch die gesamte US-Wirtschaft auf.

Ich hatte fünf oder sechs Strandkörbe zu Demonstrationszwecken auf der riesigen Klubterrasse am Meer aufgestellt. In direkter Nähe standen auch die unbequemen Plastikliegen. Die Leute schlugen sich fast um das Vergnügen, in den Strandkörben sitzen zu können, sie waren immer besetzt. Die Liegen aber wollte keiner mehr benutzen. Das bemerkte auch das Management des Klubs, aber gekauft haben sie nicht einen meiner Strandkörbe.

Es gibt die Käuferschicht der Reichen und sehr Reichen, aber an diese Menschen heranzukommen ist schier unmöglich, weil sie sich erfolgreich abschotten. Dazu engagieren sie auch geeignete Personen, die ihre privaten Lebensräume schützen.

Per Telefon meldete sich jemand bei mir und bestellte zwei meiner teuersten Strandkörbe. Gefragt von mir, ob noch weitere Informationen über die Körbe gewünscht würden, kam ein abweisendes „Nein, wir wissen alles über die Produkte". Mir wurde lediglich die Versandadresse des Käufers mitgeteilt, denn ein Versand sollte sofort nach Erhalt des Kaufpreises per Scheck erfolgen. Der Scheck kam schon in den nächsten Tagen, ich löste ihn ein und verschickte die Waren. Mehr habe ich von diesem Verkauf nicht gehört.

Sogar ein teurer Strandkorb ging nach Victoria, auf der Insel Vancouver Island gelegen. Der Käufer rief an, erkundigte sich kurz, welchen Strandkorb ich vorrätig hatte, wählte einen aus und bestellte ihn am Telefon. Als ich ihn über Einzelheiten seines Kaufs befragen wollte, meinte er lediglich, er habe diese Art von Strandkörben in Deutschland gesehen und für sehr praktisch empfunden. Nun wolle er auch so einen. Über den Preis haben wir nie gesprochen. Für diese Art Käufer wie einige andere auch, die später zu meinen Kunden gehörten, waren Preise völlige Nebensächlichkeiten und wurden nie erörtert.

Das war alles. Nach einiger Zeit sah ich ein, dass ein einträgliches Geschäft nur mit sehr reichen Käufern zustande zu bringen war, aber ich kannte zu wenige von ihnen. Um mein Unternehmen lukrativ zu gestalten, wären Verkäufe von mindestens 150 Einheiten pro Jahr notwendig gewesen. Wie ich diese Anzahl jemals erreichen sollte, war die Frage, die ich mir jetzt immer öfter stellte.

Ich hatte noch eine weitere Bestellung an meinen Hersteller in Deutschland auf den Weg gebracht, aber dieses Mal nur die teuersten Strandkörbe bestellt, denn die ließen sich am besten verkaufen. Auch diese Lieferung wurde ausgeführt. Ich hatte also schon eine Menge Geld auf diesem Gebiet investiert. Ich verkaufte zwar sporadisch immer mehr Einheiten, aber um genügende Profite erzielen zu können, würde ich noch ein Vielfaches meiner bisherigen Investition tätigen müssen und dazu fehlte mir der Mut. Vielleicht würde sich ja alles auszahlen, wenn man einige Jahre den Markt bearbeiten konnte. Ich wusste, dass jedes Geschäft gewisse Risiken in sich birgt, aber immerhin war ich nun 66 Jahre alt und in diesem Alter sollte man mit etwas mehr Vorsicht Investitionen tätigen, die sich erst viel später auszahlen.

Der Aktienmarkt hatte sich etwas erholt und so waren von dieser Seite her gewisse Einkünfte zu verzeichnen.

Unser erster Sommer in Seabrook machte uns das Leben schwer, es war enorm heiß, so um die 40 Grad, und die Luftfeuchtigkeit betrug dauernd etwa 95 Prozent. An ein so feuchtes Klima mit diesen Temperaturen waren wir nicht gewöhnt, denn bei unseren häufigen Besuchen vorher, die ja immer nur im Winter stattfanden, fanden wir das Klima wohltuend und frühlingshaft. Unsere Freunde versicherten uns, dass wir uns mit der Zeit an die sommerlichen Extremtemperaturen gewöhnen würden, sie hatten es ja schließlich auch geschafft.

Wir hatten aber unsere Probleme und konnten uns nur in unseren Räumen – unser Haus war voll klimatisiert – aufhalten. Auto fahren ging auch, denn auch unsere Autos waren klimatisiert. Wenn man aber einmal draußen eine längere Zeit zubringen musste, war man in kurzer Zeit durchgeschwitzt. An den Strand gehen, um sich vom Meer aus Kühlung zu verschaffen, war ein Witz, denn da war es genauso heiß. Da mussten wir einfach durch, war unsere Devise.

Was wir aber auch nicht bei unseren Winterurlauben berücksichtigt hatten, waren die immer im Herbst auftretenden Hurrikans. Sie konnten ganze Landstriche verwüsten, Häuser wie Streichholzschachteln durcheinanderwirbeln und somit vollständig zerstören. Wenn solch ein Hurrikan im Anmarsch war, wurden über Radio und Fernsehen alle Bewohner gewarnt und wenn das Unwetter zu stark erwartet wurde, musste man die Insel auf dem schnellsten Wege verlassen. Dazu wurden die entsprechenden Fluchtrouten, die alle in höher gelagerte Gegenden führten, bekannt gegeben. Wir erlebten einige starke Stürme, aber einen richtigen Hurrikan mussten wir nicht durchstehen. Das, zusammen mit den heißen Temperaturen im Sommer, waren schon Nachteile, die man einfach akzeptieren musste.

Wie ich schon vorher beschrieben habe, sind viele US-Amerikaner sehr religiös, wenigstens hat es den Anschein, denn sie sind fleißige Kirchgänger, die mindestens einmal in der Woche, meistens sonntags, eine Messe oder etwas, das viele als Service bezeichnen, besuchen. Sie erwähnen auch gerne und oft anderen gegenüber, dass sie ihren kirchlichen Verpflichtungen regelmäßig nachkommen. Man hat den Eindruck, dass sie diese Kirchgänge eher als Pflichtübung betreiben, um vor Nachbarn, Freunden, Bekannten und all denen, in deren Mitte sie leben, die natürlich auch in ihre Kirchen rennen, besser bestehen zu können. Vielleicht hat es auch viel mit ihrem Ansehen anderen gegenüber zu tun, denn wir wissen ja, dass Amerikaner sehr großen Wert auf Ankommen und Akzeptiertwerden legen.

Es gibt eine Unzahl von Stätten der sogenannten religiösen Erbaulichkeit. Das können Kirchen sein, unterteilt in Kategorien der am weitesten verbreiteten Religionen des Christentums wie Katholizismus, Protestantismus, Mormonen, Mennoniten etc. oder auch anderer Religionen wie z. B. des Islams, Hinduismus, Buddhismus usw., um nur einige hier zu nennen. Kirchen und Gotteshäuser aller Art, Tempel und vielfach undefinierbare Kult- oder Bethäuser findet man zuhauf an fast allen Straßen. Alle sind in einem guten, gepflegten Zustand, auch diejenigen, die sich innerhalb völlig heruntergekommener Wohnviertel befinden.

Gotteshäuser, auch wenn sie ein und derselben Glaubensrichtung angehören, benennen sich unterschiedlich, in vielen Fällen mit sehr exotisch klingenden Kirchennamen. Da gibt es Häuser mit Namen wie Church of the New Testament, Grace United Methodist Church, Truth and Fellowship Ministry, Lutheran Church of the Redeemer, Calvary Lutheran Church, Sea Harvest Worship Center, Seed of Faith Church, Cathedral of Praise, Endtime Ministry of Jesus Christ, Green Temple, First Born Church of the Living, New Bethel Reformed Episcopal Church, Worship the Lord in the Beauty of Holiness, Body of Christ, Church of

Deliverance, Full Gospel Faith Tabernacle usw. usw. Es muss in diesem Land Zigtausende dieser sich alle voneinander unterscheiden wollenden Kirchen und Glaubensstätten geben. Für Laien und Uneingeweihte ein schier undurchdringliches Gestrüpp von Glaubensgemeinschaften, in dem man sich wohl schwerlich ohne berufene Hilfestellung zurechtfinden kann.

Es wird also allem Anschein nach gebetet und geworshipt (angebetet), dass sich die Balken biegen. In vielen Privat- und vereinzelt auch manchmal nach Geschäftsgesprächen bekommt man am Schluss der Konversation noch mit auf den Weg: „May God bless you“ (= „Möge Gott dich segnen“). Sogar die Präsidenten der Vereinigten Staaten verabschieden sich fast immer, wenn sie eine öffentliche Rede gehalten haben, mit „God bless you all“ (= „Gott segne euch“).

Bei Sportveranstaltungen, größeren geschäftlichen Konventionen und Zusammenkünften ist es nicht unüblich, dass ein Pfarrer oder Prediger vor Beginn der Veranstaltung ein Gebet spricht und somit dem, was da ablaufen soll, seinen Segen gibt. Bei so viel religiöser Fürsorge muss dann doch einfach alles gelingen.

Der Verdrängungswettbewerb in diesem Gewerbe ist wie in allen anderen wirtschaftlichen Bereichen sehr groß. So locken dann viele dieser kirchlichen Einrichtungen oder Kultstätten ihre Mitglieder mit zusätzlichen Serviceleistungen an, wie Kindergärten, Messen nur für Kinder, Spezialprogramme für Teenager, geistige und soziale Entwicklungsprogramme für jedermann, Erarbeitung von Standards für Selbstdisziplin, Förderprogramme für die Verbesserung schulischer Leistungen, Messen für Taubstumme, medizinische Hilfestellungen aller Art, Hausbesuche bei kranken oder alten Kongregationsmitgliedern, Frauenberatung bis hin zu kostenlosem Kaffee und Kuchen vor oder nach den Gottesdiensten. Viele dieser kirchlichen Bewegungen, die meistens über beachtliche finanzielle Mittel verfügen, offerieren kostenlose Urlaube für Jugendliche in eigenen Freizeitzentren usw.

Alle diese kirchlichen Einrichtungen mit ihren unterschiedlichen religiösen Zielen versuchen mit diesen kostenlosen Serviceleistungen (einige sind mit Sicherheit von großem Wert für Menschen, die mittellos sind) möglichst viele Mitglieder an ihre Organisation zu binden und in ihren Bann zu ziehen.

Ein befreundetes Ehepaar von uns geht mit Vorliebe in eine bestimmte Kirche, weil der Pastor dort jede Woche in seiner Predigt an irgendeiner geeigneten Stelle einen neuen Witz erzählt. Sie sind noch nicht einmal schlecht und man kann sogar darüber lachen. Man muss bei dem enormen Wettbewerb schon einiges tun, um eine halbwegs erbauliche Predigt auf die Gemüter der lieben Gläubigen herabregnen zu lassen, damit sie beim nächsten Mal auch wiederkommen.

Viele Mitglieder der Glaubensgemeinschaft werden dann auch mit ehrenamtlichen Aufgaben betraut. Das ist z. B. die Durchführung der Kollekte, wobei die nebeneinandersitzenden Gläubigen argwöhnisch zu beobachten scheinen, wie viel Geld der Nachbar auf das herumgereichte Silbertablett legt und spendet. Man versucht, mit ihm mindestens gleichzuziehen, wenn nicht sogar ihn zu übertreffen. Das gibt wiederum Gesprächsstoff für die ganze Woche.

Dann gibt es diakonähnliche Gehilfen, die dem Pfarrer oder Pastor zur Hand gehen und schon mal das Kreuz, die Bibel oder eine Kirchenfahne von einer Ecke in die andere tragen dürfen. Diese so bevorzugten Personen kleiden sich meist in auf eigene Rechnung erworbene wallende tunikaähnliche Fantasiekostüme. Zu bestimmten kirchlichen Feiertagen wie Ostern, Weihnachten etc. werden die Kirchen großzügig und festlich ausgeschmückt. Diese Zusatzausgaben werden gern von einigen der wohlhabenderen Kongregationsmitglieder übernommen, denn am jeweiligen Festtag werden in einer speziell für diese Gelegenheit gedruckten Broschüre, mit der jeder Betplatz bestückt wird, alle Namen der Spender und für was sie aufgekommen sind, z. B. für die Blumengebinde am Altar, den Weihnachtsbaum mit Schmuck, die Kerzen aller Form und Größe usw., veröffentlicht. Das hebt natürlich das Ansehen dieser Spender enorm und kann dazu führen, dass sie von allen anderen Kongregationsmitgliedern als besonders wertvolle Gläubige angesehen werden. Einflussreiche größere Kirchen können auch mit großzügigen Spenden der Industrie und Wirtschaft rechnen. Ganz besonders aber tragen zu diesen Spendeneinnahmen Erbschaften bei, die fromme Kirchenmitglieder nach ihrem Ableben der Kirche ihrer Wahl zukommen lassen. Steuern für diese manchmal enorm hohen Erbschaftssummen müssen die Kirchen nicht an den Staat abführen.

Zu der riesigen Anzahl von unterschiedlich gearteten Bethäusern, Kirchen, Tempeln etc., die wie Wildwuchs das ganze Land überziehen, addieren sich noch Sekten aller Art. Sie werden angeführt von selbst ernannten, meist obskuren Predigern, denen irgendwann die Geschäftsidee kam, dass man mit viel Show, kostümähnlicher Kleidung und einigen Bibelsprüchen, deren Auslegung sie für ihre Zwecke zurechtschneidern, Geld verdienen kann. Sie sind in der Lage, eine bestimmte Sorte von Menschen anzuziehen. Einige dieser Organisationen, die schon länger im Geschäft sind, haben klein angefangen und verstanden es, ihre Zuhörerschaft stetig zu vergrößern und damit die Spendenfreudigkeit ihrer Anhänger zu erhöhen, denn diese Obergurus mit ihren Mitarbeiterstäben leben von den Spenden ihrer Mitglieder und Zuhörer. Sie haben sich fest etabliert und besitzen Gebäude oder Räumlichkeiten, die für diesen Zweck konstruiert und errichtet wurden.

Mittlerweile gibt es eine große Anzahl dieser Unternehmen, die es sich mit ihrer stetig wachsenden Finanzkraft erlauben können, ihre religiös getünchten, bühnenreifen Auftritte über bestimmte Fernsehkanäle, die sich auf diese und ähnliche Sendungen spezialisiert haben, auszustrahlen. Sie erfassen somit ein breites, williges und vor allen Dingen für diese operettenhaft gestalteten Produktionen aufnahmefähiges und den verschiedenen Darbietungen intensiv folgendes Publikum. Diese Shows sind professionell inszeniert und werden mit den modernsten technischen Mitteln hergestellt.

Von größter Wichtigkeit ist der Prediger. Er muss ein wenigstens mittelmäßiges Aussehen haben, gut gekleidet sein und vor allen Dingen überzeugend frei sprechen können. Sollte er dazu noch ein wenig singen können, ist das der Sache zusätzlich dienlich. Die meisten der Sermone, die solche Pseudoprediger dann mit viel Pathos und einigen einstudierten schauspielerischen Bewegungen auf die Zuhörer/Zuschauer loslassen, sind professionell vorbereitet. Die meisten Themen, die dann viel Beachtung und Anklang finden, handeln vom sündigen Menschen, der, wenn er nicht dies oder jenes unternimmt, unweigerlich dem Teufel und damit höllischen Qualen ausgeliefert ist. Der Prediger zitiert mit Vorliebe Bibelpassagen, die er rücksichtslos für sein jeweiliges Thema passend zurechtfrisiert. Das ist dann der furchterregende Teil der Aufführung und die Zuhörer erschauern, versprechen sich selbst Besserung und wohl eine nicht geringe Menge von ihnen ist so dermaßen geschockt, dass sie ernsthaft in Erwägung ziehen, ihr Leben grundlegend zu ändern.

Nach einer solchen geistigen Züchtigung der Zuhörer muss etwas Auflockerndes her und wie aus dem Nichts erscheint ein Chor, bestückt mit professionellen Sängerinnen und Sängern, die einen gospelartigen, hervorragend einstudierten Gesang komplett mit den entsprechenden immer gleichzeitig synchron ausgeführten Körperbewegungen vom Stapel lassen. Begleitet werden sie von Profimusikern, die publikums- und medienwirksam mit einigen einstudierten Kameraschwenks eingefangen werden.

Das reißt alle im Saal und auch die Zuschauer vor ihrem Fernseher von ihren Sitzen. Sie singen mit und klatschen im Takt und sind sehr froh, wenigstens für kurze Zeit der Hölle entkommen zu sein. Dieser Singsang kommt aber immer an einer vorausberechneten Stelle, nur um das Publikum zeitlich etwas aufzulockern und fröhlicher zu stimmen, denn kurz danach folgt wieder die geballte Weiterführung der furchterregenden Strafpredigt, mit der der Prediger seine Zuhörer bombardiert. All das geschieht mit wohlabgestimmter, vorprogrammierter Wechselwirkung. Ziel dieser Veranstaltungen ist, das Publikum weichzuklopfen, abhängig zu machen, damit es sehnsüchtig die nächsten Sendungen erwartet und somit die Einschaltquoten abgesichert sind.

Ist dieser Zustand erreicht, wird das Geldverdienen, denn das ist ja Sinn und Zweck dieser Spektakel, fast zur Nebensache. Natürlich wird in bestimmten Intervallen während dieser Shows darauf hingewiesen, dass Spenden von größter Wichtigkeit sind. Mit diesen Summen soll ja der Firlefanz weiterfinanziert werden.

Viele dieser Unternehmen, denen diese Art von religiösen Operetten zugeordnet werden, unterhalten eigene Webseiten im Internet oder arbeiten mit Firmen zusammen, die Artikel wie religiöse Bücher, Broschüren, Figuren, gesegnete Kerzen, Geschenke oder religiöse Musik, also alles, was noch im Entferntesten mit Religion zu tun hat, online im Internet vertreiben. Das bringt enorme zusätzliche Einnahmen in die Kassen. Der Weltmarkt auf diesem Internetsektor zählt z. B. nur im christlichen Bereich etwa 100 Millionen Kunden, die jährlich ca. 5,6 Milliarden Dollar für diese religiösen Artikel ausgeben. Für hohe monatliche Gebühren kann man auch seine persönlichen Sorgen und Nöte im Internet in sogenannten speziellen Gesprächsrunden mit Titeln wie „God online" etc. diskutieren und wird mit Rat und Zuspruch versorgt.

Die Erfolgreicheren unter diesen Gurus können ihr Dasein in Häusern, die Millionen wert sind, fristen, fahren mit Luxuskarossen herum und einige besitzen sogar ihren eigenen Privatjet, mit dem sie durch die Welt gondeln. Die Dummheit, Denkfaulheit und Bequemlichkeit der Masse erlauben diesen Sektenclowns, Weltuntergangsverkündern und Pseudopredigern ein Leben in Saus und Braus. Den Zuhörern bzw. Zuschauern wird alles einfach und bequem präsentiert. Man muss nur den Fernseher einschalten und wird so im Sessel sitzend mit dem Gewäsch der Schwätzer berieselt. Wenn solch ein Oberschwätzer einen guten Tag erwischt und somit die armen Seelen der Zuhörer in Angst und Schrecken versetzt hat, sind diese zuhörenden Lämmer gerne bereit, einen großzügigen Scheck für diesen Zirkus auszustellen, damit sie wieder völlig reingewaschen, von allen Übeln befreit, die nähere Zeit bis zur folgenden Sendung überstehen können.

Ich hatte ja vorher schon jahrelang in Amerika gearbeitet und gelebt, aber nie diese Frömmelei beobachten können. Vielleicht lag es daran, dass ich bevorzugt in großen Städten wie New York, Boston, Detroit, Chicago oder in einigen Großstädten an der Westküste gelebt hatte. In diesen Gegenden, die sehr europäisch beeinflusst waren, kamen mir das

Leben und die Personen, die ich kannte und mit denen ich arbeitete, sehr normal, fast heimisch vor. Vielleicht war ich auch mit den Anforderungen, die meine Arbeitsaufgaben an mich stellten, total ausgelastet und hatte wenig Gelegenheit, das tägliche Leben zu beobachten. Die Eigenarten der US-Amerikaner, so wie ich sie nun in Charleston und Umgebung kennenlernte, müssen mir damals entgangen sein oder aber ich hatte einfach keine Zeit, sie wahrzunehmen.

Ich bin auch heute noch der Meinung, dass Amerikaner immer durchaus freundlich, hilfsbereit und großzügig sind. Allen Dingen, die neu oder fremd sind oder die sie nicht kennen, stehen sie erst einmal positiv gegenüber. Ich glaube, dass z. B. in Universitätsstädten durch die Vielzahl internationaler Studenten ein völlig anderer Lebensstil, eben mehr europäisch oder fernöstlich, vorherrscht, den auch die ansässigen Einwohner mühelos adoptiert haben.

Jetzt, in meinem Semi-Rentnerdasein, fielen mir Dinge bei den Menschen auf, die ich früher nicht bemerkt hatte oder wie schon gesagt aus zeitlichen Gründen vorher nicht wahrnehmen konnte. Da war z. B. die immer wieder rhetorisch ausgesprochene Floskel „What is it?", die immer und immer wieder, auch in den unmöglichsten Situationen, benutzt wurde. Ob ihnen im Flugzeug ein Glas Milch, Coca-Cola, Orangensaft oder anderes angeboten wird, immer kommt die rhetorische Frage „What is it?". Jeder normale Mensch weiß, wie Milch aussieht und schmeckt, und doch müssen sie immer wieder diese blödsinnige Frage loswerden, um dann bestätigt zu bekommen, dass es sich tatsächlich um ein Glas Milch oder etwas anderes, ebenso Offensichtliches handelt.

In den Restaurants sehen sie sich die Speisekarten an (sie sind natürlich in der englischen Sprache abgefasst, deshalb scheiden hier Verständigungsschwierigkeiten aus), wählen ein Gericht aus und lassen sich vielleicht sicherheitshalber von der Bedienung die Zusammensetzung des ausgewählten Gerichtes nochmals erklären und bestätigen. Dann bestellen sie die so ausgewählten Speisen und wenn sie dann vom Bedienungspersonal serviert worden sind und praktisch vor ihren Nasen stehen, kommt automatisch wieder der Spruch „What is it?“ Diese Floskel ist einfach Bestandteil ihres Wortschatzes geworden und nicht mehr wegzudenken. Ich glaube auch, dass eigentlich keiner wirklich wissen will, „was das ist“, sondern es gehört einfach zum täglichen Sprachgebrauch und wird entsprechend überstrapaziert.

Man stelle sich nur einmal vor, jemand von diesen „What is it?“-Jüngern tritt bei einem Spaziergang mit seinem Schuh in einen Hundekothaufen. Schon ertönt dann sofort wieder der Spruch „What is it?“! Ja, was kann es denn sein? Es sieht aus wie Hundescheiße, hat die Konsistenz von Hundescheiße, riecht sogar nach Hundescheiße und wenn man die Masse in einem Labor untersuchen lassen wollte, würde ihnen sogar offiziell die Bestätigung zuteil, dass es tatsächlich Hundescheiße ist.

Amerikaner scheinen zudem das ausdrückliche Verlangen zu haben, sich öffentlich darzustellen. Nach Möglichkeit offenbaren sie sich im Fernsehen dem dafür sehr empfänglichen Publikum. Sobald das Eis gebrochen und die ungewohnte Situation, im Fernsehen zu einem unsichtbaren Publikum zu sprechen, überwunden ist, werden sie dann von für diese Zwecke geschulten Befragern regelrecht in die Mangel genommen. Es gibt kein Tabu und die sogenannten Opfer werden in vielen Fällen durch geschickte Hinterfragungen dahin gebracht, dass sie auch über die intimsten Dinge in ihrem Leben Auskunft erteilen.

Vielleicht liegt der tiefere Grund darin, bestimmte Probleme, die sie haben, einer größeren Gruppe von Zuschauern und Zuhörern mitzuteilen, die ähnlich gelagerte Probleme haben, um sich somit eine Solidargemeinschaft zu schaffen. Einmal in Redefluss geraten, wird auch der größte Blödsinn, meistens verbunden mit den eigenen Unzulänglichkeiten, öffentlich zur Diskussion gestellt. Irgendwie scheint bei diesen Offenbarungshelden der Wunsch vorhanden zu sein, durch das Medium Fernsehen mit einer Liga von gleichgearteten Menschen in Kontakt zu kommen, sich Leidensgenossen zu schaffen, um somit den Kreis der Gleichgesinnten zu vergrößern. Wahrscheinlich trägt auch der ausgeprägte Herdentrieb vieler Amerikaner zu diesen Offenbarungsorgien bei, denn Individualismus oder Individualempfinden im Privatbereich scheint beim Durchschnittsamerikaner wenig vertreten zu sein. Arglos und blauäugig teilen sie völlig fremden Personen ihre privatesten Probleme mit. Es hat den Anschein, als ob sie sich in einer Menge Gleichgesinnter wohl und geborgen fühlen würden, vielleicht versuchen sie auch, einen persönlichen Schutz in der Masse zu finden.

Dieser Offenbarungszwang, dem viele Amerikaner in den unterschiedlichsten Formen unterliegen, geht so weit, dass z. B. bei geheimen Wahlen, ob nun lokaler oder überregionaler Art bis hin zu Präsidentenwahlen, die Wähler den Kandidaten, für den sie sich entschieden haben, auf ein großes Schild malen und dieses vor ihrem Haus für alle sichtbar aufstellen. Sie legen offensichtlich Wert darauf, dass jeder weiß, wen sie wählen wollen oder gewählt haben und mit welcher Partei sie sich identifizieren.

Amerikaner, egal ob arm oder reich, geistig extrem engagiert und rege oder etwas zurückgeblieben, eins lieben sie alle, und das sind Partys. Partys sind Ansammlungen möglichst vieler Menschen auf engem Raum, die die Aufgabe haben, fröhlich, ausgelassen und sehr laut zu sein. Je lauter es zugeht, desto erfolgreicher war die Party. Je mehr Menschen in einen Raum hineingehen, desto besser, wichtiger und erfolgreicher ist die Party, denn jeder ist der Einladung gefolgt, obwohl schon vorab abzusehen war, dass der Platz nicht ausreichen würde. Deshalb werden auch die meisten Partys stehend absolviert, man könnte sie auch Stehpartys nennen.

Partys werden in Wohnungen, Häusern, Gärten, Klubs, Hotels, einfach überall an Plätzen, die sich zur Ausrichtung einer Party eignen, abgehalten. Irgendwo in der Nähe des Eingangs sind meistens die Gastgeber aufzufinden, die dann mit lautem Hallo und How are you jeden Gast begrüßen. Auch diejenigen, die sie überhaupt nicht eingeladen hatten, aber man kann ja nie wissen, wozu ein Kennenlernen Fremder führen kann.

Die Männer klopfen sich gegenseitig auf den Rücken und die Frauen tun so, als ob sie sich auf die Wangen küssen würden, einmal links und dann rechts, dabei gutturale Laute ausstoßend wie „muh, muh …". Das soll wohl die jeweilige Intensität und Ernsthaftigkeit der Küssenden und zugleich die herzliche Beziehung zueinander unterstreichen. Sie passen dabei aber höllisch auf, dass die Küsserei berührungslos bleibt, denn man will sich ja nicht gegenseitig das vorher mühsam aufgetragene, alle Runzeln und Unebenheiten verdeckende Make-up zerstören.

Zudem weiß man ja auch nicht genau, aus welchen Wundermitteltinkturen das eine oder andere Make-up hergestellt wurde, ob es vielleicht schädlich sein könnte, wenn man es in den Mund bekommt oder sogar verschluckt. Man muss natürlich bei aller Liebe stets auf seine Gesundheit achten. Manchmal während dieses Pseudo-Kussvorganges, aber meistens sofort danach hüpfen die beiden sich begrüßenden Frauen auf und ab und freuen sich fürchterlich, indem sie sich gegenseitig mit allerlei Artigkeiten in hohen Falsetttönen anschreien. Das Ganze könnte mit ein bisschen Fantasie an eine Horde junger, quiekender Ferkel erinnern, die um einen Saugplatz an einer Zitze ihrer Schweinemutter kämpfen.

Sobald es die Zeit erlaubt, werden schnell und kritisch die Garderoben der sich so freuenden und mit den kühnsten Komplimenten gegenseitig übertrumpfenden Damen in Augenschein genommen. Danach kommen die Haarfrisuren der Damen an die Reihe und werden mit Kommentaren bedacht wie „I love your haircut" (= „Ich finde deine Frisur schön"), was denn auch heißen kann, „Was hat sie nur mit ihren Haaren gemacht?" Auch wer welchen Schmuck wie und wo trägt und ob er wohl auch echt sei, sind da die alles entscheidenden Fragen, die dann auch während der gesamten Party für genügend Gesprächsstoff der Damen sorgen. Natürlich werden die Beobachtungen gespickt mit bissigen Bemerkungen, nur immer hinter vorgehaltener Hand und im Flüsterton mit der jeweiligen Tagesvertrauten durchgehechelt. Dieses Verhalten der Damen ist nicht nur in den USA vorherrschend, sondern eher eine Eigenart, die auch in vielen anderen Ländern der Erde fleißig von den weiblichen Mitgliedern unserer Gesellschaft geübt wird.

Die neu eintreffenden Gäste werden allen schon Anwesenden namentlich vorgestellt. Sollten sie besondere Auszeichnungen, Titel und dergleichen mehr haben oder in exponierten Stellen der Wirtschaft, Wissenschaft oder Politik tätig sein oder tätig gewesen sein, alles, auch Verdienste oder Auszeichnungen aller Art, mögen sie noch so alt oder unwichtig sein, gehören mit zu diesem Vorstellungsmanöver. Man weiß ja nie, ob die eine oder andere Ausschmückung, die man einem Gaste zuteilwerden lässt, später nutzbringend angewendet oder in Geld umgesetzt werden kann.

Von unschätzbarem Wert kann später sein: „Denk mal, da war doch auch der Generaldirektor von Firma XY mit Frau auf meiner Party", oder: „Kongressabgeordneter oder Senator soundso war auch da …" Weil immer alle durcheinanderreden, ist dieser Vorstellungsprozess nur für Personen geeignet, die noch relativ gut hören können, will doch ein jeder wenigstens die Anfangsbuchstaben des Namens des anderen mitbekommen, um vielleicht später eine Idee zu haben, wie er oder sie wohl hätten heißen können.

Meistens werden auf diesen Partys alle Arten von Standardgetränken angeboten und zwar reichhaltig, d. h., man mixt sich selbst etwas zusammen und trinkt aus einem Papp- oder Plastikbecher, der untenherum mit einer kleinen Papierserviette umwickelt wird. Warum diese Papierserviette immer Teil des Trinkgefäßes ist, habe ich nie ergründen können. Meistens ist auch ein reichhaltiges Buffet irgendwo aufgebaut, welches aus kalten und warmen Speisen bestehen kann und allen Gästen zur Selbstbedienung zur Verfügung steht. In der Regel werden aber nur Standardgerichte, die jeder kennt, angeboten. Man häuft nun Plastikteller mit den ausgewählten Speisen an und versucht mehr oder minder erfolgreich, mittels eines Plastikbestecks zu essen, ohne andere umstehende Partygäste, die auch sehr damit beschäftigt sind, ihre gehäuften Gabeln oder Löffel auf dem kürzesten Weg in ihre Münder zu bekommen, vollzukleckern. Plastikbecher in der einen Hand und Plastikteller in der anderen, da wird es schon schwierig, sich zu arrangieren, will man doch mindestens eine Hand für die neu vorgestellten Personen bereithalten. Das Chaos ist komplett, wohin mit dem Zeug. Der einzige Weg aus dieser schier ausweglosen Situation führt zur Küche und dem dort deponierten Abfalleimer. Man wirft einfach Teller und Becher in den Müll und hat somit wieder beide Hände frei und kann nun höflich die neu vorgestellten Personen begrüßen und danach, falls man noch hungrig oder durstig ist, den Essens- oder Trinkvorgang wiederholen.

Die Bekleidung ist je nach Jahreszeit bequem und zwanglos. Bei diesen Standardpartys kann sich jeder so kleiden, wie er oder sie es für richtig hält. Anzüge oder Jacken bei Herren sind selten zu finden, Damen legen etwas mehr Wert auf ihre Ausstattung.

Ein Partyhöhepunkt liegt in der Vorweihnachtszeit. In dieser Zeit laden sich Freunde und Bekannte reihum und gegenseitig immer wieder zu Partys ein. Es gibt eine Menge Leute, die in dieser Zeit mehrmals pro Woche Partys geben oder besuchen. Daher ist es keine Seltenheit, wenn man sich mehrmals pro Woche bei irgendeiner anderen Party wiedertrifft und so das letzte unbeendete Partygespräch fortführen kann.

Geburtstagspartys sind undenkbar ohne Kopfschmuck. Gastgeber und Gäste müssen dann ihre Häupter mit farbigen Papierhüten drapieren. Da tragen z. B. alte Herren mit Glatzköpfen kleine bunte und spitze Papier- oder Papptrichter, die mit einem Gummiband unter dem Kinn in Position gehalten werden. Frauen, ob jung oder alt, tragen bunte Papierkrönchen oder schmücken ihr Haar mit Papierdiademen. Man kann schon sagen, „je oller, desto doller". Schon am Haus- oder Wohnungseingang wird jedem ankommenden Gast dieser kindliche Kopfschmuck ausgehändigt, den er dann auch brav sofort auf seinem Haupt deponiert.

Alle Gäste haben die Pflicht, während der Party diese Karnevalskopfbedeckungen zu tragen. Wahrscheinlich sind diese Kinderverkleidungen ein sichtbares Zeichen dafür, dass man viel Spaß hat oder mittels dieser Pappartikel gezwungen wird, welchen zu haben. „Having fun" heißt das alles. Weihnachts- oder Silvesterpartys laufen im gleichen Stil ab. Bei Silvesterpartys wäre diese Kopfverschönerung mittels Papierhüten und Kappen noch zu verstehen. Warum man aber zu Weihnachten oder bei Geburtstagspartys wie ein Clown aussehen muss, ist nicht einfach zu verstehen.

Auf einer Silvesterparty sah ich eine alte Dame, so um die achtzig

Jahre. Sie hatte sich, wahrscheinlich aus übertriebenem Nationalstolz, außergewöhnlich verkleidet und trug ein Kleid, das aus dem Stoff einer US-Flagge geschneidert und mit viel Flitterkram verziert war. Auf ihrem grauen Haar thronte ein Zylinder, mit allen Symbolen der US-Flagge (Sternen und Streifen) bestückt. In ihren Händen hatte sie ein Kinderspielzeuggewehr, das wohl an die von den Amerikanern so hoch geschätzte Selbstverteidigung mit der eigenen Waffe und ihren ausgeprägten Patriotismus erinnern sollte. Stolz nahm sie die Pseudobewunderungen und Beifallsäußerungen der anderen Gäste entgegen, denn das, was die alte Dame da vorführte, war sogar für Amerikaner ein Schritt zu viel des Guten. Sie war so von ihrer eigenen Originalität eingenommen, dass sie sich fortwährend um ihre eigene Achse drehte und dabei komische Quieklaute, die wohl Eigenbewunderung über die Einmaligkeit ihrer Inszenierung ausdrücken sollten, von sich gab. Etwas auch nur annähernd Bescheuertes habe ich danach nie mehr in meinem Leben gesehen.

Partys, die von wohlhabenden Gastgebern ausgerichtet werden, haben ein etwas anderes Umfeld und werden unter anderen Vorzeichen durchgeführt. Die Gastgeber engagieren Bedienungspersonal, das die Drinks herstellt und sie dann jedem Gast komplett mit dieser ominösen Papierserviette überreicht. Ohne Papierservietten geht überhaupt nichts. Auch für das leibliche Wohl wird bestens gesorgt. Man lässt alle Speisen von einem renommierten Restaurant, manchmal sogar mit dem Bedienungspersonal des Lieferanten kommen. Serviert wird es auf richtigen Porzellantellern und man findet auch einen Sitzplatz.

Die Einladungen für diese Partys werden zwei bis drei Wochen vorher in gedruckter Form verschickt und in der Regel ist dann auch diesen Einladungen eine Kleidungsvorschrift zu entnehmen, wie z. B. „Black Tie“, was für Männer so viel heißt wie Abendanzug, Smoking etc. und für Frauen Cocktail- oder Abendkleider. Die Damen begrüßen und begutachten sich wie schon vorher beschrieben. Die Herren halten sich meistens ein wenig zurück und begnügen sich mit Unterhaltungen über Wirtschaft, Finanzen, Politik oder Sport.

Der Erfolg von Partys, ob nun formell oder informell, wird immer daran gemessen, inwieweit an den folgenden Tagen darüber gesprochen wird. Sollte sogar ein Artikel mit Fotos in der lokalen Presse oder in einem der sogenannnten High-Society-Klatschjournale erscheinen, in dem die Ausrichter und die wichtigsten Gäste namentlich benannt oder abgebildet werden, sonnen sich alle, die dabei waren, in diesem Erfolg und hoffen, dass sich daraus eine gewisse Langzeitwirkung entwickelt. Diejenigen, die nicht eingeladen wurden, ärgern sich schwarz und werden ihr Möglichstes tun, um wenigstens beim nächsten Mal dabei zu sein. Man prostituiert sich geradezu, eine der nächsten Einladungen von diesen Rampenlicht-Gastgebern zu ergattern, denn dabei sein ist alles und mehr scheinen als sein beherrscht das Leben dieser Pseudotypen.

Wiederum ganz anders geartete Partys sind ausgesprochene Dinnerpartys. Man lädt entweder eine Anzahl von Gästen zu sich nach Hause ein, wobei die Größe des Esstisches die Anzahl der Gäste bestimmt, denn es ist ein „sit-down dinner", d. h., man sitzt an einem vorgeschriebenen Tischplatz, der mit einer Namenskarte des Gastes gekennzeichnet ist. Haben die Gäste Platz genommen, spricht der Gastgeber oder er bittet einen der Gäste, ein kurzes Gebet zu sprechen, dabei halten sich alle Gäste an den Händen und neigen ihre Köpfe. Das kann sehr peinlich sein für Personen, die mit religiösen Gesten dieser Art überhaupt nichts anfangen können.

Sehr begüterte und reiche Gastgeber, falls sie Mitglied eines renommierten Golf-, Tennis- oder Strandklubs sind, laden auch öfters ihre Gäste in ihre Klubs ein. Vorher werden Menü und Getränke und der jeweils anvisierte festliche Rahmen mit der Klubleitung abgesprochen und dann liegt alles in den Händen dieser Ausrichter, die sich sehr bemühen, dem Fest auch den gebührenden und von den Gastgebern erwünschten Erfolg zu erwirken.

Auf das Beten mit dem Händehalten vor dem Essen verzichtet man hier aus unerklärlichen Gründen. Die Speisen und Getränke, die den Gästen serviert werden, sind meistens sehr schmackhaft und von bester Qualität. Sie werden von gut bezahlten, erfahrenen Köchen der Klubrestaurants zubereitet, jedoch leider von schlecht geschultem Bedienungspersonal serviert. Die Art und Weise, ja kurz die eigentliche Servierkunst haben die meisten dieser Pseudokellner und -kellnerinnen nie erlernt. Sie kommen aus den unterschiedlichsten Berufen und nicht selten werden Studenten oder Schüler mit dieser Sache betraut. Das Klubmanagement findet es unnötig, weil auch in vielen Fällen unwissend, dem Servierpersonal wenigstens die einfachsten Grundbegriffe des Servierens beizubringen. Da kommt es auch in den piekfeinsten Klubs vor, dass, je nach Laune oder Fähigkeit des Bedienungspersonals, entweder von links oder rechts oder von beiden Seiten gleichzeitig dem einzelnen Gast die Speisegänge serviert werden oder später das Geschirr wieder abgeräumt wird.

Den meisten Gästen fällt das nicht auf, da sie ja selbst wenig Ahnung von der Kunst des Servierens haben. Die, die vielleicht Bescheid wissen, hüllen sich in Schweigen, denn sie wollen unter gar keinen Umständen Aufsehen erregen. Nicht außergewöhnlich ist, dass beim Abräumen des Geschirrs eines Ganges das für diese Speisen benutzte Besteck einfach vom Kellner auf die Tischdecke gelegt wird, damit man es zu der nächsten Speisefolge wieder benutzen kann. Man stelle sich zum Beispiel vor, der erste Gang ist ein Fisch- und der zweite ist ein Fleischgericht.

Leer gegessene Teller werden von der Bedienung einfach eingesammelt, so viele wie möglich übereinandergestapelt, bis dieser Tellerturm bedenklich schwankend in die Küche jongliert werden kann. Benutzte Gläser werden, indem man die Finger von innen in die Trinkgefäße steckt, drei bis vier Stück auf einmal mit einer Hand abgeräumt. Von den Gästen werden diese abenteuerlichen Abräumpraktiken manchmal ein wenig achselzuckend, meistens aber billigend in Kauf genommen.

Die Gäste unterhalten sich während dieser Essen wie immer laut, der eine den anderen zu übertönen versuchend. Ab und zu spricht auch jemand mit vollem Munde, wobei dann der Gesprächspartner Zeuge der Zerkleinerung von den jeweiligen Speisen im Munde des Sprechenden werden kann. Auch ein lautes Gähnen mit weit aufgerissenem Mund vor, zwischen und nach dem Essen wird von allen anstandslos hingenommen. Man scheut sich auch nicht, besonders markante Gesprächspunkte oder wichtige Feststellungen, auf die man seinen Gesprächspartner hinweisen will, durch Deutungen mit der Gabel oder dem Messer, dabei diese Werkzeuge wie Stechwerkzeuge hin und her bewegend und fast drohend auf das jeweilige Opfer gerichtet, zu unterstreichen. Man muss manchmal schon ein gutes Stehvermögen oder großen Hunger haben, um diese Esskultur ertragen zu können. Ich finde, Amerikaner sind ein auf äußerste Rationalität ausgerichtetes Volk, nur beim Essen scheint sich das zu ändern. Aber warum das so ist, konnte nicht ergründet werden.

Wir nehmen einmal an, ein Gericht, bestehend aus einem Stück Fleisch und Gemüse, soll verzehrt werden. Die Gabel liegt also wie allgemein üblich links vom Teller und das Messer rechts. Der Essende nimmt die Gabel in seine linke und das Messer in seine rechte Hand. Er säbelt dann mit dem Messer ein Stück Fleisch ab, legt das Messer auf den Tellerrand, wechselt die Gabel von der linken in seine rechte Hand und spießt dann das abgeschnittene Fleischstück mit einer Vehemenz auf, als ob es erst einmal getötet werden müsste, und transportiert es in seinen Mund. Während dieses Vorganges legt er dann auch noch mit Vorliebe seine linke Hand auf seine Serviette, die sich auf seinem Schoß befindet. Das Gemüse wird sowieso mit der rechten Hand, in der sich ja jetzt seine Gabel befindet, aufgespießt und ebenso vertilgt. Während dieses Vorganges liegt das Messer immer noch auf dem Tellerrand. Beim nächsten Fleischbissen muss er dann die Gabel wieder in seine linke Hand befördern, nimmt sodann das Messer vom Tellerrand wieder mit seiner rechten Hand auf, schneidet damit den nächsten Fleischbrocken ab und wiederholt somit diesen ganzen Vorgang. Ich habe nur sehr selten Amerikaner beobachten können, die Messer und Gabel gleichzeitig zur Aufbereitung und Aufnahme von Speisen benutzten. Es gehört anscheinend auch zum guten Ton, immer etwas von den servierten Gerichten auf dem Teller liegen zu lassen. In einigen Fällen konnte ich beobachten, dass das ganze Gericht fast völlig unberührt wieder abgeräumt wurde und die Person sich am Ende überschwänglich bei den Gastgebern für das vorzügliche, wohlschmeckende Essen bedankte. Der ganze Kram landete dann unweigerlich in der Mülltonne. Diese Verhaltensweise soll wohl sehr vornehm sein und gleichzeitig nach außen hin versinnbildlichen, dass man wohlhabend und reich ist und das Essen eine zur Vernachlässigung neigende Nebensache ist.

Wiederum im krassen Gegensatz zu dem Vorhergehenden steht, dass sich viele Gäste in öffentlichen Restaurants in der Regel ihre Essensreste in „doggie bags“ (für den Hund) einpacken lassen und mit nach Hause nehmen. Viele dieser Doggie-bag-Mitnehmer, so war meine Feststellung, besaßen aber überhaupt keinen Hund.

Bei renommierten, erstklassigen Restaurants, die vielfach europäische Besitzer haben oder von in Europa ausgebildetem Personal geleitet werden, ist natürlich das Bedienungspersonal über jeden Zweifel erhaben und besteht zum größten Teil aus den entsprechend fachlich geschulten Personen, die meistens ihr Handwerk in Europa oder von Europäern gelernt haben. Die Essgewohnheiten oder einfacher ausgedrückt die „Mechanik des Essens“ ändern sich jedoch nicht bei den Gästen.

Sehr vornehm ist, wenn eine Dame andeutet, sich die Nase pudern zu müssen, d. h., sie muss zur Toilette, um sich zu erleichtern, dass dann alle am Tisch sitzenden Herren aufstehen, um das Abrauschen der Dame zu ehren und sich danach, wenn die Dame ihrem Blickfeld entschwunden ist, wieder hinzusetzen. Dieser Vorgang wurde mir als sehr höflich und als eine sehr vornehme Geste den Damen gegenüber beschrieben. Das stimmt übrigens mit den Tischmanieren überein, die man auch in Europa bis Anfang des 20. Jahrhunderts in dieser Form zur Ehrung der Damen praktizierte. Nur wurden diese Höflichkeitsgesten den Damen gegenüber dort in der Regel nur von Mitgliedern der Offizierskorps durchgeführt, die dann noch zusätzlich eine stramme Haltung annahmen, die Hände an ihre Hosennähte pressten, die Hacken zusammenschlugen und gleichzeitig eine Verbeugung in Richtung der abwandernden oder wiederkehrenden Damen vornahmen. Kommen die Damen von ihren Nasepudern-Ausflügen zurück, erheben die Herren sich wieder von ihren Sitzen und setzen sich erst wieder hin, nachdem die Damen wieder ihren Platz eingenommen haben. Manchmal hilft auch der am nächsten zu der frisch gepuderten, zurückgekehrten Dame sitzende Herr der Dame, wieder ihren Stuhl zu finden.

Dieses sogenannte Höflichkeitssystem hat jedoch auch seine unpraktischen Tücken. Sitzen nämlich, sagen wir einmal drei bis vier Damen am gleichen Tisch, müssen sich mindestens immer zwei oder drei von ihnen gleichzeitig ihre Nasen pudern. Sie entfernen sich dann im Konvoi und kommen dann, weil meistens die Klos nur eine oder zwei zur gleichen Zeit aufnehmen können, gestaffelt und in Abständen wieder zum Tisch zurück. Schon geht das Auf- und Niedersitzen der Herren und das Stühle-unter-die-Hintern-der-Damen-Schieben wieder los. Dieses Ritual kann sich je nach Blasenbeschaffenheit der Damen einige Male im Laufe solch eines fröhlichen Abendessens wiederholen. Der Nachteil dieses vergnügten gemeinsamen Essens liegt eindeutig bei den Herren, denn sie müssen eine gewisse Portion ihrer Mahlzeit und Getränke teils stehend, teils sitzend vertilgen. Als Vorteil mag vielleicht gelten, dass die Herren ihr Essen schneller verdauen und dabei gleichzeitig ihren Körpern eine willkommene Fitnesskur angedeihen lassen. Sichergestellt ist in jedem Falle, dass die Damen für Bewegung und Auflockerung während dieser Essen sorgen und schon somit keine Langeweile aufkommen kann, müssen doch die Herren immer wieder damit rechnen, dass sich plötzlich ohne Vorankündigung wieder eine oder mehrere Damen erheben, um sich erneut zu verschönern.

Man könnte meinen, Amerikaner liebten alle Mitglieder ihrer Familie sehr. Warum sonst heißen Zigmillionen von ihnen „Honey" (Honig) und viele andere Zigmillionen „Darling" (Liebling)? Man weiß eigentlich nie so recht, wer genau mit einem dieser beiden Kosenamen in einer Familie gemeint ist, ob Mann, Frau, Kinder oder was sonst noch zur Familie zählt.

In vielen Fällen verzichtet man sogar auf die zur Verfügung stehende große Auswahl der beiden Anreden und benutzt nur eine. Das kann unter Umständen zu großen Verwirrungen führen, denn dann heißen ja alle nur immer Honey oder Darling. Wie sie sich dann selbst voneinander unterscheiden, wenn doch alle mit nur einem der beiden zur Verfügung stehenden Kosewörter gerufen und bedacht werden, ist schwer zu sagen. Wahrscheinlich muss man als Außenstehender längere Zeit in einer solchen Familie gelebt haben, um an den Tonnuancen des oder der Rufenden vielleicht feststellen zu können, wer wen ruft und wie man dann zurückrufen muss, damit das wieder bei dem Rufenden ankommt.

Ich glaube, wenn man nicht gewaltig aufpasst und als Gast bei einer Honey- oder Darling-Familie längere Zeit verbringt, vergisst man sogar seinen eigenen Namen. Das würde aber nicht weiter stören, denn man hätte wohl eher das Gefühl, voll akzeptiert und integriert zu sein. Diese Honey- und Darling-Arien können sich auch auf völlig Unschuldige und Unbeteiligte ausdehnen. So ist es an der Tagesordnung in einfacheren Restaurants oder Massenabfütterungsstätten, dass die Bedienung die Gäste mit „Was darf es denn sein, Honey?" oder „Darling" anredet. Auch in Supermärkten ist es nicht unüblich, dass sich die Kassierer von ihren Kunden mit „Bis zum nächsten Mal, Honey" oder „Darling" verabschieden.

In England ist es noch einfacher, denn dort reden sich alle Familienmitglieder und sogar die, die überhaupt nicht zur Familie gehören, einfach mit „Love" (Liebe) an. Frankreich hat auch sein bevorzugtes Kosewort, denn dort heißen alle „Chéri". In Deutschland werden „Schatzi", „Mausi" und „Liebling" wohl die Liste der sich sehr Nahestehenden anführen.

Es scheint, als ordne sich der Mann nach der Hochzeit den Wünschen seiner Frau unter. Als führe die Frau in einer typischen amerikanischen Ehe das Zepter und bestimme alles, was das Eheleben anbetrifft. Sie hat neben der Führung des Haushaltes beim Hauserwerb, bei Finanzinvestitionen oder sonstigen Anschaffungen, die eine Familie tätigt, und auch in der beruflichen Weiterentwicklung ihres Mannes ein großes und in vielen Fällen entscheidendes Mitspracherecht. Auch im sozialen Bereich bestimmen die Frauen. Wird z. B. ein Ehepaar von einem anderen befreundeten Ehepaar zum gemeinsamen Abendessen eingeladen, entscheiden die Frauen über den geeignetsten Zeitpunkt, die Kleidung etc. Die

Zustimmung der Männer wird einfach vorausgesetzt. Dieser Einfluss ist unverkennbar und wird von dem Mann als gegeben hingenommen.

Mir scheint, dass nur etwa 15 Prozent der normalen amerikanischen Frauen den Schönheitsidealen der europäischen Frauen nahekommen (wobei natürlich in diesem Vergleich ausgesuchte Frauen in den Bereichen der Film- oder der Modeindustrie bewusst ausgeschlossen werden). Ich finde, dass die meisten amerikanischen Frauen, egal in welchem Alter sie sich befinden, nur mit äußerstem Wohlwollen und eher durch eine alkoholisierte Brille betrachtet mittels viel Fantasie und Wunschdenken einigermaßen ansehnlich sind. Viele dieser Frauen neigen zur Fettsucht, haben einen aufgeschwemmten Körper und sind z. T. völlig verwachsen. Sich ihren Figuren entsprechend zu kleiden, scheint für viele die größte Nebensache der Welt zu sein. Die Dicksten und Unförmigsten von ihnen laufen am liebsten in eng anliegenden, ihre Speckfalten und sonstige herabhängende Körperteile betonenden Kleidungsstücken herum, wobei den Dünneren unter ihnen ihre Billigklamotten geradezu um ihre Körper schlabbern. Sie selbst scheinen sich allerdings attraktiv zu finden und hämmern ihren Männern und sich selbst diesen Zustand ein, was unter Umständen, über einen längeren Zeitraum verteilt, zumindest für die Männer zu einer gewissen Resignation und Akzeptanz führen kann. Ich gewann den Eindruck, dass amerikanische Männer im Bereich der körperlichen Attribute viel besser abschneiden und im Durchschnitt ansehnlicher und attraktiver sind und dass man bei dem Anblick der Frauen glauben könnte, man befände sich auf einer Sondermodenschau, zu der man die hässlichsten und unattraktivsten Vertreter ihres Geschlechts eingeladen hat. Stellt man sich vor, dass das zuschauende Publikum aus dem gleichen Material gefertigt und geformt ist, wird Hässlichkeit und Unattraktivität zu einem sogenannten Standard und da somit fast jeder so aussieht, fühlt man sich sehr wohl unter- und miteinander, einige finden sich sogar hübsch. Meiner Meinung nach ist der weibliche Durchschnittsamerikaner also bei der Verteilung von ansprechenden körperlichen Attributen viel zu kurz gekommen.

Immer wieder konnte ich beobachten, dass amerikanische Männer, wenn sie privat oder geschäftlich in Europa waren, mit Stielaugen die gut gebauten, hübschen, attraktiv gekleideten und sehr weiblichen Frauen dort regelrecht verschlangen, tagelang darüber sprachen und sicher sehr traurig waren, am Ende ihres Kontinentalaufenthaltes wieder zu ihren eingefahrenen farblosen Ehefrauen zurückkehren zu müssen.

Viele amerikanische Mädchen und Frauen, ob nun überfett, völlig überdimensioniert und verwachsen oder auch schlank, hübsch, wohlproportioniert und darüber hinaus auch noch gut gekleidet und gepflegt aussehend, denn das gibt es auch, haben in der Regel eines gemeinsam, nämlich ihre hohe und laute Diskant- oder Blechstimme. Vermutlich wird es in den Familien gerne gesehen, wenn die Mädchen von klein auf hohe, quäkende Stimmen haben, denn das wird als sehr weiblich und zierlich angesehen. Kein Wunder, dass diese einmal eingetrichterte hohe Stimmlage später auch bei erwachsenen Frauen, sogar vielfach auch bei solchen, die beim Fernsehen als Ansagerinnen oder Moderatorinnen ihren Dienst versehen, beibehalten wird.

In Amerika werden etwa fünfzig Prozent aller Ehen wieder geschieden. Diese oder ähnliche Scheidungsraten gibt es auch in anderen Ländern und ist also nicht ungewöhnlich. Woran das liegt, kann möglicherweise dadurch begründet sein, dass man plötzlich eine einseitige oder gegenseitige Unattraktivität feststellt. Es könnte aber auch seinen Ursprung darin haben, dass viele Ehepartner einem Beruf nachgehen und ein reguläres Familienleben, auch wenn Kinder vorhanden sind, sehr schwer zustande kommt, weil alle Familienmitglieder sehr selten, höchstens an Wochenenden oder Feiertagen, eine richtige, zusammengehörende Familie bilden können.

Die Ehepartner entwickeln durch ihre verschiedenen beruflichen Aufgaben und Engagements völlig verschiedene Interessen und bewegen sich auch aufgrund ihrer Berufe in verschiedenen sozialen Kreisen. Es kommt dann sehr oft vor, dass die eigene Ehe als langweilig und zu monoton ablaufend empfunden wird, somit verflacht und zu einer immer mehr steigenden Unzufriedenheit führt.

Dann stellen Ehefrau oder Ehemann in ihren Berufen durch Bekanntschaften, die im Kollegenkreis oder im jeweiligen Umfeld ihrer beruflichen Tätigkeiten manchmal eher zufällig gemacht werden, fest, dass sie in ihrer eigenen Ehe nicht das, was sie sich einmal erwünscht oder erhofft hatten, finden und schon ist der erste Schritt in Richtung Scheidung getan, denn die Äpfel im nachbarlichen Garten schmecken immer besser als die aus eigenem Anbau.

Eine Ehescheidung kann in Amerika, je nach Staat, in der sie vollzogen wird, für den männlichen Ehepartner sehr teuer sein. In vielen Fällen wird den Frauen ein sehr großer Teil des gemeinsam geschaffenen Vermögens zugesprochen. Meistens, falls Kinder vorhanden sind, wird den Frauen auch das Erziehungs- und Sorgerecht für die Kinder erteilt. Der geschiedene Ehemann muss für den Unterhalt der Frau und Kinder aufkommen. Richter scheinen aus unerklärlichen Gründen dazu zu tendieren, den Frauen immer großzügige Abfindungen und Unterhaltszahlungen zuzusprechen. Auch dann, wenn der Scheidungsgrund nur dem Verhalten der Frau zugeordnet werden kann. So dürfen Männer, wenn ihnen diese unausgewogenen Belastungen auferlegt werden, jahrzehntelang für den völlig ungebunden verlaufenden Lebenswandel ihrer Exfrauen einen Großteil ihres Verdienstes abführen. Viele von ihnen werden dermaßen schamlos zur Kasse gebeten, dass sie ihre gewohnte soziale Ebene verlassen müssen und ihr weiteres Leben in einem vergleichsweise ärmlichen Rahmen verbringen.

An diese Gefahr denken natürlich junge Ehepaare, besonders der männliche Teil, die sich hier bisher im Durchschnittsalter von 22 Jahren, manchmal auch schon früher verheiraten, nicht. Aufgewacht wird immer erst dann, wenn alles zu spät ist und die Kosenamen, derer sich die verliebten Paare bedienen, wie Honey oder Darling schon längst in eine lange Reihe von Schimpfwörtern umgewandelt worden sind.

In den letzten Jahren ist aber zu beobachten, dass sich das durchschnittliche Heiratsalter junger Menschen anhebt und sich derzeit bei etwa 25 Jahren eingependelt hat. Oft verheiratet man sich überhaupt nicht, so wie das in Europa in letzter Zeit üblich geworden ist. Vielleicht sind die jungen Männer klüger geworden und haben aus den

Unannehmlichkeiten, die Scheidungen in der Vergangenheit mit sich brachten, lernen können.

Wer mit dem Auto reist, kann mit Sicherheit von der Ostküste bis zur Westküste, je nach Dringlichkeit und den geplanten Reiserouten und Zielen, mit vier bis fünf Tagen Reisezeit rechnen. Vom südlichsten Zipfel in Florida bis zur nördlichsten Ecke in Kanada muss man schon mit fünf bis sechs Tagen rechnen. Die Vielfalt der Landschaften ist einzigartig. In Nordamerika gibt es fast alle Klimazonen. Die Oberflächengestaltung, die Topografie, kann jeden individuellen Wunschzettel erfüllen. Es gibt an den Küsten in Ost und West die schönsten Strände, im Landesinneren die herrlichsten Seen und Flüsse, eingebettet in Wälder von gewaltigen Ausmaßen, Mittel- und Hochgebirge, weite, unüberschaubare Flachlandschaften, Wüsten und Sümpfe, also alles, was auch den anspruchsvollsten Naturliebhaber zufriedenstellen könnte.

Einige dieser einzigartigen Gegenden stehen unter Naturschutz und dürfen nur mit entsprechenden Auflagen und unter Einhaltung gewisser Regeln von den Besuchern durchfahren oder besichtigt werden. Wer mit einem Campmobil reist oder in einem mitgeführten Zelt übernachten will, dem stehen sehr gut ausgestattete und herrlich gelegene Campingplätze, die auf den Straßenkarten eingezeichnet sind, zur Verfügung. Amerikaner sind nicht immer ordentlich und werfen auch schon einmal Abfall neben die aufgestellten Müllcontainer oder ins Gebüsch, aber das wird auch in anderen Ländern praktiziert.

Einen selbstfahrenden Camper, also ein oftmals sehr luxuriös eingerichtetes Campmobil, zu besitzen ist der Wunsch vieler Amerikaner. Bis ins hohe Alter hinein fahren viele von ihnen in ihren Campmobilen kreuz und quer durch die Lande, treffen sich zu bestimmten Jahreszeiten immer wieder an den gleichen Orten oder Gegenden mit Personen, die sie schon vorher dort kennenlernten. Sie wollen dieses ungezwungene Dasein möglichst bis zum Ende ihres Lebens weiterführen. Das Problem ist nur, wie einmal in einer Fernsehaufzeichnung angesprochen, dass viele dieser Dauer-Camperfahrer irgendwann einmal so alt werden, dass der Körper schlapp macht oder das Augenlicht so nachlässt, dass sie sich und ihre Mitmenschen mit ihren Campmobilen gefährden.

Ob nun mit Campmobil oder mit normalen Autos, die Amerikaner scheinen gerne und oft zu reisen. Es scheint sie überhaupt nicht zu stören, zwei, drei oder mehr Tage zu benötigen, um von einem Ort zu einem anderen zu gelangen. Sie sind mit den riesigen Distanzen und Dimensionen ihres Landes aufgewachsen.

Abends halten sie an einem der zahlreichen Motels, die fast alle gleich eingerichtet sind und selten für negative Überraschungen sorgen, übernachten und fahren am nächsten Morgen fröhlich weiter ihrem Ziel entgegen. Motels aller Preisklassen findet man in ausreichender Anzahl. Sie sind sehr strategisch immer in der Nähe der Highways platziert und bequem ohne Zeitverlust zu erreichen.

Sehr große Strecken kann man wegen der Geschwindigkeitsbegrenzung von max. 65 Meilen pro Stunde (= 104 Kilometer pro Stunde) auf den Highways sowieso nicht zurücklegen. Diese langsame Autofahrerei hat auch ihre Nachteile und kann wegen ihrer Eintönigkeit zu schweren Unfällen führen, wenn die Fahrer am Steuer einschlafen, wenn sie ihre automatischen Geschwindigkeitsregler eingeschaltet haben.

Ohne Auto ist man in diesem Land hilflos, denn öffentliche Verkehrsmittel außerhalb von Städten gibt es nicht. Es gibt zwar große Busunternehmen wie z. B. die Greyhound-Line etc., mit denen man überallhin reisen kann, aber die Amerikaner haben eine Vorliebe für das Privatauto, in das sie alles, was sie auf einer Reise benötigen, hineinstopfen und sich somit völlig unabhängig fortbewegen können.

Allgemein verfügen die USA über ein gut ausgebautes, flächendeckendes Highwaynetz (Autobahnen). Viele dieser Highways kann man kostenlos benutzen, bei einigen werden Benutzungsgebühren verlangt. Die Hinweisbeschilderungen für Tankstellen und Rastplätze sind generell übersichtlich und gut lesbar. Es gibt aber viel zu wenig Rastplätze, auf vielen Highwayabschnitten höchstens alle hundert Kilometer einen. Die meistbenutzten Highways sind großzügig angelegt und werden im fahrbereiten Zustand erhalten, was nicht unbedingt heißt, dass die Straßendecke glatt und bequem zu befahren ist. Es gibt Streckenabschnitte, die eigentlich nur aus Löchern und Bodenwellen bestehen. Dann heißt es sich gut am Lenkrad festhalten, denn manche dieser Löcher oder Unebenheiten sind dermaßen tief oder aufgeworfen, dass man sogar fest angeschnallt mit dem Kopf sehr leicht an sein eigenes Wagendach fliegen kann. Die Mittel- und Seitenstreifen sind großflächig angelegt, sodass genügend Raum zur Verfügung steht, muss man aus irgendeinem Grund notparken.

Oft führen Brücken über Flüsse oder Teile von großen Seen. Man hat immer den Eindruck, dass bestimmt einige dieser Brücken irgendwann zusammenkrachen. Sie sehen alle alt und verrostet aus und befinden sich in einem verwahrlosten Zustand. Wahrscheinlich warten die verantwortlichen Stellen der Behörden darauf, dass tatsächlich die eine oder andere Brücke zusammenfällt und es dann Tote und Verwundete gibt, um erst dann mit der Sanierung oder einem Neubau zu beginnen.

Wenn die Bürger auf Schäden an Straßen oder Brücken hinweisen und auch die lokale Presse das Thema aufgreift, heißt es vonseiten der Behörden immer: „Wir haben kein Geld für Reparaturen.“ Das geht so lange, bis es kracht und dann ist auf einmal Geld vorhanden. Wie überall auf der Welt müssen zuerst Menschen zu Tode kommen, ehe etwas geschieht. Es entsteht zwangsläufig der Eindruck, dass Menschenleben im Rang ihren Platz hinter dem Geld eingeräumt bekommen.

Viele der Highways führen durch herrliche, fast unberührte Landschaften mit Panorama-Ausblicken, aber die alles beherrschende amerikanische Reklamewut versteht auch hier, durch riesige Reklameschilder, die rechts und links von den Highways aufgestellt sind, diese schönen Gegenden gründlich zu versauen. Je näher man an eine größere Ortschaft kommt, desto häufiger werden diese geschmacklosen, sogar nachts grell erleuchteten Schilder. Was jedem auffällt, sind die unzähligen auf den Seitenstreifen liegenden Gummistücke, manchmal ganze Reifenschwarten, die von den Rädern der Lastwagen abfliegen. Das hängt mit der schlechten Qualität dieser Erzeugnisse zusammen und wird von den

Lastfahrern als gegeben hingenommen. Reifenplatzer sind also an der Tagesordnung und wenn nicht alle Reifen an einem Fahrzeug zusammen ihren Geist aufgeben, ist das nicht weiter tragisch. Man fährt einfach sein Fahrzeug bis zum nächsten Parkplatz oder auf den Seitenstreifen und wechselt dann den oder die kaputten Reifen aus.

Überholt wird rechts oder links, je nach Wahl des Fahrers. Wer von der Highwaypolizei, den Sheriffs, der Highway Patrol etc. gestoppt wird, und das kann schon bei geringfügigen Überschreitungen der jeweils vorgegebenen Geschwindigkeit der Fall sein, muss mit drakonischen Strafen rechnen, die bis zum Entzug der Fahrerlaubnis führen. Wird man erwischt, bedeutet einem der Polizist auf dem Seitenstreifen zu halten. Er hält mit seinem Fahrzeug, das entweder wie ein Polizeifahrzeug mit Blaulicht etc. oder wie ein völlig normales, neutrales Auto aussehen kann, in einem Abstand von ca. 10 bis 15 Metern hinter dem gestoppten Fahrzeug. Dann lässt er sich vorweg in der Regel über Funk die Daten über das gestoppte Auto in seinen Bordcomputer einspielen und weiß zumindest dann schon, wer der Eigentümer des Fahrzeuges ist. Die Polizeifahrzeuge sind mit allen nur erdenklichen elektronischen Geräten ausgestattet und verfügen über ein reichhaltiges Arsenal an Waffen.

Verlässt der Polizist, meistens bis an die Zähne bewaffnet, endlich nach einiger Zeit seinen Wagen, geht er vorsichtig und langsam, nach allen Seiten sichernd, von hinten links auf das gestoppte Fahrzeug zu. Er bedeutet durch eine Geste dem Fahrer, an der Fahrerseite das Fenster zu öffnen, und macht sich zuerst einmal ein Bild vom Fahrer und, falls vorhanden, von den Mitfahrern. Sieht alles normal aus, verlangt er manchmal mit ausgesprochener Höflichkeit vom Fahrer die Aushändigung der Wagenpapiere und zieht sich nach weiteren Blicken, die er prüfend und mit einem gewissen Argwohn auf das Fahrzeug und sein Umfeld wirft, wieder in seinen eigenen Wagen zurück. Dort vergleicht er, sollte er es für notwendig erachten, die Daten der Fahrzeugpapiere mit denen seines Computers. Stimmt alles überein, kommt er zum Fahrer zurück und händigt ihm die Wagenpapiere wieder aus.

Je nach Höhe und Schwere der Gesetzesübertretung wird dann ein

Bußgeldentscheid direkt ausgeschrieben oder später zugestellt. Hat der Polizist aber von Anfang an das Gefühl, eine vielleicht gesuchte Person gestellt zu haben, kommt er mit gezogener Waffe auf den Fahrer zu und bedeutet ihm, sein Fahrzeug zu verlassen. Der Fahrer muss sich dann neben seinen Wagen stellen, sich zu seinem Wagen hin umdrehen, beide Arme gespreizt nach oben strecken und auf sein Fahrzeug legen. Seine Beine muss er auch spreizen und nun kann der Polizist, mit der einen Hand seine Waffe schussbereit haltend, mit der anderen den Fahrer nach eventuell mitgeführten Waffen abtasten und untersuchen. Findet er nichts, ist er wahrscheinlich selbst heilfroh. Findet er jedoch etwas, was einer Waffe im weitesten Sinne ähnelt, wird es brenzlig. Wenn möglich, wird der Fahrer dann in Handschellen gelegt und der Polizist fordert über Funk, ohne den Übeltäter aus den Augen zu lassen, sofort einmal Verstärkung an, die dann auch schnell zur Stelle ist, heißt es doch „Kollege in Not“.

Stellt sich später diese ganze Übung als völlig überzogen und grundlos heraus, wird, je nach Tagesform des Polizisten, dem Fahrer eine vorgeformte formelle Entschuldigung zuteil oder die überall anwendbare Floskel „I am sorry“.

Geschossen wird in diesem Lande sehr schnell, wie ich finde. Nachgehakt dafür weniger schnell. Auch wenn ab und zu einmal Unschuldige verletzt oder sogar erschossen werden, hat die Polizei meist recht, handelt sie doch nur aus reiner Notwehr. Ich habe viele zuvorkommende Polizeibeamte getroffen, aber auch einige, die in Wildwestmanier ihr Amt verrichten.

Sheriffs, das sind eher lokale und an eine bestimmte Gegend gebundene Polizeibeamte. Sie fahren sehr neue, schnelle, mit Schnellfeuerwaffen ausgestattete Autos, tragen sehr attraktive Uniformen, große breitkrempige Hüte und an den breiten Gürteln baumeln in Spezialhalterungen eine Pistole, Handschellen, Handy, Sprechfunkgerät und noch weitere, für den Laien undefinierbare Utensilien. Das zweckentfremdet natürlich diesen Hosenhalter und er hängt manchmal bedenklich tief nach unten und mit ihm natürlich auch die Hose. Sie sehen einfach toll, stark und unverletzlich in diesen Kostümen aus. So, wie es vielleicht früher einmal hieß, wenn ein Junge gefragt wurde: „Was möchtest du denn später einmal werden?“, und die Antwort wie aus der Pistole kam: „Lokomotivführer oder Baggerfahrer“, so werden wohl heute Jungen in dem Alter sagen: „Ich möchte Sheriff werden.“

Kein Wunder, dass manchmal einem noch recht unerfahrenen Polizeimitglied, dermaßen gut mit Waffen ausgestattet und hübsch angezogen, sein eigenes Erscheinungsbild über den Kopf wächst und somit seine ernster zu nehmenden Pflichten in der Hintergrund gedrängt werden. Es scheint das ungeschriebene Gesetz zu gelten: „Gib einem Beamten eine schöne Uniform und er fühlt sich als Herrscher über die ihm Anbefohlenen und auch nicht Anbefohlenen“. Die Uniform verleiht Stärke, Selbstsicherheit, Selbstvertrauen und nicht zuletzt eine soziale Plattform, die wenigstens von seinen nächsten Nachbarn bewundert wird.

Zugutehalten muss man aber den waffenstrotzenden und meist schnell von ihren Schusswaffen Gebrauch machenden Polizeiorganen, dass in den USA jeder Dümmling, auch wenn er weder lesen noch schreiben kann, sich fast an jeder Straßenecke eine Waffe besorgen kann. Mit Waffen wachsen zum Teil schon Kinder auf und wissen recht gut mit ihnen umzugehen und sie auch anzuwenden. Die Zahl der Jugendlichen, die in Schießereien verwickelt und oftmals getötet werden, erhöht sich von Jahr zu Jahr.

Wohnsituation in den USA

So schön und abwechslungsreich die Landschaften in Amerika auch sind, unter einem Feind haben sie und ihre Bewohner alle zu leiden, nämlich den Unbilden der Natur, die oft, manchmal mehrere Male im Jahr, große Teile ganzer Staaten mit vernichtenden und alles zerstörenden Wirkungen bestrafen. Große Teile des Staates Kalifornien werden immer wieder durch Erdbeben heimgesucht, die dann auch schwer zu löschende Flächen- und Waldbrände auslösen können. In vielen Fällen sind auch Camping-Feuerstellen, die unsachgemäß betrieben und verlassen wurden, oder auch absichtlich gelegte Brände von verantwortungslosen Personen die Ursache dieser gewaltigen Feuersbrünste. Ganze Landstriche mit Wäldern und Wohngebieten fallen dann dem Feuer zum Opfer.

Mit Spezialflugzeugen, die Brandbekämpfungsmittel aus der Luft über die Feuerherde abwerfen, und Spezialeinheiten der Feuerwehr, die am Boden mutig und vielmals unter Einsatz ihres eigenen Lebens diesen Großfeuern zu Leibe rücken, werden diese alles vernichtenden Brände bekämpft oder man versucht sie zumindest einzudämmen.

In Gebieten, die öfters von Feuern befallen werden, sind Feuerversicherungen für Wohngebäude enorm teuer. Das führt zwangsläufig dazu, dass die Hauseigentümer nicht in der Lage sind, die hohen Versicherungsprämien zu zahlen. Wenn dann ein solches Großfeuer Haus und Hof vernichtet, stehen die meisten Eigentümer fassungslos vor dem völligen Verlust ihrer Habe.

Große Flächen des Mittleren Westens werden auch oft plötzlich und unvorhersehbar durch Windhosen (Tornados) in Mitleidenschaft gezogen. Wo diese Tornados Grundberührung bekommen, wird alles, was sich ihnen in den Weg stellt, vernichtet. Sie pflügen große Schneisen durch Wälder, Felder und rasieren ganze Häusergruppen und Siedlungen ab, die dann wie Spielzeuge durch die Luft fliegen.

Wieder in anderen Teilen des Landes treten fast regelmäßig bei großen Regenfällen die Flüsse über ihre Ufer und überschwemmen alles, was sich ihnen in den Weg stellt. Alles, was nicht niet- und nagelfest ist, und das sind die meisten Häuser nebst Inhalt, die standardmäßig immer ohne Fundament gebaut werden, sind dann die Opfer der Überflutung und werden total zerstört und weggeschwemmt.

Einige Kerne von älteren amerikanischen Städten und Dörfern oder Ansiedlungen sind, falls sie nicht den Bedürfnissen und Belangen der modernen Wirtschaft schon frühzeitig weichen mussten, z. T. noch erhalten. Viele ältere Bauwerke, die einen historischen Wert verkörpern, werden in letzter Zeit streng geschützt. Modernisierungen und/oder Reparaturen dieser Bauten und Gebäude können nur mit strengen Auflagen der Behörden durchgeführt werden.

Anders sieht das in den meist weiträumig angelegten Außenbezirken von Städten aus, die sich wie riesige gefräßige Kraken stetig ausdehnen. Dort gibt es Mischgebiete, die aus kommerziellen Bauten und Privathäusern bestehen, die scheinbar wahllos durcheinander und nebeneinander entstanden sind. Am auffälligsten in diesen Außenbezirken sind die breiten Durchgangsstraßen, manchmal fünf bis zehn Kilometer lang, an denen sich ein Industriegemisch großflächig angesiedelt hat.

Autohäuser, die in- und ausländische Markenprodukte anbieten, sind in der Regel auf großen Flächen zu finden und stellen ihre Produkte zu Hunderten aneinandergereiht unter freiem Himmel aus. Gleich in unmittelbarer Nachbarschaft dieser Autohäuser sind, auch wieder auf riesigen Arealen angesiedelt, Niederlassungen von Firmen, die z. B. aus Holz und Kunststoff vorfabrizierte Billighäuser, also Wohnbaracken, manchmal in Mengen bis zu 15 Stück aufgestellt haben und zu verkaufen suchen.

Es gibt komplette Siedlungen außerhalb der Stadtgrenzen, in denen zu Hunderten diese Wohnbaracken und auch ausrangierte Wohnwagen aufgestellt sind. In diesen Holz- oder Plastikbuden wohnen die Ärmsten der Armen. Irgendwann, als mehr und mehr dieser armseligen Behausungen aufgestellt wurden, sahen sich die Städte verpflichtet, Wasser, Gas, Strom und Abwasserkanäle in diese Armennester zu verlegen, und so wurden mit der Zeit diese Gegenden zu regelrechten Stadtteilen, in denen auch Schulen, Geschäfte aller Art und Supermärkte ihren Platz fanden. Generationen werden in diese Armenviertel hineingeboren und viele dieser Bewohner verbringen ihr ganzes Leben in solch einem Getto. Es gibt Straßen und Wege und sogar kleine Vorgärten, in denen einige Blumen und Sträucher mühevoll um ihr Überleben kämpfen, dann wieder Schrottansammlungen mit alten, still vor sich hin rostenden Autos, ausrangierten Kühlschränken, altem Hausrat etc. vor den einzelnen Wohnbuden. Wer dort einmal wohnt oder aus vielen anderen Gründen sein Leben fristen muss, hat meistens keine Chance, jemals wieder diesem Milieu zu entkommen. Auch das ist der American Way of Life.

Dann wieder trifft man auf eine Reihe der Billig-Abfütterungsstätten wie McDonald's, Pizza Hut, Taco Bell, Burger King, Kentucky Fried Chicken und alle anderen Kettenbuden, die fast in jedem Winkel überall in den USA zu finden sind und auch in zunehmendem Maße in anderen Ländern wie Pilze aus dem Boden schießen. Dazwischen liegen in kleinen Abständen Tankstellen, manchmal zwei oder drei nebeneinander, die sich dann wundern, warum die Geschäfte so schlecht gehen. Dann kommen wieder Kettenunternehmen, die Autozubehör oder nur einen beschränkten Service wie z. B. Ölwechsel, das Wechseln von Auspuffanlagen oder Reifen anbieten. Dann wieder eine Ansammlung von kleinen baufälligen Bretterbuden, in denen Versicherungs- und Grundstücksmakler untergebracht sind, veredelt durch unbebaute, völlig verwahrloste Grundstücke, die als Mülldeponien geradezu einladen und auch fleißig für solche Zwecke genutzt werden.

Die meisten dieser Gebäude sind in Billigstbauweise errichtet worden. Wichtig ist nur, dass die Fassade der Gebäude zur Straße hin gerichtet repräsentativ wirkt. Man hat den Eindruck, dass alles nur mit Spucke, Kaugummi und viel Farbe zusammengehalten wird. Alle Bauten werden nur für den Moment errichtet und können schon nach kurzer Zeit baufällig werden. Dann werden Risse oder Mauerausbrüche notdürftig zugekleistert und mit Farbe beschmiert. Die Büros in diesen Gebäuden sind winzig und erbärmlich ausgestattet. In vielen Fällen finden Besucher, weil einfach der Platz fehlt, keinen Sitzplatz vor.

Ein unübersichtlicher Reklameschilderwald, an den Straßenrändern angebracht, dient eher zur Verwirrung als zur Orientierung. Alles ist in den grellsten Farben gehalten und mit Flittergirlanden garniert. Hier hat der Spruch „Man sieht vor lauter Bäumen den Wald nicht“ seine totale Anwendung gefunden. Je greller, je aufdringlicher, je marktschreierischer und verunstaltender diese Ansammlung von Reklameschildern ist, desto mehr passt eigentlich alles zum Bild und Kaufverhalten der Amerikaner. Alles muss nach Möglichkeit wie ein riesiger Rummelplatz aussehen, erst dann fühlt sich der amerikanische Konsument in seinem Element.

Diese Gegenden (Außenbezirke) sehen in allen amerikanischen Städten fast deckungsgleich aus und wenn man keine sicheren Anhaltpunkte hätte, wie Stadtnamen, Ortshinweis- oder Straßenschilder, würde man nicht wissen können, in welcher Stadt man sich befindet.

Amerikaner wechseln sehr häufig und gerne ihren Wohnsitz. Ein Umzug vom hohen Norden des Landes in den tiefen Süden, den Mittleren Westen oder von der Ostküste an die Westküste und auch umgekehrt wird aus vielen Gründen mehrmals im Leben der Bürger ohne viel Aufhebens durchgeführt. Erleichtert werden solche Ortswechsel natürlich immer dadurch, dass sich die Wohnorte überall sehr ähnlich sind, egal in welchem Landesteil man sich schließlich niederlässt. In sehr kurzer Zeit gewöhnen sich die Menschen an ihre neue Umgebung und fühlen sich dann auch ausgesprochen wohl. Eine tiefe Verwurzelung oder Heimweh nach einem bestimmten Ort, in dem sie einmal gelebt haben, scheint nicht zu existieren. Mobilität wird hier tatsächlich ausgeübt und räumliche Veränderungen sind hier die Regel.

In vielen Außenbezirken von Städten gibt es aber auch reine Wohngebiete und völlig separate, zusammenhängende Gewerbeanlagen oder auch großflächig angelegte, moderne, hervorragend geführte, vollklimatisierte, luxuriöse Einkaufszentren, Malls genannt. Sie bestehen aus vielen Einzel-Spezialgeschäften, Modeboutiquen, Kinos, Restaurants etc., meistens im Verbund mit einigen der größten nationalen Kettenläden wie Sears, The Gap, Bloomingdale's, J. C. Penney usw., die überall in den wichtigsten Gegenden der USA zu finden sind. Diese Einkaufszentren sind mit großzügig angelegten, bequemen Parkplätzen ausgerüstet. Parkprobleme gibt es z. T. nur in den Innenstädten, falls man nicht in den Parkhäusern gegen entsprechende Gebühr sein Fahrzeug abstellen will.

Einkaufen kann man in diesen Einkaufszentren von morgens bis in den späten Abend, auch an Sonn- und Feiertagen. Die Geschäfte locken ihre Kundschaft regelmäßig mit Sonderangeboten oder gewaltigen Preisnachlässen an. Auch wird die Kundschaft mehrmals im Jahr mit Schluss- oder Ausverkäufen umworben.

Man legt in diesen Malls großen Wert auf die Sicherheit der Kundschaft und beschäftigt deshalb ein Heer von mobilen Sicherheitsbeamten, die bis an die Zähne mit elektronischen Kommunikationsgeräten, Waffen, Handschellen und einem Haufen anderer Utensilien ausgerüstet sind und wie wandelnde Kleinfestungen herumlaufen oder -fahren. Einige von ihnen sind zudem auch noch so dermaßen übergewichtig, dass sie sich nur sehr langsam und mühsam mit dem ganzen Gebammel an Geräten, die sie überall am Körper verteilt mit sich herumschleppen müssen, fortbewegen können. Die Größten von ihnen fahren mit kleinen Elektrokarren die ihnen anvertrauten Überwachungsplätze ab. Sie haben oft ein eher martialisches Aussehen und tragen Uniformen mit vielen Orden und Abzeichen, was wohl der ganzen Sache einen professionelleren Anstrich geben soll. Jedenfalls sehen sie in der Regel furchterregend aus, was wohl auch beabsichtigt ist und somit Diebe und Gesindel von vielleicht geplanten Taten wie Raub oder Einbruch fernhält und der Kundschaft ein gewisses Sicherheitsgefühl vermittelt.

Wenn man in eins dieser Einzelgeschäfte in den Malls geht, hat man den Eindruck, der einzige Kunde zu sein. Das kommt daher, dass zu viele dieser Malls in einer Stadt vorhanden sind und die dort untergebrachten Geschäfte regelrecht um das in vielen Fällen nicht vorhandene Kundenpotenzial untereinander kämpfen müssen. Das trifft auf die Supermärkte zu, die fast an jeder Straßenecke zu finden sind, aber auch auf andere Groß-Einzelhandelshäuser, die in Ketten die Städte, Dörfer und Siedlungen aller Staaten wie ein dicht gewebtes Netz überziehen. Ohne Unterlass werben alle diese Unternehmen mit Spezialangeboten in den lokalen Medien um die Kundschaft. Dieser Konsumgüterbereich ist dermaßen überzeichnet, dass man sich wundert, wie diese Geschäfte überhaupt überleben können. Wachstum kann nur noch über einen Verdrängungswettbewerb entstehen. Das heißt, die großen, finanzstarken Ketten-Unternehmen können nur wachsen, wenn sie die mittleren und kleineren Kettenläden aus dem Markt in den Konkurs drängen oder anderweitig zur Aufgabe zwingen.

In den Supermärkten, großen Einzelhandelshäuser-Ketten und Malls findet man dann auch den durchschnittlichen amerikanischen Kunden. Junge Frauen, wie überall auf der Welt, die bei ihren Besorgungen ihre neugeborenen Babys mitführen, die dann quäkend und schreiend in Körbchen auf den Einkaufwagen platziert durch die Gänge gefahren werden. Nicht zu vergessen Mütter mit einer Anzahl von Kleinkindern, die schon laufen können und die ihre Zeit damit verbringen, Artikel aus den Regalen zu reißen, auf den Boden zu werfen und dort liegen zu lassen, nach dem Motto: „Jemand wird das schon wieder aufheben". Die Mütter tun dies aber in den seltensten Fällen. Überhaupt scheinen Kinder hier ein großes Maß an Narrenfreiheit zu genießen. Sie dürfen alles und machen es auch, wohl wissend, dass sie ohne Ermahnung oder Strafe ihr Unwesen treiben können. All das könnte mit einer laxen Erziehung der Kinder zusammenhängen.

Beobachtet werden können alte Frauen und Männer, die ihre Einkäufe tätigen und sich mühsam durch die Gänge schleppen. Für viele dieser älteren Menschen, die nicht mehr gut laufen können, hält man kleine batteriebetriebene Elektrokarren bereit, mit denen sie durch die Gänge fahren und dann jemanden bitten müssen, Artikel aus den oberen Regalen, die sie nicht erreichen können, zu holen. Es ist manchmal tragisch, fast völlig hilflose alte Männer und Frauen, die kaum noch die Kraft haben, sich fortzubewegen, bei diesen Einkäufen zu beobachten. Viele von ihnen sind total vereinsamt, leben alleine, keiner kümmert sich um sie.

Dann wieder trifft man, besonders in den Südstaaten der USA, auf

Gruppen von sehr dicken schwarzen Frauen, die oft fleißig miteinander in gutturalen, rumpelnden Lauten, ihrer geliebten Gullah-Sprache, das ist ein sehr alter Südstaatendialekt, der sich in der Sklavenzeit entwickelt hat, den meistens auch nur Schwarze beherrschen, unterbrochen von spitz ausgestoßenen Schreien oder dumpfen Lachsalven, ohne Rücksichtnahme auf andere Kunden ihre Einkäufe tätigen. Wahrscheinlich denken sie, sie wären die einzigen Kunden oder andere Personen könnten sie sowieso nicht in dieser Sprache verstehen. Manche von ihnen haben keine Zähne mehr im Mund und sind schon deshalb sehr schlecht zu verstehen. Ihre Kleidung besteht aus zeltartigen Gewändern und auf ihren Köpfen über ihrem kurzen Kraushaar tragen sie turmhohe, geflochtene Perücken aus Kunsthaar in allen Farben. Diese Kunsthaaraufbauten und lange, gekrümmte, angeklebte bunte Fingernägel scheinen eine neue Mode bei ihnen zu sein. Die Allerdicksten von ihnen tragen auch mit Vorliebe eng anliegende T-Shirts und Leotards, die ihre überquellenden Formen und Speckfalten besonders zur Geltung bringen.

Das Bedienungspersonal dieser Supermärkte und Kaufhäuser ist allen Kunden gegenüber sehr zuvorkommend und freundlich, denn das schreibt die generelle Geschäftspolitik, streng überwacht von den Managern, vor. Umsatz ist alles, denn davon hängt der geschäftliche Erfolg dieser Unternehmen ab. Man würde auch noch einen Toten, der es irgendwie fertigbringt, wenigstens noch ein bisschen lebendig auszusehen, mit ausgesuchter Höflichkeit bedienen und behandeln.

Qualitätsprodukte sind in den USA Mangelware. Verschleißt ein Produkt zu früh oder funktioniert es schlecht, macht das dem Durchschnittsamerikaner nichts aus. Entweder er tauscht es um, wenn dies noch zeitlich möglich ist, oder, wenn ihm das zu viel Mühe macht, wirft er es einfach in den Müll. Umtauschen kann man hier fast alles und in der Regel werden die Produkte auch anstandslos von den Geschäften zurückgenommen. Den Ärger haben aber die Kunden, die manchmal weite Wege für diese Umtauschaktionen in Kauf nehmen müssen. Es ist nicht ungewöhnlich, wenn von sechs Toilettenrollen, in Plastik eingeschweißt, zwei nicht perforiert sind. Aber das merkt man ja leider immer erst dann, wenn diese Rollen ihrem Gebrauch zugeführt werden, und dann ist ein Umtausch schlecht möglich.

In einem großen Einzelhandelskaufhaus, auf Möbel aller Art spezialisiert, waren Schreibtische und Bücherwände zu bewundern, die eigentlich sehr hübsch und funktionell aussahen. Man durfte nur nicht die Rückwände dieser Möbelstücke betrachten, denn die waren nur sehr notdürftig mit einer dünnen Pappe und billigen Heftklammern an dem Pressholzrahmen befestigt. Einige dieser Rückwände wellten sich schon und hatten sich z. T. schon selbstständig gemacht. Die alte Leier: Hier muss alles nur auf den ersten Blick schön aussehen. Was nicht ins Auge fällt und was man nicht sieht, ist absolut nebensächlich.

Der Wunsch und das Ziel vieler Familien ist es, ein auf die jeweilige Familiengröße zugeschnittenes, komfortables Einfamilienhaus auf einem großzügigen Grundstück zu besitzen. Bevorzugte Wohnorte sind immer die, von denen aus man den Stadtkern in 15 bis 20 Minuten erreichen kann. Wenn möglich und erschwinglich, werden gerne Grundstücke, die an einem Fluss, See oder Meer liegen, den Vorzug erhalten. Grundstücke am Wasser sind für amerikanische Verhältnisse sehr teuer. Grundstücksgrößen variieren sehr, die kleinsten befinden sich selten unterhalb von 2 000 Quadratmetern. Aufwärts gibt es keine Grenzen und Grundstücke über 10 000 bis 50 000 Quadratmeter und größer sind nichts Außergewöhnliches. Grundstückspreise können je nach Lage und Größe in mehr oder minder bevorzugten Wohngebieten zwischen 10 und 150 Dollar pro Quadratmeter oder auch sehr viel höher liegen.

Privathäuser und kleinere Gewerbebauten werden gerne ganz aus Holz gebaut, denn Holz ist in den USA mit seinen riesigen Wäldern in großen Mengen vorhanden. Es werden Privathäuser mit Wohnflächen von 150 bis über 700 Quadratmeter mit zwei oder drei Stockwerken komplett aus Holz errichtet. Privathäuser mit Kellern sind fast nur in großen Städten zu finden, da dort viel massivere und vielfach Baumaterialien aus Stein und Beton Verwendung finden.

Achtung! Wenn hier von einer Villa gesprochen wird, handelt es sich nicht wie in Europa um ein prächtiges, großes Haus, sondern um ein kleines, billiges Holzhäuschen. Diese Villen finden meist als Zweitwohnsitze, Sommer- oder Ferienhäuser Verwendung. Die Art und Weise, wie diese und auch größere Häuser praktisch in kürzester Zeit, manchmal in fünf bis sechs Monaten, gebaut und fertiggestellt werden, ist jedoch mehr als abenteuerlich. Die Außenwände sind sehr dünn und man hat den Eindruck, diese Konstruktionen würden in ein paar Jahren in sich zusammenstürzen. Die Innenwände bestehen meistens nur aus einem dünnen Lattengerippe mit Rigipsplatten verkleidet. Da wird das Anbringen von Bildern oder was immer man an die Innenwände hängen will schon zu einer Aufgabe, die viel Mut, Geschick und Gefühl erfordert, will man vermeiden, dass diese labilen Wandkonstruktionen nicht in sich zusammenfallen.

Überwiegend werden Schiebefenster in Gebäude eingebaut. Um sie zu öffnen oder zu schließen, müssen sie von unten nach oben geschoben werden und umgekehrt. Schon neu eingebaute Fenster haben sich nach kurzer Zeit dermaßen in ihren Rahmen verzogen, dass an ein Öffnen oder Schließen nicht mehr zu denken ist. Flügelfenster, die man mit einem Handgriff leicht öffnen oder schließen kann, sind weitgehend unbekannt. Alle Türen haben unten einen Spalt, der so groß ist, dass man leicht einen dicken Kugelschreiber durchschieben kann. Warum das so ist, weiß eigentlich keiner so recht. Generell sind alle Türen, Fenster und Öffnungen aller Art nach innen und außen undicht. Alle Installationen, ob inner- oder außerhalb der Häuser, werden nachlässig eingebaut. Installationen, ob Brauchwasser-, Abwasser-, Strom- oder Telefonleitung, werden möglichst billig verlegt, es darf einfach nicht viel kosten. Rohrbrüche, Stromunterbrechungen und dergleichen sind an der Tagesordnung.

In den billigen Häusern wird Regenwasser, vom Dach ablaufend, nicht am Boden in Rohrkanälen abgeleitet, sondern schießt aus den Regenrohren an den Hausecken einfach auf den Boden, wo sich dann riesige Lachen bilden, die dann in die schon billigst errichteten Fundamente unter den Häusern laufen und so zu deren schneller Verrottung beitragen.

Fundamente im eigentlichen Sinne gibt es eher selten, da Häuser keine Keller haben. Als Fundament wird hier schon eine dünne Bodenplatte aus Beton mit ein paar Pfeilern aus Hohlblocksteinen an den Ecken bezeichnet. Darunter befindet sich nur noch jungfräuliche Erde. Alle Stockwerke, die darüber liegen, bis hin zur Dachkonstruktion, werden gänzlich aus Holz gebaut.

Auffahrten zu den Garagen oder Gehwegen werden aus Beton gegossen und einfach über den Erduntergrund, ohne ein verdichtetes Schotterfundament, verlegt. Schon nach kurzer Zeit, wenn man einige Male diese Auffahrten mit dem Auto benutzt hat, bilden sich Risse und der neue Auffahrtsweg löst sich in Bruchstücke auf. Da diese Bauweise anscheinend völlig den Bauregeln entspricht, müssen die Hauseigentümer manchmal schon nach ein bis zwei Jahren ihre Auffahrt erneuern. Das scheint aber niemanden zu stören und man empfindet und sieht diese schrottreife Bauleistung als einen völlig normalen Verschleißvorgang an.

Wenn hier ein Haus das Alter von zwanzig Jahren erreicht hat, ist es schon ein sehr altes Gebäude. Der Pflegeaufwand und die Reparaturen an solchen Holzgebäuden sind hoch und teuer und treten schon nach kurzer Zeit in Erscheinung. So muss ein Holzhaus mindestens alle vier bis fünf Jahre komplett gestrichen werden, Außentreppen und Terrassen, auch natürlich aus Holz hergestellt, halten vielleicht acht bis zehn Jahre und müssen dann total erneuert werden. Vereinzelt findet man auch Häuser mit Außenwänden aus Backsteinen.

In bestimmten Wohngebieten kann es grobe Vorschriften über Beschaffenheit und Aussehen von Wohngebäuden geben, aber in der Regel kann, wenn man ein Grundstück erworben hat, auf diesem Grundstück das gebaut werden, was sich der Eigentümer wünscht und vorgestellt hat. Nicht ungewöhnlich ist, dass man sich ein schönes Haus auf seinem Grund und Boden errichten lässt und dann plötzlich auf dem Nachbargrundstück eine Wohnbaracke aufgestellt wird. Das sind diese langen, rechteckigen, vorgefertigten Billiggebäude, die am Fließband hergestellt werden. Sie werden dann längs geteilt, um sie auf Spezialfahrzeugen in zwei Hälften auf das vorgesehene Grundstück zu transportieren und dort aufzustellen. Als Untergrund (Fundament) dienen dann meistens einige Hohlblocksteine, dann werden die zwei Haushälften daraufgestellt, zusammengenagelt und schon sind diese Buden bezugsfertig. Meistens ziehen dann in diese Baracken Familien ein, die den untersten Einkommensschichten angehören. In kürzester Zeit sieht dann solch ein Grundstück aus wie eine Müllhalde, denn die neuen Hausbesitzer entsorgen alles, was an Abfällen anfällt, einfach auf dem Grundstück. Sie stellen auch alte Autos, Lastwagen, ausrangierte Herde, Kühlschränke etc. dazu und der Nachbar mit seinem schönen Haus hat das Nachsehen, denn sein Haus ist automatisch einer enormen Wertminderung unterworfen und darüber hinaus auch noch sehr schwer zu einem niedrigeren als dem Anschaffungspreis zu veräußern.

In den USA ist alles möglich und erlaubt, wie es scheint. Das Land ist riesig und in vielen Gegenden nur spärlich besiedelt. Immer aber bringen es die Bürger dieses schönen Landes irgendwie fertig, die herrlichsten Teile ihres Landes mit billigen, grässlich aussehenden, schuppenartigen Buden, die sie Häuser nennen, zu verunstalten. Es scheint eine Suchtkrankheit oder ein Wettstreit zu sein, sich gegenseitig mit der Errichtung von Schrottbauten übertrumpfen zu wollen, um damit seinen Teil dazu beigetragen zu haben, das Land gründlich zu verunstalten. Wenn man durch die herrlichsten Landschaften fährt, sieht man plötzlich direkt an den Straßen, wie aus dem Nichts auftauchend, riesige Halden von verrosteten Autos oder elende, halb verfallene oder abgebrannte Holzhütten. Schrott, überall Schrott mitten in der schönsten Natur.

Man durchfährt Orte, die nur aus Bruchbuden bestehen und als Mittelpunkt nur einen in schreienden Farben angemalten McDonald's-Hamburgerladen haben. Überall fällt man fast über sogenannte Antikläden, die ihre „antiken Waren“ vor ihren ärmlich aussehenden Läden einfach im Freien auf ihrem Grundstück zur Schau stellen. Nun muss man wieder wissen, dass alles, was vielleicht dreißig bis vierzig Jahre alt ist, bei Amerikanern schon antik ist. Eine ausrangierte, rostige, verbeulte Badewanne mit Gussfüßen ist antik, ein alter Stuhl, gerade noch als ein solcher zu erkennen, der auf drei wackeligen Beinen auf sein nächstes Opfer wartet, auch usw.

Einem Amerikaner kann man vieles verkaufen, es muss nur unverhältnismäßig rargeredet und antik angesprochen werden. Stolz wie ein Pfau führt er dann zu Hause seine so erworbenen Errungenschaften seinen Freunden und Bekannten vor. Ich empfinde den Durchschnittsamerikaner als ideenlos, als fehle es ihm an Wertvorstellungen. Er macht immer das, was der Nächste macht, und so machen eigentlich alle immer dasselbe. Die Wohnungen oder Häuser eines Normalamerikaners sind in der Regel sehr ähnlich eingerichtet. Individualismus ist hier nur selten und wenn, dann nur in Ansätzen zu erkennen. Die Wohnbereiche sind überladen mit billigem Bric-à-brac, Souveniransammlungen und sonstigem Kitsch. Kücheneinrichtungen sind jedoch meistens modern, großzügig, formschön und zweckmäßig. Eine amerikanische Eigenart ist es, die Kühlschränke in den Küchen mit Fotos ihrer Kinder oder Nächsten zu verzieren. Auch öfters benötigte Telefonnummern oder Notizen aller Art finden dort ihren Platz. Diese Verzierungen haften mit kleinen Magneten an den Kühlschranktüren und Seitenwänden.

Es gibt Schlafzimmer mit riesigen Betten, auf denen dann gewaltige Kissenberge thronen, für die kein Zweck zu erkennen ist und die abends, wenn dieses Möbelstück seiner eigentlichen Bestimmung zugeführt werden soll, entfernt und irgendwo aufgestapelt werden, um dann am nächsten Tag wieder ihren unnützen Platz auf den Betten zu erhalten. Bücher oder gar Bibliotheken findet man sehr selten.

Wenn Häuser, auch sehr teure, wieder veräußert werden, ist es nicht selten, dass sie komplett mit der gesamten Inneneinrichtung, den Möbeln, manchmal sogar mit einem oder zwei Autos zusammen verkauft werden. Da sie alle fast immer gleich eingerichtet sind, sind sie auch komplett austauschbar und der Verkäufer kann sicher sein, dass er da, wo er sich wieder niederlassen will, bestimmt ein ähnliches Haus mit einer ähnlichen Einrichtung erwerben kann.

Wer umzieht, seine Möbel und seinen Hausrat mitnehmen will, jedoch nicht sofort ein entsprechendes Haus oder eine Wohnung findet, lagert alles bei Speditionen mit angeschlossenen Lagerhäusern ein. Ist das neue Wohnquartier gefunden, lässt man seine Habe dorthin transportieren. Vorsicht ist geboten, wenn man für eine lange Zeit seine Hauseinrichtung einlagern lässt. Dies mussten Freunde von uns, die für vier Jahre beruflich ins Ausland abberufen wurden und ihre gesamte Hauseinrichtung bei einer Spedition einlagerten, erfahren. Als sie zurückkamen und ihr Eigentum bei der Spedition abriefen und in ihr neues Heim bringen ließen, bekamen sie zwar Möbel und Hausrat, nur waren es nicht ihre Sachen.

Die Spedition hatte schon vor Jahren das Eigentum unserer Freunde an eine andere Familie ausgeliefert, die sich wohl diebisch über die teuren Möbel etc. gefreut hat. Sie behielt alles und hüllte sich fortan in Schweigen. Die Spedition konnte sich an nichts erinnern und auch nicht mehr nachvollziehen, wohin sie das Eigentum unserer Freunde gebracht hatte. Der Möbelschrott, der unseren Freunden ausgeliefert wurde, war völlig wertlos. Versichert war zwar alles, aber es war die Pflicht unserer Freunde, jedes einzelne ihrer Möbelstücke zu dokumentieren und eine generelle Nachweispflicht über die Beschaffung ihres Eigentums der Versicherung auszuhändigen. Das war unmöglich und konnte auch nicht mehr nachvollzogen werden. Den enormen Schaden und Verlust mussten unsere Freunde tragen.

Leider habe ich das Gefühl, dass Schludrigkeit und Verantwortungslosigkeit in den USA an der Tagesordnung sind. Wer in Amerika lebt, muss mit allem rechnen und sich auf die unmöglichsten und unangenehmsten Situationen, vielfach gepaart mit großen Nachteilen, einstellen.

Riesige, sehr teure Häuser von sehr reichen und wohlhabenden Amerikanern sind zwar mit Designermöbeln und allem, was gut und teuer ist, vollgestopft, aber der Individualismus fehlt. Man ist stolz und glücklich, wenn also z. B. ein Designerbett 30 000 oder eine Designer-Polstergarnitur 40 000 Dollar gekostet hat, denn solche teuren Möbel heben immer das Ansehen der Hausbesitzer. Designermöbel oder Designerartikel jeder Art sind in diesem Land sehr einfach zu vermarkten. Man muss sich nur irgendeinen Gegenstand ausdenken, ihn ein wenig, möglichst exotisch, verändern und einen oder mehrere Investoren (Geldgeber) von dem Produkt überzeugen können. Dann müssen größere Summen für massive Reklame in teuren Magazinen und auf den oft stattfindenden speziellen Designerausstellungen bereitgestellt und investiert werden. Gleichzeitig wird nach einem möglichst ausländischen Namen für das werdende Designerprodukt gesucht und wenn man den gefunden hat, ist schon meistens die Schlacht gewonnen. Schlussendlich muss man den neu kreierten Designerartikel mit einem sehr hohen Preis auszeichnen und dem Verkaufserfolg steht sozusagen nichts mehr im Wege.

Es könnte sich z. B. um einen Stuhl oder Sessel handeln, der eben anders aussieht als die dem gleichen Zweck dienende, normale Sitzgelegenheit. Auch wenn man bei der Benutzung dieses Designerstücks Rückenschmerzen erleiden müsste, würden viele Amerikaner das Ding trotzdem erwerben. Schon deshalb, um dann damit herumzuprotzen und es jedem Freund, Bekannten oder Besucher stolz vorführen zu können, damit der Neid auch ordentlich geweckt wird, nach dem Motto: „Seht, was wir uns angeschafft haben". Das wiederum lassen sich die lieben Freunde nicht so leicht gefallen und sehen zu, dass sie schnellstens auch solch ein – vielleicht ihre Rückenschmerzen erhöhendes – Möbelstück erwerben. Damit hat dieses Designerstück schon seine Schuldigkeit getan und wird automatisch zu einem teuren, auserkorenen, seltenen Produkt, welches jeder Hansel mit genügend Geld sich bemüht, auch zu besitzen.

Als erfolgreicher Designer in diesem Land kann man immer mit dem sprichwörtlichen Herdeninstinkt der Bürger rechnen. Doch die nicht vorhandene eigene Geschmacksrichtung muss nicht unbedingt mit dem nur bedingt vorhandenen Individualismus identisch sein. Man will sich, falls man es sich erlauben kann, nach Kräften mit Statussymbolen umgeben, um sich somit von der Masse der Mitbürger abzusetzen. Viele dieser Menschen wollen von anderen bewundert und beneidet werden. Wenn also solche Unterschiede und Differenzierungen nicht mit den vorhandenen geistigen Qualitäten geschaffen werden können, werden eben zur Erreichung dieser Ziele materielle Werte benutzt und herangezogen. Diese Eigenarten gibt es auch in anderen Teilen der Welt, nur nicht in solch einer geballten Form wie eben in den USA.

So wurden von einigen Amerikanern, die es sich leisten konnten, meistens in Europa, aber auch in anderen Teilen der Welt ganze Bauwerke, ob nun z. B. mal ein französisches Schloss, ein englischer Herrensitz oder eine alte Brücke, komplett erworben, vorsichtig demontiert, jedes Teil nummeriert und gut verpackt nach Amerika verschifft, dort an einem bestimmten Ort wiederaufgebaut und in den ursprünglichen Originalzustand versetzt. Schon hatte man etwas geschaffen, das von vielen beneidet wurde, ohne auch nur im Ansatz je eine eigene, persönliche und kreative Idee in die Tat umsetzen zu müssen. Diese Kulturschatz-Banauserei wurde noch bis fast Mitte des 20. Jahrhunderts betrieben, bevor diesem Treiben durch die in den von diesen Machenschaften betroffenen Ländern immer mehr um sich greifenden nationalen Denkmal- und Kulturschutzverordnungen ein Ende gesetzt wurde. Auf den hier angesprochenen Gebieten empfinde ich die US-Amerikaner als ideenlos, wenn nicht sogar denkfaul.

Die sehr Wohlhabenden unter ihnen haben vielleicht eine generelle Idee von dem Haus, welches sie gerne haben möchten, und lassen sich ihre Wohnsitze von Architekten entwerfen, die sich in irgendeiner Form schon einen klangvollen Namen gemacht haben und die dann auch in der Regel die Bauüberwachung vornehmen. Innenarchitekten, denen höchstens eine finanzielle Obergrenze für die Beschaffung und Installation der anzuschaffenden Güter aufgegeben wird, übernehmen dann die Inneneinrichtung. Nach Möglichkeit wird ein Innenarchitekt mit dieser Angelegenheit betraut, der schon einige Häuser ausgestattet hat und sich, genau wie der Bauarchitekt, vorher bei anderen Projekten profiliert hat.

Das heißt aber nicht, dass dieser Architekt mit Rang und Namen auch eine höhere Befähigung vorweisen kann. Für diese Superreichen ist völlig ausreichend, wenn sie ihren Freunden und Bekannten mitteilen können: „Herr X oder Frau Y oder Firma XY hat unser Haus, raten sie mal für welchen Betrag, eingerichtet.“ Je höher der Betrag, desto größer scheint das bezweckte Ansehen zu sein. Genau das zählt und nichts anderes. Natürlich gibt es Ausnahmen, denn die bestätigen wie immer die Regel. Sie sind aber eher nur sporadisch auszumachen.

Having fun / Wie die Amerikaner Spaß haben

„Having fun“ (= „Spaß haben“) ist einer der Oberbegriffe im amerikanischen Leben. „Fun“ muss man einfach immer haben. Egal ob in der Familie, Schule, Sport, im Berufsleben oder im Urlaub, „having fun“ ist wie eine täglich immer wieder verabreichte Droge und muss sein. Der Trick für einen Außenstehenden ist, zu verstehen und zu interpretieren, was Amerikaner meinen, wenn sie „fun“ haben oder „having fun“ betreiben. Das ist nicht einfach, denn so genau wissen sie es selbst auch nicht. Amerikaner wollen unterhalten werden oder selbst Teil einer Sache sein, die sie möglicherweise, um was immer es sich auch handelt, miterleben oder persönlich beeinflussen können. Dazu sind Geschehnisse notwendig, die sie kennen und die nicht zu fremd und exotisch sein dürfen. Es werden Abläufe gefordert, die sich ihnen mit kaleidoskopischer Vielfalt, sich immer wieder verändernden Zuständen, Resultaten, Betrachtungen und Anschauungen anbieten und die es ihnen erlauben, sich innerhalb einer neuen, von ihnen selbst veränderten, eigenen, aber nicht fremden Welt zu bewegen.

Ich finde, dass Amerikaner, wo immer sie sich aufhalten und was immer sie auch machen, an Lautstärke nicht zu überbieten sind. Die meisten und erfolgreichsten „having fun“-Geschehnisse werden wohl der Einfachheit halber an einem für Fremde unverständlich hohen Geräuschpegel gemessen. Da kann ein Kindergeburtstag, auch wenn sich die lieben Kleinen kräftig prügeln und mit blutigen Nasen von ihren Eltern am Schluss wieder in Empfang genommen werden, ein voller „having fun“-Erfolg sein, vorausgesetzt das Geburtstagsgetümmel war an Lautstärke nicht mehr zu übertreffen, die Spaghetti einschließlich der Soßen, Hamburger, Hotdogs, Limonaden und was sonst noch alles in solch einem Getümmel von diesen Minipiloten als flugtauglich eingestuft wird fliegt in alle Richtungen und landet zielgerecht auf Kleidung und Mobiliar.

Ein Klassentreffen mit viel Getümmel und lautem Gekreische, Geschrei, gegenseitigem kräftigen Schulter- und Rückenklopfen, untermalt und begleitet von lauter und dröhnender Musik wird mit Sicherheit als ein toller „having fun“-Tag eingestuft, an den sich dann alle Beteiligten noch Jahre danach gerne erinnern. Auch Geschäftsabschlüsse oder überhaupt alles, was sich so täglich im amerikanischen Leben ereignet, kann möglicherweise unter der Rubrik „having fun“ eingestuft werden. Ob man sich eine Oper, eine Tragödie, ein Lustspiel, ein Konzert, eine Sportveranstaltung etc. ansieht und anhört, im Nachhinein muss man „fun“ gehabt haben. Das sogenannte „having fun“ ist einfach aus dem amerikanischen Leben nicht mehr wegzudenken.

Geht man zu einer Sportveranstaltung, z. B. einem Basketball- oder Footballspiel, ist es neben den zwei Mannschaften, die das Spiel bestreiten, von größter Wichtigkeit, dass das Drumherum stimmt. Es läuft dann eine ununterbrochene Kette von eigentlich bekannten Ereignissen wie ein Ritual ab. Zuerst prasselt auf die Zuschauer kurz vor Spielbeginn von irgendeiner Person, ob sie gut oder schlecht singen kann, die Nationalhymne herunter. Manchmal mehrere Strophen derselben, wobei dann die Zuschauer kräftig mitsingen. Nur bei den letzten Strophen nicht mehr so laut, weil immer mehr Singende ausfallen, da ihnen die Texte der letzten Strophen nicht geläufig sind.

Plötzlich brüllt im Hintergrund eine alles unter sich begrabende elektronische Musik auf, unterbrochen in Abständen, wenn der Obervorredner der gesamten Veranstaltung irgendeine vorher schon aufgezeichnete Reklame von einer Firma, die ihre Produkte loswerden will, zwischenschaltet. Alles wird von den nun zufriedengestellten Zuschauern mit Applaus bedacht. Sind diese Sportveranstaltungen sehr wichtig, also von einer überregionalen Bedeutung, schalten die Fernsehanstalten bei jeder, auch der kleinsten, Unterbrechung dieser Wettkämpfe Werbefilme für die Zuschauer zu Hause mit Produktanpreisungen ein. Gut, dass die Stadionbesucher dies nicht mitbekommen, denn sonst würde ja ihr „having fun“ stark beeinträchtigt.

Der ganze Rummel muss nur laut genug ablaufen und schon sind die Zuschauer begeistert und haben schon sehr viel „fun“ vor dem eigentlichen Spiel. Zwischendurch läuft dann immer eine in ein buntes schreiendes, überdimensioniertes Kostüm gesteckte Person (Maskottchen) über das Spielfeld. Sie läuft die Zuschauergänge rauf und runter, die Ränge auf und ab und umarmt dann, wenn sie bei dieser schweißtreibenden Übung mal Pause machen muss, den einen oder anderen oder setzt sich auf den Schoß eines der Glücklichen. Kinder bekommen dann manchmal kleine Werbegeschenke von diesem Vereinsmaskottchen zugesteckt und sind dann vor lauter „having fun" nicht mehr zu bändigen.

Kurz vor Spielbeginn kommt dann eine, manchmal auch mehrere Mädchentruppen aufs Spielfeld. Das sind die Cheerleader. Mitglied in solch einer Cheerleadertruppe zu werden, ist der Traum aller amerikanischen jungen Mädchen. Ein Auftritt als Mitglied einer solchen Cheerleadertruppe versetzt diese jungen Mädchen in einen Zustand des höchsten Glücks. Einige von ihnen beeindrucken durch ihre zur Schau gestellten körperlichen Attribute, verbunden mit der einstudierten Hopserei und Hüpferei, junge Männer so dermaßen, dass sie manchmal bei diesen Vorführungen ihre Partner für das restliche oder zumindest einen Teil ihres zukünftigen Lebens finden. Diese Hüpfmädchen tragen alle die gleichen körperbetonenden Kostüme, was ihnen sehr wichtig ist. Bei der kleinsten Hops- oder Hüpfbewegung der Truppe – sie hüpfen und hopsen dauernd während ihrer einstudierten Vorführung – entwickeln die so spärlich verkleideten Cheerleader eine Art Eigenleben. Unter ihren knappen Röckchen tragen sie, eher der Vorschrift als der Not gehorchend, eng anliegende Gymnastikhosen, die ihre Hintern mehr schlecht als recht bedecken. An den Füßen tragen sie Turnschuhe und in jeder Hand haben sie ein großes Büschel von bunten Plastikstreifen, die Ähnlichkeit mit einem Haufen Luftschlangen haben.

Dann braust die Hintergrundmusik mit voller Lautstärke wieder auf und die jungen Damen, meistens sind sie alle gut gewachsen, fangen dann eine bis ins Detail einstudierte Hopserei an. Dabei werden Arme und Beine und die Luftschlangenbündel im Takt der Musik hoch, nieder und seitwärts bewegt. Wichtig ist, dass alle Mädchen auch zugleich kräftig mit ihren Hüften wackeln können, um somit ihre Hintern in kreisende Bewegungen zu bringen – ein Vorgang, der von den Zuschauern mit Sonderbeifall bedacht wird. Das reißt jeden Fan, besonders die männlichen, von seinem Sitz und man hat eine gewaltige Portion „fun" bekommen.

Dann klettern die einen auf die Schultern der anderen und wenn die einen oben sind, werfen die anderen sie wieder runter. Als Dank und Belohnung, wieder von oben nach unten zu dürfen, müssen diejenigen, während sie runtergeschmissen werden, gleichzeitig mit dem Hinunterschmiss einen Salto oder eine Schraube (das ist, sich einmal um sich selbst im freiem Raum drehen) vollziehen, um dann leicht torkelnd wieder Bodenberührung zu bekommen. Die Erde hat sie also wieder.

Von Zeit zu Zeit stoßen sie, während sie diese Übungen machen, auch einen Schlachtruf aus, der die Zuschauer in die entsprechende Aufregung für den Wettkampf bringen soll. Die Zuschauer sind dann völlig aus dem Häuschen und haben wieder „fun" erhalten. Das Eintrittsgeld, egal wie das nachfolgende Spiel verläuft, war in jedem Falle eine gute Investition.

Die Mädchentruppe wird in der Regel, wenn die Hintergrundmusik einmal nicht spielt, von einer Blaskapelle mit flotter Marschmusik begleitet. Das macht dann die Zuschauer total verrückt und sie wissen vor lauter „having fun" weder ein noch aus, aber dann kommt ja noch das Spiel selbst.

Übrigens ist diese Art von sportbegleitendem Firlefanz made in USA auch mittlerweile zu uns nach Europa herübergeschwappt, wurde mit Begeisterung aufgenommen und kommt auch hier vornehmlich bei Mannschaftsspielen wie Fußball, Handball, Basketball, Eishockey usw. zum Einsatz.

Zuerst kommen also alle Spieler der beiden Mannschaften auf das Spielfeld und jeder Spieler, auch wenn er nur als Ersatzspieler vorgesehen ist, wird dem Publikum einzeln vorgestellt. Auch die Schiedsrichter, Linienrichter, Trainer, Trainer-Assistenten, Manager der einzelnen Mannschaften, alles wird dem Publikum namentlich vorgestellt. Ist ein besonders bekannter Spieler, Trainer oder Manager mit vielen Verdiensten im Stadion, werden auch noch kurz die wichtigsten Erfolge dieser

Person bekannt gegeben, worauf das Publikum sich vor lauter „having fun“ wieder nicht mehr einkriegt.

Zwischenzeitlich hat sich das Publikum gut mit Popcorn, Würstchen, Hamburgern und Getränken aller Art versorgt und dann geht es endlich los. Jedes Tor, jeder Korb, jede Abwehr oder überhaupt alles, was die Spieler machen, wird über Lautsprecher kommentiert. Die Schiedsrichter machen von ihren Pfeifen regen Gebrauch. Bei jedem noch so kleinen Regelverstoß wird das Spiel unterbrochen. Die Spielregeln sind sehr kompliziert und nicht jeder kann sie sofort interpretieren, was hitzige Diskussionen unter den Zuschauern auslösen kann.

Sofort werden diese Unterbrechungen mit musikuntermalten Reklamesprüchen ausgefüllt, denn hier hat man ja ein Publikum, das weder weglaufen noch weghören kann. Das verlängert natürlich die Spielzeit enorm und alle Zuschauer freuen sich, können sie doch so manchmal einen ganzen Nachmittag bei solch einer Sportveranstaltung verbringen. Bei diesen Spielunterbrechungen laufen die Trainer an den Seitenlinien wild gestikulierend auf und ab, schreien einzelnen Spielern Anweisungen zu, schütteln ihre Fäuste in Richtung Schiedsrichter und gebärden sich auch sonst wie Löwen hinter Gittern. Auch dieses Schauspiel können wir jetzt auch bei einschlägigen Sportveranstaltungen in Europa observieren. Zusätzlich werden wir hier noch, und das schon seit Jahren, bei Großveranstaltungen mit Bandenwerbung verwöhnt.

Bei regulären Halb- oder Drittelzeiten, wenn sich die Akteure in ihre Kabinen begeben haben, geht der ganze Reklamerummel wieder los. Alles läuft dann wieder durcheinander. Der Clown mit dem bunten Kostüm macht sich auf dem Spielfeld und den Zuschauerrängen zu schaffen und will für Stimmung sorgen, die Hintergrundmusik wird auf volle Lautstärke gedreht, die Zuschauer schreien sich gegenseitig die bisherigen Höhepunkte des Spieles in die Ohren, Firma X oder Y will Produkt Z verkaufen und lässt nichts unversucht, sich mit den abgedroschensten Sprüchen Gehör bei den Zuschauern zu verschaffen. Wieder erscheinen die Cheerleader und hüpfen auf und nieder und fummeln mit ihren Luftschlangenbündeln im Takt zu der ebenfalls herbeigeeilten, einen Marsch spielenden Blaskapelle in der Luft herum. Die Zuschauer werden mitgerissen von diesem Krach, sodass jeder von ihnen wieder kräftig „fun" bekommt.

Bei Basketballspielen sind die Regeln ja noch einigermaßen, auch von Nichtfachleuten, zu begreifen, bei Football ist es sehr schwer, denn das Regelwerk ist so kompliziert, dass sich manchmal sogar die Fernseh-Fachkommentatoren bei der Auslegung eines Regelverstoßes nicht einigen können. Die Schiedsrichter, Linienrichter und was sonst noch an Richtern zu einem geordneten Spielablauf benötigt wird, haben alle Hände voll zu tun, um ein einziges Spiel zu leiten. Der Hauptschiedsrichter hat noch einige Hilfsschiedsrichter, die manchmal mit einer Schnur zwischen zwei Stangen eine Distanz nachmessen müssen, damit er genau den Punkt ermitteln kann, an dem das jeweilige Team den eiförmigen Ball wieder ins Spiel bringen darf. Da werden kurze Diskussionen geführt und schließlich hat man den Eindruck, dass der Hauptschiedsrichter richtig entschieden hat. Das teilt er dann auch den Zuschauern und allen anderen Mannschaftsmitgliedern an den Spielfeldrändern per Mikrofon mit. Das Spiel kann weitergehen.

Sinn und Zweck dieser Sportart ist, den eiförmigen Ball irgendwie hinter die Grundlinie des gegnerischen Teams zu bringen. Wenn man das geschafft hat, hat man einen „Touchdown" erzielt. Zur Belohnung darf dann die Mannschaft den „Touchdown" noch mit einem Freistoß krönen. Dieser Freistoß wird von einem bestimmten markierten Punkt auf dem Spielfeld ausgeführt. Er ist ca. vierzig Meter entfernt von zwei hohen, auf Lücke stehenden Stangen. Zwischen diese beiden Stangen muss nun ein Spieler den eiförmigen Ball mit dem Fuß befördern. Dieser Spieler wurde extra für diese Freistöße ausgebildet und wird nur für diesen Zweck eingewechselt. Werden keine Freistöße in einem Spiel vergeben, muss dieser Spezialspieler die ganze Spielzeit auf der Bank am Spielfeldrand verbringen. Hat aber der Spieler den Ball zwischen die beiden Stangen geschossen, gibt es zusätzlich zu dem „Touchdown" noch einen Extrapunkt.

Damit der Ball, wenn er im Besitz der einen Mannschaft ist, über die Grundlinie der gegnerischen Mannschaft gelangen kann, wird er von einem Spieler zum anderen geworfen und der rennt dann mit dem Ball auf die Grundlinie zu. Dagegen sträubt sich aber die gegnerische Mannschaft sehr und fängt meistens den mit dem Ball rennenden Spieler irgendwie ab. Man stellt ihm ein Bein, stößt ihn um und dann werfen sich eine Menge Spieler auf den am Boden liegenden drauf, damit er nicht mehr weiterrennen kann.

Manchmal liegen dann so zwischen fünf und acht Spieler in Schichten oben auf dem zu Fall gebrachten Spieler. Der muss dann schon ein gewaltiges Gewicht aushalten können und ist bestimmt nicht in der Lage, „fun" zu haben. Der Oberschiedsrichter hat dann seine liebe Not, den Ball zu finden, der sich irgendwo unter dem Spielerhaufen befinden muss. Manchmal muss sich dann der Oberschiedsrichter selbst auf den Boden legen, um feststellen zu können, wo der Ball ist und wer ihn in dem Durcheinander hat. Hat es geregnet und das Spielfeld ist nass, beauftragt er einen seiner Hilfsschiedsrichter, diese Bodenübung mit Ballsuche zu machen. Das könnte man Aufgabenverteilung oder Delegieren nennen, denn einer kann ja nur Chef sein und das ist eben der Oberschiedsrichter, der dabei auch noch trocken bleibt.

Ist schließlich der richtige Spieler zusammen mit dem Ball wiedergefunden worden, kann eine Entscheidung getroffen werden, wie das Spiel weitergeht. Oftmals wirft auch der Oberschiedsrichter oder einer der Hilfsschiedsrichter einen Stofflappen auf das Spielfeld. Alle Schiedsrichter haben diese Stofflappen hinten in den Gesäßtaschen ihrer Hosen verstaut. Sie hängen griffbereit halb aus den Taschen. Wenn also so ein Lappen von einem Schiedsrichter aufs Spielfeld fliegt, ist irgendetwas passiert. Das Spiel wird dann sofort unterbrochen. Ein Regelverstoß oder was auch immer könnte sich zugetragen haben. Alle Schiedsrichter bereden sich dann mit dem lappenwerfenden Schiedsrichter, denn der muss ja schließlich wissen, warum er den Lappen aufs Spielfeld geworfen hat. Es wird dann eine gemeinsame Entscheidung getroffen, die den Zuschauern per Lautsprecher mitgeteilt wird, und das Spiel kann wieder beginnen.

Jede Mannschaft bringt eine Menge Spieler mit aufs Spielfeld. Manchmal sitzen am Spielfeldrand dreißig bis vierzig Spieler mit ihren Helmen, ihre Körper eingepackt in schwere Polsterungen, die die verschiedenen Körperteile schützen sollen, herum. Darunter gibt es kleine und leichte Spieler, die mehr zum Rennen mit dem Ball geeignet sind und deren Aufgabe es ist, für diese „Touchdowns“ zu sorgen, und ganz große, schwere Spieler, die nicht so schnell laufen können und mehr als Bollwerke an der eigenen Grundlinie zum Abfangen der Spieler der anderen Mannschaft eingesetzt werden, damit die nicht durchbrechen und diese „Touchdowns“ erzielen können.

Viele Spieler malen sich mit schwarzer Farbe breite Striche unter die Augen. Das muss wohl dem Zweck dienen, besonders bösartig, brutal und furchteinflößend auszusehen, damit die Gegner schon beim bloßen Hinsehen mächtig Angst bekommen. Aber den Gegenspielern ist diese Maskerade längst bekannt, denn sie haben sich die gleichen Striche unter ihre Augen gemalt. Somit ist wieder alles offen und ausgeglichen und die ganze Mühe des Anmalens, die Beschaffung der Farbe und Pinsel war umsonst.

Ob alle Spieler einmal eingesetzt werden und spielen dürfen, hängt in erster Linie von dem Haupttrainer der jeweiligen Mannschaft ab, der noch eine Menge Assistenten hat, die er dauernd per Sprechfunk befragt. Mikrofone und die dazugehörigen Verdrahtungen haben er und seine Assistenten an ihren Körpern und an ihren Hälsen befestigt. Natürlich kommt es auch darauf an, wie der jeweilige Spielstand ist, ob man gewinnt, also vorne liegt, oder hinten liegt und aufholen muss. Egal wie solch ein Spiel ausgeht, es bringt immer allen Akteuren, den Hopsmädchen, Musikanten und den Zuschauern eine Menge „fun“.

Eine andere Sportart, nämlich Baseball, sollte hier noch kurz erwähnt werden. Auch hier spielen zwei Mannschaften gegeneinander und auch bei diesem Sport ist das Regelwerk für Laien sehr schwer zu verstehen und zu interpretieren. Das Drumherum vor dem Spiel und in den Pausen mit viel Musik, Cheerleadern, Blaskapelle, Reklameansagen usw. läuft ähnlich ab wie schon beschrieben. Nur das Spielfeld ist etwas merkwürdig angelegt. Es sieht aus wie ein auf die Spitze gestelltes Viereck und an jeder Ecke dieses Vierecks liegt ein Sandsack als Markierung.

In der Regel sind immer nur einige Spieler einer Mannschaft, gleichmäßig über das ganze Spielfeld verteilt, auf dem Platz, jeder mit einem großen Lederhandschuh an einer Hand bewaffnet. Meistens stehen die da nur rum und warten. Sie haben die Aufgabe, den Ball zu fangen, falls der Schläger ihn einmal trifft, und das kann dauern.

Ungefähr in der Mitte dieses Vierecks ist ein wiederum markierter Platz, von dem aus ein Werfer der gegnerischen Mannschaft geheime Zeichen per Hand, Körper oder Kopf mit einem Ballfänger austauscht, der hinter dem Schläger hockt und einen Gitterkäfig vor sein Gesicht geschnallt hat und auch sonst alle wichtigen Körperteile sehr gut abgepolstert hat und einen riesigen Lederhandschuh an einer Hand trägt. Kein Mensch weiß, was die beiden sich da mittels ihrer gegenseitigen Zeichensprache erzählen. Vor diesem Fänger hat der Schläger, mit einer langen Holzkeule versehen, seine Position über einer kleinen, in den Boden eingelassenen Platte einzunehmen. Der Schläger ist von der gegnerischen Mannschaft und hat die Aufgabe, den Ball (es ist ein ziemlich harter, schwerer Ball mit einem Durchmesser, der etwas größer als ein Tennisball ist), den der Werfer versucht, sehr schnell und hart über diese Bodenplatte auf den Fänger zu werfen, mit dieser Holzkeule zu treffen und mit einem mächtigen Schlag ins Spielfeld zu befördern. Gelingt ihm das, versuchen die auf dem Spielfeld verteilten Spieler den Ball zu fangen, während der Schläger seinen Holzknüppel fallen lässt und auf den nächsten Sandsack zuläuft. Haben die Feldspieler den Ball immer noch nicht gefangen, kann der Schläger versuchen, bis zum zweiten Sandsack zu laufen usw.

Fangen die Feldspieler aber den Ball und werfen ihn auf einen der Sandsäcke, neben dem ein anderer Spieler den Ball auffängt, ehe der Schläger diesen Sandsack erreicht hat, ist seine Sandsackumrundung jäh zu Ende und er muss zu dem zuerst erreichten Sandsack zurückkehren, bis ein anderer Schläger von seiner Mannschaft den Ball wieder getroffen hat und womöglich dahin geschlagen hat, wo ihn nach Möglichkeit kein Feldspieler fangen kann.

Hat der Schläger den Ball aber mit einem Schlag vollkommen aus dem Stadion oder über die Zuschauerbegrenzungsmauer, hinter der sich die Zuschauer verstecken, befördert, muss er nicht mehr so schnell laufen, um die verschiedenen Sandsäcke zu umrunden, sondern kann sie gemächlich gehend und Kaugummi kauend erreichen und umrunden. Er muss aber bei diesem Spaziergang auf jeden Sandsack mindestens einmal drauftreten, das ist Pflicht. Wenn ein Spieler also so um das Viereck spaziert, hat er einen Homerun zustande gebracht und seiner Mannschaft Punkte erspielt. Dann toben alle Zuschauer, auch diejenigen, die während des Spiels schon mal ein wenig geschlafen haben, wachen plötzlich auf, denn manchmal spielt sich da auf dem Spielfeld für längere Zeit überhaupt nichts ab, besonders dann nicht, wenn der Werfer dauernd wirft und der Schläger mit der Holzkeule die geworfenen Bälle überhaupt nicht trifft. Wenn das eintritt, wird der Schläger einfach ausgetauscht und verlässt unter Buhrufen der Zuschauer seinen Platz und geht in seinen Mannschaftsbunker, das ist eine längliche Vertiefung unterhalb des Spielfeldes, mit Bänken bestückt, in dem der Rest seiner Mannschaft viel Kaugummi kauend die meiste Zeit des Spieles verbringt.

Die gegnerische Mannschaft sitzt übrigens auch Kaugummi kauend in solch einem Bunker, der aber etwas weiter weg von dem Bunker der anderen Mannschaft ist. Das ist auch gut so, denn manchmal bekommen sich die Spieler der einen Mannschaft mit den Spielern der anderen Mannschaft in die Haare, besonders dann, wenn die Mannschaftstrainer nicht mit den Entscheidungen des Umpire, das ist der Oberschiedsrichter, einverstanden sind. Solch ein Rausschmiss kann dem Werfer auch beschieden sein, wenn er dauernd an der in den Boden eingelassenen Platte vorbeiwirft, neben der der Keulenschwinger seine Position einzunehmen hat. Dann schmeißt ihn der Umpire, der alle Entscheidungen selbstständig treffen kann, einfach aus dem Spiel und ein neuer Werfer versucht dann sein Glück.

So ein Spiel kann sehr lange dauern und die Geduld der Zuschauer auf ernste Proben stellen. Deshalb ist es schon gut, dass die Zuschauer von den vielen zusätzlichen Darbietungen, die eigentlich nichts mit dem Spiel zu tun haben, abgelenkt werden. Wenn man nach dem Spiel jemanden befragt, wie er alles fand, kommt wieder ganz bestimmt die Antwort „I was having fun“ (= Ich habe viel Spaß gehabt), auch dann, wenn derjenige sich bei dem Spiel zu Tode gelangweilt hat.

Baseball wird primär und hauptsächlich in Amerika gespielt. Baseball ist wohl neben Cricket, einer Sportart, die in England und in einigen ehemaligen Kolonien des englischen Königreiches noch hoch im Kurs steht, eine der langweiligsten Sportarten überhaupt. Es kann passieren, dass sich für längere Zeit überhaupt nichts auf dem Baseballspielfeld abspielt, die Spieler stehen tatenlos herum und kauen an ihren Kaugummis und warten, genau wie die Zuschauer, dass endlich der Schläger mal einen der Bälle, die der Werfer ihm zuwirft, trifft – und das kann dauern. Der Unterschied zwischen Spielern und Zuschauern ist nur, dass die Spieler für ihr „Herumstehen“ riesige Gagen bekommen und die Zuschauer für ihr „Herumsitzen“ hohe Eintrittsgelder bezahlen müssen. Aber auch das scheint „having fun“ zu sein.

Es gibt flächendeckend eine Reihe von größeren Vereinen, die Baseball spielen, und alle sind in entsprechenden Ligen vereint und spielen immer wieder gegeneinander. Soweit ich informiert bin, wird diese Sportart auch in Kuba mit verschiedenen Mannschaften, die eine Liga bilden, und vereinzelt in Japan praktiziert. In Amerika wachsen Kinder schon mit dem Baseballsport auf, sie sind ganz verrückt danach. Weil aber dieser Sport unter den vielen Weltsportarten wie Tennis, Golf, Eishockey, Basketball, Football etc. ziemlich am Ende rangiert und sich weltweit keiner so richtig für diese eher langweilige Sportart interessiert und begeistern lassen will, trägt man kurzerhand die Wettkämpfe, die alle in den USA stattfinden, als Weltmeisterschaften aus. Wenn also keine anderen Nationen oder nur sehr wenige sich für – in diesem Falle – Baseball interessieren, kürt man sich unbekümmert eben selbst zum Weltmeister. Minderwertigkeitskomplexe sind hier wenigstens nicht vorhanden.

KAPITEL 6

Leben in den USA

Jedes Jahr seit 1977 findet am Ende des Frühlings in Charleston, South Carolina das Spoleto Festival USA statt. Es ist eine der größten Kunstveranstaltungen in Amerika. Ins Leben gerufen hat sie der Komponist Gian Carlo Menotti, der den Pulitzer-Preis für Dirigenten gewann. Es sollte ein Gegenstück zum Festival dei Due Mondi (Festival der zwei Welten) in Spoleto, Italien sein.

Es ist wahrlich eine grandiose Veranstaltung, zu der viele Besucher aus ganz Amerika angereist kommen. Ausgezeichnete klassische Musik-, Opern-, Theater-, Tanz-, Ballett- und Jazzveranstaltungen werden angeboten und über die ganze Stadt und Umgebung verstreut aufgeführt. Über 700 Veranstaltungen finden in 17 Tagen statt. Die ganze Stadt hat sich festlich geschmückt, Hotels und Motels sind schon lange vor Beginn der Festivitäten gänzlich ausgebucht und an den Aufführungsorten ist ein Multisprachengewirr vorherrschend, denn auch viele der hervorragenden Künstler und Massen von Besuchern kommen aus dem Ausland.

In der Regel ist das Frühjahr in Charleston mild und sonnig, sodass man sich bequem draußen in der Natur aufhalten kann. Die meisten der Kunstdarbietungen finden draußen auf freien Plätzen in der Stadt oder auf Wiesengrundstücken außerhalb statt. Die Besucher sitzen auf mitgebrachten Klappstühlen oder Decken und leeren während der Aufführungen ihre randvollen Picknickkörbe. Eintrittsgelder werden nur sehr selten erhoben, denn die Veranstaltungen sollten ein Vergnügen für alle, reich oder arm, sein. Wir haben zweimal an einigen Aufführungen dieser Veranstaltung teilgenommen und waren begeistert.

Kim, Christianes Neffe, besuchte uns und machte in Seabrook zwei Wochen Urlaub. Wir fuhren mit ihm überall herum. Einige Monate später kam er wieder. Er studierte Betriebswirtschaft an der Universität in Freiberg und wollte ein Praktikum bei einem amerikanischen Finanzunternehmen, möglichst in unserer Nähe, absolvieren. Ich besorgte ihm eine Stelle durch die Fürsprache von Charly, unserem Nachbarn, bei Merrill Lynch in Charleston. Charly war dort lange Zeit als Finanzberater tätig gewesen und machte es möglich, dass Kim ca. acht Wochen dort arbeiten konnte.

Wir besorgten ihm ein möbliertes Zimmer in einem Haus, in dem noch mehrere Studenten wohnten, ganz in der Nähe seiner Arbeitsstelle. Er lieh sich ein Fahrrad von den Mitbewohnern und konnte so bequem zwischen Arbeitsstelle und seiner Wohnung pendeln. Er hat viel dazugelernt, darunter die amerikanischen Geschäftsmethoden, was ihm später wohl sehr zugutekam.

Wir wollten etwas mehr über den Süden von South Carolina erfahren und machten eine Tagestour nach Beaufort, etwa 120 Kilometer von Charleston entfernt. In einer guten Stunde ist man in der Stadt.

Beaufort wurde 1711 gegründet und ist die zweitälteste Stadt in South Carolina. Der alte Stadtkern ist beindruckend, viele alte Häuser, einige von großer historischer Bedeutung, sind noch erhalten und befinden sich in einem guten Zustand. Die Stadt ist mit einigen vorgelagerten Inseln und Landzungen verbunden, die über Brücken oder Hochstraßen zu erreichen sind. Die Menschen sind freundlich und auskunftsbereit. Industrie ist nur spärlich vorhanden, also ist anzunehmen, dass viele Leute sich hier in dem milden Klima zur Ruhe setzen.

Pat Conroy, ein Schriftsteller, hat hier viele Jahre seines Lebens zugebracht. Er hat einige sehr gute Bücher über den Süden und seine große Familie geschrieben. Pat Conroy war der älteste Sohn einer chaotischen Familie mit sieben Kindern, die oft ihren Wohnsitz wechselte, weil der Vater, ein Kampfpilot bei den Marinefliegern, oft versetzt wurde. Er studierte Literatur an dem berühmten Military College of South Carolina in Charleston. Sein Buch „Herr der Gezeiten“ wurde hier verfilmt. Die Hauptrollen in diesem Film besetzten Barbra Streisand und Nick

Nolte. Auch sein Buch „Der große Santini“ wurde in Beaufort gedreht, mit Robert Duvall und Blythe Danner in den Hauptrollen. Er hat auch ein Buch nur über die Stadt Charleston geschrieben. Das Buch hat den Titel „South of Broad Street“ und beschreibt das Leben dieser Stadt, die Umtriebe, Geschichten und Eigenarten einiger Personen, die in dem ältesten und beliebtesten Wohnbezirk von Charleston, im Dreieck zwischen den beiden Flüssen Cooper und Ashley und südlich der Broad Street gelegen, zu Hause waren.

Pat Conroy muss Charleston sehr geliebt haben, denn nur jemand, der die Stadt so verehrt und bewundert, ja fast jeden Winkel persönlich gekannt haben muss, kann so faszinierend über einen Ort schreiben. Wir haben alle Bücher von Pat Conroy gelesen und fanden dieses und einige andere seiner Bücher sehr lesenswert. Pat Conroy hatte eine äußerst eloquente Art, sich auszudrücken und Situationen oder Sachverhalte oft metaphorisch zu beschreiben. Er lebte zuletzt auf der Insel Fripp, direkt am Atlantik gelegen, etwa 25 Autominuten von Beaufort entfernt. Er starb am 04.03.2016 mit 71 Jahren an Bauchspeicheldrüsenkrebs, eine der heimtückischsten Krebskrankheiten, die wir kennen.

An einem anderen Tag fuhren wir nach Savannah, Georgia, das etwa 170 Kilometer oder zwei Autostunden südlich von Charleston liegt. Savannah wurde von einem englischen General namens Oglethorpe gegründet. Es liegt am Savannah-Fluss, ca. 25 Kilometer entfernt vom Atlantik, und ist eine der schönsten Städte des Südens. Der Forsyth Park, umgeben von historischen Häusern, in der Innenstadt ist sehenswert. Auch die vielen grünen Plätze, jeder anders gestaltet, manchmal mit Skulpturen geschmückt, eingerahmt mit alten Bäumen und Spanischem Moos, vielen Blumen und exotischen Sträuchern, jeder wieder umringt von historischen Gebäuden, laden zum Verweilen ein.

Der alte Friedhof, auf dem einige Soldaten aus dem grausamen Bürgerkrieg (Sezessionskrieg) von 1861 bis 1865 ihre Ruhe fanden, ist ebenfalls verweilenswert. Fast unleserliche Inschriften auf den Grabsteinen weisen auf die Soldaten hin, die von weit her an diesem Krieg teilnahmen. Man entziffert englische, irische, deutsche, französische und die Namen und

Abschiedsgrüße von Menschen anderer Nationen, die ihr Leben in diesem Krieg verloren. Warum sie an dem Krieg, der so weit weg von ihren Ländern stattfand, teilnahmen, bleibt wohl für immer ein Geheimnis.

Savannah verkörpert die Aura des Südens, die Liebenswürdigkeit seiner Bewohner und ihre Lebensart sind Repräsentanten der alten, heilen Welt. All das haben wohl auch die Filmproduzenten von „Forrest Gump" gedacht, denn der Film wurde zum Teil in Savannah gedreht. Auch der Film „Mitternacht im Garten von Gut und Böse" mit Kevin Spacey wurde fast ausschließlich in Savannah abgedreht.

Norbert, der neue Eigentümer meiner Firma, rief immer noch fleißig bei mir an und holte sich Rat. Alles war ja neu für ihn, aber es machte ihm Spaß, die Firma zu leiten. Aus der Distanz sah alles, obwohl sich seine Anrufe häuften, so wie er es mir beschrieb, gut aus, also machte ich mir um das weitere Gedeihen des Unternehmens keine großen Gedanken.

Ron, Page, Kim und ich gingen oft angeln. Ich hatte Kim eine Angelrute geliehen und er machte seine Sache sehr gut. Voller Freude fing er einmal einen sehr großen Fisch, den wir natürlich zu Hause grillten und mit Vergnügen verspeisten. Alexander war ab und zu bei uns zu Besuch. Er lebte in Los Angeles und arbeitete an verschiedenen Filmen in Positionen hinter der Kamera mit. Im späten Frühjahr 2001 kam er ganz zu uns und erklärte mir, er wolle mir mit der Vermarktung der Strandkörbe helfen. Die Frage war nur, wie?

Er hatte die Idee, den Verkauf in Long Island im Bundesstaat New York zu betreiben, denn dort besitzen reiche Finanzleute der Finanzmetropole von Manhattan riesige Wochenendhäuser direkt an den Stränden. Geld sei, so meinte er, also im Überfluss vorhanden. Ich hatte nichts zu verlieren und alles zu gewinnen, also sagte ich zu. Wir mieteten einen großen Lastwagen, beluden ihn mit dem größten Teil der Strandkörbe aus dem Lager in Charleston, er füllte noch den Anhänger und die Ladefläche von dem Ford F-250 und los ging's gen Norden.

Nach drei Tagen kamen wir in Long Island an. Ich hatte den Lastwagen gefahren und war am Ende doch recht erschöpft, dieses Ungetüm, acht Tonnen, quer durch Brooklyn und dann noch durch die engen Zufahrtsstraßen nach Long Island manövriert zu haben. Wir fanden einen geschützten Platz neben einem Einzelhändler in East Hampton, den Alexander gut kannte, luden unsere Fracht ab und jetzt waren wir erst einmal da und erleichtert, dass uns der Transport ohne Probleme gelungen war. Wir blieben noch einige Tage dort, konnten bei einem Bekannten von Alexander wohnen und fuhren dann mit dem Ford-F-250-Pritschenwagen nach Martha's Vineyard, einer beliebten Ferieninsel vor der Südküste von Cape Cod, Massachusetts. Auch hier hatte Alexander einen Bekannten, der uns aufnahm und bei dem wir wohnen konnten. Ich kannte die Insel nicht und wir erkundeten zusammen die schönsten Stellen.

In allen Bereichen Amerikas, ob politisch, rechtlich, wirtschaftlich etc., ist alles möglich, sogar wenn jemand wie der Senator Teddy Kennedy einen Unfall mit Todesfolge verursacht und anschließend Fahrerflucht begeht. So geschehen im Juli 1969 an der Dike Bridge auf der Insel Chappaquiddick, die der Insel Martha's Vineyard in Massachusetts vorgelagert ist. Der Senator Teddy Kennedy fuhr mit seinem Auto, in dem die Wahlhelferin Mary Jo Kopechne (Insider behaupten, es war eine seiner Freundinnen) saß, von dieser Brücke, die er wohl zu schnell überfuhr oder überhaupt nicht wahrnahm, in den Gezeitenkanal. Die kleine Dike-Brücke, das sollte berücksichtigt werden, hatte zu dieser Zeit keine Schutzgeländer. Stabile Schutzgeländer wurden aber einige Zeit nach dem Unfall installiert und werden seit dieser Zeit in einem ausgezeichneten Zustand gehalten. Davon konnte ich mich während meines Aufenthaltes auf Martha's Vineyard, als ich zusammen mit Alexander und Ted, unserem Gastgeber, einer überall auf der Insel sehr respektierten und bekannten Person, die Unfallstelle besuchte, überzeugen.

Warum Teddy Kennedy überhaupt diese entlegene Stelle auf der Insel mit seiner Beifahrerin aufsuchte, ob er betrunken war oder was immer auch der Grund gewesen sein konnte, wurde niemals aufgeklärt. Aufgeklärt wurde jedoch, dass Teddy Kennedy nicht im Besitz eines gültigen Führerscheins war, denn der war schon am 22. Februar 1969, also fast fünf Monate vor dem Unfall, abgelaufen. Teddy Kennedy hatte schon seit 1958 eine Vielzahl von Verkehrsdelikten begangen, Strafprotokolle für rücksichtsloses Fahren, Fahren mit überhöhter Geschwindigkeit und, und, und bekommen, aber immer wurden die Verfahren durch die Kennedy-Rechtanwälte niedergeschlagen und sämtliche Akten dieser Verfehlungen lösten sich in Luft auf.

Teddy fuhr also das Auto in den Fluss, rettete sich und überließ offensichtlich seine Begleiterin ihrem Schicksal, sie ertrank. Er meldete den Vorfall erst neun Stunden später den Behörden und dann verwickelte er sich noch in widersprüchliche Aussagen. Er beteuerte, mehrmals versucht zu haben, die Frau aus dem Auto im Wasser zu retten. Im Übrigen war der kleine Kanal auch nicht sehr tief. Warum holte er keine Hilfe herbei? Ein Haus stand ganz in der Nähe und ein Telefon hatte es auch. Befragt, warum er erst neun Stunden nach dem Unfall in der Polizeistation Edgartown auftauchte, antwortete Teddy Kennedy, er sei in Schock und geistiger Umnachtung gewesen. Außergewöhnlich war, dass er saubere, trockene Kleidung trug, als er sich bei dem Polizeibeamten Jim Arena in der Polizeistation meldete. Woher diese trockene Kleidung kam, danach fragte offensichtlich kein Beamter, auch nicht zu späteren Zeitpunkten. Neun Stunden in Schock und geistiger Umnachtung hielten jedoch Teddy Kennedy nicht davon ab, 17 Telefongespräche in dieser Zeit vom Fährhaus in Edgartown zu führen, die er mit seiner Kreditkarte bezahlte. Mit Sicherheit hat er in diesen neun Stunden mit den vielen Telefonaten erst einmal die riesige Maschinerie seiner Berater mobilisiert und informiert. Ihm wurde erlaubt, die Polizeistation in Edgartown ohne eine Protokollaufnahme zu verlassen und nach Hyannis Port in die Kennedy-Familienburg zurückzukehren. Dort trat dann der Familienrat zusammen und es fanden sich auch nach und nach alle Personen (Freunde der Kennedys), die wichtige Positionen in der Politik und dem Rechtswesen hatten, dort ein, um den Schlachtplan zu entwerfen, der schlussendlich Teddy Kennedy zu einer lächerlich kleinen Strafe für den Tod von Mary Jo Kopechne verhalf.

Die ganze Affäre wurde vertuscht, Zeugenaussagen durften nicht eingesehen werden, Protokolle verschwanden spurlos etc. etc. und das Gericht, natürlich im Staate Massachusetts, verurteilte ihn dann wegen Unfallflucht zu einer Gefängnisstrafe von zwei Monaten, die dann zur Bewährung ausgesetzt wurden.

Die Medien waren natürlich in heller Aufruhr und berichteten, mutmaßten und gaben ihre Versionen der Geschichte fortlaufend den sensationslüsternen Bürgern Amerikas bekannt, stellten dann aber plötzlich schon nach einer sehr kurzen Zeit ihre Berichterstattung über diesen offensichtlich nicht aufzuklärenden Fall ein. Ein ganz und gar untypisches Verhalten der Medienlandschaft, die sonst andere, weniger spektakuläre Begebenheiten monatelang ausschlachtet, von allen Seiten zu beleuchten pflegt und nur ungern zu einem schnellen Ende kommt. Mit viel Geld und noch mehr Beziehungen ist in den USA alles machbar und möglich.

In dieser Sache ließ der Kennedy-Klan seine Muskeln und enormen Beziehungen spielen und zog an allen Fäden in der Politik, dem Justizwesen und der Medienindustrie gleichzeitig. Die Eltern der ertrunkenen Mary Jo Kopechne, so wird gemunkelt, wurden von dem Kennedy-Klan fürstlich abgefunden. Warum, wenn es doch ein normaler Unfall war? Der männliche Teil des Kennedy-Klans, der nie die Finger von Frauen lassen konnte, die ihm nicht ehelich verbunden waren, war entweder klüger oder er hatte vorsorglich die besseren Berater oder Abschirmer oder wie immer man die Leute nennen mag, angestellt.

Falls es die Letzteren waren, war diese Klatsch-Schutztruppe in der Lage, auch die größten Probleme, Affären usw., die diese Kennedy-Schürzenjäger anrichteten, in ein Nichts zu verwandeln. Das wurde so geschickt vertuscht, dass selbst die Ober-Märchentanten in der Medienlandschaft höchstens – und zu sehr viel späteren Zeitpunkten – Vermutungen über die Eskapaden der Kennedyjünger anstellen und äußern konnten.

Ursprung der Macht und des gewaltigen politischen Einflusses, den die Kennedys nicht nur in ihrem Heimatstaat Massachusetts, sondern auch weit darüber hinaus in vielen anderen Staaten und im Besonderen bis in alle weitverzweigten Ämter auf dem Kapitolhügel, dem Weißen Haus in Washington, haben, ist „der Alte", Joe Kennedy. Der Alte war in der Zeit der Prohibition durch Schmuggel von Alkohol zu einem enorm großen Vermögen gekommen. Er war geschäftlich vielseitig engagiert, kannte sich gut aus im Milieu der Zwielichtigen, hatte exzellente Kontakte zur Filmindustrie, dem Zeitungsbaron Hearst und gewissen guten Freunden an der Wall Street. Von ihm wird behauptet, er habe seine Finger bis zur Handwurzel in alle illegalen Töpfe gesteckt und sei in die anrüchigsten Machenschaften verwickelt gewesen.

Anfang 1933 besaß er schon weit über 100 Millionen Dollar, die er mit seinen dubiosen Geschäften beschafft hatte. Ihm war schon immer bewusst gewesen, dass man sich mit Geld alles beschaffen kann, somit benutzte er es rücksichtslos, um seine Ziele zu erreichen. Sein Spruch, den er oft in seinem schillernden Freundeskreis benutzte, war: „Man benötigt drei Dinge, um zu gewinnen, das erste ist Geld, das zweite ist Geld und das dritte ist Geld".

Joe Kennedy, so wie jeder Kennedy vor und nach ihm, war Katholik. Er hatte ein enges Verhältnis zu Kirchenfürsten, besonders zu den Kardinälen Cushing und Spellman. Die Kirchen benutzte er natürlich auch als Geschäftspartner. Wenn z. B. die Bostoner Diözese an einem Sonntag 950 000 Dollar durch Spenden ihrer Kirchenmitglieder eingenommen hatte, schrieb er einen Scheck über eine Million Dollar an die

Diözese aus. Dann ließ er sich von der Diözese die 950 000 Dollar in bar auszahlen und somit war die Kirche um 50 000 Dollar reicher. Der Trick bei der Sache war, dass Joe Kennedy die gesamte Summe von einer Million Dollar als Spende von seiner Einkommensteuer absetzen konnte. Diese Eine-Million-Dollar-Spende war bei seinem riesigen jährlichen Einkommen, von dem er sowieso legal einige Millionen an Steuern zu entrichten hatte, nur ein Tropfen auf dem heißen Stein. Das große Geschäft hatte er aber trotzdem gemacht, denn die 950 000 Dollar, die er von der Kirche in bar kassierte, konnten ohne Risiko einer Nachprüfung durch den Fiskus für Bestechungszahlungen an seine lieben Freunde in der Politik und anderswo verwendet werden. Von der Kirche bekam er zusätzlich großes Lob als wohlwollender, mildtätiger Christ und seine Spenden wurden in allen Kirchengemeinden als beispielhaft dargestellt und veröffentlicht. Ich könnte noch beliebig viele Beispiele über die Geldbeschaffungsmethoden von Joe Kennedy aufführen, doch das ginge zu weit und würde mit Sicherheit einige Bücher füllen. Hier versuche ich lediglich die Anfangsphase des mit allen Mitteln zusammengerafften Kennedy-Reichtums darzustellen.

Beweisen konnte man Kennedy senior, überzeugter Demokrat und Gründer der Kennedy-Dynastie, wenig und die Quellen seines Reichtums konnten nie so recht ergründet werden. Sicher hat er mit einem Teil seines dubios erworbenen Vermögens zuerst einmal alle lecken Stellen in den Rängen seiner Mitwisser, bezahlten Helfer und Zuträger gestopft und sich so den Rücken vor unliebsamen Untersuchungen freigehalten. Belohnt wurde Joe Kennedy noch zusätzlich von der US-Regierung für seine undurchsichtigen Unternehmungen und Geschäftspraktiken, die ihn in einer relativ kurzen Zeit steinreich und unabhängig machten. Man übertrug ihm nämlich 1938 das Amt des US-Botschafters in London, England, welches er einige Jahre ausübte. Ein Meilenstein zu seinem sehnlichsten Wunsch, selbst einmal Präsident der USA zu werden.

Während seiner Amtszeit in London setzte er jedoch bei Ausbruch des Zweiten Weltkriegs aufs falsche Pferd, nämlich die US-Tolerierung des

Hitler-Regimes. Ein Standpunkt, der von Präsident Roosevelt und der öffentlichen Meinung des amerikanischen Volkes überhaupt nicht geteilt wurde. Somit lösten sich seine Ambitionen, Präsident von Amerika zu werden, in Luft auf. Er entschied daher, dass sein ältester Sohn Joe junior dieses Amt bekleiden sollte, doch dieser Traum zerbarst auch, denn Joe jr. wurde 1944 im Zweiten Weltkrieg, an dem er als Pilot einer Marine-Fliegereinheit teilnahm, bei einem Feindflug getötet.

1946 beschloss dann Joe, dass sein Sohn John F. (Jack) Kennedy zuerst einmal als Kongresskandidat des überwiegend katholischen Staates Massachusetts aufgestellt werden sollte. Diese Wahl wurde natürlich mit der Macht des Geldes, welches Joe einsetzte, und seiner engen Verbindung zur katholischen Kirche gewonnen. J. F. Kennedy wurde danach noch für zwei weitere Amtsperioden gewählt.

Dann wurde es höchste Zeit, das Rennen für den Senat anzugehen und den Sitz, den zu der Zeit Henry Cabot Lodge innehatte, für sich zu beanspruchen. Natürlich wurde auch diese Wahl gewonnen und J. F. Kennedy war nun Senator. Bei diesen und allen anderen Wahlen seines Sohnes fungierte der alte Joe Kennedy als Wahlkoordinator und Wahlmanager seines Sohnes.

Danach entschied Joe, dass sein Sohn Jack heiraten sollte, und trug ihm auf, eine passende Frau zu finden. 1952 lernte Jack die hübsche, aus entsprechender Familie kommende Jacqueline Lee Bouvier kennen. Als Jack seine Auserwählte Jackie zum Hauptwohnsitz des Kennedy-Klans nach Hyannis Port brachte und Joe, seinem Vater, vorstellte, sah dieser sofort, dass Jackie alle notwendigen Attribute und sozialen Eigenschaften der Oberschicht besaß und sich ausgezeichnet als zukünftige Frau eines US-Präsidenten eignen würde. Da Jack die Wünsche seines Vaters respektierte und befolgte, wurde im Juni 1953 die Verlobung der beiden bekannt gegeben. Einige Zeit später fand die Heirat statt.

Im Januar 1960 gab Jack formal seine Kandidatur zur Präsidentschaftswahl bekannt und deklarierte, dass das Weiße Haus „zum Zentrum moralischer Führung“ werden sollte, um sich dann ohne weitere Zeitverzögerung zwei Monate später eine neue Freundin, die frühere Schauspielerin Judith Exner, anzuschaffen. Dann erkaufte Joe seinem Sohn Jack das Amt des Präsidenten der Vereinigten Staaten von Amerika und seinem jüngeren Sohn Robert das Amt des Justizministers. Beide Brüder wurden später Opfer von Mordanschlägen. „Der Alte", Joe Kennedy, erlitt 1961 einen Schlaganfall, der ihn an den Rollstuhl fesselte, 1969 starb er.

Seit seine beiden älteren Brüder Jack und Robert ums Leben gekommen waren und das Oberhaupt der Familie, Joe, in die ewigen Jagdgründe versetzt worden war, aus denen er bestimmt noch mit Feuereifer beeinflusst, dirigiert, manipuliert, besticht und alle jemals gemachten Gesetze außer Kraft setzt, ist Edward (Teddy) Kennedy, der jüngste der Kennedy-Brüder, ins politische Rampenlicht katapultiert worden und bekleidete das Amt eines Senators von Massachusetts. Wenn er nicht gestorben wäre, würde ich behaupten, dass er dieses Amt bis an sein Lebensende hätte ausüben können, denn wer würde schon in seinem Staate gegen einen Kennedy antreten wollen.

Rein hypothetisch: Allein ein Versuch wäre schon zum Scheitern verurteilt gewesen, denn Teddy Kennedy verwaltete nicht nur das immense Vermögen des Kennedy-Klans, sondern waltete auch im Kongress in Washington nach Belieben, egal welche Partei gerade die Mehrheit hatte oder den Präsidenten stellte. Auch der Rest des Kennedy-Klans ist durch Einheiraten in vermögende Familien und das System der Kennedy-typischen Familienvermehrung eher größer geworden und hat an Macht bestimmt keine Einbußen zu verzeichnen.

In seinen letzten Jahren hatte sich der Gesundheitszustand von Teddy Kennedy sehr verschlechtert. Er hatte, wie auch seine erste Frau Joan, dem Alkohol in großen Mengen zugesprochen und dadurch seiner Leber schwere Schäden zugefügt. Die ärztliche Diagnose lautete: schwere Zersetzung der Leber (Leberkrebs = Zirrhose). Nicht verwunderlich, denn alkoholische Getränke nahm er schon mit dem Frühstück zu sich und steigerte den Alkoholkonsum während des Tages bis zum Abend bis hin zur zeitweise völligen Betrunkenheit.

Sein Körpergewicht war bei 300 Pfund angelangt, mit steigender Tendenz. Sein Körper war aufgeschwemmt und puffig. Neben dem enormen Alkoholkonsum nahm er aber immer noch seine vielen Aufgaben in seinen Ämtern wahr und fungierte als Familienoberhaupt. Die Nackenschläge, um nur einige zu nennen, die er innerhalb seiner Familie einstecken musste, waren gewaltig: der Tod von drei Brüdern, seine Schwester Rosemary, geistig zurückgeblieben, wurde zu einem permanenten Pflegefall, sein Sohn Edward jr. verlor ein Bein durch Krebs, der Verlust seiner Schwägerin Jackie Onassis, der Tod seines Neffen David durch eine Überdosis Drogen, der Skiunfall mit Todesfolge seines anderen Neffen Michael (beide waren die Söhne seines ermordeten Bruders Robert), die Krankheit seiner Frau Vicki und letztlich der tödliche Flugzeugunfall seines Lieblingsneffen John jr. mit seiner Frau Carolyn und ihrer Schwester Lauren Bessette. Es war unweit der Insel Martha's Vinyard, als er bei schlechtem Wetter mit seinem Privatflugzeug abstürzte und alle den Tod fanden.

Teddy Kennedy erlebte und vollbrachte jeden Tag, als wäre es der letzte auf dieser Erde. Die Stärke der Kennedys war ja immer, aus ausweglosen Situationen Erstaunliches zu vollbringen. In die Anfangszeit des Teddy Kennedy als Senator fällt die 1973 von ihm öffentlich bekannt gewordene, bemerkenswerte Feststellung: „Haben wir ein System des Rechts, in dem die gleichen Rechte für alle verankert sind? Oder gibt es ein System für den Durchschnittsbürger und ein anderes für die Hohen und Mächtigen?"

1991 wurde Ted Kennedys Neffe William Kennedy Smith wegen einer Vergewaltigung, die er auf der Kennedy-Familienliegenschaft in Palm Beach, Florida begangen hatte, angeklagt. Das Verfahren versprach sehr brisant zu werden, aber Teddy Kennedy machte wohl wieder einmal seinen Einfluss geltend und ließ sein weitverzweigtes Netz an Beziehungen spielen. Resultat: Sein Neffe William Kennedy Smith wurde freigesprochen.

Am 25.08.2009 erlag Ted in seinem Haus in Hyannis Port seinem Krebsleiden.

Für die Kennedy-Familie und später auch Obama mit seiner Familie war Martha's Vineyard ein beliebter Urlaubsort im Sommer. Ich hatte noch von Charleston aus zwei Strandkörbe an ein größeres Geschäft hier, welches sich nur mit dem Verkauf von Möbeln für den Innen- und Außengebrauch befasste, verkauft. Diesen Händler besuchten wir auch und erfuhren, dass der Verkauf dieser Artikel sehr schwer sein würde, er hatte noch nicht einen der zwei Strandkörbe, die er von mir erworben und bezahlt hatte, an seine Kunden verkaufen können. Das war auch wieder nicht sehr ermutigend. Wir schenkten unserem Gastgeber, der uns großzügig bewirtet hatte, einen unserer billigsten Strandkörbe. Darüber freute er sich sehr und stellte ihn stolz auf seine Terrasse vor seinem Haus, mit den begleitenden Worten, in ihm werde er nun immer seinen Abendcocktail trinken.

Dann war unsere Zeit auf Martha's Vineyard auch schon vorbei, Alexander fuhr mich zum nächsten Flughafen, ich flog zurück nach Charleston und er kehrte zurück nach Long Island. Alexander verkaufte noch einige wenige Strandkörbe an Bewohner von Long Island, aber ein zukünftiges gewinnbringendes Geschäft war auch hier nicht zu erwarten.

Immer wieder stellte ich in vielen Gesprächen mit den hiesigen Menschen fest, dass in den USA der geschäftliche Erstkontakt in allen Teilen der Wirtschaft als ein wichtiger Moment empfunden wird. Der Amerikaner scheint so schnell wie möglich, nach einer kurzen Begrüßung, seinen Geschäftspartner beim Vornamen nennen zu wollen. Diese Eigenart soll wohl vertrauensstärkend sein. Womöglich möchten die Amerikaner locker und freundlich wirken. Diese vertraulichen Anreden werden auch im Privatbereich gerne angewendet. Amerikaner gehen Besprechungen dementsprechend hemdsärmelig an und verschwenden keine Zeit mit Floskeln wie Erzählungen über Wetter oder darüber, wer die Firmengründer waren. Sie kommen direkt ohne Zeitverzögerung auf das Geschäftsthema zu sprechen. Den Amerikanern scheinen diese Gepflogenheiten in Fleisch und Blut übergegangen zu sein, als kennten sie nichts anderes.

Fremde sollten aber gewaltig aufpassen und diese klobige Art von Vertrautheit nicht missdeuten. Sollte sich eine geschäftliche Gangart verschärfen oder wird Missfallen, Kritik etc. an einem geschäftlichen Vorgang von einer Partei geäußert, fällt sofort bei der anderen Partei die „Vornamen-Anredetaktik" weg. Er oder sie verschanzt sich dann sofort wieder hinter den formellen Anreden wie Mr. X oder Mrs. Y.

Diese freundschaftlichen Anreden, die schlagartig wieder in formelle Anreden umschlagen können, ziehen sich durch alle geschäftlichen und sozialen Bereiche, immer nach dem Motto „My friend Bob said …" (= „Mein Freund Bob sagte …"), um dann, wenn Kritik oder Unzulänglichkeit an einem Vorgang akut wird, umzuschlagen in „Mr. Bob Smith said …" (= „Herr Bob Smith sagte …") usw.

Auch hochkarätige Manager bis hin zum Präsidenten der USA werden in vielen Fällen in den Medien beim Vornamen genannt. Sobald aber Gespräche einen etwas offizielleren Charakter annehmen oder Kritik geübt wird, werden die Familiennamen oder, wie im Falle eines Präsidenten der USA, der Titel „Mr. President“ aus der Truhe geholt. Das konnte man sehr deutlich bei Jack Kennedys Freundin Marilyn Monroe hören, als sie als Gast bei einer Geburtstagsfeier von Jack Kennedy in Washington „Happy birthday to you, happy birthday to you, happy birthday Mr. President, happy birthday to you“ mehr hauchte als sang, eigentlich machte sie daraus einen geschlechtlichen Akt. Das muss wohl für sie ein schwieriges Unterfangen gewesen sein, denn wie schnell hätte sich, der Gewohnheit gehorchend, die für sie gewohnte Anrede „Jack“ bei ihrem Gesäusel einstellen können. Dabei musste sie gleichzeitig noch höllisch aufpassen, dass sie nicht aus ihrem hautengen Kleid, das ihren Körper wie eine Leberwurstpelle umspannte, herausplatzte.

Schwierig wird dieses Vornamensystem, wenn man z. B. mit Telefon- oder Versicherungsgesellschaften etc. wichtige Fragen klären muss oder Vertragsänderungen anstrebt. Alles wird ja in Amerika primär telefonisch besprochen und geregelt. Kunden, die ihre Anliegen in Briefen darstellen und klärende schriftliche Antworten auf ihre Fragen erwarten, müssen sich in Geduld üben, denn für die überwiegende Anzahl von Firmen ist ein Schriftverkehr zu zeitaufwendig und kostenintensiv. In vielen Fällen werden Briefe überhaupt nicht beantwortet. Dies ist bekannt und so muss auch der hartnäckigste telefonverachtende Kunde zum Fernsprecher greifen und sein Anliegen fernmündlich klären.

Inzwischen verhält sich die Sache allerdings anders: Man korrespondiert lieber per E-Mail statt telefonisch.

Die Kontaktperson der Gesellschaft, der man dann sein Anliegen unterbreitet, meldet sich, nachdem man sich ihr gegenüber identifiziert hat, prinzipiell nur mit dem Vornamen. Sagen wir, sie ist weiblich und heißt Lisa. Man bespricht sein Problem mit ihr und klärt alles. Wenn der Kunde dann nach ihrem vollen Namen fragt, weil er sich über den Inhalt des Gespräches Notizen gemacht hat und diese nun zur Identifizierung mit dem Namen seines Gesprächspartners versehen will, wird er nur von seiner Gesprächspartnerin hören, dass sie Lisa heißt. Wenn er noch einmal nachfragt, um den Familiennamen seiner Gesprächspartnerin zu erfahren, wird er auch nur wieder den Vornamen Lisa mitgeteilt bekommen, mit der Aussage: „Man kennt mich hier und Lisa genügt". In dieser Firma können aber bestimmt mehrere Lisas arbeiten und wenn dann die Probleme des Kunden nicht zufriedenstellend gelöst wurden, wird der Kunde niemals in der Lage sein, zu dokumentieren oder nachweisen können, mit welcher Lisa er sein Anliegen besprochen hat. Dies scheint übrigens die Absicht hinter dem Vornamensystem zu sein.

Mit Amerikanern Geschäfte zu machen, konnte zu meiner Zeit äußerst gefährlich sein. Verträge oder schriftliche Abmachungen wurden bei kleineren Transaktionen eher selten, wenn überhaupt, angewendet. Meistens verständigte man sich telefonisch über das, was erworben oder gekauft werden sollte. Vorgänge zu bestätigen war nicht üblich.

Eine Bezahlung für erworbene Güter wurde sehr lange und in vielen Fällen weit über das abgesprochene Zahlungsziel hinaus verzögert. Mahnungen wurden zum Teil ignoriert und nur, wenn man viel Geduld und Ausdauer hatte, wurden schlussendlich ausstehende Rechnungen beglichen. Bei besonders hartnäckigen und säumigen Kreditoren mussten Lieferfirmen und Hersteller Spezialfirmen einschalten, die sich auf das Eintreiben von überfälligen Rechnungen spezialisiert hatten. Diese Firmen verlangten dann im Erfolgsfalle hohe Gebühren von der Höhe der eingetriebenen Schuldbeträge und der Lieferant/Hersteller musste sich mit dem Rest begnügen. Bei den Rechnungsbegleichungen, prompt oder säumig, kam es fast immer darauf an, ob ein Käufer auf die Produkte des Herstellers angewiesen war oder ob er andere Alternativen besaß und die gleichen oder ähnliche Produkte von anderen Herstellern beziehen konnte.

Natürlich ist Kreditwürdigkeit das A und O in diesem Lande. Man tut gut daran, sich über gewisse Quellen von der Zahlungsfähigkeit und Kreditwürdigkeit seines Geschäftspartners vor Abschluss einer Transaktion und vor Auslieferung der Ware zu überzeugen. Obwohl eine angeschlagene oder unzureichende Kreditwürdigkeit den Erfolg eines Unternehmens stark beeinträchtigen kann, ist es vielen Geschäftsinhabern völlig egal, Rechnungen und Verbindlichkeiten aller Art nicht pünktlich oder überhaupt nicht beglichen zu haben. In einigen Fällen nehmen säumige Schuldner sogar rechtlich betriebene Zahlungseinforderungen billigend in Kauf. Viele amerikanische Geschäftsleute scheinen ihre geschäftlichen Obligationen im Zustand der Gleichgültigkeit durchzuführen. Als bereite es ihnen keine einzige schlaflose Nacht, Zahlungen bewusst zu verschleppen oder überhaupt nicht zu leisten. Viele Lieferanten/Hersteller verlangen deshalb, besonders wenn sie eine starke Markposition haben, für ihre Warenlieferungen komplette Vorauszahlungen. Das ist wiederum sehr schwierig, denn in vielen Fällen fehlt den Käufern die Liquidität, sie sind sehr bankenabhängig und arbeiten vielfach mit Bankkrediten.

US-Großunternehmen, also Corporations, abgekürzt Corp., oder Incorporations, abgekürzt Inc., sind Firmen, die im Status und Aufbau in der Mitte zwischen einer AG und GmbH zu finden sind. Viele von ihnen sind an der Börse notiert und müssen deshalb alle drei Monate ihre Geschäftszahlen veröffentlichen. Geschäfte mit diesen Firmen abzuwickeln, ist weniger risikoreich und viel sicherer, weil sie sich im Rampenlicht der Öffentlichkeit befinden und vielfach auf multinationaler Ebene tätig sind. Mit diesen Firmen kann man weitreichende Verträge abschließen und die dann ausgehandelten Zahlungsmodalitäten werden eingehalten.

Besondere Beachtung sollte man aber gewissen eingebauten Ausstiegsklauseln schenken, die sich sehr von den in Europa üblichen unterscheiden können.

In der Regel sind die jeweiligen US-Verhandlungspartner autorisiert, Verträge abzuschließen, denn sie haben sich vorher die Genehmigung von ihren Vorgesetzten eingeholt.

Wenn einem US-Bürger, besonders wenn es sich um ein Mitglied der Regierung oder der Streitkräfte handelt, im Ausland etwas zustößt, kann er sicher sein, dass sich die zuständige US-Vertretung (Konsulat oder Ähnliches) sofort einschaltet und ihn zu schützen versucht. Auch dann, wenn eine Person im Ausland ein schweres Verbrechen begangen hat, wird mit allen Mitteln versucht, eine Überstellung in die USA zu erreichen. Nur in den USA soll die Gerechtigkeit ausgeübt werden, unter anderem noch mit der in vielen Staaten der USA praktizierten, alles bereinigenden Todesstrafe. Es fällt bei der Ausübung der Todesstrafe auch weiterhin nicht schwer ins Gewicht, dass ab und zu, eigentlich handelt es sich um sehr viele Fälle, die im Laufe der Jahre nachträglich wiederaufgenommen wurden und gründlichst recherchiert ans Tageslicht kamen, auch völlig unschuldige Menschen hingerichtet wurden. Die US-Gerichtsbarkeit ist einfach unantastbar und unfehlbar.

Die Strafen, die hier von den Gerichten bzw. den Geschworenen ausgesprochen werden, sind für Europäer unvorstellbar und nicht nachvollziehbar. Bei Personen, die z. B. schwere Verbrechen begangen haben, ist es nicht unüblich, Gefängnisstrafen zu verhängen wie dreimal lebenslange Haft oder eine Gesamtstrafe von 200 bis 300 Jahren etc. oder dreimal die Todesstrafe.

Nun, bei den ersteren Langstrafen mag für die Verurteilten ein Wiedererlangen der Freiheit ja noch wenigstens theoretisch möglich sein, vorausgesetzt die Entwicklungen und Erfindungen in der lebenserhaltenden Medizin schreiten weiter wie bisher in einem enormen Tempo fort und der Straftäter hat in relativ jungen Jahren sein Urteil erhalten. Man müsste vielleicht noch eine zeitliche Begrenzung eines normalen Lebens zum Zeitpunkt der Urteilsverkündung der heutigen Zeit festlegen. Sagen wir einmal achtzig Jahre. Wenn dann der Verurteilte unter Einbeziehung der medizinischen lebensverlängernden Weiterentwicklungen, die ja mit sehr großem Aufwand betrieben werden, vielleicht irgendwann in der nicht zu ferner Zukunft ein mögliches Alter von über 200 bis 300 Jahren erreicht, hätte er tatsächlich noch die Chance, ein paar Tage oder Monate nach Verbüßung seiner Strafe in Freiheit zu verbringen. Bei dreimal Todesstrafe stelle ich mir das schon etwas schwieriger vor, denn wie will man einen einmal Getöteten wieder ins Leben zurückrufen, um ihn dann noch ein zweites oder drittes Mal hinzurichten. Übrigens gehörten die USA bis 2005 zu den wenigen Ländern der Welt, in denen auch Personen, die das 18. Lebensjahr noch nicht erreicht hatten, hingerichtet werden konnten.

Die von Staat zu Staat verschiedenen rechtlichen Beurteilungen, Strafen und Ahndungen von Vergehen und Verbrechen werden zusätzlich noch komplexer und schwieriger gestaltet, weil jeder Staat sich vom anderen in Rechtsvorschriften und Rechtsauslegungen unterscheidet. So muss z. B. ein Rechtsanwalt, der die Gesetze in seinem Heimatstaat durchaus kennt und beherrscht, einen Kollegen eines anderen Staates hinzuziehen, wenn er in seinem Staat einen Klienten verteidigt, der in einem anderen Bundestaat beheimatet ist. Tut er das nicht, läuft er Gefahr, seinen Fall wegen Gesetzesunkenntnis zu verlieren. Der Leidtragende wäre dann in jedem Falle der Klient.

Menschen, die vorhaben, ein Kapitalverbrechen zu begehen, sollten höllisch aufpassen, in welchem Staat sie es verüben. In einigen Staaten wird nämlich für ein gleich gelagertes Verbrechen die Todesstrafe ausgesprochen und ausgeführt, in anderen Staaten aber wird dieses Verbrechen mit einer lebenslangen Haftstrafe geahndet. Der Staat Texas, in dem z. B. der ehemalige Präsident der USA George W. Bush die Position des Gouverneurs innehatte, war wohl der Staat, in dem die meisten Menschen durch die Todesstrafe hingerichtet wurden. Keine einzige Begnadigung dieser Todeskandidaten durch den damaligen Gouverneur Bush, der durchaus das Recht zu Begnadigungen hatte, wurde bekannt.

Eingesperrt zu werden ist in den USA keine Kunst und kann jedem, manchmal sehr unverhofft, widerfahren. Da wurde eine junge Mutter im Staate Texas in Handschellen ins Gefängnis gesteckt. Grund: Sie hatte ihren Sicherheitsgurt in ihrem Auto nicht angelegt. Im Staate Texas herrscht Anschnallpflicht bei der Führung eines Kraftfahrzeugs und eine Nichtbeachtung kann höchstens mit einem Bußgeld in Höhe von fünfzig Dollar bestraft werden. Wieso wurde sie also in Handschellen gelegt und ins Gefängnis gebracht? In diesem Falle stellte sich im Nachhinein heraus, dass ein übereifriger Polizeibeamter seine Befugnisse weit überschritten hatte. Mit in ihrem Auto waren ihre zwei Kleinkinder. Was mit denen passierte, während sie im Gefängnis saß, wurde nie veröffentlicht. Auch nicht, was mit diesem Rambo-Polizeibeamten nachträglich geschah. Bei solchen Verhaftungen reicht schon der kleinste gehässige Hinweis eines Nachbarn aus, um völlig

Unschuldige ins Gefängnis zu bringen. Es hilft den Opfern wenig, wenn sie dann nach ein paar Wochen als unschuldig entlassen werden und der Staat sich bei ihnen, der Not gehorchend, entschuldigt. Das Trauma, ein Gefängnisinsasse gewesen zu sein, wenn auch nur für eine relativ kurze Zeit, wird jeden, der einmal diese Erfahrung gemacht hat, für den Rest seines Lebens begleiten.

Wer einmal eine solche staatliche Sicherheitsfestung kennengelernt hat, weiß, wie es im Inneren dieser Löcher zugeht. Sobald ein Gefangener der Obhut der Gefängniswärter überlassen wird, fällt für ihn seine normale Welt, in der er sich bisher bewegt hat, zusammen. Er wird wie ein Stück Dreck behandelt und von den schon einsitzenden, wirklichen Verbrechern beschimpft und bedroht.

Das amerikanische Strafrecht unterscheidet offensichtlich nicht, ob sich Kinder, Jugendliche oder Erwachsene eines Vergehens oder Verbrechens schuldig gemacht haben. So wurde im Jahre 1999 ein ca. sechsjähriger Junge, der mit seiner Familie in der Gegend um Denver im Staate Colorado wohnte, wie ein Schwerverbrecher in ein Gefängnis gesteckt. Alle Mitglieder dieser Familie waren Schweizer Staatsbürger.

Das Verbrechen des sechsjährigen Jungen bestand angeblich darin, dass er sexuelle Handlungen an seiner jüngeren Schwester im Garten des Hauses, in dem die Familie wohnte, vorgenommen hätte. Dies hatte eine Nachbarin von Weitem aus ihrem Haus beobachtet und die örtliche Polizei benachrichtigt, die dann auch prompt den kleinen Jungen verhaftete und in Handschellen ins Gefängnis brachte. Wie sich aber später herausstellte, hatte der kleine sechsjährige Junge seiner viel jüngeren Schwester lediglich dabei geholfen, ihr Kleidchen hochzuheben, damit sie Pipi machen konnte, ohne sich dabei zu beschmutzen.

Die Sache wurde natürlich von allen US-Medien aufgegriffen, die wahrscheinlich wieder eine riesige Story hinter dieser harmlosen Sache vermuteten. Der Fall wurde auch von der Weltpresse aufgenommen, die sich einschaltete, als die verzweifelten Eltern die Schweizer Botschaft um Hilfe baten. Es begann dann ein wochenlanges gerichtliches Tauziehen um den kleinen Jungen, dem der Gefängnisaufenthalt, verbunden mit dem Fürsorgeentzug seiner Eltern, sicherlich sein ganzes zukünftiges Leben lang irreparabel anhaften wird.

Zu danken hat er dies in jedem Falle den US-Polizeibeamten, Richtern, Staatsanwälten usw., die ohne Zögern und gründliche Nachprüfung dieser sogenannten Sexverbrechensanschuldigung den Sechsjährigen ins Gefängnis steckten.

Auf Druck der Weltpresse und durch den Beistand der Schweizer Botschaft wurde der Junge schließlich freigesetzt und verließ zusammen mit seiner Familie die USA. Es ist anzunehmen, dass kein Mitglied dieser Familie jemals wieder freiwillig den Boden der USA betreten wird.

In diesem Land ist die Mehrzahl der Bürger so dermaßen verschuldet, dass viele von ihnen in ihrem ganzen zukünftigen Leben nie mehr den Status schuldenfrei für sich in Anspruch nehmen können. Schulden machen wird jedem sehr leicht gemacht, geht doch der Staat mit leuchtendstem Beispiel voran. Kredit ist alles und fast alles wird auf Kredit gekauft. Hat man auch nur eine halbwegs vernünftige Anstellung, werden einem die Kreditkarten geradezu aufgezwungen. Die Banken und Kreditkarteninstitute beanspruchen einen großen Teil des gesamten Wirtschaftsgeschehens in den USA.

Der Amerikaner ist oft ein Momentkäufer, d. h., er sieht etwas, es gefällt ihm, obwohl er zu diesem Zeitpunkt manchmal noch nicht genau weiß, ob er es jemals benötigt, und er kauft es spontan. Gekauft wird, was immer es auch ist, mit einer Kreditkarte. Nach Möglichkeit werden Sonderangebote oder generell Billigwaren eingekauft, die von den Geschäften an den Mann oder die Frau gebracht werden, weil die Lager umgeschlagen werden müssen. Mir scheint, als sei ein Qualitätsbewusstsein dem Durchschnittsamerikaner völlig fremd und er wundere sich nicht darüber, wenn der Schrott, den er sich zusammenkauft, frühzeitig das Zeitliche segnet. Funktioniert etwas nicht mehr, wird es umgehend an den Verkäufer zurückgebracht und in der Mehrheit der Fälle bekommt der Käufer sein Geld zurück. Auch wenn der Gegenstand schon länger im Gebrauch war und das Kaufdatum lange zurückliegt, werden dem Käufer alle Kosten wieder zurückerstattet.

Diese Großzügigkeit nimmt manchmal erschreckende Ausmaße an, denn wenn man mit diesem Artikel schon lange Zeit gearbeitet hat, z. B. mit einer Motorsäge oder einem Rasenmäher etc., sind die Produkte für jedermann, der sie besichtigt, gebraucht und können nicht mehr als neu verkauft werden. Wie die Geschäfte mit dieser großzügigen Rücknahme überhaupt noch Profite generieren können, ist äußerst schleierhaft, es sei denn, sie arbeiten mit enormen Profitaufschlägen, was zu bezweifeln ist, denn Konkurrenzfabrikate gibt es zuhauf.

Es gibt eine Menge von Personen, die aus dieser Situation Kapital schlagen und Dinge erwerben, die sie sowieso nicht behalten wollen, aber mit denen sie Arbeiten verrichten und die sie nach Abschluss dieser Arbeiten wie selbstverständlich wieder zurückbringen, um dann ihren Kaufpreis wiedererstattet zu bekommen. Auf Kredit leben, Güter entweder abzahlen oder leasen oder sich welche kaufen, länger benutzen und dann wieder zurückgeben scheint die Devise fast aller Amerikaner.

Unsere heutige Wegwerfgesellschaft, die ihre Kreise auch schon kräftig bis nach Europa und darüber hinaus ausgedehnt hat, ist in den USA erfunden worden. Produkte müssen einfach schnell verschleißen, damit der Nachschub nicht ins Stocken gerät. Hat z. B. der Nachbar ein viel bestauntes Auto einer bestimmten Marke, muss sofort gleichgezogen werden und, wenn möglich, ein noch größeres, schöneres Gefährt angeschafft werden. Mehr scheinen als sein ist meistens das auslösende Moment. Immer den anderen ausstechen, egal wie, ist das erklärte Ziel. Amerikaner wollen einfach keine Verlierer sein und immer auf der Sonnenseite des Lebens, auch wenn es noch so schwerfällt, anzutreffen sein. Fragt man jemanden: „Wie geht es dir?“, wohl wissend, dass er nicht zwei Geldmünzen aneinanderreiben kann oder einen Topf zum Reinpinkeln besitzt, kommt die Antwort wie aus der Pistole geschossen: „Gut, es ist mir noch nie so gut gegangen wie gerade jetzt.“ Alles ist immer fantastisch, hervorragend, beautiful and unbelievably nice. Dass es einem einmal schlecht geht oder man einfach ein wenig Pech gehabt hat, scheint eine Todsünde zu sein.

Sich auf einen Durchschnittsamerikaner mit seinen Standardsprüchen zu verlassen, heißt in dem Moment, wenn er z. B. seine Hilfe anbietet, dass er dies sofort wieder vergisst. Er denkt sich einfach nichts dabei. Er will nur immer ausgesprochen nett erscheinen, um somit den Eindruck zu vermitteln, etwas darzustellen, das andere beeindrucken könnte. Das ganze Getue ist alles eine pure Komödie, die täglich von Neuem an- und abläuft.

Bankabrechnungen oder Abrechnungen von Kreditkarteninstituten oder überhaupt Rechnungen aller Art werden selten nachgeprüft und so fällt dem Durchschnittsschuldner natürlich auch nicht auf, dass er, wenn er seine Grenzen im Kreditwesen überschritten hat, in der Regel zwischen 20 und 28 Prozent Zinsen jährlich zahlt.

Ich glaube, dass der amerikanische Durchschnittshaushalt mit 14 000 Dollar oder höher nur durch Kreditkartenkäufe allein verschuldet ist. Da nie viel, sondern nur immer das, was absolut nötig und von den Kreditkarteninstituten vorgeschrieben ist, abgezahlt wird, kann sich die komplette Rückzahlung einer solchen Schuld unter Berücksichtigung der immer wieder neu anfallenden Zinsen über einen langen Zeitraum hinziehen. Die Kreditkarteninstitute könnten, wenn sie das wollten, den nominellen Kredit, den sie ihren später völlig in Abhängigkeit geratenen Kunden eingeräumt haben, schon nach einigen Jahren als quasi-uneinbringliche Forderung abschreiben und ausbuchen. Allein mit den jährlichen Zinseinnahmen, die mit den Überziehungskrediten verdient werden, werden unvorstellbare Gewinne erzielt. Kreditnehmer werden bestärkt, immer nur die recht geringen Minimum-Abzahlungssummen zu entrichten, die meistens so berechnet sind, dass sie gerade die fälligen Zinsen beinhalten. Das sind dann auch ihre besten Kunden, denn sie binden sich somit auf Jahrzehnte, wenn nicht lebenslang an den Kreditgeber.

Die meisten Amerikaner arbeiten darauf hin, ein eigenes Haus zu besitzen. Es ist der ultimative Gipfel im amerikanischen Leben, auf eigenem Grund und Boden im eigenen Haus zu wohnen. Statistisch gesehen lebt der überwiegende Teil der Amerikaner auch im eigenen Haus, nur gehört es den meisten von ihnen bis zu ihrem Tode nicht. Es ist so einfach, ein Haus zu erwerben, denn man benötigt nur eine sehr geringe Anzahlungssumme oder manchmal auch gar keine und nimmt den Rest oder die ganze Kaufsumme in Form einer Hypothek auf. Die monatlich zu leistenden Abzahlungen sind dann auch entsprechend hoch und in vielen Fällen bedenklich nahe an der Grenze des zur Verfügung stehenden freien Teiles eines Familieneinkommens.

Es werden unvorstellbare Risiken in Kauf genommen. Der plötzliche Verlust der Arbeitsstelle oder eine Krankheit des Haupt-Brotverdieners ist dann in vielen Fällen der Grund, dass die Hypothekenzahlungen nicht mehr ordnungsgemäß geleistet werden können oder in vielen Fällen total ausfallen. Wenn dies eintritt, verliert der Eigentümer schon nach kurzer Zeit sein Haus, denn die Hypothekenbanken werden sofort Maßnahmen zur Zwangsversteigerung einleiten, um wieder in den Besitz ihrer geliehenen Geldmittel zu gelangen. Der dann nur kurzzeitige Eigentümer des betroffenen Hauses verliert in der Regel alle Gelder, die er für den Erwerb der Immobilie aufgewendet hat. Gleichzeitig wird dann die so wichtige Kreditwürdigkeit dieser Ex-Hauseigentümer auf Zeit sehr stark in Mitleidenschaft gezogen und sie haben große Mühe, später überhaupt noch einmal ein Eigenheim erwerben zu können.

In anderen Fällen kann es durchaus sein, dass jemand sein Haus schon sagen wir bis zur Hälfte abgezahlt hat und dann fällt ihm ein, sein Haus wieder bis an die Halskrause durch eine Umfinanzierung mit einer neuen Hypothek zu belasten. Er lässt sich dann den getilgten Teil seiner ursprünglichen Hypothek auszahlen, macht mit dem Geld eine Reise, kauft sich ein Boot, schenkt seiner Frau ein teures Schmuckstück oder was auch immer und verplempert so die ausgezahlte Summe. Wenn alles Geld ausgegeben ist, steht er wieder genau da, wo er schon vor Jahren war, nämlich mit einer neuen riesigen abzuzahlenden Hypothek, die er vielleicht bis an sein Lebensende mit sich herumschleppt.

Amerikaner erwerben einfach alles auf Kredit, Haus, Hauseinrichtung, Versicherungen aller Art, Auto, Boot, Kleidung, Reisen usw. werden monatlich abgestottert. Über die enormen Zinsleistungen, die jeder für diese Güter zu zahlen hat, macht man sich keine Sorgen. Man will einfach nach Möglichkeit alles, was man sich wünscht, sofort besitzen. Da die Qualität der meisten Wirtschaftsgüter sehr zu wünschen übrig lässt, ist es ganz normal, wenn ein Großteil der auf diese Weise erworbenen Produkte schon längst verschlissen oder unbrauchbar geworden ist, man aber immer noch für diese Dinge abzahlt.

In der amerikanischen Wirtschaft gibt es den Ausdruck „Durable Goods", das sind Wirtschaftsgüter, die eine Lebensdauer von drei Jahren oder etwas länger haben. Darunter fallen z. B. Autos, Maschinen aller Art, Möbel und sogar Häuser. Im Klartext heißt das, dass wenig Sorgfalt für die Herstellung solcher Wirtschaftsgüter von den Herstellern aufgewendet wird, da alles auf schnellen Verschleiß abgestellt ist, um die Ersatzbeschaffungen und den Nachholbedarf nicht zu gefährden. Es ist also von größter Wichtigkeit, die Absorbierungsfähigkeit des Marktes zu erhalten, indem man Güter mit sehr kurzen und begrenzten Funktions- oder Haltbarkeitsgrenzen herstellt. Von Qualität im herkömmlichen Sinne kann also hier nicht die Rede sein.

Ein Großteil des verfügbaren Einkommens eines Haushaltes muss also monatlich für diese Abzahlungen aufgewendet werden. In vielen Fällen können jedoch die monatlichen Zahlungen nicht mehr geleistet werden, weil sie das verfügbare Einkommen weit übersteigen. Dann wird versucht und in der Regel mit Erfolg, dieses fehlende Kapital über neue Kreditkarten durch eine Umschuldung zu besorgen. Das kann dann noch eine Weile gut gehen, bis schließlich alle Kreditquellen ausgeschöpft sind und man bis unter den Haarwurzeln verschuldet ist.

Pausenlos hämmern die Kreditkarteninstitute in aufwendigen Fernsehreklamesendungen dem Volk den Gebrauch und die vielen Vorteile bei der Benutzung ihrer Kreditkarten ein. Auch dieses System, denn man muss tatsächlich von einem System sprechen, ist schon seit einiger Zeit ein Begriff, auch in Europa und anderen Ländern Fuß zu fassen.

Besonders einige Länder in Europa äffen sehr schnell alles nach, was in den USA praktiziert und stetig verfeinert wird.

Kaufen, kaufen und noch mehr kaufen, dröhnt es dann aus den Fernsehkästen. Produkte auf Abzahlungsbasis erwerben. Alles ist doch so einfach und so bequem und es sind doch nur sechs Monatsraten, bis Produkt X oder Y abbezahlt ist. Dazu kann man noch mit jedem dieser Käufe Flugmeilen erwerben und wenn man genug Meilen erworben hat, kostenlos in den Urlaub fliegen, so heißen dann die Reklamesprüche. Schulden machen und immer wieder neue Schulden machen, bis man vor lauter Schulden weder ein noch aus weiß. Das scheint die Geschäftsbasis der Kreditkartenindustrie zu sein. Pietätlos schließen sich dann nahtlos an diese Kreditkarten- und Kaufwerbungen die Reklamen von dubiosen Firmen an, die total verschuldeten Bürgern durch Konsolidierung ihrer Schulden und Absprachen mit ihren vielen Gläubigern aus ihrer Misere helfen wollen.

Um solch einen Schuldenberg wieder abzutragen, der manchmal unvorstellbare Größenordnungen erreicht, muss man schon sehr diszipliniert sein, was aber die meisten Schuldner nicht sind, denn sie wollen auch in diesen ausweglosen Situationen auf nichts verzichten. So werden dann von den total verschuldeten Menschen, wenn man nicht den persönlichen Bankrott erklären will, was wiederum die zukünftige Kreditwürdigkeit ihres ganzen restlichen Lebens infrage stellen würde, die Dienste der sich besonders im Fernsehen penetrant anpreisenden Kreditkonsolidierungsfirmen angenommen.

Diese Firmen behaupten von sich, uneigennützige Non-Profit-Organisationen zu sein. Wenn man aber alleine schon die aufwendigen, enorm teuren, zur besten Sendezeit ausgestrahlten Reklamesendungen dieser sogenannten Non-Profit-Organisationen sieht, müsste selbst der Dümmste hinter die Kulissen schauen können. Denn alleine der Reklameaufwand zwingt diese Firmen dazu, Geld, sogar viel Geld zu verdienen. Der Schuldner hat, wenn er eine dieser Firmen mit seinem akuten Problem betraut, auch gar keine andere Chance mehr und ist für Jahre ein williges, formbares Werkzeug in der Hand von diesen Blutsaugern.

Diese Firmen sprechen sich mit allen Einzelkreditoren des Schuldners ab und entwickeln einen Langzeit-Abzahlungsmodus, der dem Schuldner erlaubt, jeden Monat eine Summe abzuzahlen, die er noch gerade aufbringen kann, ohne gleich zu verhungern. Die Krone der Frechheit dieser Firmen, und es gibt eine große Anzahl davon, ist, dass sich eine Frau in einer ihrer Fernsehwerbungen, ich will den Namen der verantwortlichen Firma nicht nennen, geradezu unterwürfig bei dieser Firma mit den Worten „Vielen Dank, Fa. XY, für Ihre Hilfe und die Rettung aus meiner tiefen Not …" bedankt.

Einige dieser Firmen stellen sogar fest, dass die Schuldner ja nun monatlich viel mehr Geld zur Verfügung haben, da ja ihre Abzahlungsraten viel kleiner als vorher sind. Jetzt haben sie also wieder Geld zur Verfügung, das wiederum ausgegeben werden kann, damit die Dümmsten aller Dümmsten sich weiterhin mehr und mehr verschulden können, denn sie bemerken doch überhaupt nicht, was da abläuft, und meinen tatsächlich, sie hätten nun das große Los gezogen. Dass diese Dummbeutel sich zeit ihres natürlichen Lebens an einen dieser Ausbeuter und Blutsauger der Armen binden, kapieren sie einfach nicht oder wollen es auch wohl nicht wahrnehmen. Die Hauptsache bei diesen Leuten ist, wieder neue Dinge auf Kredit erwerben zu können, und schon dreht sich das Verschuldungsrad von Neuem.

Vielen bleibt dann aber der Weg zu einer persönlichen Bankrotterklärung nicht erspart. Sobald diese Stufe erreicht ist, sinken sie dann sehr schnell ab und befinden sich in ausweglosen Situationen, aus denen es kein Entrinnen mehr gibt. Die Banken verweigern ihnen dann die Führung eines Bankkontos und die so Betroffenen müssen dann ihre wöchentlichen Schecks, ausgestellt von ihren Arbeitgebern, bei Kredithaien gegen großzügige Provisionen, die von den Scheckbeträgen sofort bei Auszahlung in Abzug gebracht werden, einlösen.

Diese Kredithaie, die das ganze Land flächendeckend überziehen, findet man immer in Gegenden, in denen die Armen wohnen. Arbeiter und Angestellte bekommen am Ende jeder Arbeitswoche kein Bargeld, sondern einen Scheck über ihren Wochenverdienst vom Arbeitgeber ausgehändigt. Sie müssen, um sich und ihre Familien zu ernähren, diesen Scheck sofort und unbedingt in Bargeld verwandeln, damit die Familie nicht hungert.

Der größte und wohl brutalste dieser Kredithaie war wohl eine Firma in Falls Church, im Staate Virginia. Löst man bei einer Filiale dieser Firma, die in der Regel nur aus einem einzigen Raum mit einer Ein-Mann-Besatzung besteht, seinen Scheck ein, wird vorher sichergestellt, ob die ausstellende Firma auch bekannt oder solvent ist. Der Raum, sozusagen das Allerheiligste, ist mit einem riesigen Tresor bestückt und durch einen stabil gebauten Stahltresen mit Eisengittern und/oder schusssicheren Glasscheiben, die bis an die Decke reichen, von dem Kundenbereich abgeteilt. Präsentiert man dann seinen Scheck sagen wir einmal über 300 Dollar, werden nach einer genauen Schecküberprüfung dem Scheckeinreicher, falls er ein immer wiederkehrender Kunde ist, höchstens 280 Dollar in bar ausgezahlt. Bei Personen, die weniger bekannt sind oder zum ersten Mal erscheinen, können als besondere Risikovorsorge auch bis zu zehn Prozent vom Nennbetrag, also dreißig Dollar, in Abzug gebracht werden. Das Scheckeinlösungsgeschäft ist relativ risikolos, da der Kredithai die Scheckaussteller sehr gut kennt und eng mit ihnen zusammenarbeitet.

Das meiste Geld wird aber von Leuten abgezockt, die plötzlich einmal Bargeld benötigen und keinen Weg haben, sich dieses anderweitig zu besorgen. Für diese armen Schweine sind der Kredithai und viele andere, die wie Pilze aus dem Boden schießen, nichts anderes als Geldverleiher. Auf eine Prüfung der Kreditwürdigkeit der Kunden (sie haben sowieso keine) wird großzügigerweise verzichtet. Man stellt einfach alle persönlichen Daten der Kunden sicher, lässt sich von den Kunden vorgedruckte Knebelverträge, die es in sich haben, unterschreiben und zahlt Beträge in bar bis zu 500 Dollar aus. Diese Anleihen haben im Durchschnitt Laufzeiten von einer bis höchstens zwei Wochen und müssen dann inklusive der enormen Wucherzinsen zurückgezahlt werden. Falls die geliehenen Beträge nicht im vorgeschriebenen Zeitraum zurückbezahlt werden, werden weitere Wucherzinssätze der Schuld zugerechnet und so kann sich dann in einem Zeitraum von zwei bis drei Monaten, falls keine Rückzahlung möglich ist, die Schuld sehr schnell auf 1 000 Dollar oder mehr erhöhen.

Diese Kredithaie verfügen über ein wohlfunktionierendes Netz von Eintreibern. Das sind meistens Halunken, denen Gefängnisaufenthalte nicht unbekannt sind und die dann rücksichtslos für die Zwecke der Kredithaie eingespannt werden, um die Schulden einzutreiben. Es ist völlig aussichtslos für den Schuldner, das Weite zu suchen, denn er wird gefunden und so lange unter Druck gesetzt und genötigt, bis er zahlt.

Im Wall Street Journal vom 25. Mai 2001 wurde auf der ersten Seite folgender Fall, der sich bei einem dieser Kredithaie zutrug, zitiert. Eine junge Frau, 23 Jahre alt, Kassiererin bei einer Texaco-Tankstelle, lieh sich einen Betrag in Höhe von 300 Dollar. Dieser Betrag musste in zwei Wochen mit einem zusätzlichen Betrag von 51 Dollar zurückbezahlt werden. Wenn man bei diesem Beispiel eine jährliche Zinsrechnung anstellt, kommt man auf einen Zinssatz in Höhe von 443 Prozent. Da aber Wucherzinsen dieser Größenordnung sogar bei diesen Kredithaien verboten sind, wurde die Transaktion einfach im Namen einer Bank, einer kleinen, relativ unbekannten Bank im Süden von Kalifornien ansässig, durchgeführt. Offensichtlich dürfen Banken in einigen Staaten Geschäfte dieser Art tätigen.

Auch riesige Ketten von Pfandleihhäusern überziehen das ganze Land. Dort verpfänden die ärmsten Schlucker ihre wenigen Wertsachen, um sich ein paar Dollar bis zum nächsten Zahltag zu borgen, damit sie nicht verhungern. Diese Leihhäuser nehmen nur Güter an, die sich schnell und problemlos verkaufen lassen, falls sie nicht wieder ausgelöst werden. So schleppen die Leute ihre Fernseher, Computer, Radios, Fahrräder etc. in diese Leihhöllen und bekommen dafür Beträge von zehn bis manchmal hundert Dollar. Auch ihre alten Autos oder Motorräder verpfänden sie, sollten sie in große Not geraten sein. Sperrige Güter parken die Leihhäuser dann auf eingezäunten Plätzen vor ihren Gebäuden. Bei der Auszahlung der dürftigen Beträge an die Verpfänder werden die Pfandkosten, die sehr variabel gehandhabt werden und zwischen zehn und zwanzig

Prozent der Pfandsumme liegen, gleich abgezogen. Die Zeit für eine Wiederauslösung beträgt maximal einen Monat. Verliert ein Verpfänder z. B. seine Arbeitsstelle und kann somit das verpfändete Objekt nicht pünktlich ausgelöst werden, ist es verloren. Die Pfandleihhäuser veranstalten regelmäßig Auktionen und verkaufen dann alle nicht eingelösten Güter mit zusätzlichem Profit.

Statistiken regieren Amerika

Eine andere völlig überkandidelte Eigenart der Amerikaner, wie ich immer wieder feststellen musste, sind Statistiken jeder Art. Für reine Wirtschaftszwecke mögen Statistiken ja ihren Wert haben. Aber grundsätzlich alles, was sich im Leben eines Amerikaners ereignet oder zugetragen hat, wird statistisch ausgewertet. Man kann hier ohne diesen Zahlensalat, der Wirtschaft, Politik, Sport, Verhaltensweisen der Menschen bis hin zu den privatesten und intimsten Details überwacht, steuert und beeinflusst, offensichtlich nicht existieren oder überleben.

Zahlreiche Organisationen, die sich nur mit Datenerfassung aller Art beschäftigen, sorgen für einen nie versiegenden Wust an statistischen Werten, Formeln, grafischen Kurven, Analysen usw. Der moderne Amerikaner lebt und arbeitet in einem statistisch geordneten Umfeld. Ohne diese statistischen Werte, so ist wohl sein Empfinden, wären seine Fähigkeiten, Neigungen, Ideen, vielleicht sogar sein persönliches Leben, Glück, Gesundheit etc. entweder stark eingeschränkt oder einfach nicht vorhanden. So weit darf auch die amerikanische Sucht nach statistischen Werten nicht gedeihen.

Diese Datenlisten haben für gewisse andere Unternehmen, die Massenprodukte herstellen, einen hohen Stellenwert. Sie werden mit erklecklichen Profiten an Dritte verkauft und die wiederum versuchen mithilfe dieser Listen, ihre Produkte an die Verbraucher zu vermarkten. Gut, die moderne Weltwirtschaft mit ihren Auswirkungen auf Mensch, Tier und Umwelt benötigt zwar ein gewisses Maß an statistischen Anhaltswerten, jedoch sollten diese nicht zu bewusst durchgeführten Manipulationen benutzt werden. Die Lebensqualität, Individualität, Gewohnheiten und das Umfeld der Menschen statistisch zu beeinflussen, ja gar zu steuern, wäre ein schleichender Vernichtungsprozess, der die gesamte Menschheit erfassen würde.

Am Ende eines jeden Börsentages zeigt z. B. auf dem Börsen- und Finanzkanal CNBC im Fernsehen eine Tafel unter der Überschrift „Wealthmeter“ (= Reichtums- oder Wertindikator) an, um wie viel an diesem Börsentag der Wert der Aktien der größten Aktionäre von bestimmten Großunternehmen gestiegen oder gefallen ist. Die Großaktionäre, die auch manchmal die Haupteigentümer der Unternehmen, in denen sie ihre Aktienpakete halten, sind, werden namentlich genannt und ihr Vermögen wird anhand des Standes ihrer Aktien an dem Tage hochgerechnet. Sie sind dann an dem Tage um soundso viele Millionen reicher oder ärmer geworden. Da werden schwindelerregende Summen statistisch erfasst und als Information an die US-Bevölkerung ausgestrahlt.

Diese Vermögensprotzerei muss den Zuschauern als purer Hohn erscheinen, denn die meisten von ihnen müssen hart arbeiten, um sich und ihre Familien überhaupt über Wasser halten zu können. Ob diese täglichen Veränderungsanzeigen des Reichtums weniger Firmen und Unternehmer für die überwiegend um ihre Grundexistenz kämpfende Masse der Amerikaner als Ansporn oder zur Resignation dienen soll, ist hier die Frage. Natürlich ist es nach dem generellen amerikanischen Brauch denkbar, dass diese statistischen Reichtumsaufstellungen von wenigen Erfolgreichen ein sichtbares Zeichen für viele sein können, noch härter zu arbeiten, um wenigstens in den Genuss einer wirtschaftlichen Ebene etwas oberhalb der Armutsgrenze zu gelangen.

Das Phantom Geld machen, erfolgreich sein, egal wie, ist und bleibt offensichtlich der „American Dream“ (= der amerikanische Traum).

Schon seit einiger Zeit, man sollte es nicht für möglich halten, dient in den USA der durch die weltumfassende Fast-Food-Kette McDonald’s vermarktete Big Mac primär als Messlatte für die Kaufkraft verschiedener Währungen in den wichtigsten Ländern der ganzen Welt. Dieser Hackfleischklops wird also als Wertindikator weltweit gegenüber dem US-Dollar für die Bereiche Preisentwicklung, Preisstabilität, Inflationsbewegung, Kaufkraft etc. benutzt und statistisch ausgewertet.

Man könnte wohl auch zu diesem Zwecke das Produkt der Firma Coca-Cola nehmen, denn dieses Unternehmen ist ja auch in allen wichtigen Teilen der Welt mit seiner braunen Limonade vertreten. Das Edelmetall Gold, die Welt-Wertmesseinheit der vergangenen Zeit, ist wohl anscheinend von einem Stück Hackfleisch, zwischen zwei pappige Brötchenhälften geklemmt, verdrängt worden. Was wird wohl das nächstfolgende Produkt der Welt-Wertmesseinheit sein?

Die US-Institute, die sich mit diesen statistischen Ermittlungen und Vergleichen befassen, vermarkten ihre Untersuchungen und Resultate an die heimischen Währungshüter und Finanzinstitute, die daraus ihre Schlüsse ziehen und so die Vergleichswerte zur US-Dollar-Währung ermitteln. Dann werden über einen bestimmten Zeitraum die Tendenzen und Verhaltensweisen der verschiedenen Währungen (entweder steigend oder fallend) prognostiziert und festgelegt. Den Nutzen aus diesen eher kühn erscheinenden statistischen Rechenübungen haben immer diejenigen, die diese absonderlichen Hochrechnungen frühzeitig erfahren und sofort entsprechend disponieren können, d. h. sich auf dem Weltmarkt zum günstigsten Zeitpunkt mit Währungen eindecken, die sie entweder kaufen oder verkaufen. Auf diesem Sektor verdienen wenige Insider sehr viel Geld.

Statistisch erfasst und ausgewertet und dann industriell verwertet und vermarktet werden auch alle Eigenarten, Gewohnheiten, Vorlieben etc. der Amerikaner. Will man z. B. wissen, wie ein bestimmtes Lebensmittelprodukt von den US-Bürgern aufgenommen wird, stellt man zuerst fest, inwieweit dieses Produkt schon dem Geschmack der Amerikaner entspricht. Befindet sich das Produkt noch außerhalb des Geschmacks der Masse der Bevölkerung, wird es so lange verändert, bis es tatsächlich allen Anforderungen entspricht. Das Ziel ist immer, den größten Käufer- oder Abnehmerkreis anzupeilen und dann das Produkt in riesigen Massen oder Stückzahlen möglichst billig, aber mit hohen Profitmargen herzustellen. Die schon oben angesprochenen Produkte wie Hamburger oder die Coca-Cola-Limonade unterlagen über Jahrzehnte dauernden Veränderungen und Anpassungen, bis sie schließlich genau die allgemeine Geschmacksrichtung trafen. Nicht nur in den USA, sondern in vielen andern Teilen der Welt, manchmal möglicherweise ein wenig verändert, um lokalen Anforderungen oder Auflagen gerecht zu werden, finden sie ihr Käuferpotenzial.

Ob dann, wie in den USA, ein riesiger Prozentsatz einer Bevölkerung durch den Genuss dieser oder anderer Lebensmittel-Massenprodukte an akuter Fettsucht und Überfettung leidet, interessiert die Produkthersteller überhaupt nicht. Auch auf Europa und andere Länder hat sich mittlerweile diese Geschäftspraxis ausgeweitet und ist von den Menschen dort angenommen worden.

Erfreulich und von großem Vorteil sind solche enormen Bevölkerungszahlen von an Überfettung Leidenden natürlich für die Pharmaindustrie, die tonnenweise ihre Schlankmacher- oder Diätpillen an die sich kugelrund gefressenen, schwergewichtigen Kinder, Frauen und Männer absetzen kann. Man schafft sich so langfristig einen Absatzmarkt, denn der überwiegende Teil dieser Fettkolosse verliert auch durch die tägliche Einnahme von Schlankmachermitteln auf Dauer kein Gewicht. Auch dieser Zustand wird statistisch erfasst und dient zur langfristigen Produkt- und Verkaufsplanung der Pharmaindustrie. Die Auswirkungen und Zustände werden ausgewertet und sofort von den Produktherstellern umgesetzt, die ihren Vorteil von dieser manipulierten Menschenmasse haben. Statistiken zeigen den Pharmaunternehmen die typischen Krankheiten der Amerikaner an – wie viele Menschen von z. B. Krankheit X oder Y betroffen sind. Es werden dann gezielt die bestimmten Medikamente entwickelt, die diese Krankheiten bekämpfen sollen. Aber nur in den für die Hersteller profitabelsten Krankheitsbereichen und Sektoren wird unter Einsatz von Großkapital geforscht und entwickelt.

Es ist bestimmt schon oft vorgekommen, dass hier Menschen beerdigt werden und die Rechnung über die Beerdigungskosten von den Hinterbliebenen an das Beerdigungsinstitut mit einem Scheck beglichen wird, der dann auch prompt, wenn er eingelöst wird, platzt. Solche Menschen können dann von sich mit Recht behaupten, bis zu ihrem Tode total verschuldet gelebt zu haben. Das scheint in einem gewissen Sinne auch das erklärte Ziel vieler Amerikaner zu sein.

Amerikaner sind häufig sportbegeistert und nehmen regen Anteil an den Haupt-Sportarten, die hier ausgeübt und meistens im Fernsehen übertragen und kommentiert werden. Auch hierüber werden Statistiken bis in die kleinsten Details geführt. Hier sollte nur anhand von zwei Sportarten die Pingeligkeit und der statistische Wust an Informationen einmal kurz beleuchtet werden.

Es wird festgehalten, wie oft z. B. bei der Sportart Baseball ein Spieler den Ball mit dem Schläger getroffen oder nicht getroffen hat und wie weit dann bei einem Treffer der Ball geflogen ist und wohin; wie oft ein Werfer in dieser Sportart sein Ziel verfehlt und wie die einzelnen Würfe durchgeführt wurden; wie oft der Fänger den Ball fängt oder fallen lässt usw.; wer z. B. bei einem Torerfolg im Eishockeysport dem Torschützen den Puck zuletzt zugespielt hat; wie viele Minuten jemand auf der Eisfläche innerhalb einer Spielzeit oder sogar in seinem ganzen Eishockeyleben zugebracht hat; wie oft ein Spieler auf der Strafbank sitzen musste; wie viele Knochen- oder Nasenbeinbrüche er in einer Saison oder in seinem Sportleben erlitt und wie sie verheilt sind und ob er vielleicht noch mit Nachwirkungen rechnet und wie sie sich für die Zukunft auswirken und, und, und.

In komplizierten und komplexen Tabellen – in vielen Fällen von Versicherungsunternehmen zwecks Prämienberechnung und Versicherungsrisiken bei den Datenerfassungsorganisationen in Auftrag gegeben – werden dann solche wichtigen Fakten und Durchschnittswerte der Kombattanten in den jeweiligen Sportarten berechnet, festgehalten und veröffentlicht.

Es scheint auch, dass ein erfolgreicher Sportler nur derjenige sein kann oder wird, der enorme statistische Datenhaufen erspielt oder irgendwie durch die Ausübung seines Sports erwirkt hat. Der Sportfan ist für solche Ansammlungen von statistischen Auswertungen sehr empfänglich und merkt sich das alles. Wahrscheinlich erwirken oder helfen diese Daten zu erfahren, wie man aus einem normalen Sportler einen Ausnahme- oder Spitzensportler machen kann.

Ab und zu erscheinen dann Korrekturen in der Statistik, dann hat der Computer mal wieder falsch gerechnet, heißt es, und so kann es durchaus passieren, dass – immer mit statistischen Augen gesehen – der von dem

Computer falsch berechnete und betroffene Sportler plötzlich wertvoller oder weniger wertvoll wird. So zieht sich das Statistikspiel durch das gesamte Geschehen in den USA.

Besonders weitreichende Konsequenzen haben statistische Fehler und Falschangaben, wenn sie den Wirtschaftsbereich betreffen. Sie müssen dann später korrigiert werden und beeinflussen dann im Nachhinein die Märkte nicht unwesentlich.

Es ist nicht ungewöhnlich, dass Werte, die z. B. Bruttosozialprodukt, Arbeitslosenziffern, Importe, Exporte, Staatsverschuldung usw. betreffen, falsch, zu früh oder zu spät an die Öffentlichkeit kommen. Solche Fehler haben immer direkte Einwirkungen auf die Finanzwelt, besonders auf den Aktienmarkt. Solche Fehlinformationen können zu großen Turbulenzen im gesamten Finanzwesen führen und völlig ungewünschte, gefährliche Zustände hervorrufen.

Nun ist es bei Weitem nicht so, dass nur in den USA Statistiken geführt werden. Gewisse Mengen an statistischen Daten werden auch in anderen Ländern ermittelt, jedoch finde ich, dass sie nicht die gravierenden Einflüsse und Wirkungen auf alle Bereiche haben, wie es in den USA der Fall ist. Die typisch akribisch geführte amerikanische Datensammlungswut kann zu weittragenden gewollten und ungewollten Konsequenzen führen. Sogar Kriege und der Einsatz von Menschenleben und Material werden erst einmal statistisch durchgespielt. Eine sehr wichtige Komponente ist auch, ob ein Krieg wirtschaftliche Vorteile bringt oder bestehende politische oder wirtschaftliche Interessen schützt. Sollte sich z. B. rechnerisch herausstellen, dass zu viele Soldaten in dem einen oder anderen Krieg, an dem die USA teilnehmen wollen, möglicherweise den Tod finden könnten, fangen sie ihn wahrscheinlich erst gar nicht an. Denn zu viele Kriegsopfer wären der Öffentlichkeit schwer zu verkaufen und würden den verantwortlichen Politikern abträglich sein. Wenn nämlich mehr als die vorher genau berechnete und abgesegnete Anzahl der Soldaten den Tod durch eine Kriegseinwirkung erleiden würden, wäre der Erhalt ihrer Ämter und Positionen in größter Gefahr. Solche oder ähnliche Risiken würden Politiker nie eingehen.

Politik und Gerichtswesen / US-Wahlen und die amerikanische Klagesucht

Ein anderes Spektakel sind immer die Wahlen in den USA. Obwohl schon viel über diese Arten von Wahlschauspielen, denn das sind sie immer, berichtet wurde, will ich einzelne Punkte, die zu Debakeln in den Wahljahren 2000 und 2001 führten, einmal beleuchten. Diese Wahl war mit Abstand die größte Lachnummer des Jahrhunderts. Sie war, was die Entscheidungsfindung betrifft, wer nun schließlich Präsident der Vereinigten Staaten von Amerika wird, die längste in der US-Geschichte.

Da hatte man schließlich unter den 250 Millionen Amerikanern zwei Endkandidaten gefunden, den beiden größten Parteien des Landes angehörend, einen unter den Republikanern, George W. Bush, und einen unter den Demokraten, Al Gore. Von diesen beiden sollte nun einer durch das Volk in das Präsidentenamt gewählt werden. Fest steht nur, dass der Endkampf, den die beiden Politiker Gore und Bush, von denen schließlich nur einer Präsident werden konnte, untereinander ausfochten, ziemlich ungewöhnlich war.

Nun muss man wissen, dass jeder Staat in der Union sein eigenes Süppchen kocht. Jeder dieser Staaten hat völlig unterschiedliche Eigenarten, wie z. B. Erziehungswesen, administrative Vorschriften und deren Durchführung, Polizeigewalt, unterschiedliche Strafzumessungen bei Kapitalverbrechen (von Lebenslang bis hin zur Todesstrafe), Versicherungswesen, Steuerwesen und Regelwerke von Gesetzesvorschriften und wie diese einzuhalten, durchzusetzen und zu ahnden sind. Durch diesen Wirrwarr durchzufinden, ist selbst für gebürtige Amerikaner ein schier unmögliches Unterfangen, denn was in einem Staat erlaubt ist, ist in einem anderen verboten. So werden denn auch Wahlen für politische Ämter völlig unabhängig von Staat zu Staat durchgeführt.

Soweit es z. B. diese Präsidentenwahl anbetrifft, muss man berücksichtigen, dass fast in jedem Staat die Stimmzettel anders geartet und ausgelegt sind, also existiert keine Uniformität. Manche Staaten haben

Maschinen von einem Hersteller, mit denen man für oder gegen Kandidaten stimmen kann, wieder andere haben völlig anders programmierte und zu handhabende Maschinen von anderen Herstellern, manche Staaten haben überhaupt keine. Dort wird nämlich noch manuell abgestimmt wie zur Gründerzeit. Auch die Auszählung der abgegebenen Wahlstimmen des Volkes wird, wie könnte das anders sein, von Staat zu Staat unterschiedlich gehandhabt. Einige Staaten benutzen zur Auszählung wieder diese Maschinen von unterschiedlichsten Herstellern, andere zählen manuell die Stimmen aus.

Eines haben alle Staaten aber gemeinsam, und das ist eine Art grenzenlose Schusseligkeit, gepaart mit Blauäugigkeit, mit der sie an diese Dinge herangehen. Da werden also Heerscharen von Wahlhelfern zur Beaufsichtigung, Durchführung und zu Hilfeleistungen aller Art beauftragt. Viele von diesen guten Geistern hatten noch nie vorher einen Stimmzettel gesehen. Hauptsache bei der Heranziehung dieses Menschenmaterials war, dass sie diese Arbeiten ehrenamtlich, also ohne Bezahlung, verrichteten.

Einige Hochrechnungen, die während der Endphase der Wahl angestellt wurden, hatten Hinweise darauf gegeben, dass es wohl ein Kopf-an-Kopf-Rennen zwischen den beiden Kandidaten werden könnte. Wie immer, wenn etwas nach Sensation aussieht, berichteten und kommentierten die Fernsehanstalten fast pausenlos.

Ein Sender fühlte sich sogar befugt, anhand einer eigenen Hochrechnung einen der Kandidaten schon weit vor dem eigentlichen Wahlausgang zum Sieger zu erklären, musste dann aber später eingestehen, zu voreilig gehandelt zu haben, und sich bei dem Millionenpublikum entschuldigen. Das hat bestimmt dem anderen Kandidaten sehr geschadet, weil durch den sechsstündigen Zeitunterschied von der Ost- zur Westküste viele Wahllokale in den beiden weit auseinanderliegenden Gegenden unterschiedliche Schließungszeiten hatten, und als diese lautmäulig ausposaunte, völlig unfundierte Wahlausgangsprognose von dieser prominenten Fernsehanstalt publik wurde, haben viele Wähler ihre Stimmen nicht mehr abgegeben, weil ja offensichtlich einer schon die Wahl gewonnen hatte.

Die meisten großen Fernsehsender gehören einem privaten Investorenkreis an und können folglich in allen Belangen durch die Eigner kontrolliert und gesteuert werden. Sie können aber auch mehrheitlich Eigentum eines großen aktiennotierten Unternehmens sein. In beiden Fällen kann also nicht ausgeschlossen werden, dass die Eigentümer ihre parteipolitischen Ansichten oder Überzeugungen durch die von ihnen kontrollierten Medien an die Öffentlichkeit bringen und somit Einfluss auf die politische Landschaft nehmen.

Der offizielle Ausgang nach Schließung der Wahllokale und der Auszählung der meisten repräsentativen Stimmen deutete an, dass wohl keiner der beiden Kandidaten über die entsprechende Mehrheit verfügen würde. Aber immer wieder wurden unbestätigte Meldungen von den Fernsehmedien ausgestrahlt, dass wohl doch einer der beiden vorne liege, und so ging es ohne Unterbrechung hin und her. Schließlich wurde beschlossen, dass die Stimmen in einem Staate, nämlich Florida, nochmals gezählt werden müssten, um somit eine Entscheidung zu erreichen. Das war der Wunsch einer Partei, aber nicht der der anderen.

Viele Unzulänglichkeiten des gesamten US-Wahlsystems kamen durch diesen Umstand ans Tageslicht. Sporadisch in einigen Gemeinden des Staates Florida angeordnete Probenachzählungen ergaben, dass die Gemeinden untereinander völlig verschiedene Standards der Stimmenzählung und verschiedenartige Auslegungen und Bewertungen, für wen die Bürger ihre Stimme abgegeben hatten, angewandt hatten. Da wurde plötzlich bekannt, dass Stimmzettel innerhalb der verschiedenen Gemeinden keine Uniformität hatten und für viele Wähler zu einer totalen Verwirrung geführt hatten. Bei einer beabsichtigten Stimmabgabe des Wählers für einen bestimmten Kandidaten kam die Stimme einem ganz anderen Kandidaten zugute.

Da kam zum Vorschein, dass völlig antiquierte Wahlmaschinensysteme in vielen Staaten und Gemeinden benutzt worden waren. Es wurde plötzlich bekannt, dass schon jahrelang die Wahlmaschinen nicht gewartet worden waren. Viele waren völlig unbrauchbar, total verdreckt und voller Papierreste von vorhergehenden Wahlen. Wenn einige trotzdem noch ab und zu funktionierten, waren die Resultate überhaupt nicht vergleichbar und völlig dem Zufall überlassen.

Schließlich, nach einer Reihe von gerichtlichen Auseinandersetzungen, die von hoch bezahlten Rechtsanwaltteams beider Parteien angestrengt und über eine Reihe von Gerichtsstufen ausgetragen wurden, wobei abwechselnd mal die eine Partei in einigen Punkten recht bekam, dann wieder die andere einen kleinen Pyrrhussieg verzeichnen konnte, wurde von den Richtern entschieden, für verschiedene Landesteile Floridas visuelle Handzählungen der Stimmen durchzuführen.

Da wurden Zählteams gebildet, denen immer ein Richter als oberste Instanz und Schiedsrichter zugeteilt war. Diese Teams waren mit Mitgliedern von beiden Parteien gleichmäßig bestückt. Jeder Wahlzettel wurde daraufhin immer einzeln untersucht, um herauszufinden, was wohl die eigentliche Intention des jeweiligen Wählers gewesen sein könnte. Ein genereller Standard, der genau vorschrieb, wie die Stimmen zu beurteilen und bewerten sind, existiert immer noch nicht. So konnte jede Gemeinde und somit auch jedes dieser Stimmzettel-Auszählteams die Bewertung der Stimmen nach eigenen Empfindungen und Ansichten, also praktisch nach Gutdünken durchführen.

Da wurden in einer Gemeinde schon nur sehr leichte, nur unter Vergrößerungsgläsern sichtbare Druckstellen, die die völlig unbrauchbaren Wahlmaschinen auf den Stimmzetteln hinterlassen hatten, z. T. als positive oder aber auch negative Stimmabgaben beurteilt. Es kam immer darauf an, welche Person von welcher Partei sich hinter den Vergrößerungsgläsern dieser Wahlteams befand. In anderen Gemeinden wieder mussten diese Druckstellen völlig ausgestanzt sein und in wieder anderen konnten sie auch halb ausgestanzt, noch an einer Ecke hängend, als Wählerwille (Ja-Stimme) beurteilt werden oder auch nicht.

Schier unglaubliche Szenen spielten sich in den extra angemieteten Zählräumen ab und immer wieder wurde alles unter den wachsamen Augen der Kameras der Fernsehanstalten kommentiert und bewertet. Wieder schlugen die Wogen der Spekulation hoch, denn diese individuellen Zählteams gaben immer ihre Tagesresultate öffentlich durch die Medien bekannt und so lag, je nach Tagesresultaten, wieder mal ein Kandidat mit ein paar Stimmen vorne und am nächsten Tag wieder der andere.

Zwischendurch fanden die gerichtlichen Auseinandersetzungen weiterhin statt und wurden von vielen hergesuchten, langatmigen Ausführungen begleitet, bei denen sich die besten Rechtanwälte der USA mit ihren enorm großen Teams, die als Recherchierende und Zuträger von Informationen eingesetzt wurden, regelrechte Saalschlachten lieferten. Überall wurde herumgegraben, ob sich nicht doch noch Material fand, das in diesen Gerichtsauseinandersetzungen Gewicht haben könnte und zum Sieg der einen oder anderen Partei führen würde. Natürlich waren diese gerichtlichen Auseinandersetzungen die beste Reklame für diese hoch dotierten Rechtanwälte und ihre Kanzleien, denn sie bekamen sozusagen kostenlos über die Medien eine Breitenstreuung serviert, die ihnen auf Jahre einen großen Zulauf an Klienten sicherte.

Zwischendurch verschwanden plötzlich ganze Wahlurnen mit Stimmzetteln spurlos oder einige Wahlbezirke zählten die gleichen Stimmen zweimal aus und addierten sie. Es war nichts mehr unmöglich in diesen Monaten. Es wurde gelogen, geschoben, verfälscht und unbrauchbar gemacht, was sich nur anbot. Ein totales Chaos bahnte sich an, bis schließlich der Supreme Court, das oberste Gericht der USA, mit einer Entscheidungsfindung beauftragt wurde und nach einigen Anläufen und Vorentscheidungen tatsächlich einen der beiden Kandidaten, es war Bush in diesem Falle, zum Sieger erklärte. Ob er wirklich der eigentliche Gewinner der Wahl war, wird wohl niemals ermittelt werden können, aber nun hatten die Amerikaner wenigstens einen Präsidenten, der in sein Amt eingeschworen werden konnte.

Die Ironie bei diesem Wahlschauspiel, das vor den Augen der ganzen Welt ablief und über das jeder in der ganzen Welt nur herzlich lachen konnte, wobei viele unserer amerikanischen Freunde und auch viele andere amerikanische Bürger sich schämten, ist, dass mit einem einheitlichen Wahlsystem, wäre es in allen Staaten der Union zur Anwendung gekommen, niemals ein solch lächerliches Debakel entstanden wäre.

Mit einem Aufwand von nur 200 Millionen Dollar hätten alle Staaten mit gleichen Fabrikaten von neuen, einheitlich funktionierenden Wahlmaschinen ausgestattet werden können. Zu dieser Erkenntnis kam man schlussendlich aber viel zu spät. Ob überhaupt einmal ein einheitliches Wahlsystem in den USA eingeführt werden kann, hängt in erster Linie von den unterschiedlichen Eigenarten ab, die jeder Staat für sich in Anspruch nimmt und bis aufs Messer verteidigt.

George W. Bush wurde schließlich Präsident, machte Dick Cheney zu seinem Vizepräsidenten und das Paar konnte sogar für eine zweite Amtszeit wiedergewählt werden. Sie machten ihre Sache eher schlecht als recht. George W. Bush, selbst schon ein einfältiger und selbstherrlicher Typ, der seine Ideen und Einfälle immer von ganz „oben" erhielt, umgab sich dann noch mit Beratern, die völlig unfähig waren und vor Unwissenheit geradezu strotzten, und fertig war ein Team, über das sehr oft der Rest der Welt herzlich lachen musste. Sein Vater G. Bush war von 1989 bis 1993 Präsident gewesen, hatte auch eher farblos sein Amt versehen. Danach kam Bill Clinton, ein Demokrat, der sehr beliebt und auch sehr fähig war.

Nach Bush war Barack Obama mit Vize J. Biden tätig. Bemerkenswert erscheint mir der Wahlkampf 2008, bei dem es um die Wiederwahl von Barack Obama ging. Von der republikanischen Seite trat John McCain an, im Vietnamkrieg war er ein erfolgreicher Jagdflieger gewesen, war abgeschossen worden und hatte mehrere Jahre dort in Kriegsgefangenschaft verbracht. Er war Senator und lag auch aussichtsreich im Rennen, aber dann machte er einen kapitalen Fehler. Er tat sich ohne Not mit der Gouverneurin des Staates Alaska, Sarah Palin, zusammen. Sie wollte er beim Gewinn des Präsidentenamtes zu seiner Vizepräsidentin machen. Das wurde sein Verhängnis, denn Palin glänzte ausschließlich durch abgrundtiefe Ignoranz und Unwissenheit in allen Bereichen.

Es wurde einem geradezu übel, wenn diese Person den Mund aufmachte und kontinuierlich mit ihren fragwürdigen Ansichten die Menschheit bedachte. Schließlich wurde es auch der wohlwollendsten Presse und sogar ihren sich auf dem gleichen geistigen Niveau befindlichen Anhängern zu viel und McCain musste die Segel streichen. Für McCain war der Wahlkampf schlagartig vorbei. Schade, denn McCain wäre sicher ein sehr guter US-Präsident geworden. Ich halte McCain für einen der besten Politiker, die jemals in den USA in führender Funktion als Senatoren ihr Amt verrichteten.

Aber Präsidentschaftswahlen in den USA sind immer gut für Überraschungen. Das konnte die Welt wieder einmal in den letzten Wahlen 2016/2017, die Donald Trump mit unglaublichen Versprechungen und vielen Unwahrheiten, die er seinem Wahlvolk, bestehend aus meistens ungebildeten Bevölkerungsschichten, auftischte, erleben.

Trump wird von vielen als krankhafter Lügner und Psychopath bezeichnet, der sein Land und die Welt nur von seinem dümmlichen und ignoranten Standpunkt aus versteht und betrachtet. Wenn ihn keiner lobt, macht ihm das wenig aus, denn dann lobt er sich eben selbst. Auch hier lachte die ganze Welt, aber schlussendlich, zwar knapp, wurde er gewählt. Jetzt hat er vier Jahre Zeit, die US-Bevölkerung und die Welt mit chaotischen Weisheiten, die er meistens nur über Twitter verbreitet, zu beglücken. Große Teile seiner eigenen Partei stehen schon länger nicht mehr hinter ihm oder haben z. T. noch nie hinter ihm gestanden. Alle warten darauf, dass er einige große, der Nation schadende Fehlentscheidungen mit enormer Tragweite trifft, denn dann könnte ihm ein Amtsenthebungsverfahren drohen und er aus seiner Position entfernt werden.

Noch ein Punkt, der mir in den USA auffiel und der es verdient, hier niedergeschrieben zu werden: Das Klagewesen nimmt in den USA einen sehr hohen Stellenwert ein. Es ist ein gewaltiger Wirtschaftszweig, der nicht nur die Gerichte in allen Instanzen, sondern auch ein riesiges Heer von Rechtsberatergehilfen, Rechtsanwälten und Großkanzleien dauerhaft beschäftigt.

Schon über bagatellartige Unstimmigkeiten, die sich zuhauf im privaten Bereich abspielen und die in den meisten Ländern der Welt auf privater Ebene gütlich geregelt werden, schon deshalb, weil sich kein Rechtsanwalt, geschweige denn ein Gericht jemals mit solchen Lappalien beschäftigen würde, werden hier umfangreiche und kostenträchtige Klagen angestrengt. Wenn es eben möglich ist, verklagt hier jeder jeden, denn ein Klageerfolg könnte ja einen finanziellen Nutzen erwirken. Das ist auch generell immer der Hintergrund dieser endlosen Kette von Klägern und Beklagten. Besonders profiliert sich die Zunft der Rechtsanwälte in steigendem Maße als ausgesprochene Leichenfledderer, denn sie würden, wenn dabei noch Geld zu verdienen wäre, längst Verstorbene noch verklagen und vor Gericht stellen.

Die finanziell erfolgversprechendsten Klagen werden jedoch immer gegen Firmen und deren Produkte angestrengt. Egal was produziert wird, egal wie viele Hinweise oder Handhabungsvorschriften, Vorsichtsmaßnahmen etc. auf den Produkten bis ins kleinste Detail gehend und hervorragend ausgearbeitet, aufgedruckt und angebracht und für jeden Idioten, so meint man, leicht zu verstehen sind, es finden sich immer wieder massenhaft Personen, die alles falsch verstehen oder überhaupt nicht lesen können und die dann die Produkthersteller verklagen. Beklagt und verklagt wird alles, was nicht niet- und nagelfest ist.

Diese Klagen werden meistens von einschlägigen Rechtsanwälten und großen Kanzleien, die sich auf diese Gebiete spezialisiert haben, eingereicht und gnadenlos bis zum Ende durchgefochten. Der Kläger selbst hat in der Regel überhaupt nicht die finanziellen Mittel, solche Klagen durchzustehen. Die Rechtsanwälte untersuchen deshalb vor der Annahme eines solchen Falles die Erfolgsaussichten sehr detailliert. Die finanziellen Verhältnisse der zu verklagenden Firma werden genauestens untersucht, damit man im Falle eines Erfolges auch die meist enormen Entschädigungssummen erhält, von denen dann je nachdem der eigentliche Kläger ca. sechzig Prozent erhält, der Rest gehört den Anwälten. Fast alle Klagen dieser Art, die in den Bereich Produkthaftung fallen, werden auf Erfolgshonorarbasis durchgeführt.

Die wohl lukrativsten Klagen werden von Großfirmen untereinander angestrengt und von Spezialkanzleien gesteuert, strategisch bearbeitet und durchgeführt. Oft und im weitesten Sinne geht es dabei um Patentverletzungen aller Art. Sobald eine solche Klageerhebung öffentlich bekannt wird, können die Aktien der beklagten Firma plötzlich stark an Wert verlieren und die Papiere der klagenden Firma an Wert gewinnen. Gewinner dieser Art von Klagen gibt es selten, denn meistens einigen sich die Firmen außergerichtlich. Große Beträge wechseln dann ohne großes Aufsehen die Besitzer. Der lachende Dritte im Bunde sind immer die Kanzleien, die auch in diesen Fällen traumhafte Honorare kassieren.

Nichts fürchten Großunternehmen mehr, als öffentlich in einen Dauerbeschuss zu geraten. Sich hochschaukelnde Streitfälle, die medienwirksam bis ins kleinste Detail von allen immer nach „News" lechzenden Fernseh- und Radiosendern pausenlos ausgestrahlt und detailliert kommentiert werden, schaden natürlich dem Ansehen der Streithähne und deren Marktpositionen und können große Absatzeinbußen ihrer Produkte nach sich ziehen. Darüber hinaus werden die Aktionäre von den betroffenen Firmen verunsichert und tragen, je nach ihrer persönlichen Einschätzung des Rechtsfalles, dazu bei, dass sich Aktienwerte in unliebsamer Weise für die eine oder andere Firma verändern.

Amerikanische Rechtsanwälte und Rechtskanzleien werben um Kunden mit allen Mitteln, die sich ihnen bieten. Sie preisen sich öffentlich als Experten und Spezialisten in Ehescheidungen, Autounfällen und Verkehrsdelikten, Versicherungsbetrug, generellen Schadensfällen, Arbeitsunfällen, Arbeitsrecht, Kriminalrecht, Immobilienmaklerrecht, als Testamentaufsetzer und -vollstrecker an, um hier nur einige der vielen Gebiete aufzuzeigen. Dabei sind sie sich nicht zu schade, die Anzahl der gewonnenen Fälle (die verlorenen werden sorgsam verschwiegen) aufzuzählen und zu publizieren. Große Reklameschilder an ihren Arbeitsstätten weisen unmissverständlich auf ihre Stärken und Tugenden hin.

Schlägt man die Gelben Seiten im Telefonbuch einer mittleren Stadt auf, nehmen die Anzeigen dieser Spezialisten zwischen fünf und zehn Prozent aller Seiten ein. Fast alle Anzeigen beinhalten neben den Spezialgebieten auch in vielen Fällen wieder Fotografien der wichtigsten Kanzleimitglieder. Diese marktschreierischen Aufmachungen sollen wohl ein gewisses Vorabvertrauen in die Fähigkeiten des sich so darstellenden Anwaltes oder der Kanzlei möglichen Klienten gegenüber vermitteln.

Diese Art der öffentlichen Zurschaustellung gilt auch für alle anderen Branchen, wie z. B. Ärzte, Architekten, Bauunternehmer, Autohäuser, Grundstücksmakler, Beerdigungsinstitute, Banken und Versicherungen, Restaurants etc. etc. Manchmal werden ganze Familien inklusive Kinder, Opa, Oma, Tante und sogar Haustiere in solche Reklamen mit einbezogen.

Das Minimum-Studium der Rechtswissenschaften an einer Universität der mittleren Klasse ist in diesem Lande ziemlich kurz und deshalb von vielen jungen Leuten bezahlbar (studieren auf Staatskosten in Kombination mit staatlichen Zuschüssen oder Krediten, wie sie in Deutschland üblich sind, gibt es hier nicht). Die meisten jungen Rechtsanwälte, wenn sie nicht nach Abschluss des Studiums sofort eine Anstellung in einer renommierten Kanzlei bekommen und selbstständig als Rechtsanwalt arbeiten, müssen ihr Brot schwer verdienen. Eine riesige Schar von Rechtsanwälten versucht dann, sich schnellstens wenigstens einen kleinen Klientenkreis zu schaffen, um überhaupt die täglichen Belange ihres Lebens und ihrer Familien befriedigen zu können. Deshalb nehmen junge, sich am Anfang ihrer Laufbahn befindende Rechtsanwälte alle Fälle an, die sie bekommen können, auch wenn sie wenig oder manchmal überhaupt keine Sachkompetenz auf den Gebieten haben, die zu bearbeiten sind. Dem Klienten fällt das aber erst auf, wenn er seinen Rechtsanwalt bezahlt hat, und zwar zum größten Teil vorab, und der dann prompt den Fall in den Sand setzt.

So verdingen sich junge Rechtsanwälte aus wirtschaftlicher Not handelnd auch gerne bei den unteren Gerichten, um als sogenannte Pflichtverteidiger von diesen Gerichten Straftätern zugeteilt zu werden, die völlig mittellos sind. Das kann für diese armen Teufel, die von diesen Anfängern verteidigt werden, üble Konsequenzen haben. Diese Anfangstätigkeiten für junge Rechtsanwälte werden aber nicht nur in den USA, sondern auch in vielen anderen Ländern der Erde gerne angenommen. Die Dummen sind dann immer diejenigen, die sie verteidigen sollen. Denn steht einem dieser Greenhorns dann auf der Gegenseite ein gewiefter, mit allen Wassern gewaschener Profi gegenüber, kann auch die beste Ausgangsposition sich für den Beklagten in Luft auflösen.

Es gibt natürlich die größten Unterschiede in der Ausbildung im Bereich der Rechtswissenschaft. Wer das Glück, die entsprechende Vorbildung und das Geld hat, Rechtswissenschaften an einer der sogenannten Ivy-League-Universitäten wie Yale, Harvard, Princeton etc. zu studieren, hat meistens für die Zukunft ausgesorgt. Es ist der Traum vieler junger, sehr fähiger und enorm talentierter Studenten, an einem der vorgenannten Institute zu studieren und ihr Studium abzuschließen. Aber nur wenigen wird diese Chance geboten. Einige dieser enorm reichen Elite-Unis nehmen manchmal ein paar dieser Talente auf, die in der Regel über keine ausreichenden finanziellen Mittel zur Bestreitung der Kosten des Studiums verfügen, und lassen sie mit großen Stipendien wohlwollend aus Berechnung – „Seht her, Leute, wir geben allen eine Chance" – ihr Studium ohne Finanzsorgen absolvieren. Der überwiegende Teil aber muss neben einem erstklassigen Highschool-Diplom auch wohlhabende Eltern haben, die solche Studien überhaupt finanzieren können. Jahresstudiengebühren inklusive Lebenshaltungskosten erreichen leicht Summen bis zu 60 000 Dollar und mehr.

Dann gibt es noch diejenigen, die zwar nicht über sehr ausgeprägte Fähigkeiten des Geistes, dafür aber über superreiche Eltern oder Verwandte mit enormen Verbindungen zu Kreisen in Politik oder Wirtschaft verfügen. Diese Gruppe ist in der Lage, sich Studienplätze an den renommiertesten Instituten für ihre Schützlinge regelrecht zu erkaufen. Man spendet einfach an das ausgewählte Institut eine hohe Summe oder lässt sogar ein komplettes Studiengebäude auf dem Institutsgelände in Absprache mit dem Geschäftsrat des Institutes bauen, verschenkt es nach erfolgreichem Examen des Studierenden an das Institut, meistens nur mit der Auflage, dass das Gebäude den Namen des Spenders trägt. Die so angefallenen Kosten der großzügigen Spender werden dann anschließend von der zu entrichtenden Steuer abgezogen. Wie der oder die Minderbegabte sich durch das gesamte Studium mogelt, ist sehr schwer zu ermitteln oder nachzuvollziehen und bleibt ein Geheimnis. Natürlich werden diese jungen Leute nicht mit Bravour ihr Examen abschließen, aber immerhin können sie sich ihr Diplom in ihr Büro hängen. Diese Diplom-Zurschaustellung an den Wänden der Arbeitsstätten von Politikern, Führungskräften bis hinunter in den mittleren Managementbereich ist die Regel, je mehr, desto besser, denn man will den Kunden, Klienten oder einfach nur jedem Besucher seine Hintergrundausbildung sofort vermitteln.

Die national und international tätigen Großkanzleien, die bis zu tausend oder mehr Mitarbeiter beschäftigen und mit Spezialabteilungen für viele Rechtsbereiche aufwarten können, rekrutieren schon manchmal weit vor den Abschlussexamina die besten Studierenden von diesen Elite-Universitäten. Wenn diese jungen Rechtsanwälte ihr Examen mit dem erwarteten Erfolg abgeschlossen haben, werden sie mit einem recht hohen Gehalt angestellt und durchlaufen dann innerhalb der Kanzlei alle Abteilungen. Sie genießen eine hervorragende interne Ausbildung und werden schließlich ihren speziellen Neigungen bzw. Fähigkeiten entsprechend in Fachabteilungen dieser Kanzleien eingesetzt.

Wie immer in der amerikanischen Wirtschaft oder im Dienstleistungsbereich wird diesen jungen Menschen alles abverlangt. So sind 14- bis 15-Stunden-Tage inklusive Samstagsarbeit die Regel und wenn man viel Glück hat, darf man vielleicht einen Teil des Sonntags für sich persönlich beanspruchen. Diejenigen, die sich in solchen Großkanzleien bewähren und Erfolge vorweisen können, haben ausgezeichnete Aufstiegschancen. In vielen Fällen ist ihre Zukunft im Arbeitsleben abgesichert. Viele junge Rechtsanwälte, wenn sie sich nicht selbstständig machen wollen oder in großen Kanzleien unterkommen, gehen in die Politik. Die meisten Politiker hier, wie auch in vielen anderen Ländern der Welt, haben ein Rechtswissenschaftsstudium absolviert. Das scheint die Grundausbildung zu sein, die einen Befähigungsnachweis darstellt für alle Arten von Positionen, die in der Politik von diesen Personen bekleidet werden können.

Hier sollten einige wenige Rechtsfälle der letzten Jahre mit den entsprechenden Kompensationen nur einmal als Kurzbeispiele angeführt werden. Dem bestimmt erstaunten Betrachter und Laien werden die utopisch anmutenden, unorthodoxen amerikanischen Gerichtsurteile auf dem Schadensersatzklagesektor zumindest ein leichtes Schmunzeln entlocken können. Wenn man nämlich in diesem Land lange genug auf einen lukrativen Klagefall wartet, ihn mit einer gewissen Nervenstärke und Vermessenheit durchführt, wird man bestimmt nicht enttäuscht sein.

Kara Walton aus Claymont, Delaware verklagte den Eigentümer eines Nachtklubs in einer Nachbarstadt erfolgreich. Sie war durch ein Außenfenster der Damentoilette dieses Nachtklubs gekrochen, dabei auf den Boden gefallen und hatte bei dem Sturz zwei ihrer Zähne verloren. Sie wollte die 3,50 Dollar einsparen, die der Klub für die Benutzung seiner Toilettenanlage mit dem eleganten angeschlossenen Wasch- und Schminkraum inklusive Servicepersonal etc. erhob. Das Gericht sprach der Klägerin 12 000 Dollar zuzüglich aller Zahnarztkosten zu.

Der 19-jährige Carl Truman aus Los Angeles, Kalifornien erstritt vor Gericht die Summe von 74 000 Dollar plus Arztkosten. Sein Nachbar saß in seinem Honda Accord und hatte die Hand von dem lieben Carl Truman überfahren, während Herr Truman fleißig bemüht war, von ebendiesem Auto die Radkappen zu stehlen.

Der Einbrecher Terrence Dickson aus Bristol, Pennsylvania wollte das Haus, welches er ausgeraubt hatte, durch das Garagentor verlassen. Der automatische Garagentoröffner funktionierte nicht. Zurück ins Haus konnte er auch nicht, denn die Tür vom Haus zur Garage hatte er zugezogen und dabei hatte sie sich verriegelt. Die Bewohner des Hauses befanden sich im Urlaub und so musste Herr Dickinson acht Tage in der Garage ausharren. Er ernährte sich von einer Kiste Pepsi-Cola-Flaschen und einem großen Sack trockenen Hundefutters. Er verklagte die Hauseigentümer-Versicherungsgesellschaft, denn er, so beklagte er sich, erlitt in seiner eigenverursachten Gefangenschaft unnötige mentale Ängste. Die Juroren des Gerichts sprachen dem Einbrecher 500 000 Dollar Schmerzensgeld für seine erlittenen Qualen zu.

Jerry Williams aus Little Rock, Arkansas bekam von einem Gericht 14 500 Dollar plus Arztkosten zugesprochen, weil ein angeketteter Beagle-Hund im eingezäunten nachbarlichen Garten, in dem sich unerlaubterweise auch Jerry Williams befand, ihn in den Hintern gebissen hatte. Die zugesprochene Summe von 14 500 Dollar war viel weniger, als Jerry Williams eingeklagt hatte, aber die Juroren waren der Meinung, der Hund sei möglicherweise durch den lieben Jerry provoziert worden, als der ihn mehrmals mit seinem Luftgewehr beschoss.

Kathlee Robertson aus Austin, Texas wurden durch die Juroren am Gericht 780 000 Dollar Schmerzensgeld zugesprochen. Sie hatte sich in einem Möbelgeschäft ihren Fuß gebrochen, als sie über einen in dem Geschäft Amok laufenden kleinen Jungen fiel. Die Eigentümer des Möbelgeschäftes waren verständlicherweise sehr überrascht von diesem Urteil, war es doch Mrs. Robertsons eigener kleiner Sohn, über den sie gefallen war.

Ein Restaurant in Philadelphia, Pennsylvania wurde gerichtlich angewiesen, an Mrs. Amber Carson die Summe von 113 500 Dollar zu zahlen. Sie war auf Limonade am Boden ausgerutscht und hatte sich ihr Steißbein gebrochen. Die Limonade hatte sie nur Sekunden vorher während eines heftigen Streits nach ihrem Freund geworfen.

Manchmal, aber eher selten gibt es auch – in meinen Augen – gerechtere Urteile. Eine Firma in Kalifornien, Hersteller des Mikrowellenofens von Mrs. Dorothy Johnson, wurde nicht wegen des plötzlichen Ablebens des Hundes von Mrs. Johnson und der Funktionsuntüchtigkeit des elektronischen Geräts schuldig befunden. Mrs. Johnson hatte nämlich ihren Pudel gebadet und wollte nun den frisch gebadeten Hund in der Mikrowelle für einige Minuten trocknen. Der Fall wurde, man sollte es nicht glauben, vom Gericht abgewiesen.

Auf ca. zwölf Prozent aller Gelben Seiten eines Telefonbuches einer mittelgroßen Stadt summieren sich die Anzeigen der Mediziner, die sich für alle Arten ihrer Dienstleistungen anpreisen. Hier werden die Fachbereiche, Spezialgebiete der Ärzte, auf die man mögliche Patienten aufmerksam machen will, garniert mit manchmal nicht mehr zeitnahen Fotografien der Ärzte, die sogar im Gruppenbild zusammen mit ihren Familienmitgliedern oder allen Assistenten und Mitgliedern der Praxis posieren, herausgestellt. So durften wir Woche für Woche in unserer Tageszeitung die Annonce mit Foto eines Zahnarztes bewundern, der sich gut aussehend, braun gebrannt in voller Größe auf seinem Segelboot für seine Dienste und Fertigkeiten anpries. Diese Zurschaustellung erinnerte sehr an Darstellungen von Filmgrößen in Illustrierten. Vielleicht wollte er aber auch nur Leute darauf aufmerksam machen, bei ihm Segelunterricht zu nehmen, oder er behandelt tatsächlich Zahnprobleme auf seinem Segelboot. In Amerika ist nichts unmöglich und vielleicht wäre dies einmal ein etwas anderer Weg, seinen Beruf auszuüben. Einfallsreichtum ist offensichtlich gefragt und es werden unorthodoxe Wege beschritten, um auf sich und seine Qualitäten aufmerksam zu machen.

Zahnärzte übrigens, von denen es anscheinend ein Überangebot gibt, listen auch gleich ihre Honorarforderungen für die einzelnen Leistungen in solchen Anzeigen mit auf. Da kostet z. B. das Ziehen eines Zahns 50 Dollar, das Säubern der Zähne und Entfernen von Zahnbelag etc. 60 Dollar, ein ganzes Gebiss oben und unten kann schon für 350 bis 400 Dollar erworben werden. Ob es passt und seine Zwecke zufriedenstellend erfüllt, konnte nicht ermittelt werden. Chiropraktiker verlangen ca. 50 Dollar pro 10- bis 15-minütiger Behandlung. Eine umfassende Untersuchung bei einem Augenarzt mit Feststellung der momentanen Sehschärfe inklusive der Spezifizierung von neuen Brillengläsern kostet ca. 100 Dollar. Eine komplette Untersuchung bei einem Praktischen Arzt inklusive der wichtigsten Labortests etc. kann für 120 bis 180 Dollar erworben werden. Kleinere Operationen bei Chirurgen, wie z. B. Arm- oder Beinbrüche, die in einem Tag in einer Klinik durchgeführt werden können, kosten zwischen 800 und 1 200 Dollar.

Muss man Spezialisten wie z. B. einen Hals-Nasen-Ohren-Arzt aufsuchen, werden enorm hohe Honorare gefordert. Für eine Konsultation mit Kurzdiagnose von ca. 25 Minuten Zeitdauer werden über 400 Dollar berechnet. Diese Spezialärzte schließen sich meistens in Gruppen von bis zu zehn Ärzten zusammen und praktizieren in einem Ärztehaus, z. T. mit einem angeschlossenen Trakt, in dem auch Operationen durchgeführt werden können. Patienten, die keine Krankenversicherung haben, müssen die Leistungen, von denen einige exemplarisch aufgeführt wurden, sofort bezahlen. Firmen schließen für ihre Angestellten und Arbeiter Krankenversicherungen mit den entsprechenden Versicherungsleistungsträgern ab. Das ist aber nicht die Regel und wird von den Unternehmen sehr unterschiedlich gehandhabt.

Sind aber Arbeitnehmer durch ihre Arbeitgeber krankenversichert, übernehmen diese Versicherungen manchmal nur einen Teil der Arzt- und Behandlungskosten. Den verbleibenden Rest müssen die Patienten, falls sie nicht eine private Zusatzversicherung abgeschlossen haben, selbst tragen. Zahnarztkosten und Medikamente aller Art sind versicherungstechnisch ausgeschlossen und müssen immer privat bezahlt werden. Natürlich gibt es, wie immer und überall, auch Ausnahmen und diese sind im öffentlichen Dienst, in der Regierung und in großen Unternehmen zu finden, die ihrem Schlüsselpersonal einen totalen, erstklassigen Krankenversicherungsschutz nicht nur gewähren, sondern sogar vertraglich aufzwingen. Es gibt vielschichtige Gründe, warum dies so gehandhabt wird, und es lohnt sich nicht, der Sache nachzugehen. Übrigens kann sich jeder, der es sich leisten kann, für enorm hohe Beitragssätze einen sogenannten privaten Rundum-Krankenversicherungsschutz erkaufen, der alles abdeckt.

Meine persönlichen Erfahrungen mit einigen US-Ärzten sind positiv. Die meisten scheinen mit dem neusten Stand in der Medizintechnik vertraut zu sein, arbeiten eng mit Kollegen anderer Fachgebiete zusammen und behandeln Patienten gewissenhaft und freundlich. Alle sind aber bestrebt, möglichst hohe Honorare für ihre Dienste zu berechnen. Privatpatienten müssen ihre Rechnungen am Tage der Behandlung an Ort und Stelle bezahlen. Alle Ärzte haben, meiner Meinung nach, etwas gemeinsam: Sie sind hinter dem Geld der Patienten her wie der Teufel hinter der armen Seele. Die Devise scheint auch hier so zu sein wie in vielen anderen US-Wirtschaftszweigen, nämlich in kürzester Zeit viel, viel Geld zu verdienen.

Amerikaner scheinen, zumindest oberflächlich betrachtet, sehr tierlieb zu sein. Auf zwei Haustierarten unter vielen, nämlich Hunde und Katzen, haben sie sich besonders spezialisiert. In Amerika gibt es höchstwahrscheinlich mehr Hunde und Katzen als Einwohner. Tierarztpraxen sind in reichlicher Anzahl vorhanden und manche von ihnen haben sich auf bestimmte Tierarten spezialisiert. Tierheime zur Unterbringung von Haustieren aller Art sind auch in großer Anzahl flächendeckend vorhanden. Oftmals sind auch Tierheime den Tierärzten in Raumunion angeschlossen.

Viele Kunden-Warteräume der Tierärzte und Tierheime haben Ähnlichkeit mit kleinen Verkaufsläden. In ihnen gibt es alles, was ein Tierherz sich wünscht oder auch nicht wünscht, zu kaufen. Alle möglichen Tierarzneien wie Pülverchen und Tropfen für Präventivmaßnahmen – woraus die bestehen, war schwer zu ergründen –, Leinen, Halsbänder, Spielzeuge, Körbchen, Käfige, sogar richtige kleine Bettchen mit Kissen und passenden Zudecken werden den Tierhaltern wärmstens zum Kauf empfohlen. Es gibt sogar illustrierte Bilderbücher, aus denen man seinen Lieblingen zu verschiedenen Tages- oder Nachtzeiten entsprechende Passagen vorlesen soll. Kassetten mit Tiersprache und -gesang werden den Lieblingen vorgespielt und neuerdings gibt es sogar Videos, von Tierexperten (Tierpsychologen) entwickelt, die sich die Haustiere bequem vor dem Bildschirm liegend ansehen und anhören sollen.

Zu unterscheiden sind natürlich Haustierhalter, die in großen Städten wie New York, Chicago, Los Angeles etc. leben, und Tierliebhaber, die ihren Wohnsitz in ländlichen Gegenden, Kleinstädten oder Siedlungen haben. Die Letzteren halten und behandeln ihre Haustiere eher artgerecht. Dafür sprechen die Rahmenbedingungen, denn in der Regel leben viele Haustierliebhaber in Häusern umgeben von größeren Grundstücken, d. h., man lebt nahe oder mitten in der Natur.

Eine Haustierhaltung von Tieren, sagen wir einmal Hunde oder Katzen, die ab und zu auch einmal das zwingende Bedürfnis haben, an einem Strauch oder Baum in der freien Natur zu schnuppern, sich zu erleichtern etc., ist in den Großstädten sehr schwierig. Erstens gibt es dort sehr selten Grünflecken und wenn es sie gibt, liegen sie zu weit weg von den Wohnsitzen der Haustierhalter. Zweitens, wenn einer dieser wenigen Grünflecken erreicht werden kann, ist es den Tieren in der Regel verboten, sich auf diesen Miniflecken aufzuhalten.

Sehr reiche Haustierbesitzer engagieren deshalb professionelle Tierausführer. Die sammeln dann morgens oder abends in einem bestimmten Bezirk alle Tiere, die das Glück haben, einmal mit der Natur in Berührung zu kommen, ein und führen sie an Leinen zu ihrem Auslauf. Sechs oder acht Hunde, darunter auch manchmal einige Katzen, erhalten dann für eine kurze Zeit das Vergnügen, sich in einem kleinen Bereich, aber immerhin im Freien aufzuhalten. Oft, wenn der Grünflecken zu weit weg liegt, werden sie in ein Auto verladen und finden so ihren Weg zu ihrem kleinen Paradies. Die monatlichen Pauschalsummen, die an diese professionellen Tierausführer von den Tierhaltern abgeführt werden müssen, belaufen sich zwischen 800 und 1 000 Dollar pro Tier.

In den Großstädten der USA haben sich Tierausführer zu einem regelrechten Wirtschaftszweig entwickelt. Nicht selten hat ein Tierausführer zwanzig bis dreißig oder mehr Tiere unter Vertrag und kommt somit zu einem monatlichen Einkommen von ca. 20 000 bis 30 000 Dollar. Nach einer gewissen Zeit werden diese Tierausführer automatisch zu den eigentlichen Bezugspersonen der Tiere, die sie in ihre Obhut genommen haben. Die Haustierbesitzer, im Durchschnitt beruflich oder sozial sehr engagiert, dauernd verreist und somit selten in ihren Wohnungen anzutreffen, verkümmern dann mehr und mehr zu Besuchern, die ihre Tiere nur ab und zu einmal sehen. Wenn sie doch einmal Zeit für ihre Tiere haben, verhätscheln sie sie geradezu, stopfen sie mit Leckerbissen von ihren Tellern voll und wundern sich dann, warum sich die Tiere anders verhalten, als sie es von ihnen gewohnt sind.

Es kommt vor, dass Hunde und Katzen in der Nacht von den Haustierbesitzern in Käfige eingesperrt werden, die in den Küchen oder Dielen der Wohnungen stehen. Warum das so ist, war nicht zu erfahren. Morgens werden sie wieder aus ihren Verliesen befreit. Diese abwegige Art der Tierhaltung bei Nacht wird übrigens auch bei den Haustierbesitzern praktiziert, die nicht in den Großstädten, sondern in ländlichen Gegenden wohnen. Viele Haustiere werden also, wenn dies nicht ihr ständiger Aufenthaltsort ist, wie z. B. bei Vögeln, die immer in ihren Käfigen sind, Zierfischen, die in ihren Aquarien leben, oder anderem Kriechgetier, in Terrarien untergebracht, nachts in ihre Käfige gesperrt und müssen darin die Nacht verbringen.

Sehr in Mode sind Tierpsychologen. Das sind Leute (ob sie nun ein Psychologiestudium für Tiere absolviert haben – falls es so ein Studium überhaupt gibt – oder einfach nur Tierärzte sind, die die Leiter des Erfolges weiter nach oben klettern wollen, konnte nicht ermittelt werden), die sich mit der Psyche der Haustiere beschäftigen. Die Haustierhalter müssen offensichtlich über außergewöhnliche Eigenschaften verfügen, um schon die kleinsten Veränderungen am Verhalten ihrer Tiere feststellen zu können, denn sonst wären ja die Tierpsychologen brotlos. Wahrscheinlich muss solch ein Tierpsychologe sofort konsultiert werden, wenn eine Katze in der falschen Tonart miaut oder ein Hund anstatt wie immer fünfmal plötzlich nur noch viermal hintereinander bellt.

Der Ordnung halber nehmen wir einmal an, ein Hund müsse sich auf Verlangen seines Halters einer Behandlung bei einem Tierpsychologen unterziehen. Vor solch einem Besuch wird der Hund dann meistens zu einem Tier-Hairstylisten gebracht und sein Fell wird dort gestylt. Anschließend wird seinem Fell eine Shampoobehandlung zuteil, natürlich inklusive Haarfestiger, dann wird er trocken geföhnt und schließlich parfümiert. Eine Pediküre bekommt er wahrscheinlich auch noch.

Solch eine Behandlung ist schon für einen lächerlichen Betrag von 500 bis 600 Dollar zu haben, kann aber bis weit über 1 000 Dollar gesteigert werden.

Die Angestellten in einem Hairstylisten-Studio verrichten ihre Arbeit gekleidet in weiße oder pastellfarbene Kittel, Frauen tragen noch Häubchen auf ihren wohlfrisierten Köpfen und wichtig ist, dass das Ambiente stimmt, also das Drumherum. Die Hintergrundmusik muss genauestens zu dem zu behandelnden Hundetyp ausgewählt sein, dafür sorgt übrigens schon der Hundehalter, denn er oder sie wissen genau, welche Musik ihr Liebling besonders schätzt. Teil des Fachwissens der Studioangestellten ist, dass sie in der Lage sind, mit dem Tier, welches sie gerade behandeln, zu kommunizieren. Vielleicht fällt dem Herrchen/Frauchen noch ein, dem Hund, weil es ja zum Arzt (Psychologen) geht, ein kleines Geschenk zu machen, sagen wir ein neues Halsband aus Halbedelsteinen oder ein schickes Hütchen mit passendem Mäntelchen mit Perlenbesatz für einige Tausend Dollar, damit das Tier sich nicht allzu sehr vor dem Onkel Doktor fürchtet oder zumindest ein paar Blicke auf sich ziehen kann. Das ist übrigens sehr praktisch, denn hinterher kann man auch noch den manchmal clownsmäßig behängten und verunstalteten Hund seinen Freunden voller Stolz vorstellen und ihnen zeigen, wie lieb man sein Tier hat und wie viel diese Liebe wieder einmal gekostet hat. Die ganze Show läuft wohlinszeniert ab, wobei sich beide, der Hundehalter und das Objekt, der Hund, auf die Konsultation beim Tierpsychologen gründlichst vorbereiten, wollen sich doch beide in ihrem äußersten Glanz präsentieren.

Was in einer solchen „Psychositzung“ eigentlich geschieht, weiß ich nicht. Ob der Psychologe mit dem Tier spricht und es befragt, ob es singen, tanzen oder was auch immer machen muss, ob es seine Träume preisgeben muss oder ob der Tierdoktor vielleicht seine Träume dem Tier mitteilt oder ob an seiner statt der Hundebesitzer befragt wird und je nachdem aus dem Extrakt einer Serie von Gesamtabläufen zwischen Hund, Besitzer und Psychologe die Behandlungsschlüsse gezogen werden, war nicht festzustellen.

Wichtig allein für den Hundebesitzer ist schlussendlich die Höhe des Honorars, welches der Psychomann in Rechnung stellt. Wie Trumpfkarten werden diese Honorar-Rechnungsbeträge unter Freunden und Bekannten ausgetauscht und derjenige gewinnt an Ansehen und Achtung, der die höchste Summe für die Behandlung seines Tiers liquidiert hat. Auch der Hund ist bei vielen Menschen, die nie einen besitzen sollten, ein Statussymbol.

Neuerdings sollen Bücher und Studien, von einigen Tierärzten und Tierpsychologen geschrieben, beweisen, dass Haustiere – und damit sind im Besonderen Hunde und Katzen gemeint, also Haustiere, die täglichen Auslauf benötigen – gänzlich ohne Natur leben können. Im Klartext sollen diese Untersuchungen festschreiben, dass diese Tiere ihr ganzes Leben nur in geschlossenen Räumen zubringen können. Den Tieren wird also das natürliche Verlangen nach der Natur, über Wiesen, Felder und durch Wälder zu springen, andere ihrer Gattung kennenzulernen, mit ihnen herumzutollen, sich gegenseitig zu beschnuppern und dabei glücklich zu sein, versagt. Wahrscheinlich sollen sie sich auch in den Wohnungen oder sogar in ihren Käfigen vermehren. Ihnen werden Gefühle und Freude, die die Natur allen Lebewesen und Kreaturen freizügig zur Verfügung stellt, verboten. Mit hoher Wahrscheinlichkeit nur deshalb, weil die Tierhalter zu faul und bequem sind, ihren Tieren eine artgerechte Haltung zu ermöglichen.

Achtung! Wenn tatsächlich einmal einer größeren Horde dieser pseudofortschrittlichen Tierärzte/Psychologen mit ihren hirnverbrannten Studien und Büchern Gehör geschenkt wird und sie ihre Erkenntnisse zu eigenen Zwecken wohlverpackt auch den Tierschutzorganisationen als artgerechte Tierhaltung schmackhaft machen können, ist es zu spät. Tschüss, arme Tierwelt.

Arbeitsbedingungen in den USA

Amerikaner arbeiten hart und ausdauernd für ihren Lebensunterhalt. In diesem Bereich kann sich die gesamte arbeitende Bevölkerung in allen Ländern der Welt und besonders in Europa ein Beispiel an dem nie erlahmenden Arbeitswillen der Amerikaner nehmen. Hier wird keiner durch die in Europa vorherrschenden und völlig übertriebenen Arbeitsgesetze oder Sozialmaßnahmen von der Arbeit abgehalten. Dem einst fleißigen Europäer ist schon seit Dekaden der Arbeitswille dadurch erschwert worden, dass die Regierungen die Nichtarbeitenden oder Pseudoarbeitslosen mit Zuwendungen aller Art und Geldgeschenken verwöhnen, um sich dann prompt auch noch über das stetig anwachsende Heer der Arbeitslosen zu beklagen. In vielen Fällen weisen Arbeitslose eine mögliche Arbeitsstelle mit der Begründung der Unzumutbarkeit zurück. Einfache Arbeiten in Europa lohnen sich nicht mehr, denn viele, die eben nicht arbeiten, verdienen mit allen nur möglichen Zuschlägen und Vergünstigungen der mannigfachsten Arten mehr, als mit einer geregelten Arbeit zu verdienen wäre. Dazu sind sie noch kranken- und sozialversichert, mit den geringsten Beitragssummen, die für amerikanische Verhältnisse nicht vorstellbar sind. Fairerweise sollte hier noch angefügt werden, dass die enormen Steuerlasten und Sozialabgaben, die den arbeitenden Europäern auferlegt werden, in vielen Fällen die noch geringfügig verbleibende Arbeitslust der Arbeitenden sehr stark beeinträchtigen.

In der Regel sind alle arbeitenden Amerikaner während ihrer Haupt-Lebenserwerbstätigkeit krankenversichert. Sowohl Arbeitnehmer als auch Arbeitgeber führen zu etwa gleichen Teilen die entsprechenden Beiträge an die Krankenkassen ab. Großkonzerne oder besonders ertragreiche Unternehmen übernehmen manchmal die gesamten Kosten. Die Leistungen der Krankenversicherungsgesellschaften können jedoch große Unterschiede aufweisen. Es kommt immer darauf an, wie umfassend abdeckend oder vielfach äußerst dürftig und lückenhaft Firmen die Krankenversicherungspakete für ihre Mitarbeiter bei den Versicherungsgesellschaften abgeschlossen haben. Kosten für Medikamente werden von den Versicherungen in der Regel nicht bezahlt und müssen privat getragen werden. Es ist für Arbeitnehmer deshalb immer ratsam, private Zusatzversicherungen abzuschließen. Sozialabgaben, die zum überwiegenden Teil in die staatliche Altersversorgung fließen, werden im Verhältnis 50 zu 50 von Firmen und Arbeitnehmern gezahlt. Viele kleine Firmen schließen für ihre Mitarbeiter keine Krankenversicherungen ab. In diesen Fällen ist es den Arbeitnehmern überlassen, sich auf eigene Kosten privat zu versichern.

Viele Amerikaner, die den untersten Schichten angehören, haben zwei bis drei Arbeitsstellen, auf denen sie täglich, auch an Samstagen und sonntags, anzutreffen sind. Sie arbeiten für die Mindeststundenlöhne und sind in der Regel weder sozial- noch krankenversichert. Es ist keine Seltenheit, von 65- bis 75-jährigen Frauen, falls sie sich noch einigermaßen bewegen können, meistens in Restaurants, Läden aller Art, also im Bereich der Serviceindustrie, bedient zu werden. Auch Männer müssen sich ihr tägliches Brot verdienen, bis sie tot umfallen. Sie arbeiten in allen Industriebereichen und sind froh, egal was die Arbeitsstelle von ihnen abverlangt, überhaupt noch arbeiten zu können. Dabei sind diese Menschen immer freundlich und hilfsbereit.

Zigmillionen Amerikaner, die für europäische Verhältnisse unterhalb der Armutsgrenze ihr kümmerliches Dasein fristen, versuchen sich mit diesen erbärmlich dotierten Aushilfsarbeiten bis an ihr Lebensende über Wasser zu halten. Wird jemand von diesen Ärmsten der Armen krank oder verliert er aus irgendeinem Grunde seine Arbeitsstelle, kann mit dem Schlimmsten gerechnet werden. Wird z. B. die Stromrechnung nicht bezahlt oder gerät man mit der Begleichung ins Hintertreffen, reagieren die Energieliefer- und Bereitstellungsfirmen sehr schnell und schalten den Strom sofort und ohne große Warnung bei den betroffenen Personen oder Familien rücksichtslos ab. Das betrifft auch andere Liefer- und Servicedienste wie Gas oder Telefon. Das kann fürchterliche Konsequenzen für die Betroffenen haben, denn geheizt wird primär mit Strom, vielfach auch mit Gas. Die harten und sehr kalten Winter in den nördlichen Staaten können ohne diese Energieversorgung nicht überstanden werden.

Arbeitsstellen, egal auf welchem Niveau sie sich befinden, sind in den USA äußerst unsicher. Man kann plötzlich und ohne Vorwarnung gekündigt werden. Auch Mitarbeiter, die über lange Zeit einer Firma die Treue hielten, sind vom Verlust ihrer Stellen nicht ausgeschlossen. Der normale Arbeitnehmer kann, wenn ihm gekündigt wird, in der Regel mit einer Abfindung von zwei Wochenlöhnen rechnen. Leitende Angestellte, die keine Arbeitsverträge mit ihren Arbeitgebern haben, können bei einer Kündigung im Durchschnitt mit höchstens ein bis zwei Monatsgehältern rechnen.

Arbeitsplatzgarantien oder Kündigungsschutz, wie in Europa praktiziert, sind in den USA unbekannt. Höchstens Vorstandsmitglieder oder wichtige Abteilungsleiter großer Gesellschaften, die in der Regel großzügige Arbeitsverträge mit allen nur erdenklichen Goldener-Fallschirm-Klauseln vor ihrem Eintritt mit den zu der Zeit verantwortlichen Vorstands- und Aufsichtsratsgremien ausgehandelt haben, werden, falls sie die Firma verlassen oder verlassen müssen, mit riesigen Abfindungen beschenkt. Sie müssen, wenn diese Situation eintritt, nach ihrem Ausscheiden nie mehr im Leben einer geregelten Arbeit nachgehen und haben für immer ausgesorgt.

Die Steuerlasten und Sozialabgaben, mit denen arbeitende Amerikaner beaufschlagt werden, halten sich in erträglichen Grenzen und zwar so, dass es sich lohnt, einem Broterwerb, egal auf welcher Berufsebene, nachzugehen. Diejenigen, die ihre Arbeitsstellen aus den unterschiedlichsten Gründen verlieren, setzen alles daran, wieder Arbeit irgendeiner Art zu finden. „Professionelle Arbeitslose“, wie sie in Europa in riesigen Mengen auszumachen sind, gibt es in diesem Land nicht, wenn doch, dann nur vereinzelt.

Das Alter von 65 Jahren wird von vielen Amerikanern herbeigesehnt, denn dann bekommt jeder, der ca. zehn Jahre in seinem Arbeitsleben in die soziale Rentenkasse eingezahlt hat, eine Rente. Das setzt aber voraus, dass sowohl der Arbeitgeber als auch der Arbeitnehmer die jeweils fälligen Rentenbeiträge zu gleichen Teilen während des Arbeitslebens des Rentenbeziehers eingezahlt haben. Auch hier kann es herbe Enttäuschungen geben, nämlich dann, wenn ein Arbeitgeber sich an seinem Anteil der Sozialabgabenzahlungen vorbeigemogelt hat. Diese Rente kann sich, je nachdem, im Mittelbereich zwischen 550 und 1 000 Dollar monatlich für einfache Arbeiter einpendeln. Höhere Angestellte erzielen Beträge zwischen 2 500 und 3 500 Dollar. Davon werden aber noch von Fall zu Fall kleinere Beträge für Steuern abgezogen. Diese Rentenzahlungen werden jährlich überprüft und der Inflationsrate bzw. dem Lebenskostenindex angepasst.

Ab 65 Jahren ist man auch krankenversichert, d. h., normale medizinische Behandlungen, Operationen und Krankenhausaufenthalte werden von den staatlichen Versicherungen wie Medicare oder bei ganz Armen von Medicaid zum größten Teil bezahlt. Medikamente sind aber nicht eingeschlossen und müssen privat bezahlt werden. Zahnbehandlungen müssen immer selbst bezahlt werden. Viele Menschen nehmen deshalb im hohen Alter in Kauf, fast zahnlos ihre letzten Lebensjahre zu überstehen, weil sie sich keinen Zahnersatz leisten können. Beitragsfrei ist diese staatliche Krankenversicherung aber nicht. Denjenigen, die sich für Medicare qualifizieren, werden von den bereits genannten monatlichen Rentenbeträgen ca. acht Prozent abgezogen und als Beitragszahlungen der staatlichen Krankenkasse zugeführt.

Eine Renten- und Krankenversicherungsreform wird schon seit Jahren von allen Senatoren im US-Kongress diskutiert. Obama hat schließlich eine Krankenversicherung (Obamacare) für bedürftige Menschen gegen die starke Opposition der Republikaner durchgesetzt. Der jetzige Präsident Trump setzt alles daran, diese Krankenversicherung zunichtezumachen. Er will sie, so wie viele Dinge, die Obama geschaffen hat, einkassieren. Trump kann zwar keinen Ersatz, geschweige denn Verbesserungen für die Gesetze, die Obama geschaffen hat, vorweisen, aber zerstören will er alles, was unter Obama dem Volke zugutekam.

Bietet man einem arbeitslosen Amerikaner eine Arbeitsstelle an, muss er sie annehmen, tut er es nicht, streicht man ihm das kärgliche Arbeitslosengeld, das er sowieso nur für wenige Wochen pro Jahr erhalten kann. Bietet man einem arbeitenden Amerikaner eine bessere Arbeitsstelle an, die seine Position und somit sein Einkommen erhöht, nimmt er sie meistens ohne Wenn und Aber an. Auch dann, wenn damit ein kompletter Umzug mit Familie von einem Ort zum anderen, manchmal über mehrere Tausend Kilometer entfernt, verbunden ist. 55 bis 60 Stundenwochen sind hier in fast allen Berufen normal und es gibt selten Eheleute, die nicht beide beruflich tätig sind, um einen normalen Lebensstandard zu erreichen und zu halten, ihren Kindern eine halbwegs vernünftige Schulausbildung zu ermöglichen und einen mittleren Krankenversicherungsschutz mit ärztlicher Versorgung für ihre Familie sicherzustellen.

Woran aber alle US-Politiker aller Parteien krampfhaft festhalten, sind ihre eigenen, überaus großzügigen Altersversorgungen. Die Politiker kochen auch in diesem Land, wie in vielen anderen Ländern der Erde, ihr eigenes Süppchen. Vor langer Zeit wurde deshalb beschlossen, dass Kongressmitglieder und Senatoren keine Beiträge an die allgemeine Sozialversicherungskasse abführen müssen, denn diese Kasse, so stellten sie gemeinsam fest, sei absolut ungeeignet für sie. Kein Wunder bei Politikern, die es gewohnt sind, aus dem Vollen zu schöpfen, ohne sich dabei Gedanken zu machen, wessen Geld sie ausgeben oder für sich beanspruchen. Der Steuerzahler ist doch wie überall auf der Welt eine willige Kuh, die sich beliebig melken lässt.

Die lieben Politiker, immer nur das Wohlergehen des Volkes vor sich herschiebend, entschieden sich darüber hinaus noch für einen Altersversorgungs-Sonderplan, völlig beitragsfrei, der einem Regierungsmitglied nach dessen Ausscheiden bis zu seinem Tode die gleichen Bezüge zusichert, die es in der Amtszeit bezog, auch wenn es nur für kurze Zeit ein Amt innehatte. Diese Bezüge werden sogar noch von Zeit zu Zeit erhöht und zwar gleichlaufend mit dem jeweiligen errechneten Lebenskostenindex. So können z. B. ein Senator und seine Frau heute nach einer mittleren Dienstzeit mit einem Gesamtbetrag, hochgerechnet auf die durchschnittliche Lebenszeit des Ehepaares, von acht bis neun Millionen Dollar rechnen. Sollte seine Frau ihn überleben, werden ihr jährlich immerhin noch 350 000 Dollar ausbezahlt.

Das Volk sollte wenigstens an diesem Beispiel gewaltige Bauchschmerzen bekommen und dieses selbst gestrickte Goldene Vlies der Regierung, diese unverschämte Abkassiererei von Steuergeldern der Bürger vernichten und die so fürsorglichen und in die eigenen Taschen wirtschaftenden Politiker zwingen, normale Mitglieder der staatlichen Rentenkasse zu werden.

KAPITEL 7

Rückkehr nach Deutschland

Unser zweiter Sommer in Seabrook war noch heißer als der erste, den wir dort erdulden mussten, und die Luftfeuchtigkeit noch höher. Wochenlang konnten wir uns nur in den gekühlten Räumen unseres Hauses aufhalten. Wenn wir zu unserem Supermarkt fahren wollten, um unseren Wochenbedarf an Lebensmitteln einzukaufen, fuhr ich das Auto aus der Garage, schaltete bei laufendem Motor die Kühlung ein und wenn es nach zwanzig Minuten gut durchgekühlt war, fuhren wir los. Auf dem Supermarktparkplatz angekommen, suchte ich einen Stellplatz in der Nähe des Eingangs und dann rannten wir schnell in den Einkaufsmarkt, der ja im Winter und im Sommer immer eine gleichbleibende und angenehme Temperatur hatte.

Bei einigen unserer Bekannten streikte auch prompt bei diesen brutalen Temperaturen die Klimaanlage. Die Reparatur durch Fachleute dauerte, denn andere Bewohner schienen die gleichen Probleme mit ihren Hauskühlungen zu haben, sie waren einfach überlastet und stellten ihren Dienst ein. Man übte sich in Geduld und brachte schwitzend die Zeit hinter sich, bis die Anlagen wieder funktionierten.

Christiane hatte schon im vergangenen Sommer Schluckschwierigkeiten gehabt, hervorgerufen durch die Hitze, und ich fühlte mich auch nicht wohl, denn ich konnte noch nie feuchte Hitze ertragen. Wir besuchten einen Spezialisten in Charleston, der feststellen sollte, wie die Halsbeschwerden von Christiane behoben werden konnten, aber auch er konnte uns nicht helfen, außer dass wir eine horrende Summe für diese Arztkonsultation zu entrichten hatten.

Hinzu kam noch, dass Norbert mit meiner alten Firma einige Probleme haben musste, denn die monatlichen Abzahlungen waren in letzter Zeit unregelmäßig eingetroffen und ich befürchtete, dass er und die

Firma dringend Hilfe benötigen würden. Immerhin musste er ja noch eine sehr große Summe für den Firmenkauf an mich entrichten und so war ich sehr beunruhigt.

Alexander kam mit dem Verkauf der Strandkörbe in Long Island auch nicht so recht vom Fleck. Er hatte zwar den Großteil der Einheiten, die wir dorthin gefahren hatten, verkauft, aber es war kein substanzieller Durchbruch in diesem Geschäft zu verzeichnen. Er besuchte uns und wir beredeten die Situation gründlich. Er war nun der Meinung, dass Florida der bessere Ort sein würde, um unsere Produkte zu vermarkten. Wir hielten Familienrat und Christiane und ich entschieden, Anfang des kommenden Winters wieder zurück nach Deutschland zu gehen.

Alexander besuchte einige Städte in Florida und entschied sich für Delrey Beach. Dort wollte er aktiv werden und von dort aus auch die Bahamas für den Verkauf der Strandkörbe bearbeiten. Er verbrachte noch einige Monate in Long Island und war auch noch dort, als vier amerikanische Flugzeuge mit Zivilisten an Bord am Morgen des 11. September 2001 – alle auf inländischen Routen fliegend – von Terroristen entführt wurden. Zwei Flugzeuge vernichteten die beiden WTC-Wolkenkratzer (World Trade Center) in Manhattan, New York und andere umliegende Bauten. Ein drittes beschädigte das Pentagon in Washington. Das vierte kam nicht an sein vorgesehenes Ziel, weil wahrscheinlich die Passagiere die Terroristen im Flugzeug überwältigten und das Flugzeug dann mit allen an Bord über einem Feld abstürzte. Kein einziger Passagier der vier Flugzeugentführungen überlebte.

Wir machten uns natürlich Sorgen, denn Alexander in Long Island war ja nicht sehr weit entfernt, als diese Katastrophe über New York hereinbrach. Er hätte ja auch beruflich in Manhattan sein können. Insgesamt verloren fast 3 000 Menschen durch die Wahnsinnstaten dieser Terroristen ihr Leben. Wir waren also froh, als wir seinen Telefonanruf erhielten und er uns mitteilte, dass er weit weg vom Geschehen gewesen war, aber, wie er uns später mitteilte, einige Bekannte bei diesem Unglück verloren hatte.

Nicht zu verstehen ist, dass es vorher keine Warnung gab, auch nicht den kleinsten Hinweis von FBI/CIA etc., dass irgendein Anschlag von Terroristengruppen geplant wurde. Wenn FBI und CIA halbwegs vernünftig funktioniert hätten, hätten den für die Sicherheit des Flugverkehrs Verantwortlichen zumindest vorher entsprechende Warnungen zukommen müssen. So mussten Tausende Unschuldige unter den grausamsten, unbeschreiblichsten Umständen sterben. Es war diesen Sicherheits- und Geheimdiensten längst bekannt, dass sich in den USA eine Anzahl Terroristen oder Personen, die terroristischen Bewegungen zugeordnet werden konnten, befanden. Einige dieser Terroristen ließen sich schon seit geraumer Zeit vor den Attentaten in US-Flugschulen zu Piloten ausbilden. Es ist für jeden unverständlich, dass gegen die Aktivitäten dieser Personen keine gründlichen Überwachungsmaßnahmen eingeleitet wurden.

Haben die für die Sicherheit verantwortlichen Organe auf ihren Hirnen gesessen? In der Regel kümmern sich diese Beamten um die kleinsten Details in allen Ecken der Erde. Sie wissen immer alles oder tun wenigstens so. Warum können sie denn nicht ihre eigene Bevölkerung, wenn schon nicht vor Unheil bewahren, so doch mindestens davor warnen? Haben sie wirklich gedacht, dass machttrunkene Fanatiker, die sich hinter ihren religiösen Schutzschilden verbergen, das Morden eingestellt haben oder ausgestorben sind? Hat man vielleicht vergessen, dass gewisse Teile der islamischen extremen Bewegung die gesamte westliche Welt islamisieren wollen, und das mit allen Mitteln, die ihnen zur Verfügung stehen? Reicht es nicht aus, dass das US-Kriegsschiff „US Cole" angegriffen, schwer beschädigt wurde und fast gesunken wäre? Eine Vielzahl ahnungsloser Angehöriger der US-Marine dabei ums Leben kam? Oder vorher zwei US-Botschaften in Afrika von den blutrünstigen, feigen Mördern islamischer Fanatiker-Kommandos bombardiert wurden und viele unschuldige Zivilisten dabei getötet wurden? Ist es in Vergessenheit geraten, dass schon 1993 ein Bombenattentat auf das WTC verübt wurde? Hat man damals nicht festgestellt, dass die Attentäter der terroristischen Zelle um Osama bin Laden zuzuordnen waren? Hatte das FBI / die CIA noch nichts von dem teuflischsten aller Teufel

Osama bin Laden gehört? Oder wusste man nicht, dass in den Ländern Afghanistan, Irak, Syrien, Palästina, Sudan und vielen anderen Menschen zu Terroristen ausgebildet werden?

Es gibt wahrscheinlich Hunderte dieser „bin Ladens“ in den weit verstreuten, fanatischen islamistischen Bewegungen, die aus Verstecken ihren völlig verdrehten Glauben der ganzen freien Welt aufzwingen wollen. Ihnen ist dabei jedes Mittel recht. Es ist deshalb völlig nutzlos, den Kopf, z. B. Osama bin Laden oder Mitglieder seines Stabes, zu eliminieren, denn es gibt genügend andere ihrer Gattung, wie zum Beispiel den IS (= Islamischer Staat) usw., die diesen unsinnigen Krieg gegen die Ungläubigen – das sind alle Menschen, die nicht ihrem fanatischen Glauben zuzurechnen sind – weiterführen. Die freie und demokratische Welt muss sich zum langfristigen Ziel setzen, diesen Teufelsorganisationen das Handwerk zu legen, und dabei zukünftig sicherstellen, dass danach auch schon die kleinsten Flämmchen von Reorganisation in diesen krankhaften Köpfen im Keim erstickt werden. Es ist schwer vorstellbar, dass eine vollständige Reorientierung auch von ehemaligen Fanatikern, die lauthals ihrer Vergangenheit abschworen, gelingen kann. Es bleibt nur zu hoffen, dass sich die demokratische Gesellschaft durchsetzt.

Es ist unfassbar, dass Tausende unschuldige Amerikaner ihr Leben in dieser größten und grausamsten aller bisherigen Terroraktionen vom 11. September 2001 verloren. Natürlich ist jetzt die gesamte US-Nation und eine Vielzahl verbündeter Nationen geschockt. Aber wie konnte so etwas auf dem Boden der USA passieren?

Alexander kam Mitte November von Long Island mit einem kleinen Rest von Strandkörben zu uns nach Seabrook und ich überschrieb ihm die Firma, das verbleibende Warenlager in Charleston mit Strandkörben, das Firmenbankkonto mit einem Guthaben, den Ford F-250 sowie den Anhänger. Er hatte ein Haus in Delrey Beach mit einem großen überdachten Abstellraum für die Strandkörbe gefunden, es sofort gemietet und machte nun einige Fahrten hin und zurück, um nach und nach die gesamten Strandkorbbestände und einige Möbelstücke, z. B. mein komplettes Büro, meinen antiken Flügel und einiges mehr an Hausrat, kurz alles, was wir ihm überlassen wollten, in das angemietete Haus zu verbringen. Er wollte unbedingt weitermachen und war sich sicher, er könne das Geschäft zu einem lukrativen Unternehmen umgestalten. „Es braucht nur eine gewisse Zeit“, waren seine Worte. Ich konnte davon zu dieser Zeit nicht mehr überzeugt werden.

Wir beauftragten wieder die Firma, die unsere Möbel schon von Deutschland nach Seabrook transportiert hatte, mit dem Rücktransport unserer Habe. Hier zahlte sich unsere Weitsicht aus, denn wir hatten ja unsere wunderschöne Wohnung im Taunus behalten. Für eine leer stehende Wohnung fast zwei Jahre lang Mietzahlungen zu entrichten, war zwar teuer gewesen, aber diese Zusatzkosten habe ich billigend in Kauf genommen. So konnten unsere Möbel wieder ihre ursprünglichen Stellplätze erhalten. Am 30. November 2001 flogen wir zurück nach Deutschland. Bis zum Eintreffen unseres Hausrats wohnten wir in einem kleinen Hotel. Norbert hatte mir ein Firmenauto besorgt, also waren wir sofort nach unserer Ankunft mobil. Ich weiß nicht, ob er begeistert von unserer Rückkehr war, aber bis zur völligen Bezahlung meines Unternehmens war ich ja noch Eigentümer, also musste er sich wohl meinen Wünschen fügen.

Ich arbeitete nun wieder in meiner alten Firma als Konsultant, aber beanspruchte nur ein kleines Gehalt, denn wichtig war jetzt nur die Profitstruktur des Unternehmens. Es waren tatsächlich kleinere, aber lösbare Probleme aufgetreten, an denen Norbert nur geringe Schuld trug. In kurzer Zeit lief die Firma wieder auf vollen Touren und meine Sorgen wurden von Tag zu Tag geringer. Ich ging gerne in die Firma, denn nun hatte ich wieder eine Aufgabe, die mich ausfüllte. Ich musste feststellen, dass ich ohne eine sinnvolle Arbeit nicht leben konnte.

Im folgenden Jahr, so etwa um die Weihnachtszeit, besuchten wir Alexander in Delrey Beach. Wir wohnten bei ihm in seinem geräumigen Haus, umgeben von einem Garten voller Orangen-, Zitronen- und

Grapefruitbäume. Wir schwelgten in den frischen Früchten, die wir nur von den Bäumen zu pflücken brauchten.

Alexander war immer noch primär damit beschäftigt, Strandkörbe zu verkaufen, hatte auch einige veräußert und bestritt sein Leben von den Erlösen, wobei er wohl nicht bemerkte oder nicht zur Kenntnis nehmen wollte, dass der Bestand sich dauernd verringerte. „Was will er machen, wenn er alle verkauft hat?", fragte ich mich. Dass man das eingesetzte Kapital erhalten muss und nur einen Teil der Gewinne zum Lebensunterhalt benutzen darf und den Rest wieder investieren muss, konnte ich ihm nicht beibringen.

Mitte 2003 besuchte uns meine jüngste Schwester mit ihrem Mann in unserer Wohnung im Taunus. Sie machten einen Zwischenstopp bei uns auf ihrer Rückreise nach Empuriabrava, Spanien, denn dorthin hatten sie ihren Wohnsitz schon vor fünf Jahren verlegt.

Wir verbrachten einen fröhlichen Nachmittag mit Kaffee und Kuchen, dann fuhren sie los, und das war auch das letzte Zusammentreffen mit meiner Schwester, denn mein Schwager rief mich am 24.04.2004 an und teilte mir mit, dass meine jüngste Schwester plötzlich gestorben war. Sie starb an einer Kombination von Herzversagen und einigen anderen Leiden.

Sie hatte nicht sonderlich auf ihre Gesundheit geachtet, war selten zu Untersuchungen bei Ärzten gewesen und hatte in ihrer letzten Zeit zu viel spanischen Cognac, das war ihr Lieblingsgetränk, konsumiert. Sie wurde nur 67 Jahre alt. Sie wollte, so hatte sie es schriftlich hinterlegt, nach ihrem Ableben eine Seebestattung haben.

Die Beerdigung, d. h. die Urnenbestattung, fand etwas später statt, etwa vier Kilometer vor der Küste, im darauffolgenden Sommer. Die ganze Familie nahm Abschied von ihr und Christiane und ich fuhren im Anschluss an die Bestattung über Teile der Pyrenäen nach Südfrankreich, wo wir noch zwei Wochen Urlaub machten. Wir kannten diesen Teil von Frankreich, also die Provence, noch nicht und besuchten die Städte Montpellier, Arles, Avignon, Aix-en-Provence, Grasse, mit gelegentlichen Ausflügen ins Hinterland. Uns gefiel die Gegend sehr und wir beschlossen, in Zukunft öfter die Provence mit ihren lieblichen ländlichen Gegenden zu besuchen.

Kommunikationsprobleme hatten wir nicht, denn Christiane spricht sehr gut Französisch und ich kann es zumindest verstehen und mich auf meine Art, wenn auch etwas umständlich, mit den Menschen dort unterhalten. Ich lernte den Rhônewein kennen und die lokalen Gerichte schätzen. Auf dem Rückweg besuchten wir noch Straßburg, besichtigten den Dom, kauften in der Innenstadt noch eine Menge Baguettebrote und waren bald wieder zu Hause.

Ich war in der Lage, Ende 2003 das Grundstück in Seabrook zu einem sehr hohen Preis zu verkaufen. Die Abwicklung des Verkaufs gelang reibungslos aus Deutschland, denn der Rechtsanwalt in Charleston, der alle Formalitäten für den Kauf des Grundstücks acht Jahre zuvor überwacht hatte und mit dem ich zwischenzeitlich freundschaftlich verbunden war, überwachte und steuerte auch den Verkauf. Der Gewinn, den ich erzielte, überstieg meine Erwartungen.

Im Dezember 2004 besuchte Christiane Alexander in Las Vegas, denn dorthin war er von Delrey Beach gezogen. Er hatte alle Strandkörbe verkauft und war bereit zu neuen Taten, die Frage war nur: welchen? Er hatte sich ein Haus im Außenbezirk mit zwei Bekannten zusammen gekauft. Mit welchem Geld, ist die große Frage.

Er zeigte seiner Mutter Las Vegas, stellte sie seinen Bekannten dort vor und Christiane war begeistert von der Stadt, den Casinos und dem Trubel, der dort an der Tagesordnung war. Dort war kürzlich auch ein Hofbräuhaus entstanden mit Bieren aus München importiert. Gebratene Haxen und Hendl oder auch sonst alles, was man in den Brauhäusern von München vorfindet, wurde angeboten. Das war natürlich etwas für die Amerikaner, die eine Schlange vor dem Gebäude bildeten, um einen Platz im Innern zu erhalten. Der Laden hat bestimmt in kürzester Zeit alle Investitionen wieder hereingeholt.

Alexander hatte einen Lieferanten aus dem Staate Maine gefunden, der ihn mit Möbeln aller Art aus Teakholz versorgte. Er hatte ein Lager und versuchte nun mit diesen Artikeln sein Brot zu verdienen. Ich glaube, er besuchte auch Thailand, um dort Lieferanten für Freizeitmöbel aus Teakholz zu finden. Ob er erfolgreich war, weiß ich nicht. Ich weiß auch nicht, ob er auf diesem Sektor Geld verdiente, aber er hielt sich wohl selbst über ein Jahr mit diesen Artikeln über Wasser.

Dann brannte das Haus ab. Ursache war ein Brandherd, der sich in Abwesenheit der Bewohner an einem elektrisch betriebenen Gerät entzündet hatte und die gesamte Einrichtung vernichtete. Die drei Eigentümer waren gut versichert, somit wurde alles von der Versicherung ersetzt, keiner erlitt einen Schaden. Alexander kam gut weg bei dem Unfall, konnte sogar noch ein geldliches Plus verbuchen, aber die schöne Sessel- und Sofaecke aus Leder, die ich ihm geschenkt hatte, wie noch einige andere Dinge, z. B. Modellautos, die ich ihm auch übereignet hatte, wurden vernichtet. Der antike Flügel überstand den Brand unbeschadet.

Ende Oktober 2005 besuchten Christiane und ich für 18 Tage Seabrook. Wir trafen unsere Bekannten und freuten uns, wieder einmal in unserer alten Umgebung zu sein. Es war wie immer ein Genuss, durch Charleston zu schlendern, die alten Gebäude anzusehen und lange Spaziergänge am Strand zu machen. Ob Alexander uns dort zu diesem Zeitpunkt auch besuchte, weiß ich nicht mehr.

Im April des folgenden Jahres besuchten wir Alexander in seinem neuen Domizil in der Nähe von Park City im Staate Utah. Er hatte sich in einer kleinen Siedlung an einem Berghang mit einem Bekannten zusammen ein schönes, großes Haus gekauft. Als Anzahlung hat er wohl die übrig gebliebene Versicherungssumme aus dem Brand in Las Vegas benutzt.

Er wollte nun das Haus an Feriengäste, die dort Skiurlaub machten, vermieten. Er selbst konnte in einem kleinen Anbau wohnen und seine Gäste bekochen und bedienen, zu den Pisten fahren und sie rundum versorgen. Er hatte auch einigen Erfolg mit dieser Tätigkeit, denn Park

City war eine bei Amerikanern sehr beliebte Gegend für Wintersport. Den Ford-Pritschenwagen und den Anhänger hatte er verkauft und nun benutzte er einen geleasten neuen Geländewagen, um seine Gäste umherzufahren.

Die Fußballweltmeisterschaft 2006 verfolgten wir am Fernseher in seinem Haus. Einige Male waren wir auch in Salt Lake City, der Hauptstadt der Mormonen. Wir besichtigten dort Tempel und Gebetsstätten, besuchten ein Konzert, den Salzsee, der auf uns einen öden Eindruck machte, und noch einige umliegende Orte, die ebenfalls nicht zu einem zweiten Besuch einluden.

Einmal angelten wir auch mit einem Bekannten von ihm an einem See, der Strawberry Lake hieß, und fingen eine Menge Forellen, die dann abends gegrillt verspeist wurden. Ich durfte das Angelboot bezahlen, es kostete über 600 Dollar, eine völlig überzogene Summe, wie ich fand.

Wir beschäftigten uns tagelang damit, seine Fotos, die alle einen Brandschaden erlitten hatten, in eine Vielzahl von Alben zu kleben, um sie ihm wenigstens in diesem Zustand zu erhalten. Dann war unsere Zeit auch schon vorbei und wir flogen wieder zurück nach Hause. Einige Zeit später erfuhren wir, dass er das Haus wieder verkauft hatte, denn Nachbarn hatten sich darüber beschwert, dass er es dauernd an Fremde vermieten würde, und die Satzungen der Siedlung erlaubten diesen Gelderwerb wohl nicht.

Im Dezember 2006 habe ich meine Schwester Rosi in Mönchengladbach besucht. Bei ihr war plötzlich Lungenkrebs ausgebrochen, sie wurde operiert, man entfernte einen Lungenflügel und nun lag sie todkrank zu Hause und wurde behandelt, aber eine Besserung stellte sich nicht ein. Ich habe sie oft besucht und konnte bei jedem meiner Besuche feststellen, dass sie immer schwächer wurde. Elf Monate später starb sie, sie wurde 71 Jahre alt. Sie kämpfte in ihren letzten Monaten wie ein Löwe, hatte einen starken Lebenswillen, aber alles war umsonst, denn der Krebs hatte schon ihren ganzen Körper befallen, es war aussichtslos. Die letzten

Tage vor ihrem Tod hat sie wohl nur noch undeutlich mitbekommen, denn es war eher ein stetiges In-den-Tod-Hineindämmern. Sie hat nicht gelitten und hörte zuletzt einfach auf zu atmen und dann war sie in einer anderen Welt.

Sie war meine Lieblingsschwester gewesen und ihren Tod habe ich bis zum heutigen Tage nicht überwunden. Wie kann es sein, frage ich mich immer wieder, dass ich, der Älteste, noch lebe, obwohl ich schon einige Male dem Tod ins Auge sah, und meine beiden jüngeren Schwestern vor mir sterben mussten?

Wir hörten von Alexander, dass er Park City verlassen hatte und sich nun in Jackson Hole im Staate Wyoming befand. Dort wollte er ein Restaurant eröffnen, hatte auch schon ein Gebäude für diesen Zweck gefunden und war dabei, die gemieteten Räume in ein Restaurant zu verwandeln. Er hatte für sich privat ein ziemlich heruntergekommenes Einfamilienhaus gemietet, in dem er mit seinem großen, alten Hund Marley, den ich übrigens sehr schätzte und den ich schon von unserer Zeit in Seabrook her kannte, und einem neuen, ziemlich jungen Hund namens „Nummer eins“ von der Rasse Jack Russell, den ich überhaupt nicht mochte, lebte. Dann waren da noch eine Anzahl Katzen, die ich überhaupt nicht ausstehen kann. Das ganze Haus war voller Hunde- und Katzenhaare, denn die durften überall herumklettern.

Die Investition für das Restaurant sollte 100 000 Dollar betragen. Das Geld wollte er sich von Investoren leihen. Wir haben das Restaurant während der Umbauphase besichtigt, aber man konnte noch nicht genau feststellen, wie es einmal im Fertigzustand werden sollte.

Ich hatte schon Atemprobleme während des Urlaubs in Park City gehabt, denn das war ein hoch gelegener Ski-Urlaubsort, und jetzt in Jackson Hole, auch wieder über 2 300 Meter hoch gelegen, hatte ich die gleichen Probleme. Folglich besorgten wir ein Sauerstoffgerät, damit ich nachts überhaupt schlafen konnte. Alexander bekochte uns liebevoll und zeigte uns die Umgebung. Wir fuhren in den Yellowstone-Nationalpark mit seinen heißen Quellen und Geysiren, sahen auch den wohl prominentesten unter den Geysiren, nämlich „Old Faithful“, in voller Aktion, schipperten mit einem Boot auf dem Jenny Lake herum und machten eine Floßfahrt auf dem Snake River.

Alexander war wieder einmal Feuer und Flamme für sein neues Unternehmen und zählte schon wieder das viele Geld, welches er zukünftig verdienen würde. Ich hatte, wie schon so oft vorher, meine Zweifel, hielt diese aber vor ihm zurück, denn ich wollte seinen Enthusiasmus nicht gefährden.

Unseren nächsten Urlaub machten wir in der Toskana. Im Oktober 2008 waren wir in dieser herrlichen Gegend, die wir beide noch nicht kannten, aber unbedingt kennenlernen wollten.

Wir fuhren ohne ein Ziel vor Augen nach Greve, wohl der Mittelpunkt dieser Provinz. Wir fanden etwas außerhalb von Greve ein schönes Weingut, welches auch Zimmer vermietete, inmitten eines riesigen Weinanbaugebiets. Das Weingut hieß Montagliari und war in der Toskana sehr bekannt für den süffigen Rotwein, den es produzierte.

Wir waren die einzigen Gäste und man kümmerte sich rührend um uns. Wenn ich z. B. draußen auf der Terrasse saß und mir die wunderschönen Weinberge der hügeligen Umgebung ansah, kam sofort der Eigentümer angelaufen und brachte mir ein Glas Rotwein. Seine Schwester, schon sehr betagt, beaufsichtigte die Küche und kochte einfache, aber wohlschmeckende Gerichte.

Wir besuchten Siena, die alte Stadt mit ihren engen Gassen, die Piazza del Campo, auf der jährlich zweimal die farbenfrohen, aus dem Mittelalter stammenden Reiterspiele, die Palio, stattfinden, und den Duomo Santa Maria, eine Kathedrale aus schwarzem und weißem Marmor, im 12. Jahrhundert erbaut.

An einem anderen Tag waren wir in Florenz und spazierten auf der Brücke Ponte Vecchio herum. Sehenswert war die Piazza della Signoria und vor allen Dingen für mich die Kirche Santa Croce, in der Michelangelo, Machiavelli und viele andere Berühmtheiten ihre Grabmale haben. Wir fanden Florenz zwar sehr schön, aber die Massen von Touristen störten uns sehr.

Wir besuchten wiederum an einem anderen Tag San Gimignano, in der Nähe von Poggibonsi gelegen. Das ist eine kleine Stadt mit hohen Wehrtürmen aus dem Mittelalter. Auf unserem Rückweg wollten wir uns noch Pisa ansehen, aber wir mussten diesen Besuch wegen des Verkehrs in den engen Straßen und der völlig überfüllten Parkplätze abbrechen.

Wir fuhren an die Küste nach Viareggio und fanden ein kleines Hotel, nicht weit vom Strand entfernt. Der Eigentümer sprach fließend Deutsch, hatte in seinen jungen Jahren in Frankfurt gelebt und bei der Steigenberger Hotelgruppe, im Frankfurter Hof und im Ritters Park-Hotel, Bad Homburg das Hotelhandwerk gelernt.

Einen vollen Tag verbrachten wir in Lucca, der Geburtsstadt von Puccini, dem Komponisten, der die Welt mit seiner unvergleichlichen und gefühlvollen Musik beschenkte. Wir spazierten durch die engen Gässchen der Stadt, beobachteten das quirlige, fröhliche Volksgetümmel, besichtigten die Basilica San Michele aus dem 12. Jahrhundert und einige andere Sehenswürdigkeiten und waren abends wieder in unserem Hotel in Viareggio.

Am Ende unseres Urlaubs verbrachten wir noch drei Tage in Limone am Gardasee, erkundeten die Gegend, machten eine Bootsfahrt auf dem See und ließen uns von der Küche unseres Hotels verwöhnen. Wir verließen Limone Richtung Österreich, denn Christiane wollte in Innsbruck noch ihre langjährige Freundin besuchen. Von ihr wurden wir liebevoll bewirtet, verbrachten einen schönen Abend mit ihr, konnten am nächsten Tag noch einige Sehenswürdigkeiten von Innsbruck besichtigen und machten uns danach auf unseren Heimweg.

Im August 2009 waren wir in Dresden und haben meinen alten Freund Manfred, den ich aus Essen kannte und den ich seit 53 Jahren nicht mehr gesehen hatte, und seine Frau Lilo besucht. Es war schön, aber anstrengend, denn auf dieser Reise bekam ich eine Gürtelrose, die, wie sich später herausstellte, sehr schmerzhaft wurde. Arbeiten konnte ich nicht mit dieser Krankheit. Ich musste drei Wochen pausieren, um mich wieder zu erholen. Die rechte Brust und der rechte obere Rücken schmerzten bestialisch. Ich rechnete mit drei bis vier Monaten Rekonvaleszenzzeit, dann sollte ich schmerzfrei und ohne Tabletten leben können.

Mit meinen Schätzungen für das endgültige Abklingen der Gürtelrose lag ich richtig, aber ich bekam etwa sechs Monate später eine sehr schwere Lungenentzündung, die mich für zwei Wochen ins Krankenhaus brachte. Ich sprang dem Teufel wieder von der Schippe und erholte mich wieder, aber meine Atemprobleme hatten sich permanent verschlechtert.

Es wurde ein Lungenemphysem diagnostiziert, eine Krankheit, die unheilbar ist. Insgesamt hat sich mein körperlicher Zustand nach dieser Lungenentzündung verschlechtert und schon ein geringes Mit-dem-Oberkörper-nach-unten-Bücken oder normale Bewegungsabläufe können zu Atemnot führen.

Ich hatte kurz nach der Verheilung der Gürtelrose aufgehört, in meiner alten Firma zu arbeiten. Es ging nicht mehr und war auch nicht mehr notwendig. Norbert war ein Profi geworden und leitete die Firma umsichtig und vor allen Dingen äußerst profitabel. Er hatte seinen Schwiegersohn, den Ehemann seiner ältesten Tochter, angestellt. Ich hatte ihn gewarnt, denn meistens entwickeln sich Beschäftigungen von Familienmitgliedern negativ. Doch der Schwiegersohn hatte Ingenieurswissenschaften studiert und fand sich mit allen Belangen, die die Firma betrafen, sehr gut zurecht. Er war klug, lernte schnell und konnte so ein wertvolles Firmenmitglied werden. Davon konnte ich mich noch selbst überzeugen, denn am Anfang seiner Tätigkeit arbeitete ich ja noch dort. In diesem Falle war ich froh, Unrecht mit meiner Vorhersage gehabt zu haben. Heute kann ich mir die Firma ohne ihn gar nicht mehr vorstellen, denn er kann den gesamten Innendienst leiten, sodass Norbert beruhigt im Außendienst tätig sein kann, was auch seine Stärke ist.

Ich habe also bis zu meinem 76. Lebensjahr gearbeitet und es hat mir immer viel Spaß gemacht. Ich habe nichts zu bereuen und wie das immer so ist, wenn man sich einen Rückblick auf seine Tätigkeiten im ganzen Leben gestattet, hätte ich einiges, aber nicht vieles anders gemacht.

Anfang des folgenden Jahres 2010 kam Alexander und besuchte uns mit Freundin Emily, die er in Jackson Hole kennengelernt hatte. Wir waren sehr gespannt, wie seine Freundin sein könnte, und waren überrascht, wie hübsch und freundlich sie war. Wir verlebten einige schöne Tage miteinander, in denen wir Emily besser kennenlernen konnten. Dann flogen sie nach Rom, um an einer Hochzeit teilzunehmen. Alexander hatte einen Freund, den er von den Bahamas kannte, und der heiratete nun und hatte die beiden dazu eingeladen. Zwei Tage nach ihrer Rückkehr aus Rom waren die beiden wieder weg und auf dem Weg zurück in die USA.

Anfang Mai 2009 war ich mit einer Reisegruppe in Rom. Wir wohnten in einem Mittelklassehotel außerhalb vom Stadtkern und wurden jeden Tag mit einem Bus nach Rom-Mitte gebracht. Die Fahrt hin und zurück dauerte fast drei Stunden. Rom erstickt hoffnungslos im Verkehr.

Wir hatten eine sehr gute Stadtführerin, die selbst schon seit dreißig Jahren in Rom lebte. Wir begannen unsere Führung beim und im Petersdom, danach waren wir im Vatikanischen Museum und danach in der Sixtinischen Kapelle. Die Lauferei von einem Objekt zum anderen war für mich sehr anstrengend. Auch im Vatikanischen Museum ging es treppauf, treppab, bis ich keine Treppen mehr sehen konnte. Ich dachte, meine Füße und Beine würden abfallen. So viel, wie ich dort zu laufen hatte, laufe ich im ganzen Jahr nicht.

Am nächsten Tage war wieder Lauftag und es wurden das Kolosseum, Forum Romanum, Pantheon, der Trevi-Brunnen, die Spanische Treppe und noch einige Sehenswürdigkeiten besichtigt. Abends hatte ich akute Wadenkrämpfe und am nächsten Tag musste ich im Hotel bleiben, um meine Beine wieder fit zu machen.

Eigentlich sollte an diesem Tag ein Ausflug in die Albaner Berge stattfinden, an dem ich gerne teilgenommen hätte, aber diese Reise fand wegen einer zu geringen Beteiligung nicht statt. Als bleibende Erinnerung nehme ich mit nach Hause, einmal aus der Nähe die vielen Gemälde (Sixtinische Kapelle) und Skulpturen von Michelangelo, z. B. die Pietà im Petersdom, gesehen zu haben. Für mich sind solche Reisen in meinem Alter viel zu anstrengend. Ich muss also in Zukunft genau aufpassen, wie und wohin ich reise.

Im Juni/Juli 2010 waren wir in Wisconsin, USA. Wir haben dort Alexanders vierzigsten Geburtstag gefeiert. Emilys Eltern Tom und Anne haben dort am See Chetek, der Ort heißt auch Chetek, ein ziemlich großes Ferienhaus. Sie waren sehr gastfreundlich zu uns. Tom ist ein ruhiger und ausgeglichener Typ, seine Frau Anne dagegen sehr hibbelig und immer ein wenig aufgeregt, dabei lacht sie dauernd, auch wenn es nichts zum Lachen gibt. In dieser Gegend möchte ich aber nicht abgemalt sein. Dort ist alles tiefste Provinz und dementsprechend sind auch die Leute dort eher einfach gestrickt. Gelangweilt haben wir uns nicht, denn wir haben fast jeden Tag etwas unternommen.

Unser Hinflug über Chicago war ein Albtraum, denn wir landeten dort mit unserem Atlantikflug und mussten umsteigen, um in die Nähe von diesem Urlaubsort zu gelangen, aber ein gewaltiges Gewitter am und im Bereich des Flughafens von Chicago machte einen Weiterflug mit dem gebuchten Flugzeug unmöglich. Zum Glück konnten wir umbuchen und kamen dann noch am selben Tag am Flughafen im Eau Claire County in Wisconsin an, wo Alexander und Emily schon auf uns warteten. Natürlich war unser Gepäck wieder einmal verschwunden, es wurde uns aber zwei Tage später in Chetek zugestellt. Natürlich haben wir uns sehr gefreut, Alexander und Emily wiederzusehen, das war aber auch schon alles. Dort vernahmen wir, dass er das Restaurant, Cafe Ponza in Jackson Hole, Wyoming, schließen würde. Aus welchem Grunde, hat er uns nicht verraten.

Der Rückflug war für Christiane sehr anstrengend, denn sie hatte enorme Magenprobleme. Später sagte Alexander, dass es wohl eine Fischvergiftung war. Christiane musste noch ein paar Tage im Bett bleiben, der Arzt musste kommen, der bestätigte auch eine Fischvergiftung und danach ging es ihr wieder besser. Wir waren froh, wieder zu Hause zu sein.

Am 16. Januar 2011 flogen wir ab in die USA, um dort einen zehnwöchigen Urlaub in Seabrook zu verbringen.

Das Wetter in Seabrook war zu 95 Prozent schön und damit hatten wir dem Winter in Deutschland ein Schnippchen geschlagen. Trotzdem, am Ende wurde es für uns sehr langweilig, denn zehn Wochen sind einfach zu lang. Wir machen so etwas nicht noch einmal. Wir haben alle unsere Bekannten wiedergesehen, aber wohnen möchte ich dort nie mehr.

Seabrook ist nur etwas für ältere Leute. Nur selten sieht man junge Menschen, höchstens dann, wenn Kinder ihre Eltern dort besuchen und mit ihren eigenen Kindern erscheinen. Viele Seabrooker haben Hunde, manchmal zwei oder sogar drei. Vielleicht auch noch Katzen und anderes Getier. Jedenfalls pilgern sie mit ihren Hunden an den Strand und lassen sie dort laufen. Dann kommen sie wieder zurück und haben die Hundekotbeutel in ihren Händen, die dann in Tonnen am Steg entsorgt werden. Was für ein Leben, denn diese Pilgerei zum Strand machen die meisten jeden Tag.

Wir haben in diesem Urlaub Fort Sumter, auf einer Insel vor Charleston gelegen, besucht. Dann haben wir noch den Swamp Garden nördlich von Charleston gesehen. Hier, wie auch überall in den Küstenstrichen der Carolina-Staaten, konnten wir in den Binnengewässern und in kleinen Wassertümpeln oder auf Wegen und Straßen, ja sogar in Vorgärten von Häusern Alligatoren sehen. Da ist größte Vorsicht geboten, denn manchmal liegen diese Reptilien nur faul und träge herum und dann meint man, sie berühren zu können. Das ist ein Trugschluss, denn schnell sind sie und schnappen mit ihren scharfen Zähnen nach allem, was sich bewegt. Sie sind auf kurzen Strecken viel schneller, als Menschen laufen können, und haben schon oft unachtsame Personen schwer verletzt. Auch Schnappschildkröten befinden sich in Mengen in fast allen Gewässern. Auch sie sind gefährlich, denn in ihren Mäulern haben sie scharfe Zahnreihen, die einem unvorsichtigen Menschen die Finger abbeißen können. Wie wir hörten, wurde in den Swampgärten 1998 ein Teil des Filmes „The Patriot“ gedreht.

Im Mai 2012 mussten wir meinen ältesten Freund Jürgen beerdigen. Jürgen war der letzte von meinen wenigen Freunden. Er hatte eine schwere und, wie er mir einmal verriet, unheilbare Leukämie, die er schon seit Jahren tapfer bekämpft hatte. Er war so lebenslustig und sagte mir immer wieder, auch wenn seine Krankheit ihn oft ans Bett fesselte oder er für eine längere Zeit ins Krankenhaus musste, dass er noch mindestens zehn Jahre leben wollte.

Er war dreimal verheiratet und nahm mit seiner ersten Frau an unserer Hochzeit teil und war mein Trauzeuge. Dann traf er wohl die Liebe seines Lebens, seine zweite Frau. Mit ihr war er eine lange Zeit sehr glücklich, sie brachte zwei Kinder mit in die Ehe und später bekamen sie zusammen noch ein Kind. Leider verstarb seine Frau nach langem Leiden an Darmkrebs. Das hat ihn zutiefst getroffen. Zuletzt, denn er war zum Alleinsein nicht geschaffen, heiratete er zum dritten Mal, diesmal war es eine nette Frau in seinem Alter.

Die Einschläge, Todesfälle von Bekannten und Freunden, werden nun immer häufiger. „Bin ich der Nächste?", fragt man sich unwillkürlich.

Nach Jürgens Beerdigung sind wir noch für ein paar Stunden bei meinem Schwager Effi gewesen. Das muss das letzte Mal gewesen sein, dass Alexander Effi lebend sah, denn Effi hatte schon seit Jahren ein schweres Herzleiden, welches ihm große Atemprobleme bescherte. Er konnte sich, als er noch gehen konnte, nur noch mit einem Rollator fortbewegen. Eine Herzoperation musste gemacht werden, rieten ihm die Ärzte. Es sollten ihm mehrere Bypässe einoperiert werden. Ich riet ihm davon ab, denn ich war nicht der Meinung, dass er diese Operation überstehen konnte, denn dafür war er einfach schon zu alt, körperlich zu schwach und seine Widerstandsfähigkeit war gleich null. Trotzdem ließ er sich überreden und die Operation wurde in einer Spezialklinik in Düsseldorf durchgeführt.

Sie war nicht geglückt, denn er lag dort über zwei Wochen auf der Intensivstation, danach noch schwer angeschlagen mehrere Wochen in einem Krankenhaus in Mönchengladbach. Man entließ in schlussendlich ohne Hoffnung auf Heilung nach Hause. Er bekam einen Pfleger, denn er konnte sich selbst nicht mehr helfen. Er konnte nur liegen oder kurze Zeiten in einem Rollstuhl verbringen. Er war ein akuter Pflegefall geworden. In diesem Zustand fanden ihn Alexander und wir in seiner Wohnung vor.

Effi starb am 5. November 2013 in seinem Krankenbett zu Hause, er schlief einfach ein und wachte nicht mehr auf. Er war 87 Jahre alt geworden, wahrlich ein hohes Alter. Im November begruben wir ihn neben seiner Frau Rosi.

Ich kann mich noch gut an die schönen Segeltouren an vielen Wochenenden in meinen jüngeren Jahren mit Effi erinnern, an die abendlichen Gespräche in der Kajüte bei einem Glas Wein oder Bier. Wir konnten uns dann über alle Dinge des Lebens unterhalten und machten Pläne für die Zukunft. Segeln war sein Hobby gewesen, eine Sportart, die er schon lange Jahre betrieben hatte. Nun war er auf seinem letzten Segeltörn von uns gegangen.

Meine Familie war mit Effis Tod, wir alle haben ihn immer sehr geschätzt, wieder einmal kleiner geworden. Auch Christianes Familie war merklich geschrumpft, denn wir hatten in den letzten Jahren vier ihrer engsten Familienmitglieder beerdigen müssen.

Im Juni 2014 sind wir zu einem Kurzurlaub nach Frankreich in die Bretagne gefahren. Wir wollten ca. zehn Tage an der Küste urlauben und uns die Gegend ansehen. Aber nach sechs Tagen und fast 3 000 Kilometern Autofahrt waren wir wieder zu Hause. Uns hat nichts interessiert.

Die Landschaft, besonders die Ortschaften und Häuser, war trist und öde. Die Leute waren freundlich, viele Blumen überall, aber schöne Orte, in denen man verweilen konnte, waren nicht vorhanden. Viele Orte begannen mit „Ker-" und wir hatten große Mühe, die Namen dieser Orte auszusprechen. Das ist der keltische Einschlag, der überall vorherrschend ist, sagte man uns. Die Ortsbeschilderungen und überhaupt die Richtungsanzeigen von einem Ort zum anderen waren dermaßen schlecht, dass wir uns dauernd verfahren haben. Wir sind bestimmt einige Hundert Kilometer falsch geleitet worden. Dauernd diese Kreisel, in denen man aufpassen musste, nicht falsch herauszufahren. Manchmal sind wir dreimal um einen Kreisel gefahren, um herauszufinden, wo wir hinmussten, und waren trotzdem falsch.

Wir haben die Gegenden um Quimper, Ploërmel, Concarneau gründlich abgefahren und nirgendwo hatten wir mehr den Eindruck, länger bleiben zu können. In Forêt-Fouesnant sind wir dann drei Nächte geblieben, weil wir dort eine bezahlbare Unterkunft (Wohnung mit zwei Schlafzimmern) fanden. Von dort aus haben wir dann Tagestouren gemacht. Wir fanden Restaurants und Hotels sehr, sehr teuer. An der Atlantikküste waren nur Hotelzimmer zum Preis von 150 Euro aufwärts zu haben. Ein Mittag- oder Abendessen war unter fünfzig Euro nicht zu bekommen. Ein Glas Tischwein kostete zehn Euro. Auf dem Rückweg haben wir noch einen Schlenker an die Loire gemacht, sind durch einige Städte und Dörfer gefahren, aber dort hatten wir auch keine Lust, länger zu bleiben.

Der ganze Trip war sehr teuer und eigentlich völlig unnötig, aber ich wollte ja unbedingt einmal die Bretagne sehen. Nun, jetzt haben wir sie gesehen und werden wahrscheinlich nie mehr dorthin fahren. Aber letztlich haben wir gehört, dass es an der Loire sehr schön sein muss. Vielleicht werden wir doch noch einmal die Gegend erkunden.

Heute müsste es mir ziemlich egal sein, wie und unter welchen Umständen meine Firmen hier in Deutschland und England damals zusammenbrachen. Eine gewisse Schuld muss ich bei mir selbst suchen, denn ich habe zu vielen Mitarbeitern und beratenden Personen zu viel Vertrauen eingeräumt. Auch hätte ich meine angeborene Großzügigkeit und Freigebigkeit sehr stark beschneiden müssen, denn viele meiner Mitarbeiter haben dies nur zu ihrem Vorteil ausgenutzt. Ich hätte auch im Laufe der Jahre nicht immer alle Gewinne wieder in die Firmen reinvestieren sollen.

Jaja, im Nachhinein ist man ist man immer viel klüger, dann weiß man auch alle Antworten, die man für jeden einzelnen Fall anwenden muss. Im Grunde genommen hätte ich jedoch vieles einfach besser wissen und einschätzen und mich entsprechend auf die sich anbahnenden Situationen einstellen müssen.

Die Menschen sind einfach so, wie sie sind, und sie sind zu einem großen Teil schlecht und nur auf ihren persönlichen Vorteil bedacht. Grundsätzlich kann man nur Mitgliedern der eigenen Familie Vertrauen schenken, wobei, wenn die Familie sehr groß und sehr verzweigt ist, dann auch noch eine gewisse Vorsicht geboten ist.

Ich freue mich immer, wenn ich von Norbert höre, dass die Handelsfirma wächst und gedeiht. Ich nehme regen Anteil an allen geschäftlichen Dingen, denn sie ist ja die älteste Firma, die ich gegründet habe. Alle bisher erzielten Erfolge soll er genießen, denn die kann er, ohne überheblich zu sein oder Abstriche machen zu müssen, mit seinen Fähigkeiten begründen. Er hat den Umsatz der Firma verdreifacht und ein eigenes, auf die Belange der Firma zugeschnittenes Bürohaus gebaut, moderne und zeitgemäße elektronische Anlagen installiert und sein Personal aufgestockt. Er wird seinen Weg machen und dazu wünsche ich ihm eine glückliche Hand.

Und was machen wir, Christiane und ich? Nun, Christiane nimmt einmal in der Woche an einem Französischkurs teil, lernt Italienisch bei einer Freundin, hat zweimal Gymnastik und arbeitet jeden Spätnachmittag, außer samstags, in der Redaktion der lokalen Zeitung. Sie macht es mit vollem Einsatz, Eifer und Freude, denn es trägt dazu bei, ihrem Tagesablauf eine gewisse Würze zu verleihen. Sie muss diese Arbeit nicht machen, denn wir haben für unser Alter sehr gut vorgesorgt, aber es ist nun einmal ihr Wunsch, eine Betätigung, die sie befriedigt, auszuüben.

Auch wenn es ihr einmal nicht gut geht und sie irgendein Unwohlsein verspürt, sie geht hin, erledigt ihre Arbeit und ist meistens in guter Stimmung, wenn sie nach Hause zurückkehrt. Sie teilt mir dann immer schon die neuesten Nachrichten mit, die erst am nächsten Tag in der Zeitung erscheinen. Nicht dass mich diese sonderlich interessieren, denn sie sind meistens lokaler Art und ich kann mit Dingen, die sich in meiner unmittelbaren Nähe zugetragen haben, nichts anfangen. Ich höre aber zu und damit scheint sie zufrieden zu sein.

Wenn sie abends kommt, habe ich in der Regel schon einige Zeit am Klavier gesessen und mir einige Stücke, die ich besonders mag, vorgespielt, mich dabei entweder gelobt oder getadelt. Je nach Tagesform spiele ich nämlich für meine Begriffe gut oder auch nicht. Manchmal schreibe ich auch einige E-Mails an Freunde und Bekannte. Dann kommt der Abend, wir hören Nachrichten, die aber eher belasten und bedrücken, weil sich alle Sender alle erdenkliche Mühe geben, nur immer alles, was weltweit negativ und belastend ist, zu verbreiten.

Viele Fernsehsender überbieten sich gegenseitig mit minderwertigen, geisttötenden Ausstrahlungen sowie Krimisendungen in allen Variationen und das, obwohl unser tägliches Leben bereits mit genug Kriminalität umgeben ist. Dafür müssen wir dann auch noch monatlich 17,50 Euro entrichten und werden zusätzlich mit übler Reklame bombardiert, um die Sendezeit auszufüllen.

Nach dem Abendessen schauen wir uns -- wenn es ihn gibt – einen älteren amerikanischen Spielfilm oder Naturdokumentationen an. Ratespielsendungen sind mir ein Gräuel. Ebenso lehne ich dümmlich dokumentierte Zoosendungen ab. Viele Talkshows, die oft auf mehreren Sendern gleichzeitig ausgestrahlt werden, sind bis auf einige wenige langweilig. Politische Sendungen vermeide ich nach Möglichkeit, denn oft wird die Unwahrheit gesprochen und ich lasse mich nicht gern belügen. Außerdem missfällt mir, dass alle Politiker für ihr Geschwafel auch noch vom Steuerzahler fürstlich bezahlt werden und schon nach kurzer Dienstzeit Anspruch auf üppige Renten haben. Die meisten von ihnen würden, wenn sie einem anderen Beruf außerhalb der Politik nachgehen würden, kläglich scheitern, vielleicht sogar ein ärmliches Dasein fristen. Auch wenn immer Uneinigkeit zwischen allen Parteien herrscht, sind sich diese Komiker bei der Abstimmung über ihre Diätenerhöhungen immer sehr schnell einig. Politiker lachen, wenn ihre Partei eine Wahl gewonnen hat, in Ordnung, denn dann haben sie vielleicht auch ein Recht dazu. Sie lachen aber auch, wenn sie Wahlen verloren haben oder die simpelsten Dinge verbockt haben. Sie lachen dann wahrscheinlich über ihre eigene Unfähigkeit und auch darüber, dass sie diejenigen, die sie in ihre Ämter gebracht haben, also ihre Wähler, wieder einmal gründlichst enttäuscht haben. Was machen wir also mit diesen Typen? Wir strafen sie einerseits mit Nichtachtung und andererseits mit unserem permanenten Willen, ihren realitätsfremden Wurschteleien nicht zuzuhören.

Eine große Befriedigung habe ich bei der Lektüre von klassischen Schriftstellern, einige von ihnen und ihre Werke lese ich sehr oft und, wie es mir erscheint, immer wieder, manchmal in einem Abstand von nur einigen Monaten. Wieder und wieder entdecke ich Passagen in ihren Büchern, obwohl ich sie doch schon so oft gelesen habe, die mich erneut positiv beeindrucken und zu einem tieferen Nachdenken ermuntern, ja sogar zwingen. Man tendiert zwar dazu, die alten Zeiten als ruhende Pole oder Zeitabschnitte einzustufen, jedoch kann das trügerisch sein, denn auch damals mussten die Menschen lange Perioden voller Kümmernisse, Armut, Kriege und Unterdrückung erleiden. Trotzdem ist es schön, für einige Stunden in der Vergangenheit zu verweilen, sich die alten Sitten und Gebräuche, das einfache Leben und die damaligen Lebensweisheiten der Menschen im Gegensatz zur heutigen Zeit vorzustellen.

Oft frage ich mich, ob ich die Orte und Länder, in denen ich früher einmal gelebt habe, noch einmal besuchen möchte. Die Antwort ist ein robustes Nein, denn vor einigen Jahren habe ich tatsächlich einige Stätten meines früheren Wirkens besucht und das Resultat war eine grenzenlose Enttäuschung. Geradezu alles hatte sich dort verändert und ich hatte Mühe, mich da, wo ich einmal zu Hause war, zurechtzufinden. Ich fand weder die Straßen und Plätze, die ich früher mit nachtschlafwandlerischer Sicherheit begangen hatte, oder die Häuser, die ich kannte, noch einen einzigen der Menschen, die ich von früher kannte und mit denen ich befreundet gewesen war, wieder. Es kam mir vor, als ob die Stadt oder die Gegend ein völlig anderes Gesicht bekommen hätte. Alles war mir fremd geworden, sogar die Luft war mir fremd geworden und hatte ein anderes Aroma bekommen.

Natürlich hatte ich mit gewissen Veränderungen gerechnet, denn was verändert sich denn nicht in unserem Leben. Alles ist wie immer im Umbruch und muss sich den moderneren Zeiten anpassen. Ich fand, dass sich zwar vieles geändert hatte, vielleicht auch geändert werden musste, aber ein Stadtbild oder Außenbezirke so dermaßen zu wandeln, zum großen Teil sogar zu verunstalten, war zu viel für mich.

Diese negativen Eindrücke hatte ich auch von vielen anderen Städten und Gegenden, in denen ich früher gearbeitet hatte. Ich konnte mich einfach nicht mit den neuen Gesichtern der Stätten meines früheren Wirkens abfinden. Sogar die Stadt, in der ich eine lange Zeit meines Lebens gewohnt und die ich über alles geliebt hatte, New York, hatte sich so dermaßen verändert, dass ich Schwierigkeiten hatte, mich in dieser meiner alten Heimat zurechtzufinden. Man stelle sich nur einmal vor, dass in New York über 800 Sprachen gesprochen werden und somit diese Stadt zu den sprachlich vielfältigsten der Welt gehört, man sich also nicht, wenn man dort wohnt, unbedingt den Mühen unterziehen muss, andere Länder zu bereisen, nur um andere Sprachen oder Gebräuche kennenzulernen. Eine tolle, außergewöhnliche Stadt also, die an Vielfalt, Kultur und mannigfachen Lebensarten nicht zu übertreffen ist. Und trotzdem vermisste ich vieles, was ich von früher kannte und schätzen gelernt hatte, denn wo waren die kleinen, gemütlichen Restaurants, die Bars, die kleinen Theater und Kinos abgeblieben, ja sogar die Grünflächen und Freizeitplätze im Central Park hatten sich verändert und waren für mich fremd geworden.

Obwohl mir bewusst ist, dass gewisse Veränderungen notwendig sind und auch alle Stätten der Begegnung sich geradezu verändern müssen, wollte oder konnte ich mich nicht mit diesen Tatsachen abfinden. Ich wollte zurück in meine alte Welt, in der ich mich vorher immer so wohlgefühlt hatte. Das Neue und für mich Fremde wollte ich nicht akzeptieren, ja, ich lehnte es geradezu ab.

Mit diesem Problem muss ich alleine fertig werden und so ist es mir auch mit vielen anderen Dingen, die mein Leben in letzter Zeit berühren und auch manchmal sehr beeinträchtigen, gegangen. Sogar die Menschen, die wenigen, die ich bei diesen Besuchen kennenlernte, waren anders als die, die ich von früher her kannte. Vielleicht war die Ursache dafür – ja, ich bin mir sicher, dass es das war – in einem gewaltigen Umbruch der Mentalität zu finden. Die jüngeren Generationen haben einfach ihre Lebensinhaltsprioritäten gewechselt. Wenn ich ehrlich zu mir selbst wäre, müsste ich den jüngeren Generationen jedoch bescheinigen, dass sie, wenn sie in meinem Zeitabschnitt gelebt hätten, große Probleme gehabt hätten.

Stellen wir uns doch nur einmal vor, es gäbe keine Kreditkarten, keine Computer und keine iPhones, nur um einige wenige unbedingte Notwendigkeiten der heutigen, jüngeren Generationen zu benennen. Das wäre eine Katastrophe für die jungen Leute, denn man würde ihnen etwas nehmen, mit dem sie aufgewachsen sind, an das sie sich gewöhnt haben und das nun dringend notwendig, ja ein integraler Bestandteil ihres Lebens geworden ist.

Heute ist also die Zeit für junge Menschen, die alten haben abgewirtschaftet und erhalten einen Duldungsstatus. Nur sehr selten holen sich die jungen Leute Rat bei älteren, lebenserfahreneren Mitmenschen. Das war nicht immer so, denn früher wurden alte Menschen verehrt und hoch geachtet, nahmen besonders in großen Familien eine Sonderstellung ein.

Mit jungen Leuten zusammen im Internetzeitalter zu leben, hat zwar für viel ältere Generationen auch einige Annehmlichkeiten, aber es bedeutet auch Verdruss für sie, denn sie sind es nicht gewohnt und lehnen es ab, in dieser durchsichtig gewordenen Welt zu leben. Das Internet ist mit seinen verschiedenen Plattformen sehr schnell ein Nährboden für kriminelle Elemente geworden. Sie kennen sich aus mit den Unzulänglichkeiten und Lücken der Technik und treiben so ihr schändliches Wesen, spionieren Bankkonten aus, planen Einbrüche, Diebstähle, handeln mit Diebesgut, verbreiten Falschmeldungen zu ihrem eigenen Nutzen etc. Auch Telefonbelästigungen, von zwielichtigen Quellen gesteuert, sind an der Tagesordnung. Natürlich sind auch die jüngeren Menschen von diesen Missbräuchen betroffen, können aber besser damit leben, weil sie damit aufgewachsen sind und dies nun ein integraler Bestandteil ihres Lebens geworden ist. Die Alten können und wollen sich aber nicht damit abfinden und sehnen sich nach den alten Zeiten zurück, denn das öffentliche und private Leben war damals sicherer, geschützter und wesentlich ungefährlicher.

Längere Reisen ins nähere Ausland sind uns in letzter Zeit ziemlich schwergefallen. So wie wir noch vor ein paar Jahren gereist sind, einfach einmal losfahren in ein Land und dann einen schönen Ort suchen, ohne vorher die Unterkunft fest gebucht zu haben, wollen wir beide jetzt nicht mehr reisen. Wir hatten eigentlich in der Vergangenheit mit diesem System immer Glück, denn wir fanden, auch wenn wir länger suchen mussten, immer eine angenehme Bleibe und waren positiv überrascht.

Schön wäre, wenn wir, vorzugsweise in Südfrankreich, in oder in der Nähe der Provence, einen festen Platz hätten, den wir ohne Vorausplanung einfach besuchen könnten. Darunter könnten wir uns eine schöne Wohnung oder ein Haus vorstellen, eingebettet in einen Garten mit vielen Arten von Obstbäumen und Weinstöcken und umliegenden Feldern mit Lavendel. Allein der Duft dieser Pflanzen und Bäume, der morgens die Terrasse oder den Balkon umwabern würde, wäre schon ein Genuss. Das Tageslicht ist in dieser Gegend viel heller und freundlicher und auch in den Wintermonaten ist die Temperatur angenehmer und viel erträglicher als bei uns zu Hause. Auch die Menschen dort strahlen eine Zufriedenheit und einen Optimismus aus, der ansteckend und wohltuend sein kann.

Dort eine Zeit zu verbringen, könnte sich äußerst positiv auf uns auswirken und unser Lebensende ein wenig verbessern. Besonders für mich wäre ein solcher Aufenthalt in dieser Gegend vorteilhaft, denn in den letzten Jahren stellt sich bei mir regelmäßig in den Wintermonaten, also der dunklen Jahreszeit, ein psychisch bedingtes Unwohlsein ein, das sich während des Tages in eine Depression verwandeln kann. Auch nachts lässt mich diese Stimmung nicht los und legt sich in Form von bizarren, schrecklichen Albträumen über mich. Die Nacht will dann nicht weichen, ich wache öfters schweißnass auf, schlafe wieder ein und schon haben mich meine Freunde, die Albträume, wieder eingeholt und peinigen mich bis zum Morgen.

Noch vor ca. dreißig Jahren konnten wunderschöne Häuser mit großzügigen Gärten in der Provence für wenig Geld erworben werden, aber zu der Zeit arbeitete man ja noch von morgens bis abends, stand mitten im Leben und dachte nicht an ein Älterwerden. Welch eine Kurzsicht, stelle ich heute fest. Sehr schöne Objekte mit teils riesigen Gärten und viel Land waren damals für 200 000 bis 400 000 DM zu Hunderten auf dem Markt und ich hätte eins dieser Anwesen zu der Zeit ohne Weiteres erwerben können, ja, ich hätte eine solche Summe noch nicht einmal bemerkt. Heute kosten diese Landsitze ein Vielfaches und sind unter 1,5 Millionen Euro nicht mehr zu bekommen. Man hätte einfach eines oder auch zwei dieser Objekte erwerben sollen, eine lokale Familie, wenn notwendig auch ohne eine Mieteinnahme dort wohnen lassen können, nur mit der Aufgabe betraut, das Haus und Grundstück ein wenig zu pflegen und zu erhalten. Wie kurzsichtig war ich damals.

Wie gern würde ich heute dort einen festen Wohnsitz haben, mich in den umliegenden Dörfern und Kleinstädten ab und zu einmal am Morgen in ein Bistro setzen, einen Kaffee trinken, die Zeitung lesen und dabei dem Treiben auf den Straßen zusehen. Wir könnten mittagessen in kleinen, eigentlich unbekannten Restaurants, die von Lastwagenfahrern aufgesucht werden, denn die wissen immer, wo es preisgünstig ist und wo es am besten schmeckt. Finden kann man sie leicht, denn man muss in der Mittagszeit auf den Parkplätzen der Restaurants, manchmal sind sie unscheinbar und winzig, nur nach abgestellten Lastwagen Ausschau halten und schon hat man gefunden, was man gesucht hat. Oder ich würde mit Bekannten, die wir dort bestimmt gemacht hätten, die Lage der Welt erörtern. Auch wenn mein Französisch sehr zu wünschen übrig lässt, könnte ich mich trotzdem, auch heute noch, verständlich machen. Ich sprach früher ein sehr flüssiges Französisch, während der Zeit, als ich in Quebec City und Montreal lebte, und ganz bestimmt kommt einiges davon, wenn man einmal länger in dem Sprachraum lebt, zurück und man wird von Tag zu Tag französischer.

Ich kann stundenlang gemütlich an einem kleinen Tischchen vor einem Bistro sitzen, einen Kaffee nach dem anderen trinken und mir Leute, die an mir manchmal in Hast, aber auch oft mit dezenter Ruhe vorbeidefilieren, ansehen und mir dabei Gedanken machen, was sie wohl vorhaben. Komischerweise finde ich auch Gefallen daran, andernorts eine Zeitung zu lesen und sogar die Inhalte der verschiedenen Artikel gut zu verstehen. Das muss wohl mit der Umgebung, in der ich mich befinde und mit der ich mich dann identifizieren kann, zusammenhängen.

Schade, dass ich nicht viel früher an das Altern und einen Altersruhesitz gedacht habe, es wäre so einfach gewesen. Auf der Höhe seines Lebens und im vollen Saft der Schaffenskraft, umgeben von alten und immer wieder neu auftauchenden Problemen und auch Zielen, die alle noch gelöst oder erreicht werden müssen, denkt selten jemand daran, dass auch diese Zeit einmal zu Ende geht.

Wenn ich schon am Ende meines Lebens keine Veränderung mehr an mir selbst vornehmen kann, wäre es vielleicht ein lohnendes Ziel, mich mit allen Erfahrungen, die ich in meinem Leben gemacht habe, und mit einem gut durchdachten Lebens- und Berufsplan einem anderen, jungen Menschen als mögliche Hilfe anzubieten.

Eine Zeit lang machten wir Tagestouren und besuchten Orte, die nicht weit von unserem Wohnsitz entfernt sind. Aber auch die haben wir eingestellt, denn wir fürchten den immer weiter zunehmenden Verkehr auf den Autobahnen. Zudem fällt mir das Umherwandern in den Orten, die wir besuchen könnten, immer schwerer, denn ich muss ja so oft stehen bleiben und pausieren, um meine Atmung wieder in den Griff zu bekommen.

Ich bin froh, dass Christiane ihre Zeit mit vielen Aufgaben wie Turnen, Sprachen erlernen, den Haushalt führen, sich um ihre und meine Gesundheit kümmern, sich beruflich im Zeitungswesen der Rechtschreibung widmen und vielen anderen Dingen aufgeschlossen und sogar nutzbringend verbringt. Ihre Tage und Wochen sind ausgefüllt und was immer sie macht, scheint sie zu befriedigen.

Was könnte ich tun mit meinem sehr umfangreichen Wissen in Technik und Wirtschaft? Sehr viel, so scheint es zumindest, wenn man meinen Werdegang verfolgt hat. Aber meine Fähigkeit, mein Wissen an andere weiterzugeben, ist enorm limitiert, da ich über keinerlei Lehrfähigkeit und auch keine Geduld verfüge. Wann immer ich versuchen würde, jemandem etwas beizubringen, und der- oder diejenige nicht beim ersten Mal meine Darstellung und Erklärung das Thema oder des Sachverhalts verstanden hätte, würde ich meine Segel streichen, denn zu Wiederholungen meiner Ausführungen bin ich nicht bereit. So kann man also Wissen nicht weitergeben. Dieser Bereich fällt also vollkommen aus.

Jetzt bleibt mir nur, das Ende meines Lebens, welches mit meinem Alterungsprozess zusammenfällt, ehrlich zu beschreiben. Um dies umfangreich und mit Fakten versehen zu bewerkstelligen, habe ich beschlossen, ein separates Kapitel über das Altern zu schreiben. Das soll dann auch das Ende meines Buches über das Leben sein.

KAPITEL 8

Das Altern

Ich denke nun schon seit etlichen Jahren über den eigentlichen Sinn des Lebens nach. Ich habe ein Alter von 84 Jahren erreicht und weiß nichts Sinnvolles mit der möglichen Zeit, die mir noch verbleibt, anzufangen. Dabei überlege ich auch, ob ich überhaupt jemals in meinem Leben etwas Sinnvolles getan oder vollbracht habe, denn die Feststellung, ob etwas sinnvoll ist oder nicht, wäre ja subjektiv und dementsprechend verzerrt.

Statt einer unabwendbaren Zukunft ins Auge zu sehen, flüchte ich mich lieber in den tröstlichen Schutz der Vergangenheit. Ich fühle mich wohl inmitten von Menschen, die ich schon lange kenne, alten Kleidern, alten Büchern, alten Umgebungen und generellen Rückblicken in alte Zeiten.

Herausforderungen, denen ich immer in meinem bisherigen Leben ausgesetzt war, reizen mich nicht mehr und sogenannte Überraschungen ängstigen mich in der Regel, bevor sie mich dann langweilen, eben weil sie keine echten Überraschungen darstellen, denn die Lebensform und Qualität des Lebens, die vor mir liegt, habe ich schon längst vorausgesehen.

Den Anfang meines Lebens selbst bestimmen oder irgendwie auf ihn einwirken konnte ich nicht, denn ich wurde einfach in diese Welt hineingeboren. Gefragt, ob ich das wollte, hat mich keiner. Ich hatte auch keine Wahl bei der Entscheidung, ob ich einen männlichen oder weiblichen Körper erhalten sollte. Ich war einfach da, eigentlich ein Nichts, aber in meinem Falle ein männliches Wesen, mit dem Urtrieb behaftet, meinen Körper mit Nahrung zu versorgen und mich dadurch geometrisch und körperlich zu verändern, also zu wachsen. Ich war also ein Wesen, von dem gesagt wird, es habe einen Zustand, also eine Seele und einen Geist in einem Körper, wobei ich mir später nicht so sicher war, ob nicht Seele und Geist eine Einheit bilden oder zumindest untrennbar miteinander verbunden sind.

Sollte aber eine Seligkeit oder ein sonstiger schwer zu beschreibender Zustand existieren, der auch vielleicht ein Glückszustand oder auch gar kein Zustand sein könnte, was hätten die menschlichen Wesen gewonnen? Nichts!

Denn ich glaube schlussendlich nicht, dass es einen Himmel oder eine Hölle mit allen ihren Annehmlichkeiten und Unannehmlichkeiten gibt, also existiert dieser Fluchtweg, den Seelen oder der Geist nach einem Tode aufsuchen können, nicht. Ich erlaube mir dies zu behaupten, denn ich bin ja nicht religiös. Für mich gibt also nichts, was menschliche Wesen nach dem Tode erwarten können.

Das Höchste, was wir an Erkenntnis erlangen können, ist die Gewissheit unseres Nichtwissens. Die Frage ist, warum wird der Strom des Leidens, denn nichts anderes ist der permanente Zustand der Wesen, in der nicht enden wollenden Kette neuer Geburten immer wieder erneuert?

Ich hätte, da ich bei meinem Eintritt in diese Welt völlig willenlos und vor allen Dingen völlig entscheidungsunfähig war, auch in einem anderen Land oder Kulturkreis geboren werden können, denn meine Eltern konnte ich nicht bestimmen und aussuchen. Aber nun war ich da, ein Wesen, welches gezwungen wurde, zu leben und möglicherweise eine bestimmte Zeitspanne auf dieser Welt zu verbringen.

Später wurde ich auch getauft und somit wurde mir zugleich eine Religion zugeteilt und aufgezwungen, die ich, hätte ich dies irgendwie mitentscheiden können, nicht mitgetragen oder sogar gänzlich abgelehnt hätte. Aus heutiger Sicht betrachtet, dies ist meine persönliche Ansicht, ist es vermessen oder sogar unverantwortlich, Wesen zu produzieren, ohne deren Entscheidung oder Mitspracherecht zu berücksichtigen. Das ist zwar nur eine Theorie und sehr schwer umsetzbar, könnte aber das Menschen-Erschaffungs-System regeln.

Ebenso bei einem Neuanfang – und das wäre der Fall, wenn sich die bestehende Menschheit, so wie wir sie heute kennen, aber weder schätzen noch lieben, in einigen Tausend Jahren oder auch früher gegenseitig völlig abschlachtet und ausrottet und eine neue Menschenrasse, hoffentlich ohne Gier, Macht und Tötungsgelüste, entstehen würde.

Wenn man erst einmal geboren wurde und vorhanden ist, kann dieser Zustand nicht mehr rückgängig gemacht werden, es sei denn, man erleidet einen Kindstod. Diese Möglichkeit war früher an der Tagesordnung, verschwindet aber mehr und mehr mit den Erkenntnissen und, wie man zu sagen pflegt, den Errungenschaften der modernen Medizin. Der Lebensanfang hat plötzlich begonnen und nun muss jedes Wesen für sich selbst um sein zukünftiges Überleben kämpfen.

Für die Erzeuger dieser Wesen könnte eine Produktion von einem oder sogar mehreren Wesen ein natürlicher Vorgang sein, den sie damit begründen, Quasi-Ebenbilder oder Nachkommen von sich selbst herzustellen. Man könnte auch den Eindruck gewinnen, dass so manche jungen Mädchen, sobald sie sich von ihren Puppen der Kindheit getrennt haben, einen tiefen Drang verspüren, mit lebendigen Puppen zu spielen. Findet sich dann ein Jüngling, der ihnen bei diesem Vorhaben behilflich ist, entstehen lebendige Spielpuppen, aus denen im Laufe der Zeit Menschen werden. Oft ist die Tragweite und Verantwortung der Menschenproduktion der Jugend nicht bewusst.

Jedenfalls vermehrt sich mit jeder dieser Geburten auch gleichzeitig die Menschheit auf der Erde, denn es werden mehr Menschen geboren als sterben. Die Weltbevölkerung benötigte viele Jahrtausende – vom Anbeginn des Menschen bis in das frühe neunzehnte Jahrhundert – um auf eine Milliarde anzuwachsen. Es dauerte danach nur noch einhundert Jahre, um die Weltbevölkerung bis etwa im Jahr 1920 auf zwei Milliarden anwachsen zu lassen. Danach wurden nur noch fünfzig Jahre benötigt, bis ca. 1970, um sie auf vier Milliarden zu erhöhen. Wir sind auf dem besten Wege, die acht Milliarden zu erreichen, und nach jüngsten Schätzungen wird es noch vor der Mitte dieses Jahrhunderts neun Milliarden Menschen auf dieser Welt geben.

Im Moment gibt es etwa 7,5 Milliarden Menschen und in einer weiteren Generation kommen noch, wie bereits angemerkt, zwei Milliarden hinzu. Wohin diese Produktion führen wird, ist heute sehr schwer zu ermitteln. Eine Eingrenzung oder ein Rückgang dieser Menschenexplosion ist nur mit der Vernichtung eines großen Teils der Menschheit zu bewerkstelligen. Die Mittel dazu sind vorhanden und wahrscheinlich müssen sie auch irgendwann einmal eingesetzt werden. Vielleicht wäre ein Neuanfang mit vollkommeneren menschlichen Lebewesen die beste Lösung.

Die Nachfrage nach natürlichen Ressourcen durchbricht alle Rekorde. Trinkwasser zur Versorgung der Menschheit wird immer schwerer zu finden sein. Die WHO, die Gesundheitswächter dieses Planeten, hat offensichtlich nichts anderes zu tun, als primär die Heilung von Krebs und dessen Auswirkungen zu erforschen. Es werden z. B. immer mehr Ärzte zur Heilung von Krankheiten nach Afrika geschickt.

Kondome kommen per Schiffsladung nach Afrika, die dann doch nicht benutzt werden und auf Mülldeponien landen, denn die Missionare erzählen den Afrikanern, dass sie in der Hölle schmoren müssen, wenn sie die Kondome benutzen. Generell gebären die Menschen in den unterentwickelten Ländern der Welt die meisten Wesen.

Wie die immer mehr steigende Masse der Menschen ernährt werden kann, wird sich in nicht zu ferner Zukunft zeigen. Dann muss es Kriege geben, nur um in den Besitz von Lebensmitteln zu gelangen. Den Anfang werden einige unterentwickelte Länder in Afrika machen, dann folgen einige Länder im asiatischen Raum. Sie alle haben zwar Landwirtschaften, die jedoch nicht die eigenen Bevölkerungen ausreichend ernähren können. Weiterhin verfügen sie auch über keine nennenswerten Industrien, die eine Wertschöpfung ermöglichen. Der Zeitpunkt für diese Überlebenskämpfe wird dann eintreten, wenn auch die Länder, die heute eine Überproduktion an Lebensmitteln generieren, nicht mehr in der Lage sind, mit ihren Produkten die armen Länder zu beliefern oder zu subventionieren.

Schon heute vegetieren große Bevölkerungsschichten vor sich hin, nur mit dem Bestreben und dem Urtrieb behaftet, sich Lebensmittel zu verschaffen, die ihr Leben von einem Tag bis in den folgenden Tag hinein verlängern. Allein dieser Zustand ist nicht mit dem Sinn des Lebens zu vereinbaren.

Wie nun aus einem Wesen ein Mensch wird, hängt sehr stark von den Umständen ab. Kommt man in einer armen Familie auf diese Welt, wächst man oft auch ärmlich auf und verbleibt für den Rest des Lebens in der Armut. Es gibt glücklicherweise auch Ausnahmen, aber die sind sehr selten.

Der weitaus größte Teil der Weltbevölkerung besteht heute aus armen Menschen, die mit einfachen Mitteln beeinflusst werden können und somit auch leicht manipulierbar sind. Sie wohnen dort, wo ihnen ihr Lebens- und Wohnraum angewiesen wird, sie wählen ihre Staatsoberhäupter, weil diese ihnen den Zugang zu Lebensmitteln und kümmerlichen Arbeitsplätzen versprechen. In der Regel werden sie von ihren Regierungen belogen, aber wenn sie dies feststellen, ist es zu spät und die Gewählten sind schon fest verankert in ihren Positionen.

In einigen Ländern sind dies Lebenspositionen, die nur mit dem Tod der jeweils Herrschenden, falls sie ihre Machtämter nicht schon vorher an ihre Nachkommen vererbt haben, enden. Die somit permanent unterdrückten Armen und ihre Nachkommen sind also für ihr gesamtes Leben in einer Knechtschaft gefangen.

Diese Menschen sind mit wenig zufrieden, manchmal schon mit einer kärglichen Ration von Lebensmitteln, die hilft, einen frühen Tod zu verhindern. Sie sind da anzutreffen, wo sie diese lebenserhaltenden und größtenteils subventionierten Produkte ohne größere Schwierigkeiten erhalten können. Sie entwickeln mit hoher Wahrscheinlichkeit schon deshalb ein Glücksgefühl oder eine Zufriedenheit, weil sie von einem Tag in einen anderen hineinleben, sich also erhalten können. Sie kennen keine andere Lebensform. Kann das der Sinn des Lebens sein? Jemand muss doch dieses System erfunden und entwickelt haben.

Wie aus einem Wesen ein Mensch wird und wie er sich entwickelt, hängt nur von den Umständen, die er vorfindet, einem Willen, der erst einmal entwickelt werden muss, und einer Zukunft, die völlig ungewiss ist, ab.

Eltern entwickeln eine frühe und innige Bindung zu den Wesen, die sie in die Welt gebracht haben. Sie führen sie meistens mit viel Liebe und Behutsamkeit in das Kinderleben ein. Sterben ihre Kinder in sehr jungen Jahren vor ihnen, werden sie ihr ganzes Leben darunter zu leiden haben. Sie können den frühen Tod ihrer Nachkommen zwar nach einer Zeit verdrängen, aber vergessen können sie ihn nicht und fragen sich immer wieder: „Warum musste es unser Kind sein?“

Sehr schwer zu ertragen ist für Eltern, wenn ihr Kind mit geistigen oder körperlichen Einschränkungen geboren wird. Die volle Wucht dieser Tragödie trifft sie, wenn es keine Möglichkeit gibt, auch nicht nach einer gewissen Wachstumsperiode, dass dieses Wesen ein normales Kinderdasein führt und zu einem gesunden Menschen aufwächst. Oft stirbt das Kind frühzeitig und auch hier werden die Eltern in ihrem Dasein bestraft und tragen schwer an einer Schuld, die sie sich zu Unrecht auferlegen.

Eltern mit dem Tod eines unschuldigen Kindes zu bestrafen, kann nicht Teil eines Lebens sein. Sterben Eltern vor ihren Kindern und bleiben die Kleinen als Waisen zurück, kann dies ebenso nicht mit dem Sinn des Lebens entschuldigt werden.

Oft werden die Menschen schon in jungen Jahren von unheilbaren Krankheiten befallen. Da Heilungen aussichtslos sind, ist ein langsames Siechtum vorprogrammiert und der sichere Tod gewiss. Viele junge Menschen erleiden einen Unfalltod und hinterlassen fassungslose Familien, für die dann ein normales Weiterleben oft zu einer lebenslangen Qual wird.

Das Leben, so wie wir es leider schmerzhaft zur Kenntnis nehmen müssen, ist also völlig „sinnlos“. Und so auch unser Dasein.

Vielleicht ist der, der von vielen Gott oder Allah genannt wird, sowie auch die vielen anderen Gottheiten auf der Welt, die die Menschen verehren und um Hilfe und Beistand bitten, nur boshaft und fördert die Leiden, Peinigungen und Bestrafungen seiner Untertanen. Denn wenn diese Gottheiten für Liebe, Güte und Verzeihung stünden, wie ihnen immer unterstellt wird, müssten sie Menschen glücklich machen und vor allen Übeln schützen.

Im Alter werden viele Menschen, die während ihres jüngeren Lebens nicht einen Gedanken an irgendeine Religion oder eine Gottheit verschwendeten, überreligiös, denn sie fürchten sich vor dem Tod. Plötzlich beten und flehen sie inbrünstig ihre Gottesgebilde an, damit ihnen Beistand während ihres Ablebens und für die Zeit danach gewährt wird.

Wenn also vor die Wahl gestellt, in ein Leben voller Unwägbarkeiten, Leiden und Enttäuschungen, am Ende oft gekrönt von Siechtum und unheilbarer Krankheit, hineingeboren geboren zu werden, bin ich mir sehr sicher, dass viele Menschen einer Geburt nicht zustimmen würden.

Ich höre oft von anderen Personen, dass das „Altwerden" sehr schön sein kann. Begründet haben sie es jedoch nie. Was ist denn so schön daran, alt zu werden, selbst wenn man noch einen gesunden und funktionierenden Geist hat? Die Körperfunktionen lassen nach, bei dem einen mehr und bei anderen weniger, aber sie sind auf dem Rückzug. Man wird unsicherer im Bewegungsablauf, will etwas ergreifen und fasst daneben oder es fällt einem aus den Händen. Der Körper verfällt, Muskulatur bildet sich zurück oder verkümmert gänzlich, die Haut erschlafft, wird runzelig und ist übersät mit unansehnlichen Flecken und Verfärbungen. Extremitäten werden dürrer. Der Körper und das Gesicht sind übersät mit Falten. Überall treten die Adern hervor, die Haut wird papierdünn. Viele Alte entwickeln einen unangenehmen Mundgeruch, denn oft vernachlässigen sie eine ausreichende Mundhygiene. Auch kann sich ein Körpergeruch entwickeln, wenn die Körperreinigung vernachlässigt wird. Die Zähne fallen aus und müssen mit großem Aufwand ersetzt werden. Alle diese Veränderungen oder Ausfallerscheinungen kann man beobachten, sie lassen sich nicht mehr beheben, sie sind Teil eines irreversiblen Lebenszustandes.

Körper und bei vielen Menschen auch der Geist bilden sich zurück und streben zurück zur Ursprungsform. Was ist die Ursprungsform, wollen wir wissen. Sie kann viele Zustände haben, sowohl geistige wie auch körperliche. Bei vielen Menschen bildet sich die Artikulation, Sprachtechnik, Ausdruckweise zurück, bis sie die Ebene der frühen Kindheit wiedererreicht haben. Die körperlichen Funktionen bilden sich zurück, man fällt zurück in kindliche Verhaltensmuster, man wird zurückversetzt in die eigene Kindheit.

Auch bei mir kann ich einige dieser Verfallserscheinungen beobachten. Besonders stark in Erscheinung getreten sind sie nach dem Abklingen meiner Gürtelrosenerkrankung und nach einer schweren Lungenentzündung.

Die Gürtelrosen-Hinterlassenschaft sind stetige Juckreize überall am Körper. Man muss sich dauernd schuppen und kratzen, verspürt nach dieser unorthodoxen Hautbehandlung eine gewisse Erleichterung, um dann die Prozedur nur wenig später zu wiederholen. Meine Haut ist sehr dünn geworden und wenn ich an irgendetwas anstoße, bekomme ich an der Stelle großflächige Blutergüsse, die dann auch noch jucken.

Der Lungenentzündung habe ich eine nur noch 15-prozentige Lungenkapazität zu verdanken, die mich sehr stark in meinem Tagesablauf behindert. Ich habe ein unheilbares Lungenemphysem zurückbehalten. Eine gewisse Erleichterung verspüre ich, wenn ich mehrmals am Tage Sauerstoff atme. Dies scheint aber eher eine subjektive Observation zu sein.

Wenn ich gehe, muss ich nach zwanzig bis dreißig Metern stehen bleiben, denn meine Atmung muss sich wieder erholen und normalisieren. Dann gehe ich eine weitere Strecke, wiederhole die Ausruhphase und könnte so längere Strecken bewältigen, wenn es mein Bestreben wäre, aber nach kurzer Zeit habe ich das Vergnügen an dieser Art, mich fortzubewegen, verloren. Hinzu kommt noch, dass manchmal mein rechtes Knie einknickt, ohne Vorwarnung. Das ist ein Schaden, den ich mir vom Eishockeyspielen durch häufiges Fallen auf das harte Eis zugezogen haben muss. Ich passe also auf und überlege jeden Schritt sorgsam und bisher bin ich auch noch jedes Mal von einem Spaziergang wieder heil zu Hause angekommen.

Auch wenn ich mich bücken muss, bin ich schon sofort außer Atem, ja sogar das Reden macht mich kurzatmig. Lange Sätze zu sprechen, vermeide ich also und beschränke mich auf das Zuhören. Ich hatte mir vor Jahren einen Tinnitus zugezogen, der Fieptöne in meinen Ohren verursacht. Diese Hochfrequenz-Hörstörung habe ich zwar im Laufe der Zeit etwas in den Hintergrund verdrängen können, aber die Qualität des Hörens hat sich bei mir sehr verschlechtert, sodass ich Hörgeräte benutzen muss. Ich überlasse es also anderen zu sprechen, eigentlich keine schlechte Eigenschaft, die ich mir schon immer gewünscht hatte.

Beim Anziehen morgens und wieder beim Ausziehen abends benötige ich viel Zeit, da ich meinen Körper innerhalb dieser Vorgänge bewegen muss und Ruhepausen zwischendurch dringend erforderlich sind. Ich lege dann zwischen den einzelnen An- und Ausziehstufen immer eine kleine Pause ein, setze mich zu diesem Zwecke auf einen Stuhl oder auf mein Bett und vervollständige diese Manöver.

Der schwierigste Teil des Tages ist mein morgendlicher Duschvorgang. Meine Frau leistet mir bei den verschiedenen Manövern, die ich in der Dusche vornehme, Hilfestellung. Das heiße Wasser verdrängt den Sauerstoff in der Duschkabine und meine Atmung kommt fast zu einem Stillstand. Meine Frau steht dann vor der Duschkabine, damit sie mich, sollte ich einen Atemstillstand haben, schnell aus der Kabine herausholen kann.

Die einzigen Teile meines Körpers, die noch stetig wachsen, sind meine Finger- und Fußnägel. Die Nägel haben Riefen bekommen, aber sie sind durchaus noch in einem gebrauchsfähigen Zustand. Alle vier bis sechs Wochen muss ich meine Fußnägel beschneiden und das ist dann immer eine größere Sache, denn ich muss sitzen und mich bücken, genau zielen, damit ich mir nicht in die Haut oder das Fleisch schneide. Ich bin dann sofort wieder außer Atem, denn das Bücken verursacht jedes Mal einen kleinen Lungenkollaps. Ich bin froh, dass ich diesen Vorgang noch ohne fremde Hilfe selbst erledigen kann.

Auch werden meine Finger immer unbeweglicher und das stört mein Klavierspiel sehr, denn die Finger gleiten immer öfter an den Tasten, die ich spielen will, vorbei und verursachen ungewollte Klangvariationen. Das längere Sitzen auf der Pianobank wird auch zu einem Problem, weil ich fast auf den Knochen sitze, denn mein Hintern ist ziemlich fleischlos geworden. Mehr als eine halbe Stunde halte ich es am Piano nicht aus, aber es reicht aus, meinen Musikdurst zu stillen.

Die Haare wachsen auch noch, sind zwar sehr dünn geworden, aber bedecken immer noch den größten Teil meines Kopfes. Kahle Stellen, außer denen, die ich schon vor langer Zeit hatte, sind auch nicht festzustellen und wenn mir irgendwann alle Kopfhaare ausfallen würden, wäre das auch keine große Sache, denn heute laufen ja schon sehr junge Männer mit kahl geschorenen Köpfen herum und finden sich todschick. Also würde ich als Kahlkopf sehr modern aussehen und mit der Zeit gehen.

Als sehr störend empfinde ich jedoch, dass ich nachts manchmal zweibis dreimal die Toilette aufsuchen muss, um einem übertriebenen Harndrang Genüge zu leisten. Auch das ist kein größeres Problem, denn ich kann sofort nach den Verrichtungen wieder weiterschlafen, es gehört nun einfach zu meinem Lebensrhythmus.

Ich überprüfe regelmäßig meinen Körper auf verdächtige Stellen, die sich immer in kürzester Zeit, manchmal über Nacht, entwickeln. In der Regel handelt es sich dann um braune Flecken, kleine Kratzer, die nicht heilen wollen, etc. In der letzten Zeit ist aber alles stabil. Das ist nun ein Teil meines Tagesablaufs geworden, mit dem ich aber leben kann. Als junger Mensch hätte ich nie daran gedacht, dass mein Körper mir später einmal diese Schwierigkeiten bereiten würde.

Andere Menschen haben viel schlimmere Gebrechen und meistern trotzdem ihren Alltag. In meinen Augen sind dies die Helden. Aber zugleich, indem ich dieses hier von mir gebe, frage ich mich natürlich, ob das der Sinn des Lebens ist.

Wenn ich den Zeitpunkt des Todes jetzt wählen könnte, würde ich gerne in jüngeren Jahren, in einem Moment der absoluten Zufriedenheit oder einer glücklichen Zeitspanne gestorben sein. Gelegenheit dazu hatte ich sehr oft. Auch wenn ich dann Christiane nicht kennengelernt und auch keinen Sohn bekommen hätte – denn dies waren meine wahren und einzigen Glückserlebnisse. Nur junge Menschen schätzen natürlich, auch weil sie nichts anderes kennen, das Leben so, wie es sich ihnen anbietet.

Der Sinn des Lebens, falls Leben überhaupt einen Sinn hat, manifestiert sich nur für junge Menschen, die nie oder sehr selten über ein Älterwerden nachdenken und, wenn sie es trotzdem tun, dem Alter wenig Beachtung und Bedeutung zumessen.

Da gibt es Menschen, die sich im hohen Alter noch den schwierigsten und gefährlichsten Operationen unterziehen, nur um weiterleben zu können. Warum machen sie das? Einfach darum, weil sie ihr tristes Leben weiterleben wollen, denn dieses Leben, in das sie hineingeboren wurden, wenn auch mit all seinen Unwägbarkeiten, kennen sie, und vor einem anderen, dem Tode nachfolgenden Raum, der schon zu ihren Lebzeiten nicht begreifbar schien, ja ungewiss und völlig im Dunklen schlummerte, haben sie Angst. Sogar alte, bettlägerige, auf fremde Hilfe angewiesene Menschen wollen weiterleben und werden in entsprechenden Institutionen mit allen Mitteln, die die Medizintechnik zu bieten hat, unter hohen Kosten bis an ihr Ende betreut. Ob es ihr ausdrücklicher Wille ist, so weiterzuleben, ist sehr schwer festzustellen, denn sie sind meistens körperlich schon so dermaßen geschwächt und oft auch geistig beeinträchtigt, dass sie rationale Entscheidungen nicht mehr treffen können. Völlig demente Personen, deren funktionslose Körper mühsam erhalten werden, müssen so lange gepflegt werden, bis sie sterben. Wie Säuglinge werden sie ernährt und gesäubert.

In meinem direkten Umkreis gab es einige solcher Fälle, einen etwas ungewöhnlichen will ich hier beschreiben. So wurde ein guter Bekannter von uns, der im Berufsleben eine hohe Position in der Wirtschaft innehatte und der sich eine schwere Krankheit im Kopf zugezogen hatte, die auch eine Seite seines Körpers, seinen Arm und sein Bein beeinträchtige und fast funktionslos machte, 16 Jahre lang von seiner Frau gepflegt. Zuerst konnte er noch alleine, wenn auch sehr langsam, gehen, aber das wurde mit der Zeit immer schwieriger. Dann konnte er den Arm und sein Bein nur noch beschränkt bewegen, wollte aber zur Wiederherstellung oder Besserung dieser Gliedmaßen durch Therapeuten nicht beitragen und lehnte eine entsprechende Behandlung strikt ab. Im Laufe der Jahre verschlechterte sich dieser Zustand und sein Arm verkümmerte immer mehr und hatte bald Ähnlichkeit mit einem lose von der

Schulter herabhängenden Stück gebrauchten Feuerwehrschlauchs, um unten mit einer zusammengerollten, zur Faust gestalteten Hand zu enden. Sein Bein war nur noch bedingt einsatzfähig und so trippelte er, denn er wollte immer seine Frau bei ihren Besorgungen und Einkäufen begleiten, langsam und ein wenig wackelig neben ihr her. Auch das ging eine lange Zeit gut.

Was immer sie unternahmen, sie machten es gemeinsam. Er hatte schon seit einiger Zeit die Anrede an seine Frau geändert und rief sie fortan immer „Mami". Wahrscheinlich weil sie ihn mütterlich umsorgte. So waren die beiden wieder einmal zusammen im Supermarkt, kauften die Dinge, die benötigt wurden, und auf einmal ertönte über alle anderen Personen hinweg laut und deutlich: „Mami, brauchen wir noch Butter?"

Das war aber zu viel für Mami, sie schämte sich, denn einige Leute guckten sie nach dieser Benachrichtigung mit Verwunderung in ihren Gesichtern an. „Was die wohl damals gedacht haben?", erzählte sie uns später. Die müssen wohl gedacht haben, wie kommt dieser ältere Mann, er war ja wirklich älter als sie, an eine so junge Mutter?

Er war ja nicht einfallslos, das kann man nicht sagen, denn manchmal rief er sie nun auch „Mamilein". Er war also noch zu einer Steigerung, also einer zusätzlichen Verniedlichung der Anrede, mit der er seine Frau bedachte, fähig. Er war also sporadisch, wenn er gedankenlos war, in sein früheres Babydasein zurückgekehrt und das, obwohl sein Gehirn zu dieser Zeit noch sehr gut funktionierte.

Seine Kraft in den Beinen ließ stark nach und nachdem er ein- oder zweimal bei den gemeinsamen Ausgängen gestürzt war und sich nicht mehr allein erheben konnte, seiner Frau zu schwer war und Passanten helfen mussten, ihn wieder in die Senkrechte zu bringen, blieb er zu Hause.

Essen war sein ausgesprochenes Hobby. Fleisch, nur leicht angebraten, also fast roh, war sein Leibgericht. Das konnte er aber nur in Restaurants bekommen, denn seine Frau konnte diese Art von rohem Fleisch nicht ausstehen und weigerte sich, es so zuzubereiten. Man musste ihm sein Essen in mundgerechten Stücken servieren, dann aß er gierig und beschmierte sich sein Gesicht.

Er ließ sich nun mehr und mehr hängen, weil er wusste, dass er immer damit rechnen konnte, von seiner Frau betüddelt zu werden, die dies auch – zumindest in der ersten Zeit – übertrieben und mit Begeisterung tat. Sie beklagte sich zwar bei uns über diese nicht enden wollenden Handreichungen, aber sie war eben eine professionelle Mutter. Ein gelinder Tritt in den Hintern hätte hier beizeiten Wunder vollbringen können, aber nein, er wurde weiter betüddelt.

Zuletzt hatte er größtenteils auch das Sprechen verlernt oder er wollte es einfach nicht mehr, denn er fühlte sich wohl in seiner Rolle als erwachsenes Baby und mochte es, dementsprechend zu agieren und behandelt zu werden.

Die Rufe nach Mami, Mamilein oder zuletzt noch mit einer weiteren Steigerung versehen, nämlich dem „Mamileinchen", hatte er urplötzlich in die Verbannung gewiesen. Von nun an rief er nur noch „Hi… Hi… Hi…", und das in einigen Tonnuancen, die nur seine Frau interpretieren konnte. Er quiekte und gab hohe, schrille Töne von sich, fast so wie ein Schweinchen, um die Aufmerksamkeit seiner Frau zu erlangen. Zuletzt verließ er sein Bett nicht mehr, verweigerte einige Tage lang die Nahrung und starb im Alter von 86 Jahren.

Es gibt noch andere Fälle in unserer Bekanntschaft, gezeichnet von krampfhaftem Überlebenswillen und erbärmlichem Dahinsiechen. Wieder und wieder frage ich mich: „Ist das der Sinn des Lebens?"

Ich habe Höhen und Tiefen in meinem bisherigen Leben kennengelernt. Einige Male auch Glücksgefühle gehabt, wenn sich bei mir in diesen Momenten eine gewisse, jedoch schwer zu beschreibende generelle Zufriedenheit einstellte. Aber kann man solche Lebensphasen mit Zufriedenheit oder Glück beschreiben? Viele Menschen tun es, warum auch nicht, denn dieser Zustand ist einfach nicht besser zu beschreiben.

Immer mehr meiner Weggefährten, die jünger als ich waren, sowie alte Bekannte oder auch Menschen, mit denen ich nur beruflich zu tun hatte, sind schon seit einiger Zeit verstorben. Der Wald lichtet sich und die Einschläge werden immer dichter.

Nur gut, dass Statistiken erstellt werden, denn die geben zumindest ein ungefähres Sterbealter vor. So ist dann laut dieser Hochrechnungen für männliche Personen ein Alter von ca. 86 Jahren und für weibliche von ca. 90 oder etwas mehr erreichbar oder vorgesehen. Wenn das auch nur ungefähr stimmt, habe ich ja noch ca. zwei Jahre vor mir und die gilt es, nun noch abzuleben. Mein einziger Wunsch bis dahin wäre, den Lebensstandard für Christiane stabil zu halten und über meinen Tod hinaus sicherzustellen, damit es ihr an nichts fehlen möge.

Christiane lebt so gerne und es wäre für sie fatal, wenn sie ihre Art zu leben aus wirtschaftlichen Gründen ändern müsste. Auch wünsche ich mir, dass Alexander endlich einmal sein Leben stabiler gestaltet und wenigstens ein bisschen für sein Alter vorsorgt. Auch ihm wünsche ich, wenn er das Ende seines Lebens erreicht hat, ein würdevolles Ableben ohne Siechtum.

Schlussendlich könnte ich vielleicht wenigstens mit einem Pseudo-Glücksgefühl aus dem Leben in ein Nichts scheiden, wenn ich mir wenigstens ein bisschen sicher wäre, dass es den beiden gut geht, wenn ich nicht mehr da bin. Noch besser wäre, wenn ich aus dem Nichts meine Hand schützend über sie halten könnte, um aller Unbill, die auf sie einwirkt, Einhalt zu gebieten. Aber das ist absolutes Wunschdenken.

Dahinsiechen und dann noch in ein Nichts verschwinden will keiner. Ich hoffe also, dass Christiane, die sich so sehr vor dem meistens tödlich verlaufenden Darmkrebs fürchtet, nicht von dieser Krankheit befallen wird. Regelmäßigen Untersuchungen bezüglich dieses Krankheitsbereichs unterzieht sie sich schon seit Jahren, um vorzubeugen und nicht an dieser heimtückischen Krankheit sterben zu müssen. Ich hoffe für sie und wünsche ihr ein langes Leben, denn sie will leben, ganz im Gegensatz zu mir.

Aber ich wünsche ihr auch und ganz besonders mir, dass sie mich überlebt und würdevoll ohne fremde Assistenz aus dem Leben scheiden kann. Sollte sie vor mir sterben, habe ich nur ein großes Problem zu bewältigen, nämlich wie ich ihr schnellstmöglich folgen kann. Ich fürchte nicht zu sterben, möchte aber nicht in den Tod hineinvegetieren, wie das einige meiner Bekannten mussten und zum Teil noch im Begriff sind zu tun. Einer liegt schon seit über zwei Jahren völlig hilflos im Bett und wartet auf den Tod, der aber gemächlich auf sich warten lässt.

Man soll kein großes Aufheben um mein Ableben machen, einfach, wenn mein Tod festgestellt wird, meinen Körper verbrennen, denn damit leiste ich der Umwelt einen Dienst, und dann irgendwo meine Asche verstreuen.

Schließlich habe ich in meinem Leben auch nichts Außergewöhnliches geleistet, habe weder der Menschheit geholfen noch ihr Vorteile verschafft oder etwas erfunden, das der Menschheit dienen konnte. Also war mein Leben und somit der Sinn meines Lebens nicht wichtig. Ich will so anonym verschwinden, wie ich auch geboren wurde. Ich bin mir sicher, dass viele Menschen, die ein ähnlich unwichtiges Leben, so wie ich es lebte, geführt haben, ebenso denken.

Bei geistig minder aktiven Menschen, damit meine ich die Masse aller Menschen, die nie über den Sinn des Lebens nachdachten, tritt das „Warum" oder die Frage „Zu welchem Zweck lebe ich" völlig in den Hintergrund – es wird einfach ausgeblendet oder nicht wahrgenommen. Sie wurden wie alle anderen auch geboren, führten ein Leben, hinterfragten nie den Sinn des Lebens und dann sterben sie. Eigentlich müssten sie zu den glücklicheren Menschen gehören, denn sie lebten einfach ihre Zeit ab und verschwanden wieder, ohne des Sinn ihres Daseins jemals begriffen oder hinterfragt zu haben.

Wie glücklich und zufrieden können sich die Menschen schätzen, denen es schon zu Lebzeiten gelungen ist, ihren Mitmenschen Lebensmut, Freude oder Lebenserleichterungen zu vermitteln. Es gibt und es gab schon immer eine Vielzahl von herausragenden Persönlichkeiten wie Forscher, Mediziner, Literaten, Künstler, Musiker und, und …, die während ihrer Lebenszeiten mit ihren Fähigkeiten herausragende und in vielen Fällen nicht mehr zu übertreffende Werte und Werke geschaffen haben, die das Leben aller Menschen verbessert, verschönert und lebenswerter gestaltet haben. Viele von ihnen wurden schon in ihrer Lebenszeit verehrt, bewundert und gewürdigt. Es sind diese Personen, die einen Sinn des Lebens für sich beanspruchen können, aber haben sie auch gewusst, warum sie lebten?

Viele von ihnen sind zu früh, auf den Höhepunkten ihrer Schaffenskraft, verstorben, sie hätten noch lange weiter im Leben stehen müssen, denn Menschen, denen diese Fähigkeiten in die Wiege gelegt wurden, sind sehr rar und äußerst selten anzutreffen.

Rückblickend stelle ich heute fest, dass die schönste Zeit meines Lebens die Zeit bis zu meinem zehnten oder zwölften Lebensjahr war. Es ist unglaublich, wie viele schöne Dinge mir noch zu diesem Lebensabschnitt einfallen und an wie viel ich mich noch aus dieser Zeit erinnern kann. Vielleicht interessiert man sich in diesem jungen Alter ja auch nur für das Nächstliegende aller eigentlich unwichtigen, kleinen Dinge und freut sich über Kleinigkeiten, die nur einen geringen oder sogar keinen Wert haben.

Egal welche Glücksmotive ich in diesem völlig unbeschwerten Lebensabschnitt hatte, ich erinnere mich gerne an diese Periode meines Lebens und versetze mich sehr gerne im Geist in diese Zeit zurück. Glück habe ich vielleicht doch, aber eher unbewusst, am Anfang meines Lebens erfahren.

Die ersten zehn bis zwölf Jahre eines Lebens sind sehr prägend, höre ich sehr oft von anderen. Wenn diese Jahre überwiegend glücklich verlaufen, stärken, beeinflussen und stabilisieren sie alle weiteren, nachfolgenden Lebensabschnitte.

Das kann sein, aber ich kann es nicht unbedingt so bestätigen, denn wenn ich bedenke, was alles auf mich und meine Familie während meines nächsten Lebensjahrzehnts und auch danach einstürzte, kann von einer weiteren glücklichen Zeit bis auf einige wenige Ausnahmen nicht mehr die Rede sein. Vielleicht war es die gute Grundlage meines sehr jungen Lebens, die mich befähigte, alle Probleme und Hindernisse, die auf mich und meine Geschwister einstürzten, zu bewältigen.

Die Romantik, die ich in jungen Jahren erleben durfte, ist besonders in den Zeiten meines letzten Lebensdrittels zu einem stetigen Quell der Erinnerung und Erbauung geworden. Ich frage mich so oft, ob wir Grund haben, unsere Vorfahren zu bemitleiden, weil sie die Wohltaten unserer jetzigen Zeit nicht erfahren durften. Ich glaube nicht, denn sie sind glücklich gewesen und trotz schwerer Arbeit und Entbehrungen waren sie mit ihrem Los zufrieden. Wer singt denn heute noch bei der Arbeit oder wer musiziert noch im Familienkreis zu Hause oder, oder? Die Romantik wurde durch die Technik verdrängt und man kann nicht behaupten, dass Fernsehen, Computer, das Internet oder die moderne Technik im Allgemeinen der Menschheit zum Segen geworden sind.

Wenn man sich nur einmal das Kauderwelsch oder „Denglisch“ der Werbeindustrie anhört, deren Anwender offenbar meinen, es versetze jeden direkt in die große Welt, wenn man sich irgendwelcher Anglizismen bedient. Ich denke, Wilhelm Busch hätte zu diesen überkandidelten Schwätzern Folgendes gesagt: „Niemand ist unnütz – denn er kann immer noch als schlechtes Beispiel dienen.“

Heute tut es mir leid, dass ich nicht von den netten Menschen, die ich einmal überall auf der Welt kannte, Abschied genommen habe, ihnen wenigstens ein letztes Mal „Bis bald“ oder „Auf Wiedersehn“ zugerufen habe. Aber wie hätte ich das bewerkstelligen sollen, denn es ist doch nicht möglich, sich jedes Mal von einem Menschen so zu verabschieden, als ob man ihn nie mehr wiedersehen würde.

Viele meiner Freunde und Bekannten, einige waren sogar jünger als ich und ich wusste, dass sie sehr, sehr krank waren, konnte ich noch kurz vor ihren Toden sprechen. Aber was habe ich wohl zu ihnen gesagt, als ich mit ihnen sprach, denn ich wusste ja nicht, dass es dieses Mal das letzte Mal war? Ich weiß es nicht mehr, wahrscheinlich habe ich mich wie immer verhalten, wenn ich mich von jemandem verabschiede, und natürlich mit keinem Wort vom Tod gesprochen. Und dann waren sie plötzlich nicht mehr da und ich machte mir Vorwürfe, die aber auch kein Licht in die Erklärungsnöte, die ich hatte, brachten.

Man kann doch Menschen, die kurz vor ihrem Tod stehen, nicht mit Worten verabschieden wie „Ich wünsche dir einen schönen Tod“ oder

„Schön, dass es bald mit dir vorbei ist" oder, oder. Nein, man blendet immer den Tod aus und spricht von „Ich wünsche dir eine gute Besserung" oder so etwas Ähnlichem, wohl wissend, dass eine Besserung niemals wieder eintreten wird.

Die Zeit kurz vor dem sicheren Tod eines Menschen wird also besonders für Außenstehende, sogar auch für enge Familienmitglieder zu einem undurchdringlichen Niemandsland. Schweigen ist dann wohl die edelste Form der Kommunikation mit dem Sterbenden.

Wenn ich einen Wunsch hätte und diesen in die Tat umsetzen könnte, würde ich mir ein neues Lebenssystem wünschen. Ein völlig neues Lebenssystem, welches für alle Menschen gleich wäre und einen Zeitraum von 60 Jahren nicht übersteigen könnte. Am Lebensinhalt, der Lebensvielfalt oder einer individuellen Lebensphilosophie, Attribute, wie wir sie heute kennen, würde sich nichts ändern. Ich würde eine Einheitssprache für alle Menschen in Erwägung ziehen, damit eine Verständigung ohne Hindernisse möglich wäre. Menschen würden in dem verkürzten Zeitrahmen genauso leben können wie in der heutigen Zeit, nur würden die letzten Jahrzehnte, also die Jahre über 60 bis 85 Jahre oder noch älter, wegfallen.

Das wäre für den größten Teil der Menschheit sogar ein Segen, denn dann würden Altersarmut, die im fortschreitenden Alter immer auftretenden langwierigen, tückischen Krankheiten, die meistens die Lebensqualität mindern, wenn sie nicht noch zusätzlich zu langen Phasen des Siechtums und Todes führen, die oft unwürdige Unterbringung der Alten in Altersheimen oder Pflegestätten, die Angst vor den Unwägbarkeiten des Alterns im Generellen und vor allen Dingen das lange Warten und In-sich-Hineinhorchen, ob man nun bald sterben könnte, wegfallen.

In der heutigen Zeit kann in kürzester Zeit vieles gelernt werden, wozu man früher eine lange Zeitspanne benötigte oder das man niemals lernen konnte. Der uns zur Verfügung stehende moderne Stand der Technik und Medien, das Internet als solches und die schon bestehenden

Hilfsmittel und Bequemlichkeiten sowie die Leichtigkeit, Reisen in alle Länder der Erde zu unternehmen, würden ein Vielfaches an der Intensität des Lebens, das vorher bei einem längeren Leben nicht möglich war, garantieren. Wir müssten uns nur mit einer kürzeren Lebensdauer anfreunden, mit anderen Worten etwas schneller leben, und das kann man lernen, ja, es geht einem nach einigen Hundert Jahren in Fleisch und Blut über. Die absoluten Vorteile eines verkürzten Lebens wären offensichtlich und man müsste die gesundheitlichen Unsicherheiten im hohen Alter und die damit verbundenen Gebrechlichkeit bis hin zum Siechtum und dergleichen nicht mehr in Kauf nehmen.